КРАТКИЙ
РУССКО-
АНГЛИЙСКИЙ
ФРАЗЕОЛОГИЧЕСКИЙ
СЛОВАРЬ

CONCISE
RUSSIAN-
ENGLISH
DICTIONARY
OF IDIOMS

V. V. GUREVITCH
ZH. A. DOZORETS

CONCISE RUSSIAN - ENGLISH DICTIONARY OF IDIOMS

1000 idioms approx.

RUSSKY YAZYK PUBLISHERS
MOSCOW
1988

В. В. ГУРЕВИЧ
Ж. А. ДОЗОРЕЦ

КРАТКИЙ РУССКО-АНГЛИЙСКИЙ ФРАЗЕОЛОГИЧЕСКИЙ СЛОВАРЬ

около 1000 фразеологических единиц

МОСКВА
«РУССКИЙ ЯЗЫК»
1988

ББК 81.2 Англ-4
Г 95

Редактор английского текста Р. Пегг
Рецензенты: доктор филол. наук Н. М. Демурова,
канд. филол. наук Е. Я. Шмелева

Гуревич В. В., Дозорец Ж. А.
Г 95 Краткий русско-английский фразеологический словарь. — М.: Рус. яз., 1988 — 544 с.
ISBN 5—200—00332—6

Словарь содержит около 1 000 фразеологических единиц. Русские фразеологизмы снабжены английскими эквивалентами и толкованиями. Словарь широко иллюстрирован цитатами из произведений художественной и публицистической литературы. В качестве приложения к словарю дан указатель использованных английских фразеологизмов.

Словарь предназначен для англоязычных и советских читателей, занимающихся русским или английским языком и интересующихся фразеологией.

Г $\frac{4602030000-158}{015(01)-88}$ 176—88   ББК 81.2 Англ-4

ISBN 5—200—00332—6

© Издательство «Русский язык», 1988

ПРЕДИСЛОВИЕ

Предлагаемый словарь, который является первым издаваемым в стране русско-английским фразеологическим словарем, предназначен для англоязычных читателей, изучающих русский язык, а также для советских читателей, изучающих английский язык.

Из всего обширного состава русской фразеологии авторы выбрали для краткого словаря 1 000 наиболее частотных фразеологических единиц, имеющих структуру словосочетания (или предложно-падежной группы) и лишь в некоторых случаях — предложения. В словарь не вошли пословицы, поговорки, крылатые изречения, а также фразеологизмы, стоящие за пределами литературной нормы (просторечные, жаргонные, диалектные и т. д.), за исключением случаев, когда нелитературным является какое-либо из значений многозначного фразеологизма. Не включены также полусвободные сочетания типа *одержать победу, кромешная тьма* и т. п. и устойчивые сочетания терминологического характера.

В работе над материалом авторы поставили перед собой две основные задачи. Во-первых, — дать по возможности полное описание каждого русского фразеологизма, отражающее особенности его семантики, возможности употребления в речи, в том числе его наиболее типичное окружение, а также варьирование компонентов и т. п. Такая подробная разработка необходима, в частности, для того, чтобы помочь англоговорящим читателям избежать ошибок при употреблении русских выражений. Эти ошибки могут быть вызваны неполнотой информации о специфике использования фразеологизма, его стилистической или экспрессивной окраске, скрытых добавочных смыслах и т. п. Если, например, в русской речи англичанина, любящего театр, мы слышим фразу «Я то и дело хожу в театр!», то следует разъяснить, что комическое звучание такой фразы вызвано представлением о суматохе, о надоедливом повторении действия и т. п., которое обычно связано с фразеологизмом **то и дело.**

Вторая задача — показать способы передачи русского фразеологизма в английском языке. Достаточно известно, что совпадение идиоматики двух языков — явление редкое. Авторы старались не приводить таких английских идиоматических соответствий, которые близки русскому фразеологизму по содержанию, но отличаются от него условиями употребления, добавочными смыслами, экспрессивной окраской и т. п., поскольку это может привести к ошибкам в английской речи русского студента. Например, выражение **родиться в сорочке (в рубашке)** означает 'быть удачливым, везучим', английское же выражение to be born with a silver spoon in one's mouth, несомненно близкое к нему и нередко дающееся как соответствие, означает 'происходить из богатой семьи' и, таким образом, не может быть использовано в тех ситуациях, в которых употребляется русский фразеологизм. В целом ряде случаев, когда образы в русском и английском выражении полностью совпадают и есть частичное семантическое пересечение, которое однако может создать ложное впечатление об эквивалентности выражений, в словаре дается специальное пояснение об опасности смешения. Например, при выражении **пускать пыль в глаза** указывается: *Не смешивать с* to throw dust into smb's eyes, *означающим намеренное отвлечение внимания от чего-л. в целях обмана.*

Осмысление содержащегося в выражении образа (т. е. учет прямых значений входящих в него компонентов) важно как для уяснения экспрессивно-стилистической окраски фразеологизма, нередко предопределяющей возможности его употребления, так и для понимания самого значения фразеологизма. Интерпретация того, как возникает образное значение фразеологизма, представляется авторам принципиально важной, а потому излагается в статье «Некоторые особенности фразеологического значения».

Замысел создания данного словаря принадлежит преподавателям факультета английского языка МГПИ им. В. И. Ленина профессору Аракину В. Д. и доценту Вард Д. А., которые не смогут, к сожалению, увидеть его вышедшим в свет. Авторы посвящают словарь их светлой памяти.

Все замечания и пожелания авторы просят направлять по адресу: 103012, Москва, Старопанский пер., 1/5, издательство «Русский язык».

Авторы

НЕКОТОРЫЕ ОСОБЕННОСТИ ФРАЗЕОЛОГИЧЕСКОГО ЗНАЧЕНИЯ

Когда мы говорим о ком-либо **Он ловит рыбу в мутной воде,** мы, конечно, имеем в виду не искусство рыбной ловли, а умение использовать с выгодой для себя неясность обстановки и т. п. И все же несомненно, что сравнение с ловлей рыбы в мутной воде входит в содержание сказанного. Для того, чтобы выяснить, что происходит с прямым значением словосочетания при превращении его во фразеологизм, нам придется вначале обратиться к членению предложения на рему и тему.

В предложении *Петя пошел не домой, а в кино* логическое ударение стоит на обстоятельстве — это рема, наиболее важная часть сообщения. Другая, логически не акцентируемая часть этого предложения,— его тема, нечто заранее известное, служащее отправной точкой для основного сообщения: мы заранее знаем, что Петя куда-то пошел, новым же является сообщение о том, куда именно он пошел. Использование противопоставления и отрицания (*не домой, а в кино; не Петя, а Коля* и т. п.) может служить удобным приемом для выделения в предложении его ремы.

При употреблении сло́ва в предложении расчленяться на тему и рему может и значение слова. Возьмем для примера существительное *холостяк*, обозначающее 'неженатого мужчину'. В предложении *Петр не холостяк* отрицается лишь часть значения этого существительного (а именно, что Петр неженат), оставшаяся же часть значения слова составляет тему, отправную точку для основного сообщения (не отрицается, что Петр мужчина). В значении существительных ремой обычно выступает компонент, обозначающий признак предмета (ср. *неженатый*), а темой — компонент, обозначающий предмет, который этим признаком характеризуется (*мужчина*).

Приведем еще несколько примеров такого членения — тематическая часть в толковании отмечена скобками: *мужчина* - '(человек), мужского пола, взрослый' — ср. возможное противопоставление *не мужчина, а женщина*, которое не затрагивает данный в скобках компонент; *студент* - '(человек), который учится в вузе' — ср. *не студент, а школьник*; *школа* - '(учреждение), в котором учатся дети' — ср. *не школа, а институт* и т. п.

В глаголах расчленение значения может происходить по-разному: ср. *Птицы не плавают, а летают* — '(Птицы передвигаются) не по воде, а по воздуху' и *Что же ты не плаваешь?* — 'Что же ты не передвигаешься (по воде)?'

Посмотрим теперь, какие изменения в членении лексического значения происходят при образовании переносного значения. Возьмем в качестве примера существительное *стакан*, имеющее два значения: 1. 'стеклянный, цилиндрический, не имеющий ручки (сосуд, вмещающий некоторое количество вещества)' 2. 'то количество (вещества, которое вмещается в стеклянный цилиндрический сосуд без ручки)'. При общности компонентов, составляющих эти значения, данные значения различаются тем, какой из компонентов входит в рематическую часть при употреблении слова в предложении: при первом значении в рему входит компонент 'форма, материал' (возможно противопоставление *не стакан, а чашка*), при втором — компонент 'количество' (противопоставление *не стакан, а полстакана*). Ср. еще примеры — *дерево*: 1. '(растение), ствол которого содержит твердый материал' 2. '(материал), содержащийся в стволе указанного растения'; *белка*: 1. '(животное) из отряда грызунов с пушистым мехом, обитающее на деревьях' 2. '(мех) животного указанного типа'. Во всех этих примерах перенос значения основан на метонимии: от названия того, что́ содержит, — к названию того, что содержится.

Посмотрим теперь на переносы значения по сходству (метафорические переносы). Слово *петух* в переносном значении означает '(человек, который, подобно петуху), обладает задиристым нравом'. В рему здесь попадает такой смысловой компонент — 'задиристость', который в прямом значении, по-видимому, вообще не присутствует, а лишь устойчиво ассоциируется в нашем сознании с понятием об этой птице (потенциальный, или ассоциативный компонент значения). Таким образом, в переносном значении ремой становится компонент, не входивший в рему в прямом значении; и наоборот, компонент, бывший ремой в прямом значении — сравнение с определенного вида домашней птицей, — становится тематическим, не акцентируемым. То же — в глагольных значениях. *Бежать* в прямом значении обозначает определенный вид перемещения живого существа. Признак быстроты, по-видимому, лишь ассоциативно связан с этим видом передвижения: бежать можно быстро и медленно. В переносных же значениях *(по реке бегут пароходы; время бежит)* именно ассоциативный компонент 'быстрота' входит в рематическую часть значения, тогда как сравнение с бегом живого существа (как раз и придающее слову выразительность) составляет его тематическую, не акцентируемую часть.

Вернемся теперь к значению фразеологизмов. Выражения **ловить рыбу в мутной воде** и английское to fish in troubled waters означают 'использовать с выгодой неясность обстановки (подобно тому, как это делает рыбак при ловле рыбы в мутной воде)'. Здесь сравнение с ловлей рыбы, а следовательно, и весь прямой смысл сочетания образует тематическую часть значения фразеологизма (ремой оказывается ассоциативный компонент). Как и при метафорическом значении слова, сравнение в данном случае не выражено открыто (в отличие, например, от фраз *Он задирист, как петух* или *поступать, как при ловле рыбы в мутной воде*), не акцентируется, а подается в приглушенном, скрытом виде — и этим достигается бо́льшая выразительность, бо́льшая экспрессия.

Следовательно, значение образных фразеологизмов складывается из трех компонентов: 1) прямое значение словосочетания, 2) компонент «сравнения», 3) ассоциативный компонент. Первые два компонента образуют тематическую часть значения фразеологизма, третий — его рему.

Тот факт, что слова в составе фразеологизма утрачивают свою обычную сочетаемость, также связан с членением значения на рематическую и тематическую части. Возьмем вначале для примера переносы значений самостоятельных слов, вне фразеологизма. Существительное *стакан* может сочетаться с определениями *граненый*, *треснувший* и т. п. только в своем первом значении, где ремой является компонент 'форма, материал' — именно с ними и взаимодействует значение определения. При втором, «количественном» значении *(выпить стакан молока)* компоненты 'форма, материал' выходят из рематической части значения, и существительное уже не может сочетаться с приведенными выше определениями. Подобным же образом во фразеологизме *держать под замком*, т. е. 'вне досягаемости, как в ситуации, когда на двери висит замок', сохраняется прямое значение существительного *замок*, однако оно попадает в тематическую часть значения фразеологизма, и поэтому к слову *замок* здесь уже нельзя добавить определения типа *железный, английский* и т. п., вполне допустимые при самостоятельном употреблении слова.

Таким образом, там, где образ (метафора) остается достаточно ясным, слово в составе фразеологизма несомненно сохраняет свое значение (оно лишь «уходит» из акцентируемой, рематической части в тематическую, вместе со сравнением), и, следовательно, элементы фразеологизма не перестают быть полнозначными словами. Если же слово в составе фразеологизма утрачивает свое значение и образ «стирается», становится неясным (как, например, в выражениях *во всю ивановскую, бить баклуши* и т. п.), то из значения целого выражения «выпадает» лишь неакцентируемая, тематическая часть значения, а его основная, рематическая часть ('громко' для первого выражения и 'бездельничать' для второго и т. п.) этим процессом не затрагивается, сохраняется.

КАК ПОЛЬЗОВАТЬСЯ СЛОВАРЕМ

Место разработки фразеологизма

1. Каждая фразеологическая единица приводится в словаре столько раз, сколько компонентов в ней содержится (исключения см. ниже).
2. Разработка дается при грамматически стержневом компоненте фразеологизма: в субстантивных фразеологизмах — на существительное (**седьмая вода на киселе** — на **ВОДА**), в глагольных — на глагол (**брать голыми руками** — на **БРАТЬ, делать нечего** — на **ДЕЛАТЬ**), в адъективных — на имя прилагательное (**острый на язык** — на **ОСТРЫЙ**), в местоименных — на местоимение (**вне себя** — на **СЕБЯ**) и т. д. В сочетаниях числительного с существительным все разработки даются на существительное (**семь пятниц на неделе** — на **ПЯТНИЦА, в три ручья** — на **РУЧЕЙ**). При отсутствии грамматической связи между компонентами фразеологизма, при невозможности определить грамматически стержневой компонент, а также в сочетаниях сочинительного типа разработка дается на первую во фразеологизме знаменательную часть речи (**куда там** — на **КУДА, ни шатко ни валко** — на **ШАТКО**).
3. Стержневые компоненты выносятся в заголовок статьи в исходной форме: существительные — в форме И. п. ед. ч. (**не по адресу** — **АДРЕС**); глагол — в форме инфинитива несовершенного вида, если фразеологизм употребляется и в несовершенном, и в совершенном виде (**брать/взять на поруки** — **БРАТЬ**), или инфинитива совершенного вида, если фразеологизм употребляется только в форме совершенного вида (**хоть глаз выколи** — **ВЫКОЛОТЬ**); деепричастия и причастия к форме инфинитива не возводятся (**скрепя сердце** — **СКРЕПЯ, из ряда вон выходящий** — **ВЫХОДЯЩИЙ**); прилагательные и причастия полные — в форме м. р. ед. ч. И. п. (**острый на язык** — **ОСТРЫЙ, тише воды ниже травы** — **ТИХИЙ, как в воду опущенный** — **ОПУЩЕННЫЙ**); прилагательные и причастия краткие — в форме м. р. ед. ч. (**гол как сокол** — **ГОЛ, одним миром мазаны** — **МАЗАН**); местоимения **СЁ, СЕБЯ, СЕБЕ, СОБОЙ, СЕГО, СЕМ** выносятся в заголовок каждое в отдельности.

4. Для удобства пользования словарем каждая разработанная фразеологическая единица имеет свой порядковый номер в пределах одной буквы.

5. Стержневые компоненты располагаются в алфавитном порядке. Таким образом, под одной вокабулой находятся и фразеологизмы с разработкой, и отсылочные, при которых указывается, где следует искать их разработку, например: **ВЕТЕР** ⊙ **бросать слова на ветер** *см.* Б 26; **ветер в голове** (с разработкой); **ищи ветра в поле** *см.* И 19; **как ветром сдуло** *см.* С 47 и т. д. Отсылки даются на все знаменательные части речи, в том числе и на факультативные компоненты, а также на двусложные предлоги (кроме *изо*), на союзы **КАК, ХОТЬ**, частицу **ДА**, на лексические варианты и на парные глаголы совершенного вида: **выходить/выйти сухим из воды** – на **ВЫХОДИТЬ** разработка, на **ВЫЙТИ** отсылка; **брать/взять свое** – на **БРАТЬ** разработка, на **ВЗЯТЬ** отсылка. Не даются отсылки на союзы *и, да, ни... ни, будто, словно, точно*, односложные предлоги и предлог *изо*.

Омонимичные вокабулы помечаются римскими цифрами. Омонимичные фразеологизмы также помечаются римскими цифрами и даются под разными номерами в пределах одной и той же вокабулы: так, при вокабуле **глаз** под номером 14 дается выражение **за глаза I** со значением 'в отсутствие *кого-л.*' и под номером 15 – **за глаза II** со значением 'вполне достаточно'.

Оформление и построение словарной статьи

I 1. Фразеологизм в заголовке словарной статьи дается полужирными строчными буквами: **браться за ум**.

2. В ломаных скобках даются факультативные компоненты фразеологизма: ⟨**едва**⟩ **сводить концы с концами, идти** ⟨**нога**⟩ **в ногу**.

3. В круглых скобках даются лексические или формальные варианты фразеологизма: **идти под гору (под уклон), открывать Америку (Америки), по щучьему веленью (велению)**.

4. Видовые пары глаголов даются со знаком косой черты (**/**) между глаголами несовершенного и совершенного вида: **вгонять/вогнать в краску**. При этом знак звездочка (*) над формой несовершенного вида указывает, что эта форма употребляется только в многократном значении: **сбивать*/сбить с ног**.

5. Лексическое окружение фразеологизма дается светлыми строчными буквами в той позиции, где чаще стоят в речи соответствующие слова. При этом варианты лексического окружения даются через запятую, а однокоренные непарные по виду глаголы – в круглых скобках: из рук вон плохо, плохой *и т. п.;* не мочь (не смочь), не уметь (не суметь) **связать двух слов**.

6. Синтаксическое окружение фразеологизма дается курсивом в той позиции, где чаще стоят в речи соответствующие формы слов: **идти в ногу** с *чем-л., реже* с *кем-л.;* при этом факультативные формы ставятся в ломаные скобки: **садиться** ⟨*кому-л.*⟩ **на шею.**
7. И при лексическом, и при синтаксическом окружении ставятся стрелки, указывающие на возможность взаимоперестановок в речи фразеологизма и соответствующих слов или форм слов. Отсутствие стрелок означает, что окружение постоянно находится в той позиции по отношению к фразеологизму, как это отражено в заголовке словарной статьи: **из рук вон** плохо, плохой *и т. п.* означает, что фразеологизм всегда стоит перед лексическим окружением; **на все лады** ↔ ругать, повторять, обсуждать *и. т. п.* означает, что фразеологизм чаще стоит перед лексическим окружением, но может стоять и после него; делать *что-л.* ↔ **тихой сапой** означает, что фразеологизм чаще стоит после соответствующих глаголов, но может стоять и перед ними. Аналогичное значение имеют стрелки и их отсутствие и при синтаксическом окружении: *кому-л.* **нет дела** ↔ ⟨до *кого-л.,* до *чего-л.*⟩, *кому-л.* ↔ **втирать очки.** Случаи интерпозиции синтаксического окружения отмечаются следующим образом: **садиться** ← ⟨*кому-л.*⟩ → **на шею** означает, что синтаксическое окружение чаще стоит внутри фразеологизма, но может стоять и перед ним, и после него; **глаза** → ⟨*у кого-л.*⟩ **на мокром месте** означает, что синтаксическое окружение чаще находится внутри фразеологизма, но может стоять и перед ним; **какая муха** *кого-л.* → **укусила?** означает, что синтаксическое окружение чаще стоит внутри фразеологизма, но может стоять и после него. При нескольких членах синтаксического окружения, стоящих подряд, стрелки ставятся для каждого члена отдельно, если возможна перестановка каждого из этих членов по отдельности: **сживать** ← *кого-л.* ← ⟨*чем-л.*⟩ → **со свету,** или для всей группы вместе, если она переставляется целиком: ⟨от *чего-л.*⟩ до *чего-л.* ↔ **рукой подать.** У многозначных фразеологизмов стрелка ставится после номера значения (и стилистической пометы) между окружением и отсутствующим фразеологизмом: **во всю ивановскую** 1) кричать *и т. п.*↔ 'Очень громко' означает, что фразеологизм чаще стоит после соответствующих глаголов, но может стоять и перед ними; **с налёта** 1) → ударить *кого-л., что-л.,* удариться обо *что-л. и т. п.* 'Подбежав, подлетев, резко' означает, что фразеологизм стоит чаще перед соответствующими глаголами, но может стоять и после них. Отсутствие стрелок при разных значениях указывает, что взаиморасположение окружения и фразеологизма устойчивое, такое, как отражено в иллюстрациях.
8. На ударных компонентах фразеологизма ставится ударение, а наиболее сильное (фразовое) ударение отмечено знаком ˝, например, **два сапога́ па́ра, сбра́сывать со счётов.** Отсутствие ˝ означает, что по-

добное ударение может быть либо на любом из компонентов фразеологизма, либо вообще на каком-либо другом слове в тексте (*см.*, например, соответствующие разработки фразеологизмов **лить во́ду на ме́льницу, ни ша́тко ни ва́лко, чи́стой воды́**).

II. 1. После фразеологизма курсивом дается стилистическая или экспрессивно-эмоциональная помета: ⟨**как**⟩ **коломенская верста** *ирон.* Если такая помета относится к варианту, она ставится после него: **испокон (спокон** *прост.***) века.** При наличии нескольких вариантов относится только к тому, при котором стоит: **ветер в голове гуляет (бродит, свистит, ходит** *уст***).** При словообразовательных вариантах помета ставится лишь в том случае, если она расходится с основной. Ее отсутствие означает, что этот вариант имеет ту же стилистическую или эмоционально-экспрессивную окраску, что и основной: **играть в бирюльки** *разг., неодобр.* — *Вариант:* **игра в бирюльки.** Стилистическая или экспрессивно-эмоциональная помета, относящаяся только к одному из значений фразеологизма, ставится сразу после номера значения: **сбывать с рук** *разг.* 1) *часто неодобр.* Отсутствие пометы означает, что фразеологизм во всех значениях или в одном из них является нейтральным.

2. После стилистической пометы светлыми строчными буквами дается толкование, со знаком ' '. В многозначных фразеологизмах каждое значение дается под своим номером. В словообразовательных вариантах толкование дается только в том случае, когда оно чем-л. отличается от основного. Если варианты различаются отрицанием, толкование дается только при основном варианте: **к лицу** 'Подобает *кому-л.*, соответствует *чьему-л.* положению' *чаще употр. вариант* **не к лицу**; раздельные толкования даются тогда, когда второе толкование нельзя построить путем прибавления и изъятия отрицания: **гладить (погладить) по головке** 'Одобрять, хвалить' — *Вариант:* **по головке не погладят** 'Накажут, наказывают'.

3. После толкования курсивом даются пометы, характеризующие ситуации употребления фразеологизма, его наиболее типичное семантическое окружение, а затем — грамматические пометы, в которых указываются, в частности, наиболее употребительные формы фразеологизма, если такие у него есть, а также особенности парадигм. В завершение этой части разработки указывается, стабилен ли порядок следования компонентов фразеологизма или возможна перестановка.

4. Следующая далее английская часть словарной статьи строится следующим образом. Вначале дается английский эквивалент, а при отсутствии такового — перевод русского толкования, после которого могут следовать частично эквивалентные английские выражения (не обязательно идиоматичные). Например, при русском фразеологизме **входить/войти в азарт** приводятся несколько английских выражений, однако каждое из них охватывает лишь часть значения русского выражения, поэтому вначале дается перевод русского толкования, передающий это значение наиболее точно и полно, хотя и неидиоматично: △ to become very exited while doing *smth* or trying to achieve *smth*; to be carried away ⟨by what *one* is doing⟩ *увлечься занятием;* to be put on *one's* mettle *почувствовать рвение, желание добиться цели (часто как реакция на трудности);* to get heated *разгорячиться (в споре и т. п.).*

Все пояснения и стилистические пометы относятся только к непосредственно предшествующему выражению.

Лексические и формальные варианты английского фразеологизма даются в круглых скобках, по алфавитному порядку, если он не противоречит различиям в употребительности. Например, в выражении to swim (drift, go) with the stream (current) основным является вариант to swim with the stream, варианты с глаголами drift, go равноупотребительны (алфавитный порядок внутри скобок). В угловых скобках даются факультативные компоненты.

Для того чтобы показать больше возможных способов передачи данного значения фразеологизма в различных контекстах, при разной сочетаемости и т. п., в конце английской части словарной статьи часто приводятся примеры перевода.

5. После английской части словарной статьи приводятся словообразовательные варианты фразеологизма, если у данной фразеологической единицы они имеются. Варианты лексического окружения выносятся сюда только в том случае, когда они приводят к изменению толкования или перевода фразеологизма.

6. Далее следует иллюстративный материал, преимущественно из произведений русской и советской художественной литературы, эпизодически — из публицистики, на русском языке.

7. За иллюстрациями после знака *Ср.* (сравни) приводятся в алфавитном порядке грамматически стержневых слов фразеологизмы, наиболее близкие из включенных в словарь данному фразеологизму по семантике. Например: **садиться в лужу** Ср.: давать маху, попадать впросак, попадать пальцем в небо. Отсутствие этой части статьи означает, что соответствующих семантических групп из включенных в словарь фразеологизмов не образуется.

8. В конце словарной статьи у некоторых фразеологизмов в квадратных скобках толкуются устарелые слова или слова узкой сферы употребления, входящие во фразеологизм, либо соответствующие словосочетания в прямом значении, если это необходимо для понимания исходного образа. Например, в конце разработки фразеологизма **тихой сапой** указывается [сапа — *подкоп или ров, выкапываемый скрытно при наступлении на открытой местности для постепенного приближения к укрепленной позиции противника*].

ЛЕКСИКОГРАФИЧЕСКИЕ ИСТОЧНИКИ

1. Жуков В. П. Школьный фразеологический словарь русского языка. М., 1980.
2. Зализняк А. А. Грамматический словарь русского языка. М., 1977.
3. Ожегов С. И. Словарь русского языка. М., 1981.
4. Орфоэпический словарь русского языка/Под ред. Р. И. Аванесова. М., 1985.
5. Розенталь Д. Э., Теленкова М. А. Словарь трудностей русского языка. М., 1976.
6. Русское литературное произношение и ударение. Словарь-справочник/Под ред. Р. И. Аванесова и С. И. Ожегова. М., 1959.
7. Словарь русского языка. М., 1980—1984. Т. 1—4.
8. Словарь современного русского языка. М.—Л., 1948—1965. Т. 1—17.
9. Толковый словарь русского языка/Под ред. Д. Н. Ушакова. М., 1935—1940.
10. Трудности словоупотребления и варианты норм русского литературного языка. Словарь-справочник/Под ред. К. С. Горбачевича. Л., 1973.
11. Фразеологический словарь русского языка/Под ред. А. И. Молоткова. М., 1978.
12. Шкляров В. Т., Эккерт Р., Энгельке Х. Краткий русско-немецкий фразеологический словарь. М., 1977.
13. Яранцев Р. И. Словарь-справочник по русской фразеологии. М., 1981.
14. Большой англо-русский словарь/Под общ. рук. И. Р. Гальперина. М., 1977. Т. 1—2.
15. Каменецкайте Н. А. Синонимы в английской фразеологии. М., 1971.
16. Кунин А. В. Англо-русский фразеологический словарь. М., 1984.
17. Мюллер В. К. Англо-русский словарь. М., 1985.
18. Русско-английский словарь/Под ред. Р. К. Даглиша. М., 1965.
19. Русско-английский словарь/Под общим руководством А. И. Смирницкого. М., 1985.
20. Cowie A. P. and R. Mackin. Oxford Dictionary of Current Idiomatic English. London, 1975.

21. Hornby A. S., Oxford Advanced Learner's Dictionary of Current English. London, 1974.
22. Brewer's Dictionary of Phrase and Fable. Cassell. London, 1970.
23. Wood F. T. English Verbal Idioms. London and Basingstoke, 1974.
24. Wood F. T. and R. Hill. Dictionary of English Colloquial Idioms. London and Basingstoke, 1979.
25. Longman's Dictionary of English Idioms. Harlow and London, 1979.
26. Roget's University Thesaurus. New York, 1960.
27. The Compact Edition of the Oxford English Dictionary. Oxford, 1980.
28. The Concise Dictionary of Current English. Revised by E. McIntosh. Oxford, 1954.
29. The Oxford Dictionary of English Proverbs. Oxford, 1970.
30. Webster's New World Thesaurus. New York, 1971.
31. Webster's Third New International Dictionary of the English Language, 1967.
32. Ball W. J. A Practical Guide to Colloquial Idiom. London, 1974.
33. McMordie. English Idioms and How to Use them. London, 1974.
34. Oxford Dictionary of Current Idiomatic English. London, 1975, 1983. V. 1, 2.

СПИСОК СОКРАЩЕНИЙ

русские

амер. — американизм
англ. — английский
безл. — безличный
буд. — будущее (время)
В. — винительный
вводн. — вводный
возвр. — возвратный
вопр. — вопросительный
воскл. — восклицательный
вр. — время
гл. — глагол, глагольный
главн. — главный
груб. — грубое
Д. — дательный
деепр. — деепричастие
диал. — диалектный
доп. — дополнение
ед. — единственное (число)
ж. — женский (род)
знач. — значение
И. — именительный
изъяв. — изъявительное (наклонение)
инф. — инфинитив
ирон. — иронически
и т. д. — и так далее
и т. п. — и тому подобное
канц. — канцелярский
книжн. — книжный
косв. — косвенный
кр. — краткий
л. — лицо
-л. — либо
личн. — личное
м. — мужской (род)
межд. — междометие
мест. — местоимение
мн. — множественное (число)
накл. — наклонение
нар.-поэт. — народно-поэтический
нареч. — наречие
наст. — настоящее (время)
неодуш. — неодушевленный
неодобр. — неодобрительно
несов. — несовершенный (вид)
несогл. — несогласованное
нефиксир. — нефиксированный
обознач. — обозначает, обозначение
обст. — обстоятельство
одуш. — одушевленный
опред. — определение
осужд. — осуждающе
отриц. — отрицание, отрицательный
офиц. — официальный (термин, выражение)
П. — предложный
п. — падеж
повел. — повелительное (наклонение)
подлеж. — подлежащее
подч. — подчинительный
положит. — положительный
предлож. — предложение
презр. — презрительно
пренебр. — пренебрежительно
придат. — придаточное предложение
прил. — прилагательное
прич. — причастие
прост. — просторечное
против. — противительный (союз)
прош. — прошедшее (время)
Р. — родительный
р. — род
разг. — разговорное (слово, выражение)

редк. — редко
ритор. — риторически, риторический
русск. — русский
самост. — самостоятельный
саркаст. — саркастически
сказ. — сказуемое
сл. — слово
сложн. — сложное
сложноподч. — сложноподчиненное
сложносоч. — сложносочиненное
см. — смотри
сов. — совершенный (вид)
сосл. — сослагательное (наклонение)
сочет. — сочетание
сочин. — сочинительный
союзн. сл. — союзное слово
Ср. — сравни
ср. — средний (род)
сравн. — сравнительный
ст. — степень
сущ. — существительное
Т. — творительный
т. е. — то есть
т. к. — так как
торж. — торжественно
указ. — указательный
употр. — употребляется
усил. — усилительный
усл. — условный
уст. — устаревшее (слово, выражение)
уступ. — уступительный
утв. — утвердительный
уточн. — уточняющий
фам. — фамильярное (слово, выражение)
фиксир. — фиксированный
фразеол. — фразеологизм
ч. — число
шотл. — употребительно в Шотландии
шутл. — шутливое (слово, выражение)
экспр. — экспрессивное (слово, выражение)
эмоц. — эмоциональный

английские

etc — et cetera — и так далее
inf — infinitive — неопределенная форма глагола
smb — somebody — кто-нибудь, кто-то
smth — something — что-нибудь, что-то

РУССКИЙ АЛФАВИТ

Аа	Жж	Нн	Фф	Ыы
Бб	Зз	Оо	Хх	Ьь
Вв	Ии	Пп	Цц	Ээ
Гг	Йй	Рр	Чч	Юю
Дд	Кк	Сс	Шш	Яя
Ее	Лл	Тт	Щщ	
Ёё	Мм	Уу	Ъъ	

А

АДРЕС ⊙ **1.** обращаться/обратиться ⟨с просьбой *или* за разъяснением⟩; замечание, упрек, обвинение *и т. п.* ↔ **не по áдресу** *разг.* 'Не к тому (не тому) человеку, к которому (которому) следует *или* не в ту организацию (не той организации), куда следует' △ to come (go) to the wrong place; to bark up the wrong tree *обратиться за помощью не к тому человеку, к которому следует, и потерпеть неудачу*

Ваше замечание не по адресу. Your remark does not apply (is misdirected). Ваш упрек (ваше обвинение) не по адресу. You have laid (put, set) the saddle on the wrong horse.

... вы обратились к Алтунину **не по áдресу,** вам следовало бы начать с прессового отделения. *М. Колесников, Изотопы для Алтунина.* Андрей оглянулся, все молча смотрели на него.— Остроумно,— сказал он,— правда, **не по адресу,** но остроумно. *Д. Гранин, Искатели.*— У тебя, Витька, чего с головой-то? — налетел на него Михаил...— Я говорю, с ума сошел, в такую жарину [*жару*] пахать? ... — Я приказ выполняю, так что **не по** тому **адресу** критика. *Ф. Абрамов, Дом*

АЗ ⊙ **2.** начинать/начать ⟨изучать *что-л.,* обучать *чему-л.,* учиться⟩ ↔ **с азóв** 'С самого начала, с самого простого, элементарного' △ to begin ⟨learning *smth,* teaching *smb*⟩ from basics (from scratch)

Занятия в нейрохирургической клинике Иван Иванович, уже опытный хирург, начал почти **с азов.** *А. Коптяева, Иван Иванович.* Хочу записать для себя ряд правил... Каждым предметом заниматься систематически и начинать **с азов.** *В. Липатов, Повесть без названия, сюжета и конца...*

[Аз — *название первой буквы славянского алфавита*]

АЗАРТ ⊙ входить в азарт *см.* В 74
АМЕРИКА ⊙ открывать Америку *см.* О 31
АРХИВ ⊙ сдавать в архив *см.* С 46
АРШИН ⊙ как аршин проглотил *см.* П 104
мерить на аршин *см.* М 19
АХИНЕЯ ⊙ нести ахинею *см.* Н 32
АХТИ ⊙ **3.** не ахтú ⟨какóй, как, скóлько⟩ ↔ *разг., иногда шутл. или ирон.* 1) 'Не очень ⟨хороший, хорошо, много⟩; лишь в малой степени обладающий свойствами, требуемыми от пред-

мета *или явления*' *Употр. в конструкциях* не ахти какой + *сущ.*, не ахти как + *гл.*, не ахти сколько + *сущ. в Р. п.* △ not all that ⟨good, well, much, many⟩

Не ахти какой певец (писатель *и т. п.*). Not very good at singing (writing, *etc*).

Во всех деревнях, даже там, где земли были **не ахти какие,** колхозники обещали собрать невиданные урожаи. *С. Антонов, Лена.* Мое имя, братец, тоже **не ахти какое,** так в этом не я виноват. *А. Яшин, Старый Валенок.* Жаль, живется нам с тобой **не ахти как.** *А. Чехов, Три года*

Ср.: так себе *1 знач.*

2) 'Не очень, не особенно' *Употр. в конструкциях* не ахти какой + *прил. с положит. оценкой*, не ахти как + *нареч. или кр. прил. с положит. оценкой* △ not very, not particularly

Это был ход **не ахти какой** тонкий, но почти беспроигрышный. *М. Ганина, Самая первая любовь великого человека.* А то ведь на носу уборка хлебов, а с выходами женщин на работу дело **не ахти как** важно обстоит у нас. *М. Шолохов, Поднятая целина.* Правда, она была **не ахти как** расторопна, но о ребятах заботилась. *М. Ганина, Настины дети*

Ср.: не бог весть (знает) какой, как, сколько *2 знач.*, оставляет желать лучшего, серединка на половинку *2 знач.*, так себе *2 знач.*
[Ахти — *уст. межд., выражающее испуг, удивление, сожаление и т. д.*]

Б

БА́БУШКА ⊙ **1. ба́бушка ⟨ещё⟩ на́двое сказа́ла (гада́ла)** ↔ ⟨э́то, насчёт э́того⟩ *разг.* 'Еще неизвестно, осуществится предполагаемое событие *или* нет' *Обычно подразумевается, что событие скорее всего не осуществится. Употр. как возражение тому, кто уверен в обратном. В начало фразеол. может переставляться* ещё, *порядок остальных компонентов фиксир.* △ it is not yet certain whether this will happen; there is many a slip 'twixt cup and lip *подразумевается возможность неожиданного исхода;* we shall see what we shall see *подразумевается невозможность точного предсказания;* that's a game two ⟨people⟩ can play *подразумевается возможность ответных действий противника, которые могут изменить ожидаемый исход*

... воодушевление Лобанова действовало заразительно на всех, кроме Кривицкого. Этот безнадежный скептик уныло заключил: — Вот с ремонтом — факт, остальное — **бабушка надвое сказала.**

Д. *Гранин, Искатели.* Лето я думаю провести в Украине и уже нанял себе берлогу [*жилье шутл.*] на реке Псле... Насчет Афона **бабушка еще надвое сказала**, хотя съездить очень хочется. *А. Чехов, Письмо П. А. Сергеенко, 4 мая 1888.* ... если он попадет к какому-нибудь крючкотвору, тут **еще бабушка надвое сказала.** С такими никогда не знаешь, чем кончится. *К. Симонов, Живые и мертвые.* ... тех — миллионы, которые не позволят вам попирать ногами свои священнейшие верования, которые раздавят вас! – ...**бабушка еще надвое сказала.** Нас не так мало, как вы полагаете. *И. Тургенев, Отцы и дети*

Ср.: как знать, как сказать!

БАЗАРНЫЙ ⊙ **грош цена в базарный день** *см.* Ц 4
БАКЛУШИ ⊙ **бить баклуши** *см.* Б 4
БАРАХТА ⊙ **с бухты-барахты** *см.* Б 28
БАШКА ⊙ **вбивать в башку** *см.* В 6
взбрести в башку *см.* В 30
БАШМАК ⊙ **2.** ⟨быть, находиться⟩ **под башмако́м (под башмачко́м** *ирон.*⟩ *кого-л.,* ↔ *у кого-л. разг.* 'В беспрекословном подчинении, в полной зависимости' *Обычно о зависимости мужа от жены* △ to be under *smb's* thumb; to be tied to *one's* wife's apron-strings *книжн. Варианты окружения:* держать ↔ *кого-л.* → **под башмаком** *разг.* △ to keep *smb* under *one's* thumb; to get *smb* where *one* wants *him*; попадать/попасть ↔ **под башма́к** *кого-л.,* ↔ **к кому-л.** △ to get under *smb's* thumb

Он, незаметно для самого себя, находился **под башмаком** у своей жены — женщины маленького роста, болезненной и жеманной. *А. Куприн, Молох.* [*Касимов*] заклятый ненавистник брака, пока холост, а женится — попадет **под башмак** жены. *Н. Помяловский, Молотов.* И вдруг этот самый генерал Блинов, со всей своей ученостью и превосходительством, сидит под башмаком какого-то урода... А вы видели эту особу, которая держит генерала **под башмаком?** — перебила Раиса Павловна. *Д. Мамин-Сибиряк, Горное гнездо*

Ср.: под каблуком, плясать под дудку, в руках, веревки вить, держать в ежовых рукавицах, держать в руках, прибирать к рукам, садиться на шею *2 знач.*

БАШМАЧОК ⊙ **под башмачком** *см.* Б 2
БЕГАТЬ ⊙ **мурашки бегают по спине** *см.* М 45
БЕГОТНЯ ⊙ **мышиная беготня** *см.* Б 52
БЕДА ⊙ **долго ли до беды** *см.* Д 58
БЕДНЫЙ ⊙ **на бедного Макара все шишки валятся** *см.* Ш 7
БЕЖАТЬ ⊙ **мурашки бегут по спине** *см.* М 45
БЕЛКА ⊙ **вертеться как белка в колесе** *см.* В 18

БЕЛЫЙ ⊙ **белой вороной** *см.* В 59
белый свет *см.* С 22
не жилец на белом свете *см.* Ж 6
сказка про белого бычка *см.* С 72
среди бела дня *см.* Д 44
черным по белому *см.* Ч 7
шито белыми нитками *см.* Ш 5

БЕЛЬМО ⊙ **3.** *кто-л., что-л.* ⟨*у кого-л.*⟩ **как (бу́дто, сло́вно, то́чно) бельмо́ в (на) глазу́** *разг., неодобр.* 'Раздражает *кого-л.* своим присутствием, является для *кого-л.* постоянной помехой' *Порядок компонентов фиксир.* △ *smb, smth is a thorn in smb's side* (flesh)

Эх, не доведи господь возглашать мне больше на крылосе аллилуйя, если бы, вот тут же, не расцеловал ее, несмотря на то что... под боком моя старуха, **как бельмо в глазу**. *Н. Гоголь, Вечер накануне Ивана Купала*. [*Лиза:*] Мучительница-барышня, бог с нею, и Чацкий, **как бельмо в глазу**: Вишь, показался ей он где-то здесь внизу. *А. Грибоедов, Горе от ума*. Один только старый дом стоял в глубине двора, **как бельмо в глазу**, мрачный, почти всегда в тени, серый, полинявший, местами с забитыми окнами. *И. Гончаров, Обрыв*

Ср.: стоять над душой, хуже горькой редьки *2 знач.*
[Бельмо — *беловатое пятно на глазу вследствие воспаления или повреждения роговицы глаза*]

БЕРЕГ ⊙ **молочные реки кисельные берега** *см.* Р 19
БИРЮЛЬКА ⊙ **играть в бирюльки** *см.* И 4
БИТЬ ⊙ **4. бить баклу́ши** *разг., неодобр.* 'Бездельничать, праздно проводить время' *Порядок компонентов нефиксир.* △ *to twiddle* (sit twiddling) *one's* thumbs (fingers); *to sit picking one's nose груб.*

... Но только придется тебе в совхозе поработать, Василь. **Баклуши** там **бить** нельзя. *В. Беляев, Старая крепость*. Поздоровавшись, папа сказал, что будет нам в деревне **баклуши бить**, что мы перестали быть маленькими и что пора нам серьезно учиться. *Л. Толстой, Детство*. Он сейчас бьет где-нибудь **баклуши**, а трудодни ему идут. *С. Антонов, Дело было в Пенькове*. Ведь он не **баклуши бил**, он трое суток оперировал, почти трое суток. Он оперировал, и его кололи кофеином, чтобы он не заснул стоя. *Ю. Герман, Дорогой мой человек*

Ср.: валять дурака *2 знач.*, коптить небо, сложа руки, считать ворон
[Баклуши — *короткие обрубки дерева, из которых изготовляли мелкие изделия: ложки, поварешки и т. д.* Бить — *в знач.* делать, изготавливать]

5. ⟨*в ком-л., где-л., у кого-л.*⟩ ↔ **бить (кипе́ть** *редк.*) ключо́м 'Проявляться бурно, с неистощимой силой' *Обычно о жизни, чело-*

веческой энергии, реже — о каких-л. эмоц. состояниях, а также чертах характера человека. *Порядок компонентов нефиксир.* △ to manifest itself vigorously, with inexhaustible force

Жизнь бьет ключом ⟨*где-л.*⟩. Life is in full swing ⟨somewhere⟩; The place is throbbing with (activity). Радость (энергия) бьет ключом в *ком-л.* Smb is bubbling over with joy; Smb is gushing with energy. *Вариант:* ⟨в *ком-л., где-л., у кого-л.*⟩ ↔ **забить (закипеть** *редк.*) **ключо́м** 'Начать проявляться бурно, с неистощимой силой'

Словом, несмотря на глухой сезон, столичная жизнь, как всегда, **била ключом.** *Л. Леонов, Русский лес.* Казалось, стоит только построить клуб, украсить его — и все переменится, и в Пенькове **ключом забьет** культурная жизнь. *С. Антонов, Дело было в Пенькове.* Злоба **ключом кипела** в его сердце. *М. Салтыков-Щедрин, Пошехонские рассказы*

Ср.: кровь кипит *1 знач.*

БЛИЗКО ⊙ близко лежит *см.* Л 6
принимать близко к сердцу *см.* П 94

БОБ ⊙ 6. ⟨оставаться*/остаться, оставлять*/оставить, сидеть⟩ **на боба́х** *разг.* 'Без того, на что рассчитывал, надеялся, чего ждал' *Часто без денег* △ not to get (give *smb*) what *one* expected or hoped to get; to have all *one's* efforts come to nothing (nougth, naught) Быть (сидеть) на бобах. Not to have a bean *разг.*

... вот они все, стало быть, и **на бобах** завтра без моих-то денег. *Ф. Достоевский, Преступление и наказание.* Каждый держатель облигации... очень ревниво относится к облигациям своих соседей и знакомых. Он пуще огня боится того, что выиграют они, а он, всегдашний неудачник, снова останется **на бобах.** *И. Ильф, Е. Петров, Двенадцать стульев.* Из-за некой женщины я однажды бросил все: институт, семью, дочь, все бросил к черту. И остался **на бобах.** *Ю. Бондарев, Игра.* Не поверишь, милая: сижу **на бобах!** ... Театру нынче из Минска дали распоряжение — взять в банке деньги, раздать штатным работникам. Я-то ведь не в штате. *К. Федин, Костер*

Ср.: вылетать в трубу, с носом, ни при чем, ни с чем

БОГ ⊙ 7. бог (Христо́с *уст.*) с тобой (с ва́ми; с ней, с ним, с ни́ми). *Порядок компонентов фиксир.* 1) 'Согласен, пусть будет так, пусть делает, как хочет' *Выражение согласия, уступки, примирения и т. п.* △ let it be so; do as you like (please)

Ну, **бог с тобой!** поезжай, уж если тебя так тянет отсюда. *И. Гончаров, Обыкновенная история.* — **Бог с тобой,** не хочешь рассказывать, не надо,— благодушно сказал Виктор. *Д. Гранин, Искатели.* Ну, **бог с вами,** давайте по тридцати [*рублей*] и берите их себе! *Н. Гоголь, Мертвые души*

Ср.: так и быть, куда ни шло, а то 5 знач.

2) *только* **с тобо́й, с ва́ми** 'Как можно так говорить *или* поступать?!' *Выражение упрека, изумления, несогласия, испуга и т. д. Обычно с воскл. интонацией* △ how can you say (act) so?!; ⟨God⟩ bless me (my soul)! *выражение изумления, испуга;* God (Heaven) forbid (forfend *уст.*) *выражение упрека, несогласия*

Как это они могут быть у нас, **бог с тобой?** *Б. Полевой, Глубокий тыл.* — Да причем тут дама? — изумился Сереженька Бутурлин, — **бог с тобой!** *Б. Окуджава, Глоток свободы.* — Я к роскоши не привыкла. — **Бог с тобой,** какая роскошь. Обыкновенный уют. *И. Грекова, Хозяйка гостиницы*

Ср.: вот еще! этого еще не хватало!

3) *только* **с тобо́й, с ва́ми** *торж.* 'Пусть все будет хорошо, счастливо, удачно' *Напутствие человеку, который намеревается, обычно рискуя, осуществить решительные перемены в жизни* △ God bless you! God be with you!

Я молчал. Мама притянула меня к себе и поцеловала. — Ну, **бог с тобой!** Мне хочется, чтобы ты был счастлив. А остальное не важно. *К. Паустовский, Далекие годы.* Коли найдешь себе суженую, коли полюбишь другую — **бог с тобою,** Петр Андреич. *А. Пушкин, Капитанская дочка*

Ср.: в добрый час!

4) *только* **с ним, с ней, с ни́ми** 'Забудем об этом, не будем об этом говорить' *Обычно после фразеол. следует название соответствующего предмета* △ let us forget ⟨about⟩ it; let us not worry (speak) about it; let it pass

Бог с ней, с разбитой чашкой! Never mind the broken cup!

— А потолок все-таки низковат! — **Бог с ним,** с потолком, Ксан Ксаныч! *Б. Бедный, Девчата.* — **Бог с ним,** с Гегелем, — пошутил Юреньев. — К чему нам сейчас такая материя? Я больше люблю, когда вы о своей жизни говорите. *П. Проскурин, Шестая ночь.* Ну, да **бог с ними,** с тыловыми учреждениями. Скажите лучше, как Москва живет. *К. Симонов, Живые и мертвые*

8. делать *что-л.* **как (ско́лько** *редк.***) бог** ⟨*кому-л.*⟩ **на́ ду́шу поло́жит** *разг.* 'Бессистемно, без предварительного плана; не как (*или* сколько) надо, а как (*или* сколько) получится *или* захочется' *Порядок компонентов фиксир.* △ to do *smth* without a system or plan, anyhow; to do *smth* as the spirit moves *one подчеркивается не столько бессистемность, сколько роль вдохновения*

Улицу эту в Соленой Пади, сразу видно, блюдут: кому попало и **как бог на душу положит** строиться на ней не позволяют. *С. Залыгин, Соленая Падь.* Шукшин тогда сказал: — Леня, репетировать не будем, вот **как бог тебе на душу положит,** так и сыграй.

Л. Куравлев, Сотоварищ. Пишите, **как** Вам **бог на душу положит**, не заботьтесь о совершенстве. *А. Н. Островский, Письмо Мысовской, 25 янв. 1886.* А нынче каждый запрягает и едет рубить [*лес*], **сколько** ему **бог на душу положит**. *С. Залыгин, Комиссия*
Ср.: как попало, с пятого на десятое *2 знач.*

9. не бо́г весть (зна́ет) како́й (как, ско́лько) *разг. Порядок компонентов фиксир.* 1) 'Не очень хороший, хорошо, много; не представляющий собой *чего-л.* особенного, выдающегося' *Употр.:* не бог весть (знает) какой + *сущ. в Р. п.* △ not all that good, well, many, much

Не бог весть какой роман. The novel is nothing to write home about.

Не бог весть какой жест... Но дело было в том, как она держала руку, — лихо, игриво, но рука дрожит, клонится бессильная. *М. Ганина, Золотое одиночество*. Не возьмётесь ли вы, князь, передать Аглае Ивановне, так то есть, чтоб никто не увидел, понимаете? Это **не бог знает какой** секрет, тут нет ничего такого. *Ф. Достоевский, Идиот.* Воды в Колоче было тоже **не бог весть сколько**, но все ж напиться и постирать... хватало. *Л. Раковский, Кутузов*
Ср.: так себе *1 и 2 знач.*

2) 'Не очень, не особенно' *Употр.: в конструкциях* не бог весть (знает) какой + *прил. с положит. оценкой или с количественным знач.*, не бог весть (знает) как + *нареч. или кр. прил. с положит. оценкой или с количественным знач.* △ not very, not particularly

Их [*переломных моментов в жизни*] было два, они были небольшие, **не бог весть какие** приметные, но все-таки — были! *С. Залыгин, Наши лошади*. Райпромкомбинат в сельской местности — **не бог весть какое** колоссальное предприятие. *В. Овечкин, О людях «без стельки»*. Но работа, по нашим силам, была не пустяковая, а оплата **не бог весть какая** щедрая. *В. Вересаев, В юные годы*. Тебе же **не бог весть как** далеко идти. *А. Герцен, Былое и думы*
Ср.: не ахти ⟨какой, как, сколько⟩ *2 знач.*, оставляет желать лучшего

[*Весть — старая форма 3 л. ед. ч. гл.* ведать *в знач.* 'знать']

10. не бо́г весть что́ *разг. Что-л.* 'не очень важное, ценное *или* хорошее, не заслуживающее особого внимания' *Порядок компонентов фиксир. Употр. как доп., сказ., а также как обособленная конструкция* △ nothing to speak of; nothing to write home about *разг.*; nothing to make a fuss (song) about *разг.*; no great shakes *разг.*

Они принесли откуда-то **не бог весть что** — лукошко калины, но как приятно было сосать горьковатую ягоду, как она освежала! *В. Каверин, Два капитана*. Пойдемте, Серафима Максимовна, в сто-

БОЖИЙ

ловую, накормим вас нашим сплавным обедом. **Не бог весть что,** но накормим досыта. *Г. Горышин, Запонь.* Посмотри на Крылова, он и десятой доли твоего не знает, зато у него рождаются идеи, **не бог весть что,** но ты был бы рад и таким. *Д. Гранин, Иду на грозу*

ни богу свечка ни черту кочерга *см.* С 33

11. ра́ди бо́га (бо́га ра́ди *более экспр.*) *разг.* 'Очень прошу, пожалуйста' Выражение усиленной просьбы, мольбы. *Употр. как вводн. конструкция, обычно при повел. накл. Порядок компонентов нефиксир.* △ for goodness' (Heaven's, God's, Christ's) sake *разг.*; in God's (Heaven's, Christ's) name *разг.*

— Ради бога, — сказала Софья Степановна, — **ради бога**... не приходите никогда больше с этим. *В. Лидин, Окно, открытое в сад.* — Да ведь я сказал, что сделаю. — Барон, **ради бога,** вы спасете мать. *Л. Толстой, Воскресение.* [*Серебряков:*] И, конечно, глупо, что я до сих пор жив. Но погодите, скоро я освобожу вас всех... [*Елена Андреевна:*] **Бога ради** молчи. *А. Чехов, Дядя Ваня.* — Марта Мартыновна, — крикнул он, повернувшись к дверям, — переключите, **бога ради** прошу... аппарат! *Л. Кассиль, Ход белой королевы*

БОЖИЙ ⊙ **божий свет** *см.* С 22

как божий день *см.* П 40

БОК ⊙ **12. бок о́ бок** ↔ ⟨с кем-л., с чем-л.⟩ *разг.* 1) находиться, жить, идти *и т. п.* ↔ 'Очень близко, совсем рядом, вплотную' △ to be (live, go) side by side ⟨with smb, smth⟩; to live cheek by jowl *о людях*

Мы стояли **бок о бок** и молчали. *В. Тендряков, Чрезвычайное.* Что, если он действительно служит в Полярном и я вот уже три месяца живу **бок о бок** с моим милым, старым, дорогим другом? *В. Каверин, Два капитана.* Притомившиеся кони пошли **бок о бок** медленным шагом, осторожно ступая по мягкому и скользкому ковру прошлогодней хвои. *Л. Соболев, Зеленый луч.* А на одном разъезде **бок о бок** остановились они рядом с могучим железным бронепоездом. *А. Гайдар, Чук и Гек*

Ср.: в двух шагах

2) работать, бороться ↔ 'В тесном контакте, вместе, как единомышленники' *Только о людях* △ to work (fight) side by side

В этот же день собрались на педсовет учителя — мой штаб, мои маршалы в вязаных кофтах, в потертых пиджаках, с кем **бок о бок** совершал скромные завоевания. *В. Тендряков, Чрезвычайное.* — А ты, Семен, не допускаешь такого предположения: если бы я не просто был в Гремячем, а работал **бок о бок** с вами, то, возможно, и промахов меньше было? *М. Шолохов, Поднятая целина*

13. быть, находиться *и т. п.* ↔ **под бо́ком** ↔ у кого-л. *разг.* 'Совсем рядом, очень близко' *Обычно о людях, географических объектах, учреждениях и т. п. Употр. как обст. при сказ. или как сказ.* △ close (near) by; within easy reach; at smb.'s elbow *о людях, которые находятся рядом и могут при необходимости помочь, а также о предметах, которые можно расположить рядом с собой для удобства; не о географических объектах или учреждениях;* at smb's finger-tips *о книгах и подобных предметах*

Пришел чужой мальчик. Привел отряд. Построил у вас **под боком** крепость... И вы не можете взять ее две недели! *А. Гайдар, Комендант снежной крепости.* Не я виноват, виновата холера, отрезавшая меня от Петербурга, который **под боком,** да куда не пускают. *А. Пушкин, Письмо П. В. Нащокину, 21 июля 1831.* Давно на Пинеге изведен строительный лес, за стоящим деревом за пятнадцать и за двадцать верст ездят, а тут такое золото [сосна] **под боком** — разве будут ворон считать? *Ф. Абрамов, Дом*

Ср.: не за горами, под рукой, рукой подать, в двух шагах

хвататься за бока *см.* X 5

БОЛЬНОЙ ⊙ **больное место** *см.* М 20

валить с больной головы на здоровую *см.* Г 43

БОЛЬШОЙ ⊙ **в большом ходу** *см.* X 12

делать большие глаза *см.* Д 18

БОР ⊙ **14. набирать/набрать** *и т. п.* ⟨людей⟩; народ *и т. п.* **с бо́ру да с со́сенки (с бо́ру по со́сенке, и с бо́ру и с со́сенки)** *разг., ирон.* 'Отовсюду и без всякого отбора' *Порядок компонентов фиксир.* △ to gather people from everywhere at random (arbitrarily) Народ с бору да с сосенки. A mixed bag of people; A scratch team.

Набрал он приказчиков-то себе **с бору да с сосенки,** ну, они его и доезжают теперь. *Д. Мамин-Сибиряк, Три конца.* Виноваты были юнкера военного окружного училища, те самые... которые набираются **с бора по сосенке.** *А. Куприн, Юнкера.* — Веселый город, — сказал он... Множество артистов, больше **с бору да с сосенки.** *К. Федин, Костер*

[Бор — *хвойный лес*]

БОЧКА ⊙ **как сельдей в бочке** *см.* С 54

БРАТ ⊙ **ваш (наш, свой) брат** *разг.* 'Люди, подобные тем, о ком говорится, по роду деятельности, мировоззрению, образу жизни *и т. п.*' *Обычно после фразеол. стоит сущ., называющее этих людей. В функции сказ. обознач. обычно одного представителя класса каких-л. лиц, в функции доп. и реже подлеж. — весь класс. При употр. в функции сказ. фразовое ударение стоит обычно на первом компоненте, при иных употр. фразеол. чаще безударен. Порядок компонентов фиксир.* △ our kind (sort); the like (likes) of you (of us, of them) *разг.*

БРАТ ⊙ **15. ваш (наш, свой) брат** *разг.*

Слуги также чувствовали, что он все-таки **свой брат,** не барин. *И. Тургенев, Отцы и дети.* Ну, **нашему брату,** военным, такие переселения вроде бы и не к лицу. *Л. Леонов, Русский лес.* ... разные авторы бывают. С **вашим братом** ухо держи востро. *Д. Гранин, Искатели*

БРАТЬ ⊙ **16. брать/взять (забира́ть/забра́ть** *уст.***) вёрх** ↔ ⟨над *чем.-л.,* над *кем-л.*⟩ *Порядок компонентов нефиксир.* 1) 'Побеждать, оказываться сильнее' *О чувствах, воззрениях, тенденциях, реже о людях. При неодуш. субъекте объект тоже неодуш., при одуш. субъекте — одуш.* △ to defeat *smb*, to prevail over *smth*; to gain (get, have, win) the upper (the whip) hand ⟨over *smb, smth*⟩; to get the better of *smb, smth предложное доп. обязательно;* to have the best of it (of the fight, *etc*) о борьбе людей, споре *и т. п.*
Природная жизнерадостность взяла в нем верх ⟨над грустью⟩. His natural cheerfulness gained the upper hand ⟨over (got the better of) his sadness⟩. Сильный всегда берет верх над слабым. The stronger man always gains the upper hand ⟨over (gets the better of) the weaker⟩ ⟨has the best of it⟩.

Потом в ней... закопошились сложные человеческие чувства. После неравной и короткой борьбы женское благоразумие **взяло верх** над девической жестокостью. *А. Вампилов, Стечение обстоятельств.* Но, как это бывает в жизни даже очень сильных и рассудительных натур... иногда долг меньший, но ближний, **берет верх** над долгом общим и главным, но дальним. *А. Фадеев, Молодая гвардия.* Тенденция к застою и загниванию, свойственная монополии, продолжает действовать, и в отдельных отраслях промышленности... она **берет верх.** *В. И. Ленин, Империализм как высшая стадия капитализма.* Не обращая внимания на председателя, не ожидая больше Новикова, Андрей ринулся в драку, в которой уже, чувствуя себя безнаказанными, **брали верх** тонковцы. *Д. Гранин, Искатели*

Ср.: класть на лопатки

2) *только над кем-л. уст.* 'Главенствовать, руководить, верховодить' *Обычно о власти человека над волей другого* △ to dominate *smb*; to gain (get, have, win) the upper (the whip) hand ⟨(over) *smb*⟩

Ты, Варьяша, не поверишь, эта девка над ним такой **верх взяла,** что ни скажет, он на все — натюрлих, натюрлих! *Б. Полевой, Глубокий тыл.* — Так вы полагаете, что он имел большое влияние на Анну Сергеевну? — Да. Но над ней никто долго **взять верх** не может, — прибавила Катя вполголоса. — Она очень дорожит своею независимостью. *И. Тургенев, Отцы и дети.* Слову вы своему не господин. Над людьми любите **верх брать,** а сами им хотя и не хотите, но подчиняетесь. *А. Куприн, Олеся*

Ср.: держать под башмаком, держать под каблуком, держать в руках, прибирать к рукам, садиться на голову

17. *кого-л.* ↔ **брать/взять в оборо́т (в рабо́ту)** 'Решительно воздействовать на *кого-л.*, чтобы заставить поступить определенным образом, изменить свое поведение *или* образ мыслей' *Часто о старших по возрасту или положению по отношению к младшим. Порядок компонентов нефиксир.* △ to get at *smb разг.*; to bring pressure to bear on *smb пытаться заставить кого-л. поступить определенным образом;* to take *smb* to task *прорабатывать кого-л. за провинность;* to go for *smb неодобр. или ирон., о нападках на кого-л. и о стремлении проучить кого-л.*

...тех из нас, кто оказывался слаб натурой, **брали в оборот**, иногда заставляли уходить из школы. *В. Тендряков, Чрезвычайное.* Внушительный рост Лобанова и то, что его вел под руку главный инженер, все это... несколько сдерживало женщин. Зато с тем большей злостью они **взяли в оборот** Наумова. *Д. Гранин, Искатели.* Надо бы дощечки написать, плакаты... **Возьму я вас в работу,** юные товарищи! – сказал, усаживаясь, заведующий. *Б. Горбатов, Мое поколение.* Я предупреждал вас, когда принимал дела, особенно Никиту Алексеевича – так работать нельзя. **Возьмут** когда-нибудь **в оборот** – жарко будет! *В. Овечкин, Гости в Стукачах*

Ср.: выбивать дурь из головы, ставить на ноги 4 знач.

18. брать/взять ↔ *кого-л., реже что-л.* **го́лыми рука́ми** 'Побеждать легко, без специальной подготовки *или* без специальных приспособлений' *Обычно о победе в споре, в борьбе за какие-л. цели. Употр. чаще в форме* голыми руками не возьмешь. *Гл. может стоять в конце фразеол.* △ to win easily, without special preparation or without special devices; to win (defeat *smb*) hands down; to whitewash *smb*

Эту крепость голыми руками не возьмешь. You cannot seize this fortress with bare hands *подчеркивается необходимость орудий, подготовки и т. п.* Этого человека голыми руками не возьмешь. This man is nobody's fool. There are no flies on this man *в обоих выражениях подчеркивается хитрость человека и невозможность обмануть его*

— Ты, Ледик, прав: **голыми руками** его **не возьмешь** – хитрый... Я даже растерялся. *Г. Семенов, Непротекаемый.* – Прежде чем делать замечания, – скажет Аркадий Аркадьевич, – надо усвоить правильные ударения в русских словах... Но незнакомого киоскера тоже **голыми руками не возьмешь.** Оказывается, он видел живого Чехова, и уж никому с улицы не позволит учить себя правильному произношению. *В. Росляков, Друг или раб.* Первую половину

БРАТЬ

партии с Ульманом играл артистически... Но во второй половине ничего не понимал, и Ульман взял меня **голыми руками**. *М. Ботвинник, К достижению цели.* В одиночку в лес соваться — людей насмешить. Без техники в лесу нечего делать. Лес тебя обломает, **голыми руками** лес **не возьмешь.** *Г. Горышин, Запонь*

19. брать/взять (хвата́ть) за́ душу (за́ сердце) *разг.* 'Сильно, глубоко волновать, вызывая щемящую боль, тоску или умиление, радость' *Обычно о печальной музыке, песне, о других произведениях искусства, реже о каких-л. звуках вообще. Употр. как при подлеж., так и в безл. предлож. Порядок компонентов нефиксир.* △ to pull (tug) at (on) *smb's* heartstrings *разг.*; to touch *smb's* heart (heartstrings) *все англ. выражения чаще характеризуют воздействие фильмов, печальных историй и т. п., реже — музыки*

Павка, сыграй что-нибудь грустное, чтобы **за душу брало**. *Н. Островский, Как закалялась сталь.* Илья подумал, что вот поют эти люди, хорошо поют, так что песня **за душу берет.** *М. Горький, Трое.* Голосу его некоторая хрипота и надтреснутость придавали особую теплоту и грусть, **берущие за сердце.** *В. Овечкин, С фронтовым приветом.* Выйдешь, бывало, в свой садик и вдруг слышишь протяжный жалобный вой, который просто **хватал за душу.** Это была несчастная собака, которая сидела на привязи. *Д. Мамин-Сибиряк, Зеленые горы*

Ср.: задевать за живое, надрывать душу

20. брать/взять ↔ *кого-л.* **на пору́ки** 'Принимать на себя ответственность за *чье-л.* поведение' *Обычно того, кто совершил предосудительный поступок и кому вследствие этого не доверяют органы власти. Порядок компонентов нефиксир.* △ to vouch for *smb* (for *smb's* good behaviour)

Не смешивать с to go bail for *smb, которое обознач. уплату денежного залога за явку обвиняемого в суд*

— Если ты **возьмешь** их **на поруки** и обещаешь нам, что они на границу больше ходить не будут... то я их отпущу по-хорошему, — обратился Сахаров к Корчагину. *Н. Островский, Как закалялась сталь.* — Скажу Подтелкову, что Чернецова я **беру на поруки!** *М. Шолохов, Тихий Дон.* — Я хочу **взять** Кирилла **на поруки.** *К. Федин, Первые радости*

[Порука — *принятая на себя ответственность за выполнение чего-л.*]

21. брать/взять своё *Порядок компонентов нефиксир.* 1) 'Проявляться во всей полноте, преодолевая *какие-л.* помехи, препятствия' *О физическом и психическом состоянии человека, о возрасте, а также о явлениях природы* △ to manifest itself in full, overcoming some hindrances or obstacles; to regain its sway *о молодости, природном веселье и т. п., о весне и т. п.*; to take its toll *подчеркивается* *отриц. воздействие старости, болезней и т. п.*; to make itself felt *или* to tell ⟨on (upon) *smb*⟩ *подчеркивается заметное проявление усталости, старости и т. п.*

— Лежи, отдыхай, здоровье **свое возьмет**, тебя выпишут. *К. Федин, Первые радости.* Природное веселье **брало свое**, и понемногу отступали усталость, заботы, тревоги. *Б. Полевой, Глубокий тыл.* Наконец затрубили, закурлыкали журавли в небе. Все-таки **взяла свое** и на этот раз: появились над полями птичьи треугольники. *А. Яшин, Журавли.* Годы **брали** уже **свое**... Я передал чтение лекций по теории корабля В. Г. Власову. *А. Н. Крылов, Мои воспоминания*

2) *чаще неодобр.* 'Добиваться поставленной цели, несмотря на любые препятствия' *О человеке. Чаще употр. в буд. вр.* △ to gain (win, achieve) *one's* end (ends); to get *one's* way

— Все о Юлечке думаю, и вот стало так жаль... Директор Иван Игнатьевич укоризненно покачал головой: — бросьте-ка, бросьте! Юлию Студенцову жалко. Не страдайте за нее. Девица настойчивая, сами знаете, **свое возьмет**. *В. Тендряков, Ночь после выпуска.* — Лука этот умный... — говорит Митягин. — Ему хорошо, он все понимает, так он везде **свое возьмет**: там схитрит, там украдет, а там прикинется добрым. Так и живет. *А. Макаренко, Педагогическая поэма.* Тетюев непременно опять будет нас подсиживать и уж **свое возьмет**. Большие неприятности может сделать. *Д. Мамин-Сибиряк, Горное гнездо.* С молоду ему трудно было победить науку, но он победил ее; хворал от бессонных ночей, но все-таки **взял свое**. *Н. Помяловский, Мещанское счастье*

22. брать*/взять себя́ в ру́ки 'Вернуть себе контроль над своими чувствами, настроением, поведением' *Обычно после потрясения, замешательства в неожиданной ситуации, а также после состояния безвольной расслабленности. Порядок компонентов фиксир.* △ to pull *oneself* together; to collect *oneself*; to get *one's* act together *разг.*

Нет, это начинается истерика! Стоп! Сначала **взять себя в руки**. *Ю. Семенов, Семнадцать мгновений весны.* На какое-то мгновение Виктор смешался, но тут же **взял себя в руки** и пояснил, что получил оттиск, будучи у Тонкова в институте. *Д. Гранин, Искатели.* Синцов в глубине души знал, что струсил. Через минуту, **взяв себя в руки**, он уже действительно решился ехать, но теперь было не с кем. *К. Симонов, Живые и мертвые.* Мартынов закурил, помолчал, стараясь **взять себя в руки**. *В. Овечкин, Районные будни.* Ср.: **держать себя в руках**

БРАТЬСЯ ⊙ **23. бра́ться/взя́ться за у́м** *разг.* 'Начать вести себя более благоразумно, серьезно, обдуманно' *Чаще употр. гл. сов. вида. Порядок компонентов нефиксир.* △ to come to *one's* senses

Он сказал, что если б никто не подсказывал, то и дисциплина была бы лучше и никто не надеялся бы на подсказку, а сам бы **взялся за ум** и учился бы лучше. *Н. Носов, Витя Малеев в школе и дома.* После обеда занялись разбором Полиных покупок, и Варя лишь головой покачивала на причуды младшей сестренки. — Пора тебе **за ум взяться**, Поля... Как-никак ты уже наполовину студентка. *Л. Леонов, Русский лес.* — Ты уходишь? — спросила Катя. Анисья Матвеевна... сказала тихонько: — Опять за свое, горе ты наше, эх, **за ум было взялся!** *Ф. Вигдорова, Любимая улица.* — ...куда я там денусь, на твоем строительстве?.. Гене тоже не дело из школы в школу болтаться. — ...Там он, может быть, скорее **за ум взялся** бы. Посмотрит, как люди работают... Самому захочется человеком стать. *В. Крапивин, Та сторона, где ветер*

БРОВЬ ⊙ **и бровью не повел** см. П 35

24. ⟨попадать*/попасть, бить *и т. д.*⟩ ↔ **не в бровь, а** ⟨**прямо**⟩ **в глаз** ↔ ⟨*кому-л.*⟩ *разг.* 'Критиковать точно, метко, иногда обидно, вскрывая самую сущность недостатков' *Порядок компонентов фиксир.* △ to point out the essence of the faults exposed very precisely and sometimes scathingly; to hit the nail on the head; to hit the mark; to put *one's* finger on *smth* (on it) *все англ. идиомы говорят о точности чьих-л. суждений и могут быть, в частности, отнесены к критическим замечаниям*

Своевременно написана статья... Макару, например, она **не в бровь, а в глаз** колет! *М. Шолохов, Поднятая целина.* Формула И. Дицгена «дипломированные лакеи фидеизма» **не в бровь, а в глаз** бьет Маха, Авенариуса и всю их школу. *В. И. Ленин, Материализм и эмпириокритицизм.* — Замечай за Верой, — шепнула бабушка Райскому. — Как она слушает. История попадает — **не в бровь, а прямо в глаз.** Смотри, морщится, поджимает губы! *И. Гончаров, Обрыв*

БРОДИТЬ ⊙ **ветер в голове бродит** см. В 25

кровь бродит см. К 47

БРОСАТЬ ⊙ **25. бросать (кидать) камешки** (*реже* **камешек, камень**) **в** *чей-л.* **огород** *разг.* 'С неодобрением *или* сарказмом намекать на *кого-л.* в разговоре, не называя этого человека' *Тот, кого критикуют, может присутствовать при разговоре, и говорящий может даже обращаться именно к нему. В качестве опред. употр. обычно мест. мой, твой и т. п., в вопросе — чей. На мест. может падать фразовое ударение. Порядок компонентов нефиксир.* △ to hint at *smb* in *one's* speech with disapproval or sarcasm, not naming that person; to have a dig at *smb может подразумевать как намеки, так и открытые нападки*

Это камешек (камень) в мой (твой *и т. д.*) огород. That remark is a dig (a hit) at me (at you, *etc*).

Я понял, **в чей огород бросает камешки** Тиктор. *В. Беляев, Старая крепость.* — Не могли подождать. — Старшой виновато замигал. Это был **камешек в его огород.** *В. Мурзаков, Мы уже ходим, мама...* — Хозяйка! Гости приедут, а у тебя и на стол подать нечего. — Што, я ведь не спала, не гуляла. Рабочий человек... — И это **камешек в его огород.** Тебе ли, мол, укорять меня? Целый месяц по городам шатался, бездельничал. *Ф. Абрамов, Дом*

бросать свет *см.* П 110

26. броса́ть (кида́ть) слова́ на ве́тер; бро́сить (ки́нуть) сло́во на ве́тер *разг., неодобр.* 'Легкомысленно обещать, не выполняя обещанного, или говорить необдуманно, безответственно' *Употр. чаще с отриц. или при словах со знач. невозможности, нежелания; часто в форме кто-л.* **слов на ветер не бросает,** *с одобрительной окраской, обозначая не единичный поступок, а черту характера человека. При гл. сов. вида с отриц. возможна форма* сло́ва. *Порядок компонентов нефиксир.* △ to promise light-mindedly, not keeping the promise or to speak thoughtlessly, irresponsibly

Он слов на ветер не бросает. He is a man of his word.

...окончательное решение зависело не от него, и он не мог позволить себе **бросать слова на ветер.** Поэтому промолчал. *К. Симонов, Солдатами не рождаются.* Когда Разметнов шепнул ему на ухо: — Ты бы, дядя Ипполит, сказал народу что-нибудь этакое, чувствительное... — старик упрямо мотнул головой. — Нечего **на ветер слова кидать!** Им и так все понятно, без моих лишних слов. *М. Шолохов, Поднятая целина.* — Хорошо, товарищи! — густым басом сказал крохотный Шубин. — Возьму я слово... Только прошу разрешить резервировать две-три минутки для обдумывания формулировок. Шубин **слов на ветер не бросает!** *В. Липатов, Повесть без названия, сюжета и конца...* [Флор Федулыч:] Дать деньги можно, но обещаний никаких-с... Я в таких летах и в таком капитале, что свои **слова на ветер бросать** не могу-с. *А. Островский, Последняя жертва*

БРОСАТЬСЯ ⊙ **27. броса́ться/бро́ситься (кида́ться/ки́нуться) в глаза́** ↔ *кому-л. (чем-л.) Порядок компонентов нефиксир.* 1) 'Резко выделяясь, привлекать к себе *чей-л.* взгляд' *О неодуш. предметах, отдельных деталях внешности, одежды и т. п.* △ to catch *smb's* eye

Чехлы были белоснежны... Они так резко **бросались в глаза,** что при взгляде на них одного цвета становились: обглоданный непогодой булыжник, продроглая подзаборная вода, птицы. *Б. Пастернак, Детство Люверс.* Колька лег на кровать. Ему **бросилось в глаза** ружье, висевшее на стенке над кроватью. *В. Шукшин, Нечаянный выстрел.* После нынешней ночи, когда ударил первый серьезный заморозок, на деревьях осталось совсем мало листьев,

БРОСИТЬ

но те, что остались, **бросались в глаза** праздничной позолотой и весёлым багрянцем. *И. Герасимов, Пробел в календаре.* — А что тебе **бросилось в глаза** во внешности Печерицы? — Ну, шинель какая-то ободранная. *В. Беляев, Старая крепость*

Ср.: резать глаза *1 знач.*

2) 'Резко выделяясь, привлекать к себе чье-л. внимание' *Часто о качествах человека, которыми он обладает в большей степени, чем другие люди, а также об отдельных сторонах какого-л. явления, факта и т. п.* △ to be conspicuous, striking

Его храбрость бросается в глаза. His bravery is striking. Перемены бросаются в глаза. The changes are glaring (conspicuous); The changes stare you in the face *подразумевает, что кто-л. не замечает того, что сразу видно*

Алёшка очень умён, прежде всего умён, и это скоро всем **бросается в глаза**. *А. Макаренко, Педагогическая поэма.* ...профессор Грацианский обычно не приводил в своих статьях ни цифр, ни личных позитивных предложений; их подкупающая скромность в этом смысле даже слишком как-то **бросалась в глаза**. *Л. Леонов, Русский лес.* Господину Заметову прежде всего ваш гнев и ваша открытая смелость **в глаза бросилась**: ну, как это в трактире вдруг брякнуть: Я убил! *Ф. Достоевский, Преступление и наказание.* Что же выражает это словечко «переплетение»? Оно схватывает лишь наиболее **бросающуюся в глаза** черточку происходящего у нас перед глазами процесса. *В. И. Ленин, Империализм как высшая стадия капитализма*

Ср.: резать глаза *2 знач.*

бросаться на шею *см.* В 29
БРОСИТЬ ⊙ **бросить свет** *см.:* П 110
бросить слово на ветер *см.* Б 26
БРОСИТЬСЯ ⊙ **броситься в глаза** *см.* Б 27
броситься на шею *см.* В 29
кровь бросилась в голову *см.* К 46

БУХТЫ-БАРАХТЫ ⊙ **28.** делать/сделать *что-л.*, говорить/сказать *что-л. и т. п.* ↔ **с бу́хты-бара́хты** *разг.* 'Необдуманно, без подготовки, внезапно' △ to do (say) *smth* without thinking, without preparation, suddenly

Такие вопросы нельзя решать с бухты-барахты. Such questions cannot be solved in a hurry (off the cuff *разг.*).

Он думал о госпитальном начальстве словно о какой-то потусторонней жестокой воле, которую человеческими силами не выправить... Один, самый главный, бог **с бухты-барахты** решил, другим пришлось соглашаться. *В. Распутин, Живи и помни.* Вот, например, вы можете, если немного денег у вас есть лишних, взять да и купить два десятка билетов... И пьесу подберите не просто так, **с бухты-барахты,** а чтобы прямо мамашино сердце пьеса бы задела. *Ю. Герман, Наши знакомые.* — Печатать надо, конечно... — пробормотал Батукин, нахмурясь. — Только надо еще разобраться, вот что! Проверить надо, а не так это — **с бухты-барахты.** *Ю. Трифонов, Студенты.* — Мы же обсуждали на бюро райкома, говорили с людьми, знакомили их с материалами, советовались. Что ж ты думаешь, такое собрание созывают **с бухты-барахты?** *Г. Николаева, Жатва*

Ср.: с налета *3 знач.*, очертя голову *1 знач.*, рубить сплеча *1 знач.*

БЫВАТЬ ⊙ **29.** *чего-л., реже кого-л.* **как не быва́ло** *разг.* Что-л., кто-л. 'исчезло (исчез) без следа' *Обычно в результате внешнего воздействия, иногда уничтожения. Порядок компонентов фиксир.* △ *smth, smb* disappeared without a trace

Потом, густо намылив бороду, он раза два проводил ножом по щекам — и волос **как не бывало.** *В. Беляев, Старая крепость.* Теперь, когда целых улиц **как не бывало,** расстояние сразу словно бы сократилось и фабрика оказалась совсем близко. *Б. Полевой, Глубокий тыл.* Близко море, а ходить некогда. Пока сходишь туда-обратно, полдня **как не бывало,** а работа не ждет. *И. Грекова, Хозяйка гостиницы.* Локтев с силой откинулся на спинку сиденья, ударился затылком, почувствовал боль... Сна **как не бывало.** *В. Мурзаков, Мы уже ходим, мама...*

Ср.: и был таков, только его и видели, как в воду канул, в помине, поминай как звали, как сквозь землю провалился, и след простыл, как ветром сдуло, как рукой сняло.

30. вести себя, делать/сделать *что-л.* ↔ **как ни в чём не быва́ло** *разг.* 'Так, будто ничего не случилось' *Подразумевается, что случившееся должно было повлиять на поведение человека (реже животного), поскольку это событие неприятное, постыдное или необычное. Порядок компонентов фиксир.* △ to behave (do *smth*) as though (if) nothing had happened

[Старик,] который доставил ему сегодня столько неприятностей, теперь **как ни в чем не бывало** приматывал ослабшую пуговицу на своем козьем кожухе. *Е. Носов, Не имей десять рублей.* Назавтра Вера Платоновна весело, **как ни в чем не бывало,** встречала смущенного Михеева и выписывала ему квитанцию на стоимость разбитого графина. *И. Грекова, Хозяйка гостиницы.* В Москве пешеходы и под дождем деловито идут и **как ни в чем не бывало** снуют автомобили и троллейбусы. *Ф. Вигдорова, Семейное счастье.* В Индии он видел йогов-фокусников, которых на год зарывали в землю, а потом они вставали живехонькими, **как ни в чем не бывало.** *В. Каверин, Два капитана*

Ср.: как с гуся вода, глазом не моргнул *2 знач.*, бровью не повел, хоть бы что

БЫТЬ ⊙ **31. будь добр (будь добра́, бу́дьте добры́** *и* **до́бры)** *Употр. при гл. в повел. накл. Порядок компонентов фиксир.* 1) 'Пожалуйста, прошу' *Вежливое обращение к кому-л. с просьбой* △ will (would) you kindly + *инф.*; be so kind as to + *инф.*

Будьте добры, возьмите материалы и найдите сами причину. *Д. Гранин, Искатели.* Мы еще чай пьем, а он уже в город бежит... Скажите, **будьте добры,** разве это жизнь? *А. Макаренко, Флаги на башнях*

2) *разг.* 'Ты (вы) обязан (обязаны) сделать, даже если не хочешь (не хотите)' *Употр. в конструкциях с уступ. или против. союзами* △ you must do so even if you do not like it; be sure to + *инф.*; be sure and + *повел. накл. оба англ. выражения не имеют уступ. значения*

Воевать без сна никто не может... Хоть на час, а **будь добр,** закрой глаза. *К. Симонов, Живые и мертвые*

32. была́ не была́! *разг.* 'Рискну, попытаюсь' *Обознач. внезапно сменившую колебания решимость сделать что-л. в надежде на случайную удачу. Употр. как самост., чаще вставочная, конструкция. Часто стоит перед названием действия, после межд.* эх △ come what may! *или* come hell or high water! *употр. как части сложн. предлож. или как вставочные конструкции*; ⟨here goes,⟩ sink or swim! *употр. как самост. предлож.*

Эх, думаю, **была не была,** дай думаю, выскажу свои соображения. *С. Антонов, Дело было в Пенькове.* Написал я сей черновик и вижу – не защитить вам. Провалю вас. Эх, думаю, **была не была,** поговорю лично. *Д. Гранин, Искатели.* Лес внезапно закончился береговым обрывом с рыжей стеной камышей у самой кромки... – Эх, **была не была!** – отчаянно воскликнул Фомич и кубарем скатился с обрыва. *Е. Носов, Не имей десять рублей.* Я оглянулась – ну, думаю, **была не была!** – и поцеловала его. *И. Бунин, Хорошая жизнь Ср.:* так и быть, куда ни шло *1 знач.*, собраться с духом, а то *5 знач.*

33. и был тако́в *разг., часто неодобр., ирон. или шутл.* 'И внезапно исчез, убежал *или* сбежал' *Обычно о человеке. Употр. чаще в форме м. р. и в функции сказ. в конце однородного ряда сказ.* △ and disappeared (ran away) suddenly; and that was the last we saw of him

Не везет нам с главными агрономами... Пащенко покрутился немного, посчитал, условия для него не те. Перспективы, мол, нет. **И был таков.** *А. Безуглов, Следователь по особо важным делам.* Ушел на войну веселый, Верочку подбросил, жену поцеловал трижды со щеки на щеку, заломил фуражку – **и был таков.** *И. Грекова, Хозяйка гостиницы.* Раз на перекрестке, откуда ни возьмись, черная

собака, подскочила к хлебу — **и была такова.** *А. Чехов, В сарае*
Ср.: как не бывало, только его и видели, как в воду канул, поминай как звали, как сквозь землю провалился, как ветром сдуло, и след простыл

34. ка́к бы то ни́ было 'Независимо от того, верно *или* нет сказанное ранее' *Ставится в начале предлож., связывая его с предшествующим. Порядок компонентов фиксир.* △ be that as it may *ставится в начале предлож.*

Положительных отзывов было всего два. Умеренно-положительных. В них говорилось, что идея Пыжика интересна, хотя и недостаточно обоснованна. Но, **как бы то ни было,** она заслуживает дальнейшей проверки и проработки. *«Литературная газета», 27 июня 1979 г.* Имя Марьи Ивановны не было произнесено гнусным злодеем, оттого ли, что самолюбие его страдало при мысли о той, которая отвергла его с презрением; оттого ли, что в сердце его таилась искра того же чувства, которое и меня заставляло молчать,— **как бы то ни было,** имя дочери белгородского коменданта не было произнесено. *А. Пушкин, Капитанская дочка.* Неизвестно, чем окончилась бы эта путаница, если бы на помощь не пришла Татьяна Аркадьевна.— Одним словом, мы так не кончим до завтрашнего дня,— сказала она своим спокойным голосом.— **Как бы то ни было,** Дуняша сейчас же отправится разыскивать тапера. *А. Куприн, Тапер*
Ср.: что ни говори, и то *2 знач.*

35. ⟨у кого́-л.⟩ **ма́ковой роси́нки во рту́ не́ было** Кто-л. 'совсем ничего не ел, не пил' *Чаще относится к самому говорящему. Перед фразеол. может стоять обст., обознач. начальный момент или продолжительность этого состояния (обычно длительного). Употр. как самост. предлож. или часть сложн. предложения. Порядок компонентов нефиксир.* △ smb has not had a bite ⟨to eat⟩ (a morsel of food *книжн.*)

[Астров:] Возился я целый день, не присел, **маковой росинки во рту не было,** а приехал домой, не дают отдохнуть. *А. Чехов, Дядя Ваня.* Я ведь и забыл: у меня нынче с утра **во рту и маковой росинки не было!** *И. Гончаров, Обыкновенная история.* — Господи, да как уж ты ешь, Прокофьич! Как, скажи, ты три дня не ел! — А ты думала — ел! Трое суток в аккурат **маковой росинки во рту не было.** *М. Шолохов, Тихий Дон.* — Коллега! Помогите бывшему рабочему... Три дня **во рту маковой росинки не было!** *А. Куприн, С улицы*

не может быть и речи *см.* М 43

36. не ту́т-то бы́ло *разг., иногда ирон.* 'Не удалось добиться того, чего хотелось' *Употр. как часть сложн. предлож., после* союзов да, но, *реже как самост. предлож. после того, как названо ожидаемое событие. Порядок компонентов фиксир.* △ what was desired was not achieved; nothing doing! *разг.*; no way! *разг.*

Близко локоть, да не укусишь. Вспомнив эту поговорку, он потянулся к локтю зубами – вдруг укусишь? – но, не дотянувшись, засмеялся: правильно говорят. Кусали, значит, и до него, да **не тут-то было**. *В. Распутин, Живи и помни*. Захочет, к примеру, ворюга-кот на дерево к птенцам пробраться, да **не тут-то было**. *Г. Скребицкий, Грач*. Именно устиновскую избу начали грызть коровы сразу с двух углов... Устинов забил в бревна добрую сотню подковных гвоздей, но **не тут-то было**, коровенки грызли только в чистых местах. *С. Залыгин, Комиссия*. Николай Антоныч боится меня. Но он хочет, чтобы я сделал первый шаг. **Не тут-то было!** *В. Каверин, Два капитана*

Ср.: куда там *1 знач.*

не я буду *см.* Я 1

37. так и бы́ть *разг.* 'Пусть будет так, как вы хотите *или* как требуют обстоятельства' *Выражает согласие или уступку, явившиеся результатом длительных уговоров, просьб. Употр. обычно как часть сложн. предлож., реже как вставочная конструкция. Порядок компонентов фиксир.* △ so be it *употр. как отдельное предлож.*; all right, ⟨then⟩ *употр. в начале предлож.*

В этот раз я, так и быть, помогу тебе. All right, then, I'll help you this time.

— Ну, миленький, ну, расскажи, пожалуйста... Буланин ухватился за его рукав и еще настойчивее пристал к нему. В конце концов твердость Сельского не выдержала. — Ну, **так и быть**... ладно, — сказал он, сдавшись окончательно. *А. Куприн, На переломе*. — Ну, — продолжал Зурин, — **так и быть**. Будет тебе квартира. *А. Пушкин, Капитанская дочка*. Последний довод и послужил предлогом для золотухинского сватовства: **так и быть**, взять Леночку в придачу к роще. *Л. Леонов, Русский лес*. Он сказал, что краску, **так и быть**, даст. *В. Крапивин, Та сторона, где ветер*

Ср.: бог с тобой *1 знач.,* куда ни шло *1 и 2 знач.,* а то *5 знач.*

БЫЧОК ⊙ **сказка про белого бычка** *см.* С 72

В

ВАЛИ́ТЬ ⊙ **1. вали́ть (меша́ть/смеша́ть, сва́ливать/свали́ть)** ↔ *что-л., реже кого-л.* **в ⟨одну́⟩ ку́чу** *разг., неодобр.* 'Объединять, уравнивать в своих оценках, рассуждениях совершенно разные предметы *или* явления *Часто употр. со словом всё. Порядок ком-*

понентов нефиксир. △ to lump smth, smb together *неодобр. оценка не обязательна*

Перебить Веру никто не мог, она строчила без пауз, **сваливая в одну кучу** и лакированные туфли, которые она не может купить второй месяц, и методы агитации среди молодежи, и перевод, который ей надо матери послать. *Д. Гранин, Искатели*. Он все делал с пафосом, с воздеванием рук, с восклицанием и многословием, **мешая в кучу** французские междометия, латынь, народные обороты. *А. Фадеев, Последний из удэге*

валить с больной головы на здоровую *см.* Г 43

2. вали́ть (сва́ливать/свали́ть) ← *кого-л.* → **с ног** *Порядок компонентов нефиксир.* 1) 'Вынуждать упасть' *О ветре, ударе и т. п.* △ to lay *smb* low

Дядя был, наверно, всегда таким же худеньким, похожим на мальчика, как и племянник. Казалось, в нем не было веса, и он держался за палку, чтобы нечаянный ветер не опрокинул его, **не свалил с ног**. *А. Алексин, «Безумная Евдокия»*. Не только бабу квелую, а и ядреных атаманцев умел Степан **валить с ног** ловким ударом в голову. *М. Шолохов, Тихий Дон*. Но еще труднее с непривычки была чересчур сильная отдача ложа в плечо при выстреле. Она была так быстра и тяжела, что... чуть **не валит** начинающего стрелка **с ног**. *А. Куприн, Юнкера*. Спирт **свалил их**, непривычных к вину, **с ног**, и они заснули. *И. Бунин, Крик*

Ср.: сбивать с ног

2) 'Вынуждать лечь в постель' *О болезни, физической слабости, а также об известиях, вызывающих потрясение* △ to lay *smb* low *часто в страдательном залоге*

Несколько раз оно [*больное сердце*] уже **валило меня с ног**, я отлеживался в постели, но пока выходил победителем. *В. Тендряков, Чрезвычайное*. Весть о смерти сына **свалила с ног** старуху мать, и ее, полумертвую, отхаживали соседки. *Н. Островский, Как закалялась сталь*

ВАЛИ́ТЬСЯ ⊙ **3. всё** (*что-л.*) **ва́лится (вали́лось)** ↔ **у** *кого-л.* **из ру́к** *разг. Порядок компонентов нефиксир.* 1) *Кто-л.* 'не в состоянии выполнять работу, сосредоточиться на ней из-за подавленного настроения' △ smb cannot do any work or concentrate on it because of a depressed mood; smb cannot put (set) *his* hand to anything *о неспособности взяться за работу;* smb cannot give *his* mind to (keep *his* mind on) work *о неспособности сосредоточиться*

Когда ее нет, он скучает, места себе не находит, все **валится у него из рук**, он много спит, и сны снятся ему нехорошие, тревожные. *Ю. Казаков, Трали-вали*. — Что в избе худо, так это от твоих молчанок у меня все **из рук валится**. *С. Антонов, Дело было в Пенькове. Чуть вечер, в особенности при ясном небе, ею овладевал приступ более тяжелого заболевания, чем любое из перенесенных ею в детстве; речь становилась неточной, все **валилось из рук**. *Л. Леонов, Русский лес*. Но самая пустячная работа **валилась из рук**. *А. Толстой, Хождение по мукам*

Ср.: не находить себе места, руки опускаются

2) *Кто-л.* 'плохо справляется с работой из-за неспособности, неумения' *Обычно с ручной работой, особенно домашней. Обознач. чье-л. постоянное свойство* △ smb's fingers are (smb is) all thumbs; smb is ham-handed (ham-fisted)

А сама [Катя] неумелая, неряха — все у нее **валилось из рук**. *И. Грекова, За проходной*

4. вали́ться (па́дать) с ног ↔ ⟨от чего-л.⟩ *разг*. 'С трудом удерживаться на ногах' *Чаще от сильной усталости. Порядок компонентов нефиксир.* △ to be ready to drop; to be close to dropping

Семенов приказал остановиться. Продрогшие казаки **валились с ног** от усталости. *А. Алдан-Семенов, Для тебя, Россия.* Сквозь забытье [*Даша*] слышала, как подошел Иван Гора и негромко заговорил с Агриппиной: — Покурить бы, **с ног валюсь**. *А. Толстой, Хождение по мукам.* — Никогда не думала, Варька, что можно **валиться с ног** от счастья... И Варя поняла ее состояние — усталость победы и торжество чистоты. *Л. Леонов, Русский лес*

Ср.: еле ноги волочить, выбиваться из сил, едва держаться на ногах, не слышать ног под собой

все шишки валятся *см.* Ш 7

ВАЛКО ⊙ **ни шатко ни валко** *см.* Ш 3

ВАЛЯ́ТЬ ⊙ **5. валя́ть (лома́ть, ко́рчить) дурака́ (ва́ньку, ду́рочку)** *разг., неодобр. Порядок компонентов нефиксир.* 1) 'Притворяться глупым, непонимающим, чтобы перехитрить собеседника' △ to act (play) the fool

— Ну давай хоть раз в жизни поговорим об этом по-человечески. Чудинов разом насторожился: — Это о чем же? — Довольно **дурака валять**, знаешь прекрасно, о чем я говорю. *Л. Кассиль, Ход белой королевы.* — Я на суде, Иван Ильич, хочу сказать, что я сумасшедший... — Слушайте, Жуков... Не проще ли будет не **валять дурака** на суде. *А. Толстой, Хождение по мукам.* — Ты **Ваньку**-то **не валяй**, Горяев... Сам себя нагрузил [*деньгами*], сам и освобождайся... Никто тебе ничего не должен. *П. Проскурин, Тайга*

Ср.: водить за нос, втирать очки, морочить голову

2) 'Бездельничать, праздно проводить время' △ to fool (muck *разг*.) about (around)

Зябь перестаивается, время уходит, надо работать, а не **валять дурака**. *М. Шолохов, Поднятая целина.* — Гене тоже не дело из школы

в школу болтаться... Ему все равно, где **дурака валять.** Там он, может быть, скорее за ум взялся бы. *В. Крапивин, Та сторона, где ветер.* — Ушли эти? ...Ночные-то. — Спят. Они спать здоровы. Не охотничают, а **дурочку валяют.** *В. Шукшин, Охота жить*
Ср.: бить баклуши, коптить небо, сложа руки, считать ворон, хлопать глазами

3) 'Смешить окружающих глупыми выходками, дурачиться' △ to act (play) the fool

Вечером все были невероятно смущены, только Карабанов **валял дурака** и вертелся между кроватями, как бес. *А. Макаренко, Педагогическая поэма.* Вовус хорошо учился, но дерзил. — Послушай, Вовус, — говорила Вера, — ну, чего ты меня срамишь? Почему тебе нравится так безвкусно **валять дурака?** *И. Грекова, Хозяйка гостиницы*

4) **валя́ть (сваля́ть) дурака́ (ва́ньку, ду́рочку)** 'Поступать глупо или не так, как следует в данной ситуации' △ to act (play) the fool; to make a fool of *oneself*

Не валяй дурака! Don't be a fool!

— Эх, Шлема, ты вот умный парень, а **дурака свалял.** Нашел время, когда языком молоть. *Н. Островский, Как закалялась сталь.* Уж они-то не **сваляют дурака** и будут покупать исключительно «Керчь». *В. Катаев, Белеет парус одинокий.* Человек, раз напечатавший где-нибудь рассказ или стихотворение, уже никогда не остановится писать. Это невозможно так же, как невозможно дураку перестать **валять дурака!** *А. Вампилов, Исповедь начинающего.* — Хватит тебе **валять дурочку** и выставлять напоказ наши отношения! *М. Шолохов, Поднятая целина*

Ср.: садиться в лужу

ВАНЬКА ⊙ **валять ваньку** *см.* В 5

ВАШ ⊙ **ваша хата с краю** *см.* Х 1

ваш брат *см.* Б 15

вашего поля ягода *см.* Я 2

и нашим и вашим *см.* Н 26

ВБИВАТЬ ⊙ 6. **вбива́ть/вби́ть (вкола́чивать/вколоти́ть** *прост.***)** ← *кому-л.* **в го́лову (в башку́** *прост.***)** ← *что-л. разг.* 'Назойливо, частым повторением пытаться заставить твердо усвоить определенные знания, убеждения, взгляды' *Порядок компонентов нефиксир.* △ to drum (hammer) *smth* into *smb* (into *smb's* head)
Вариант: **вбива́ть/вби́ть (забира́ть/забра́ть** *уст.***) себе в го́лову (в башку́** *прост.***)** *что-л. разг. Употр. часто с последующим придат. предлож. или с инф.* △ to take (get) *smth* (it) into *one's* head + *придат. предлож. или инф.*

В это утро особенно ревностно и суетливо **вбивали** им **в голову** словесность и наставления к стрельбе. *А. Куприн, Поединок.* Я **вбил** себе **в голову,** что я замечательно несчастлив, писал нежные и грустные стихи, стал худеть. *А. Вампилов, Листок из альбома*. Алексей знал, что если отец **заберет** что себе **в голову,** то уж того, по выражению Тараса Скотинина, у него и гвоздем не вышибешь. *А. Пушкин, Барышня-крестьянка*. [*Илья*] боялся, что Тося, чего доброго, **вобьет** себе **в голову,** будто он пришел в школу ради нее. *Б. Бедный, Девчата*

ВБИТЬ ⊙ вбить в голову *см* В 6

ВВЕРХ ⊙ **7. вверх** (**кве́рху** *уст.*) **днём** *Порядок компонентов фиксир.* 1) пойти (*реже* идти) 'Совершенно противоположно тому, как должно быть *или* как было; беспорядочно' *Подразумевает нарушение обычного хода дел, привычного образа жизни. Часто употр. с подлеж.* всё △ to be (turn) upside down; to be topsy-turvy; to be at sixes and sevens

При новой жене в доме все пошло **вверх дном;** никому житья от нее не стало; она всех к рукам прибрала. *Ф. Достоевский, Бедные люди*. После отъезда Ивана Семеновича на строительстве все пошло **вверх дном.** *С. Антонов, Дожди*

Ср.: вверх ногами 2 знач., шиворот-навыворот 2 знач.

2) все перерыть, поднять, перевернуть (*реже, несов. вид тех же гл.*) 'В крайнем беспорядке' разбросать *Обычно о вещах, разбросанных во время поисков чего-л.* △ to turn everything upside down

Все перевернуто вверх дном. Everything is (has been turned) upside down; Everything is topsy-turvy; Everything is at sixes and sevens

Никого не арестовали, но все в доме перерыли **вверх дном.** *Н. Островский, Как закалялась сталь*. В квартире все было поднято **вверх дном.** На полу валялись раскиданные вещи и битая посуда. *Э. Казакевич, Весна на Одере*. А там, как надо что достать в дороге, и пойдешь все перерывать **вверх дном!** *И. Гончаров, Обыкновенная история*

8. вверх (**кверх** *прост.*) **нога́ми** *разг. Порядок компонентов фиксир.* 1) ставить/поставить, держать, переворачивать/перевернуть *и т. п.* 'Так, чтобы нижняя и верхняя части предмета поменялись местами' △ to place (hold, turn) *smth* upside down (head over heels)

[*Парень*] перевернул бумажку **вверх ногами,** чтобы удобнее было разобрать надпись на круглой печати. *С. Антонов, Поддубенские частушки*. Все небо было [*отражалось*] в озере. Опустив руку в воду, Нина трогала верхушки елей. Все было **вверх ногами.** *Д. Гранин, Искатели*. Каждый из свидетелей [*покупки*] поместил себя со всеми своими достоинствами и чинами, кто оборотным шрифтом, кто косяками, кто просто чуть не **вверх ногами,** помещая такие буквы, каких даже и не видано было в русском алфавите. *Н. Гоголь, Мертвые души*

Ср.: шиворот-навыворот *1 знач.*

2) идти (пойти) *и т. п.* 'Противоположно тому, как должно быть или как было; беспорядочно' *Подразумевается, что события приняли стихийный характер и ими невозможно управлять. Употр. обычно при гл. сов. вида в прош. вр. и подлеж. всё. В предлож. обычно есть обст. вр., указывающее, когда изменился ход событий* △ to be (turn) upside down; to be topsy-turvy; to be at sixes and sevens

Я дал слово защитнику, и с этой минуты все пошло **вверх ногами**: во-первых, потому, что защитник понес страшную чушь, а во-вторых, потому, что я увидел Катю. *В. Каверин, Два капитана.* «Атаман» уже не раз доказывал свою способность ставить свою политику **вверх ногами**. *Н. Островский, Рожденные бурей*

Ср.: вверх дном *1 знач.,* шиворот-навыворот *2 знач.*

ВВЕСТИ ⊙ **ввести в краску** *см.* В 9

ВВОДИТЬ ⊙ **вводить в краску** *см.* В 9

ВГОНЯТЬ ⊙ **9. вгоня́ть / вогна́ть** (*реже* **вводи́ть / ввести́**) *кого-л.* ↔ **в кра́ску** 'Заставлять краснеть от смущения' *В функции подлеж. могут выступать сущ., обознач. лиц, а также их поступки или высказывания, обычно насмешливые или хвалебные. Порядок компонентов нефиксир.* △ to make smb blush

За столом она заигрывала с Чижеговым, подтрунивала над ним, никак не выделяя его; бесстыдное это актерство **вгоняло** его **в краску**. *Д. Гранин, Дождь в чужом городе.* ...когда он встречался с Улей, да и не только с Улей, где-нибудь на улице или на квартире, он так терялся, что даже не успевал поздороваться, а если здоровался, то краснел так, что любую девочку **вгонял в краску**. *А. Фадеев, Молодая гвардия.* [*Фаиночка*] в буфете никогда не сядет за мой столик. Прекрасный повод для шуток. Его с удовольствием используют некоторые мои коллеги. И **вгоняют** девушку **в краску**. *А. Безуглов, Следователь по особо важным делам*

ВДОЛЬ ⊙ **10. вдоль и поперёк**. *Порядок компонентов фиксир.* 1) 'Все названное пространство, во всех направлениях' △ the whole of the given space in all directions

Исходить страну вдоль и поперек. To travel ⟨through⟩ the length and breadth of the country. Исписать страницу вдоль и поперек. To fill a page with writing from top to bottom.

— Сторона мне знакомая, — отвечал дорожный, — слава богу, исхожена и изъезжена **вдоль и поперек**. *А. Пушкин, Капитанская дочка.* Длинные-предлинные возили они [*статистики*] с собой бумаги — описи, расчерченные **вдоль и поперек** толстыми и тонкими линиями. *С. Залыгин, Комиссия.* Вышел он на залив — на тонкий прогибающийся под ногами, гулко и мелодично потрескивающий лед, по которому **вдоль и поперек** с криком и гамом скользила

ВЕДРО

детвора камышинских окраин. *Б. Полевой, Повесть о настоящем человеке.* ...облазив **вдоль и поперек** баню, обнаружил Михеич, что... кто-то, хозяйничавший здесь, прихватил... с полки добрую половину листового табаку-самосаду. *В. Распутин, Живи и помни*
Ср.: вкривь и вкось *1 знач.*

2) знать *и т. п. что-л., реже кого-л. прост.* 'Очень хорошо, до мельчайших подробностей' △ to know *smth*, *smb* inside out (through and through); to know a place like the back of *one's* hand

Кто-то ведь должен таким важным делом заниматься... Кто же, как не он? Человек, **вдоль и поперек** знающий жизнь?! *С. Залыгин, Наши лошади.* Он составил программу времяпровождения до поездки, запомнив **вдоль и поперек** анонсы во всех газетах. *К. Федин, Первые радости.* Кошевой был умный и хитрый казак, знал **вдоль и поперек** запорожцев. *Н. Гоголь, Тарас Бульба.* — А ведь мы тоже ведем теперь далеко не прозаическую жизнь. Шалаш, уединение, подполье... Нешуточное дело для ...марксистов, знающих «Капитал» **вдоль и поперек**. *Э. Казакевич, Синяя тетрадь*
Ср.: до капли *2 знач.,* от корки до корки, как свои пять пальцев, от слова до слова

ВЕДРО ⊙ **11.** лить, полить, хлынуть, припустить *и т. п.* ↔ **как из ведра** 'Очень сильно, мощным потоком' *О дожде* △ to come down in buckets (sheets, torrents) *при подлеж.* rain; to rain cats and dogs *безл.*

Вариант окружения: дождь как из ведра́

Косой дождь, гонимый сильным ветром, лил **как из ведра**. *Л. Толстой, Отрочество.* Дождь припустил **как из ведра**, мутно светились в водяной мгле фонари. *В. Панова, Времена года.* — Даже зонтика не захватила, — говорит доктор Филиппова. — Дождь прямо **как из ведра**. *Ф. Вигдорова, Любимая улица.* Наконец громовый удар раздался в другой раз громче и ближе, и дождь хлынул вдруг **как из ведра**. *Н. Гоголь, Мертвые души*

ВЕК ⊙ **12. в ко́и-то** (*реже* **в ко́и**) **ве́ки** что-то произошло, что-то удалось сделать 'Наконец-то, впервые за долгий период' *Обычно говорится о желаемом событии. Чаще при гл. сов. вида в прош. вр.; в буд. вр. гл. сов. вида обычно имеет знач. повторяющегося действия, отнесенного к наст. или буд. вр. Употр. часто в первой части против. конструкций, содержащих союзы* а, и, *усил. частицу* так и. *Фразовое ударение стоит обычно на гл., а сам фразеол. безударен. Порядок компонентов фиксир.* △ at ⟨long⟩ last, for the first time in a long while

В кои-то веки ты пришел ко мне в гости, и уже уходишь! It's the first time you've come to see me in years, and you're already going!

В кои-то веки дождался я Аркаши... Я со вчерашнего дня и насмотреться на него не успел. *И. Тургенев, Отцы и дети.* Геннадий ушел к себе рассерженный и огорченный: **в кои веки** осчастливил человек своих близких — и не оценили. *В. Панова, Времена года.* — Пойдем-ка, пожалуй, Паня... — А мне что-то и уходить не хочется, — пела Панька, допивая чай. — **В кои-то веки** к своим соберешься, а чай такой вкусный. *Б. Полевой, Глубокий тыл.* Да и вообще такой случай в **кои веки**. *Д. Гранин, Картина*

13. ⟨**отны́не и**⟩ **во ве́ки веко́в** *торж.* При *гл. без отриц.*: 'Навсегда, всегда', *при гл. с отриц.*: 'Никогда' Отныне *обознач. начальную точку названного временного периода, которая совпадает с моментом речи. Употр. как обст. при гл., указывающих на буд. вр. и часто выражающих пожелание, обещание и т. п. Порядок компонентов фиксир.* △ for ever ⟨and ever⟩; world without end церковное

Да живет **во веки веков** память об этих людях! *А. Фадеев, Молодая гвардия.* — Замысел твой, — говорю, — давно вижу, только не бывать тому **во веки веков**. *И. Бунин, Хорошая жизнь.* Который раз он клялся себе, что **отныне и во веки веков** он будет врезать правду всем и каждому. *Д. Гранин, Иду на грозу.* — Весь наш род проклят **во веки веков**. *А. Куприн, Олеся*

Ср.: на веки вечные

14. испоко́н (**споко́н** *прост.*) **ве́ка** (**веко́в**, **ве́ку** *уст.*) 'С очень давнего времени и постоянно' *Указывает на традиционность, неизменность каких-л. явлений или их свойств. Употр. как обст. Порядок компонентов фиксир.* △ from (since) time immemorial; ⟨since⟩ time out of mind

Она не подозревала, что все дерзающие **испокон веков** выискивают сходное в биографиях великих, обманывают себя надеждой. *М. Ганина, Мария.* Семья Рудневых принадлежала к одной из самых шумных московских семей, обитающих **испокон века** в окрестностях Пресни. *А. Куприн, Тапер.* — Пока что ремонт, ремонт нужен, — приговаривал он, обходя шкафы с чучелами птиц «нашего края» и лисицы, которая стояла **испокон веку**. *Д. Гранин, Картина.* Распри, ссоры — вот чем **спокон веку** славились [они], как и всякая долго и тесно живущая в единении семья. *И. Бунин, Суходол*

Ср.: с незапамятных времен, при царе Горохе

15. на ве́ки ве́чные (**веко́в**) *торж.* 'Навсегда, навечно' *Начало данного временного периода может относиться и к настоящему, и к прошлому. Употр. как обст. Порядок компонентов фиксир.* △ to the end of time *торж.*; for ever ⟨and ever⟩

Илья понял с небывалой ясностью, что **на веки вечные** при-

ВЕЛЕНЬЕ

вязан к Тосе. *Б. Бедный, Девчата.* Какая-то идея воцарялась в уме его — и уже на всю жизнь и **на веки веков.** *Ф. Достоевский, Братья Карамазовы.* Но больше всего, **на веки вечные** запомнил я, как нежно гладили они, руки твои, чуть шершавые и такие теплые и прохладные, как они гладили мои волосы, и шею, и грудь, когда я в полусознании лежал в постели. *А. Фадеев, Молодая гвардия.* — После упрекай меня, после я рабой твоей буду **на веки вечные,** а сейчас умрешь — ...я всех прокляну. *С. Залыгин, Соленая падь*

Ср.: во веки веков

ВЕЛЕНЬЕ ⊙ **16.** происходить*/произойти, совершаться*/совершиться **по щу́чьему веле́нью (веле́нию)** *часто ирон.* 'Словно по волшебству, без человеческих усилий' *Обычно об исполнении желаний. Употр. как обст. Порядок компонентов фиксир.* △ as if by magic, without human efforts

Все это возникло не по щучьему велению. All this did not appear by (like) magic. Ты думаешь, что все у тебя появится по щучьему велению? Do you think you can wave your magic wand and everything will fall in your lap?

Земля не глобус, жизнь не сказка, ничто не совершается **по щучьему велению.** *В. Тендряков, Чрезвычайное.* Дела очень много, нельзя же так, как ты хочешь, **по щучьему веленью,** раз-два — и колхоз создать. *М. Шолохов, Поднятая целина.* Вот так бы я начал, Микола Ильич, если бы вдруг **по щучьему веленью,** по моему хотенью перенесло меня вдруг отсюда, из этой балочки, в колхоз. С людей бы начал. *В. Овечкин, С фронтовым приветом*

Ср.: как по мановению волшебного жезла

ВЕЛИК ⊙ **от мала до велика** *см.* М 3

ВЕРЁВКА ⊙ **веревки вить** *см.* В 43

ВЕРСТА ⊙ **17.** ⟨**как**⟩ **коло́менская верста́** *разг., ирон. или шутл.* 'Очень высокого роста'. *О человеке. Употр. чаще как сказ. или обособленный член предлож. Порядок компонентов нефиксир.* △ as tall as a maypole (a beanpole, a steeple)

Вариант: вырасти, вымахать, вытянуться **с (в) коло́менскую версту́**

В большом подвале, куда [*Таню*] привел ординарец Левашова, длинный, **как коломенская верста,** она увидела сидевшего за столом у телефона лейтенанта. *К. Симонов, Солдатами не рождаются.* Выросли три **коломенские версты,** слезливы, конопаты, плоскогруды — тургеневские барышни, это в наш-то век! *А. Толстой, Хождение по мукам.* Ему уже пятнадцатый год пошел. Вытянулся **с коломенскую версту.** *А. Толстой, Петр Первый*

[Верста — *дорожный столб, отмечающий старую русскую меру*

длины, равную *1,06 км. Коломенское — старое село под Москвой. Коломенская верста — высокие верстовые столбы между Москвой и селом Коломенским)*

ВЕРТЕТЬСЯ ⊙ **18. верте́ться (кружи́ться, крути́ться) как бе́лка в колесе́** *разг.* 'Быть постоянно занятым, выполняя без отдыха нескончаемое множество разных дел' *Гл. может стоять в конце фразеол.* △ to be constantly busy doing an endless number of various things without any rest; to be on the go *в англ. выражении нет указания на постоянную смену разных дел*

Пружинкин в пылу усердия не замечал, что, исполняя поручения генеральши, он без отдыха **вертится как белка в колесе.** *Д. Мамин-Сибиряк, Именинник.* И целый день она [*мать*] **кружилась как белка в колесе,** варила обед, варила лиловый студень для прокламаций и клей для них. *М. Горький, Мать.* Лень — ленью, а ведь все равно некогда, надо одинокому старику обиходить самого себя, и ему же — бежать на работу, а на работе — **крутится как белка в колесе!** Ах, суета! *С. Залыгин, Наши лошади*
Ср.: мышиная возня *2 знач.,* на ногах *2 знач.,* не покладая рук, разрываться на части, сбиваться с ног

19. ве́ртится (верте́лось) в голове́ ↔ ⟨у кого-л.⟩ ↔ ⟨что-л.⟩ *Порядок компонентов нефиксир.* 1) *Кто-л.* 'никак не может вспомнить *что-л.* известное, хотя ему кажется, что он сейчас вспомнит' *Обычно какое-л. название, имя, фамилию и т. п.* △ smb has *smth* on (at) the tip of *his* tongue; *smth* is on (at) the tip of *smb's* tongue

Кажется, что так легко припомнить, так и **вертится в голове,** мучительно близко вертится, а что именно — не знаю. Никак не схватить. *В. Гаршин, Художники*
Ср.: вертится на языке *2 знач.*

2) 'Неотвязно, непрерывно возникает в сознании' *О мыслях, мелодии и т. п.* △ smth runs in *smb's* head (mind)

Замечтался наш Николай Петрович. — Сын... кандидат... Аркаша... — беспрестанно **вертелось** у него **в голове;** он пытался думать о чем-нибудь другом, и опять возвращались те же мысли. *И. Тургенев, Отцы и дети.* **Вертелся в голове** сумбурный сон, который ночью несколько раз обрывался пробуждениями, чтобы снова тянуться в тяжелом забытьи. *К. Федин, Первые радости*
Ср.: не выходит из головы, лезть в голову

20. что-л. ↔ **ве́ртится (верте́лось)** ↔ у кого-л. **на языке́.** *Порядок компонентов нефиксир.* 1) *Кому-л.* 'очень хочется произнести *что-л.* вслух' *Обычно с сущ.* слово, вопрос *и т. п.* △ smb has *smth* on (at) the tip of the tongue; *smth* is on (at) the tip of *smb's* tongue

У меня **вертелась на языке** масса вопросов... Но перебивать

Яшина не решился. *А. Безуглов, Следователь по особо важным делам*. Да он и сам хотел что-то сказать, что-то **вертелось** у него **на языке**, но он так и не сказал. *В. Амлинский, Классный*. У него все **вертелось на языке** то самое хорошее, что он хотел сказать, но никак было не пересилить себя, какую-то неловкость перед словами. *А. Битов, Такое долгое детство*
2) *Кто-л.* 'никак не может точно вспомнить *что-л.* известное, хотя ему кажется, что он сейчас вспомнит и произнесет вслух' *Обычно какое-л. название, имя, фамилию и т. п.* △ *smb* has *smth* on (at) the tip of *his* tongue; *smth* is on (at) the tip of *smb's* tongue

— Да! вот было из ума вон: хотела вам рассказать, да и забыла: думаю, думаю, что такое, так **на языке и вертится**. *И. Гончаров, Обыкновенная история*

Ср.: вертится в голове *1 знач.*

ВЕРХ ⊙ **брать верх** *см.* Б 16

ВЕРШОК ⊙ **21. от горшка́ два** (*реже* **три**) **вершка́** *шутл.* 'Очень маленького роста' *О ребенке или взрослом, внешне похожем на ребенка. Может подразумеваться, что человек не достиг взрослости. Употр. как сказ., часто при опущенном подлеж. Может при этом входить в состав против. конструкции, в которой обычно рост человека противопоставляется его поведению, социальному положению и т. п. Порядок компонентов фиксир.* △ knee-high to a grass-hopper *шутл., о ребенке и взрослом*; a little runt *пренебр., о низкорослом человеке*

— Мы, Полозовы, всегда влюблялись в крупных, — дядя Гоша вскинул красную руку. — В этаких значительных женщин. А эта что? Она нам породу испортит. Нарожает карапузов — **от горшка два вершка**. *Н. Соротокина, Свадьба*. А какая она выскочка? Конечно, им [*подчиненным*] не по нраву: **от горшка два вершка** и вдруг — старшая! Но разве она меньше других работает? *А. Яшин, Выскочка*. Вот проныра! **От горшка два вершка**, а поди ж ты, что вытворяет! *Б. Бедный, Девчата*

[*Вершок — старая русская мера длины, равная 4,4 см*]

ВЕСТИ ⊙ **и бровью не ведет** *см.* П 35
ВЕСТЬ ⊙ **не бог весть какой** *см.* Б 9
не бог весть что *см.* Б 10
ВЕСЬ ⊙ **весь свет в окошке** *см.* С 29
во весь голос *см.* Г 48
во весь дух *см.* Д 66
во все глаза *см.* Г 7
во всю ивановскую *см.* И 1
все глаза проглядеть *см.* П 106
всеми правдами и неправдами *см.* П 86

все шишки валятся см. Ш 7

выжимать все соки см. В 89

22. и вся́ недолга́ разг. 'И на этом все закончится' *Обычно связано с завершением какого-л. дела или с разрешением какой-л. проблемы быстро, без особых раздумий, поскольку это дело или проблема представляются кому-л. пустяковыми, не заслуживающими серьезного внимания. Употр. как вторая часть сложн. предлож., в первой части которого обычно стоит гл. в буд. вр. или повел. накл. Порядок компонентов фиксир.* △ and there is an end to it; and that's that; full stop *разг.*

Легко сказать: я пойду к нему и попрошу его показать эти письма... В самом деле, станет он говорить со мной! Он спустит меня с лестницы — **и вся недолга.** *В. Каверин, Два капитана.* [*Устинья Наумовна:*] Хотел завтра приехать да обзнакомиться. А там обвертим, — да **и вся недолга.** *А. Островский, Свои люди — сочтемся.* Не отпускать сына, так он ведь сделает — стукнет Игнашку — **и вся недолга.** *С. Залыгин, Комиссия.* — Будет вносить свою долю, **и вся недолга.** *Ю. Герман, Дело, которому ты служишь*

Ср.: только и всего, и дело с концом

изо всех сил см. С 63

мастер на все руки см. М 11

на все лады см. Л 1

на все четыре стороны см. С 113

23. у *кого-л.* **не всё до́ма** *разг., пренебр. или шутл.* 'Кто-л. с большими странностями, не нормален психически' *Порядок компонентов фиксир.* △ smb is not ⟨quite⟩ all there *разг.*

Бауман удивленно глянул капитану вслед: — Чего он? Бобровский потрогал пальцем лоб: у него ж **не все дома:** допился. Видел, как у него руки трясутся? *С. Мстиславский, Грач — птица весенняя.* Помощницей у меня — девочка одна, сирота, глухонемая и немножко **не все дома,** но работать может. *В. Овечкин, Районные будни.* Посмотрев вслед Павлу Семеновичу, он покачал головой и, помотав пальцем около своего лба, сказал: — Всегда был чудак... А теперь, кажется, **не все дома.** *В. Короленко, Не страшное*

Ср.: не в себе *1 знач.*, не в своем уме

обить все пороги см. О 3

от всей души см. Д 77

прожужжать все уши см. П 107

путать все карты см. П 122

со всех ног см. Н 49

24. то́лько и всего́ *разг.* 'И больше ничего нет *или* не происходит *и т. п.*' *Обычно говорящий хочет подчеркнуть, что за* *каким-л. действием, высказыванием не скрываются тайная цель, двойной замысел, особые мотивы. Употр. как самост. предлож. или не первая часть сложн. предлож. Порядок компонентов фиксир.* △ that is all ⟨there is to it⟩; there is nothing more than that

Мы бабу лепим, **только и всего**. *Б. Ахмадулина, Декабрь.* [*Малинин*] просто-напросто умел держать себя в руках. **Только и всего**. *К. Симонов, Живые и мертвые.* — **Только и всего?** — разочарованно спросила Катя, ожидавшая, что Тося сверху донизу разоблачит научных работников. *Б. Бедный, Девчата*

трещать по всем швам *см.* Т 18

ВЕТЕР ⊙ **бросать слова на ветер** *см.* Б 26

25. ⟨*у кого-л.*⟩ ↔ **ве́тер в голове́** ⟨гуля́ет (бро́дит, свисти́т, хо́дит *уст.*)⟩ *разг., неодобр.* Кто-л. 'легкомыслен, несерьезен' *Часто говорится при оценке молодых людей старшими. Порядок компонентов нефиксир.* △ smb is a feather-brain (is thoughtless)

— Мама, что такое легкодумство отца? — Попалась, Егоровна, — хмыкнул Игорь Петрович. — Выкручивайся. — Чего же выкручиваться? Скажем прямо: беспорядок, **ветер в голове**. *М. Прилежаева, Осень.* И не глупо ли ждать рассудочности в неполных двадцать три года, не бессмысленно ли огорчаться — **ветер**, мол, **в голове**. *В. Тендряков, Покушение на миражи.* Что зять его Шурка, что сам он — **в обеих головах ветер гуляет**, одинаково посвистывает! *С. Залыгин, Комиссия.* [*Иван Петрович:*] Все еще **ветер ходит в голове**! Порядочный молодой человек, недавно из университета, но вот тут (показывает на лоб) нет. *Н. Гоголь, Утро делового человека*

ищи ветра в поле *см.* И 19
как ветром сдуло *см.* С 47
каким ветром занесло *см.* З 16

26. знать (понимать, чувствовать), **куда́**, (**отку́да**) **ве́тер ду́ет** *разг., неодобр.* 'На чьи мнения, вкусы, на какую моду выгоднее ориентироваться в своем поведении' *Обычно о человеке, который беспринципно ориентируется на мнения и вкусы людей, стоящих выше на служебной лестнице или занимающих более высокое общественное положение. Порядок компонентов чаще нефиксир.* △ to know which way (how, where, whence) the wind blows; to trim one's sails to the wind

Вариант: **куда́ ве́тер ду́ет** 'Такой, который из корыстных побуждений часто меняет свои убеждения, ориентируясь на господствующие мнения, вкусы, моду' *Употр. чаще как сказ.* △ smb is a weathercock (a chameleon)

Красавин улавливает оттенки вопросов, замечаний начальства.

Кроме своего дела, надо знать еще, что сегодня на уме у начальства и **откуда дует ветер**. *А. Астраханцев, Дом к сдаче.* — Претензии к тебе, товарищ Пряслин. И очень серьезные претензии. По части производственной дисциплины... — Тут Тюрягин поднял наконец свои глаза. — Работать людям мешаешь... — Это кому мешаю? Таборскому? — Михаил сразу понял, **откуда ветер дует**. *Ф. Абрамов, Дом.* Ляховский, конечно, сразу понял бы, **откуда дует ветер**, и переменил бы тактику, а теперь ему поневоле приходилось высказываться в том или другом смысле. *Д. Мамин-Сибиряк, Приваловские миллионы.* Кирилла Васильевича Долгина сотрудники техотдела звали между собою «КВД». Инициалы расшифровывались по-разному: «**Куда ветер дует**», или «Казенщина, Вероломство, Демагогия». *Д. Гранин, Искатели*

ВЕТРИЛО ⊙ **без руля и без ветрил** *см.* Р 44

ВЕЧНЫЙ ⊙ **на веки вечные** *см.* В 15

ВЕШАТЬ ⊙ **27. ве́шать/пове́сить го́лову** 'Расстраиваться, огорчаться, становиться подавленным и выглядеть унылым' *В повел. накл. употр. обычно гл. несов. вида с отриц. При отриц. возможна форма головы, при множестве субъектов форма го́ловы. Порядок компонентов нефиксир.* △ to become (be, look) downcast (depressed); to be (look) down in the mouth

Не вешай голову! Keep your chin (pecker *шутл.*) up! *разг. Не смешивать с* to hang *one's* head, *подразумевающим чувство стыда, раскаяния и т. п.*

Ксения поднялась, бесшумно шла к дверям, сзади слышался хриплый шепот: — Ничего... **не вешай голову**. *Б. Полевой, Глубокий тыл.* ... все, что укрепляло эти ожидания, переживалось с повышенной радостью, от неудач все мрачнели, **вешали головы**. *А. Толстой, Хождение по мукам.* — Нина Трифоновна видела, учительница сникла, с каждым днем гаснет, и жалела ее: — И что это, Ольга Денисовна, без причины **голову вешаете**? Не с чего вам **голову вешать**. *М. Прилежаева, Осень.* Тут он начал щипать левый ус, **повесил голову** и призадумался. *М. Лермонтов, Герой нашего времени*

Ср.: вешать нос, как в воду опущенный, падать духом, сам не свой

28. ве́шать/пове́сить но́с ⟨**на кви́нту** *уст.*⟩ *шутл.* 'Расстраиваться, огорчаться, становиться подавленным и выглядеть унылым' *В повел. накл. употр. обычно гл. несов. вида с отриц. При отриц. возможна форма носа, при множестве субъектов форма носы. Порядок компонентов нефиксир.* △ to become (be, look) downcast (depressed); to be (look) down in the mouth

Не вешай нос! Keep your chin (pecker *шутл.*) up! *разг.*

— Хорошо, — грустно согласилась Тоня. — Хорошо, а **нос повеси-**

ла, — усмехнулся Игнатьев. — В чём дело? *С. Антонов, Дело было в Пенькове.* [*Девочки*] сразу присмирели, **повесили носы.** Они знали, что мальчики будут восторгаться Алиной, а соперничать с ней бесполезно. *А. Алексин, Мой брат играет на кларнете.* И что ещё здорово, она ни разу **не вешала носа**, всё время шутила, смеялась. *В. Киселев, Девочка и птицелет.* — Ладно, **не вешай нос,** — громко сказал Виктор, — коли ты решил, за мной дело не станет. *Д. Гранин, Искатели*

Ср.: вешать голову, как в воду опущенный, падать духом, сам не свой

вешать хомут *см.* Х 9

ВЕШАТЬСЯ ⊙ **29. ве́шаться**/*редк.* **пове́ситься** ← ⟨кому-л.⟩ **на ше́ю** *разг., неодобр. Порядок компонентов нефиксир.* 1) 'Усиленно, любыми, даже недостойными способами добиваться любви мужчины' *Употр. часто, когда говорится, что многие женщины добиваются любви одного мужчины, или одна женщина готова добиваться любви многих мужчин* △ to throw (fling) *oneself at smb's* head *разг.*

Женщины всегда влюблялись в вас и **вешались на шею.** *А. Чехов, Чайка.* Есть такие бесстыдницы, что сами **на шею** будут **вешаться,** как увидят этакого-то. *И. Гончаров, Обыкновенная история.* Имей в виду, мужчины не уважают тех, кто **вешается им на шею.** *Д. Гранин, Иду на грозу.* ...ведь он не сел с ней за один стол потому, что она сама стала на него пялиться многозначительно, он испугался, как бы ему не **повесились на шею!** *М. Ганина, Золотое одиночество*

2) **ве́шаться/пове́ситься** (**броса́ться/бро́ситься**) ⟨кому-л.⟩ **на ше́ю** *разг., неодобр.* 'Приставать к окружающим с излишними нежностями, ласками' *Обычно от избытка радости* △ to hang around (fall on *или* upon) *smb's* neck *разг.*

— Вот теперь и будешь прыгать и скакать дня три, как помешанный, **вешаться всем на шею** — только ради бога, не мне. *И. Гончаров, Обыкновенная история*

ВЕЩЬ ⊙ **называть вещи своими именами** *см.* Н 13

ВЗБРЕСТИ ⊙ **30. взбрести́ (уда́рить, сту́кнуть)** ↔ ⟨кому-л.⟩ **в го́лову (в башку́** *прост.*) 'Случайно, внезапно появиться (возникнуть)' *О мысли, идее и т. п., часто нелепой, вздорной, странной. Употр. чаще в прош. вр. ср. р. или в 3 л. ед. ч. при подлеж.* что, что-нибудь, *а также в безл. предлож. с инф. Порядок компонентов нефиксир.* △ to come into (enter) *smb's* head (mind) suddenly *при подлеж.* thought, idea; to occur to *smb при тех же подлеж. или при* it *с последующим инф.;* to strike *smb при тех же подлеж. или при* it *с последующим придат.;*

to seize (possess) *smb при подлеж.* idea *о неотвязчивой идее* Что это тебе взбрело в голову поехать туда? What possessed you to go there?

А наст хороший сегодня, правда? — поспешно спросил он первое, что **взбрело** ему **в голову**. *Б. Бедный, Девчата.* Чего только не **взбредёт в голову**, когда напряжённо чего-то ожидаешь. *В. Киселев, Девочка и птицелет.* Я не понимаю, почему художникам разрешают переиначивать всё так, как им **взбредёт в голову**. *К. Паустовский, Колхида.* ...на свете дивно устроено: весёлое мигом обратится в печальное, если только долго застоишься перед ним, и тогда бог знает что **взбредёт в голову**. *Н. Гоголь, Мёртвые души*

Ср.: лезть в голову, приходить в голову

ВЗГЛЯД ⊙ **куда ни кинь взглядом** *см.* К 18

31. на пе́рвый взгляд 'По первому впечатлению, если не вдумываться' *Употр. как обст., чаще при словах* казаться, представлять собой, можно подумать *и т. п., реже при прил. Порядок компонентов фиксир.* △ at ⟨the⟩ first sight (glance) *при гл. типа* seem; on the face of it *при гл. типа* be

На первый взгляд кажется, что это очень просто. On the face of it, it is very easy.

На первый взгляд могло показаться, что дно необитаемо. *В. Катаев, Белеет парус одинокий.* **На первый взгляд** ему можно было дать не больше двадцати — двадцати четырёх лет. *Б. Полевой, Повесть о настоящем человеке.* Раздватрис лихорадочно перебрал жилеты, фраки, чулки, туфли с дешёвыми, но красивыми **на первый взгляд** пряжками и снова сел на землю. *Ю. Олеша, Три толстяка.* Чтобы научиться свистеть, нужно много тренироваться, хотя **на первый взгляд** свистеть так совсем не сложно. *В. Киселев, Девочка и птицелет*

Ср.: с первого взгляда

32. с пе́рвого взгля́да (взгля́ду *уст.*) 'Сразу же' *Порядок компонентов фиксир.* △ at ⟨the⟩ first sight (glance)

Мне стало грустно и как-то тревожно на душе, и Петька, кажется, понял это **с первого взгляда**. *В. Каверин, Два капитана.* На свете всё было вовсе не так благополучно, как это могло показаться **с первого взгляда**. *В. Катаев, Белеет парус одинокий.* Его лицо... мне понравилось **с первого взгляда**. *И. Тургенев, Хорь и Калиныч.* Пугачёв узнал меня **с первого взгляду**. *А. Пушкин, Капитанская дочка*

Ср.: на первый взгляд, в мгновенье ока, с ходу *1 знач.*

ВЗДОР ⊙ **нести вздор** *см.* Н 32

ВЗЯТКА ⊙ **33.** ⟨**и**⟩ **взя́тки** ↔ ⟨**с кого-л.**⟩ **гла́дки** *разг.*, часто

ВЗЯТЬ

неодобр. 'Невозможно потребовать от *кого-л.* ответственности за *его действия*' *О человеке, который в чем-л. виновен, но придраться к которому нельзя, т. к. им соблюдены положенные формальности. Употр. обычно как часть сложн. предлож. При наличии и фразовое ударение падает на взятки, без него на глядки. Порядок компонентов фиксир.* △ smb cannot be called to account for *his* actions; smb cannot be made to do more than *he himself* thinks fit to do

У него ума достанет пальнуть, если разгорячится. На то он и Богодул... С него **взятки гладки**, с нее, с Дарьи, тоже много не спросишь — таскать, стало быть, возьмутся опять Павла. *В. Распутин, Прощание с Матёрой.* Кондукторы... энергично отражают его [*безбилетного косаря*] попытки проникнуть в поезд; но раз он уже очутился в вагоне, на него машут рукою и, без всяких тасканий к начальству, просто высаживают на следующей станции, все равно, **взятки** с него **гладки**. *В. Вересаев, В степи.* — Так разве от одного меня зависит? — Видишь, Таня, с него **взятки гладки**. Он-то не хочет, так ведь они не знают. *Д. Гранин, Картина.* Подплыла ко мне щука и говорит: — Прыгни, голубушка, в воду, я тебе что-то скажу! — ...ладно, говорю, ты лучше в воде свои и речи говори, а я тебя с берегу послушаю. Ну, она видит, что с меня **взятки гладки**. *М. Салтыков-Щедрин, Современная идиллия*

Ср.: выходить сухим из воды, сходить с рук

ВЗЯТЬ ⊙ **взять верх** *см.* Б 16

взять в оборот *см.* Б 17

34. взять в толк (*реже* **в соображение**), ↔ *что* (как, почему *и т. д.*) + *придат. предлож.* 'Понять' *Обычно чьи-л. поступки или содержание чьей-л. речи. Употр. часто в инф. при гл. не мочь или в форме не возьму, реже без отриц. Порядок компонентов нефиксир.* △ to understand; to make out *при отриц. и последующем придат. предлож.*

Шотман не мог **взять в толк**, как может Ленин смеяться перед предстоящим ему опаснейшим путешествием. *Э. Казакевич, Синяя тетрадь.* — А вот зачем он нас обидел, — **в толк не возьму**. *М. Шолохов, Поднятая целина.* — Конечно, вояки мы с тобой неопытные, да и то **возьми в толк**, что солдатами люди не родятся. *Л. Леонов, Русский лес.* — Уж я, право, **в толк не взял** хорошенько, что он тут говорил такое! *Ф. Достоевский, Бедные люди*

Ср.: иметь в виду 2 знач., отдавать себе отчет

взять голыми руками *см.* Б 18

взять за душу *см.* Б 19

взять на поруки *см.* Б 20

взять своё *см.* Б 21

взять себя в руки см. Б 22
ни дать ни взять см. Д 10
ВЗЯТЬСЯ ⊙ **взяться за ум** см. Б 23

35. ⟨вдруг⟩ **откуда ни возьмись** *разг.* 'Неожиданно, внезапно и неизвестно откуда' *Употр. обычно перед гл.* появиться, выскочить *и т. п. в прош. вр.; иногда при сущ. в И. п. в безглагольных предлож., имеющих знач.* 'появиться' *и т. п. Чаще о людях и животных. Часто употр. в фольклоре. Порядок компонентов фиксир.*
△ out of the blue

Совсем сквозным стал орешник, и **откуда ни возьмись** на опушку рощи выступили вдруг елочки. *А. Яшин, Сила слов.* После ужина отец Сергий... стал читать псалом, и вдруг, среди псалма, **откуда ни возьмись,** воробей слетел с куста на землю. *Л. Толстой, Отец Сергий.* Набережная пуста... **Откуда ни возьмись** появляется Лиля, соскакивает с велосипеда. *В. Кетлинская, Вечер Окна Люди.* **Откуда ни возьмись** — Вика. Подошла, легонькая, села на ручку кресла. *И. Грекова, Хозяйка гостиницы*

Ср.: как из-под земли, как с неба свалился, как снег на голову

ВИД ⊙ **видал виды** см. В 36
делать вид см. Д 19
иметь в виду см. И 15
не подавать вида см. П 38
упускать из виду см. У 16

ВИДАТЬ ⊙ **36. видал (видывал) виды** *разг. Употр. чаще в форме* видавший, *при этом фразового ударения на фразеол. может не быть. Порядок компонентов фиксир., перестановка возможна при наличии опред.* всякие (такие) *и т. п.; опред. может перетягивать на себя фразовое ударение* 1) 'Много видел, испытал в жизни' *Может подразумеваться: видел в жизни много такого, что у другого, неопытного, вызывает растерянность, изумление и т. п.* △ smb has seen life (the world); smb has knocked about (has been around) *разг.;* smb has been (gone, passed) through the mill *уст.*

Даже видавший виды человек был бы этим потрясен. It would have shocked even a hard-boiled man.

Как видно, не только Синцову, но и этому пожилому, опытному, **видавшему виды** человеку было одиноко и хотелось человеческого сочувствия. *К. Симонов, Живые и мертвые.* — Много я на своем веку **видал видов.** И в каких только обществах не бывал, с кем не важивался! *И. Тургенев, Отцы и дети.* С боковой полки свешивались четыре пары ног. Здесь, видно, ехала спетая компания **видавших виды** железнодорожных мародеров. *Н. Островский, Как закалялась сталь.* Дам было только две: Дарья Алексеевна, барыня бойкая и **видавшая** всякие **виды** и которую трудно было сконфузить, и прекрасная, но молчаливая незнакомка. *Ф. Достоевский, Идиот*

Ср.: стреляный воробей, тертый калач, пройти огонь и воду

2) 'Сильно поношенный, потрепанный' *О предметах обихода, чаще об одежде, обуви, мебели* △ smth is worn out, shabby; smth has seen (known) better days; smth looks the worse for wear (*об одежде, обуви*)

Вид здоровый и уверенный, а по одежде не разгадаешь — бедствовал или преуспевал в последнее время: ...не слишком заношенные, ладно сидящие джинсы, да на вешалке — **видавшая виды** кожаная куртка. *В. Тендряков, Покушение на миражи.* Мой дорожный, **видавший виды** овчинный полушубок и осведомленность в географии СССР располагают ко мне парня. *В. Овечкин, Без роду, без племени.* Перед ним диван, обычный, **видавший виды** старый диван, обивка которого почернела там, где к ней прикасались головы и спины сидевших. *Б. Полевой, Глубокий тыл.* **Видавшая виды** «эмка» подбросила Веру к поезду. *И. Грекова, Хозяйка гостиницы*

конца-краю не видать *см.* В 41

37. не видáть/не увидáть (*реже* **не вúдеть/не увúдеть**) ↔ *кому-л. чего-л., кого-л.* **как своúх ушéй** *разг., иногда шутл.* 'Никогда не удастся получить, завладеть, *реже* увидеть' *Употр. обычно в инф. Гл. имеет фиксир. позицию, сущ. и мест. могут меняться местами* △ smb will never have or see smth

— Ну вот и все, товарищи, — кончает Капитон Иванович... — В заключение передаем вам привет от соревнующихся с вами колхозников «Маяка революции» и желаем всякого успеха. Но переходящего знамени вам, конечно, **не видать, как своих ушей.** *В. Овечкин, Гости в Стукачах.* — Будь ты принцем каким, царем, королем, и тогда за тебя замуж не пойду, — сказала Фленушка. — **Не видать** тебе меня, **как ушей своих.** *П. Мельников-Печерский, В лесах.* — Уедет, думаю! Ведь не увижу!.. Ну, думаю, пропало твое дело, Ваня! **Не видать** тебе Клавы, **как своих ушей!** *А. Фадеев, Молодая гвардия*

ВИДЕТЬ ⊙ **38. не вúдеть дáльше своегó** (**сóбственного** *или* **своегó сóбственного**) **нóса** *разг., неодобр.* 'Замечать только ближайшие события, не уметь обобщать и предвидеть' *Может обознач. узость кругозора как постоянное свойство характера какого-л. человека или (реже) оценивать его поведение в единичной ситуации. Употр. чаще в наст. вр. Гл. может стоять в конце фразеол.* △ not to be able to see beyond (further than) the end of *one's* nose *разг.*

[*Астров:*] Все они, наши добрые знакомые, мелко мыслят, мелко

чувствуют и **не видят дальше своего носа** — просто-напросто глупы. *А. Чехов, Дядя Ваня.* В место собственное вроссля и **не видит** ничего **дальше собственного носа.** *В. Маяковский, Служака*
Ср.: не видеть за деревьями леса

39. не ви́деть за дере́вьями (из-за дере́вьев) ле́са *неодобр.* 'Не замечать за частным общего' *Чаще относится к оценке кем-л. единичной ситуации. Употр. обычно в наст. вр. Порядок компонентов нефиксир.* △ not to ⟨be able to⟩ see the wood for the trees

— Позвольте вам сказать ... что вы **за деревьями не видите леса.** Вы берете один случай и обобщаете его... Увидел, что председатель напился. А увидеть, что этот колхоз тем не менее лучший в районе... *Ф. Вигдорова, Любимая улица.* Получалось, что и наука его скучная, и профессор он, надо думать, неважный: не зря же то и дело хлещут его в журналах за то, что **из-за деревьев леса не видит.** *Л. Леонов, Русский лес*
Ср.: не видеть дальше своего носа

не видеть как своих ушей *см.* В 37

40. то́лько его́ (меня́ *и т. д.***) и ви́дели** *разг. Кто-л.* 'бесследно исчез, внезапно *или* очень быстро' *Обычно в ситуации, когда исчезнувший больше не появлялся и о нем не было известий. Употр. чаще как часть сложн. предлож. (не первая). Порядок компонентов чаще фиксир.* △ smb disappeared suddenly or very quickly, without ⟨a⟩ trace; smb was gone in a flash
Вариант: то́лько кто-л. его́ (их) и ви́дел

Спадут морозы — и до свидания, **только меня и видели** в детском доме. *В. Каверин, Два капитана.* А пока разглядываешь да всматриваешься, зайка задаст стрекача, **только его и видели.** *Е. Чарушин, Заяц.* ...как он тут от меня... на улицу, да бегом, да в проулок, — **только я и видел его.** *Ф. Достоевский, Преступление и наказание*
Ср.: как не бывало, и был таков, как в воду канул, поминай как звали, как сквозь землю провалился, как ветром сдуло, и след простыл *1 знач.*

ВИ́ДНО ⊙ **41. конца́ ⟨-кра́ю⟩ (ни конца́ ни кра́ю; конца́ и кра́ю)** ← чему́-л., кому́-л. → **не ви́дно (нет, не вида́ть)** *Что-л.* 'бесконечно далеко простирается; *чего-л., кого-л.* бесконечно много' *Порядок компонентов нефиксир.* △ there seems to be (there is) no end to smth, smb

Едешь, едешь, взглянешь вперед, а степь вся такая же протяженно-сложенная, как и была, **конца-краю не видать!** *А. Чехов, Степь.* А путь не ближний — пятнадцать километров! Иду, хоть ночь и звездная, но все равно темень, а дороге **конца-краю нет.** *В. Карпов, Вилась веревочка...* И казалось, что **конца-края**

этому ожиданию **не будет**. *А. Гайдар, Тимур и его команда.* Коричневые платформы мелькали перед нами, и я думал, что **конца-краю** им **не будет**. *В. Беляев, Старая крепость*
Ср.: насколько хватает глаз, куда ни кинь глазом, непочатый край, нет числа, хоть отбавляй, хоть пруд пруди

ВИДЫВАТЬ ⊙ **видывал виды** *см.* В 36
ВИСЕ́ТЬ ⊙ **висе́ть (пови́снуть, держа́ться) на волоске́ (на ни́точке)** 'Быть под угрозой гибели, разрушения, поражения, срыва' *С сущ. жизнь в качестве подлеж. употр. в ситуации, когда человек тяжело болен или попал в опасное положение. С мест. всё и с абстрактными сущ. счастье, благосостояние, слава и т. п. употр. в ситуации, когда неблагоприятный исход грозит какому-л. положению дел. С личными мест. и с сущ., называющими лиц, употр. в обеих ситуациях. Порядок компонентов нефиксир.* △ to hang by a thread

[*Серпилин*] верил словам врача, что, судя по состоянию сердца, ее [*жены*] жизнь уже давно **висела на волоске**. *К. Симонов, Солдатами не рождаются*. ... я ужаснулся, до чего человек не защищен от случайностей, **на** каком тонком **волоске висит** всегда его здоровье. *В. Вересаев, Записки врача.* Иной раз результаты всех трудов вдруг **повисали на волоске**, и Андрей до боли в голове ощущал свое бессилие найти выход. *Д. Гранин, Искатели.* Драматическая ситуация сложилась в партии с Унцикером... Всю партию я **висел на волоске** ...впору было сдаваться. *М. Ботвинник, К достижению цели*
Ср.: на волоске

ВИТЬ ⊙ 43. **верёвки** ← **из** *кого-л.* → **вить** *разг.* 'Заставлять *кого-л.* поступать согласно своей воле, желанию, полностью лишив его собственной воли' *Порядок компонентов нефиксир.* △ to twist (turn, wind, wrap) *smb* round *one's* little finger *разг.*

— Не понимаю тебя, Сергей. Всегда ты был напористым, а Самарин из тебя **веревки вьет**, и ты хоть бы что! *М. Колесников, Изотопы для Алтунина.* — И ты знаешь, что в этом главном я несгибаем, хотя прощаю тебе все и разрешаю **вить** из себя **веревки**. *Ф. Колунцев, Утро, день, вечер.* — ... нанять [*землю*] — приступу нет, взнесли цену так, что не оправдаешь, — прибавил беззубый сердитый старик, — **веревки вьют** из нас, как хотят, хуже барщины. *Л. Толстой, Воскресение.* [*Андрей*:] Лаской из нашего брата хоть **веревки вей**. *А. Островский, Женитьба Белугина*
Ср.: под башмаком, под каблуком; прибирать к рукам, садиться на шею *2 знач.*

ВКОЛА́ЧИВАТЬ ⊙ **вколачивать в голову** *см.* В 6
ВКОЛОТИ́ТЬ ⊙ **вколотить в голову** *см.* В 6

ВКОПАННЫЙ ⊙ **44. как (сло́вно** *редк.***) вко́панный** остановился, стоит *и т. п.* 'Совершенно неподвижно; внезапно замерев' *О людях или животных* △ smb stopped dead; smb stood rooted to the spot (ground)

Она побежала — и остановилась **как вкопанная**: осиновые бревна, давно лежавшие на дворе за окном, ослепительно белели при вспышках. *И. Бунин, Суходол.* И вдруг Моркошка этот [*конь*] в борозде встал. **Словно вкопанный.** Словно вогнал его кто-то в землю всеми четырьмя копытами. *С. Залыгин, Комиссия.* — А мой Копейкин, можете вообразить, ни с места, стоит **как вкопанный.** *Н. Гоголь, Мертвые души.* Пашка **как вкопанный** стоял перед лошадью. Аргамак, сильно и свободно дыша, протягивал ему морду. *И. Бабель, Конармия*
Ср.: ни с места
ВКОСЬ ⊙ **вкривь и вкось** *см.* В 45
ВКРАДЫВАТЬСЯ ⊙ **вкрадываться в доверие** *см.* В 73
ВКРАСТЬСЯ ⊙ **вкрасться в доверие** *см.* В 73
ВКРИВЬ ⊙ **45.** ⟨**и**⟩ **вкривь и вкось** *разг. Употр. как обст. Порядок компонентов обычно фиксир.* 1) 'Беспорядочно, в разных направлениях' *Обычно о большом количестве неаккуратно расположенных линий, возникших в результате чьей-л. деятельности (при рисовании, письме, шитье, штопке и т. п.); о следах, оставленных движущимися машинами и т. п.; о походке человека* △ in a disorderly way, in all directions; to write (draw) in crooked letters (lines); to sew (darn) smth ⟨across⟩ in all directions; to leave criss-cross tracks *о следах от машин и т. п.;* to put one's feet crookedly in walking

Буквы у него лепились в тетради **и вкривь и вкось,** валились набок, подскакивали кверху и заезжали вниз. *Н. Носов, Витя Малеев в школе и дома.* [*Самолеты*]... жужжали [*над аэродромом*] с восхода и до заката, и, когда ни взглянешь на исчерченное **вкривь и вкось** колесами поле, всегда здесь кто-нибудь взлетал или садился. *Б. Полевой, Повесть о настоящем человеке.* Для довершения сходства [*с медведем*] фрак на нем был совершенно медвежьего цвета... ступнями ступал он **и вкривь и вкось** и наступал беспрестанно на чужие ноги. *Н. Гоголь, Мертвые души.* [*Граф X.*] двух нот разобрать не может, не тыкая **вкось и вкривь** указательным пальцем по клавишам. *И. Тургенев, Дым*
Ср.: вдоль и поперек *1 знач.,* как попало
2) толковать *что-л.,* судить о *чем-л.* (*в знач.* давать свою интерпретацию) *и т. п.* 'Искажая смысл по собственному произволу' *Часто для собственной выгоды* △ to deliberately misinterpret smth

Вариант: **вкривь и впрямь** *уст.*

За плечами Кутузова Ланжерон судил о его действиях и приказах **вкривь и вкось,** нагло уверял, что Кутузов ничего не предпринимает без его совета. *Л. Раковский, Кутузов.* Вопросы решаются в одиночку и втихомолку, **вкривь и вкось,** а чаще всего заглушаются без всякого разрешения. *В. Вересаев, Записки врача.* Шабашкин за него [*Троекурова*] хлопотал, действуя от его имени и толкуя **вкривь и впрямь** всевозможные указы. *А. Пушкин, Дубровский*
Ср.: как бог на душу положит, как попало

ВКУС ⊙ **входить во вкус** *см.* В 77
ВКУСИТЬ ⊙ **вкусить плоды** *см.* П 53
ВКУШАТЬ ⊙ **вкушать плоды** *см.* П 53
ВЛЕЗАТЬ ⊙ **влезать в доверие** *см.* В 73
ВЛЕЗТЬ ⊙ **влезть в доверие** *см.* В 73
влезть в копеечку *см.* В 47

46. делать *что-л.* **ско́лько вле́зет** *разг.* 'Вдоволь, сколько хочется, без ограничений' *Употр. обычно в предлож., выражающих разрешение: при гл. в повел. накл., при гл. можешь, можете с инф. и т. п. Может обознач. не только неограниченную длительность действия* (спи сколько влезет), *но и неограниченное количество объектов, охваченных действием* (ешь сколько влезет). *Порядок компонентов фиксир.* △ to do smth to one's heart's content
— Мы стеснили вас? — Вы что! — воскликнул Иван и двинулся вперед. — Живите, **сколько влезет.** *В. Шукшин, Внутреннее содержание.* — Не удивляйся, можешь сидеть, рассказывать **сколько влезет.** *Д. Гранин, Иду на грозу*
Ср.: с три короба

ВЛЕТЕ́ТЬ ⊙ **47. влете́ть (обойти́сь, стать, вскочи́ть, влезть)**↔⟨**кому-л.**⟩ **в копе́ечку (в копе́йку** *редк.***)** *разг., неодобр.* 'Потребовать очень больших затрат, стоить очень дорого' *О затратах на какую-л. деятельность, реже о стоимости вещей. Употр. чаще в буд. вр. Порядок компонентов нефиксир.* △ to cost smb a pretty penny

Два трактора [*в результате аварии*] вышли из строя на несколько дней, ремонт и новые части **влетят в копеечку!** *В. Овечкин, Слепой машинист.* — Не скрою: **в копеечку влетел** розыск по делу «Искры». Сто тысяч золотом стоило. *С. Мстиславский, Грач — птица весенняя.* — Если такие станки выбрасывать, вам амортизация **обойдется в копеечку.** *А. Макаренко, Флаги на башнях.* — ... на ремонт школы... надо не меньше двух кубометров сосновых досок... Купить ящик стекла... Хорошо бы добыть свинцовых белил... Ремонт нам **влезет в копеечку.** *М. Шолохов, Поднятая целина*

ВЛИПАТЬ ⊙ **влипать в историю** *см.* П 71
ВЛИПНУТЬ ⊙ **влипнуть в историю** *см.* П 71

ВОДА

ВНЕ ⊙ **вне себя** *см.* С 50
ВОГНАТЬ ⊙ **вогнать в краску** *см.* В 9
ВОДА ⊙ **в огонь и в воду** *см.* О 11
воды не замутит *см.* З 15
воды утекло *см.* У 17
выводить на чистую воду *см.* В 86
выходить сухим из воды *см.* В 101
как в воду глядел *см.* Г 25
как в воду канул *см.* К 8
как в воду опущенный *см.* О 18
как воды в рот набрал *см.* Н 5
как две капли воды *см.* К 10
как рыба в воде *см.* Р 46

48. ⟨с кого-л., кому-л.⟩ ⟨всё⟩ **как с гу́ся вода́** *разг., чаще неодобр. Кому-л.* 'безразлично *что-л.; кто-л.* никак не реагирует на *что-л.; что-л.* никак не действует' на *кого-л. О человеке, который беспечно относится к неприятным для него событиям, упрекам, наказанию. Может обознач. постоянное свойство характера. Порядок компонентов фиксир.* △ it is like water off a duck's back *разг.*

[*Груша:*] Каких бед с ним не было! Два раза из проруби вытаскивали, а ему все **как с гуся вода**. *А. Островский, Не так живи, как хочется.* Раньше мне **как с гуся вода**, а теперь стыдно чего-то у доски [*в школе*] ушами хлопать. *Б. Бедный, Девчата.* Катя все чаще спотыкалась, сдержанно вздыхала. А Мишке хоть бы что, **как с гуся вода**, шел бы и шел с винтовкой за плечами тысячу верст. *А. Толстой, Хождение по мукам.* — Пороли так, что ни сесть ему, ни лечь, — а с него **как с гуся вода́**!... опять за старое берется... у всех изъяны ищет... *М. Шолохов, Поднятая целина*

Ср.: как ни в чем не бывало, как об стенку горох, ни жарко ни холодно, и горя мало *2 знач.*, хоть бы что *2 знач.*

концы в воду *см.* К 29
лить воду на мельницу *см.* Л 16
ловить рыбу в мутной воде *см.* Л 22
мутить воду *см.* М 46
пройти огонь и воду *см.* П 109

49. *кто-л.* ⟨*кому-л.*⟩ **седьма́я (деся́тая** *редк.***) вода́ на киселе́** *разг., шутл. или ирон.* 'Очень дальний родственник, почти чужой человек' *Часто о человеке, который хочет, чтобы его считали близким родственником. Употр. чаще как сказ. Порядок компонентов фиксир.* △ smb is smb's cousin seven (several) times removed

Уж как бы там ни было, а я вам хоть дальний родной, хоть,

ВОДИТЬ

по пословице, и **седьмая вода на киселе,** а все-таки родственник и покровитель. *Ф. Достоевский, Бедные люди.* И когда я приезжаю погостить, со всего города в наш дом стекаются тетки и дядья, сестры и братья и вообще — **седьмая вода на киселе.** *А. Безуглов, Следователь по особо важным делам.* Пошли торопливые расспросы: кто смоленский, кто полтавский, кто донской. Нашлись земляки, почти родичи, **«седьмая вода на киселе».** *Э. Казакевич, Весна на Одере*

тише воды, ниже травы *см.* Т 9

толочь воду *см.* Т 15

50. чи́стой (чисте́йшей) воды́ 'В наиболее полном выражении; самый настоящий' *Часто о предосудительном поведении или роде деятельности человека. Употр. как несогл. опред., стоит до или после сущ., которое обычно имеет отрицательно оценочное знач. Порядок компонентов фиксир.* △ of the first water *употр. после сущ. с отрицательно и положительно оценочным знач.*

Взглядывая на меня и почему-то не замечая, что я прекрасно вижу ее **чистой воды** мошенничество, она как ни в чем не бывало продолжала двигать монету. *В. Распутин, Уроки французского.* — Вы же рассуждаете формально. Формализм **чистейшей воды.** *Д. Гранин, Искатели.* Хочет он того или нет, а станет **чистой воды** пропагандистом во славу религии. *В. Тендряков, Чрезвычайное*

Ср.: до мозга костей *1 знач.*

ВОДИТЬ ⊙ **51. води́ть** ← *кого-л.* → **за́ нос** *разг., неодобр.* 'Обманывать, дурачить, часто с помощью ложных обещаний' *Обычно очень долго. Порядок компонентов нефиксир.* △ to pull the wool over *smb's* eyes

Не смешивать с to lead *smb* by the nose, *означающим* 'помыкать *кем-л.*'

В ее голове ничего интересного, кроме капризов, не было. Больше года она **водила меня за нос,** потом ей это надоело, и она прогнала меня. *А. Вампилов, Листок из альбома.* Той же Надьке, которая к ней с открытой душой, она врет... Надька простовата, верит, но когда-нибудь и она увидит, что ее **водят за нос,** и не поблагодарит. *В. Распутин, Живи и помни.* Генерал был такого рода человек, которого хотя и **водили за нос...** но зато если в голову ему западала какая-нибудь мысль, то ... ничем нельзя было ее оттуда вытеребить. *Н. Гоголь, Мертвые души.* ... как над дураком хохотала, **за нос водила,** когда еще он ей жемчуги возил... *Ф. Достоевский, Идиот*

Ср.: валять дурака *1 знач.,* втирать очки, играть в кошки-мышки, морочить голову, обводить вокруг пальца

ВОЗНЯ ⊙ **52. мыши́ная возня́** (*реже* **беготня́, суета́, су́толока**)

неодобр. Порядок компонентов чаще фиксир. 1) 'Многочисленные мелочные интриги' △ numerous petty intrigues

Гордая воля и независимость никого не боятся и открыто идут избранным путем, презирая ложь и **мышиную беготню.** *И. Гончаров, Обрыв*
2) 'Многочисленные хлопоты по мелочному, пустяковому поводу' *Обычно эти хлопоты представляются говорящему ненужными, неприятными* △ hustle and bustle

Яркие моменты [*в работе*] встречались все реже, чаще процедура была невероятно скучная: снимать характеристики, строить по точкам кривые, выяснять, почему этой точке вздумалось прыгнуть куда-то в сторону. Эта **мышиная возня,** эти восторги Усольцева выводили Новикова из себя. *Д. Гранин, Искатели.* День прошел в беготне по городу. — Вот видите: как бы вы без меня управились? Столько **сутолоки мышиной.** *В. Саянов, Небо и земля.* В этих присутствиях столько самой **мышиной суеты.** *Ф. Достоевский, Вечный муж*
Ср.: вертеться как белка в колесе

ВОЙТИ ⊙ **войти в азарт** *см.* В 74
войти в доверие *см.* В 73
войти в колею *см.* В 75
войти во вкус *см.* В 77
войти в положение *см.* В 78

53. войти ← ⟨*у кого-л., где-л.***⟩ в посло́вицу (в погово́рку)** 'Стать общеизвестным' *О каких-л. качествах, которыми человек, животное, предмет или явление обладают в такой большой степени, что это может приводиться как пример наиболее полного выражения данного качества вообще. Порядок компонентов нефиксир.* △ to be (become) proverbial

Его жадность вошла в пословицу. His meanness is proverbial (is a byword).

Я ехал посреди плодоносных нив и цветущих лугов... Я любовался прекрасной землею, коей плодородие **вошло** на Востоке **в пословицу.** *А. Пушкин, Путешествие в Арзрум.* Ваня Земнухов, при всей его настойчивости и хладнокровии, которые у товарищей **вошли** даже **в поговорку,** так и не нашел подводы или места в машине для Володи Осьмухина. *А. Фадеев, Молодая гвардия*
Ср.: притча во языцех, склонять на все лады

ВОКРУГ ⊙ **обводить вокруг пальца** *см.* О 2
ходить вокруг да около *см.* Х 16

ВОЛОС ⊙ **54.** ⟨*у кого-л., на ком-л. уст.*⟩ ↔ **во́лосы стано́вятся (ста́ли, встаю́т, вста́ли, поднима́ются, подня́ли́сь) ды́бом** ↔ ⟨*от чего-л., при виде чего-л.*⟩ *разг.* Кто-л. 'очень сильно испу-

гался, ужаснулся, потрясен' *Употр. обычно в рассказе о страшном или неожиданном происшествии. Порядок компонентов нефиксир.*
△ smth makes (made) smb's hair stand on end; smb's hair stands (stood) on end at the sight of smth (when he sees or saw smth) **Вариант: во́лос стано́вится (стал) ды́бом** *уст.*

Бегу, вязну в снегу, а у самого дух от тяжести занимается, **волосы дыбом** от страху **встают.** *И. Бунин, Сверчок.* На нашу голову свалился новый скандал, при сообщении о котором я, наконец, узнал, что это значит, когда говорят, что **волосы встали дыбом.** *А. Макаренко, Педагогическая поэма.* — Но дело-то в том, что я в своем возрасте влюблен. Пишу эти строки, а **волосы дыбом.** *М. Шолохов, Тихий Дон*
Ср.: глаза на лоб лезут, душа уходит в пятки, ни жив ни мертв, кровь стынет, мороз по коже дерет, мурашки бегают по спине, лица нет, поджилки трясутся, сердце падает
[Дыбом — *поднявшись вверх, торчком*]

на волос *см.* В 55
рвать на себе волосы *см.* Р 15
ВОЛОСОК ⊙ **висеть на волоске** *см.* В 42
55. быть, находиться **на волоске́ (на волосо́к, на во́лос)** от *чего-л.* 'Совсем рядом' *В качестве доп. употр. сущ. гибель, смерть, поражение и т. п. Чаще при гл. в прош. вр. Обычно при описании угрозы, которой удалось избежать* △ to be within a hair's breadth (within a hair) of smth; to be within an ace of smth; to escape smth by a hair's breadth (by the skin of one's teeth) *о счастливом исходе*

Они несколько раз были **на волоске** от гибели или плена (слышали в двадцати шагах от себя немецкую речь и звон немецкого оружия, рев немецких машин и запах немецкого бензина). *К. Симонов, Живые и мертвые.* И мальчик ...столько раз сам находившийся **на волосок** от гибели, пугливо прижимался к Арсению. *Б. Полевой, Глубокий тыл.* Я легко провел тренировочное соревнование, хотя раза два был **на волоске** от проигрыша. *М. Ботвинник, К достижению цели*
Ср.: висеть на волоске

ВОЛОЧИТЬ ⊙ **56. е́ле (едва́, чуть, наси́лу) но́ги волочи́ть (передвига́ть, таска́ть, тяну́ть)** *разг.* 'Передвигаться очень медленно, тяжело, с трудом' *Обычно от усталости, слабости, болезни. Может характеризовать процесс движения в единичной ситуации или постоянный, типичный для старого или тяжело больного человека способ передвижения. Гл. и сущ. могут меняться местами* △ to be scarcely able to drag *oneself* along

Людям надо было подкрепиться и поспать. Многие уже давно

еле волочили ноги, но шли из последних сил. *К. Симонов, Живые и мёртвые.* И я вышел от Норы и прошёл двором, и, когда шел, чувствовал себя таким старым, **еле ноги волочил.** *В. Драгунский, Сегодня и ежедневно.* ...здесь встречается особенная лихорадка... Миха всё удивлялся: — Жа́ра, говорит, у людей нет, а они **едва тянут ноги.** *К. Паустовский, Колхида.* ... сгорбленная старушенция ... вышла, опираясь на палку и **еле волоча** за собою **ноги** ...закашляла, замахала с отчаянным видом палкой и опять скрылась. *А. Куприн, Прапорщик армейский*

Ср.: валиться с ног, выбиваться из сил, едва держаться на ногах, не слышать ног под собой

ВОЛШЕБНЫЙ ⊙ **как по мановению волшебного жезла** *см.* М 8
ВОЛЬНЫЙ ⊙ **вольная птица** *см.* П 116
ВОН ⊙ **вон оно что!** *см.* В 61

из кожи вон лезть *см.* Л 8

57. из ру́к во́н плохо, плохой *и т. п.* 'Очень' *Обознач. высшую степень отриц. оценки событий, действий, реже предметов. Часто употр. при сочет.* дела идут, дело обстоит *и т. п. При мест. это употр. обычно без последующего нареч. или прил. и характеризует неразумные, неприличные или недопустимые поступки. Порядок компонентов фиксир.* △ very badly (bad)

Дела обстоят **из рук вон** плохо. Things are as bad as ⟨bad⟩ can be; Things have hit rock bottom *разг.;* Things are at ⟨have reached⟩ a long ebb *разг.;* It could not be worse. Это уже совсем **из рук вон!** That's the limit!

С этой минуты дело у нас пошло **из рук вон** плохо. *В. Каверин, Два капитана.* Поливанов взял очерк... и стал читать. То ему казалось: хорошо. То вдруг он непреложно понимал: **из рук вон** плохо. *Ф. Вигдорова, Любимая улица.* Уголь-то оказался **из рук вон** плохой... и с содержанием серы. *Д. Мамин-Сибиряк, От Урала до Москвы.* ... в земле оставлять [*картошку*] совестно... — это уж совсем **из рук вон.** *В. Распутин, Прощание с Матёрой*

Ср.: ни на что не похоже

из ряда вон выходящий *см.* В 103
ВОПРОС ⊙ **вопрос идёт о** *см.* Р 20
ВОРОБЕЙ ⊙ **58. кто-л. стре́ляный (ста́рый) воробе́й** *разг.* 'Очень опытный, бывалый человек, которого невозможно обмануть, *реже* застать врасплох, запугать' *Употр. чаще как сказ. Порядок компонентов фиксир.* △ a wise ⟨knowing⟩ old bird *разг.;* an old hand

Когда мы согласились на ничью, он [*Алехин*] заявил, что всё это продолжение [*партии*] нашёл за доской... Я уже был **стреляный воробей** и, конечно, не поверил. *М. Ботвинник, К достижению цели.* [*Астров:*] ...не делайте удивленного лица, вы отлично знаете, зачем я бываю здесь каждый день. Хищница милая, не смотрите на меня так, я **старый воробей**. *А. Чехов, Дядя Ваня.* — Вы хотите сказать, что наконец-то выбрали себе увлечение? — И прошу отнестись к этому снисходительно... Ай-ай, дорогой Георгий Петрович! Пытаетесь провести на мякине **старого воробья**. — Считаю подозрения безосновательными. *В. Тендряков, Покушение на миражи.* — Вы пишете повести! Да кто ж вам поверит! И вы думали обморочить меня, **старого воробья!** *И. Гончаров, Обыкновенная история*

Ср.: видал виды, тертый калач, пройти огонь и воду

ВОРОНА ⊙ **59.** быть, казаться, чувствовать себя *и т. п.*, **бе́лой воро́ной** *разг., часто неодобр.* быть *и т. п.* 'Человеком, резко отличающимся от окружающих' *Обычно подразумевается несходство манер, поведения, образа жизни, которое окружающими воспринимается и оценивается отриц. Употр. как сказ. Порядок компонентов фиксир.* △ to be (seem) sharply different from the people of one's circle

Он не хотел быть (казаться) белой вороной. He did not want to be (seem) an outsider (a maverick).

Выражения white crow, rare bird, rara avis *подчеркивают не отличие от окружающих, а то, что это встречается редко.*

— Значит, куришь, Виктор? — спросил Бессонов... — Мне восемнадцать, отец. В училище все курили. Я не могу быть **белой вороной.** *Ю. Бондарев, Горячий снег.* — Ну, давай, — в тон корнету сказал Николай и пригубил бокал. Он решил остаться в «Вилла-Родэ» до утра и, чтобы как-нибудь скоротать время и не чувствовать себя **белой вороной,** перестал отказываться от шампанского. *И. Кремлев, Большевики*

Ср.: из ряда вон выходящий

считать ворон *см.* С 122

ВОРОТА ⊙ **ни в какие ворота не лезет** *см.* Л 11

от ворот поворот *см.* П 36

ВОСТРО ⊙ **держать ухо востро** *см.* Д 51

ВОТ ⊙ **вот где сидит** *см.* С 60

вот где собака зарыта *см.* С 97

60. во́т ещё ⟨вы́думал (вы́думала, вы́думали)⟩! *разг., невежливо* 'То, что ты говоришь, нелепо; не буду делать этого' *Выражает резкое несогласие с мнением собеседника или отказ выполнить то, что он предлагает. Употр. как самост. предлож. или первая часть сложн. предлож. в ответной реплике диалога. Порядок компонентов фиксир.* △ what you say is ridiculous; I won't do that

— Ты трусишь. — Вот еще! — You are afraid. — The hell I am! — Надо ему помочь. — **Вот еще!** — We must help him. — Nothing doing! *или* What next?

— А ты не врешь? — спросил Алик Сорокин. — **Вот еще!** Стану я врать! *Н. Носов, Витя Малеев в школе и дома.* — Ружье не продавай, — вдруг строго говорит Василий. — **Вот еще** — зачем мне его продавать? *В. Распутин, Василий и Василиса.* — После этого вы, пожалуй, также не поверите, что наша соседка Чепузова, Елена Антоновна, сама... мне рассказала, как она уморила своего родного племянника? — **Вот еще выдумали!** *И. Тургенев, Рудин*
Ср.: бог с тобой 2 знач., не может быть и речи, через мой труп!, этого еще не хватало!

61. вот (вон) оно́ что (как)! *разг. Выражает сильное удивление или неожиданную догадку. Чаще это реакция на рассказ о чьих-л. поступках, вызванная внезапным пониманием их внутренних мотивов. Употр. обычно как самост. предлож. или первая часть сложн. предлож. Порядок компонентов фиксир.* △ Oh, that's how it is, is it?; You don't say ⟨so⟩!

— ...ты сам говорил прежде, что не понимаешь, как над этим можно смеяться. — **Вот оно что!** — прищурился папа. — Можно, Оля. И нужно... *В. Киселев, Девочка и птицелет.* — **Вот оно что!** — протянул Маремуха. — Ясное теперь дело. Раз Котька квартирант Корыбки, то теперь он свободно будет ходить сюда. *В. Беляев, Старая крепость*
Ср.: вот те на!, как так?, ну и ну!, подумать только!

62. вот тебе́ (те) и + *сущ. или гл. в прош. вр.!* *разг. Выражение удивления, разочарования или восхищения. Обычно в ситуациях, когда обнаружились ранее неизвестные свойства у человека или предмета; когда событие или его последствия оказались противоположными ожидаемым или событие, вопреки ожиданию, вообще не совершилось. Иногда употр. как упрек кому-л., кто был слишком уверен в обратном. Фразовое ударение стоит на сущ. или гл. Порядок компонентов фиксир.* △ there's a + *сущ.* for you!
Вот тебе и храбрец — мышей боится. There's a brave man for you, afraid of mice! Он уехал, даже не попрощавшись. Вот тебе и благодарность! He left without even saying good-bye. There's gratitude for you! Неожиданно пошел дождь, и мы все промокли. Вот тебе и погуляли! Suddenly it began to rain and we all got soaked. A fine sort of walk it turned out to be!

Как ни крути, а мало кто в поселке был способен так запросто [*как Филя*] отказаться от дорогой шапки. **Вот тебе и** Филя-хулиган! *Б. Бедный, Девчата.* [*Таня*] еле шла, прихрамывая, и лицо у нее было исхудалое и пунцовое от жара. Шмаков еще утром хотел отправить ее в медсанбат, но она добилась своего — поехала вместе со всеми. **Вот тебе и** добилась! *К. Симонов, Живые и мертвые*

Не смешивать с вот те ⟨и⟩ на (раз)!

63. вот те (тебе́) ⟨и⟩ на́ (ра́з)! *разг. Выражает удивление, недоумение, разочарование и т. п. при неожиданно возникшем обстоятельстве. Употр. чаще как самост. предлож. не в первой реплике диалога. Порядок компонентов фиксир.* △ Well, I never ⟨did⟩!; Well, I'm sure!; I say!

— От кого же это письмо? — Не обозначено? — изумился старик... — **Вот те на!** *К. Федин, Первые радости*. Я назначен начальником мартеновского цеха. — **Вот те раз!** Так у нас же есть начальник. *В. Попов, Тихая заводь*. — Боюсь я. Зря я тебя настроил. — **Вот тебе и раз**. Это почему? — ... Ничего не получится. *Д. Гранин, Картина*. — А мы уж мечтали, что совсем спаслись! — помолчав, продолжал боец. — **И вот тебе на!** *К. Симонов, Живые и мертвые*

Не смешивать с вот тебе и ...

Ср.: ну и ну! подумать только! ничего себе *4 знач.,* нечего сказать *1 знач.*

64. вот э́то да! *Выражает восхищение каким-л. предметом, событием, чьим-л. поступком, иногда с оттенком зависти. Употр. обычно как самост. предлож. Часто используется в речи детей и молодежи. Порядок компонентов фиксир.* △ that's something like! *с ударением на* like

[Иванов] сложив на груди руки, долго с восторгом смотрел на знамя, которое держал в руках старшина Ковальчук. — **Вот это да!** Дрожь берет! *К. Симонов, Живые и мертвые*. — **Вот это — да!** На таком жеребце бы попахаться... — завистливый с высвистом вздох. *М. Шолохов, Поднятая целина*

Ср.: вот тебе и, ну и ну!, подумать только; ничего себе *4 знач.,* с ума сойти *4 знач.*

ВПРОСАК ⊙ **попадать впросак** *см.* П 73
ВРЕМЯ ⊙ **до поры до времени** *см.* П 79

65. с незапа́мятных време́н 'С очень давнего времени и постоянно' *Обычно о положении дел, к которому все так привыкли, что не задумываются, правильно ли оно. Употр. как обст. Порядок компонентов фиксир.* △ from (since) time immemorial; ⟨since⟩ time out of mind

Девчата вокруг зашептались, осуждающе поглядывая на Илью, нарушившего неписаный закон, которому **с незапамятных времен** все подчинялись в поселке. *Б. Бедный, Девчата*. [Старичка] кто-то **с незапамятных времен** и неизвестно для чего содержал у Амалии Ивановны. *Ф. Достоевский, Преступление и наказание*

Ср.: испокон века, при царе Горохе
[Незапамятный — *очень давний, отдаленный по времени*]

ВСКОЧИ́ТЬ ⊙ **вскочить в копеечку** *см.* В 47
ВСКРУЖИ́ТЬ ⊙ **вскружить голову** *см.* К 51
ВСТАВА́ТЬ ⊙ **волосы встают дыбом** *см.* В 54

66. встава́ть*/встать с ле́вой (не с то́й) ногі́ *разг., часто ирон.* 'Быть в плохом настроении' *Подразумевается, что это началось с самого утра. Обычно употр. как вопрос или предположение о причине чьей-л. мрачности или грубого поведения. Чаще употр. гл. сов. вида в прош. вр. Порядок компонентов нефиксир.* △ to get out of bed on the wrong side; to get up on the wrong side of the bed *оба выражения употр. чаще в перфекте или в прош. вр., реже в наст. вр. (например, при союзах* when, whenever, if) *со знач. повторяющегося действия*

Лузина, вероятно, **встала сегодня с левой ноги,** потому что сидела за столом хмурая и сердитая. *К. Станюкович, Нянька.* — Что это с тобой, отец, нынче подеялось? — смеясь, спросила она. — **С левой ноги встал** или плохие сны снились? *М. Шолохов, Поднятая целина.* — Прежде чем кричать, спросил бы. **Не с той ноги встал?** Голубков расстроил тебя, а на первом встречном зло срываешь. *В. Овечкин, Районные будни*
Ср.: не в духе, какая муха укусила

ВСТАВЛЯ́ТЬ ⊙ **67. вставля́ть (ста́вить, сова́ть** *разг.*) ↔ кому-л. па́лки в колёса** *неодобр.* 'Намеренно мешать в осуществлении какого-л. дела' *Порядок компонентов нефиксир.* △ to prevent *smb* deliberately· from carrying out *his* plans; to put a spoke in the wheel; to throw a spanner in (into) the works *оба англ. выражения обознач. однократное завершенное действие и могут передать длительность, выражаемую русским фразеол., только в сочет. с гл.* try *или при обознач. повторяющегося действия*

— Моя жизнь: что хочу, то и делаю. А если будете мне **палки в колеса вставлять** ... в газету напишу: травят молодого рабочего. *Б. Бедный, Девчата.* [*Лиза*] до того распалилась, что просто вытолкала управляющего из дому. А чего церемониться? Ей самой, правда, зла большого не сделал, да зато брату на каждом шагу **палки в колеса ставит.** *Ф. Абрамов, Дом.* — Мы бьемся над перестройкой лаборатории, хотим заняться большими научными вопросами, установить новые автоматы на станциях, вы же нам **палки в колеса суете.** *Д. Гранин, Искатели.* — Мы тут всей ячейкой бьемся против религии... а ты что делаешь? Ты, имей в виду, **палки нам в колеса вставляешь...** ты на колхозных лошадях по воскресеньям старух возишь в церковь молиться. *М. Шолохов, Поднятая целина*

ВСТАТЬ

Ср.: путать карты, связывать по рукам и ногам, связывать руки

ВСТАТЬ ⊙ волосы встали дыбом *см.* В 54

встать горой *см.* С 114

встать с левой ноги *см.* В 66

ВСТРЕЧНЫЙ ⊙ **68. ка́ждый (вся́кий) встре́чный** или ⟨**ка́ждый (вся́кий)**⟩ **встре́чный-поперёчный (и поперёчный)** *разг.* 'Все люди подряд, без разбора' *Употр. в ситуации, когда кто-л. вступает в контакт с людьми совершенно посторонними, не подходящими для данного дела. Чаще употр. как доп. при гл.* рассказать, говорить *и т. п. при обознач. повторяющегося или постоянного действия. Порядок компонентов фиксир.* △ everyone and anyone (anyone and everyone); every (any) Tom, Dick and Harry

Борька бегом побежал по стоянкам и рассказывал, рассказывал **каждому встречному** обо всем, что было, и не мог остановиться. *Ф. Вигдорова, Любимая улица.* ... [ему] можно было сказать те горькие слова, которые, разумеется, говорят не **каждому встречному-поперечному.** *Ю. Герман, Дело, которому ты служишь.* Елизавета Яковлевна... имела болезненную, по-сибирски хлебосольную страсть кормить **встречного-поперечного,** то есть всякого, кто лишь переходил порог их дома. *В. Липатов, Повесть без названия, сюжета и конца.* ... от него так и веяло... почти обидной готовностью сближенья с **каждым встречным и поперечным.** *М. Тургенев, Мой сосед Радилов*

Ср.: первый встречный

69. пе́рвый встре́чный *иногда неодобр.* 'Любой человек, случайно оказавшийся рядом' *Употр. в ситуации, когда кто-л. вступает в контакт с человеком незнакомым или с посторонним, не подходящим для данного дела. Чаще употр. как доп. при гл.* рассказывать, говорить, спрашивать *и т. п. Порядок компонентов фиксир.* △ anybody one meets; a complete stranger *при неодобр. оценке поступка*

— А в каком квартале вешенские? — спросил Пантелей Прокофьич у **первого встречного.** *М. Шолохов, Тихий Дон.* ... вдруг он принимался доказывать **первому встречному,** что благородство не позволяет ему умереть попусту. *К. Федин, Первые радости.* Как же велико было ее возмущение или разочарование, чтобы пуститься в путь с **первым встречным,** да еще похожим на бандита. *Д. Гранин, Искатели*

Ср.: каждый встречный

ВСТУПАТЬ ⊙ **70. вступа́ть/вступи́ть на** ⟨**како́й-л.**⟩ **пу́ть** *чего-л.* 'Начинать *какую-л.* новую деятельность или начинать вести новый образ жизни' *Чаще употр. в ситуации, когда эта деятельность или этот образ жизни таят в себе определенные трудности или*

даже опасность. После фразеол. стоит обычно абстрактное сущ., на которое падает фразовое ударение. Порядок компонентов фиксир. △ to enter upon (take) the path of *smth* (of doing *smth*)

И вот они сидели в этом саду, Уля и он, серьезные, полные ощущения того, что с момента разговора с Ниной они **вступили на** новый **путь** жизни, неизвестный, опасный, влекущий. *А. Фадеев, Молодая гвардия.* ... тысячи людей, чьи дела он видел на выставке, о ком рассказывал на совещании Савин? Ради чего они **вступали на** мучительный **путь** поисков, сомнений, неудач? *Д. Гранин, Искатели.* Он сел за стол, взял в руки перо и... **вступил на** тернистый **путь** авторства. *А. Чехов, Ревнитель*

ВСТУПИТЬ ⊙ **вступить в...** см. В 70
ВСЯКИЙ ⊙ **без всякой задней мысли** см. М 48
всякая всячина см. В 71
всякий встречный см. В 68
всякими правдами и неправдами см. П 86
ВСЯЧИНА ⊙ **71. вся́кая вся́чина** *разг.* 'Совокупность разнородных предметов *или* сообщений на самые разные темы' *Употр. чаще как доп. при гл.* накупить, наговорить *и т. п., реже как подлеж. при гл.* лежать (*в знач.* находиться) *и т. п. Порядок компонентов фиксир.* △ all sorts of things; all kinds of stuff *разг.*

Она несла полный кошель **всякой всячины** — картошки, щавеля, луку, а в другой руке — большой зонтик. *В. Каверин, Два капитана.* На бюро...лежало множество **всякой всячины:** куча исписанных мелко бумажек, какая-то старинная книга в кожаном переплете с красным обрезом, лимон, весь высохший ... отломленная ручка кресел, рюмка с какою-то жидкостью ...кусочек где-то поднятой тряпки, два пера ... зубочистка. *Н. Гоголь, Мертвые души.* Ему хотелось на постоялый двор, к домовитому Козлевичу, с которым так приятно попить чаю и покалякать о **всякой всячине.** *И. Ильф, Е. Петров, Золотой теленок.* — Ну, мы наговорили вам тут **всякой всячины,** — начинает Капитон Иванович. — ... Ну ничего, вы тоже приедете к нам, укажете на наши упущения. *В. Овечкин, Гости в Стукачах*

ВТЕРЕТЬ ⊙ **втереть очки** см. В 72
ВТЕРЕТЬСЯ ⊙ **втереться в доверие** см. В 73
ВТИРАТЬ ⊙ **72. кому-л.** ↔ **втира́ть**/*редк.* **втере́ть очки́** *разг., неодобр.* 'Пытаться обмануть *кого-л.,* намеренно искажая факты, иногда представляя их с выгодной для себя стороны' *Этот обман может выражаться как в чьих-л. поступках, так и в речи. Гл. сов. вида употр. обычно при словах, обознач. попытку, желание. В повел. накл. употр. только гл. несов. вида с отриц. не. При отриц.*

возможна форма очко́в. *Порядок компонентов нефиксир.* △ to⟨try to⟩ pull the wool over *smb's* eyes

— Я хочу обеспечить сеном на зиму весь колхозный скот, да и всех ваших коровенок... Устин пренебрежительно махнул рукой: ... — так я тебе и поверил! ...ты нам тут **очки втираешь!** *М. Шолохов, Поднятая целина.* — До чего ж у вас мило получается, — покачал головой Андрей. — Взяли да переделали прибор. Вы мне, как говорится, **очки не втирайте.** Много пересчитывать пришлось? *Д. Гранин, Искатели.* — Ты, милая, врешь. Ты лекарство не принимала. — Ей-бо... — начала баба. — Бабочка, ты нам **очков не втирай,** — сурово, искривив рот, говорил Демьян Лукич, — мы все досконально понимаем. Сознавайся, кого лечила этими каплями? *М. Булгаков, Записки юного врача.* — Я што-то не верю... — Семка кивнул на казенную бумагу. — По-моему, они вам **втерли очки,** эти наши специалисты. *В. Шукшин, Мастер*

Ср.: валять дурака *1 знач.,* водить за нос, играть в кошки-мышки, играть в прятки, морочить голову, мутить воду *2 знач.,* наводить тень на плетень, напускать туману, обводить вокруг пальца, пускать пыль в глаза

ВТИРА́ТЬСЯ ⊙ 73. втира́ться*/втере́ться (вкра́дываться*/ вкра́сться *редк.,* влеза́ть*/влезть, входи́ть*/войти́) к *кому-л.* ↔ **в дове́рие** (в *чье-л.* **дове́рие** *уст.*) *разг., неодобр.* 'Добиваться доверия с помощью интриг, разных неблаговидных приемов' *Обычно для того, чтобы извлечь личную выгоду. Вариант с* входить/войти *стилистически нейтрален и может не иметь неодобр. окраски. Порядок компонентов нефиксир.* △ to worm *oneself* ⟨*one's* way⟩ into *smb's* confidence *неодобр.*; to ⟨try to⟩ gain *smb's* confidence *неодобр. оттенок не обязателен*

При помощи услужливости и расторопности **втерся** он, однако ж, **в доверие** к исправнику, так что тот и на следствия брать его стал. *М. Салтыков-Щедрин, Губернские очерки.* Смысл его речи... был тот, что Маслова, загипнотизировав купца, **вкравшись в его доверие** ...хотела сама все взять себе. *Л. Толстой, Воскресение*

ВХОДИ́ТЬ ⊙ 74. входи́ть*/войти́ **в аза́рт** 'Становиться очень возбужденным, сильно увлекшись *каким-л.* занятием или желая добиться *чего-л.*' *Обычно о человеке, увлеченном спором, игрой, поисками чего-л. и т. п. настолько, что не хочется прекращать занятие. Употр. чаще гл. сов. вида в прош. вр. Порядок компонентов чаще фиксир.* △ to become very excited while doing *smth* or trying to achieve *smth*; to be carried away ⟨by what *one* is doing⟩ *увлечься занятием*; to be put on *one's* mettle *почувствовать рвение, желание добиться цели, часто как реакция на трудности*; to get heated *разгорячиться (в споре и т. п.)*

— Врешь! Врешь! ... — твердил Илья, **войдя в азарт**. *Б. Бедный, Девчата.* Любители [*стрельбы*], **войдя в азарт**, просаживали по десять-пятнадцать пуль. *В. Катаев, Белеет парус одинокий.* ... во дни рождений, именин и выборов повара старинных помещиков... **войдя в азарт**... придумывают к куликам такие мудреные приправы, что гости... отведать их никак не решаются. *И. Тургенев, Ермолай и мельничиха*

Ср.: входить во вкус, сходить с ума *2 знач.*

входить в доверие *см.* В 73

75. входи́ть/войти́ (попада́ть/попа́сть) в ⟨обычную, прежнюю, свою *и т. п.*⟩ **колею** 'Возвращаться к привычному, *часто устойчивому состоянию, порядку*' *Обычно после каких-л. потрясений, разрушений. В качестве подлеж. употр. слова жизнь, всё, лич. мест., реже сущ., называющие лиц. Порядок компонентов фиксир.* △ to get into a (the old) groove *при одуш. и неодуш. субъекте;* to resume (take) *its* natural (old, *etc*) course *при подлеж.* life, everything, things; to settle down *при одуш. субъекте*

Что можно было наладить, наладилось, **вошло в колею**. *К. Федин, Костер.* И то, что она сидела на обычном месте, у двери в директорский кабинет, тоже как будто говорило, что жизнь начинает **входить в колею**. *Б. Полевой, Глубокий тыл.* Жизнь ее **вошла в** ту будничную **колею**, из которой она уже не выходила до самого конца своего. *И. Бунин, Суходол.* Он вернулся в Россию, попытался зажить старою жизнью, но уже не мог **попасть в** прежнюю **колею**. *И. Тургенев, Отцы и дети*

Ср.: дело идет на лад

[Колея — *канавка, углубление от колес на дороге*]

76. входи́ть/войти́ в курс ⟨*чего-л.*⟩, книжн., канц. 'Знакомиться с чем-л., вникать во *что-л.*' *Обычно говорится об осведомленности человека в каких-л. делах, событиях и т. п., чаще связанных с его профессиональной деятельностью. Часто употр. с сущ.* дело *в качестве доп. Порядок компонентов нефиксир.* △ to get (form) a clear picture ⟨of *smth*⟩ *для передачи длительности употр. гл.* try

Когда его назначили в контору... всесоюзного треста, он не испугался: что ж, и там буду так же работать, **войдя в курс**. *В. Панова, Времена года.* Очень приятно мне было увидеть всех старых работников на местах... Люди знают хорошо район, им не нужно три месяца в **курс** дела **входить**. *В. Овечкин, С фронтовым приветом.* Не успевал [*работник*] как следует **войти в курс** дела, как его уже снимали и бросали на иную работу. *И. Ильф, Е. Петров, Золотой теленок.* В душистом березовом леске... приезжие провели возле машин остаток вечера, болтая со своими новыми механиками и **входя в курс** жизни полка. *Б. Полевой, Повесть о настоящем человеке*

77. входи́ть/войти́ во вку́с ⟨*чего-л.*⟩ 'Начинать ощущать от какой-л. деятельности удовольствие' *Обычно такое сильное, что эту деятельность не хочется прекращать. Употр. чаще как деепр. оборот или однородное сказ. перед сказ., которое обознач. конкретно эту деятельность. Как доп. употр. обычно абстрактное сущ. Порядок компонентов нефиксир.* △ to develop (acquire, get) a taste for *smth*; to get into *one's* stride; to get into the swing of things (of *smth*) *разг.*

Ребята **вошли во вкус,** быстро отгребали солому... и сердились, когда теплое зерно шло слабой струйкой. *В. Беляев, Старая крепость.* ... малыш, видимо **войдя во вкус** игры, вдруг... довольно больно цапнул меня за большой палец босой ноги. *М. Ганина, Тяпкин и Леша.* ... становился он все привязчивее и раздражительнее, точно **во вкус входил.** *Ф. Достоевский, Преступление и наказание.* Это уж был не прежний робкий бедняга-чиновник, а настоящий помещик, барин. Он уж обжился тут, привык и **вошел во вкус;** кушал много ...полнел... и очень обижался, когда мужики не называли его «ваше высокоблагородие». *А. Чехов, Крыжовник*
Ср.: входить в азарт

78. входи́ть*/войти́ в ⟨*чье-л.*⟩ **положе́ние (в положе́ние** ⟨*кого́-л.*⟩ *редк.*) 'Понимая, что *кто-л.* испытывает трудности, посочувствовать *ему,* оправдать *его, иногда помочь*' *Употр. чаще гл. сов. вида в повел. накл. или в инф. при слове надо. Порядок компонентов фиксир.* △ to put *oneself* in *smb* else's position (shoes)

[*Девушка:*] Мне ужасно некогда. [*Студент:*] Мне тоже некогда. [*Девушка:*] Но **войдите в положение.** *А. Вампилов, Свидание.* — Что я могу? **Войдите в мое положение,** что я могу? *А. Чехов, Чайка.* — Может быть, Семену Карповичу, — сказал еще как-то Петренко, — скучновато показывается второй раз делать одно и то же в своей жизни. Надо **войти в его положение.** *В. Овечкин, С фронтовым приветом.* Многие ... **входили в положение** Чичикова, и трудность переселения такого огромного количества крестьян их чрезвычайно устрашала. *Н. Гоголь, Мертвые души*

ВЫ ⊙ **бог с вами** см. Б 7

ВЫБИВАТЬ ⊙ **79. выбива́ть/вы́бить (вышиба́ть/вы́шибить** *груб.,* **выкола́чивать/вы́колотить) ду́рь из** ⟨*чьей-л.*⟩ **головы́** (↔ **из** ⟨*кого́-л.*⟩; ↔ ⟨**у** *кого́-л.*⟩ **из головы́**) *разг.* 'Очень строгими мерами заставить *кого-л.* отказаться от дурных привычек, намерений, плохого поведения и вести себя разумно, правильно' *Употр. чаще гл. сов. вида в инф. при словах пора, надо или в 1 л. ед. ч. буд. вр. со знач. угрозы. Обе эти формы употр. обычно при разговоре с млад-*

шими по возрасту, с подчиненными по службе и т. п. и приобретают оттенок фам., а иногда и груб. *Порядок компонентов нефиксир.* △ to knock the nonsense out of *smb разг.*

Он, прожигая ее, ошеломленную, своими глазищами, крикнул, выходя на дорогу: — А **дурь из головы** пора вон **выбить!** *И. Бунин, Суходол.* Авросимов лихо подошел, но обрюзгшее лицо графа, пронзительные глаза и странный вопрос быстро **выбили дурь** из его **головы.** *Б. Окуджава, Глоток свободы.* — Смотрите же вы у меня, не очень умничайте — вы, я знаю, народ избалованный; да я **выбью дурь из ваших голов,** небось скорее вчерашнего хмеля. *А. Пушкин, История села Горюхина.* [Собаки] получают еду как награду.— ... Это плохо.— Это для людей плохо, а для собак правильно. Иначе они разбалуются, и мне придется их здорово колотить, пока я из них не **выбью дурь.** *Ю. Семенов, При исполнении служебных обязанностей*

Ср.: брать в оборот, наставлять на путь

ВЫБИВАТЬСЯ ⊙ **80. выбива́ться*/вы́биться (выходи́ть*/вы́йти) из коле́й** 'Утрачивать свое привычное, *чаще* устойчивое состояние' *Обычно в результате воздействия на человека каких-л. неблагоприятных обстоятельств. В качестве подлеж. употр. сущ.* жизнь, *личн. мест. и сущ., называющие лиц. Чаще употр. гл. сов. вида в прош. вр. Порядок компонентов чаще фиксир.* △ to have the routine of *one's* life upset; to lose peace of mind; to be thrown out of gear *при подлеж.* smb, smb's life

[*Войницкий:*] С тех пор, как здесь живет профессор со своею супругой, жизнь **выбилась из колей...** Сплю не вовремя, за завтраком и обедом ем разные кабули, пью вина... нездорово все это! *А. Чехов, Дядя Ваня.* Волнуясь, — опять **выбившись из колеи!** — ожидал этой расправы и Тихон Ильич, узнавший историю в саду от своих работников: ведь история-то могла кончиться убийством! *И. Бунин, Деревня*

Ср.: идти под гору *2 знач.*

[Колея — *канавка, углубление от колес на дороге*]

81. выбива́ться/вы́биться из ⟨после́дних⟩ сил *Порядок компонентов нефиксир.* 1) 'Ослабевать, уставать от сильного напряжения в *какой-л.* деятельности настолько, что становится невозможно ее продолжать' *Чаще в ситуациях, связанных с длительным передвижением, с длительной физической работой. При отсутствии слова* последних *при гл. обычно стоит нареч. со знач. высокой степени действия* △ to be ready to drop with fatigue; to be at *one's* last gasp *от работы или ходьбы;* to be on *one's* last legs *от ходьбы*

На четвертые сутки, когда до города всего километров пятнадцать осталось, люди вовсе **выбились из сил.** *Б. Полевой, Повесть о на-*

ВЫБИТЬ

стоящем человеке. ...вскоре я увидел, что, высоко подняв морду и отчаянно шлепая лапами, **выбиваясь из последних сил**, сбоку ко мне подплывает Брутик. *А. Гайдар, Дым в лесу.* ... сменявшего его парня не было... Пришлось усталому Павке отстукивать вторые сутки, и к ночи он совсем **выбился из сил**. *Н. Островский, Как закалялась сталь.* **Выбившись из сил**, вбежал он в свою лачужку и, как сноп, повалился на землю. *Н. Гоголь, Вечер накануне Ивана Купала*
Ср.: валиться с ног, еле ноги волочить, гнуть спину, едва держаться на ногах, не слышать ног под собой

2) 'Очень стараться достичь *какой-л.* цели, используя для этого самые разные средства' *Только с гл. несов. вида. Употр. перед союзом* чтобы *с инф. цели* △ to go all out; to go out of *one's* way *оба выражения употр. с инф. цели*

... старуха... от робости бестолковая... трепетала за каждый свой шаг, **из сил выбивалась**, чтобы угодить. *И. Бунин, Старуха.* В купе Остап по-прежнему **выбивался из сил**, чтобы понравиться компании. И он достиг того, что студенты стали считать его своим. *И. Ильф, Е. Петров, Золотой теленок*
Ср.: лезть из кожи, сил нет как, что есть силы, правдами и неправдами

ВЫБИТЬ ⊙ выбить дурь из головы *см.* В 79
ВЫБИТЬСЯ ⊙ выбиться из колеи *см.* В 80
выбиться из сил *см.* В 81
ВЫБРОСИТЬ ⊙ **82. вы́бросить (вы́кинуть)** ← *что-л., кого-л.* → **из головы́** *разг.* (**из па́мяти** *редк.*) 'Намеренно забыть, перестать думать о чем-л.' *Доп. чаще обознач. то, к чему (к кому) человек очень привязан, с кем (с кем) ему трудно расстаться. Употр. часто в повел. накл. или в инф. при словах, выражающих необходимость, невозможность, желание и т. п. Порядок компонентов нефиксир.* △ to put *smth, smb* out of *one's* head (mind)

... она тут же решила **выбросить** все **из головы** и пойти к Мечику. *А. Фадеев, Разгром.* Ведь предстоят такие соревнования, что нам надо с вами все решительно **выкинуть из головы**. *Л. Кассиль, Ход белой королевы.* Почему-то я продолжала заниматься геологией Севера, хотя дала Сане слово навсегда **выкинуть** Север **из головы**. *В. Каверин, Два капитана.* Наша альма матер! Даже... Юлька, как бы ни заносилась, а не **выкинет... из памяти** школу! *В. Тендряков, Ночь после выпуска*

ВЫВЕСТИ ⊙ вывести в люди *см.* В 83
вывести из себя *см.* В 84
вывести из строя *см.* В 85
вывести на чистую воду *см.* В 86

ВЫВОДИТЬ ⊙ **83. выводи́ть*/вы́вести** *кого-л.* **в лю́ди** 'Деятельным участием помогать *кому-л.* занять устойчивое *или* высокое положение в жизни' *Чаще об отношении родителей или вообще взрослых к детям. Употр. обычно в прош. вр. или в инф. при словах со знач. желания, намерения. Порядок компонентов нефиксир.* △ to set *smb* on *his* feet; to help *smb* to find *his* feet

...уж не она ли билась в трудные минуты, недосыпая ночей, недоедая, стараясь **вывести** свою дочку **в лю́ди** и дать ей... лучшую, чем самой ей выпала, жизнь. *П. Проскурин, Шестая ночь.* Он мечтал дать хорошее образование сыну и дочери и **вывести** их **в лю́ди.** *А. Фадеев, Молодая гвардия.* Директор... понимал, что... для того, чтобы поскорее **вывести** мальчика **в лю́ди**... Куров определил приемыша на работу. *Б. Полевой, Глубокий тыл.* [*Большов:*]... ведь я тебя мальчишкой в дом взял... Поил, кормил вместо отца родного, **в лю́ди вывел.** *А. Островский, Свои люди — сочтемся*

Ср.: ставить на ноги *2 знач.*

84. выводи́ть/вы́вести ↔ *кого-л.* **из себя́** 'Очень сильно раздражать, сердить, лишать душевного равновесия *или* самообладания' *Часто в ситуациях, связанных с чьей-л. реакцией на поведение другого человека, на какие-л. трудности, неприятности. Порядок компонентов нефиксир.* △ to drive *smb* crazy (mad); to drive *smb* out of *his* wits

Его хладнокровие **вывело** ее **из себя́.** *И. Гончаров, Обыкновенная история.* Тося совсем не собиралась влюбляться в Илью, но уже одно подозрение ожесточало ее и **выводило из себя́.** *Б. Бедный, Девчата.* Сиделка по утрам умывала и вытирала ему лицо, с ложки кормила его, и чувствовал, что не тяжелые боли, а вот эта беспомощность угнетает и **выводит** его **из себя́.** *Б. Полевой, Повесть о настоящем человеке.* — Это значит, тебе суд будет, — пояснил Иван Саввич, **выведенный из себя́** спокойствием Матвея. *С. Антонов, Дело было в Пенькове*

Ср.: действовать на нервы, играть на нервах, колоть глаза *2 знач.*, сводить с ума *1 знач.*, трепать нервы

85. выводи́ть/вы́вести из стро́я *книжн.* 'Лишать работоспособности *или* боеспособности' *кого-л. Часто о воздействии на человека выстрела, взрыва и т. п.; болезни и т. п.* 'Ломать, разрушать, лишая способности выполнять свое назначение' *что-л. О машинах, механизмах. Порядок компонентов нефиксир.* △ to put *smb, smth* out of action

Случайная мина **вывела из стро́я** двух бойцов. *Г. Березко, Ночь полководца.* Через неделю он удачно засыпал в буксу песок, расплавил подшипники и **вывел из стро́я** пятнадцать вагонов. *И. Козлов,*

ВЫДЕРЖАТЬ

В Крымском подполье. — Направляйте материалы в прокуратуру, пускай они разбираются, — и Иван Саввич хлопнул ладонью по столу. — Так и так, мол, сознательно **вывел из строя** трактор. *С. Антонов, Дело было в Пенькове*

86. выводи́ть/вы́вести ← *кого-л., реже что-л.* → **на чи́стую (све́жую** *уст.*) **во́ду** *разг.* 'Раскрывать публично *чей-л.* обман; разоблачать *чьи-л.* махинации, интриги, дурные замыслы' *Как доп. употр. личн. мест., сущ. собственные, а также абстрактные* мошенничество, обман, хитрости *и т. п. Часто употр. в инф. при словах, обознач. необходимость, желание, решимость; гл. сов. вида часто в буд. вр. со знач. угрозы. Порядок компонентов нефиксир.* △ to show *smb* up ⟨for what he really is⟩; to bring *smth* ⟨out⟩ into the open

Новый заведующий... быстро **вывел** Ужика **на чистую воду**, обнаружил, что тот не усвоил даже таблицы умножения. *И. Грекова, Хозяйка гостиницы.* — Владимир Иванович, вы же знаете, я никогда ни от каких дел не отказывался. Но там я жуликов **на чистую воду вывожу**, а тут мне надо устанавливать, не жулик ли мой коллега. И мне как-то не по себе. *Братья Вайнеры, История участкового Позднякова.* — Постой же, я **выведу** тебя **на свежую воду**... Лизавета Александровна... встревожилась. — Петр Иваныч! — шептала она, — перестань... — Нет, пусть выслушает правду. *И. Гончаров, Обыкновенная история.* — Вранье, — решил Кирила Петрович, — сейчас я все **выведу на чистую воду**. *А. Пушкин, Дубровский*

ВЫДЕРЖАТЬ ⊙ выдержать характер *см.* В 87
ВЫДЕРЖИВАТЬ ⊙ **87. выде́рживать/вы́держать хара́ктер** 'Не отступать от принятого решения; оставаться непреклонным, не уступать давлению обстоятельств *или* требованиям других людей' *Может употр. с неодобр. окраской, подразумевая чье-л. упрямство, желание доказать, что у него твердый характер. При отриц. возможна форма* хара́ктера. *Порядок компонентов нефиксир.* △ to stand (hold) *one's* ground; to stand (stick) fast; to sit tight *разг.*

Он просто выдерживает характер. He is simply being stubborn. Он не выдержал характера. He gave way.

[*Чичиков*] ничем не пронял: они [*кузнецы*] совершенно **выдержали характер** — не только не отступились от [*высокой*] цены, но даже провозились за работой вместо двух часов целых пять с половиною. *Н. Гоголь, Мертвые души.* Как-то утром [*Егор Семеныч и Таня*] о чем-то повздорили... Егор Семеныч сначала ходил важный, надутый, как бы желая дать понять, что для него интересы справедливости и порядка выше всего на свете, но скоро не **выдержал характера** и пал духом. *А. Чехов, Черный монах.* — Право, будете раскаиваться, что не высказались. Еще раз уступаю вам слово. Я подожду. — Гаврила Ардалионович молчал и смотрел презрительно. — Не хотите. **Выдержать характер** намерены — воля ваша. *Ф. Достоевский, Идиот*

ВЫДУМАТЬ ⊙ **вот еще выдумал!** *см.* В 60
ВЫЕДЕННЫЙ ⊙ **выеденного яйца не стоит** *см.* С 110
ВЫЖАТЬ ⊙ **выжать соки** *см.* В 89
ВЫЖИВАТЬ ⊙ **88. выжива́ть / вы́жить из ума́** *разг., презр.* 'Лишаться способности разумно мыслить, поступать' *Обычно от старости. Употр. чаще гл. сов. вида в прош. вр. Порядок компонентов нефиксир.* △ to be out of *one's* mind; to be in *one's* dotage *о старом человеке*

— Чего тут разговаривать? — пренебрежительно мотнул головой жестокий молодец. — **Выжил** старик **из ума**. *К. Федин, Первые радости.* Тогда, в учительской, он спрятал тетради Ольги Денисовны, чтобы показать, что она от склероза почти **из ума выживает**. *М. Прилежаева, Осень.* Он был еще не очень старый человек, но от дурных наклонностей почти **из ума выжил**. *Ф. Достоевский, Бедные люди*

Ср.: не все дома, не в своем уме

ВЫЖИМАТЬ ⊙ **89. выжима́ть / вы́жать ← из кого́-л. все (после́дние) со́ки (сок)** *разг., неодобр.* 'Нещадно эксплуатировать, жестоко притеснять *кого-л.*, требуя от *его* труда максимального результата и доводя порой до крайнего физического истощения' *Употр. чаще гл. несов. вида. Порядок компонентов нефиксир.* △ to drive *smb* hard; to sweat *smb*

Встречались помещики, которые буквально **выжимали** из барщинских крестьян **последний сок**, поголовно томя на господской работе мужиков и баб шесть дней в неделю и представляя им управляться с своими работами только по праздникам. *М. Салтыков-Щедрин, Пошехонская старина.* Едят тебя живодеры эти. Весь **сок выжимают**, а стар станешь — выбросят... свиньям на корм. *В. Гаршин, Сигнал*

Ср.: тянуть жилы

ВЫЖИТЬ ⊙ **выжить из ума** *см.* В 88
ВЫЙТИ ⊙ **выйти из игры** *см.* В 98
выйти из колеи *см.* В 80
выйти из себя *см.* В 99
выйти из строя *см.* В 100
выйти сухим из воды *см.* В 101
ВЫКИДЫВАТЬ ⊙ **выкидывать номера** *см.* В 90
ВЫКИНУТЬ ⊙ **выкинуть из головы** *см.* В 82

90. вы́кинуть но́мер (фо́кус, фо́ртель, шту́ку); выки́дывать* номера́ (фо́кусы, фо́ртели, шту́ки, антраша́) *разг.* 'Совершить поступок, неожиданный для окружающих' *Обычно предосудительный или шаловливый. Иногда как подлеж. употр. сущ.* жизнь. *Порядок компонентов нефиксир.* △ to do a strange thing; to play mad tricks *совершать предосудительные поступки;* to play pranks *проказничать*

Хлебнул горя... директор института с Пыжиком (именно он его пригласил). Какую бы **штуку** тот ни **выкинул** — все идут к директору: мол, вы его на работу взяли, вы и расхлёбывайте. *«Литературная газета», 27 июня 1979 г.* Забрал у Галины деньги, которые она еще припрятать не успела, и устроил себе с мужиками праздник души. А в следующие разы для такого случая примерять стал, пока она тот самый **фортель** не **выкинула**. *В. Мурзаков, Мы уже ходим, мама...* Если бы я мог остановить жизнь, собственную свою жизнь, — не считаясь с моей работой, она по-прежнему **выкидывала номера**. *Д. Гранин, Церковь в Овере.* Сергей Петрович стал совершать постыдные для своего имени... глупости, **выкидывать антраша**, вплоть до неприличных анекдотов. *Ю. Герман, Дело, которому ты служишь*

ВЫКОЛА́ЧИВАТЬ ⊙ **выкола́чивать дурь из головы** *см.* В 79
ВЫ́КОЛОТИТЬ ⊙ **вы́колотить дурь из головы** *см.* В 79
ВЫ́КОЛОТЬ ⊙ **91.** ⟨темно, тьма, темнота, темень, ночь *и т. п*⟩, **хоть гла́з (глаза́) вы́коли (коли́** *редк.***)** 'Совсем ничего не видно' *Порядок компонентов фиксир.* △ it is ⟨as⟩ black as pitch; the night is pitch-black

Было темно, **хоть глаз выколи**, когда они вышли к полю, лежащему между городком и Заячьим Ремизом. *В. Каверин, Исполнение желаний.* Темень, **хоть глаз выколи**. Не то что названия улиц, себя не видишь. *Ф. Вигдорова, Любимая улица.* Все было видно как днем. Не успел выйти за дверь — и вот, **хоть глаз выколи**! *Н. Гоголь, Ночь перед рождеством.* Ночь темная, **хоть глаз выколи**. Небо заволокло тучами. *Н. Островский, Как закалялась сталь*

Ср.: ни зги

ВЫЛЕЗА́ТЬ ⊙ **из кожи вылеза́ть** *см.* Л 8
ВЫЛЕТА́ТЬ ⊙ **92. вылета́ть*/вы́лететь в трубу́** *разг., иногда ирон. или шутл.* 'Полностью разориться, оставаться совсем без денег *или* имущества' *В качестве подлеж. употр. личн. мест., названия лиц, мест.* всё, *а также сущ.* компания, предприятие *и т. п. Употр. чаще гл. сов. вида в прош. вр. Порядок компонентов нефиксир.* △ to go bankrupt *о человеке, компании, предприятии;* to go bust *разг. о компании, предприятии;* to go down the drain *разг. при подлеж.* everything, money *и т. п.*

[*Большов:*] Вот те и Федор Селиверстыч! Каков был туз, а **в трубу вылетел.** *А. Островский, Свои люди — сочтемся.* Когда-то имела детей, мужа, родных, все это кругом нее, так сказать, кипело, и вдруг — полный пас, все **в трубу вылетело,** осталась одна. *Ф. Достоевский, Идиот.* — А всем верить нельзя, — ... сердито отозвался Малинин. — Всем верить — **в трубу вылетишь.** *К. Симонов, Живые и мертвые*

Ср.: на бобах, идти прахом *1 знач.,* ни при чем, ни с чем

93. вылета́ть*/вы́лететь (выска́кивать*/вы́скочить *иногда фам. или ирон.,* **улету́чиваться/улету́читься** *книжн.)* ↔ **у кого-л. из головы́ (из чьей-л. головы́)** *разг.* 'Внезапно полностью забываться' *О каких-л. названиях, мыслях, обещаниях, сомнениях, вопросах, знаниях и т. п. Употр. чаще гл. сов. вида в прош. вр. Употр. не только при подлеж., но и в форме безл. предлож. с последующим или предшествующим придат. предлож. Порядок компонентов нефиксир.* △ to slip ⟨from (out of)⟩ *smb's* mind ⟨memory⟩ *о названиях, именах, знаниях и т. п.;* to escape *smb* ⟨*smb's* memory⟩ *о названиях, именах*

Неожиданно все слова вылетели у него из головы. Suddenly he became tongue-tied. У меня совсем вылетело из головы, что я обещал ему позвонить. I clean forgot that I had promised to ring him up.

— Я и раньше имел печальное удовольствие ознакомиться с одним сочинением вашего простодушного коллеги, название которого, как на грех, **вылетело** у меня **из головы.** *Л. Леонов, Русский лес.* [*У Ильи*] вдруг все слова **вылетели из головы.** *Б. Бедный, Девчата.* — Извините, пожалуйста, у меня **вылетело из головы,** как этого Мефодия по фамилии. *К. Федин, Первые радости.* Я, конечно, обещание дал, но, как только занятия кончились, вся арифметика **выскочила** у меня **из головы,** и я, наверное, так и не вспомнил бы о ней, если б не пришла пора идти в школу. *Н. Носов, Витя Малеев в школе и дома*

Ср.: упускать из вида

ВЫЛЕТЕТЬ ⊙ **вылететь в трубу** *см.* В 92

вылететь из головы *см.* В 93

ВЫНЕСТИ ⊙ **вынести сор из избы** *см.* В 94

ВЫНОСИТЬ ⊙ **94. выноси́ть/вы́нести со́р из избы́** *разг.* 'Рассказывать посторонним о ссорах, неприятностях, которые касаются только данного круга лиц и не должны быть известны другим' *Часто в связи с семейными неурядицами. Употр. чаще гл. несов. вида с отриц. или при словах* не стоит, зачем *и т. п. При отриц. возможна форма* со́ра *(реже* со́ру). *Порядок компонентов нефиксир.* △ to wash *one's* dirty linen in public

В комнату вошла соседка... Все приняло мирный вид: в семье

ВЫПУСКАТЬ

был неписаный закон — **сора из избы** не **выносить.** *Г. Николаева, Жатва.* ...успех его — совершенная для меня загадка... Одно разве: осторожен он, **сору из избы** не **выносит,** ни о ком дурного словечка не скажет. *И. Тургенев, Лебедянь.* На этот раз Анна Георгиевна была недовольна ее дипломатией и в душе бранила себя, что поддалась обыкновению старшего инспектора любыми способами отводить неприятность: — Тише, тише. **Сора** не **выносить из избы.** *М. Прилежаева, Осень.* — Алло, Федосов, я вам запрещаю ходить к Батманову! — кричал Либерман на другом конце провода. — Зачем **выносить сор из избы?** Мы с вами поругались, мы и помиримся. *В. Ажаев, Далеко от Москвы*

ВЫПУСКАТЬ ⊙ **выпускать из виду** *см.* У 16
ВЫПУСТИТЬ ⊙ **выпустить из виду** *см.* У 16
ВЫРЫТЬ ⊙ **вырыть яму** *см.* Р 48
ВЫСАСЫВАТЬ ⊙ **95. выса́сывать/вы́сосать** ← *что-л.* → **из па́льца** *разг., часто неодобр.* 'Выдумать, утверждать *что-л.*, не опираясь на реальные факты' *В качестве доп. употр. сущ.* идея, факт, доказательство *и т. п., а также сущ., обознач. произведения литературы, науки, искусства. Порядок компонентов нефиксир.* △ to concoct *smth*

А если я не поддерживал Лобанова, так правильно делал. Лобанов **из пальца высосал** идею. *Д. Гранин, Искатели.* Казалось, книга сделана лучше первой. Позже понял: сперва писал с живых людей, вложил весь запас увиденного, услышанного, продуманного, а вторую часть придумал, **высосал из пальца.** *М. Колесников, Рудник Солнечный.* Как я мог осмелиться взяться за перо, ничего в жизни не зная, не видя, не слыша и не умея. Чего стоит эта распроклятая, **из пальца высосанная** сюита. *А. Куприн, Юнкера*

ВЫСКАКИВАТЬ ⊙ **выскакивать из головы** *см.* В 93
ВЫСКОЧИТЬ ⊙ **выскочить из головы** *см.* В 93
ВЫСОВЫВАТЬ ⊙ **не высовывать носа** *см.* В 97
ВЫСОСАТЬ ⊙ **высосать из пальца** *см.* В 95
ВЫСОТА ⊙ **96.** быть, оказаться **на высоте́** ⟨**положе́ния**⟩ ⟨**на должной высоте́, на высоте́ тре́бований**⟩ *офиц., иногда ирон.* 'Проявлять себя наилучшим образом, соответствуя самым высоким требованиям' *В качестве подлеж. употр. личн. мест. и сущ., обознач. человека или коллектив, а также их деловые или профессиональные качества, реже предметы, имеющие престижный характер* △ to be on top of the situation; to be equal (to rise) to the occasion *о человеке или коллективе*; to be (come) up to the mark *о качествах и предметах*

Правило же товарища прокурора было в том, чтобы быть всегда **на высоте** своего **положения.** *Л. Толстой, Воскресение.* Работник был сильный, не уклонялся от принятия решений, деловые качества — **на высоте**. *М. Ботвинник, К достижению цели.* ...каждый ли отец серьезно задумывается перед тем, как ... сделать очередное «ассигнование», чтобы у увлекающегося модой дитяти все было **на высоте** — и джинсы, и электронные часы? *«Правда», 21 июля 1979 г.* — Эх, Чебаков, Чебаков, — с легкой укоризной говорит Тихонов, — сдается мне, что в работе с вами... исправительные учреждения не оказались **на** должной **высоте**. *Братья Вайнеры, История участкового Позднякова*

ВЫСУНУТЬ ⊙ 97. **вы́сунуть но́с** ↔ ⟨*откуда-л., куда-л.*⟩ *разг.* 'Показаться, выйти оттуда, где *кто-л.* живет или скрывается' *О человеке, реже о животном. Употр. чаще в инф. при словах со знач. невозможности, опасения или в форме* не высунешь. *При отриц. возможна форма* носа. *Порядок компонентов нефиксир.* △ to stick *one's* nose out of doors
Не смешивать с to stick *one's* neck out, *обознач. рискованные поступки, высказывания и т. п.*
Вариант: **не высо́вывать но́са (но́су)** ↔ ⟨*откуда-л., куда-л. редк.*⟩
— А авиация как? — снова спросил кто-то. — Видишь, нету! ... — отозвался шофер. — Едем — и ничего. А то, бывало, из щели **носа не высунешь**... Правда, последние дни тихо, совсем мало летают. *К. Симонов, Живые и мертвые.* Живет зайка под кустиком, боится и **нос** оттуда **высунуть**; все ждет, чтобы какая-нибудь зайчиха его молоком накормила. *Г. Скребицкий, Всяк по-своему.* В легоньких шинелишках, боясь мороза, они старались **не высовывать носа** на улицу. *Ю. Корольков, Партизан Леня Голиков.* ... офицеры [*Маркова*] не могли **высунуть нос** дальше казармы. *А. Толстой, Хождение по мукам*
Ср.: показываться на глаза, не казать глаз

ВЫТЯГИВАТЬ ⊙ **вытягивать жилы** *см.* Т 25
ВЫТЯНУТЬ ⊙ **вытянуть жилы** *см.* Т 25
ВЫХОДИ́ТЬ ⊙ 98. **выходи́ть / вы́йти из игры́** 'Перестать участвовать в *каком-л.* деле' *О человеке или коллективе, реже предприятии. Часто означает прекращение борьбы, по собственному желанию или в результате поражения. Порядок компонентов чаще фиксир.* △ to give up the game

[*Штирлицу*] можно было **выходить из игры:** он сделал свое дело. *Ю. Семенов, Семнадцать мгновений весны.* Новые огоньки замигали мертвящим зеленым светом. Чернушинская ГРЭС **вышла из игры.** *В. Тендряков, Короткое замыкание*

выходить из колеи *см.* В 80

99. **выходи́ть / вы́йти из себя́** 'Очень сильно раздражаться, сердиться, терять контроль над собой' *Часто в ситуациях, связанных с*

ВЫХОДИТЬ

чьей-л. *реакцией на поведение другого человека, на какие-л. трудности, неприятности. Порядок компонентов нефиксир.* △ to lose one's temper; to fly off the handle *разг.*

А он... был раздражительного характера, беспрестанно сердился, за каждую малость **из себя выходил**, кричал на нас, жаловался на нас и часто, не докончив урока, рассерженный уходил в свою комнату. *Ф. Достоевский, Бедные люди.* Хозяева этой овчарки трясутся над ней, никого к ней не подпускают, готовят для нее морковные кисели и **выходят из себя,** если кто-то пытается ее погладить. *В. Киселев, Девочка и птицелет.* Слух о сем происшествии [*о поступке Дубровского*] в тот же день дошел до Кирила Петровича. Он **вышел из себя** и в первую минуту гнева хотел было со всеми своими дворовыми учинить нападение на Кистеневку. *А. Пушкин, Дубровский.* В общении с людьми Филипп Петрович был ровен, не **выходил из себя,** в беседе умел помолчать, послушать человека. *А. Фадеев, Молодая гвардия*

Ср.: рвать и метать, как с цепи сорвался, трепать нервы

100. выходи́ть/вы́йти из стро́я *книжн. Порядок компонентов нефиксир.* 'Терять работоспособность или боеспособность' *О человеке. Часто о результате воздействия выстрела, взрыва; болезни и т. п.* 'Переставать работать, сломавшись, разрушившись, испортившись' *О машинах, механизмах* △ to be put out of action

На ходу велись ремонты повреждений, множилось число раненых в госпитале, истощались запасы снарядов, безвозвратно **выходили из строя** люди. *К. Федин, Необыкновенное лето.* Станки по-прежнему хрипели и останавливались... шкивы по-прежнему **выходили из строя** по нескольку раз в день. *А. Макаренко, Флаги на башнях.* Мастер заметил, что Костька сверлит... не заливая сверло маслом. — Ты что, ослеп, что ли, или вчера пришел сюда?! — закричал он на Костьку, зная, что сверло неизбежно **выйдет из строя** при таком обращении. *Н. Островский, Как закалялась сталь*

101. выходи́ть*/вы́йти сухи́м из воды́ *разг., неодобр.* 'Избегать грозящего заслуженного наказания, оставшись с незапятнанной репутацией' *Об изворотливых, удачливых людях. Гл. сов. вида употр. чаще в прош. вр. или при словах со знач. возможности — невозможности. Порядок компонентов нефиксир.* △ to get off (go, escape) scot-free

Мама говорила, что... Костенко... опасный человек, которого уже пытались разоблачить, но он **вышел сухим из воды,** а люди, которые выступали против него, напрасно пострадали. *В. Киселев, Девочка и птицелет.* Петя **вышел сухим из воды,** избавившись от неслыханного скандала. *В. Катаев, Белеет парус одинокий.* За каждым из них он знал немалые грешки... Даже сговорясь между собой, избрав его жертвой, они не смогли бы **выйти сухими из воды!** *Е. Мальцев, Войди в каждый дом.* — Я не сделал людям зла! — с достоинством произнес Александр. — Так ты прав? **Вышел совсем сух из воды.** Постой же, я выведу тебя на свежую воду. *И. Гончаров, Обыкновенная история*

Ср.: взятки гладки, сходить с рук *1 знач.*

102. не выхо́дит (не выходи́ло, не идёт *редк.,* **нейдёт** *редк.,* **не шло́)** ← у кого-л. → **из головы́ (из па́мяти, из ума́, с ума́** *уст.*) или **из чьей-л. головы́** и т. п., или **из головы́** и т. п. **кого-л.** 'Не забывается, непрерывно тревожит память' *Употр. с названием событий, лиц, предметов, с сущ.* мысль, воспоминание, слово *и т. п. в качестве подлеж. Порядок компонентов нефиксир.* △ *smb* cannot get (put) *smth* out of *his* head (mind)

Разговор с Дмитрием Алексеевичем **не выходил** у него **из головы.** *Д. Гранин, Искатели.* — Я не знаю, какому поэту принадлежит эта строчка, но она сегодня **не выходит из моей головы.** *А. Куприн, Прапорщик армейский.* — Еще вчера иду, а все у меня **из памяти не выходит:** то, как мы шахту взорвали, то, вижу, армия отступает, беженцы мучаются, дети. *А. Фадеев, Молодая гвардия.* — Вот я лег, — только не могу заснуть, — что за чудеса! ... Все моя больная у меня **с ума нейдет.** *И. Тургенев, Уездный лекарь*

Ср.: вертеться в голове *2 знач.,* лезть в голову

ВЫХОДЯЩИЙ ⊙ **103. из ря́да вон выходя́щий** 'Резко отличающийся от явлений того же класса, редкий, необычный, удивительный' *Употр. как сказ. или опред. при сущ.* случай, событие, *при названиях событий, реже при названиях предметов и лиц; как опред. при мест.* нечто, что-то, ничего. *Порядок компонентов фиксир.* △ out of the ordinary; out of the way *оба выражения употр. как сказ. или опред., стоящие перед сущ. или после мест.* something, nothing; exceptional *при сущ.* case

Вариант: **из ря́да (ря́ду) вон** *уст.*

Серпилин понимал, что случай **из ряда вон выходящий,** но оправдывался тем, что внес коррективы, учитывая сложившуюся обстановку. *К. Симонов, Солдатами не рождаются.* Украшение было **из ряда вон выходящее.** *Ю. Олеша, Три толстяка.* Нет такого журналиста, который бы не мечтал хоть раз в жизни написать роман или повесть. Поэтому не было ничего **из ряда вон выходящего** в том, что Евгений Карычев принес мне однажды довольно объемистую рукопись. *Л. Кассиль, Ход белой королевы.* Глубокий взгляд подсказал Тоцкому, что он имеет дело с совершенно **из ряду вон.** *Ф. Достоевский, Идиот*

Ср.: быть белой вороной

ВЫШИБАТЬ ⊙ **вышибать дурь из головы** *см.* В 79

ВЫШИБИТЬ ⊙ **вышибить дурь из головы** *см.* В 79
ВЯНУТЬ ⊙ **уши вянут** *см.* У 20

Г

ГАДАТЬ ⊙ **бабушка ⟨еще⟩ надвое гадала** *см.* Б 1
ГАЛИМАТЬЯ ⊙ **нести галиматью** *см.* Н 32
ГАЛКА ⊙ **считать галок** *см.* С 122
ГАЛОША ⊙ **садиться в галошу** *см.* С 1
ГВОЗДЬ ⊙ **1. ⟨и⟩ никаки́х гвозде́й** *разг., фам.* 'Надо сделать, и никакие возражения не допускаются' *Усиливает категоричность какого-л. приказа, решения и т. п. Употр. после обознач. соответствующего действия как не первая часть сложн. предлож. или как самост. предлож., чаще воскл. Порядок компонентов фиксир.* △ it must be done and no excuses are allowed; and that's that *употр. как вторая часть сложн. предлож.*

С нас требовали: повышай процент успеваемости – **и никаких гвоздей!** Повышай, иначе все вы и ваша школа будут числиться в отстающих. *В. Тендряков, Чрезвычайное.* – А нет ли, говорит, у вас Вернада Шова, который из английской жизни все описывает? Значит, подавай ему Шоу – **и никаких гвоздей.** *В. Солоухин, Владимирские проселки.* Наилучшая техника – самоходная пехота. Ночь-полночь, грязь по колено, вода по ноздри – пошел, **никаких гвоздей.** *В. Овечкин, С фронтовым приветом.* – Пуля в сердце – **и никаких гвоздей!** Умел неплохо жить, умей вовремя и кончить. *Н. Островский, Как закалялась сталь*
Ср.: так и знай *1 знач.*

ГДЕ ⊙ **вот где сидит** *см.* С 60
вот где собака зарыта *см.* С 97
где попало *см.* П 70
ГЛАДИТЬ ⊙ **2. гла́дить (погла́дить) ⟨кого-л.⟩ ⟨за что-л.⟩ по голо́вке** (*реже* **по голо́ве**) *разг.* 'Одобрять, хвалить' *Употр. чаще в инф. в вопр. предлож. Вариант:* **по голо́вке не погла́дят (не гла́дят*)** *подразумевает накажут (наказывают). Гл. чаще стоит во фразеол. на втором месте* △ to pat *smb* (give *smb* a pat) on the back ⟨for *smth*⟩ *разг.* За это по головке не погладят. There are no prizes for it.

– Как вы будете ее учить..? – спросила учительница. – Выдерем. – Тогда вы больше ничего от меня про Валю не услыши-

те... — Но неужели же за такое **по головке гладить?** *Ф. Вигдорова, Любимая улица*. Меня **погладили по головке** и обещали сделать замом, если исправлюсь. *И. Бабель, Конармия*. Конечно, за грубую ошибку в расследовании дела Залесской его **по голове не погладят**. *А. Безуглов, Следователь по особо важным делам*. Было ясно, что Цыцаркин занимается какими-то делами, за которые **не гладят по головке**. *В. Панова, Времена года*
Ср.: не пройдет даром *1 знач.,* не сносить головы, снять голову *2 знач.*

3. гла́дить (погла́дить) ⟨*кого-л.*⟩ **про́тив шёрсти (шёрстки** *иногда ирон.*) *разг.* 'Критиковать *кого-л.* или делать *что-л.* не так, как *кому-л.* хотелось бы' *Порядок компонентов нефиксир.* △ to rub *smb* up the wrong way *разг., груб.;* to comb *smb's* hair the wrong way *редк., книжн.*

— Уж больно ты строг, Арсений Иванович, — тоскливо вздохнул старик. — ...Ты уж прости, Михалыч, что **против шерсти погладил**. *Б. Полевой, Глубокий тыл*. — Что... водки-то не подносишь? Али не любо, что **против шерсти глажу?** *Ф. Писемский, Плотничья артель*

ГЛАДОК ⊙ взятки гладки *см.* В 33
ГЛАЗ ⊙ бросаться в глаза *см.* Б 27

4. говорить/сказать *что-л. кому-л.;* лгать *кому-л.;* смеяться *кому-л.,* над *кем-л.* **в глаза́** 'Не маскируясь, открыто, прямо обращаясь к *кому-л.*' *При гл.* говорить *обычно далее следует доп. правду или придат. предлож. с союзом* что, *сообщающее об отриц. оценке человека или его действий* △ to say *smth* (lie) to *smb's* face; to say *smth* face to face; to laugh in *smb's* face

— Как вы ни выхваляйте и ни превозносите его, — говорила она с живостью... — а я скажу прямо, и ему **в глаза** скажу, что он негодный человек, негодный, негодный, негодный. *Н. Гоголь, Мертвые души*. — Я, Лика, считал и считаю так: лучше сказать **в глаза** человеку всю правду ... чем сюсюкать с ним, потакать его прихотям. *В. Беляев, Старая крепость*. — Он [*Бессонов*] может спросить о причине приезда Осина. Что я отвечу? Подойти сейчас и **в глаза** ему лгать, не имея на это человеческого права? — думал Веснин. *Ю. Бондарев, Горячий снег*. — Порфирий Петрович! — проговорил он [*Раскольников*] громко и отчетливо... — смеяться себе **в глаза** и мучить себя я не позволю. *Ф. Достоевский, Преступление и наказание*
Ср.: в лицо, в лоб *3 знач.*

5. *кто-л. кого-л., что-л.* ⟨**и**⟩ **в глаза́** не видел (не видал, не видывал) *разг.* 'Никогда, совсем' *Часто подразумевается, что не только не видел, но даже и не знает, как он (она, оно) выглядит.* Опро-

вергает чье-л. предшествующее утверждение △ *smb* has never set (laid, clapped *разг.*) eyes on *smb, smth*

— Я приехал вам объявить ... что вы находитесь под судом... по случаю нанесения помещику Максимову личной обиды розгами в пьяном виде. — Вы врете! **я и в глаза** не видал помещика Максимова! *Н. Гоголь, Мертвые души.* — От меня ведь он [*Павел*] к тебе ходил переучиваться. — Старик рассмеялся. — Ко мне?.. Я его **и в глаза** не видал. *Н. Островский, Как закалялась сталь.* Только общий иск по кражам составил восемь тысяч рублей! Мы таких денег, конечно, **в глаза** не видывали. Сбывали все второпях, дешево, за бесценок. *В. Карпов, Вилась веревочка...*

6. в *чьих-л.* **глаза́х; в глаза́х** *кого-л.*; **в** *каких-л.*: чужих, собственных **глаза́х** '*По чьему-л.* мнению, в *чьей-л.* оценке' *Часто оценка противоположна соответствующей действительности. Употр. часто с гл.* быть, выглядеть *и т. п. каким-л. или кем-л.*; оправдывать/оправдать *кого-л., что-л.*; возвышает, принижает *и т. п. кого-л.* △ in *smb's* eyes; in the eyes of *smb*

— Впрочем, я знаю: я всегда **в глазах** твоих был пустым человеком. *И. Тургенев, Рудин.* Дневной свет может прогнать эти мысли, сделать их просто смешными **в глазах** серьезных людей. *К. Паустовский, Золотая роза.* Вот оно, дело, на котором она [*Майя*] оправдает себя **в глазах** товарищей, в собственных **глазах**! *Д. Гранин, Искатели.* Было в этой работе что-то такое, что принижало Тосю в чужих **глазах** и давало повод смотреть на нее сверху вниз. *Б. Бедный, Девчата.*

в глазах темнеет *см.* Т 4

7. смотреть, глядеть *и т. п. на кого-л.* **во все глаза́** *разг.* '*Внимательно, напряженно, с широко открытыми глазами*' *О взгляде, выражающем восторг, изумление, недоумение и т. п. Порядок компонентов фиксир.* △ to stare at *smb* with wide-open eyes; to be all eyes *о восторге, изумлении*; to look agog at *smb книжн.*

[*Девушки*] сгрудились у порога, **во все глаза** рассматривая незнакомую девчонку, восседающую за столом и уничтожающую их припасы. *Б. Бедный, Девчата.* Картину он разрешил, даже попросил тут же взять. Тучкова смотрела на него **во все глаза**, с восторгом. *Д. Гранин, Картина.* Весь зал смотрел на него **во все глаза**, как на героя, а он стеснялся. *В. Киселев, Девочка и птицелет.* Я не понимала; я стояла перед ним и смотрела на него **во все глаза** в изумлении. *Ф. Достоевский, Бедные люди* Ср.: в оба *1 знач.*, глаза проглядеть, не сводить глаз *1 знач.*

8. у *кого-л.* ⟨от удивления, от страха, от боли *и т. п.*⟩ **глаза́ на лоб ле́зут ⟨ле́зли, поле́зли, поле́зут⟩** *разг. Кто-л.* 'очень сильно удивился, *реже* испугался *или* испытал очень сильную боль и от этого широко раскрыл глаза' *Порядок компонентов нефиксир.* △ *smb's eyes nearly popped (started* уст.*) out of his head ⟨in surprise, from fear or pain, etc⟩ разг.*

... не поворачивая головы, [*Макар*] буркнул: — Эй, ты, умник! Выпусти из порожней комнаты мелких буржуев... У Разметнова от удивления **глаза на лоб полезли.** *М. Шолохов, Поднятая целина.* Анна Петровна, спутав наших студенток ... с ленинградскими дачниками, спрашивает [*за квартиру*] столько, что у девчат **глаза лезут на лоб.** *М. Ганина, Подборовье, Самолва, Волково. Год 1969-й.* — Ты про условный рефлекс слыхала? — У Тоси **глаза полезли на лоб.** — Так это ж у обезьян бывает. *Б. Бедный, Девчата.* Всю ночь от страшных и смешных бывальщинок и побасок то **лезли глаза на лоб,** то скрючивало от хохота. *А. Яшин, Две берлоги*

Ср.: делать большие глаза, диву даваться, искры из глаз посыпались, разводить руками, хлопать глазами, волосы становятся дыбом, душа уходит в пятки, ни жив ни мертв, кровь стынет, мороз по коже дерет, мурашки по спине бегают, лица нет, поджилки трясутся, сердце падает

9. глаза́ ⟨у кого-л.⟩ на мо́кром ме́сте *разг.* Кто-л. 'часто плачет или готов заплакать по малейшему поводу' *Порядок компонентов фиксир.* △ *smb is ⟨often⟩ close to tears*

У нее всегда глаза на мокром месте. *She is a cry-baby (an old softy).*

С той поры как... пропала без вести ее любимая старшая сестра Лиля ... все ... на свете казалось Тоне Иванихиной непоправимым и ужасным, и ее унылые **глаза** всегда были **на мокром месте.** *А. Фадеев, Молодая гвардия.* Увидев, когда она [*Таня*] повернулась, что **глаза** у нее все еще **на мокром месте,** [*Артемьев*] спросил: — Когда телеграмму получили? — В восемь утра. — С тех пор все и ревете? *К. Симонов, Солдатами не рождаются.* Мать стала странная — то поет и смеется без причины, то **глаза на мокром месте.** *В. Панова, Времена года.* — Что это **глаза** у тебя сегодня **на мокром месте?** — сказал Коля. *В. Киселев, Девочка и птицелет*

10. у *кого-л., реже чьи-л.* **глаза́ откры́лись (открыва́лись, открыва́ются)** ⟨*на что-л., реже на кого-л.*⟩ Кто-л. 'освободившись от заблуждений, понял истинное положение вещей *или* истинный смысл чего-л.' *Обычно смысл чьих-л. действий, поступков и т. п. Порядок компонентов нефиксир.* △ *smb had his eyes opened ⟨to smth, smb⟩; smth made smb open his eyes ⟨to smth, smb⟩*

[*Войницкий:*] Ты для нас был существом высшего порядка, а твои статьи мы знали наизусть... Но теперь у меня **открылись глаза!** Я все вижу! Пишешь ты об искусстве, но ничего не понимаешь в искусстве! *А. Чехов, Дядя Ваня.* — И только теперь **открылись глаза** мои! Вижу сам, что, может быть, весьма и весьма поступил

ГЛАЗ

опрометчиво, пренебрегая общественным голосом. *Ф. Достоевский, Преступление и наказание*. Перед ней самой снималась завеса, развивалось прошлое, в которое до этой минуты она боялась взглянуть пристально. На многое у ней **открылись глаза**. *И. Гончаров, Обломов*

глаза проглядеть *см.* П 106

11. ⟨у *кого-л.*⟩ **глаза́ разбега́ются** (**разбега́лись / разбежа́лись**) ⟨от *чего-л.*⟩ *разг.* Кому́-л. 'трудно предпочесть *что-л.* одно из множества разнообразных, впечатляющих предметов, лиц' *Часто употр в конструкциях типа:* столько красивых, интересных *и т. п.* вещей, что глаза разбегаются. *Порядок компонентов нефиксир.* △ *smb does not know what (who, where) to look at first; smb is dazzled*

Борисов пожалел, что поехал без жены. — Присоединяйся к нам, холостякам, — крикнул ему Новиков. — Какие девушки! **Глаза разбегаются.** *Д. Гранин, Искатели*. Каждый номер врачебной газеты содержал в себе сообщение о десятках новых средств; ... это был какой-то громадный, бешеный, бесконечный поток, при взгляде на который **разбегались глаза**. *В. Вересаев, Записки врача*. Будь среди этой массы людей поэт, у него **глаза разбежались** бы от великого множества впечатлений. Поистине каждый человек, двигавшийся по дороге, мог бы стать героем поэмы или повести. *Э. Казакевич, Весна на Одере*. Он [Семка] мог ладить «... ...ладить», что у людей **глаза разбегались**. *В. Шукшин, Мастер*

12. глаза́ (*реже* **зу́бы**) у *кого-л.* на *что-л.* **разгоре́лись** (**горя́т**) *разг., иногда неодобр. или шутл.* Кому́-л. 'очень сильно, страстно захотелось (хочется) иметь *что-л.*' *Порядок компонентов нефиксир.* △ *smb set his heart (mind, sights) on smth (on getting smth)*

Васька Грязной, Гришка его брат, князья Вяземский... Разве это люди? Лучше не думать о них. Разбойники — один к одному. На боярские вотчины **глаза** у них **разгорелись**, завистливы, алчны. *В. Костылев, Иван Грозный*. Жухрай... отстегнул свой маузер. — Вот тебе мой подарок... Я же знаю, что у тебя на него давно **глаза горят**. *Н. Островский, Как закалялась сталь*

Ср.: руки чешутся, точить зубы *2 знач.*

13. *чей-л.,* у *кого-л.* **глаз** ⟨на *кого-л.,* на *что-л.*⟩ **намётан** (**набит**) *разг.* Кто́-л. 'так опытен, сведущ в *чем-л.,* что может сразу, по первому впечатлению уловить отличительные признаки *кого-л., чего-л.,* безошибочно распознать *кого-л., что-л.*' *Порядок компонентов нефиксир.* △ *smb has a practised (trained) eye* ⟨*for smth, smb*⟩

Мой глаз был в то время уже достаточно **набит**, и я умел с первого взгляда, по внешним признакам... сравнительно точно предсказывать, какая продукция может получиться в каждом отдель-

ном случае из этого сырья. *А. Макаренко, Педагогическая поэма.* Как он разглядел ночью в старом ЗИСе угонщика — кто его знает... Но увидел, что не та рука машину ведет, какую-то неточность заметил — **глаз**-то **набит**! *С. Панкратов, Тревожные будни.* Прозвенел звонок... В коридор хлынули студенты. Даже **наметанный глаз** Андрея с трудом различил среди них преподавателя. *Д. Гранин, Искатели.* Федот, поджимая бронзовые скулы, вгляделся в дальние заросли степного бурьяна: ... в полверсте от дороги... **наметанно-зоркий глаз** Федота различил чуть приметно двигавшиеся головки дроф. *М. Шолохов, Тихий Дон*
Ср.: набивать руку, собаку съел
  глазом моргнуть *см* М 38
  глазом не моргнуть *см.* М 37
  делать большие глаза *см.* Д 18
  для отвода глаз *см.* О 26
  есть глазами *см.* Е 1

14. за глаза́ I 1) называть* *кого-л. как-л.*, ругать*, смеяться* над *кем-л. и т. п.* 'В отсутствие *кого-л.* или так, чтобы *кто-л.* этого не слышал и не видел' *Обычно связано с отриц. оценкой того, о ком говорят* △ behind *smb's* back

Ольгу Олеговну в школе **за глаза** звали Вещим Олегом... всегда в мужском роде. *В. Тендряков, Ночь после выпуска.* После случая на Капарче он редко разговаривал с Невской и **за глаза** отзывался о ней с пренебрежительной усмешкой. *К. Паустовский, Колхида.* Мать — та никогда-то Ефрема не любила, **за глаза** ругала и в глаза не сильно жаловала. *С. Залыгин, Соленая Падь.* Он доживал свой век одиноко, разъезжая по соседям, которых бранил **за глаза** и даже в глаза. *И. Тургенев, Рудин*

2) *редк.* покупать/купить *что-л.*, нанимать/нанять *кого-л. и т. п.* 'Не видя лично' △ on spec [*speculation*] *разг.*

[Я] отправляюсь к одному помещику, который нанял меня **за глаза** в учители. *А. Пушкин, Дубровский*

15. *кому-л. чего-л.* **за глаза́ II** ⟨хватит (хватает), достаточно, довольно *и т. п.*⟩ *разг.* 'Вполне достаточно; даже больше, чем нужно' *Сущ. в Р. п. часто употр. в сочет. с количественным словом* (трех рублей *и т. п.*) *или с указ. мест.* (этих денег *и т. п.*) △ smth is quite enough or more than enough ⟨for *smb*⟩

— Ну, зачем вам столько денег? ...Ну, что вы купите? Ведь у вас нет никакой фантазии... Пятнадцать тысяч вам **за глаза** хватит. *И. Ильф, Е. Петров, Двенадцать стульев.* — Половину [*пороха и дроби*] отсыпь, а половину я отцу увезу, это он заказывал. — ... Мне и половины **за глаза** достанет, — обрадованно засуетился над мешочками Андрей. *В. Распутин, Живи и помни.* После ужина Егор

Фомич... отправился с Володей показывать, где будет теперь больница и амбулатория. В мокрой тьме... зашагали... к жидкому, из жердей, сараю... Маркелов... сказал: — Здесь! И то **за глаза** диким этим. Не стоят они заботы, не стоят и работы. *Ю. Герман, Дело, которому ты служишь*

закрывать глаза *см.* З 11
и глазом не повел *см.* П 35
искры из глаз посыпались *см.* И 20
как бельмо в глазу *см.* Б 3
колоть глаза *см.* К 27

16. идти, бежать, ехать, брести *и т. п.* **куда́ глаза́ глядя́т** *разг. Порядок компонентов фиксир.* 1) 'Не выбирая направления, безразлично куда' *Обычно о человеке в подавленном состоянии или в состоянии страха, негодования, возмущения, испытывающем желание уйти оттуда, где находится источник этого состояния. Обычно гл. идти, бежать и т. п. сочетаются со словами, обознач. желание, готовность или употр. в буд. вр.* △ every which way but loose *разг.*

Содрогнувшись от омерзения, женщина захлопнула дверь... Потянуло бежать отсюда, бежать без оглядки к родителям, к знакомым, просто **куда глаза глядят**, но она поборола это паническое чувство. *Б. Полевой, Глубокий тыл.* Гаврик был готов бежать от страха **куда глаза глядят**. *В. Катаев, Белеет парус одинокий.* — Был я на станции в прошлом месяце; директор проезжал, так я его видел... Напился нашей крови. Эх, кабы сила да власть! ... Да не останусь я здесь долго, уйду, **куда глаза глядят**. *В. Гаршин, Сигнал.* — Вы обидели меня до самой глубины души... А я не стану терпеть ни от вас, ни от самого Ивана Саввича. Насушу сухарей и уйду **куда глаза глядят**, без средств, без состояния. *С. Антонов, Дело было в Пенькове*

Ср.: кто куда *1 знач.*, куда попало, на все четыре стороны

2) 'В этом направлении, куда захочется' *Обычно гл. идти, бежать и т. п. сочетаются со словами, обознач. возможность* △ to follow one's nose *разг.*

— Я теперь независима, могу делать, что хочу, поехать, **куда глаза глядят**. *И. Гончаров, Обыкновенная история.* ... вот уже шестнадцать лет я езжу **куда глаза глядят**, куда хочу, по всей стране. *М. Ганина, Подборовье, Самолва, Волково. Год 1969-й.* Великая вещь свобода! Не нужно никого бояться, не нужно делать того, что не хочется делать! Можно встать когда хочешь и идти **куда глаза глядят**! *Ю. Казаков, Тедди*

куда глаза девать *см.* Д 14
куда ни кинь глазом *см.* К 18

17. на глаза́х; у *кого-л.* **на глаза́х; на глаза́х** *кого-л.*; на *чьих-л.*

глазах 'Так, что видно, заметно, можно наблюдать' *О каких-л. событиях, которые происходят при непосредственном присутствии или при жизни кого-л.; изменениях в природе, в окружающей обстановке, в характере или внешности человека, которые обычно происходят быстро, за короткий срок. Употр. как обст.* △ before (under) *smb's* very eyes

Непедагогичным, неправильным было... то, что я отшлепала Тяпкина **на глазах** у его врага. *М. Ганина, Тяпкин и Леша.* Невская в оцепенении смотрела на ольху, облетавшую у нее **на глазах**. *К. Паустовский, Колхида.* И как под сохой, идущей по полю, один за другим бесследно исчезают холмики над подземными ходами и норами хомяков, так же бесследно и быстро исчезали на наших **глазах** и гнезда [*усадьбы*] суходольские. *И. Бунин, Суходол.* Отец после раздела [*имущества*] стал стареть как-то сразу **на глазах**. *В. Овечкин, Родня*

18. наско́лько (куда́, ско́лько) хвата́ет (хвата́л, хвата́ло, достаёт, достава́л, доста́нет) гла́з 'Так далеко, как можно видеть, рассмотреть что-л.' *Употр. как вводн. предлож. или как придат. часть в сложн. предлож. Сущ. во фразеол. чаще стоит на последнем месте* △ as far as the eye can (could) see

С высокой плотины, **насколько хватал глаз**, тянулась черноземная кромка леса. *Д. Гранин, Искатели.* Подводы и люди уже шли мимо с обеих сторон, **куда хватал глаз**, будто большая шумливая река катилась. *А. Фадеев, Молодая гвардия.* **Сколько глаз хватает**, проступили сады, белеют хаты, и все улицы и все переулки от края до края заставлены повозками, арбами, двуколками, лошадьми. *А. Серафимович, Железный поток.* Толпа у виселиц громадная. **Куда глаз достанет**, все людские головы. *Н. Островский, Как закалялась сталь*

Ср.: конца-краю не видно, куда ни кинь глазом

не в бровь, а в глаз *см.* Б 24
не казать глаз *см.* К 3
не сводить глаз *см.* С 34
открывать глаза *см.* О 32
показываться на глаза *см.* П 59
попадаться на глаза *см.* П 75
пускать пыль в глаза *см.* П 121
резать глаза *см.* Р 18
сверкать глазами *см.* С 21

19. видеть, увидеть, убеждаться*/убедиться *и т. п.* **свои́ми (свои́ми со́бственными, со́бственными) глаза́ми** 'Самому при непосредственном наблюдении' *Часто в ситуации, когда необходимо убедиться в существовании кого-л. или чего-л. или убедить в этом*

ГЛАЗ

кого-л., вопреки его возражениям. Порядок компонентов фиксир.
△ to see *smth* with *one's* own eyes книжн.; to see *smth* for *oneself*; to see *smth* at first hand

[*Николай Антоныч*] сказал длинную речь и заплакал. — Ты можешь мне не поверить, Саня, — сказала Катя серьезно, — но я, честное слово, видела это **своими глазами!** *В. Каверин, Два капитана.* — И в кого нашел влюбиться! в урода сущего! — Нет, этого ты не говори, Константин Наркизыч. — Да кого ты уверяешь? Ведь я ее видел; в прошлом году, в Москве, **своими глазами** видел. *И. Тургенев, Контора.* [*Рогачеву*] хотелось... во что бы то ни стало... догнать незнакомца и убедиться **своими глазами**, что он есть на самом деле, существует. *А. Проскурин, Тайга.* И хотя Матвей божился и давал честное комсомольское слово, что все это он **видел собственными глазами**, никто, кроме Глечикова, не принял всерьез его рассказа [*о лешем*]. *С. Антонов, Дело было в Пенькове*

20. уходить/уйти *и т. п.*, прогонять/прогнать *кого-л.*; убирать/убрать *и т. п.* *что-л.* **с глаз** ⟨**долой**⟩ *разг.* 'Так, чтобы не было видно; так, что не видно' *При гл. в повел. накл. выражает усиленное требование и обычно неодобр. отношение* △ to get out of ⟨*smb's*⟩ sight; to put *smth* out of (remove *smth* from) sight

И, когда он так сказал, она — уже низким, бабьим голосом: — Да ну тебя, уйди **с глаз долой**. *А. Толстой, Хождение по мукам.* И так-таки скрылась [*собака*] из хутора, **с глаз долой**, до самой осени пропадала. *М. Шолохов, Поднятая целина.* — Сами посудите, Антон Иванович, один сын, и тот **с глаз долой**: умру — некому и похоронить. *И. Гончаров, Обыкновенная история.* — Да убери ты их [*ненужные Михеичу часы*] **с глаз** моих, убери, Христа ради. *В. Распутин, Живи и помни*

21. разговаривать, сказать, поговорить, отругать *и т. п.*; оставаться/остаться *и т. п.*: разговор, дело *и т. п.* ↔ **с глазу на глаз** 'Наедине с *кем-л.*, без посторонних' *Порядок компонентов фиксир.* △ privately between two persons

Говорить с *кем-л.* **с глазу на глаз**. To have a private (tête-à-tête) talk with *smb*. Остаться с *кем-л.* **с глазу на глаз**. To be alone with *smb*.

Осип ... однажды, **с глазу на глаз**, сказал мне: — За ним гляди в оба. *М. Горький, В людях.* [*Игнат Васильевич*] всячески стыдил и распекал его [*Чуркина*] **с глазу на глаз**, чтобы не подрывать авторитета мастера. *Б. Бедный, Девчата.* Смотритель встал и вышел, и Нехлюдов остался с ней **с глазу на глаз**. *Л. Толстой, Воскресение.* — Слушай, дорогой, — сказал Левинсон, обращаясь к Рябцу и не замечая Морозки, — у меня дело к тебе... **с глазу на глаз**. *А. Фадеев, Разгром*

Ср.: один на один *1 знач.*

хлопать глазами *см.* X 9
хоть бы одним глазом *см.* Г 23
хоть глаз выколи *см.* В 91

ГЛАЗОК ⊙ **22.** определить размер, возраст, количество, расстояние *и т. п.*; кроить, строить *и т. п.* ↔ **на глазо́к (на глаз)** *разг.* 'Приблизительно, без помощи специальных приборов *или* точных расчетов' △ by eye; by sight

Марту Корчагин считал комсомолкой. **На глазок** дал ей девятнадцать лет. *Н. Островский, Как закалялась сталь.* Сергей пошел в магазин — Ну-ка дай-ка их [*сапожки*] посмотреть, — попросил он. — ... Какой размер нужен? — Я **на глаз** прикину. Я не знаю, какой размер. *В. Шукшин, Сапожки.* Крепили кронштейны для брони, которую кроили **на глазок**, как рабочую робу. *Л. Леонов, Русский лес.* — Вот докапываемся сейчас до секретов отжига [*чугуна*] с научной, так сказать, точки зрения, чтобы не вести литейное дело **на глазок**. *В. Беляев, Старая крепость*

23. ⟨**хоть, хоть бы**⟩ **одни́м глазко́м (гла́зом)** посмотреть, взглянуть *и т. п.* на *кого-л.*, на *что-л. разг.* 'Очень недолго, бегло' *Часто употр. в предлож. со словами* хочется, надо *или в инф. предлож., где выражается сильное желание. Порядок компонентов фиксир.* △ to have (take) ⟨just⟩ a (one) peep at *smb, smth*
Не смешивать с to see *smth* with half an eye, *означающим быстрое понимание ситуации*

— Завидую вам, что вы можете вернуться в Питер, окунуться в эту кашу, быть среди товарищей. Мне бы **хоть одним глазком** посмотреть на наш съезд. *Э. Казакевич, Синяя тетрадь.* ... нынче ему до смерти хотелось хоть **одним глазком** глянуть на бывшего Севки Куприянова, теперь его собственного мерина. *С. Залыгин, Комиссия.* ... лишь изредка, когда какое-нибудь событие было очень уж запутанное и происходило за тридевять земель от поселка, Ксан Ксаныч говорил тихим своим голосом, что издали он не может судить, ему надо **хоть одним глазом** взглянуть, как оно там, в натуре. *Б. Бедный, Девчата*

ГЛУБИНА ⊙ **24. в глубине́ души́** (*реже* **се́рдца**) жалеть *кого-л.*, завидовать *кому-л.*, огорчаться/огорчиться, гордиться *кем-л.*, *чем-л.*, хотеть *чего-л.*, знать о *чем-л. и т. п.* 'Скрывая от посторонних; не вполне осознавая; не признаваясь даже себе' *Порядок компонентов фиксир.* △ at heart; in *one's* heart of hearts

Новиков кровно обиделся на Лобанова. **В глубине души** Андрей жалел его, но твердо стоял на своем. *Д. Гранин, Искатели.* На словах Тося высмеивала подругу за утерю самостоятельности, а **в глубине души** завидовала единодушию Кати с косолапым Сашкой. *Б. Бедный,*

ГЛЯДЕТЬ

Девчата. По правде говоря, я еще не думал, кем я хочу быть. **В глубине души** мне хотелось быть кем-нибудь вроде Васко Нуньес Бальбоа. *В. Каверин, Два капитана*. **В глубине, в самой глубине души** он знал, что поступил... скверно, подло, жестоко. *Л. Толстой, Воскресение*

Ср.: про себя *2 знач.*

ГЛЯДЕТЬ ⊙ **глядеть в рот** *см.* С 92
   глядеть сквозь пальцы *см.* С 93

25. *кто-л.* **как ⟨будто, сло́вно, то́чно⟩ в во́ду гляде́л** *разг.* 'Как будто предвидел будущее заранее' *В ситуации, когда кто-л. оказался прав в своих предсказаниях, предположениях. Порядок компонентов фиксир.* △ it seems as if *smb* had an intuition; *smb* seems to have second sight

Рогов **как в воду глядел**, предсказывая реакцию на кражу из ризницы различных буржуазных изделий. *В. Куценко, Г. Новиков, Сокровища республики*. Где-то и когда-то... [Юрий Александрович] снискал ученую степень кандидата... — знал, что пригодится, **как в воду глядел**, потому что в конце концов получилось так, что он только кандидатом и остался. Никем больше. *С. Залыгин, Наши лошади*. — Ну, а Капитон Иваныч — этот уж обрисовал все до тонкости. **Как в воду глядел!** *В. Овечкин, Гости в Стукачах*
[*Образ вызван гаданием на воде*]

   куда глаза глядят *см.* Г 16

26. того́ и гляди́ ⟨жди́⟩, ⟨что⟩ *что-л.* случится *разг.* 'Может неожиданно и очень скоро произойти' *О нежелательном, неприятном событии, причина которого обычно указывается в предшествующей части текста. Порядок компонентов фиксир.* △ it looks as if *smth* will happen

Крыша **того и гляди** рухнет. The roof may fall down ⟨at⟩ any moment (*или* before we know where we are).

— Тише, тише, не трогай! — заговорил дядя, — бритвы преострые, **того и гляди** обрежешься сам и меня обрежешь. *И. Гончаров, Обыкновенная история*. И так-то у них с Ларисой дело непрочно, **того и гляди** развалится. *С. Антонов, Дело было в Пенькове*. ... а мне так сон и в ум нейдет. **Того и гляди**, воры войдут в открытые двери или влезут в окно. *А. Пушкин, Дубровский*. — Да так живем, вот, как видишь. Изба завалиться хочет, **того гляди** убьет кого. *Л. Толстой, Воскресение*

Ср.: долго ли до греха, в *1 знач.*, чем черт не шутит!

ГЛЯДЯ ⊙ **27.** собираться/собраться *куда-л.*, идти *и т. п.*; начинать/начать делать *что-л.* **на́ ночь гля́дя** *разг.* 'Очень поздно вечером' *Обычно подразумевается, что это время неудачно выбрано для какого-л. дела. Порядок компонентов фиксир.* △ very late at night

Куда ты собрался на ночь глядя? Where are you going at this time of night?

Выехал он в ночь... На краю поселка... маячил либо пьяный, либо охотник зимовья. По всей вероятности, тоже нетрезвый, раз приспичило [*ехать*] **на ночь глядя**. *В. Мурзаков, Мы уже ходим, мама...* — Ты где был? — За пополнением послали **на ночь глядя**. *К. Симонов, Солдатами не рождаются*. [*В старике*] можно было признать... старосту, приглашенного для проверки Полиных показаний... — Чего надо? — проворчал он тоном человека, уверенного в своей надобности. — Ай дня завтра не будет, **на ночь глядя** чего затеяли! *Л. Леонов, Русский лес*. Надо сказать им про Удочкина, подумал Анисим. Нет, не стоит **на ночь глядя**. Узнают завтра утром. *Ф. Колунцев, Утро, день, вечер*

ГНЕВ ⊙ **менять гнев на милость** *см*. С 90

ГНУТЬ ⊙ **28. гнуть (лома́ть) спи́ну (спи́ны, го́рб** *прост*., **хребе́т** *прост*.⟩ ⟨**на кого-л.**⟩ *разг., неодобр.* 'Выполнять тяжелую, непосильную работу, трудиться до изнеможения' *Чаще это длительная физическая работа, плоды которой достаются не тому, кто ее выполняет. Порядок компонентов нефиксир.* △ to work *one's* fingers to the bone *for smb*; to toil and moil ⟨for *smb*⟩ *уст*.

[*Настене*] надоело... жить у тетки в работницах, **гнуть спину** на чужую спину. *В. Распутин, Живи и помни*. Важно... то, что все эти Анны, Мавры, Пелагеи с раннего утра до потемок **гнут спины**, болеют от непосильного труда, всю жизнь дрожат за голодных и больных детей. *А. Чехов, Дом с мезонином*. Мать кухарила по господам... Платили ей господа в месяц четыре целковых с харчами, и **гнула** она **горб** от зари до ночи. *Н. Островский, Как закалялась сталь*. И натерпелась же тогда она, мать! День и ночь **гнула спину** на помещика и кулаков. *Ф. Наседкин, Великие голодранцы*

Ср.: выбиваться из сил *1 знач*.

29. гну́ть спи́ну (ше́ю) перед *кем-л. разг., неодобр.* 'Унижаться, заискивать' *Употр. чаще в инф. при словах со знач. необходимости, неизбежности. При отриц. не возможен вариант* **спины́ (ше́и)**. *Порядок компонентов нефиксир.* △ to cringe to (before) *smb*

Он и отца принял ужасно небрежно... Бедный отец должен перед ним чуть не **спину гнуть**. *Ф. Достоевский, Униженные и оскорбленные*. Неволя заставила его жениться, неволя заставила **гнуть шею** перед батюшкой, перед всем приходом, перед каждым мироедом. *Г. Успенский, Из деревенского дневника*. Он знал Молотова как человека независимого, который ни перед кем **не гнул спины**, как человека свободомыслящего и притом степенного, положительного и практического. *Н. Помяловский, Мещанское счастье*

ГОВОРИТЬ

Ср.: ходить на задних лапках

ГОВОРИТЬ ⊙ **30.** ⟨**и**⟩ **не говори́ (не говори́те)!** *разг.* 'Да, именно так, конечно' *Выражает полное согласие с собеседником в оценке, обычно отриц., каких-л. событий, фактов, чаще неприятных, плохих, тяжелых. Употр. чаще как самост. предлож.* △ you can say that again *разг., отриц. оценка не обязательна.*

— А [помнишь] как у вас начали строить школу — десятилетку? Да заломил ты за кирпич такую цену, что дешевле его было привезти из города по железной дороге, чем у тебя купить? — **Не говори́!** ... — Директор школы ... мне ... проходу не давал, стыдил. *В. Овечкин, О людях «без стельки»*

31. не́чего и говори́ть *разг.* 'Это ясно даже без специального разъяснения' *Употр. как сказ. в безл. предлож. перед придат. предлож., чаще с союзом* что, *или после сущ. с предлогами* о, про. *Гл. чаще стоит в конце фразеол.* △ ⟨it is⟩ needless to say *употр. с последующим придат. предлож. или как вводн. предлож.*

Даже взрослые испугались, о детях нечего и говорить. Even the grown-ups were frightened, to say nothing of (not to mention) the children.

Нечего и говорить, конечно, что все грани в природе и обществе условны и подвижны. *В. И. Ленин, Империализм как высшая стадия капитализма.* **Нечего и говорить,** что вы храбрая девушка. *Ф. Достоевский, Преступление и наказание.* Боже, на что стали похожи новые башмаки! А чулки! Откуда взялись эти большие круглые дыры на коленях? Утром их совсем не было. О руках **нечего и говорить** — руки как у сапожника. На щеках следы дегтя. Боже, боже! *В. Катаев, Белеет парус одинокий.* Молчаливый, всегда угрюмый Куница был встревожен. Про Маремуху **и говорить нечего.** *В. Беляев, Старая крепость*

32. ⟨**да**⟩ **что́ и говори́ть** *разг.* 'Конечно; именно так на самом деле; бесспорно' *Подчеркивается, что нет оснований спорить с каким-л. предшествующим или последующим утверждением, часто употр. как вводн. конструкция в начале предлож., содержащего союзы* а, но. *Порядок компонентов фиксир.* △ true *употр. как вводн. слово, обычно в начале предлож.*

Это трудно, что и говорить, но... True (granted *книжн.*), it is difficult, but...

Малый был неказистый — **что и говорить!** — а все-таки он мне понравился. *И. Тургенев, Бежин луг.* Агатов понимающе покачал головой — Ничего мне от вас не нужно... Миссия у меня тяжелая, **что и говорить**... Я отвечаю за разумность и безопасность исследований. *Д. Гранин, Иду на грозу.* **Что и говорить** — я с завистью слушал рассказ Маремухи. *В. Беляев, Старая крепость.* Надо брать [*для сравнения*] все хозяйство, все отрасли, тогда будет правильно. А если взять по отраслям — конечно, наш колхоз от вашего, как небо от земли, **что и говорить**. *В. Овечкин, Гости в Стукачах*

33. что́ (*реже* **ка́к**) **ни говори́** (**ни говори́те**), ⟨а...⟩ *разг.* 'Хотя возможны и противоположные мнения, суждения' *Употр. как вводн. предлож., чтобы подчеркнуть, что из ряда возможных мнений, суждений правильно именно то, которое называется далее. Порядок компонентов фиксир.* △ ⟨you can⟩ say what you like, but...

Что ни говори, а потрудился он эти дни во всю силу. *М. Шолохов, Поднятая целина.* — **Что ты ни говори,** а с таким уходом твой трактор тридцать шесть сил не даст, — сказал Матвей. *С. Антонов, Дело было в Пенькове.* — Да, дядюшка, **что ни говорите,** а счастье соткано из иллюзий. *И. Гончаров, Обыкновенная история.* **Что ни говори,** получалось, что прежде всего он удовлетворял [*требования*] тех настырных, нахрапистых, кляузных, которых не уважал, но от которых могли быть неприятности. *Д. Гранин, Картина*

Ср.: как бы то ни было

ГОВОРЯ ⊙ **34. коро́че** (**ко́ротко**) **говоря́** *разг.* 'Если изложить суть в немногих словах, то будет следующее' *Употр. как вводн. сочет., часто после развернутой реплики, после длинного описания, в которых говорящему не удалось выразить суть дела так, как ему хотелось бы. Порядок компонентов фиксир.* △ in short; briefly; to cut a long story short

Я очень уважаю и люблю твою маму... Хотя если ты... слышала разговор, то понимаешь, что она меня когда-то очень обидела... **Коро́че говоря́,** я... вот... что... Я хотел спросить, не обижает тебя отчим?... Может, надумаешь переехать ко мне... *В. Киселев, Девочка и птицелет.* Печерица сказал. — Вот что, коллега! ... Мы с вами люди взрослые, и сказочки нам не к лицу... **Коро́че говоря́,** вот за этой дверью лежит раненый человек... Никто не должен знать, что вы окажете ему помощь. *В. Беляев, Старая крепость.* — Докладывай! — велел отец... Володя доложил, не солгав ни слова... — **коро́тко говоря́,** дело в том, что я твердо решил быть ученым. *Ю. Герман, Дело, которому ты служишь*

Ср.: одним словом

35. со́бственно говоря́ 'Если выразиться точнее' *Употр. как вводн.--союзн. сочет. между частями сложн. предлож. или между самост. предлож. Во втором предлож. часто есть слова* нельзя, некуда, незачем, нечего *и т. п. Порядок компонентов фиксир.* △ strictly speaking; as a matter of fact

Что вы, собственно говоря, имеете в виду? What exactly (precisely) do you mean?

ГОД

Я побрел по тропе. Шел неторопливо, с каждым шагом поднимаясь все выше и выше. **Собственно говоря,** торопиться было некуда: я уже прибыл на место. *М. Колесников, Рудник Солнечный.* Белокурые ее волосы, видно, давно не причесывались и не мылись, — **собственно говоря,** их нельзя уже назвать белокурыми. *А. Макаренко, Флаги на башнях.* Когда он выписывал из сочинений Маркса и Энгельса места, посвященные вопросу о государстве и диктатуре пролетариата, он прекрасно сознавал их значение... Эта работа и была, **собственно говоря,** задумана как ответ на неверное суждение Бухарина. *Э. Казакевич, Синяя тетрадь*

ГОД ⊙ **без году неделя** *см.* Н 28

ГОДИТЬСЯ ⊙ 36. *кто-л.* **в подмётки** ← *кому-л.* → или *что-л.* в **подмётки** ← *чему-л.* → **не годится (не годился)** *разг., пренебр.* Кто-л., что-л. 'настолько хуже другого по своим качествам, что их нельзя даже и сравнивать' *Порядок компонентов нефиксир.* △ smb, smth is not a patch on smb, smth; smb cannot (is not fit to) hold a candle to smb

Если раньше я считал Бакаева мастером своего дела, то теперь понял, что наш машинист **не годится** Паранину **в подмётки.** *М. Колесников, Рудник Солнечный.* Такие есть ребята, до удивления! Иногда смотришь и думаешь: а ведь я ему **в подмётки не гожусь,** хоть и начальник над ним. Умные ... ловкие. *М. Горький, В людях.* Вадик подмигнул ребятам. — Он здорово играет... мы ему **в подмётки не годимся.** *В. Распутин, Уроки французского.* — ...наш колхоз от вашего, как небо от земли!.. Единственное, что имеете, — животноводство, и то нашему **в подмётки не годится.** *В. Овечкин, Гости в Стукачах*

Ср.: куда там *2 знач.*

ГОЛ ⊙ 37. *кто-л.* **гол как сокол** *разг., иногда шутл.* 'Очень беден, совсем ничего не имеет' *Употр. только в м. р. ед. ч. Порядок компонентов фиксир.* △ smb is ⟨as⟩ poor as a church mouse

Что заработает — прогуляет с приятелями, а то нищему отдаст — и опять **гол как сокол.** *И. Грекова, Хозяйка гостиницы.* Она пробовала окликать людей, которые их обгоняли, спрашивала — нет ли бинта или тряпки, не выручат ли раненого. Иной отвечал, что сам **гол как сокол.** Иной проходил глух и нем. *К. Федин, Костер.* — Вот я, Илья Тимофеич, товарищ тебе по годам, а то и старше, **гол как сокол,** нет у меня ни жены, ни саду, ни детей. *Л. Толстой, Казаки.* — Слушай, брат Андрей Гаврилович: коли в твоем Володьке будет путь, так отдам за него Машу; даром что он **гол как сокол.** *А. Пушкин, Дубровский*

Ср.: в чем мать родила *2 знач.*

[**Сокол** — *старинное стенобитное орудие, которое представляло* *собой совершенно гладкую, голую чугунную болванку, закреплённую на цепях]*

ГОЛОВА ⊙ **без царя в голове** *см.* Ц 1
вбивать в голову *см.* В 6
вертится в голове *см.* В 19
ветер в голове *см.* В 25
вешать голову *см.* В 27
взбрести в голову *см.* В 30

38. в пе́рвую го́лову *книжн.* 'Прежде всего' *Употр. как обст. при сказ. или опред. Порядок компонентов фиксир.* △ first and foremost *книжн.*

В первую голову возникают здесь два фактических вопроса: наблюдается ли усиление колониальной политики... именно в эпоху финансового капитала и как именно поделен мир в этом отношении в настоящее время. *В. И. Ленин, Империализм как высшая стадия капитализма.* **В первую голову** необходимо было пополнить материальную часть армии. *А. Толстой, Хождение по мукам.* ... ему особенно приятно и горько было думать о том, что он страдает из-за подлости людей — таких, как Мечик, **в первую голову**. *А. Фадеев, Разгром.* — Я бы советовал передать вашим друзьям: мы не сядем говорить с ними до тех пор, пока не узнаем... их программу — **в первую голову** идеологическую. *Ю. Семенов, Семнадцать мгновений весны*
Ср.: первым делом, в первую очередь
выбивать дурь из головы *см.* В 79
выбросить из головы *см.* В 82
вылетать из головы *см.* В 93
гладить по голове *см.* Г 2

39. голова́ ← ⟨у кого́-л., чья́-л. *уст.*⟩ **идёт (пошла́, шла́) кру́гом** *Порядок компонентов нефиксир.* 1) *разг., редк.* Кто-л. 'испытывает головокружение' *Обычно от усталости, опьянения вином и т. д.* △ smb's head goes round (spins); smth makes smb's head go round (spin); smth makes smb dizzy (giddy)

По временам меня клонил сон, в глазах зеленело, **голова шла кругом**, и я каждую минуту готова была упасть от утомления. *Ф. Достоевский, Бедные люди.* У Семена от речей и от самогона **кругом пошла голова**. *А. Толстой, Хождение по мукам*
Ср.: в глазах темнеет, терять голову *1 знач.*

2) *Кто-л.* 'настолько растерян, ошеломлен обилием дел, забот, впечатлений, что не понимает, что делать в данной обстановке' △ smb's head goes round (spins); smth makes smb's head go round (spin); smth makes smb dizzy (giddy)

Крестная хочет, чтобы мы зарегистрировались. Но мы ре-

шили — в Одессе. Как полагается, в день свадьбы. **Голова идет кругом.** Надо подумать о платье и туфлях. *А. Безуглов, Следователь по особо важным делам.* Тут у командира с большим опытом и то **голова кругом пошла** бы, а что ж мог он — без году неделя в офицерском звании! *П. Сажин, Севастопольская хроника.* Бутылочки нужно было кипятить, кормить каждые три часа, купать через день. У меня **голова пошла кругом** от ее наставлений! *В. Каверин, Два капитана.* — Вы меня спрашиваете, Наталья Алексеевна, что я намерен делать? У меня **голова кругом идет** — я ничего сообразить не могу. *И. Тургенев, Рудин*
Ср.: терять голову *1 знач.*

40. ⟨*у кого́-л.*⟩ ⟨**есть**⟩ **голова́ на плеча́х** *Кто́-л.* 'толковый, умный, сообразительный' *Порядок компонентов фиксир.* △ *smb* has a ⟨good⟩ head on *his* shoulders
Вариант: **име́ть го́лову на плеча́х**

А отец говорил: — Леша у нас молодец. Очень хорошая **голова на плечах.** Будет научным работником, я уверен. *Ф. Вигдорова, Любимая улица.* Я сказал колонистам: — Мы будем красиво жить, потому что у нас есть **головы на плечах** и потому что мы так хотим. *А. Макаренко, Педагогическая поэма.* Синцов понимал, что имел в виду Леонидов со своим «да» или «нет»: **голова на плечах** у того, кто, если надо, умеет и «нет» сказать. *К. Симонов, Живые и мертвые.* [*Лебедев:*] Ну, что мне прикажешь, старику, с тобою делать? На дуэль тебя вызывать, что ли? [*Иванов:*] Никакой дуэли не нужно. Нужно **иметь** только **голову на плечах** и понимать русский язык. *А. Чехов, Иванов*
Ср.: с головой

давать голову на отсечение *см.* Д 1
как снег на голову *см.* С 94
кровь бросилась в голову *см.* К 46
кружить голову *см.* К 51
лезть в голову *см.* Л 9
ломать голову *см.* Л 24
морочить голову *см.* М 41

41. на све́жую го́лову ↔ обдумать, решать/решить, выполнять/выполнить *какую-л.* умственную работу 'Пока не устал, не утомился' *Чаще после ночного сна. Употр. часто при гл. в повел. накл., а также в предлож. со словами* надо, необходимо *и т. п. Порядок компонентов фиксир.* △ to do *smth* with a clear head (mind)

Он вынул из сейфа голубую папку, дело... — Вот, ознакомьсь. — Срочно? — Спешить, как говорят, людей смешить. Завтра с утра и садись. **На свежую голову.** *А. Безуглов, Следователь по особо важным делам.* В углу... спал Мещеряков... Мещеряков повернулся со спины на бок... — Ну вот, я и отдохнул сколько-то! ...теперь **на свежую голову** давай! ...долго и молча читал... приказ, а потом, тоже молча и старательно, его подписал. *С. Залыгин, Соленая Падь.* Лечь, уснуть — утро вечера мудренее. Утром **на свежую голову** взвесить [*кто прав и как поступить*]. *В. Тендряков, Чрезвычайное.* Вот, например, в редакции есть должность «свежая голова». Это человек, который дежурит в типографии и уже ночью, самым последним, **«на свежую голову»** читает газету, чтобы не пропустить какую-нибудь ошибку. *В. Киселев, Девочка и птицелет.*

42. делать/сделать, говорить/сказать *что-л.* ↔ **на свою гóлову** *разг.* 'Причиняя вред, неприятности самому себе' *Обычно говорится с досадой, сожалением в случае неожиданных, непредвиденных последствий каких-л. действий или слов. Употр. чаще при гл. сов. вида в прош. вр. Порядок компонентов фиксир.* △ to act in such a way as to bring harm to *oneself*; to bring *smth* upon *oneself* (*one's* own head)

На свою голову купил я собаку. I brought it upon (on) my own head when I bought a dog.

Ужик, **на свою голову**, добился-таки его [*директора школы*] увольнения. *И. Грекова, Хозяйка гостиницы.* — Таскаем мы вас **на свою голову**... — закричал он так громко, словно каждый день таскал «из полымя» раненых, как каштаны, — **на св-ою голову**... вот вы где у нас сидите! *А. Фадеев, Разгром.* Дома она взяла книжку Кина и легла с ней на диван... Пал Палыч позвал Антонину пить чай — она не пошла... — Вот достал книгу **на свою голову!** — сердито подумал Пал Палыч. *Ю. Герман, Наши знакомые.* — Так, так, Христина Семеновна! ... Где ни встретишь его [*председателя колхоза*]... спрашивает: — А почему у нас хуже, чем в «Красном знамени»? — Да мы теперь, Дмитрий Сергеич, такие злые стали! — сразу заговорило несколько женщин. — **На свою голову** привезли нас сюда [*в передовой колхоз*]! *В. Овечкин, В одном колхозе.*

не выходит из головы *см.* В 102
не сносить головы *см.* С 95
не укладывается в голове *см.* У 8
очертя голову *см.* О 37
поднимать голову *см.* П 47
приходить в голову *см.* П 99

43. ⟨валить, сваливать/свалить⟩ ↔ **с больнóй головы́ на здорóвую** *разг., неодобр.* 'Перекладывать вину с виноватого на невиновного' *Употр. чаще при гл. в повел. накл. с отриц. не или в инф. со словами нечего, не годится и т. п. Порядок компонентов фиксир.* △ to shift the blame from the wrongdoer on an innocent person; to lay the blame (unjustly) at *smb else's* door; to pass the buck *разг.*

[*Анфиса*] начала оправдываться: не колхоза это, дескать, вина. Сплавщики виноваты... — Ты, Анфиса Павловна, **с больной головы на здоровую** не вали. Знаем твою политику. *Ф. Абрамов, Две зимы и три лета.* — Про птицу и скотину не было директив райкома, — сказал Нагульнов... — Нет, уж это ты извини! — вспыхнул секретарь. — Райком указывал. Нечего **с больной головы на здоровую** валить! *М. Шолохов, Поднятая целина.* А какими заслугами ты можешь похвастать, Сергей Павлович? Сухарева воспитал? Так вот плоды твоего воспитания. Проявились! А ты их теперь **с больной головы на здоровую** валишь. *М. Колесников, Изотопы для Алтунина.* Ни по одному из приведенных пунктов обвинения я себя виновным не признаю. Все это пустые оговоры генерала Смирнова... Это называется — **с больной головы на здоровую**!... У меня тут собраны сотни доказательств виновности Стесселя. *А. Степанов, Семья Звонаревых*

44. у кого-л. ⟨есть⟩ своя голова́ на плеча́х *разг.* Кто-л. 'в состоянии сам, без посторонней помощи, разобраться в *какой-л.* ситуации, принять *какое-л.* решение' *При употр. с мест. у меня выражает нежелание говорящего мириться с посторонним вмешательством в его дела. Порядок компонентов нефиксир.* △ smb can think for *himself (herself)*

— Не слушай ты ее, Тось. — У меня **своя голова на плечах есть**, — обиделась вдруг Тося. *Б. Бедный, Девчата.* — У меня **своя голова на плечах**, — сказал Беридзе. — Я не намерен во всем слушаться ваших немецких и американских авторитетов. *В. Ажаев, Далеко от Москвы.* [*Инструктор*] разговаривал с ним так, словно он, Корней, был малым и несмышленым дитем, а не взрослым человеком, у которого **есть своя голова на плечах**. *Е. Мальцев, Войди в каждый дом*

45. с голово́й I *разг.* 1) Кто-л. парень, малый, человек *и т. п.* **с голово́й** *одобр.* 'Очень умный, толковый, способный' △ a person with a ⟨good⟩ head on *his* shoulders; a bright chap (girl)

— А ведь я с Пестелем знаком, — вдруг сказал Бутурлин, наполняя кубки вином. — Он человек **с головой**, да... *Б. Окуджава, Глоток свободы.* — Нужно уточнить квартирные вопросы, все, что касается имущества, и прочее и прочее... — ...я уезжаю, — перебил Додика Степанов. — Уточнять вы можете все с Евгением, он парень **с головой**. *Ю. Герман, Дело, которому ты служишь.* Вот и меня тоже бог наградил племянником. Малый он **с головой**, бойкий малый, спору нет; учился хорошо, только проку мне от него не дождаться. *И. Тургенев, Однодворец Овсяников.* Баев и сам поверил, что он, пожалуй, и впрямь мужик **с головой**, и стал намекать в разговорах, что он — умница. *В. Шукшин, Беседы при ясной луне*

Ср.: голова на плечах

2) делать *что-л.* ↔ 'Осмысленно, предварительно обдумав' △ to do *smth* after proper consideration; to use *one's* head (loaf *разг.*) ⟨when doing *smth*⟩

Колонисты закричали: — Правильно! Едем, и всё! Пусть Антон Семенович пишет в Наркомпрос! Кудлатый сказал: — Ехать, так ехать. Только и ехать нужно **с головой.** Завтра уже март, ни одного дня нельзя терять. *А. Макаренко, Педагогическая поэма*

46. с головóй II 1) ↔ погружаться*/погрузиться, окунаться*/окунуться, уходить*/уйти во *что-л.*; отдаваться*/отдаться *чему-л. и т. п.* 'Целиком, полностью, забыв всё остальное' *О человеке, который поглощён какой-л. деятельностью* △ to be completely lost in *smth*; to throw (fling) *oneself* into *smth*
Не смешивать с to be up to the ears in work, *подчёркивающим загруженность делами*

— Ещё больше массы поднимутся и осознают своё великое дело! Войдут в революцию **с головой**, без остатка. *С. Залыгин, Солёная Падь.* Через два-три часа они [*участники заседания*] ... разъедутся по своим деревням и сёлам, чтоб **с головой** утонуть в привычных заботах о горючем, о подвозе семян, о запасных частях для тракторов. *В. Тендряков, Чрезвычайное.* Каждый [*из колонистов*] в свою смену **с головой** погружался в школьные дела. *А. Макаренко, Флаги на башнях.* Не зная, сколько ещё продлится война, они ушли в неё **с головой.** Война стала для них бытом, и этот взвод — единственной семьёй. *Э. Казакевич, Звезда*

Ср.: по уши *2 знач.*

2) ↔ выдавать/выдать *кого-л.*, часто себя 'Полностью, так что ни у кого не остаётся сомнений' *О человеке, совершившем неосмотрительный поступок* △ to betray *smb* (*oneself*) completely

Нет, Натка, теперь не обманешь, ты **с головой** себя выдала. Красивая, а душа-то змеиная! Как раньше любил, так теперь ненавижу! *В. Тендряков, Ночь после выпуска*

сломать голову *см.* С 84
сломя голову *см.* С 85
терять голову *см.* Т 6
хвататься за голову *см.* Х 4
ходить на голове *см.* Х 17

47. действовать, обращаться к *кому-л.* ↔ **чéрез гóлову** *кого-л.*; **чéрез** *чью-л.* **гóлову** 'Минуя того, к кому следовало бы обратиться, т. к. он непосредственно отвечает за данное дело *или* руководит им' *В качестве доп. употр. часто сущ.* начальство *и др. сущ., называющие руководящие должности* △ to go over *smb's* head (over the head of *smb*)

Через несколько дней сам Струнников при обходе госпиталя строго побранил ее за обращение **через голову** прямого начальства. *Л. Леонов, Русский лес.* То, что Борис Григорьевич советовался с Верой **через** ее, старшего администратора, **голову,** раздражало ее безмерно. *И. Грекова, Хозяйка гостиницы.* Кузьмича он [*командующий*] мало ценил... и прислал его второпях, **через голову,** не спросясь, и первое впечатление от старика было какое-то чудное. *К. Симонов, Солдатами не рождаются*

ГОЛОВКА ⊙ **гладить по головке** *см.* Г 2

ГОЛОС ⊙ **48. во весь (в полный) голос** 1) кричать, говорить, петь *и т. п.*; плакать, рыдать, причитать *и т. п.* ↔ 'Очень громко, не сдерживая себя' *Обычно в состоянии волнения, возбуждения или душевного подъема* △ to shout (speak, sing, *etc*) at the top of one's voice; to sob (cry, *etc*) loudly

Какого труда стоит мне сдержать себя, не вбежать в палату, не закричать **во весь голос**: — Что вы сидите чучелами?.. *В. Каверин, Два капитана.* Это кто спит? — спросил он, приблизив лицо к мотавшейся из стороны в сторону белой голове Степы. — Степка Сафонов! — сказал он вдруг не шепотом, а **в полный голос.** *А. Фадеев, Молодая гвардия.* Наконец Тоня упала на колени, Лариса отпустила ее и, рыдая **во весь голос,** ушла на кухню. *С. Антонов, Дело было в Пенькове.* — Ой, Наташенька, девонька, голубушка, уважь напоследок! — причитала мать уже **во весь голос.** *Л. Кассиль, Ход белой королевы*

Ср.: не своим голосом, во всю ивановскую *1 знач.*; изо всех сил *3 знач.*

2) заявлять, обещать *и т. п.* ↔ 'Открыто, так, чтобы все услышали или узнали о чем-л.' △ to declare openly, so that everybody could hear or know about *smth*

И женщины в этот день **во весь голос** сказали своим мужьям, сыновьям, братьям, что они готовы стоять насмерть, но Ленинграда не сдавать. *В. Мичурина-Самойлова, Шестьдесят лет в искусстве*

49. в один голос *разг. Порядок компонентов фиксир.* 1) кричать/крикнуть, сказать, спросить, ответить, повторять/повторить *и т. п.* ↔ 'Одновременно, вместе' *О двух людях или более, обычно взволнованных чем-л.* △ together; in chorus; together in unison

— Горит, горит! — кричали все **в один голос,** почти все тоже порываясь к камину [*где горела пачка денег*]. *Ф. Достоевский, Идиот.* — Ступай отсюда! — не выдержал Давыдов. — С тобой мы потом будем говорить... Банник, бормоча угрозы, отступил, а на смену ему дружно выдвинулись бабы. Они зашумели все сразу, **в один голос,** не давая Давыдову и слова молвить. *М. Шолохов,*

Поднятая целина. ... все тут же **в один голос** спросили: — Кто таков этот капитан Копейкин? почтмейстер сказал: — Так вы не знаете, кто такой капитан Копейкин? *Н. Гоголь, Мертвые души.* Оба они [*дежурные*] **в один голос** должны были воскликнуть: — Это вы из консерватории? К нам на концерт? Мы вас ждём. *А. Алексин, Мой брат играет на кларнете*

2) уверять, утверждать, подтверждать *и т. п.* ↔ 'Дружно, одинаково, единодушно' *Характеризует не столько речь, сколько одинаковое отношение к чему-л. двух или более человек* △ with one voice

Другое остановило и поразило меня в старых газетах: **в один голос** они утверждали, что шхуну «Св. Мария» ждет неизбежная гибель. *В. Каверин, Два капитана.* Те, которых она называла знаменитыми и великими... пророчили ей **в один голос**, что при ее таланте, вкусе и уме, если она не разбросается, выйдет большой толк. *А. Чехов, Попрыгунья.* Скоро все разошлись по домам, различно толкуя о причудах Вулича и, вероятно, **в один голос** называя меня эгоистом. *М. Лермонтов, Герой нашего времени.* Лазутчики, перебежчики из населения, **в один голос** говорили — казаки снова сосредоточивают силы, организуются. *А. Серафимович, Железный поток*

Ср.: слово в слово

50. кричать/крикнуть, визжать *и т. п.* **не свои́м го́лосом** 'Очень громко, отчаянно, дико' *Обычно в ситуациях, когда человек неожиданно потрясен, сильно взволнован или испуган. Порядок компонентов фиксир.* △ very loudly, desperately, wildly

Похоронили мы Мотьку. Степан кричал на могиле **не своим голосом,** рубаху на себе рвал. *В. Овечкин, Родня.* — ... и что только делают! — снова сказал Морозка, нервно впиваясь пальцами в потный карабин. — ... Мишка, сюда! ... — крикнул он вдруг **не своим голосом.** *А. Фадеев, Разгром.* Василиса до смерти перепугалась, закричала **не своим голосом** и выскочила из избы. *В. Распутин, Василий и Василиса*

Ср.: во весь голос *1 знач.,* во всю ивановскую *1 знач.,* изо всех сил *3 знач.*

ГОЛЫЙ ⊙ брать голыми руками *см.* Б 18

ГОРА ⊙ **51.** ⟨как (бу́дто, сло́вно, то́чно)⟩ гора́ ← ⟨у кого́-л.⟩ с плеч ⟨свали́лась⟩ *разг. Кто-л.* 'почувствовал полное облегчение, т. к. отпала *какая-л.* тяжелая, обременительная забота, рассеялась тревога' *Гл. чаще стоит в конце фразеол.* △ it is a load (weight) off *smb's* mind

— Пол-кан уви-дал зай-ку, — медленно прочел Шурка. Наконец-то! **Точно гора с плеч свалилась:** уже второй день он кое-как, по слогам, но правильно прочитывает слова. *А. Котовщикова, Сто процен-*

тов. **Гора свалилась с плеч** — с борьбой за первенство мира было покончено. *М. Ботвинник, К достижению цели.* — Баглюк! — только и сказал Серпилин и вздохнул так, **словно с плеч** у него **свалилась** невыносимо тяжелая **гора**. *К. Симонов, Живые и мертвые.* — Так едем в Италию? — спросил он. — Хорошо, поедем, — отвечала она монотонно. У Петра Иваныча — **как гора с плеч**. *И. Гончаров, Обыкновенная история*

Ср.: с плеч долой, камень с души свалился, отлегло от сердца

идти в гору *см.* И 9

идти под гору *см.* И 12

52. что-л. **не за горáми** *разг.* 1) *иногда шутл.* 'Не очень далеко' *Обычно о населенных пунктах или других географических объектах* △ smth is not very far away и/или not far off

Вязьма, конечно, **не за** такими уж **горами**, но без передышки и пополнения, пожалуй, не дойдем и до Вязьмы. *К. Симонов, Живые и мертвые.* [*Евлалия:*] А ты все-таки сходи! [*Марфа:*] Я мигом. **Не за горами,** тут близко. *А. Островский, Невольницы*

Ср.: под боком, рукой подать *1 знач.*, в двух шагах

2) *книжн., чаще в газетной речи* 'Наступит, произойдет очень скоро' *О времени какого-л. события или о самом событии* △ smth is ⟨close (near)⟩ at hand (imminent)

Мне казалось, что Милочка проходит начальную школу материнства, и **не за горами** то время, когда и сама призадумается над многим. *В. Лидин, Воробьиное поле.* Ведь она не учительница больше. И первое сентября, которое уже **не за горами**, для нее будет обыкновенным днем, ничем не отличаясь от других. *М. Прилежаева, Осень.* После праздника весенние хлопоты подоспели: кто борону вяжет, кто соху чинит... — пахота **не за горами**. *Л. Мельников-Печерский, В лесах.* — Скоро разрешится [*родит*], не знаю только кем — мальчиком или девочкой. — Уже? — изумился старик. — Не уже, но **не за горами**. *М. Мурзаков, Мы уже ходим, мама...*

Ср.: со дня на день, за плечами *2 знач.*, рукой подать *2 знач.*

стоять горой *см.* С 114

ГОРБ ⊙ **гнуть горб** *см.* Г 28

ГОРЕ ⊙ **и горя мало** *см.* М 4

с горем пополам *см.* П 78

ГОРЕТЬ ⊙ **глаза горят** *см.* Г 12

кровь горит *см.* К 47

53. ⟨это⟩ у кого-л. ↔ **не горúт** *разг.* 'Какое-л. дело не требует срочности, нет оснований торопиться его сделать' *Часто употр. в качестве обоснования для отказа выполнять какое-л. дело сразу после чьей-л. просьбы. Употр. обычно как вторая часть сложн. предлож.* △ ⟨there is⟩ no hurry

Переставляя шнур на доске коммутатора, Анфиса проговорила в трубку: — Ничего, подождите, **не горит** у вас. — В самом деле! — возмутился Дементьев, целиком становясь на сторону Анфисы. — Уж и полминуты подождать не могут. *Б. Бедный, Девчата.* Потолкуем да поговорим, а потом и поедем... Поспешишь — людей насмешишь! Спешат-то на пожар, а у нас, слава богу, **не горит**! *М. Салтыков-Щедрин, Господа Головлевы*

сыр-бор горит см. С 126

ГОРЛО ⊙ **54. по го́рло** *разг.* 1) дел, работы, забот, хлопот *и т. п.* ⟨у кого-л.⟩ **по го́рло** 'Так много, что нет времени для отдыха' △ smb has his hands full; smb's hands are full; smb is up to the (his) neck (ears, eyes) in smth (⟨in⟩ doing smth); smb has more than enough to do

... работы у него, особенно на первых порах, оказалось действительно **по горло.** Каждое утро доставал из сейфа высокую стопку серых папок и буквально терялся: с какой начать? *Ю. Проханов, За мужество и отвагу.* Дела **по горло**, но давняя история, разбуженная мерцанием ночи, все время жила в ней. *Б. Полевой, Глубокий тыл.* Забот **по горло**, а тут пришла-явилась еще одна... Что-то в последний раз, когда он ездил с ней на мельницу, Груня [*лошадь*] припадала на левую переднюю. Он тогда же подумал — надо за Груней проследить. *С. Залыгин, Комиссия.* ... мало-помалу тревога Тихона Ильича улеглась. Хлопот к тому же было **по горло**, а помощников — нет. *И. Бунин, Деревня*

Ср.: конца не видно, непочатый край, нет числа, хоть отбавляй, полон рот

2) *кто-л.* занят, загружен, завален делами (работой, хлопотами) *и т. п.* 'До предела' △ smb has his hands full; smb's hands are full; smb is up to the (his) neck (ears, eyes) in smth (⟨in⟩ doing smth)

Жовтяк был занят **по горло**, всюду консультировал. *Ю. Герман, Дело, которому ты служишь.* Синцов, чувствуя себя почти поправившимся, пошел к замполиту госпиталя просить о выписке. **По горло** занятый эвакуацией раненых, замполит не стал настаивать. *К. Симонов, Живые и мертвые.* Усталые, **по горло** заваленные делами, люди слушали его, удивлялись, сочувствовали, поражались и разводили руками. *Б. Полевой, Повесть о настоящем человеке*
Ср.: по уши *2 знач.*

ГОРОД ⊙ **ни к селу ни к городу** см. С 53

ГОРОДИТЬ ⊙ **55. огоро́д городи́ть** *разг., часто неодобр.* Начинать делать *какое-л.* ненужное дело, связанное с большими хлопотами' *Употр. чаще с усил. частицей и после слов* нечего, незачем, не к чему *или в вопр. предлож. после слов* зачем, к чему, для чего.

ГОРОХ

Порядок компонентов фиксир. △ to begin to do *smth* unnecessary but painstaking
Зачем огород городить? Why go to all that trouble?

— И что же вы такого совершили? — спросил Авросимов... — Да что ж вам сказать, — ответил Аркадий Иванович, — ежели вы моего бывшего полковника не вспомните. Уж коли вы его не знаете, так чего мне **огород-то городить**? *Б. Окуджава, Глоток свободы.* Сначала я совсем ничего не понял и начал читать задачу во второй раз, потом в третий... «В магазине было 8 пил, а топоров в три раза больше». Ну и написали бы просто, что топоров было 24 штуки... Нечего тут и **огород городить**! *Н. Носов, Витя Малеев в школе и дома.* Многое надо было выяснить предварительно, такое выяснить, без чего не стоит и **огород городить**. *Д. Фурманов, Мятеж*

Ср.: заваривать кашу

ГОРОХ I ⊙ **56.** ⟨*кому-л. всё*⟩ **как (бу́дто, сло́вно, то́чно) об сте́нку** (*реже* **об сте́ну, в сте́нку, в сте́ну, от сте́нки, от стены́) горо́х (горо́хом)** *разг., неодобр.* 'На *кого-л.* никак не действуют обращенные к нему просьбы, призывы, требования изменить поведение, свои решения *и т. п.*' *Употр. обычно как вторая часть сложн. предлож. или как самост. предлож. при наличии в предшествующем тексте гл. речи. Порядок компонентов фиксир.* △ it is like hitting *one's* head against a brick wall

Она опустила голову. Все слова были сказаны в свое время, и все **как об стену горох**. Он сказал с прежней снисходительностью: — Что мне с тобой делать? Только встретимся — ты сразу со своей агитацией. *В. Панова, Времена года.* Сколько раз тебе говорилось, чтобы ты вовремя делал уроки, но тебе хоть говори, хоть нет — все **как об стенку горохом**. *Н. Носов, Витя Малеев в школе и дома.* — И нам не планируют ни гектара гороха. Планируют ячмень. А он здесь испокон веку плохо родит. Тоже есть тому доказательства... Пишем, пишем, спорим, доказываем — **как об стенку горох**! *В. Овечкин, В одном колхозе.* Володя терпеливо промолчал: он решил больше не вязаться с Евгением. Все равно словно **об стенку горохом**. *Ю. Герман, Дело, которому ты служишь*

Ср.: как с гуся вода, ни жарко ни холодно, как пень, пропускать мимо ушей

ГОРОХ II ⊙ **при царе Горохе** *см.* Ц 2
ГОРОХОВЫЙ ⊙ **шут гороховый** *см.* Ш 11
ГОРШОК ⊙ **от горшка два вершка** *см.* В 21
ГОРЬКИЙ ⊙ **хуже горькой редьки** *см.* Х 21
ГОРЮШКО ⊙ **и горюшка мало** *см.* М 4
ГОРЯЧИЙ ⊙ **как на горячих углях** *см.* У 3

под горячую руку *см*. Р 32

ГОРЯЧКА ⊙ **пороть горячку** *см*. П 82

ГРАМОТА ⊙ **57. филькина грамота** *разг., пренебр*. 'Документ, который не обладает никакой юридической силой и представляет собой ничего не значащую бумажку, обычно неграмотно составленную' *Порядок компонентов фиксир*. △ a ⟨mere⟩ scrap of paper

— Остановить два завода! Снять противовесы с тысячи тракторов... И вы хотите, чтоб все это было сделано на основании этой вот... **филькиной грамоты?** Ведь у вас не выполнены элементарные условия испытаний. *Г. Николаева, Битва в пути*

ГРЕТЬ ⊙ **58. греть/нагреть (погреть) руки/руку** *уст*. ↔ ⟨на *чем.-л.,* около *чего-л.*⟩ *разг., осужд*. 'Незаконно, нечестно извлекать для себя материальную выгоду из *какой-л*. ситуации' *В качестве доп. обычно употр. сочет.* это дело *и т. п.; чьи-л*. деньги, *чье-л*. имущество *и т. п. Порядок компонентов нефиксир*. △ to line one's pockets through (by, in) smth

[*Чугунов:*] Ведь уж тогда вы, благодетельница, все управление в свои руки возьмете? [*Мурзавецкая:*] Разумеется, возьму. [*Чугунов:*] А я-то куда же, благодетельница? [*Мурзавецкая:*] А куда хочешь... Будет с тебя, **нагрел руки**-то. *А. Островский, Волки и овцы*. В Хмелевском детдоме зав **нагрел** себе **руки**. Тысячи полторы прикарманил. *Ф. Вигдорова, Это мой дом*

Ср.: ловить рыбу в мутной воде

ГРЕХ ⊙ **долго ли до греха** *см*. Д 58

59. ⟨**как**⟩ **на грех** *разг*. 'Как будто специально для того, чтобы помешать осуществлению желаемого *или* навредить' *кому-л. Употр. как вводн. сочет., обычно применительно к ситуации, когда препятствием или враждебным обстоятельством становится какая-л. непредвиденная случайность* △ as luck would have it *в зависимости от контекста может указывать как благоприятную, так и на неблагоприятную случайность*

— Надо поговорить с Полевым о комсомоле самому! — решил я. Но, **как на грех,** Полевой пропал неизвестно куда. *В. Беляев, Старая крепость*. Дал я ему рубаху да штаны, правда, целые, рваных, **как на грех,** не было, и пустил на все четыре стороны — пусть идет куда хочет. *К. Симонов, Живые и мертвые*. И погода испортилась, день помрачнел, забрызгал частый дождь, а Геннадий, **как на грех,** был без плаща. *В. Панова, Времена года*. ...Это был не тот доктор из детского воспоминания, а кто-то другой, чью фамилию Поля, **как на грех,** забыла. *Л. Леонов, Русский лес*

от греха подальше *см*. П 39

с грехом пополам *см.* П 78
что греха таить *см.* Т 1
ГРЕШНЫЙ ⊙ **грешным делом** *см.* Д 25
ГРОБ ⊙ **краше в гроб кладут** *см.* К 21
ГРОМ ⊙ **60. как гро́м ⟨среди́ я́сного не́ба⟩** 'Неожиданно, внезапно' *Обычно о чьих-то словах, содержащих сообщение о несчастье, а также о событии, которое резко нарушает привычное, спокойное течение дел. Употр. как обст.* △ like ⟨as⟩ a bolt from the blue

— Вот что, товарищи, забирайте чемоданчики и переселяйтесь в пятый барак. — Мы переглянулись: слова Дремлюги прозвучали **как гром среди ясного неба.** — А почему, собственно? — спросил Бакаев. *М. Колесников, Рудник Солнечный.* А 3 июля, **как гром,** разразилось сообщение по радио, что нашими войсками после восьмимесячной обороны оставлен город Севастополь. *А. Фадеев, Молодая гвардия.* Чиновников взяли под суд, конфисковали ... все, что у них ни было, и все это разрешилось вдруг **как гром над головами их.** *Н. Гоголь, Мертвые души.* Они шли... по дорожкам сада, держась за руки, не глядя друг на друга... И вдруг, **как гром среди ясного неба,** раздался свисток. Перед ними стоял милиционер. *Ф. Вигдорова, Семейное счастье*
Ср.: как снег на голову

метать громы и молнии *см.* М 28
ГРОШ ⊙ **гроша медного не стоит** *см.* С 111
грош цена *см.* Ц 4
61. таланта, чувства, знаний, умения *и т. п.* ↔ ⟨*у кого-л.* нет⟩ **ни на гро́ш;** не верить *кому-л.* ↔ **ни на гро́ш** *разг.* 'Нисколько' △ not at all

У него таланта (чувства *и т. п.*) ни на грош. He has no talent (feeling, *etc*) at all; He has not a bit ⟨grain⟩ of talent (feeling, *etc*). Я не верю ему ни на грош. I do not believe a ⟨single⟩ word he says.

[*Несчастливцев:*] Ты у меня не смей острить, когда я серьезно разговариваю. У вас, водевильных актеров, только смех на уме, а чувства **ни на грош.** *А. Островский, Лес.* — Еще из него, может, ничего и не выйдет! — предположила Аглая... — Ведь фундаментальных знаний **ни на грош,** один только фасон. *Ю. Герман, Дело, которому ты служишь.* Слушайте, Скуратова, наделила вас природа щедро, не поскупилась. А вы думаете так и прожить на всем готовеньком, от роду отпущенном? Техники [*ходьбы на лыжах*] у вас **ни на грош.** *Л. Кассиль, Ход белой королевы.* Уж потом... когда он стал весьма и весьма складно на иные пункты отвечать, так что я сам удивился, и потом ему **ни на грош** не поверил! *Ф. Достоевский, Преступление и наказание*
Ср.: ни на йоту, ни капли, ни крошки, ни сном ни духом

[Грош — *старинная медная монета в две копейки, а позже еще меньшего достоинства — в полкопейки*]
ГРЯЗЬ ⊙ **не ударить лицом в грязь** *см.* У 6
обливать грязью *см.* О 6
смешивать с грязью *см.* С 91
ГУБА ⊙ **срываться с губ** *см.* С 103
ГУЛЯТЬ ⊙ **ветер в голове гуляет** *см.* В 25
ГУСЬ ⊙ **как с гуся вода** *см.* В 48

ДА ⊙ **вот это да!** *см.* В 64
да и то сказать *см.* С 69
ДАВАТЬ ⊙ **1. дава́ть / дать го́лову (ру́ку) на отсече́ние** *иногда шутл.* 'Ручаться за *что-л.* с абсолютной уверенностью' *Употр. обычно в 1 л. ед. ч., чаще в наст. вр., как усиленное уверение в реальности какого-л. факта, события, поступка, часто будущего. Чаще стоит перед придат. предлож. с союзом* что. *Гл. во фразеол. может стоять на втором месте* △ to stake one's life on it
Даю голову на отсечение, что это так. I'd stake my life on it ⟨that⟩ it is so.

— **Голову даю на отсечение**, что Тулин абсолютно прав. *Д. Гранин, Иду на грозу.* — А лечиться Лиза будет, и Анатолий Михайлович **руку дает на отсечение**, что она вылечится! *К. Федин, Необыкновенное лето*

Ср.: так и знай, как пить дать, помяни мое слово, я не я буду

2. дава́ть* / дать ма́ху *разг., неодобр., иногда с сожалением, часто шутл., ирон.* 'Совершать поступок, который неожиданно оказывается ошибочным, нелепым' *Употр. чаще гл. сов. вида в прош. вр. Порядок компонентов нефиксир.* △ to make a blunder

— Ошибка была еще, кроме того, и в том, что я им денег совсем не давал... Гм! **Дал маху!** *Ф. Достоевский, Преступление и наказание.* — Гашка пустила про Мотьку слух, будто к ней... лазили в окно соседские парни. Набрехала, конечно... Тут и Степан **дал маху**. Не разобравшись с делом, поверил и тоже Мотьку — за косу. *В. Овечкин, Родня.* — Председатель... Аркашка-то Лосев — плохой хозяин. Ведь нашли же кого выбирать! Признаться, мы с этим делом **маху дали**. *М. Шолохов, Поднятая целина.* — Что ж ты тут написал? ...Ведь ты сам говорил, что в редакции теперь не принимают шарад с церковными выражениями. — Синицкий ахнул. — Опять **маху дал**. *И. Ильф, Е. Петров, Золотой теленок*

Ср.: попадать впросак, пускать козла в огород, садиться в лужу [Мах — *один взмах рукой или каким-л. предметом*]

дава́ть себе́ отчёт *см.* О 28

3. дава́ть/дать себя́ зна́ть (чу́вствовать); *реже* **дать себя́ почу́вствовать** 'Заставлять ощутить свое воздействие, влияние' *Обычно о жаре, духоте, сильном холоде и т. п.; о пожилом возрасте; о физических или умственных перегрузках, отрицательно влияющих на физическое или психическое состояние человека. Порядок компонентов обычно фиксир.* △ to make *itself* felt ⟨to *smb*⟩

Годы (бессонные ночи) дают себя знать. The years (those sleepless nights) are beginning to tell (are telling) ⟨on *smb*⟩. Мы были тепло одеты, но все же холод давал себя знать. We were warmly dressed and yet we felt the cold.

— Перегрелись за день? — полусерьезно, полушутя спросил Серпилин. — Да, духота, годы **дают себя знать**, — сказал Шмаков виноватым тоном. *К. Симонов, Живые и мертвые.* Капельмейстер взмахнул палочкой, маленький оркестр играл «Интернационал». Володе сдавило горло, — наверное, бессонные ночи **дали себя знать.** *Ю. Герман, Дело, которому ты служишь.* Ночь была морозная и ветреная. Даже у огня холод **давал себя чувствовать.** *Арсеньев, Дерсу Узала*

4. дава́ть/дать (предоставля́ть/предоста́вить) ← *кому́-л.* → **сло́во** 'Разрешать произнести речь' *Обычно это разрешение дает председатель, руководитель собрания, заседания, митинга и т. п. какому-л. из его участников. Порядок компонентов нефиксир.* △ to allow *smb* to speak

— Пусть говорит! — крикнул председателю загорелый комсомолец. — **Дай ему слово.** *В. Беляев, Старая крепость.* — Они закоренелые белые! — хрипло сказал Нагульнов, вставая со стула. — Я тебе не **давал слова.** К порядку! — строго прервал его секретарь. *М. Шолохов, Поднятая целина.* — Я три раза просил слова, хотел выдвинуть того же Степина... Мне **слова не дали,** побоялись, вдруг я назову кого-нибудь неугодного Долгину. *Д. Гранин, Искатели.* Когда ему [*товарищу прокурора*] **предоставлено** было **слово,** он медленно встал... и... оглядел залу, избегая взглядом подсудимых. *Л. Толстой, Воскресение*

5. дава́ть/дать ← ⟨*кому́-л.*⟩ → ⟨**че́стное**⟩ **сло́во; дава́ть/да́ть себе́ сло́во** 'Твердо обещать' *Употр. обычно перед придат. предлож. с союзом что или перед гл. в форме инф. Порядок компонентов нефиксир.* △ to give ⟨*smb*⟩ one's word ⟨of honour⟩ *употр. с придат. предлож. или с инф., а также без них*

Давать себе слово. To swear *употр. с придат. предлож. или с инф.*

— Теперь мы тебе расскажем наш секрет, но ты должна **дать**

слово, что никому его не выдашь: ни знакомым, ни родителям, ни учителям — никому. *В. Киселев, Девочка и птицелет.* — Брат, — повторил Павел Петрович, — **дай** мне **слово** исполнить одну мою просьбу. *И. Тургенев, Отцы и дети.* — Почему-то я продолжала заниматься геологией Севера, хотя **дала** Сане **слово** навсегда выкинуть Север из головы. *В. Каверин, Два капитана.* — О, это ужасно, ужасно, что вы говорите, дядюшка! Сколько раз я **давал** себе **слово** таить перед вами то, что происходит в сердце. *И. Гончаров, Обыкновенная история*

давать тон см. З 6

6. не дава́ть ← *кому-л.* **прохо́да (проходу́)** *разг., неодобр.* 'Постоянно преследовать, надоедая просьбами, требованиями, обвинениями, насмешками, разговорами *или* затевая драку' *Порядок компонентов нефиксир.* △ to give *smb* no peace

— Директор школы был с нами в отряде. Он мне и там за тот кирпич и снабжение учителей **проходу не давал,** стыдил. *В. Овечкин, О людях без «стельки».* — Я слыхал даже, что ее хотели присудить к наказанию, но, слава богу, прошло так; зато уж дети ей **проходу не** стали **давать,** дразнили пуще прежнего, грязью кидались. *Ф. Достоевский, Идиот.* — Вот у вас хулиган тут есть — никому **не дает проходу**... У меня фамилия записана. *С. Антонов, Дело было в Пенькове.* ... бык у барина Мусина завелся озорной. Прямо **проходу** никому **не давал.** Двух пастушат заколол. *И. Бунин, Ночной разговор*
Ср.: сживать со света

7. не дава́ть/не дать ← *кому-л.* ↔ ⟨*в чем-л.*⟩ → **спу́ску (спу́ска)** *разг.* 'Не оставлять без наказания *или* строгой критики любые проступки *или* неправильные действия' *Употр. часто со словом* никому. *Порядок компонентов нефиксир., гл. во фразеол. чаще стоит на втором месте* △ not to leave any wrong-doings without punishment or severe criticism; to be tough on (with) *smb*

— Что ж это получается, товарищ Борисов? — сказал Долгин. — Дисциплина-то у вас падает. — ... По-моему, не падает. Мы **не** желаем больше никому **давать спуску**... За последний месяц взыскания увеличились вдвое. *Д. Гранин, Искатели.* — Запорют его теперь. Злы уж больно на него надзиратели, потому он им **спуска не дает.** *Л. Толстой, Воскресение.* Когда он выступал на летучках, все в страхе ждали, каким злым и остроумным словом он припечатает их сегодня, кто от отзовется с передовой, фельетоне, очерке. Он **не давал спуска** никому и гордился этим. *Ф. Вигдорова, Любимая улица.* Заседание было бурное. Часть членов бюро поддерживала... Мартынова, часть — Борзова... — Ну, ты сегодня зол! — говорил Руденко [*Мартынову*]. — **Не даешь** ему ни в чем **спуску.** Прямо

ДАВАТЬСЯ

какая-то дуэль получается у вас, бокс. *В. Овечкин, Районные будни*
Ср.: по головке не погладят

ДАВАТЬСЯ ⊙ **8. ди́ву дава́ться/да́ться** *разг.* 'Очень сильно удивляться' *С просто или только подразумевается недоумение или ирония. Употр. чаще с гл. несов. вида в прош. вр., обычно как первая часть сложн. предлож., в последующей части которого названо то явление, которое вызывает удивление. Порядок компонентов фиксир.* △ to be amazed; to marvel
Просто диву даешься, как некоторым везет. It is simply amazing (*one* can only marvel) how lucky some people are.

Пришло расписание туров голландской половины матч-турнира... Изучая расписание, я **диву давался**: в праздники (день рождения королевы и пр.) мы не играем. *М. Ботвинник, К достижению цели.*— Ты **диву давался** насчет моих покупок, а вот я, Андрей, **диву даюсь** — почему ты на прополку не изволишь ходить? *М. Шолохов, Поднятая целина.* Мы **диву давались**: только недавно мы были так бедны, а сейчас у Соломона Борисовича горы леса, металла, станки. *А. Макаренко, Педагогическая поэма.*— Читаю я вот по вечерам требник — и плачу, рыдаю над этой самой книгой. **Диву даюсь**: как же можно было слова такие сладкие придумать! *И. Бунин, Деревня*
Ср.: глаза на лоб лезут, делать большие глаза, разводить руками, хлопать глазами *2 знач.*

ДАЛЕКО ⊙ **далеко пойти** *см.* П 54
заходить далеко *см.* З 22
ДАЛЬШЕ ⊙ **не видеть дальше своего носа** *см.* В 38
ДАРОМ ⊙ **не пройдет даром** *см.* П 108
ДАТЬ ⊙ **дать голову на отсечение** *см.* Д 1
дать маху *см.* Д 2
дать себе отчет *см.* О 28
дать себя знать *см.* Д 3
дать слово *см.* Д 4 *и* Д 5
дать тон *см.* З 6

9. как пи́ть дать (даст, даду́т, дала́ *все варианты уст.*) ↔ **что-л.** произойдет *разг.* 'Обязательно, несомненно' *Употр. обычно при гл. сов. вида буд. вр. Порядок компонентов фиксир.* △ ⟨as⟩ sure as eggs ⟨is eggs⟩ *или* ⟨as⟩ sure as fate *разг. употр. как вводн. слово*

Расчет простой: если даже сумеет Доцент за два дня подготовиться, перед лицом «акустических элементов» голос его всенепременно дрогнет; ну, **как пить дать**, перепутает Доцент транзисторы с тиристорами, электроды с громоотводами. *«Литературная газета», 9 января 1980.*— Хысь, сам посуди, где мы сейчас этот магазинчик будем искать? Собак только разбудим, — сказал я. — ... Мы же **как пить дать** попадёмся. *В. Карпов, Вилась верёвочка.* — Слушай, учёный, — сказал Николай. — ... вот сейчас к нам две девахи... направляются. ... Вот засеки время, через три минуты они тут **как пить дать** будут. *И. Герасимов, Пробел в календаре.* [*Фамусов:*] Тебя уж упекут Под суд, **как пить дадут**. *А. Грибоедов, Горе от ума*

Ср.: давать голову на отсечение, как дважды два, я не я буду

не дать спуску *см.* Д 7

10. ни да́ть ни взя́ть *разг., иногда ирон. или шутл. Порядок компонентов фиксир.* 1) *Кто-л.* 'совершенно такой же, как' *кто-л., реже что-л. Обычно характеризует внешнее сходство какого-л. человека с людьми определённой профессии, определённого социального статуса, определённых качеств.* △ smb is exactly (just) like smb (smth)

Данзы стоял торжественно в белом халате, в шапочке — **ни дать ни взять** тоже доктор. *Ю. Герман, Дело, которому ты служишь.* Она была... статной, розовой с морозца, улыбалась как всегда спокойно, к людям доброжелательно. **Ни дать ни взять** — невеста! *С. Залыгин, Комиссия.* Все одесские квасники были нарядные и красивые, как на картинке. А этот в особенности. **Ни дать ни взять** — Ванька-ключник. *В. Катаев, Белеет парус одинокий.* Шотман, в золотом пенсне и чёрной шляпе, с тросточкой в руках — **ни дать ни взять** прогуливающийся дачник, — приехал вечером. *Э. Казакевич, Синяя тетрадь*

Ср.: как две капли воды, на одно лицо, точь-в-точь

2) делать *что-л.* 'Совершенно так же, как' *кто-л.* △ to do smth exactly (just) like smb

Охотник Владимир говорил, **ни дать ни взять,** как провинциальный молодой актёр, занимающий роли первых любовников. *И. Тургенев, Льгов.* В этот момент Ленин рассмеялся. — Вот и луна опять появилась, — сказал он. — И, как видите, Николай Александрович, она отплывает всё влево, всё влево... **Ни дать ни взять,** как Россия в ближайшем будущем. *Э. Казакевич, Синяя тетрадь*

Ср.: в духе *2 знач.*, по образу и подобию, точь-в-точь

ДАТЬСЯ ⊙ **диву даться** *см.* Д 8

ДВА ⊙ **в два счёта** *см.* С 121

в двух шагах *см.* Ш 1

два сапога пара *см.* С 11

11. как два́жды два́ ⟨**четы́ре**⟩ *разг. Порядок компонентов фиксир.* 1) ясно, понятно *и т. п.* 'Абсолютно, бесспорно' △ ⟨as⟩ plain as a pikestaff

— Если мы не выстроим повсюду новые заводы, мы не только

сами погибнем, но и никому из народов, ждущих нашей помощи, не сможем помочь... Это ясно, **как дважды два — четыре.** *В. Беляев, Старая крепость.* [*Телятев:*] Совершенная правда-с. Чебоксарова хороша — **дважды два четыре.** Вы еще такой бесспорной истины не знаете ли? *А. Островский, Бешеные деньги*

Ср.: как день

2) **доказать** *и т. п.* ↔ 'Абсолютно убедительно, просто, легко' △ to provide cast-iron evidence with great ease

У этих легкомысленных чудаков получалось куда как просто. Пора было их отрезвить! Южин взялся за это без всякой жалости. **Как дважды два,** он доказал, что ничего у них не выйдет. *Д. Гранин, Иду на грозу.* Когда я вернулся с водой, [*Катя*] прочитала мне целую лекцию. **Как дважды два** она доказала, что я к ней равнодушен... и что, если бы на ее месте в данную минуту была другая девушка, я бы и ее поцеловал. *В. Каверин, Два капитана*

3) **что-л. произойдет** ↔ 'Обязательно, наверняка' *Употр. чаще при гл. в буд. вр.* △ ⟨as⟩ sure as eggs ⟨is eggs⟩ *или* ⟨as⟩ sure as fate *разг.; употр. как вводн. слово*

— Дело известное, что мужик: на новой земле, да заняться еще хлебопашеством, да ничего у него нет, ни избы, ни двора, — убежит, **как дважды два,** навострит так лыжи, что и следа не отыщешь. *Н. Гоголь, Мертвые души*

Ср.: давать голову на отсечение, как пить дать, я не я буду

как две капли воды *см.* К 10
между двух огней *см.* О 13
от горшка два вершка *см.* В 21
палка о двух концах *см.* П 5
раз-два и обчелся *см.* Р 3
связать двух слов *см.* С 40
сидеть между двух стульев *см.* С 61
ДВАЖДЫ ⊙ **как дважды два** *см.* Д 11
ДВЕРЬ ⊙ **ломиться в открытую дверь** *см.* Л 27
ДВОЕ ⊙ **12. на свои́х ⟨на⟩ двои́х** ↔ идти, пойти, передвигаться, добираться/добраться *и т. п. разг., шутл.* 'Пешком' *Порядок компонентов фиксир.* △ to go (ride) on (by) Shank's (Shanks's) pony *шутл.*

— Довольно кричать, едем со мной. — На чем едем? — **На своих двоих** ... и мы с ним бодро зашагали в колонию. *А. Макаренко, Педагогическая поэма.* ... летом и до воды, когда рыбку половить, до пустошек с грибами, до ягод... **на своих двоих** не находишься. *В. Распутин, Прощание с Матёрой.* Андрей позвал меня, и мы поехали. Доехали до Алехина камня. А там **на своих двоих** стали подниматься по тропинке. *Н. Евдокимов, У памяти свои законы*

ДВОР ⊙ **13.** ⟨*кому-л.*⟩ **не ко двору́** ↔ быть, оказаться, прийтись *и т. п.* 'Нежелательным для *кого-л.*, неподходящим к предъявляемым *кем-л.* требованиям' *Чаще о человеке, которого кто-л. не принял в свой круг. Употр. обычно при гл. в прош. вр.* △ to be undesirable or not suited to *smb's* requirements; not to fit in; to be an outsider

Вариант: ко двору́

— Видать, расстаться нам скоро придется, Семен Петрович! — подрагивающим голосом сказал он. — **Не ко двору** пришелся. Буду просить перевода. *В. Попов, Третий след.* Матрена встретила ее пристальным, недобрым взглядом. — ... Катерина ... **не ко двору** ты нам... Катерина, уезжай отсюда... Подводю тебе дам и денег дам. *А. Толстой, Хождение по мукам.* — Эту штуку спрячь подальше... — Олег удивленно посмотрел на командира, ехидно посмотрел на пиджачок: — **Не ко двору**, значит, эта хламида? *А. Макаренко, Педагогическая поэма.* — В хорошие, скажешь, руки скотина попала. Чтоб он не раскаялся, что продал. Она новым хозяевам **ко двору** и придется. *К. Федин, Костер*

ни кола ни двора *см.* К 25

ДЕВАТЬ ⊙ **14. не знать, куда́ глаза́ дева́ть / деть** ⟨от стыда, от смущения *и т. п.*⟩ не знать, 'Как поступить, как себя вести, что делать' *Сущ. может стоять в конце фразеол.* △ not to know where to look

Через час я был уже в Васильевском, сидел за кофе в теплом доме нашего нового родственника Виганда, не зная, **куда девать глаза** от счастливого смущения: кофе наливала Анхен, его молоденькая племянница из Ревеля. *И. Бунин, Жизнь Арсеньева.* Узоров смотрел на тещу с боязливым недоумением... И он опять присел, растерянный, жалкий, не зная, **куда девать глаза**. *Б. Полевой, Глубокий тыл*

Ср.: готов сквозь землю провалиться, сгорать со стыда

ДЕВАТЬСЯ ⊙ **15. дева́ться** ← ⟨*кому-л.*⟩ **не́куда** 'Обстоятельства вынуждают *кого-л.* делать именно это' *Обычно в ситуации, когда у кого-л. нет возможности выбора и он вынужден участвовать в непосильном или рискованном деле. Часто употр. с нареч.* теперь. *Гл. чаще стоит во фразеол. на первом месте* △ there is no other way out; there is no getting away from it

— А зачем ты... связался с нами?.. Половцеву и мне **некуда деваться**, нам на смерть... А вот ты? Ты, по-моему, просто жертва. *М. Шолохов, Поднятая целина.* — Значит, Серпилин уже дерется. Вчера с наблюдательного пункта было замечено сосредоточение танков... А вообще скоро все вступим в бой, **деваться некуда**. *К. Симонов, Живые и мертвые.* Приходилось влезать в такие дебри математики, о которых он [*Андрей*] не имел ни малейшего понятия. Отвлеченное мышление было ему не по нутру... Но **деваться** было **некуда**. *Д. Гранин, Искатели*. Варвара Михайловна подозрительно пригляделась к нему: не загрустил ли он, сказала: — Завтра будут для вас вермишелевый суп и курица. — Что ж, **деваться** мне теперь **некуда**. *В. Лидин, В пустой квартире*

Ср.: делать нечего, ничего не попишешь

ДЕВИЦА ⊙ **16. кра́сная (кра́сна) де́вица** *ирон.* 'Очень робкий, застенчивый юноша' *Употр. чаще как сказ. Порядок компонентов фиксир.* △ a very shy young man

Уж очень Кирилл был парнем ти́хим, нежным, не парень — **красная девица**, ему бы не жениться, а самому замуж идти. *С. Залыгин, Комиссия.* — ... одна девушка мне [*Андрею*] немного понравилась. Но все напились и стали кричать ей: — Завлеки эту **красну девицу** — это про меня. *Ф. Вигдорова, Семейное счастье*

ДЕ́ЙСТВОВАТЬ ⊙ **17. де́йствовать (поде́йствовать)** ← *кому-л.* → **на не́рвы** 'Раздражать, беспокоить, расстраивать' *Обычно о длительно раздражающем шуме, запахе, а также о неприятном кому-л. человеке или предмете. Порядок компонентов нефиксир.* △ to get on smb's nerves

Пора было ложиться спать, но кот выл и ругался под домом, и это **действовало** нам **на нервы**. *К. Паустовский, Кот-ворюга*

Ср.: выводить из себя, колоть глаза 2 знач., трепать нервы

ДЕ́ЛАТЬ ⊙ **18. де́лать/сде́лать больши́е (кру́глые, удивлённые) глаза́** 'Очень сильно удивляться, выражая это в широко раскрытых глазах и мимике' *Гл. может стоять в конце фразеол.* △ to be amazed

Когда старые знакомые встречали Николая Яковлевича где-нибудь на улице, то **делали большие глаза** и качали головами. *Д. Мамин-Сибиряк, Любовь*. [*Паспортистка*] вздрогнула и **сделала большие глаза**, когда я спросил ее о Ромашове. *В. Каверин, Два капитана*. Он говорил громко и при этом **делал** такие **удивленные глаза,** что можно было подумать, что он лгал. *А. Чехов, Палата № 6*

Ср.: диву даваться, разводить руками, хлопать глазами 2 знач.

19. де́лать/сде́лать (пока́зывать *уст.*/**показа́ть** *уст.***) вид** 'Притворяться, создавать перед окружающими видимость чего-л.' *Часто в ситуации, когда выгодно притвориться не знающим каких-л. фактов, не замечающим какого-л. отношения к себе, когда выгодно изобразить какое-л. чувство или состояние. Употр. чаще в прош. вр. перед придат. предлож. с союзом что, реже будто. Порядок компонентов фиксир.* △ to pretend *употр. с последующим инф. или придат. предлож.*

Он нравился девушкам, но **делал вид,** что не замечает этого. *Л. Кассиль, Ход белой королевы.* Меня Николай Антоныч не заметил, то есть **сделал вид,** что меня здесь нет. *В. Каверин, Два капитана.* Филипп Петрович знал, что она его ни о чем не спросит, а даже нарочно **сделает вид,** будто и знать ничего не знает. *А. Фадеев, Молодая гвардия.* — Я не разуверял их [*детей*], что я вовсе не люблю Мари; я по всему видел, что им так больше хотелось, и потому молчал и **показывал вид,** что они угадали. *Ф. Достоевский, Идиот*

20. де́лать / сде́лать из му́хи слона́ *разг., неодобр.* 'Сильно преувеличивать значение *чего-л.* незначительного, считая это очень важным, серьезным' *Обычно* вину, ошибку; трудности; опасность *и т. п. Порядок компонентов нефиксир.* △ to make a mountain (mountains) out of a mole-hill (mole-hills) *обычно о преувеличении трудностей, опасности*

— ... вы не слушайте Петра Иваныча: **он из мухи делает слона:** рад случаю поумничать. *И. Гончаров, Обыкновенная история.* — Ну, подумаешь, спас. Что тут особенного для лыжника? ... Да, да, — продолжал я. — Не надо **из мухи слона делать.** Ну, что вы хотите тут сенсацию раздуть? *Л. Кассиль, Ход белой королевы.* — Сколько я ни всматриваюсь, никак не могу заключить, что действительно что-нибудь вышло! ... Мало ли что Ивану Федоровичу могло померещиться, не **из мухи же делать слона?** *Ф. Достоевский, Идиот Ср.:* сгущать краски

21. де́лать не́чего (де́лать бы́ло не́чего) 'Придется (пришлось) смириться вопреки желанию и поступить именно так, сделать именно это' *Употр. как вводн. сочет. или безл. предлож. перед названием поступка, действия. Порядок компонентов нефиксир.* △ it can't be helped *употр. как вводн. сочет.*; there is (was) nothing for it but to + *инф.*
Не смешивать с nothing doing, *выражающим несогласие*

— ... пишет ко мне помещица, вдова, говорит, дескать, дочь умирает, приезжайте, ради самого господа бога нашего... **делать нечего:** долг прежде всего. Захватываю самонужнейшие лекарства и отправляюсь. *И. Тургенев, Уездный лекарь.* — Сейчас же уноси всех зверей отсюда! ... **Нечего делать,** Костя со слезами на глазах пошел раздавать своих зверей знакомым ребятам. *Н. Носов, Витя Малеев в школе и дома.* [*Липочка:*] ...нарочно, вам назло, по секрету заведу обожателя... [*Аграфена Кондратьевна:*] Что, что, беспутная! Кто вбил в тебя такие скверности!.. Ну, **нечего делать!** Видно, придется отца позвать. *А. Островский, Свои люди — сочтемся!* — Любезный Петр Андреевич, пожалуйста, пришли мне с моим мальчиком сто рублей, которые ты мне вчера проиграл...—

ДЕЛО

Делать было нечего. Я ... приказал [*Савельичу*] отдать мальчику сто рублей. *А. Пушкин, Капитанская дочка*
Ср.: так и быть, деваться некуда, ничего не попишешь

22. де́лать/сде́лать упо́р на *чем-л.*, на *что-л.* 'Акцентировать, выделять как особенно важное, требующее пристального внимания' *Обычно при воспитании, обучении кого-л., при разъяснении чего-л., а также в какой-л. работе. Порядок компонентов нефиксир.* △ to lay ⟨special⟩ emphasis (stress) on *smth* (on doing *smth*)

— По моему мнению ... надо... обязать правление колхозов и секретарей ячеек повседневно вести среди колхозников разъяснительную работу и главный **упор сделать** на широкое осведомление колхозников... на широкий рассказ о том, какие льготы дает государство колхозам. *М. Шолохов, Поднятая целина*

23. заниматься *чем-л.* ↔ **от не́чего де́лать** *разг.* 'От безделья, без всякой цели, просто для того, чтобы заполнить время' *Порядок компонентов фиксир.* △ to do *smth* for want (lack) of *smth* ⟨anything⟩ ⟨better⟩ to do

[*Кулыгин:*] История нашей гимназии за пятьдесят лет, написанная мною. Пустяшная книжка, написана **от нечего делать**, но ты все-таки прочти. *А. Чехов, Три сестры.* **От нечего делать** [*Кондрат*] смотрел какой-то иностранный журнал с картинками. *В. Шукшин, И разыгрались же кони в поле.* Но ни пирожка, ни булки мать ему, конечно, не дала. Тогда он насупился и **от нечего делать** стал толкать Гека. *А. Гайдар, Чук и Гек.* Издали кажется, будто [*ласточки*] так просто, **от нечего делать** летают, а на самом деле они за комарами, мухами и другими мелкими насекомыми охотятся. *Г. Скребицкий, Ласточка*

ДЕЛО ⊙ **24. в (на) са́мом де́ле** *Порядок компонентов фиксир.*
1) 'В действительности' *Употр. как обст. для подтверждения реальности события, обычно в ситуациях, где истинное положение вещей не совпадает с внешним, видимым. Может употр. в реплике, подтверждающей или опровергающей предыдущее утверждение. Чаще вариант с* на △ really, indeed *оба выражения подтверждают реальность события или выражают сомнение, удивление, иронию;* in fact; as a matter of fact *оба выражения опровергают предшествующее утверждение*

— Что же ты думаешь, корсару **на самом деле** голову отрубили? Кровь-то не настоящая льется, а из клюквы. *К. Федин, Первые радости.* Классы здесь хмурые, точно монастырские кельи. Да тут и **в самом деле** когда-то были кельи. *В. Беляев, Старая крепость.* Очевидно, он казался ей не тем, чем был **на самом деле,** значит невольно обманывал ее. *А. Чехов, Дама с собачкой.* И хотя внешне то, что он [*Захаров*] сказал, было щелчком по носу Серпилина, **на**

самом деле фраза его имела другой... смысл. *К. Симонов, Живые и мертвые*

2) *употр. для усиления удивления или возмущения чьим-л. поступком, призыва, обычно повторного, прекратить какое-л. действие. Чаще в предлож. типа* что (какой *и т. п.*) ты (вы, он *и т. п.*) в (*реже* на) самом деле! △ really! *употр. как отдельное воскл. предлож. или как вводн. слово*

— Ну, сколько я там дынь этих взял? ... И что это вы, Хома Егорыч, **на самом деле**. Ну, ведь сущий же пустяк. *А. Фадеев, Разгром.* — Да что ты, Семен Давыдов, **на самом деле**, смеешься надо мной, что ли? Каких-то калек да хворых навешал на меня и работу норовишь спрашивать? *М. Шолохов, Поднятая целина.* — Да вам-то, как доброй знакомой моей ... не вторить следовало бы тому, что говорят, а пресечь разносящих сплетню. — Что вы, **в самом деле**, Меркурий Авдеевич, — сказала неожиданно приказательно Шубникова... — разве кому я позволю намекнуть на вас каким-нибудь словом сомнительным или подозрением, что вы? *К. Федин, Первые радости.* Маша взглянула на него раздосадованно — вот, **в самом деле**, непонятливый какой! *Л. Кассиль, Ход белой королевы*

3) 'И действительно есть основание для того состояния, отношения, которые были названы раньше' *Употр..как вводн. сочет. и обычно вводит название события, которое является причиной такого состояния, отношения* △ and there really is (was) reason to be surprised, indignant, annoyed, *etc*

[Главный смотритель зверинца] был очень возбужден. **В самом деле:** какие-то солдаты осмелились вмешиваться в его мир. *Ю. Олеша, Три толстяка.* — Как ты едешь? Ну же, потрогивай! — И **в самом деле**, Селифан давно уже ехал зажмуря глаза, изредка только потряхивая впросонках вожжами. *Н. Гоголь, Мертвые души*

Ср.: и то сказать, нечего сказать *2 знач.*

25. грешным делом *разг., иногда шутл.* 'Должен признаться в нехорошем' *Выражение раскаяния в дурных мыслях, поступках. Употр. как вводн. сочет. Порядок компонентов фиксир.* △ I must confess; sad to say *разг.*

— Маленечко ошибся, — промолвил мой возница, — в сторону, знать, взял **грешным делом**. *И. Тургенев, Стучит!* — ... давайте отложим до утра, — пресек его порыв Шмаков. — Я уже, **грешным делом**, сапоги снял, хочу лечь, да и вам на сегодня пора бы угомониться. *К. Симонов, Живые и мертвые.* — Бегу к Макаровой квартире: стрельба будто оттуда доносилась. **Грешным делом** подумал, что это Макар чего-нибудь чудит. *М. Шолохов, Поднятая целина*

26. де́ло в шля́пе *разг., фам., часто ирон. или шутл.* 'Желанный результат достигнут (будет достигнут)' *Употр. чаще как вторая часть сложн. предлож. после союза* и *или в предлож.* и дело в шляпе. *Порядок компонентов фиксир.* △ it is in the bag *разг.*; that did (will do) the trick *подчеркивает эффективность предпринятых действий*

Прежде молодым людям приходилось учиться; не хотелось им прослыть за невежд, так они поневоле трудились. А теперь им стоит сказать: все на свете вздор! — и **дело в шля́пе**. *И. Тургенев, Отцы и дети.* Она ласково засмеялась вслед и сказала: — Легкий хлеб у вас, товарищ журналист. Пришли, велели, раз-раз, и думаете, **дело в шля́пе**? *Ф. Вигдорова, Любимая улица.* Когда Мересьев вылез из машины и предстал перед начальством, по возбужденному и радостному... лицу Наумова понял он, что **дело в шля́пе**. *Б. Полевой, Повесть о настоящем человеке.* ... он вспомнил свои изобретательские увлечения... Если бы... удалось напасть на совершенно неизвестный вид изоляции, конечно, **дело было бы в шля́пе**. *К. Федин, Первые радости*
Ср.: дело идет на лад, и дело с концом, пожинать плоды

27. де́ло идёт (пошло́) к *чему-л.* Что-л. 'приближается, может реально осуществиться' *Доп. называет события, состояния, время их существования, часто — конец, развязку какой-л. ситуации. Фразовое ударение стоит обычно на доп. Порядок компонентов фиксир.* △ smth is approaching (is drawing near)
Дело идет к весне. Spring is in the air (drawing near). Дело идет к дождю. It looks like rain. Дело идет к концу. Things are drawing to an end (to a close).

С некоторых пор он увлекся одной девушкой из колхоза «Завет Ленина», Маврой Волковой... **Дело шло к** сватовству. *В. Овечкин, Слепой машинист.* Разговор с директором очень тяжел. **Дело явно идет к исключению** тебя из школы. *А. Фадеев, Молодая гвардия.* Он... сказал свое: — мы и теперь с тобой не старики. — **К тому дело идет** — чего уж там! Мне через два года пятьдесят будет, отжила свое. *В. Распутин, Встреча.* — Со слов тех, кто тебя знает, похоже, что у тебя с Лукерьей **дело идет к** концу. Верно это? *М. Шолохов, Поднятая целина*

28. де́ло ⟨*у кого-л. с кем-л., с чем-л.*⟩ **идёт (шло, пошло́, пойдёт) на ла́д** 'События начинают (начали, начнут) развиваться в желательном направлении, положение стало улучшаться' *Обычно после затруднений, неудач, болезни. Порядок компонентов фиксир.* △ things are taking (took, will take) a turn for the better; things are looking up (looking good); smb's health (business) is (was) on the mend

Даша... говорила: — Смотрите, Иван Ильич, у них, кажется,

дело идёт на лад. *А. Толстой, Хождение по мукам.* Он уже начал свыкаться с новым местом, **дело шло на лад**, у него установились добрые отношения с коллективом «Уралпроекта». *Л. Кассиль, Ход белой королевы.* **Дело** быстрей **пошло на лад**: теперь Саша Грацианский чуть не каждый день провожал свою даму к подруге или просто носил за ней пустяковые покупки и на ходу все читал ей... стихи. *Л. Леонов, Русский лес.* А что, если и тесать попробовать? Ведь если **дело пойдет на лад**, его завалят работой. *Ф. Абрамов, Последняя охота*

Ср.: дело в шляпе, идти в гору *2 знач.,* пожинать плоды

дело идет о *см.* Р 20

29. моё (твоё *и т. д.)* **де́ло ма́ленькое** *разг.* 'Это не касается меня (тебя *и т. п.*), я (ты *и т. п.*) не обязан отвечать за это' *Обычно употр. в ситуации, когда говорящий не одобряет чьих-л. действий, но не может или не хочет вмешиваться и намеренно оправдывает себя. Порядок компонентов фиксир.* △ that is not my (your, *etc*) concern or responsibility; that is nothing to do with me (you, *etc*); that is no business of mine (yours, *etc*) *англ. выражения не обязательно означают неодобр. отношение к событиям*

— Звездой тебя и Баюкова за кирпичный завод наградили, — так что поздравляю! ... — А вас, товарищ старший политрук, можно поздравить? ... — **Мое дело маленькое**, — сказал Малинин ... и Синцов так и не понял, награжден он или не награжден. *К. Симонов, Живые и мертвые.* Екатерина Григорьевна очень удивилась такому кровавому результату простого падения с дерева, но **ее дело маленькое**: перевязала Лешему физиономию и отвела в спальню. *А. Макаренко, Педагогическая поэма*

Ср.: нет дела

30. за *кем-л.,* **за** *чем-л.* **де́ло не ста́нет (не посто́ит** *уст.*) *разг.* 'Кто-л., что-л. не задержит осуществления намеченного, не помешает ему' *Подразумевается, что чья-л. необходимая помощь или какие-л. необходимые предметы будут предоставлены быстро. Порядок компонентов фиксир.* △ smb, smth will not delay or hinder the realization of what is planned

Если нужна помощь, **за мной дело не станет**. If you need help, you can count on me (on my cooperation). Деньги? Ну, **за этим дело не станет**. Money? Well, that'll be no problem.

[Дравин] уговорил Владимира остаться у него отобедать и уверил его, что **за другими двумя свидетелями дело не станет**. *А. Пушкин, Метель.* — Ладно, не вешай нос, — громко сказал Виктор, — коли ты решил [*работать в лаборатории*], **за мной дело не станет**. Лаборатория — механизм налаженный, мы тебе создадим все условия, сиди да изобретай. *Д. Гранин, Искатели*

ДЕЛО

31. *что-л.* — **де́ло чьих-л. рук; де́ло рук** *кого-л.* 'Сделано именно им (ею *и т. п.*)' *Часто неодобр. о дурных делах, реже относится к полезным, хорошим делам. Фразовое ударение стоит чаще на словах* **моих, твоих** *и т. п. Употр. чаще как сказ. после слова* **это.** *Порядок компонентов нефиксир.* △ *smb's* work (handiwork) *употр. как сказ., неодобр. оценка не обязательна*

Это его рук дело. That is his work (handiwork); His hand has been at work here.

Не было сомнений, что все прежние кражи в колонии — **дело его рук.** *А. Макаренко, Педагогическая поэма.* — Мне, например, ясно одно: вот все это — их **рук дело.** — Она кивнула на разрушенный жилой дом, мимо которого они проходили. *Б. Полевой, Глубокий тыл.* Посекли они топором на пороге все Гашкины обновы... Гашка... догадалась... конечно, чьих **рук** это **дело,** но отцу не пожаловалась. *В. Овечкин, Родня.* Почему-то ему было неловко находиться здесь — словно он хотел полюбоваться **делом рук** своих и рассчитывал на чью-то благодарность. *Ф. Колунцев, Утро, день, вечер*

32. де́ло (дела́) ↔ ⟨*чье-л.* (*чьи-л.*)⟩ **таба́к (труба́)** *разг.* 'Чье-л. положение в *какой-л.* ситуации безнадежно, безвыходно' *Порядок компонентов нефиксир.* △ *smb* is done for *разг.*

— Он за мной. Я от него. Он вскакивает на извозчика. Ну, думаю: **дело** мое — **табак,** поймает. *А. Куприн, На переломе.* — Ну, жену чью бы он ни пожелал, все одно этого дела не было бы... Так вот, насчет чужой женки Демидовы **дела табак были.** *М. Шолохов, Поднятая целина.* — Ну, счастье твое, тебя зовет [Рита]! На тебя глянула! ... — с ухмылкой прошептал Сергей Петрович. — Весь день я перед ней и так, и этак. А она — на тебя [*смотрит*]... Значит, **табак** мое **дело.** *Ф. Колунцев, Утро, день, вечер.* — Ваше **дело труба.** Дал бог начальника — бритва! *В. Ажаев, Далеко от Москвы*

Ср.: песенка спета, пиши пропало, садиться на мель

33. друго́е (ино́е *редк., книжн.*) **де́ло** *Порядок компонентов нефиксир.* 1) это 'Изменяет (изменило бы) положение вещей, заставляет (заставило бы) оценить положение по-другому' *О каком-л. факте, событии, поступке. Употр. как сказ., часто после слов* **тогда, теперь, это** *и с придат. предлож. усл.* △ that alters (would alter) things (matters, the case)

— Будем работать с вами, как и в прошлом году. Ну, если я сам надоем вам, тогда **другое дело!** — засмеялся Володя. *Н. Носов, Витя Малеев в школе и дома.* Если б в зале остались только те люди, которых она уважает, — тогда **другое дело.** А забавлять всю эту ораву — больно много чести. *Б. Бедный, Девчата.*

Нет, не льстила мужскому самолюбию Давыдова эта простенькая девичья любовь... Вот если бы другие глаза хоть раз посмотрели на него с такой беззаветной преданностью и любовью,— это **иное дело**. *М. Шолохов, Поднятая целина.* Лучше бы сразу выгоняли [*из школы*]. Я ... подумал, что тогда я смогу вернуться домой, и тут же, словно обжегшись, испугался: нет, с таким позором и домой нельзя. **Другое дело** — если бы я сам бросил школу. *В. Распутин, Уроки французского*

2) *какой-л.* человек, предмет *или* явление 'Совсем иные, чем ранее упомянутые, по своим качествам, по положению *и т. п.*' *Употр. чаще как сказ. при сущ. или инф., перед которыми могут стоять союзы* а, но, *частица* вот △ that is a different thing (matter, case)

— Города у них неказистые, а вот деревни — **другое дело!** *М. Горький, В людях.* — Надо взять в нашу компанию Колю,— сказала я твердо.— А ты что, его адвокат? — спросил Витя.— Нет, не адвокат... Но Лену мы взяли.— Лена — **другое дело,** отрезал Витя.— А Коля пусть сначала химию получит. *В. Киселев, Девочка и птицелет.* ... кое-кого временно выведут с основного производства на подсобные работы. Галка... за себя не боялась ... вряд ли решатся ее тронуть. Но вот девчата из ее молодежной... бригады — **другое дело!** В случае чего кому, как не этим одиноким девушкам ... «гудеть с фабрики». *Б. Полевой, Глубокий тыл.*— А ты, Алеша... взял и обидел! Такого старика. — Я не обидел, я с ним спорю. — Спорить — одно дело, а обижать — **другое дело.** *А. Макаренко, Флаги на башнях*

Ср.: не чета

3) **другое дело,** что... 'Однако при этом надо отметить следующее' *Далее указывается что-л., умаляющее достоинства названного ранее* △ it must be admitted, though, that...

Отличные карандаши. Другое дело, что ⟨они⟩ довольно дорогие. Excellent pencils. ⟨They are⟩ rather expensive, though.

Книг он прочитал очень много. **Другое дело,** что читал он их не очень внимательно.

34. и де́ло с концо́м *разг.* 'И все закончено' *Часто подразумевает быстрое и простое решение трудной проблемы. Обычно о будущем, предлагаемом или планируемом завершении какого-л. дела. Употр. чаще как вторая часть сложн. предлож. Порядок компонентов фиксир.* △ and that will be the end of it; and there's an end to it

— Зачем мне ломать голову над этими задачами? — думал я.— Все равно я их не понимаю. Лучше я спишу, **и дело с концом.** *Н. Носов, Витя Малеев в школе и дома.* — Значит, я должен был

взорвать Чалый Камень? — Конечно, — по-дружески откровенно настаивал Устинович. — **И дело с концом.** *Н. Атаров, Коротко лето в горах.* Может быть, в другое время и при других обстоятельствах все обошлось бы без особого шума. Просто приказал бы председатель свезти снопы обратно на ригу, постыдил бы немного Тятюшкина — **и дело с концом.** *С. Антонов, Дело было в Пенькове.* — Пристрелить надо [*раненую лошадь*], чтоб не мучилась, — **и дело с концом!** *Ю. Бондарев, Горячий снег*
Ср.: и вся недолга, только и всего

иметь дело *см.* И 16

нет дела *см.* Н 34

35. пе́рвым де́лом 'Прежде всего, сначала' *Употр. как обст., ставится перед сказ. Порядок компонентов фиксир.* △ first of all *употр. в начале предлож.*

Приехав в Москву, Нехлюдов **первым делом** поехал в острожную больницу объявить Масловой печальное известие. *Л. Толстой, Воскресение.* Портрет Шевченко я повесила над своей кроватью и по утрам, когда просыпаюсь, **первым делом** смотрю на него. *В. Киселев, Девочка и птицелет.* ...все серьезные, стоящие молодые люди, с которыми [*Нина*] знакомилась, почему-то **первым делом** спрашивали, кем она работает. *Д. Гранин, Искатели*
Ср.: в первую голову, в первую очередь

суд да дело *см.* С 118

36. то и де́ло *кто-л.* делает *что-л., что-л.* происходит *разг.* 'Довольно часто, почти беспрерывно, через нерегулярные промежутки времени' *Иногда связано с представлением о суете, о суматохе, о надоедливых помехах основному занятию. Употр. при гл. несов. вида. Порядок компонентов фиксир.* △ again and again; time and ⟨time⟩ again

Варвару **то и дело** окликали, что-нибудь требовали, и она с растерянным видом... бегала в кухню. *А. Чехов, В овраге.* Служебный день входит в силу. Приносят почту из разных отделов. **То и дело** хлопает дверь. В комнате становится многолюдно и шумно. *Ф. Колунцев, Утро, день, вечер.* Шли мы медленно, потому что ребята **то и дело** убегали с дорожки в лес, когда им казалось, что они видят гриб. *М. Ганина, Тяпкин и Леша.* Постоянно, каждую минуту, хотелось есть; в поисках еды он [*Андрей*] **то и дело** натыкался на всякие неприятности. *В. Распутин, Живи и помни*
Ср.: на каждом шагу

37. то́ ли де́ло *разг., одобр.* 'Гораздо лучше' *Обычно для положит. оценки предмета или явления, названного после фразеол., в противопоставление ранее названному. Порядок компонентов фиксир.* △ a much better thing is...

Боярышкин бросил весла и разогнул спину. — Я, Елизавета Сергеевна, отказываюсь... я вам больше не слуга! Подумайте, сколько исколесили по этой проклятой воде. У меня мозоли от весел. **То ли дело материк!** *М. Шолохов, Тихий Дон*. А париться я и правда люблю, но, как выясняется, здесь, на Псковщине, «не настоящие» парные бани — **то ли дело** в Горьковской области! *М. Ганина, Подборовье, Самолва, Волково, Год 1969-й*. — Господи! какой покой! — говорил он, то поджимая, то протягивая ноги, — **то ли дело** здесь! А у нас, в Петербурге, просто каторжное житье! *И. Гончаров, Обыкновенная история*. [*Липочка:*] Больше всего не люблю я танцевать с студентами да с приказными. **То ли дело** отличаться с военными! *А. Островский, Свои люди — сочтемся!*

Ср.: не в пример *1 знач.*

38. хоро́шенькое (хоро́шее) де́ло! *разг., ирон. или неодобр. Выражение возмущения или несогласия с содержанием предшествующей реплики, которая нередко повторяется и после фразеол. Порядок компонентов фиксир.* △ I like that! *разг., ирон. или неодобр.*

— Зря ты надел калоши, Бобырь! Видишь, как сухо, — сказал я Саше и стукнул каблуком по замерзшей лужице... — Не балуй ты! — взвизгнул, отпрыгивая, Сашка. — **Хорошее дело** — «сухо»! *В. Беляев, Старая крепость*

Ср.: мало ли что, ничего себе *4 знач.*, нечего сказать *1 знач.*, этого еще не хватало

ДЕНЬ ⊙ грош цена в базарный день *см.* Ц 4

39. кого-л., что-л. ↔ **днём с огнём** ↔ **не найти (не найдешь), не сыскать (не сыщешь), не отыскать (не отыщешь); поискать** *и т. п. разг.* 'Очень трудно, даже использовав максимально все возможные средства' найти *Сущ. при фразеол. называет редких по своим качествам людей или редко встречающихся вещи. Порядок компонентов фиксир.* △ it is impossible to find *smb*, *smth* hard as you may try

Таких людей, как он, днем с огнем не найдешь. There are few people like him; He is one in a million.

— Она замечательный человек, — сказала мать. — Таких **днем с огнем** поискать. *А. Чехов, Дом с мезонином*. Керосина в Лебяжке вот уже больше года как **днем с огнем** ищи — не найдешь. *С. Залыгин, Комиссия*. [*Несчастливцев:*] Да понимаешь ли ты, что такое драматическая актриса?.. Душа мне, братец, нужна, жизнь, огонь. [*Счастливцев:*] Ну, уж огня-то, Геннадий Демьяныч, **днем с огнем** не найдешь. *А. Островский, Лес*. Михаил взял со столярного верстака увесистую ржавую железяку с отверстием, покачал на ладони... Петр снисходительно пожал плечами: —

...Металлом!.. Эх, вы... Да этот металлом...**днем с огнем** не сыщешь. Топор. Первостатейный. Литой, не кованый. *Ф. Абрамов, Дом*

40. ясно **как ⟨бо́жий⟩ день** *разг.* 'Совершенно, абсолютно' ясно *Порядок компонентов фиксир.* △ ⟨as⟩ clear as day (as crystal); crystal clear

— Ба! да не влюблен ли он сам? Разумеется, влюблен; это ясно **как день.** *И. Тургенев, Отцы и дети.* — Нет, я не вытерплю, не вытерплю! Пусть, пусть даже нет никаких сомнений во всех этих расчетах, будь это все, что решено в этот месяц, ясно **как день,** справедливо как арифметика. *Ф. Достоевский, Преступление и наказание.* А уж то, что она искала с ним встречи, а не так просто столкнулась у ворот, было ясно **как божий день.** *Б. Окуджава, Глоток свободы*
Ср.: как дважды два *1 знач.*

наводить тень на ясный день *см.* Н 7

41. хранить, откладывать/отложить, прятать/спрятать *и т. п.* ↔ **на (про** *уст.***) чёрный день** *разг.* 'На трудный период в чьей-л. жизни, на время особой бедности *или* неудач' *Порядок компонентов фиксир.* △ for a rainy day *употр. с гл.* lay up, put by (away), provide, save
Вариант: **чёрный день**

Удержалось у него тысячонок десяток, запрятанных **про черный день,** да дюжины две голландских рубашек, да небольшая бричка. *Н. Гоголь, Мертвые души.* — Вот... приехала поглядеть, как ты тут. Кой-чего привезла тебе **на черный день.** — У меня теперь все **дни черные,** — впервые отозвался он. *В. Распутин, Живи и помни.* Забот о такой [*корове*] было ничего — охапку сена **на черный день** бросить надо, а дальше сама проживет. *С. Залыгин, Комиссия.* Не так-то уж много таких минут набирается в биографии любого человека, зато и хранишь их, как говорится, **на черный день.** *Д. Гранин, Однофамилец*

42. расти, изменяться *и т. п.* **не по дням, а по часам** *разг.* 'Очень быстро' *Чаще характеризует физический рост детей, изменения в организме людей, связанные с возрастом или болезнью, изменение отношений, потребностей людей, реже изменения неодуш. предметов. Порядок компонентов фиксир.* △ to grow (change) very quickly; to shoot up fast (like a beanstalk) *характеризует быстрый физический рост ребенка*; to grow (improve, *etc*) by leaps and bounds *о различных явлениях, процессах*

Михаил смотрел на братьев с гордостью. Близнецы росли **не по дням, а по часам.** *Ф. Абрамов, Две зимы и три лета.* Таня говорила ему: — Отец обожает тебя. Ты на него сердишься за что-то, и это убивает его. Посмотри: он стареет **не по дням, а по часам.**

А. Чехов, Черный монах. Худел он это время ну прямо **не по дням, а по часам,** и уж доктор сказал, что не жилец он на белом свете, обязан от чахотки помереть. *И. Бунин, Хорошая жизнь.* Дружба моя с Александром Панаевым росла **не по дням, а по часам,** и скоро мы сделались такими друзьями, какими могут быть люди в годах первой молодости. *С. Аксаков, Воспоминания*

43. со дня́ на́ день *разг. Порядок компонентов фиксир.* 1) ждать, ожидать *чего-л., кого-л.; кто-л.* должен приехать, возвратиться *и т. п.* ↔ 'Очень скоро, в самые ближайшие дни' △ to expect *smth* to happen any day

— «Гастроном» еще не открыли у нас в хуторе. **Со дня на день** ожидаем — доштукатурят потолки, люстры повесят, прилавки покрасят. *В. Овечкин, Упрямый хутор.* Трактористы **со дня на день** ждали команды начинать сев. *С. Антонов, Дело было в Пенькове.* **Со дня на день** ждали тяжелых известий, измучились. *Б. Полевой, Глубокий тыл.* Это было в Ленинграде, в 1936 году, когда поисковая партия была решена и **со дня на день** мы должны были ехать на Север. *В. Каверин, Два капитана*

Ср.: не за горами *2 знач.,* за плечами *2 знач.,* рукой подать *2 знач.,* не сегодня-завтра

2) откладывать, переносить *какое-л.* дело *и т. п.* ↔ 'Много раз, на последующие, более отдаленные дни' △ to keep putting *smth* off until the next day

... вот что действительно плохо, так это то, что в Управлении **со дня на день** оттягивали пересмотр тематики лаборатории. *Д. Гранин, Искатели*

Ср.: откладывать в долгий ящик

44. среди (средь) бе́ла (бе́лого) дня́ *разг.* 'Днем, когда совсем светло' *Обычно связано с характеристикой поступков, которые не принято или рискованно совершать при всех. Порядок компонентов фиксир.* △ in broad daylight

Она чуть приподнялась на цыпочки и поцеловала его. На улице, **среди бела дня,** на глазах у людей. *М. Прилежаева, Осень.* Три подгулявших сопляка семнадцати-восемнадцати лет **среди бела дня** на автобусной остановке пырнули ножом женщину. Так просто, за косой взгляд, за недовольное слово — трое детей остались без матери. *В. Тендряков, Ночь после выпуска.* Кармелюк бежал из этой мрачной каменной крепости **среди бела дня.** *В. Беляев, Старая крепость.* Мальчишка, взбешенный грабежом **среди бела дня,** бросился на Павку. *Н. Островский, Как закалялась сталь*

ДЕРЕВО ⊙ **не видеть за деревьями леса** *см.* В 39

ДЕРЖАТЬ ⊙ **45. держа́ть** ↔ *кого-л.* **в ежо́вых рукави́цах** *разг.* 'Обращаться с *кем-л.* очень строго и сурово, заставлять беспрекословно подчиняться себе, не разрешать поступать по-своему' *Обычно характеризует обращение с подчиненными или с людьми, склонными нарушать привычные требования и нормы поведения. Гл. может стоять в конце фразеол.* △ to keep a tight rein on *smb*; to rule *smb* with a rod of iron

[*Горный мастер*] за все в ответе, но зато и **держит** всех **в ежовых рукавицах.** Даже распоряжения высшего начальства передаются рабочим только через него. *М. Колесников, Рудник Солнечный.* — Нужно ...чтоб он [*Чичиков*] **держал** их [*крестьян*] **в ежовых рукавицах,** гонял бы их за всякий вздор, да и... чтобы сам-таки лично, где следует, дал бы и зубочыхину и подзатыльника. *Н. Гоголь, Мертвые души.* Он постоянно следил за мною, точно я была способна на все преступления и меня следовало **держать в ежовых рукавицах.** *И. Тургенев, Несчастная.* — Геннадий нуждается не в защите, а чтоб его **держали в ежовых рукавицах,** вот он в чем нуждается... Вы должны повлиять, чтобы он переменил свое поведение. *В. Панова, Времена года*
Ср.: держать под башмаком, держать в руках, *держать* под каблуком, прибирать к рукам *1 знач.,* садиться на шею *2 знач.*

46. держа́ть ← *кого-л.* → **в ку́рсе** ⟨*чего-л.*⟩ 'Регулярно сообщать о развитии *каких-л.* событий, о достижениях в *какой-л.* области знаний' *Порядок компонентов нефиксир.* △ to keep *smb* informed ⟨of (about) *smth*⟩; to keep *smb* posted ⟨on (about) *smth*⟩

Я рассказал о том, как была составлена «азбука штурмана» и что это была за работа — прочитать его дневники... [*Катя*] кивнула головой, когда я сказал: — Я буду **держать** тебя **в курсе.** *В. Каверин, Два капитана.* Прокурор укоризненно покачал головой. — [*Скажу*], чтобы вас допустили к ознакомлению с делом. Нужно накоплять опыт... Знакомьтесь и потом **держите** меня **в курсе.** *К. Федин, Первые радости*

47. держа́ть ← *кого-л., реже что-л.* → **в** ⟨**свои́х**⟩ **рука́х** 'Управлять, руководить; подчинять себе, заставлять слушаться себя' *В качестве доп. употр. как сущ., обознач. лиц и объединения людей, так и сущ. предприятие, торговлю и т. п. и сочет. нити управления и т. п. Порядок компонентов нефиксир.* △ to have (keep) *smb* (*smth*) ⟨well⟩ in hand

— У них [*у музыкантов*] действительно плохая дисциплина, но я их хорошо **держу в руках.** Пожалуйста: я буду дирижировать, стоя к ним спиной, а они будут играть. *А. Макаренко, Флаги на башнях.* Но ни один из прохожих и проезжих не знал, чего ей стоило упросить отца взять с собою [*на ярмарку*], который и душою рад бы был это сделать прежде, если бы не злая мачеха, выучившаяся **держать** его **в руках.** *Н. Гоголь, Сорочинская* *ярмарка*. Один компаньон, правда, не очень надежен — все мотает, да я умею **держать** его **в руках**. *И. Гончаров, Обыкновенная история*. Он собирал сведения. Зачем?.. Тут могло быть только два решения: или для того, чтобы уничтожить все следы этого прошлого, или для того, чтобы **держать** Николая Антоныча **в своих руках**. *В. Каверин, Два капитана*

Ср.: держать под башмаком, держать в ежовых рукавицах, держать под каблуком, прибирать к рукам *1 знач.,* садиться на шею *2 знач.*

48. держа́ть ← *кого-л.* **в чёрном те́ле** *разг.* 'Обращаться сурово, давая только минимум средств существования *или* загружая работой и не разрешая развлечений' *Гл. может стоять в конце фразеол.* △ to treat *smb* severely by making *him* work hard and allowing *him* no entertainment, or by giving *him* only a minimum livelihood; to be hard on *smb* *указывает на суровое обращение;* to keep *smb's* nose to the grindstone *указывает на тяжелую работу без отдыха;* to keep (put) *smb* on short rations *указывает на скудное питание*

— Спрашивал я нашего директора: — Может, это ты один такой в области несчастливый? Или не умеешь выпросить денег, или рассердились на тебя за что-то, **в черном теле держат**? *В. Овечкин, В одном колхозе*. Брата Акима, своего единственного наследника, он не любил за легкомыслие... и за равнодушие к вере. Он **держал** его **в черном теле**, на положении рабочего, платил ему по шестнадцать рублей в месяц. *А. Чехов, Бабье царство*. Савицкий ... забрал когда-то у Хлебникова ... белого жеребца. Хлебников получил взамен вороную кобыленку... Но он **держал** кобыленку **в черном теле**, жаждал мести. *И. Бабель, Конармия*. Ошибка была еще, кроме того, и в том, что я им денег совсем не давал ... Я думал их **в черном теле попридержать**. *Ф. Достоевский, Преступление и наказание*

держать зуб *см.* И 17

49. держа́ть себя́ в рука́х 'Сдерживать свои чувства, сохранять спокойствие, выдержку, самообладание' *Употр. чаще в повел. накл. или в инф. при словах* надо, уметь, мочь, научиться *и т. п. Порядок компонентов нефиксир.* △ to keep *one's* temper; to keep *oneself* in hand

— За-мол-чите, Касьянкин! — Он [*Веснин*] с гневом и отвращением оттолкнул его поднятое трясущееся колено, повторил: — Замолчите же вы! **Держите себя в руках**! *Ю. Бондарев, Горячий снег*. — У тебя, солнышко, вечно что-нибудь болит, — ненавидящим голосом... ответил Евгений. — Но ты в общем здоровенькая ... и все у тебя вполне нормально. Просто надо **держать себя в руках**.

ДЕРЖАТЬ

Ю. Герман, Дело, которому ты служишь. У всех у них была общая черта. Не умели... **держать себя в руках.** И судьбы их были похожими. *В. Мурзаков, Мы уже ходим, мама...* ...взрыва не последовало: Александр Иванович крепко **держал себя в руках,** законы гостеприимства были для него святы. *И. Грекова, Хозяйка гостиницы*

Ср.: брать себя в руки

50. держа́ть/сдержа́ть ⟨своё⟩ сло́во 'Строго выполнять обещанное' *Порядок компонентов нефиксир.* △ to keep (be as good as) *one's* word

Не держать (не сдержать) ⟨своего⟩ слова. To break (go back on) *one's* word.

Но я дал себе слово, даже прошептал его под одеялом, а **слово** нужно **держать.** *В. Каверин, Два капитана.* — Как вам не стыдно! Почему вы не пришли рыбу ловить? Так-то вы **свое слово держите?** *Н. Островский, Как закалялась сталь.* — Совсем не нужно... делать из этого секрет и тайну... — ...но ведь ты поклялась... — с упреком сказал Витя. — Я **сдержу** данное **слово,** — ответила Лена. — Только я не понимаю, к чему это. *В. Киселев, Девочка и птицелет.* — Наверно, если бы тот парень, что вскочил тогда в грузовик, — как его... Сергей Тюленин... Сережа Тюленин, если бы тот парень поклялся, он бы **сдержал свое слово.** *А. Фадеев, Молодая гвардия*

51. ⟨с кем-л.⟩ **держа́ть у́хо востро́** *разг.* 'Не доверяться *кому-л.*, быть очень внимательным, осторожным, чтобы предупредить опасные *или* другие неблагоприятные события' *Часто подразумевается осторожность в разговорах с кем-л. Употр. чаще в повел. накл. и в инф. при словах* надо, нужно *и т. п. и может выражать предупреждение как конкретному слушателю, так и. обобщенно, любому человеку. Порядок компонентов нефиксир.* △ to be on *one's* guard ⟨with *smb*⟩; to keep *one's* eyes open

На границе глаз нужен. Чуть проспишь, горько пожалеешь... Днем границу проскочить не так-то легко, зато ночью **держи ухо востро.** Тут-то и начинается хождение. *Н. Островский, Как закалялась сталь.* ...сноп нужно подать равномерно... подать колосом на зубья, но **ухо держать востро:** вместе с колосьями тебе очень просто может смолотить палец. *С. Залыгин, Комиссия.* — За таким Поливановым быть замужем — ой-ой-ой! Надо **держать ухо востро!** *Ф. Вигдорова, Семейное счастье.* — Теперь я понимаю, почему майор Николаев вас так ценит. Ловко это вы меня размотали, не заметил, как стал сплетником... С вами, товарищ Мюллер, надо **держать ухо востро.** *Б. Полевой, Глубокий тыл*

Ср.: в оба *2 знач.,* не сводить глаз *2 знач.,* ушки на макушке

52. держа́ть язы́к за зуба́ми (на при́вязи *уст.***)** *разг.* 'Не говорить всем о том, что должны знать только немногие' *Употр. чаще в повел. накл. или в инф. при словах* уметь, надо, должен *и т. п. Порядок компонентов нефиксир.* △ to keep mum *разг.*

— Кто растрепал по деревне, будто я из-за нее ухожу? ...Ты? — А хотя бы и я! — Так и знал, что ты. Так вот я тебе советую: вперед **держи язык за зубами.** *С. Антонов, Дело было в Пенькове.* — Вы язык-то умеете **держать за зубами?** А впрочем, вам же будет хуже, если начнете болтать лишнее. *А. Толстой, Хождение по мукам.* — Не я ли как-нибудь высказался при Шурке нечаянно? Веня-то — он ведь меня сильно предупреждал не делать этого, **держать язык за зубами!** *С. Залыгин, Комиссия.* Только редко, минутами у Евдокии бывает синь небесная в глазах, а то все молоньи [*молнии*], все разряды, как будто внутри у нее постоянно землетрясенье клокочет, вулкан бушует. Вот и сейчас — долго ли **держала язык на привязи?** Загремела, загрохотала — все перестали вмиг слышать. *Ф. Абрамов, Дом*

Ср.: прикусывать язык, проглотить язык

ДЕРЖА́ТЬСЯ ⊙ **держа́ться за животы́** *см.* X 5

держа́ться на волоске́ *см.* В 42

53. едва́ (е́ле, чуть) держа́ться (*реже* стоя́ть) на нога́х ⟨**от чего́-л.**⟩ 'С трудом передвигаться, с трудом удерживаться в вертикальном положении' *От усталости, слабости, опьянения, какого-л. душевного потрясения. Порядок компонентов нефиксир.* △ to be hardly able to stand ⟨on *one's* feet⟩; to be close to dropping

Старцев... часа полтора бродил, отыскивая переулок, где оставил своих лошадей. — Я устал, **едва держусь на ногах,** — сказал он Пантелеймону. *А. Чехов, Ионыч.* Через шесть дней моя крепкая натура... победила болезнь. Я встал с постели весь разбитый, **едва держась на ногах.** *А. Куприн, Олеся.* Зурин поминутно мне подливал... Встав из-за стола, я **чуть держался на ногах.** *А. Пушкин, Капитанская дочка.* Еле **держась на ногах** от усталости после бессонной ночи... и от боли в распухшей коленке, Спивак все же собрал еще на час всех агитаторов. *В. Овечкин, С фронтовым приветом*

Ср.: валиться с ног, еле ноги волочить, выбиваться из сил *1 знач.,* не слышать ног под собой *2 знач.*

ДЕСЯ́ТОК ⊙ **54. кто́-л.** ⟨**челове́к**⟩ **не** ⟨**из**⟩ **ро́бкого (*реже* трусли́вого) деся́тка** *разг., одобр.* 'Смелый, небоязливый' *Порядок компонентов фиксир.* △ smb is no coward; smb is made of stern stuff

— Василиса Егоровна прехрабрая дама, — заметил важно Швабрин...— Да, слышь ты,— сказал Иван Кузмич,— баба-то **не робкого десятка**. *А. Пушкин, Капитанская дочка.*— Совсем напрасно рисковали, полковник,— безразлично и холодно проговорил Бессонов ... а про себя усмехнулся: — **Не из робкого десятка** оказался этот Осин. *Ю. Бондарев, Горячий снег.* Алтунин был поражен: Петенька не хочет ковать слитки в триста пятьдесят тонн? Что с ним стряслось?.. Струсил? Вряд ли. Он **не робкого десятка**. *М. Колесников, Изотопы для Алтунина.* Покойный дед был человек **не... из трусливого десятка**; бывало, встретит волка, так и хватает прямо за хвост; пройдет с кулаками промеж козаками — все, как груши, повалятся на землю. *Н. Гоголь, Пропавшая грамота*

ДЕСЯТЫЙ ⊙ **десятая вода на киселе** *см.* В 49

с пятого на десятое *см.* П 127

ДЕТЬ ⊙ **куда глаза деть** *см.* Д 14

ДЁШЕВО ⊙ **55.** ⟨**и**⟩ **дёшево и сердито** *разг.* 'Вполне доступно по цене и удовлетворительно по качеству' *Употр. как обст., как сказ. при слове это, а также как самост. предлож. Порядок компонентов фиксир.* △ ⟨it is⟩ cheap and cheerful *разг.*

[*Барыня:*] Да ведь как же? Полную дезинфекцию надо. [*Доктор:*] Нет, что ж полную, это дорого слишком, рублей триста, а то и больше станет. А я вам **дешево и сердито** устрою. *Л. Толстой, Плоды просвещения.*— Я на что-нибудь еще гожусь. Вон разработал новые проекты для городов-новостроек, **и дешево и сердито**. *Л. Кассиль, Ход белой королевы*

дешево отделаться *см.* О 29

ДИВО ⊙ **диву даваться** *см.* Д 8

ДИЧЬ ⊙ **нести дичь** *см.* Н 32

ДЛИННЫЙ ⊙ **длинная песня** *см.* П.23

ДНО ⊙ **вверх дном** *см.* В 7

ДОБР ⊙ **будь добр** *см.* Б 31

ДОБРО ⊙ **56. не к добру́** *разг.* 'Предвещает беду, будет иметь плохие последствия' *Употр. в конструкциях: что-л. не к добру, где подлеж. обознач. какие-л. события, а также делать что-л.* ↔ **не к добру** △ smth bodes ⟨smb⟩ ill (no good)

— Видно, слезы-то во сне **не к добру**! — подумал Антон Иваныч.— Что это вы, матушка, над ним, словно над мертвым, вопите? — шепнул он,— нехорошо, примета есть. *И. Гончаров, Обыкновенная история.*— Всегда такая мертвая тишина на обороне **не к добру**,— сказал капитан Соловьев... Хотя перед обороной третьего батальона было пока тихо, но и здесь... можно было ожидать какой-нибудь каверзы. *В. Овечкин, С фронтовым приветом.* [*Ефремов*] почувствовал, что старший лейтенант **не к добру** мечется из угла в угол по комнате. *К. Симонов, Живые и мертвые.*

St. — Jerôme... сказал, что я, кажется, **не к добру** развеселился и что ежели я не буду скромнее, то, несмотря на праздник, он заставит меня раскаяться. *Л. Толстой, Отрочество*

ДОБРЫЙ ⊙ **в добрый час!** *см.* Ч 1

57. чего доброго *разг.* 'Может неожиданно случиться' Выражает чье-л. отношение к нежелательным событиям. *Употр. как вводн. сочет., обычно в предлож. с гл. в буд. вр., часто после* а то, еще или а то еще. *Порядок компонентов фиксир.* △ it may happen Возьми зонт, а то, **чего доброго**, пойдет дождь. Take your umbrella with you, I'm afraid it will rain.

... и старшины клуба, и повар, и лакей — знают, что он любит и чего не любит, стараются изо всех сил угодить ему, а то **чего доброго** рассердится вдруг. *А. Чехов, Ионыч.* — Нет ... хозяин не велит пускать... боится; вы охотники; **чего доброго**, мельницу зажжете; вишь, у вас снаряды какие. *И. Тургенев, Ермолай и мельничиха.* — Еще, **чего доброго**, отец меня побранит, а то и отнимет револьвер. Ну его! Ничего не скажу! *В. Беляев, Старая крепость.* — Прошу тебя только, не забывай закрывать газ... оборвешься, **чего доброго**, с нашей новой газовой колонкой. *В. Лидин, В пустой квартире*

Ср.: а то *1 знач.*, того и гляди, долго ли до греха, как раз *5 знач.*, чем черт не шутит!

ДОВЕРИЕ ⊙ **втираться в доверие** *см.* В 73
ДОГАДКА ⊙ **теряться в догадках** *см.* Т 7
ДОГОНЯТЬ ⊙ **догоняй ветра в поле** *см.* И 19
ДОЙТИ ⊙ **руки не дошли** *см.* Р 39
ДОЛГ ⊙ **не оставаться в долгу** *см.* О 19
ДОЛГИЙ ⊙ **долгая песня** *см.* П 23
ДОЛГО ⊙ **58. долго ли (недолго) до греха (до беды)** *разг.* 'Легко и в любой момент может произойти *что-л.* нежелательное' *Употр. как самост. предлож. с воскл. или вопр. интонацией, а также как часть сложн. предлож.; в обоих случаях связывает описание событий с последующим описанием их возможных последствий. Порядок компонентов фиксир.* △ anything may happen!

— **Долго ли**, думаю, **до греха** — убьют друг дружку. Ведь все только в войну и играют. *Ф. Абрамов, Братья и сестры.* — Здравствуйте, сударь, что наше за житье? плохое-с. Вот вы так подобрели здесь. — Не сглазь, брат: **долго ли до греха?** *И. Гончаров, Обыкновенная история*

Ср.: того и гляди, чего доброго, как раз *5 знач.*

ДОЛЖНЫЙ ⊙ **на должной высоте** *см.* В 96
ДОЛОЙ ⊙ **с глаз долой** *см.* Г 20

59. с плеч (с рук) долой *разг.* 'Не надо больше думать, пом-

ДОМ

нить, беспокоиться *о чем-л.* или *о ком-л.*, заботиться *о чем-л.* или *о ком-л.*' *Подразумевает освобождение от каких-л. тягостных обязанностей, обычно после завершения дела. Употр. чаще как вторая часть сложн. предлож., обычно после* и, *а также как сказ. при подлеж.* забота, обуза, тяжесть *и т. п. Порядок компонентов фиксир.* △ smth is off one's hands

Несмотря на все возражения супруга и дочерей, она немедленно послала за Аглаей с тем, чтобы уж задать ей последний вопрос и от нее получить самый ясный и последний ответ.— Чтобы все это разом и покончить, и **с плеч долой,** так чтоб уж и не поминать! *Ф. Достоевский, Идиот.* На фронте тому, кто не курит, в два раза легче; громадная забота **с плеч долой:** не думать о табаке. *В. Панова, Спутники*

Ср.: как гора с плеч

ДОМ ⊙ **60.** чувствовать себя, быть как ⟨у себя́⟩ до́ма 'Свободно, непринужденно, без стеснения' *Часто употр. при гл. в повел. накл.* △ to feel (be, make *oneself*) at home

— Да, признаться, я и сам люблю домашнюю обстановку и хочу, чтобы люди, заходя ко мне, чувствовали себя без стеснения, **как дома.** *М. Шолохов, Поднятая целина.* Несмотря на зеленую ее молодость, заметно, что Тося давно уже привыкла к самостоятельности и всюду, куда бы ни забросила ее судьба, чувствует себя **как дома.** *Б. Бедный, Девчата.* Михаил Аверьяныч... сказал тоном гурмана, привыкшего чувствовать себя в ресторанах **как дома:** — Посмотрим, чем вы нас сегодня покормите, ангел! *А. Чехов, Палата № 6.* Один Сидоркин, кажется, был на облаве **как дома.** *Н. Никонов, На волков*

ДОМА ⊙ не все дома *см.* В 23

ДОРОГА ⊙ забывать дорогу *см.* З 2

61. с доро́ги *разг.* 1) устать, отдохнуть, перекусить *и т. п.* ↔ 'После поездки' *Обычно утомительной* △ after a journey

Я действительно очень устал **с дороги** и быстро заснул. *Л. Кассиль, Ход белой королевы.* — Здравствуйте! Будьте хозяйкой, — засуетившись, сказала Елена Кирилловна.— Да что это я!— она всплеснула руками.— Чаю, молочка **с дорожки!** *Ф. Вигдорова, Семейное счастье.* — Вылезаем на другой день из землянки: — Убили, звери... А мы **с дороги** спали как убитые, ничего не знаем. *Ф. Абрамов, Дом*

2) послать письмо, телеграмму *и т. п.* ↔ 'Во время поездки, еще не доехав до места назначения' △ while making a journey

В письме этом, посланном **с дороги,** из Екатеринбурга, Вася уведомлял свою мать, что едет сын в Россию, возвращается с одним чиновником. *Ф. Достоевский, Братья Карамазовы*

62. туда ⟨*кому-л., реже чему-л.*⟩ **и дорога** *разг., часто осужд.* 'Именно этого *он* (*она*) и заслуживает, и не стоит сожалеть об этом' *Обычно в связи с каким-л. событием, которое окружающие воспринимают как наказание тому, о ком говорят. Реже в связи с пропажей какого-л. надоевшего предмета. Употр. как самост. предлож. или не первая часть сложн. предлож.; в обоих случаях после гл., называющего соответствующее событие. Порядок компонентов фиксир.* △ it serves *him* (*her, etc*) right
— И все они такие, все! — закричал он плачущим голосом... — Рехнулся, — думал [*Кузьма*] безнадежно. — Да **туда и дорога**. Все равно! *И. Бунин, Деревня.* И она начала рассказывать, все честно и подробно, о Самаре и о том, как... встретила Бессонова и у нее пропала охота жить... — Захотелось шлепнуться в грязь — **туда и дорога**. *А. Толстой, Хождение по мукам.* Плюнуть на все и поехать [*домой*]. Самому взять то, что отняли. Самовольничали, бывало, он слышал, — и ничего, сходило. А ну как не сойдет? А не сойдет — **туда ему и дорога**. *В. Распутин, Живи и помни.* И солдатики тайком выносили из казармы ломик железный, ухитрялись и сбрасывали русалку [*статую*] в воду: куда она глядит, **туда ей и дорога**. *С. Залыгин, Комиссия*
Ср.: так и надо, пропади пропадом
ДОРОЖКА ⊙ **забывать дорожку** *см.* З 2
перебегать дорожку *см.* П 15
ДОСТАВАТЬ ⊙ **насколько достает глаз** *см.* Г 18
ДОСТАТЬ ⊙ **насколько достанет глаз** *см.* Г 18
ДОХОДИТЬ ⊙ **руки не доходят** *см.* Р 39
ДРАТЬ ⊙ **драть на себе волосы** *см.* Р 15
ДРОВА ⊙ **наломать дров** *см.* Н 16
ДРОЖАТЬ ⊙ **поджилки дрожат** *см.* П 44
ДРУГОЙ ⊙ **другое дело** *см.* Д 33
из другой оперы *см.* О 17
одна нога здесь, другая там *см.* Н 48
раз-другой и обчелся *см.* Р 3
ДРУЖЕСКИЙ ⊙ **на дружеской ноге** *см.* Н 45
ДУДКА ⊙ **плясать под дудку** *см.* П 34
ДУДОЧКА ⊙ **плясать под дудочку** *см.* П 34
ДУРА ⊙ **в дурах** *см.* Д 63
ДУРАК ⊙ **валять дурака** *см.* В 5

63. быть, очутиться, оставаться*/остаться, оставлять*/оставить *кого-л.* ↔ **в дурака́х (в ду́рах** *уст.*) *разг.* 'В глупом, нелепом, смешном положении, одураченным' △ to be fooled (tricked); to make a fool of *smb* (of *oneself*)
— Зачем же, вы, дядюшка... смотрите с черной стороны?.. — Я

смотрю с настоящей — и тебе тоже советую: **в дураках** не будешь. *И. Гончаров, Обыкновенная история.* Петя смолчал, боясь как-нибудь снова очутиться **в дураках**. *В. Катаев, Белеет парус одинокий.* Она шепнула тихо, чтобы не слышали соседи: — Наврал ты, Андрюшка, про всякие дела. А сам, наверное, отправишься в ресторан с какой-нибудь хищницей... Ну и ладно. Все равно она **в дурах** останется. *Ф. Колунцев, Утро, день, вечер.* Ему всем существом своим хотелось сделать что-нибудь из ряда вон выходящее. Да что? Выпить четверть — это не бог весть какая штука, это не ново... Удивить, оставить **в дураках** кучера — невелик интерес. *И. Бунин, Захар Воробьев*

Ср.: с носом

64. *кто-л.* **не дура́к** ↔ выпить, поесть, поспать, поухаживать за *кем-л. и т. п. разг., ирон.* 'Очень любит и умеет' △ *smb* is a great one for drinking, eating, *etc ирон.*

Выпить тоже был **не дурак,** но до положения риз не напивался. *И. Грекова, Хозяйка гостиницы.* Жорж был типичный хлыст, задавака и бахвал, любитель хорошо поесть и с шиком одеться, **не дурак** выпить. *Н. Островский, Как закалялась сталь.* — Старик мой по молодости тоже к куфаркам [к кухаркам] захаживал — **не дурак** был по части донжуанства. *Ю. Герман, Дело, которому ты служишь*

ДУРИТЬ ⊙ **дурить голову** *см.* М 41
ДУРОЧКА ⊙ **валять дурочку** *см.* В 5
ДУРЬ ⊙ **выбивать, дурь из головы** *см.* В 79
ДУТЬ ⊙ **куда ветер дует** *см.* В 26
ДУХ ⊙ **65.** говорить, высказываться, действовать, продолжаться *и т. п.* **в каком-л. ду́хе** (**в ду́хе** *чего-л., кого-л.*) 1) **в то́м же** (**в э́том, в та́ком** ⟨**же**⟩) **ду́хе** 'Так же, как раньше' △ in the same spirit (way)

— Дали бы мне вторую жизнь, я повторил бы ее **в том же духе.** *Л. Леонов, Русский лес.* Я чувствовал, однако, что... продолжать разговор **в таком духе** я не в состоянии. *Л. Толстой, Детство.* — Рост [клубов] — на двадцать семь и три десятых процента, — продолжал Дима, искоса поглядывая на Матвея. — Вот-вот. — Давай **в том же духе,** — одобрил Матвей и вышел на улицу. *С. Антонов, Дело было в Пенькове.* День, начавшийся так торжественно, продолжался **в том же духе** и закончился детским костюмированным вечером с музыкой и фейерверком. *В. Катаев, Белеет парус одинокий*

Ср.: точь в точь

2) **в ду́хе** *чего-л., реже кого-л. книжн.,* **в чьем-л.** или **в каком-л. ду́хе** 'Так, как характерно, типично' для *чего-л.,* для *кого-л.*

При фразеол. обычно стоят отглагольные сущ., сочет. того времени, этого времени *или оценочные прил.* △ in a (the) spirit of *smth книжн.;* in some (*smb's*) manner (style)

В духе дружбы. In a spirit of friendship. В духе того времени. In the spirit of the age. В саркастическом духе. In a sarcastic manner. Это в его духе. That is his way (style).

... сцена [*прощания с матерью*] могла показаться чересчур нежной, может быть, даже смешной, во всяком случае не **в духе** гимназического молодечества. *А. Куприн, На переломе.* В последней строке не было размера, но это, впрочем, ничего: письмо было написано **в духе** тогдашнего времени. *Н. Гоголь, Мертвые души.* Все это было совершенно в бабушкином **духе** — эти хитрости и в особенности мой любимый пирог с мясом. *В. Каверин, Два капитана.* — Я как-то письмецо ей подкатил **в** таком, знаешь, возвышенном **духе**. Влюблен, дескать, безумно и с трепетом ожидаю вашего ответа. *Н. Островский, Как закалялась сталь*

Ср.: ни дать ни взять *2 знач.*

3) **в том (в таком) духе, что** 'Приблизительно так, как сказано далее' *Употр. после гл. речи, перед придат. предлож., которое выражает содержание чьей-л. речи* △ to the effect that + *придат. предлож.*

Он уже хотел было выразиться **в таком духе, что...** почел долгом принести лично дань уважения, но спохватился и почувствовал, что это лишнее. *Н. Гоголь, Мертвые души*

66. бежать, мчаться (помчаться), нестись (понестись), пуститься *и т. п.* ↔ **во ве́сь ду́х** (*реже* ма́х, опо́р *книжн.*) *разг.* 'Очень быстро, напрягая все силы' *О людях и животных; вариант* во весь опор *обычно о лошадях. Употр. чаще при гл. в прош. вр. Порядок компонентов фиксир.* △ to run (go, *etc*) ⟨at⟩ full pelt (speed, tilt)

Мальчик поднял кольцо, **во весь дух** пустился бежать и в три минуты очутился у заветного дерева. *А. Пушкин, Дубровский.* Мы с Сережей выбежали за ворота и **во весь дух** помчались по улице. *Н. Носов, Дневник Кости Синицына.* Она ударила хлыстом свою лошадь и пустилась **во весь дух** по узкой, опасной дороге; это произошло так скоро, что я едва мог ее догнать. *М. Лермонтов, Герой нашего времени.* На другой день они были километров за триста от Петербурга, когда нагнала их другая тройка, скакавшая **во весь опор**. *А. Герцен, Доктор, умирающий и мертвые*

Ср.: что есть духу, что есть силы, во всю ивановскую *2 знач.,* со всех ног, очертя голову *2 знач.,* без памяти *2 знач.,* на всех

парах, как на пожар, сломя голову, не слышать ног под собой
1 знач., как угорелый

дух захватывает *см.* З 20

набраться духу *см.* Н 6

67. не в ду́хе 1) *кто-л.* **не в ду́хе** (**не в духа́х** *шутл.*) *разг.*
'В плохом настроении' △ smb is in low spirits (is depressed)
Вариант: кто-л. **в ду́хе** 'В хорошем настроении' △ smb is in a good humour

Рябовский... думал о том, что он уже выдохся и потерял талант, что все на этом свете условно, относительно и глупо... Одним словом, он был **не в духе** и хандрил. *А. Чехов, Попрыгунья.* — Да, простите меня, я нынче **не в духе** и не имею права на других наводить тоску, — сказал Нехлюдов. *Л. Толстой, Воскресение.* Он пришел пасмурен, **не в духе**, сдернул со стола скатерть — и вдруг по всей комнате тихо разлился прозрачно-голубой свет. *Н. Гоголь, Страшная месть.* Я был **в духе**, импровизировал разные необыкновенные истории. *М. Лермонтов, Герой нашего времени*

Ср.: вставать с левой ноги, какая муха укусила

2) *кто-л.* **не в ду́хе** делать *что-л. уст.* У *кого-л.* 'нет настроения' делать *что-л.* △ smb is not in the mood for smth

— Я все знаю, — отвечал я, подошед к кровати. — Тем лучше: **я не в духе** рассказывать. *М. Лермонтов, Герой нашего времени*

ни слуху ни духу *см.* С 86

ни сном ни духом *см.* С 101

68. одни́м (еди́ным) ду́хом *разг. Порядок компонентов фиксир.*
1) проглотить, выпить *и т. п.*; прочитать, проговорить, написать *и т. п.* ↔ 'Сразу все, без перерыва, в один прием' △ at once, without stopping; all at one go

Проглотить (выпить) *что-л.* одним духом. To swallow (drink) *smth* at one gulp. *или* To gulp *smth* down. Прочитать (написать) *что-л.* одним духом. To read (write) *smth* at one sitting. *Не смешивать с выражением* to say in one (the same) breath, *относящимся к высказыванию, которое содержит противоречащие или несопоставимые утверждения.*

Кирилл **одним духом** допил остатки кумыса. *К. Федин, Первые радости.* Прыгающей рукой поднес Степа к устам стопку, а незнакомец **одним духом** проглотил содержимое своей стопки. *М. Булгаков, Мастер и Маргарита.* И он прочитал, не останавливаясь, **одним духом**: — Письмо к нему и к ней. *В. Каверин, Два капитана.* Он быстро доковылял до палаты, сел за стол и **единым духом** написал Оле письмо, короткое, холодно-деловое. *Б. Полевой, Повесть о настоящем человеке*

Ср.: одним махом, в мгновение ока, в один присест

2) домчаться, добежать *и т. п.* 'Очень быстро' △ to get *somewhere* in a jiffy *разг.*

— Ничего, я **одним духом** на метро скатаю... и чаю не успеете напиться! *Л. Леонов, Русский лес*

Ср.: одним махом, в мгновение ока, в два счета

падать духом *см.* П 1

что есть духу *см.* Е 2

ДУША ⊙ **брать за душу** *см.* Б 19

в глубине души *см.* Г 24

69. жить ⟨с *кем-л.*⟩ ↔ **душа́ в ду́шу** *разг.* 'Очень дружно, хорошо понимая друг друга' *Часто о супругах. Употр. чаще при гл. в прош. вр. Порядок компонентов фиксир.* △ to live in ⟨perfect⟩ harmony ⟨with *smb*⟩

У них не было детей, все нерастраченное материнство Нина Трифоновна отдавала своему седеющему ... [*мужу*] Вовке ... и жили они, как говорится, **душа в душу**. *М. Прилежаева, Осень.* — Что же такое? — думала Саша, глядя на детей. — Живешь с ними **душа в душу**, тебе кажется, что все о них знаешь, гордишься, что они доверяют тебе, — и вот. *Ф. Вигдорова, Любимая улица.* В это время батюшка нанял для меня француза, мосье Бопре... Мы тотчас поладили... Мы жили **душа в душу**. *А. Пушкин, Капитанская дочка.* — Какой парень! — вздохнул Бегичев. — Мы с ним **душа в душу** жили. И смекалка редкая. *К. Федин, Костер*

70. ⟨у *кого-л.*⟩ **душа́ в пя́тки ухо́дит*** (**ушла́**) ⟨от *чего-л.*⟩ *разг., иногда ирон. Кто-л.* 'очень испуган' *Обычно это внезапный испуг от неожиданного события или страх, регулярно возвращающийся при мысли о грозящем несчастье. Гл. может стоять во фразеол. на втором месте* △ smb has his heart in his boots (mouth)

Вариант: **душа́ в пя́тках**

— И что еще удивительнее: чувствую я вдруг, что робею, так робею... просто, **душа в пятки уходит**. *И. Тургенев, Собака.* Генерал... только взглянул, — взгляд — огнестрельное оружие: души уж нет — уж она **ушла в пятки**. *Н. Гоголь, Мертвые души.* Царапни горшком крыса, сама как-нибудь задень ногою кочергу — и боже упаси! и **душа в пятках**. *Н. Гоголь, Пропавшая грамота*

Ср.: волосы становятся дыбом, глаза на лоб лезут, ни жив ни мертв, кровь стынет, мороз по коже дерет, мурашки бегают по спине, лица нет, поджилки трясутся, сердце падает

71. душа́ ↔ ⟨у *кого-л.*⟩ **нараспа́шку** *разг. Кто-л.* 'очень откровенен, не пытается скрывать свой внутренний мир, прост в отношениях с людьми' *Употр. чаще как сказ. Порядок компонентов фиксир.* △ *smb is open-hearted*

Он сам заговаривал со студентами, он старался казаться совсем своим, простым — **душа нараспашку**. *С. Сергеев-Ценский, Севастопольская страда.* — Познакомьтесь и подружитесь с ним: прекрасный человек — **душа нараспашку**, и балагур такой. *И. Гончаров, Обыкновенная история.* — **Душа нараспашку**, знаем, на поверку эти добрые малые за столом оказываются мало добрыми на деле, — сердито говорил Полунин. *Ю. Герман, Дело, которому ты служишь*

72. душа́ (се́рдце) ↔ у кого́-л., чья́-л. (чье́-л.) **не лежи́т/не лежа́ла, не лежа́ло** ↔ к кому́-л., к чему́-л. или делать что́-л. *разг. Кому-л.* 'не нравится кто-л., что-л., не хочется' делать что-л. *Часто несмотря на отсутствие явных причин для неприязни, настороженности, подозрения, недоверия и т. п. или на желание преодолеть эти чувства. Порядок компонентов нефиксир.* △ *smb dislikes smb, smth; smb does not feel like doing smth*

У меня к нему душа не лежит. I cannot bring myself to like him; I cannot find it in my heart to like him. У меня к этой работе душа не лежит. My heart is not in this job at all.
Вариант: **душа́** ↔ у кого́-л., чья́-л. **лежи́т** ↔ к кому́-л., к чему́-л. △ *smb likes smb, smth, doing smth*

Строго говоря, он [*Борисов*] обязан был поддержать нового начальника, но если начистоту, без формальностей, то **не лежала у него душа** к Лобанову. *Д. Гранин, Искатели.* — По обязанности ты, Дмитрий Сергеич, все делал, что нужно ... а **душа твоя к нам не лежала**. *В. Овечкин, В одном колхозе.* У нее [*Маши*] **не лежала душа** идти к начальнику школы. *К. Симонов, Живые и мертвые.* Косте было очень интересно знать многое, знать без конца, но почему и зачем — ему было неизвестно, и к этой именно неизвестности у него и **лежала душа**. *С. Залыгин, Наши лошади*
Ср.: не по душе, нож острый

73. ⟨у кого́-л.⟩ **душа́ (се́рдце) не на ме́сте** *разг. Кто-л.* 'очень сильно встревожен, обеспокоен' *Обычно от предчувствия возможных неприятностей, беды, беспокоясь не о себе, а о близких людях или о судьбе дорогого кому-л. предмета. Часто после а все же, а все равно. Порядок компонентов фиксир.* △ *smb is troubled (worried)*

[*Климович*] беспокоился о бригаде. Правда, там остались и комиссар и начальник штаба... а все же **душа была не на месте**. *К. Симонов, Живые и мертвые.* — Я хочу спросить: что будет с садом, когда я помру?.. когда поедешь куда-нибудь в гости на часок, сидишь, а у самого **сердце не на месте**: ... боишься, как бы в саду чего не случилось. *А. Чехов, Черный монах.* — На, пришивай, а то у тебя, вижу, не только пуговица, но и **душа не на месте**. *Л. Кассиль, Ход белой королевы*

Ср.: камень на душе, кошки скребут на душе, не находить себе места, сам не свой, не по себе *2 знач.,* не в своей тарелке *1 знач.*

души не чаять *см.* Ч 6

74. ⟨у кого-л.⟩ **за душо́й** есть, имеется *что-л.;* нет *чего-л.* 'В собственном владении *или* в наличии' *Чаще употр. при отриц. со словами* ни копейки, ничего *и т. п. В последнем случае может характеризовать как отсутствие каких-л. материальных благ, так и положит. нравственных, духовных ценностей или твердых убеждений* △ in *one's* possession

Не иметь ни копейки за душой. Not to have a penny to *one's* name.

Гаврик знал, что, несмотря на приличные заработки, у него никогда не было копейки **за душой**. *В. Катаев, Белеет парус одинокий.* В науку надо въезжать на белом коне, а не стучаться, не имея ничего **за душой**. *Д. Гранин, Иду на грозу.* — ...пора тебе, полковник Шмелев, проявлять все свое гражданское мужество, сколько есть **за душой**. Если не сейчас, то когда же? *К. Симонов, Живые и мертвые*

как бог на душу положит *см.* Б 8
камень на душе *см.* К 6
камень с души свалился *см.* К 7
кошки скребут на душе *см.* К 43
кривить душой *см.* К 45
надрывать душу *см.* Н 11

75. *что-л., реже кто-л.* **не по душе́ (не по́ се́рдцу)** ↔ *кому-л.* 'Не нравится' *Часто подразумевается постоянная неприязнь ко всем явлениям, предметам, людям какого-л. типа. Употр. как сказ., часто с гл.* прийтись, *особенно в прош. вр. Перед подлеж. могут стоять мест. такие, эти* △ smb does not like smth, smb

Вариант: **по душе́ (по се́рдцу)**

А директор был новым человеком в школе, и... независимость преподавательницы литературы **не** очень пришлась ему **по душе**. *М. Прилежаева, Осень.* — ... брак этот, совсем уж слаженный и не состоявшийся лишь за смертью невесты, был самой госпоже Зарницыной очень **не по душе**. *Ф. Достоевский, Преступление и наказание.* Синцов надеялся, что идти с ним вызовется Комаров: его спокойствие и ровность были Синцову **по душе** и внушали особое доверие. *К. Симонов, Живые и мертвые.* Новый товарищ пришелся всем **по сердцу**. *Б. Полевой, Повесть о настоящем человеке*

Ср.: душа не лежит, колоть глаза *2 знач.,* нож острый

76. *где-л.* нет, не было, не встретилось, не видно *и т. п.* ↔ **ни ⟨одной⟩ души** *разг.* 'Совсем никого из людей' △ there is (was) not a soul ⟨to be seen⟩ in some place

Я прошел в гостиную, в столовую. Не было **ни души.** *А. Чехов, Дом с мезонином.* — Костер развести? — А не опасно? — Нет. Тут кругом **ни души.** *Э. Казакевич, Синяя тетрадь.* На набережной, на скрипящих пристанях, и здесь, в городе, не видно было **ни души.** *А. Толстой, Хождение по мукам.* Никто не шел по дороге, **ни** одной живой **души** не сопровождал сонный вечерний чибис, взлетевший над лугом ни с того ни с сего. *В. Белов, На Росстанном холме*

отводить душу *см.* О 27

77. от ⟨всей⟩ души 'Абсолютно искренне и с глубоким чувством' *Употр. при гл.* смеяться (засмеяться, рассмеяться); говорить/сказать, желать, благодарить, дарить; жалеть *и т. п.* △ very sincerely and with deep feeling; with all *one's* heart *при гл.* wish, hope, thank; from the bottom of *one's* heart *при гл.* thank; heartily *при гл.* laugh, thank

Я старался понравиться княгине, шутил, заставлял ее несколько раз смеяться **от души.** *М. Лермонтов, Герой нашего времени.* У нее очень красивое лицо и мелодичный голос, а смех неприятный, как у людей, которые смеются только тогда, когда им самим этого хочется, как бы сознательно, а рассмеяться непроизвольно, просто **от всей души** — не умеют. *В. Киселев, Девочка и птицелет.* Он относился ко мне учительно, покровительственно, и я видел, что он **от души** желает мне удачи, счастья. *М. Горький, Мои университеты.* [*Васильков (Телятеву):*] Прощай, друг, мне тебя **от души** жаль. Ты завтра будешь без крова и без пищи. *А. Островский, Бешеные деньги*

78. поговорить, побеседовать *и т. п.* с *кем-л.* ↔ **по душа́м (по душе́** *уст.***);** разговор, беседа **по душа́м** 'Откровенно, дружески' *Обычно касается беседы двух людей в домашней, интимной обстановке* △ to have a heart-to-heart chat (talk) with *smb*

Кося кричала вслед, чтобы председатель готовил дома чай с пирогами — после дежурства она придет к нему разговаривать **по душам!** *С. Залыгин, Функция.* Ученики толпились вокруг других учителей, с другими обнимались, целовались, пили, спорили, и никому в голову не приходило подойти к ней, обняться, поговорить **по душам.** *В. Тендряков, Ночь после выпуска.* [*Аграфена Кондратьевна:*] Ну, так Сысой Псович, что ж ему дальше-то было? [*Расположенский:*] После, Аграфена Кондратьевна, после доскажу... [*Большов:*]... Ха, ха, ха!.. [*Аграфена Кондратьевна:*]

Ну, уж ты начнешь! Не дашь **по душе** потолковать. *А. Островский, Свои люди — сочтемся.* Уходили мы от него с некоторым разочарованием — ждали все же другого, ведь не так уж часто удается увидеть учителя дома, так сказать, в туфлях и халате, не так уж часто предоставляется возможность побеседовать с ним в домашней обстановке, спокойно и, как говорится, **по душам**. *В. Амлинский, Ремесло*

79. делать *что-л.* **с душо́й** *одобр.* 'Увлеченно, целиком отдаваясь делу' △ to put *one's* heart ⟨and soul⟩ into ⟨doing⟩ *smth*

Стародубов увлекся подтягиванием всех колхозов к уровню передового колхоза «Красное знамя» и делал это, надо сказать, **с душой**. В районе, собственно, уже и не было резко отстающих колхозов. *В. Овечкин, В одном колхозе*

Ср.: с огоньком

стоять над душой *см.* С 115

ДЫБОМ ⊙ **волосы становятся дыбом** *см.* В 54

ДЫХАНИЕ ⊙ **переводить дыхание** *см.* П 16

ДЫШАТЬ ⊙ **80. дыша́ть на ла́дан** *разг., часто ирон.* 'Приближаться к концу существования, к смерти' *Об очень старом или больном человеке, реже о предмете, одряхлевшем от времени или изношенном от интенсивного использования. Употр. чаще в наст. вр. Порядок компонентов нефиксир.* △ to be on *one's* ⟨*its*⟩ last legs *разг.*; to have *one* foot in the grave *разг., часто ирон., о человеке*

— Надо бы в больницу... Давно его прихватило? — спросил он у Севостьяновой. — Да дней пять будет. Ничего, отлежится! — Какое там отлежится! **На ладан дышит.** — А помрет, — значит, суждено так. *А. Безуглов, Ю. Кларов, Житель «военного города».* Клавка, взбудоражив стариков, и спорить стала легко, с улыбочкой. — Тетка Дарья, да это вы такие есть. Сами **на ладан дышите** и житье по себе выбираете. *В. Распутин, Прощание с Матёрой.* ... в одну из весен полой водой смыло под обрыв старую хату. Она уже давно **дышала на ладан** и вот, не выдержала. *И. Грекова, Хозяйка гостиницы*

Ср.: не жилец, песенка спета

[Ладан — *ароматическая смола, которую сжигают при религиозных служениях*]

ДЬЯВОЛ ⊙ **у дьявола на рогах** *см.* Ч 8

Е

ЕДВА ⊙ **едва держаться на ногах** *см.* Д 53
едва ноги волочить *см.* В 56

едва сводить концы с концами *см.* С 36
ЕДИНСТВЕННЫЙ ⊙ **единственный свет в окошке** *см.* С 29
ЕДИНЫЙ ⊙ **до единого** *см.* О 14
единым духом *см.* Д 68
единым махом *см.* М 13
ЕЖОВЫЙ ⊙ **держать в ежовых рукавицах** *см.* Д 45
ЕЛЕ ⊙ **еле держаться на ногах** *см.* Д 53
еле ноги волочить *см.* В 56
еле сводить концы с концами *см.* С 36
ЕРЕСЬ ⊙ **нести ересь** *см.* Н 32
ЕРУНДА ⊙ **нести ерунду** *см.* Н 32
ЕСЛИ ⊙ **если на то пошло** *см.* П 55
ЕСТЬ ⊙ **1. есть (поеда́ть, пожира́ть** *прост.***)** ← *кого-л., что-л.* → **глаза́ми** *разг., часто ирон.* 'Смотреть неотрывно, упорно, с жадностью *или* подобострастием' *Порядок компонентов нефиксир.* △ to devour *smb, smth* with *one's* eyes *часто ирон.*

— Придёт какой-нибудь: ... меня так **глазами и ест**,— говорила она, улыбаясь и как бы в недоумении покачивая головой. *Л. Толстой, Воскресение.* Грушницкий целый вечер преследовал княжну, танцевал или с нею, или vis-à-vis, **он пожирал её глазами**, вздыхал и надоедал ей мольбами и упреками. *М. Лермонтов, Герой нашего времени.*

Ср.: во все глаза, проглядеть глаза *2 знач.*, не сводить глаз *1 знач.*

есть голова на плечах *см.* Г 40
есть зуб *см.* И 17
есть своя голова на плечах *см.* Г 40

2. что е́сть (бы́ло) ду́ху *разг. Порядок компонентов фиксир.*
1) бежать, мчаться, лететь (*в знач.* бежать) *и т. п.* ↔ 'Так быстро, что быстрее невозможно' *Чаще о человеке* △ to run for all *one* is worth *разг.*

Ему самому захотелось **что есть духу** бежать туда, где на снегу лежал этот маленький, никем не любимый человек, оказавшийся вдруг таким стойким, таким мастером. *Б. Полевой, Повесть о настоящем человеке.* Павка помчался **что есть духу** по указанному адресу. *Н. Островский, Как закалялась сталь.*— Раз как-то зашла гроза — смотрю, несется моя белая коза, **что есть духу**, прямо к нам, орет не своим голосом — и прямо в сенцы. *И. Бунин, Ночной разговор*

Ср.: во весь дух, во всю ивановскую *3 знач.*, одна нога здесь, другая там, со всех ног, очертя голову *2 знач.*, без памяти *2 знач.*, на всех парах, как на пожар, изо всех сил *2 знач.*, сломя голову, не слышать ног под собой *1 знач.*, как угорелый

2) кричать, орать, вопить и *т. п.* ↔ *редк.* 'Так громко, что громче невозможно' △ to shout at the top of *one's* voice

Замахал руками, закричал **что было духу** своим: — Братцы, выручай! *Л. Толстой, Кавказский пленник*

Ср.: во весь голос *1 знач.,* во всю ивановскую *1 знач.,* изо всех сил *3 знач.*

ЕЩЁ ⊙ **вот еще!** *см.* В 60

3. ещё бы *разг.* 'Конечно, этого и следовало ожидать' *Употр. чаще в ответной реплике диалога как самост. предлож. или в конструкциях типа:* Еще бы я не помнил *или* ⟨мне⟩ не помнить △ it could not be otherwise

Как ты хорошо все помнишь! — Еще бы ⟨мне⟩ не помнить! How well you remember it all! — As if I could ever forget! — Я думаю, ты не откажешься поехать с нами. — Еще бы ⟨я отказался⟩! I suppose you won't refuse to join us. — Why, of course not *или* I should think not.

Тянь-шанские растения волновали его [*Семенова*]. **Еще бы** — большинство из них неизвестны ботаникам. *А. Алдан-Семенов, Для тебя, Россия.* — Ничего ты не понял, — сказала Людмила. — И не мог понять! — **Еще бы**, ведь я ребенок! *А. Алексин, Поздний ребенок.* ... как жадно слушали мы все, что папа рассказывал маме! Видимо, папе это нравилось, он с улыбкой показывал на нас и время от времени к нам обращался: — Помните, когда ехали сюда, временные мосты? **Еще бы** не помнить! *В. Кетлинская, Вечер Окна Люди.* — Захаржевский сам моему папе рассказывал, сколько он денег Котьке платит. — **Еще бы** не платить! ... Захаржевский жулик! ... оттого и Котьке много платит. Чтобы молчал. *В. Беляев, Старая крепость*

Ср.: само собой разумеется, и то сказать, а то *6 знач.*

еще как *см.* К 4

этого еще не хватало *см.* Х 3

ЖАР ⊙ **чужими руками жар загребать** *см.* З 5

ЖАРКО ⊙ **1.** *кому-л. от чего-л.* **ни жа́рко (ни тепло́) ни хо́лодно** *разг. Кому-л.* 'безразлично' *что-л. Употр. в случаях, когда какое-л. частное событие никак не касается кого-л. или не влияет на ситуацию в целом. Часто со словом* от этого, *после обозначения события. Порядок компонентов нефиксир.* △ smth makes no difference to smb

Маркиза сделала визит Ольге Сергеевне... Лизе от этого визита не было **ни жарко ни холодно**. *Н. Лесков, Некуда.* И все больше и гуще становилась ... их [*шаманов и лам*] злоба на Володю, на его больницу... Впрочем, Володе пока что не было от всего этого **ни холодно ни жарко**. Ламы и шаманы больше не перебегали ему дорогу, и он забыл о них. *Ю. Герман, Дело, которому ты служишь.* — Я тебе точно говорю, что он истый казак! ... — Ну, пусть будет по-твоему, казак, так казак, мне от этого ни холодно **ни жарко**, — примирительно сказал Давыдов. *М. Шолохов, Поднятая целина.* — Если я погибаю, то погибаю только одной своей особой, отчего никому **ни тепло ни холодно**, а ты хочешь затянуть мертвой петлей десятки тысяч людей во имя своих экономических фантазий. *Д. Мамин-Сибиряк, Горное гнездо*

Ср.: нет дела, и горя мало *1 знач.*, хоть бы что *1 знач.*

ЖДАТЬ ⊙ **2. ждать у мо́ря пого́ды, сиде́ть у мо́ря и (да) ждать пого́ды** *разг., неодобр.* 'Пассивно выжидать, рассчитывая, что трудности разрешатся сами' *Часто вынужденно и не будучи уверенным, что это произойдет. Гл. во фразеол. чаще стоит на первом месте* △ to wait passively for difficulties to be resolved by themselves

[*Маша:*] Безнадежная любовь — это только в романах. Пустяки. Не нужно только распускать себя и все чего-то ждать, **ждать у моря погоды.** *А. Чехов, Чайка.* ... тогда, глядишь, пожил бы еще Андрей и не стряслась эта оказия с Павлом. Оттого, может, и стряслась, что долго раздумывали, **ждали у моря погоду.** *В. Распутин, Прощание с Матёрой*

Ср.: идти на поводу, плыть по течению, плясать под дудку

ЖЕЗЛ ⊙ как по мановению волшебного жезла *см.* М 8

ЖЕЛАТЬ ⊙ оставляет желать лучшего *см.* О 21

ЖЕЧЬ ⊙ **3. жечь (сжечь/сжига́ть) ⟨свои́⟩ корабли́** *книжн.* 'Совершать решительный поступок, бесповоротно разрывая с прошлым' *Употр. чаще гл. сов. вида. Гл. во фразеол. чаще стоит на первом месте* △ to burn *one's* boats

Они не желали понять, что для того, чтобы начать мыслить по-новому, надо **сжечь за собой все корабли**, свернуть с проторенной и безнадежной дороги. *Д. Гранин, Искатели.* — ... она продолжает любить меня и для моего же блага отказывается от меня и навсегда **сжигает свои корабли**, соединяя свою судьбу с Симонсоном, — подумал Нехлюдов. *Л. Толстой, Воскресение*

ЖИВ ⊙ **4.** *кто-л.* **ни жи́в ни мёртв (ни жива́ ни мертва́)** *разг.* 'Оцепенел(а) и не может пошевелиться от страха, нервного потрясения *и т. п.*' *Часто употр. после гл.* стоять, сидеть, лежать *и т. п. Порядок компонентов фиксир.* △ *smb* freezes with terror

Я помертвел, оледенел, чувств лишился, иду — ну, да уж просто **ни жив ни мертв** отправился. *Ф. Достоевский, Бедные люди.* Рыжий писарь стоял **ни жив ни мертв**, боясь пошевельнуться. *Б. Окуджава, Глоток свободы.* — Василиса Егоровна! — сказал комендант. — Здесь не бабье дело; уведи Машу; видишь: девка **ни жива ни мертва**. *А. Пушкин, Капитанская дочка.* Илья слегка приподнятой рукой остановил Рудню, спросил без вызова, незлобно: — Отбирать решил кузницу, а? — Он грустно поглядел на Мавру и отвел глаза. Она молчала, **ни жива ни мертва**. *К. Федин, Костер*

Ср.: душа уходит в пятки, лица нет, поджилки трясутся, сердце падает

ЖИВОЙ ⊙ задевать за живое *см.* З 7

на живую нитку *см.* Н 43

ЖИВОТ ⊙ не на живот, а на смерть *см.* Ж 5

хвататься за животы *см.* Х 5

ЖИВОТИК ⊙ хвататься за животики *см.* Х 5

ЖИЗНЬ ⊙ **5. не на жи́знь (живо́т** *уст.*), **а на́ смерть** *книжн. Порядок компонентов фиксир.* 1) борьба, битва, сражение *и т. п.*; вражда, ссора *и т. п.* 'Беспощадная, жестокая, в которой не отступают даже и перед смертельным исходом' △ war to the death *Вариант окружения:* сражаться, драться, биться *и т. п.*; враждовать, ссориться/поссориться *и т. п.* 'Беспощадно, не отступая даже и перед смертельным исходом' △ to fight tooth and nail

... в борьбе **не на жизнь, а на смерть** нельзя быть добрым ни на минуту, даже во сне. *Ю. Семенов, При исполнении служебных обязанностей.* Он знал все — гнусные перископы подводных лодок, вкус маисового хлеба, кровавые драки с полицией, футбольные матчи **не на жизнь, а на смерть**. *К. Паустовский, Колхида.* — Полюбуйтесь-ка... Сроду и не подумаешь, что час назад они бились **не на живот, а на смерть**... Все утро дед за козлом с кнутом гонялся. *М. Шолохов, Поднятая целина.* — Между ними вражда **не на живот, а на смерть**. Деникин это... учел и... кинулся в самое пекло. *А. Толстой, Хождение по мукам*

Ср.: не на шутку

2) сердиться/рассердиться, пугаться/испугаться *и т. п. Чаще употр. вариант* живот 'Очень сильно' △ to be extremely angry, frightened.

Какое ни придумай имя [*литературному персонажу*], уж непременно найдется в каком-нибудь углу нашего государства... кто-нибудь, носящий его, и непременно рассердится **не на живот, а на смерть**. *Н. Гоголь, Мертвые души.* Быковы, конечно, перепугались **не на живот, а на смерть**, вскочили, кричат: — Да что такое? *И. Бунин, Деревня*

Ср.: не на шутку

ЖИЛА ⊙ **кровь стынет в жилах** *см.* К 49

тянуть жилы *см.* Т 25

ЖИЛЕЦ ⊙ **6.** *кто-л.* **не жилец** ⟨**на свете (на белом свете, на этом свете)**⟩ *разг.* 'Долго не проживёт, скоро умрёт'. *Обычно из-за плохого здоровья, тяжёлой болезни.* △ smb is not long for this world

...соартельники жалели батю, одни — говоря, что всё равно он **не жилец на белом свете**, другие — обнадеживая, что всякая болезнь должна сплоховать перед винным паром. *К. Федин, Первые радости.* [*Серпилину*] всё казалось, что этот Ртищев с его печальными глазами **не жилец на белом свете**, что убьют его; в глазах читал — и вот накликал! Так-таки убили! *К. Симонов, Живые и мёртвые*

Ср.: дышать на ладан, песенка спета

ЖМУРКИ ⊙ **играть в жмурки** *см.* И 7

З

ЗАБЕГАТЬ ⊙ **мурашки забегали по спине** *см.* М 45

ЗАБИРАТЬ ⊙ **забирать в голову** *см.* В 6

забирать верх *см.* Б 16

забирать за живое *см.* З 7

ЗАБИТЬ ⊙ **забить ключом** *см.* Б 5

ЗАБЛУДИТЬСЯ ⊙ **1. заблудиться в трёх соснах** *разг., ирон.* 'Не суметь разобраться в чём-л. очень простом'. *Гл. часто стоит в конце фразеол.* △ to get confused in a very simple matter

— Ну, наши-то совсем ещё ничего не понимают, — говорила попадья. — Да оно и лучше. — Куда им, — смеялась Анна. — **В трёх соснах заблудятся!** *Д. Мамин-Сибиряк, Хлеб*

ЗАБОТА ⊙ **забот полон рот** *см.* Р 22

ЗАБРАСЫВАТЬ ⊙ **забрасывать удочку** *см.* З 10

ЗАБРАТЬ ⊙ **забрать в голову** *см.* В 6

забрать верх *см.* Б 16

забрать за живое *см.* З 7

ЗАБРОСИТЬ ⊙ **забросить удочку** *см.* З 10

ЗАБЫВАТЬ ⊙ **2. забывать / забыть дорогу** ⟨*редк.* **дорожку**⟩ ↔ **к кому-л., куда-л.** *разг.* 'Переставать ходить' *к кому-л., куда-л. Часто вследствие ссоры, обиды, разрыва отношений. Употр. чаще гл. сов. вида в прош. вр. Порядок компонентов нефиксир.* △ to discontinue *one's* visits to *smb* or *some* place

— Чтоб графа не было здесь! — говорил он задыхающимся

голосом, — слышите ли? оставьте, прекратите с ним все сношения, чтоб он **забыл дорогу** в ваш дом! *И. Гончаров, Обыкновенная история.* — Я ухожу, Александр, — сказал Цветухин как будто осипшим голосом. — Пожалуйста. — И не вернусь. — Буду очень рад. По крайней мере ко мне **забудет дорогу** голытьба и все прочие твои фавориты. *К. Федин, Первые радости.* — ... я ведь вам уже двадцать раз сказала, что с лыжни я сошла... — Дело твое, Скуратова, только не неодобряю. — Дядя Федя вздохнул: не с лыжни сошла, а к нам **дорожку забыть** хочешь. *Л. Кассиль, Ход белой королевы*

Ср.: не казать глаз

ЗАБЫТЬ ⊙ забыть дорогу *см.* З 2

ЗАВАРИВАТЬ ⊙ 3. зава́ривать/завари́ть ⟨эту, такую⟩ ка́шу *разг., часто неодобр.* 'Начинать делать *какое-л.* сложное, хлопотное *или* неприятное дело, из участия в котором трудно выпутаться' *Употр. чаще гл. сов. вида в прош. вр. Порядок компонентов нефиксир.* △ to start a difficult, troublesome or unpleasant undertaking from which it is hard to escape

Ну и заварил ты кашу! You have got us (yourself) into a nice mess! Ну и каша заварилась! This is a pretty kettle of fish! Сам заварил кашу, сам и расхлёбывай. You ⟨have⟩ made your ⟨own⟩ bed, now ⟨you must⟩ lie on (in) it.

Варианты: ка́ша завари́лась (зава́ривается, зава́рится); са́м завари́л ка́шу, са́м ⟨её⟩ и расхлёбывай

— Зачем вы ездили в Воткинск? Небось сказали маме, что не поступила в институт? Как я теперь буду оправдываться? **Заварили кашу.** *Н. Евдокимов, Ожидание.* — Дай-ка статейку, — сказал отец... — Надо быть круглым дураком или карьеристом, чтобы **заварить эту кашу.** Из-за кого? Из-за какой-то старухи. *М. Прилежаева, Осень.* — Михаил... Брат... — расстоналась, расплакалась Лиза. — Да разве я думала... да разве я хотела... И тут Михаил просто полез на стену, заорал на весь конец деревни. — А какого дьявола? Кто **заварил** всю эту **кашу?** *Ф. Абрамов, Дом.* — Меня Голуб прислал, — начал он негромко. — Скоро сюда дивизия... стрельцов перейдет. Вообще здесь **каша заварится,** так я должен навести порядок. *Н. Островский, Как закалялась сталь*

Ср.: огород городить

ЗАВАРИТЬ ⊙ заварить кашу *см.* З 3
ЗАВТРА ⊙ не сегодня⟨-⟩завтра *см.* С 52
ЗАГНАТЬ ⊙ загнать в могилу *см.* С 35
загнать в тупик *см.* С 104
ЗАГОВАРИВАТЬ ⊙ 4. загова́ривать/заговори́ть ← *кому-л.* ⟨*чем-л.*⟩ зу́бы *разг., неодобр.* 'Посторонними разговорами стараться

отвлечь внимание собеседника от *чего-л.*, что говорящий хочет скрыть *или* не хочет обсуждать' *Употр. чаще гл. несов. вида в повел. накл. с отриц.* не, *при этом возможна более редкая форма* зубóв. *Порядок компонентов нефиксир.* △ to ⟨try to⟩ draw *smb's* attention away from what the speaker wants to avoid by talking about *smth* else

— Скажи, парень, где деньги взял..? — Мне заплатили гонорар... Гонорар, понимаешь? — Ты мне **зубы не заговаривай**, — начала сердиться мать... — Где взял деньги? *А. Яшин, Первый гонорар.* — Девчонки, это правда, у вас тут медведей в лесу тьма-тьмущая? — Ты нам медведями **зубы не заговаривай!** — оборвала ее Анфиса. *Б. Бедный, Девчата.* [*Астров:*]... мы стали такими же пошляками, как все... Но ты мне **зубов не заговаривай**, однако. Ты отдай то, что взял у меня. *А. Чехов, Дядя Ваня.* Я понял, что доктор **заговаривает** мне **зубы**, и со страхом прислушивался, как сестра... легкими быстрыми пальцами разматывает бинт. *В. Беляев, Старая крепость*

Ср.: для отвода глаз, сбивать с толку *1 знач.*

ЗАГОВОРИТЬ ⊙ заговорить зубы *см.* З 4
ЗАГОНЯТЬ ⊙ загонять в тупик *см.* С 104
ЗАГОРЕТЬСЯ ⊙ сыр-бор загорелся *см.* С 126
ЗАГРЕБАТЬ ⊙ **5. чужи́ми рука́ми жáр загребáть** *разг., неодобр.* 'Устраняясь от участия в *каком-л.* тяжелом или опасном деле, пользоваться результатами чужого труда' *Употр. часто в инф. при гл.* привык, любит, хочет *и т. п. Порядок компонентов фиксир.* △ to make other people do *one's* dirty work (pull *one's* (the) chestnuts out of the fire *реже*)

— Баба — работница, — важно заметил Хорь... Да на что мне работница?' — То-то, **чужими руками жар загребать** любишь. Знаем мы вашего брата. *И. Тургенев, Хорь и Калиныч.* — Мы сколько посеяли... А вам нужно эксплуатировать? Довольно! ...Приехали сюда **чужими руками жар загребать?** *А. Макаренко, Педагогическая поэма.* — **Чужими руками** хотите **жар загребать?** Мы будем дом строить, а вы туда жить придете на готовенькое? Не выйдет так. *Г. Николаева, Жатва*

[*Жар — горячие угли без пламени*]

ЗАДАВАТЬ ⊙ **6. задавáть / задáть** (*реже* **давáть / дáть**) ← ⟨*кому-л.*⟩ → **тóн** 'Быть примером, образцом поведения, деятельности, который влияет на ход развития *чего-л.*' Чаще подразумевается *положительный пример. Порядок компонентов нефиксир.* △ to take the lead; to set the pace; to make the running

Мы [*комсомольцы*]... работали вместе, в одном коллективе, и ячейка наша считалась сильной, крепкой. Мы **задавали тон** всей городской молодежи. *В. Беляев, Старая крепость.* Владимир говорил: — Вы посмотрите, на танцплощадке появляются пьяные, развязные парни, и они себя там недурно чувствуют. Они даже **задают тон**. *А. Вампилов, Мечта в пути.* [*Дулебов:*] Вся наша публика будет вам благодарна. [*Мигаев:*] Да публики-то вашей, ваше сиятельство, только первый ряд кресел. [*Дулебов:*] Зато мы **даем тон**. *А. Островский, Таланты и поклонники*

ЗАДА́ТЬ ⊙ **задать тон** *см.* З 6

ЗАДЕВА́ТЬ ⊙ **7. задева́ть/заде́ть (забира́ть/забра́ть, затра́чивать/затро́нуть, тро́нуть)** ← ⟨*кого-л.*⟩ → **за живо́е** *разг.* 'Глубоко волновать, вызывать сильную ответную реакцию' *О желании участвовать в каком-л. деле, особом интересе к чему-л., о глубокой обиде, пробудившей самолюбие, гордость, о каких-л. острых проблемах, о чьих-л. поступках, словах и т. п. Порядок компонентов нефиксир.* △ to stir smb's feelings; to cut (sting, touch) smb to the quick *последнее выражение означает* 'обидеть, причинить душевную боль *и т. п.*'

— То не ответ, — буркнул старик. — Ты под корень гляди... Слова Турунды **задели** меня **за живое**. Вспомнились наши собрания, ... и так же запальчиво, как там, я сказал: — Почему «не ответ»? *В. Беляев, Старая крепость.* ... случалось, что молодежь ... отправляла на кухню депутацию к Акинфычу с просьбой приготовить «что-нибудь вкусненькое» ... в ход пускалась тонкая лесть... Кончалось тем, что **задетый за живое** Акинфыч сдавался и... говорил с напускной суровостью: — Ладно уж, ладно. *А. Куприн, Тапер.* Варя читала. Володя постукивал карандашом, шуршал какими-то бумагами, потом против своей воли заслушивался. Никогда нельзя было знать заранее, что именно **заберет** его **за живое**. *Ю. Герман, Дело, которому ты служишь.* Давыдов взъерошил волосы, помолчал, чувствуя, что **тронул** Макара **за живое**; продолжал: — Дискуссию вокруг статьи нечего устраивать... Как ты этого не поймешь? *М. Шолохов, Поднятая целина*

Ср.: брать за душу, надрывать душу, наступать на мозоль, ставить на ноги *5 знач.*

ЗАДЕ́ТЬ ⊙ **задеть за живое** *см.* З 7
ЗА́ДНИЙ ⊙ **без задней мысли** *см.* М 48
задним числом *см.* Ч 13
ходить на задних лапках *см.* Х 18
ЗАДРОЖА́ТЬ ⊙ **поджилки задрожали** *см.* П 44
ЗАЖИ́ТЬ ⊙ **8. до сва́дьбы заживёт** *разг., шутл.* 'Обязательно скоро пройдет, исчезнет' *Обычно как утешение по поводу несильных ушибов, царапин при падении, реже по поводу каких-л. незначительных огорчений. Употр. как самост. предлож., а также*

после слов ничего, не расстраивайся *и т. п. в составе сложн. предлож.* **Порядок компонентов фиксир.** △ it will pass before long

Когда бабушка, охая над моими в кровь расцарапанными ногами, заставила меня опустить их в таз с теплой водой, папа сказал: — Ничего, **до свадьбы заживет.** А характер у нее есть. *В. Кетлинская, Вечер Окна Люди.* Тебе не легко будет сообщить [*родителям*] это известие... — Не легко. Черт меня дернул подразнить отца. Он очень сконфузился, а теперь мне придется вдобавок его огорчить... Ничего! **До свадьбы заживет.** *И. Тургенев, Отцы и дети*

ЗАЗРЕНИЕ ⊙ **9.** поступать *как-л.* ↔ **без зазрения совести** *разг., часто неодобр.* 'Совершенно не испытывая чувства стыда' *Часто о человеке, совершающем бессовестные, нечестные поступки.* **Порядок компонентов фиксир.** △ to act without scruples

Тридцать копеек серебром мне прислали... Ну, как же мне было поступать в таком случае? Или уже так, **без зазрения совести,** подобно разбойнику, вас, сироточку, начать грабить! *Ф. Достоевский, Бедные люди.* Найдя письмо, адресованное кому-нибудь из своих, Дмитрюк вскрывал его и **без зазрения совести** прочитывал. *В. Попов, Сталь и шлак.* — В таком случае, воображаю, ...какого рода мненьице у тебя обо мне составилось: пристроился, дескать, в тылу, шуршит для виду казенной бумагой да еще копченую снедь жует при этом. Однако, как видишь, делаю это **без зазрения совести.** *Л. Леонов, Русский лес*

ЗАИГРАТЬ ⊙ **кровь заиграла** *см.* К 47

ЗАЙТИ ⊙ **зайти в тупик** *см.* З 22

зайти далеко *см.* З 21

ум за разум зашел *см.* У 12

ЗАКИДЫВАТЬ ⊙ **10. заки́дывать/заки́нуть (забра́сывать/забро́сить)** ← ⟨насчет *чего-л.*⟩ → **у́дочку/у́дочки** *разг., фам.* 'Осторожно намекать, спрашивать не прямо, пытаясь *что-л.* предварительно разузнать' *Часто о человеке, стремящемся узнать чьи-л. планы, а иногда и воздействовать на них с целью что-л. приобрести, походатайствовать за кого-л.* **Употр. чаще гл. сов. вида в прош. вр. Порядок компонентов нефиксир.** △ to put (throw) out a feeler (feelers) ⟨to find *smth* out⟩; to test the waters

— А я уже на всякий случай в одном месте **закинул удочку** насчет турбины. Такой товар... на дороге не валяется. *С. Бабаевский, Кавалер Золотой Звезды.* Давыдов сразу же почувствовал некий, прикрытый шутливостью намек, — и весь внутренне подобрался. — Знает что-нибудь про Лушку или **закидывает удочку** наудачу? — не без тревоги подумал он. *М. Шолохов, Поднятая целина*

ЗАКИНУТЬ ⊙ **закинуть словечко** *см.* З 14

заки́нуть у́дочку *см.* З 10
ЗАКИПЕ́ТЬ ⊙ **закипе́ть ключо́м** *см.* Б 5
кровь закипе́ла *см.* К 47
ЗАКРЫВА́ТЬ ⊙ **11. закрыва́ть/закры́ть** ← ⟨на *что-л.*⟩ → **глаза́** *иногда неодобр.* 'Намеренно не реагировать на *что-л.*, не замечать *чего-л.*' *Обычно каких-л. трудностей, недостатков, неприятностей. Употр. чаще в инф. при словах* нельзя, надо, приходится *и т. п. Порядок компонентов нефиксир.* △ to close (shut) *one's* eyes to *smth*

...пограничник сказал, что... приходится считаться с обстановкой, а обстановка исключительно сложная, и нельзя **закрывать** на это **глаза.** *К. Симонов, Живые и мертвые.* Он ревновал — и это было его право, любовь мешала ему смириться, **закрыть глаза,** не замечать, как старались это делать другие. *Д. Гранин, Искатели*

Ср.: сбрасывать со счетов, смотреть сквозь пальцы

ЗАКРЫ́ТЬ ⊙ **закры́ть глаза́** *см.* З 11
ЗАКУСИ́ТЬ ⊙ **закуси́ть язы́к** *см.* П 89
ЗАМАНИ́ТЬ ⊙ **12.** ⟨и⟩ **калачо́м** ← *кого-л. куда-л.* **не мани́ть** *разг.* 'Никакими, даже самыми привлекательными способами невозможно уговорить *кого-л.*, добиться от *кого-л.*, чтобы он пошел, поехал *куда-л.*' *Обычно туда, где произошло что-л. неприятное или где хуже жить,* работать. *Употр. чаще в форме 2 л. ед. ч. с обобщенным знач. Порядок компонентов фиксир.* △ *smth* will not go *somewhere* for *anything* ⟨in the world⟩ (for all the tea in China)

Потом старик Сковородников произнес ответную речь... — кое-кто только напрасно коптит небо, и ему одна дорога — в ваш батальон. Но меня, например, туда **калачом не заманишь.** *В. Каверин, Два капитана.* — Где-то сейчас Пашка? — начинает думать Шурка о старшем брате... — Все они такие, ученые, только выйдут в люди, хлебнут городской жизни — и ищи-свищи, назад в деревню **калачом не заманишь.** *А. Яшин, Сирота.* — За одним столом с холопом обедать меня усадила!.. Нет уж, Анфиса Порфирьевна, покорно прошу извинить! **калачом** меня к себе вперед **не заманите.** *М. Салтыков-Щедрин, Пошехонская старина.* [*Вася:*] Ну, Гаврило Петрович, закрывай лавочку! Как Александра Николаевна [*актриса*] уедет ...[*никого*] **калачом** в театр **не заманишь!** *А. Островский, Таланты и поклонники*

[Калач — *пшеничный хлеб в форме замка́ с дужкой*]

ЗАМЕСТИ́ ⊙ **замести́ следы́** *см.* З 13
ЗАМЕТА́ТЬ ⊙ **13. замета́ть/замести́** ⟨за собой *уст.*⟩ **следы́** преступления, происшествия *и т. п.* 'Уничтожать, скрывать воз-

ЗАМОЛВИТЬ

можные улики' *Употр. чаще гл. сов. вида в инф. при словах* хотеть, надо *и т. п. или в придат. предлож. цели. Порядок компонентов нефиксир.* △ to cover up one's tracks

И когда Колин папа отказался продать свою честь и совесть за деньги, они его схватили и ударили по голове, и влили в него почти бутылку водки, чтобы **замести следы** своего преступления. *В. Киселев, Девочка и птицелет.* Чиновники во главе с судьей должны были установить личность пленных. Араго надо было проявить все свое искусство, чтобы **замести следы**. *Д. Гранин, Повесть об одном ученом и одном императоре.* — А капитана поминай как звали. Где он? ... Или позарились на форму, на деньги, на паек да прихлопнули. Или сам **замел следы**... С кого спрашивать? *В. Распутин, Живи и помни*
Ср.: комар носа не подточит, концы в воду, шито-крыто

ЗАМОЛВИТЬ ⊙ 14. замо́лвить (заки́нуть) ← за *кого-л.,* о *ком-л.* ⟨*кому-л.*⟩ **слове́чко** (**сло́во**) *разг.* 'Попросить *какого-л.* влиятельного человека, от которого зависит исход дела, решить это дело в пользу третьего лица' *Часто связано с устройством на особенно желаемую работу, с продвижением по службе, с улучшением условий жизни или работы. Порядок компонентов нефиксир.*
△ to put in ⟨say⟩ a good word for smb

— А теперь Гарпенченко ее [*швею*] выписал [*из Москвы*], да вот и держит так, должности ей не определяет. Она бы и откупиться готова ... Вы, дядюшка, с Гарпенченкой-то знакомы,— так не можете ли вы **замолвить** ему **словечко**? *И. Тургенев, Однодворец Овсяников.* [*Синцов*] попал в роту к Малинину, отчасти волею случая... а отчасти волею Малинина, потому что уже здесь, в батальоне, Малинин **замолвил** за него **слово**. *К. Симонов, Живые и мертвые.* [*Петр:*] А уж я давеча натерпелся. Тятенька-таки о тебе **словечко закинул**, а она ему напрямки: «просватана». *А. Островский, Лес.* — Это сложно... насчет билета на Октябрьский парад, ничего посулить тебе не смогу, Вихрова,— сказал он... — Не настолько я могучий волшебник, но... обещаю **замолвить** о тебе **словечко** при встрече с товарищами, от которых кое-что зависит. *Л. Леонов, Русский лес*

ЗАМОРОЧИТЬ ⊙ заморочить голову *см.* М 41

ЗАМУТИТЬ ⊙ 15. *кто-л.* **воды́** (**водо́й** *уст.*) **не замути́т** *разг., одобр. или ирон.* 'Очень тихий, смирный, неприметный' *О человеке. Иногда подразумевается, что это впечатление обманчиво. Перед фразеол. часто употр. частица* и *в знач.* даже*; в окружающем контексте могут стоять прил.* скромный, тихий, смирный, покорный *и т. п. Порядок компонентов фиксир.* △ smb is ⟨as⟩ meek as a lamb

[*Югов:*] Ваш сын — опасный бунтовщик... [*Воронина:*] Он дома **воды не замутит.** Смирный да почтительный. *К. Тренев, Гимназисты.* Это был... тщедушный мужик с... кротким лицом, один из тех, про кого обычно говорят — **воды не замутит.** *В. Тендряков, Суд.* Так после этого и жить себе смирно нельзя, в уголочке своем... жить **водой не замутя,** по пословице, никого не трогая, зная страх божий. *Ф. Достоевский, Бедные люди*

Ср.: мухи не обидит; тише воды, ниже травы

ЗАМУТИТЬСЯ ⊙ **в глазах замутилось** *см.* Т 4

ЗАНЕСТИ ⊙ **16. каки́м ве́тром (каки́ми ве́трами)** *кого-л.* → **занесло́** ⟨*куда-л.*⟩? *разг., фам.* 'Как случилось, что *кто-л.* оказался *где-л.*' *Подразумевает, что появление этого человека в данном месте необычно, неожиданно или даже нежелательно для говорящего. Чаще употр. как вопрос, обращенный к непосредственному слушателю, с мест.* вас, тебя *в качестве доп. Порядок компонентов фиксир.* △ what brings *smb somewhere*?

Вариант: **какой ве́тер занёс (каки́е ве́тры занесли́)** ↔ *кого-л.* ⟨*куда-л.*⟩

Она смотрела на... человека, который стоял на крыльце ее дома... — Матвей Константинович... Товарищ Шульга! — сказала она... — **Каким** вас **ветром занесло?** В такое время! *А. Фадеев, Молодая гвардия.* Кто был Бучинский сам по себе, **какими ветрами занесло** его на Урал, как он попал на приисковую службу — покрыто мраком неизвестности. *Д. Мамин-Сибиряк, Золотуха.* И **каким ветром занесло** его в таежные края? ...Наверное, скучает о маме, об уюте большой городской квартиры, обо всем том, что осталось далеко-далеко. *М. Колесников, Рудник Солнечный.* — А вас **какой** счастливый **ветер занес** к нам так рано, Николай Алексеич? — спросила она, протягивая руку Скворцову. *К. Станюкович, В море*

ЗАНИМАТЬ ⊙ **дух занимает** *см.* З 20

ЗАНЯТЬ ⊙ **дух заняло** *см.* З 20

ЗАПЕТЬ ⊙ **лазаря запеть** *см.* П 24

ЗАПЛЕТАТЬСЯ ⊙ **язык заплетается** *см.* Я 7

ЗАРЕЗ ⊙ **17. до заре́зу** ↔ *что-л.* нужно, необходимо *кому-л., чего-л.* хочется *кому-л. разг.* 'Крайне, очень сильно' *Обычно подразумевается, что отсутствие чего-л. или невыполнение желания ощущается как беда* △ smb wants (needs) smth badly (desperately)

Исследования ему нужны мне **до зарезу,** — и гавань на побережье близ амурского устья, которую он хочет открыть, тоже нужна, и река. *Н. Задорнов, Далекий край.* Лиза ввела меня в непредвиденный расход... Ей **до зарезу** захотелось пообедать в хорошем ресторане. *М. Шолохов, Тихий Дон*

ЗАРЫВАТЬ ⊙ 18. зарыва́ть/зары́ть тала́нт ⟨в зе́млю⟩ *часто неодобр. или шутл.* 'Не использовать, губить свои способности, мешать им развиваться' *Порядок компонентов нефиксир.* △ to hide one's light under a bushel *неодобр. или шутл.*

— Она задрала нос, упрямится, срывает теперь всю тренировку... Ты бы с ней, может быть, перед отъездом поговорил, что ли? — неуверенно и просительно начал Чудинов. — Намекнул бы, что, мол, нельзя **зарывать талант в землю**. *Л. Кассиль, Ход белой королевы.* — А что? Ты и создана, чтобы быть наркомом. У тебя прямо-таки административный талант. — Придется мой **талант** временно **зарыть в землю**. *И. Грекова, Хозяйка гостиницы* [Талант — *в знач. денежная единица. По евангельской притче о деньгах, зарытых в землю и потому не принесших прибыли*]

ЗАРЫТ ⊙ вот где собака зарыта *см.* С 97
ЗАРЫТЬ ⊙ зарыть талант *см.* З 18
ЗАРЯ ⊙ ни свет ни заря *см.* С 27
ЗАСКРЕСТИ ⊙ кошки заскребли на душе *см.* К 43
ЗАСТЫТЬ ⊙ кровь застыла *см.* К 49
ЗАТКНУТЬ ⊙ 19. заткну́ть ← *кого-л.* → за по́яс *разг., одобр.* 'Затмить своим превосходством, превзойти по *каким-л.* качествам' *Обычно в каком-л. деле. О человеке. Употр. чаще в буд. вр. со знач. возможности. Порядок компонентов нефиксир., гл. чаще стоит в конце фразеол.* △ to put smb to shame

А он, пряча в бороду знакомую ухмылочку, начнет возражать: — Чем же [*Настя*] плоха? Работяща, хоть с лошадьми, хоть с вилами парня **за пояс заткнет**. *В. Тендряков, Тугой узел.* — А что, Сорокопудова с нее [*с установки*] сняли? ... Да брось ты, Ершов, этот парень любого инженера **за пояс заткнет**. *И. Герасимов, Пробел в календаре.* — Его бы грамоте научить — всех **за пояс заткнет**. *А. Безуглов, Ю. Кларов, Житель «вольного города».* ... если бы одеть его в новый жупан, затянуть красным поясом... привесить к боку турецкую саблю ... то **заткнул бы за пояс** всех парубков тогдашних. *Н. Гоголь, Вечера на хуторе близ Диканьки*

ЗАТРАГИВАТЬ ⊙ затрагивать за живое *см.* З 7
ЗАТРЕЩАТЬ ⊙ затрещать по швам *см.* Т 18
ЗАТРОНУТЬ ⊙ затронуть за живое *см.* З 7
ЗАТРЯСТИСЬ ⊙ поджилки затряслись *см.* П 44
ЗАХВАТИТЬ ⊙ дух захватило *см.* З 20
ЗАХВАТЫВАТЬ ⊙ 20. ду́х ← у *кого-л.* → ⟨от *чего-л.*⟩ → захва́тывает (захва́тывало/захвати́ло), *реже уст.* занима́ет/за́няло) *разг.* у *кого-л.* 'Временно останавливается, замирает дыхание' *Обычно от очень сильных ощущений, впечатлений, волнений; от очень*

ЗАХОДИТЬ

быстрого движения; от сильного холода. Употр. чаще гл. прош. вр. Порядок компонентов нефиксир., гл. чаще стоит в конце фразеол. △ smth takes smb's breath away *от удивления, восхищения, неожиданности и т. п.*; smth makes smb catch (hold) his breath *от удивления, страха, возбуждения, от сильного мороза*

Мама взяла из шкафа коробку с прошлогодними украшениями. У Дани даже **дух захватило**, какие были красивые шары. *В. Белов, Даня.* В голове теснились какие-то чудесные мысли, от которых **захватывало дух,** хотелось быть добрым, хорошим. *Н. Носов, Витя Малеев в школе и дома.* — Вот, брат, книжечка, — **дух захватывает!** — засмеялся... раскинув куцые сильные руки. *М. Шолохов, Поднятая целина.* — Отвернулся я от ветру, — в одну минуту **дух захватило,** так и несет этой мгой, туманом, вроде как дыханье какое, — чувствую, что уж на двух шагах до самых костей прохватило. *И. Бунин, Сверчок*

ЗАХОДИТЬ ⊙ **21. заходи́ть*/зайти́ в тупи́к** 'Оказываться в совершенно безнадежном положении, когда исчерпаны все возможности, а цель осталась недоступной' *В качестве подлеж. употр. сущ.* дело, мысли, спор *и т. п.; названия лиц, которым принадлежат эти дела, мысли и т. п.; названия различных областей науки и человеческой деятельности. Чаще употр. гл. сов. вида в прош. вр. Порядок компонентов нефиксир.* △ to come to (reach) a dead end *сочетаемость та же, у русск. выражения*

Поскольку странный этот спор **зашел в тупик,** Лежандр отправил Араго к доске. *Д. Гранин, Повесть об одном ученом и одном императоре.* В глубине души Лойст надеялся, что расследование краж из ризницы не только затянется, но и вообще **зайдет в тупик.** *В. Куценко, Т. Новиков, Сокровища республики.* Но он **заходил в тупик,** когда думал, как ему теперь поступить. *А. Фадеев, Молодая гвардия.* — Я убеждаюсь, что квантовая механика **зашла в тупик.** *Д. Гранин, Иду на грозу*

22. заходи́ть/зайти́ ⟨сли́шком⟩ далеко́ *разг., иногда неодобр.* 'Переходить границы допустимого, дозволенного в общении или доходить до такого состояния, когда уже ничего нельзя изменить, исправить' *В качестве подлеж. употр. обычно личн. мест., сущ., называющие лиц, реже сущ.* дело, спор, ссора, шутка, увлечение *и т. п. Употр. чаще гл. сов. вида в прош. вр. Порядок компонентов нефиксир.* △ to go (carry smth) too far *о человеке, о каком-л. деле, споре, увлечении*

Не заходи в своей шутке (в своем увлечении) слишком далеко. Don't carry joke (your enthusiasm or passion) too far.

Настасья Филипповна даже вздрогнула от гнева и пристально поглядела на Фердыщенко, тот мигом струсил и примолк, чуть

не похолодев от испуга: **слишком далеко уж зашел.** *Ф. Достоевский, Идиот.* — Подожди... — сказал Никита и задал вопрос: — Кто за то, чтобы освободить Тиктора от этого документа? — Все подняли руки. И тут Яшка Тиктор, кажется, увидел, что **зашел слишком далеко.** *В. Беляев, Старая крепость.* Он понял, что дело **зашло уж слишком далеко,** что на помощь ему никто из присутствующих не выступит. *М. Шолохов, Поднятая целина*
Ср.: хватить через край
  ум за разум заходит *см.* У 12
  ЗАЧЕСАТЬСЯ ⊙ **руки зачесались** *см.* Р 41
  ЗВАТЬ ⊙ **поминай как звали** *см.* П 67
  ЗВЕЗДА ⊙ **звезд с неба не хватает** *см.* Х 2
  ЗГА ⊙ **23. ни зги́** ↔ ⟨*кому-л.*⟩ не видно *или* не видать, *кто-л.* не видит *книжн.* 'Совсем ничего' *Из-за темноты, обильного снегопада, густого тумана и т. п. Частица* ни *может опускаться* △ *One* cannot see *one's* hand in front of *one's* face

На всем громадном и диком пространстве Куликова поля не было видно **ни зги.** *В. Катаев, Белеет парус одинокий.* Темнота, не видно **ни зги.** *Ф. Вигдорова, Любимая улица.* Я поехал шагом и скоро принужден был остановиться: лошадь моя вязла, я не видел **ни зги.** *И. Тургенев, Бирюк*
Ср.: хоть глаз выколи
[Зга — *уст.* темнота]
  ЗДЕСЬ ⊙ **вот здесь собака зарыта** *см.* С 97
  одна нога здесь, другая там *см.* Н 48
  ЗДОРОВЫЙ ⊙ **валить с больной головы на здоровую** *см.* Г 43
  ЗДОРОВЬЕ ⊙ **24. на здоро́вье** *разг. Употр. обычно при гл. в повел. накл. или в 3 л. с частицей* пусть 1) 'Пусть это принесет пользу' *Пожелание тому, кого угощают, кормят. Может употр. в ответ на «спасибо»* △ you are welcome; don't mention it; not at all

Кушайте на здоровье! Help yourself! Спасибо. — На здоровье. Thank you. — You are welcome. (Don't mention it.)

Я вам при сем посылаю, Варинька, фунтик конфет; так вы их скушайте **на здоровье.** *Ф. Достоевский, Бедные люди*
2) делай(те) это 'Сколько хочется, если это доставляет тебе (вам) удовольствие' *Выражает одобрение чьих-л. поступков или разрешение делать что-л. Часто в ответ на чьи-л. возражения, сомнения, чтобы подчеркнуть, что в этом деле нет вреда, нарушения закона и т. п. После гл. часто стоит возвр. частица* себе. *Фразовое ударение стоит на гл.* △ do it as much (as long) as you like, if it pleases you

Можно посмотреть эти книги? – Смотри на здоровье. May I have a look at these books? Help yourself.

— А если вырастут усы, тогда можно? – Что можно? Одеколоном душиться? – А чего ж нельзя? Душись себе **на здоровье,** если денег много. *В. Беляев, Старая крепость.* — Разве преподавателям гимназии и женщинам прилично ездить на велосипеде? – Что ж тут неприличного? ... И пусть катаются себе **на здоровье.** *А. Чехов, Человек в футляре.* — Каждый человек, Лиза, должен заботиться о том, чтобы привести все свои идеи в порядок, в систему... – Ну, и заботься **на здоровье.** *А. Толстой, Хождение по мукам.* — ... мне хотелось бы, если вы, конечно, не имеете возражений, иногда писать такие заметки, очерки, вообще освещать наши будни. – Ну и освещайте **на здоровье.** *Ю. Герман, Дело, которому ты служишь*
Ср.: в добрый час!

ЗЕМЛЯ ⊙ зарывать талант в землю *см.* З 18

25. находиться, жить, уехать *и т. п.* ↔ **за три́девять земе́ль** ⟨от чего-л.⟩ *разг.* или *нар.-поэт.* 'Очень далеко' *Иногда подразумевается, что туда невозможно или очень трудно добраться. Порядок компонентов фиксир.* △ to be (live) in the back of beyond

До сих пор, куда бы его ни назначали, по «матросской почте» его опережала добрая слава, а сюда, **за тридевять земель,** и почта не могла дойти. *В. Кетлинская, Вечер Окна Люди.* — Гена! Купишь карту, ладно? Вот, есть деньги. — Генка озадаченно заморгал. — ... Это, значит, мне топать в магазин? ... Думаешь, охота **за тридевять земель** тащиться? *В. Крапивин, Та сторона, где ветер.* Когда Володе исполнилось полтора года, мы с Геннадием разошлись. Он уехал **за тридевять земель,** на Дальний Восток. *А. Алексин, Третий в пятом ряду.* ... когда какое-нибудь событие... происходило **за тридевять земель** от поселка, Ксан Ксаныч говорил... что издали он не может судить. *Б. Бедный, Девчата*

Ср.: у черта на куличках
[Тридевять – *от старинного счета девятками: 3 на 9*]

26. как (бу́дто, как бу́дто, сло́вно, то́чно) из-под земли́ ↔ вырасти (*в знач.* появиться), появиться, выскочить *разг.* 'Неожиданно, внезапно' *О человеке, неожиданно появившемся рядом с кем-л. Употр. чаще при гл. в прош. вр. Порядок компонентов фиксир.* △ to appear (come) out of the blue

— Стой! — раздается громкий голос Позднякова, он **как будто из-под земли** появился. *Братья Вайнеры, История участкового Позднякова.* Кто-то вырос рядом, **словно из-под земли.** Лучик карманного фонаря... — Гражданочка, ваши документы. *И. Гре-*

кова, Летом в городе. Даже среди молодых бородачей с гривами до плеч редко кто кинет на песчаную дорожку окурок. **Как из-под земли** вырастет дюжий дружинник или какой-нибудь старожил, ревнитель городской красоты и порядка. *М. Прилежаева, Осень.* ... **словно из-под земли,** из крутящегося снега и мрака вдруг вырвалась карета шестеркой и остановилась, перегородив Авросимову дальнейший путь. *Б. Окуджава, Глоток свободы*
Ср.: откуда ни возьмись, как с неба свалился, как снег на голову, тут как тут

как сквозь землю провалился *см.* П 102
между небом и землёй *см.* Н 27
не слышать земли под собой *см.* С 89

ЗЕНИЦА ⊙ **27.** беречь, хранить *кого-л., что-л.* ↔ **как зени́цу о́ка** 'Очень старательно, тщательно, заботливо' *Порядок компонентов фиксир.* △ to take the greatest care of *smb, smth*
Не смешивать с выражением to be (cherish *smb* as) the apple of *smb's* eye, *означающим* 'быть (дорожить *кем-л.* как) самым дорогим, любимым для *кого-л.*'

— Послушайте меня, Божичко, я сию минуту должен ехать в танковый корпус. Не забывайте об одном: **как зеницу ока** беречь командующего. *Ю. Бондарев, Горячий снег.* — Гусары! возьмите его! Да сказать нашему лекарю, чтоб он перевязал ему рану и берег его **как зеницу ока!** *А. Пушкин, Капитанская дочка.* — Нет овса, остался лишь семенной, — ответил Давыдов... Овса кормового было еще более ста пудов, но он ответил отказом потому, что оставшийся овес хранили к началу весенних работ **как зеницу ока.** *М. Шолохов, Поднятая целина.*
[Зеница *уст.* — *зрачок;* око *уст.* — *глаз*]

ЗИМА ⊙ **сколько лет, сколько зим!** *см.* Л 13
ЗЛОЙ ⊙ **злой язык** *см.* Я 3 и Я 4
ЗНАТЬ ⊙ **давать себя знать** *см.* Д 3

28. знáть своё мéсто *иногда пренебр.* 'Правильно оценивая свое положение в данном обществе, поступать соответственно этому положению' *Часто употр. в инф. после* надо, *в прош. вр. после* надо, чтобы, *в повел. накл., с отрицанием* не *в ритор. вопросе, а также в 1 л. ед. ч. после гл.* не беспокойтесь/не беспокойся. *При отрицании возможен Р. п.* своего места. *Гл. чаще стоит в начале фразеол.* △ to know *one's* place *иногда пренебр.*

Рудин, бедный, нечиновный и пока неизвестный человек, дерзал назначить свидание ее дочери — дочери Дарьи Михайловны Ласунской!! — Как это **не знать своего места,** удивляюсь! *И. Тургенев, Рудин.* — Вы, кажется, опять заврались, Фердыщенко, — вскипел генерал. — Да вы чего, ваше превосходительство? —

подхватил Фердыщенко ... не беспокойтесь, ваше превосходительство, я **своё место** знаю. *Ф. Достоевский, Идиот*

29. знать себе цену 'Правильно оценивать свои достоинства, свое место в обществе' *Обычно о человеке, который ведет себя независимо, с достоинством и умеет заставить уважать себя. Либо неодобр. о том, кто излишне высокомерен, самонадеян, важен. Употр. также в форме действительного прич. Порядок компонентов нефиксир.* △ to know one's ⟨own⟩ worth

А нельзя сказать, что Василий Васильевич так уж прост,— нет, человек **знает себе цену:** на него вон даже снежинки садятся осторожно и уважительно. *С. Антонов, Дело было в Пенькове.* Осин ... двинулся вслед за Божичко с твердостью в крупной походке, с достоинством **знающего себе цену** человека. *Ю. Бондарев, Горячий снег.* ... а за ними степенно, спокойно выходили **знающие себе цену** мужчины. *Ю. Герман, Дело, которому ты служишь.* — Поверьте, я **знаю себе цену;** я знаю, как мало достоин я того, чтобы заменить вас в ее сердце. *И. Тургенев, Рудин*

30. знать (понимать) ← в чем-л., реже в ком-л. → **толк** *иногда ирон.* 'Очень хорошо разбираться, уметь оценить по достоинству' *В качестве доп. чаще употр. сущ., называющие еду, питье, хозяйственные дела и т. п. Порядок компонентов нефиксир.* △ to know all about *smth*

Знать толк в еде (питье). To know what good food (wine) is *иногда ирон.*

Друзья мои, попасть в дворцовую кондитерскую — дело очень заманчивое. Толстяки **знали толк** в яствах. *Ю. Олеша, Три толстяка.* Арина Власьевна... в хозяйстве, сушенье и варенье **знала толк,** хотя своими руками ни до чего не прикасалась. *И. Тургенев, Отцы и дети.* А раньше много их бродило по Руси — философов, **понимающих толк** и в правде человеческой, и в казенном вине. *А. Макаренко, Педагогическая поэма.* Даже Аркадий Николаевич, любивший музыку и **знавший** в ней **толк,** вышел из своего кабинета. *А. Куприн, Тапер*

31. знать ← кому-л., чему-л. → **цену** 'Реально оценивать качества, значение *кого-л., чего-л., чью-л.* роль' *Часто неодобр. или ирон. Оценка, как правило, противоположна внешним, кажущимся качествам. При отрицании возможна форма цены. Порядок компонентов нефиксир.* △ to know what *smb, smth* is worth; to know *smb's* worth (the worth of *smth*)

Иван Саввич не упускал случая показать свежему человеку, что он... перевидел на своем веку много людей — и городских и деревенских, **цену** им **знает,** и никакими перчаточками его с толку не собьешь. *С. Антонов, Дело было в Пенькове.* Как правило, они не верили слухам, они по себе **знали цену** охотничьим рассказам. *Ю. Казаков, Тедди.* Он просто терпеливо ждал... каких-то благоприятных обстоятельств, которые бы помогли ему развернуть свои скромные способности. Скромные! Василий Васильевич **знал** им **цену.** *В. Тендряков, Короткое замыкание.* Я подсел на скамейку к двум девушкам, одна была — черненькая... видимо **знающая цену** своей красоте, а другая — попроще, курносенькая. *В. Лидин, Окно, открытое в сад*

Ср.: гроша ломаного не стоит, пуд соли съесть, грош цена

32. ка́к (почём *уст.***) зна́ть** *разг.* 'Это неизвестно, это трудно узнать' *Выражение неуверенности, предположения в связи с чьими-л. словами или размышлениями. Иногда выражает сомнение в чьем-л. предположении и большу́ю вероятность противоположного. Употр. обычно в начале предлож. как вводн. словосочет. либо как самост. предлож., после какого-л. утверждения. Порядок компонентов фиксир.* △ who knows? who can tell?

— Супротив меня не найти вам певца, как у меня дарование — от бога! ... — **Как знать, как знать.** *М. Горький, В людях.* — **Почем знать,** — думал я, — может быть ... сейчас же мне удастся выжать из него какую-нибудь интересную историю, связанную с волшебством, с зарытыми кладами? *А. Куприн, Олеся.* [Парабукин] лежал на тротуаре. — Может быть, он горевал, что ему уже не удастся переиначить свою жизнь, что... он не представляет для холодного и усталого мира ничего любопытного. **Как знать?** *К. Федин, Первые радости.* — ... поздно мне каяться. Для меня не будет помилования. Буду продолжать как начал. **Как знать?** Авось и удастся! *А. Пушкин, Капитанская дочка*

Ср.: бабушка надвое сказала, как сказать! *1 знач.*

не бог знает какой *см.* Б 9

пора честь знать *см.* П 81

33. та́к и зна́й *разг. Порядок компонентов фиксир.* 1) 'Это обязательно произойдет' *Употр. для усиления угрозы или подчеркивания уверенности в каком-л. будущем нежелательном событии. Употр. после гл. в буд. вр. или со знач. буд. вр., как самост. предлож. или часть сложн. предлож., в первой части которого называется угрожающее событие* △ take my word for it; ⟨and⟩ that's for sure

— А про дерзости твои всегда передам хозяину, **так и знай!** *М. Горький, В людях.* — ... заявляю вот здесь, принародно, — сторожую только до весны. **Так и знай.** *В. Овечкин, Гости в Стукачах.* — Дома весь вечер будешь сидеть — **так и знай.** *В. Распутин, Живи и помни*

Ср.: никаких гвоздей, помяни мое слово

2) 'Поверь, что я говорю правду' *Выражает сильное желание говорящего убедить собеседника в правоте своих слов. Употр. чаще после слов со знач. эмоц. отношения, чувства и т. п.* △ believe me

— Мне всегда с тобой хорошо, всегда — **так и знай**. *В. Распутин, Живи и помни*

ЗОЛОТОЙ ⊙ **золотые руки** *см.* Р 25
ЗУБ ⊙ **держать язык за зубами** *см.* Д 52
заговаривать зубы *см.* 3 4

34. ⟨у кого-л.⟩ зуб нá зуб не попадáет (не попадáл) ⟨от чего-л.⟩ *разг. Кто-л.* 'очень сильно дрожит' *Обычно от очень сильного холода или реже от очень сильного волнения, страха. Употр. как часть сложн. предлож., часто после слов* продрог, замерз, промерз *и т. п.*; дрожит (дрожал), *кого-л.* бьет (била) дрожь, *кого-л.* колотит (колотило) *и т. п. Гл. во фразеол. обычно стоит на последнем месте* △ smb's teeth chatter ⟨from cold (fright)⟩

— Ну и продрог же я, **зуб на зуб не попадает**! Скорее в шалаш, под крышу, под одеяло! *Э. Казакевич, Синяя тетрадь.* [*Нина Степановна*] прошла на кухню и зажгла все четыре конфорки газовой плиты — у нее **зуб на зуб не попадал** от холода. *Н. Евдокимов, Ожидание.* Проснулся, колотит всего, **зуб на зуб не попадает**, стожок-то — он не скирда и не ватное одеяло. *В. Мурзаков, Мы уже ходим, мама...* — У меня тогда как чуяло сердце. С самого утра места прибрать не могу. Коров на скотном дою — ну колотит всю, **зуб на зуб не попадает**. Где, думаю, у меня парень-то? *Ф. Абрамов, Дом*

зубы разгорелись *см.* Г 12
иметь зуб *см.* И 17
класть зубы на полку *см.* К 19
показывать зубы *см.* П 56

35. сквозь зýбы *разг. Порядок компонентов фиксир.* 1) говорить, шептать, бормотать *и т. д.* ↔ 'Почти не раскрывая рта, неразборчиво, неотчетливо, тихо' △ to speak through *one's* teeth

— Женя, плакать не надо! — так же, как всегда, быстро и **сквозь зубы** сказала Нюрка. *А. Гайдар, Тимур и его команда.* ... за картами поет **сквозь зубы**, но с чувством. *И. Тургенев, Бурмистр.* И сам Алексей сегодня «не такой», он что-то там записывает, перелистывает, считает, на входящих еле-еле подымает глаза и говорит **сквозь зубы**. *А. Макаренко, Флаги на башнях*

2) цедить, ворчать *и т. п.* ↔ 'Нехотя, свысока, с пренебрежением или сердито, гневно, злобно' △ to mutter under *one's* breath

Будочник такой грубиян, говорит нехотя, словно сердится на кого-то, слова **сквозь зубы** цедит, — да уж так, говорит, это Маркова дом. *Ф. Достоевский, Бедные люди.* ... старуха после каких-то незначащих фраз проговорила **сквозь зубы**: — Я вас по карточке знаю. Там вы совсем молоденькая... — Мама! — с укором остановил Николай. *М. Прилежаева, Осень.* — Я подпишу ваше заявление, — **сквозь зубы** сказал он, — но прежде я вам докажу, как скверно вы работали. *Д. Гранин, Искатели*

точить зубы *см.* Т 16

И

ИВАНОВСКИЙ ⊙ **1. во всю ива́новскую** *разг., часто шутл.*
1) кричать, орать, горланить *и т. п.*; храпеть *и т. п.* ↔ 'Очень громко' △ to shout at the top of *one's* voice; to snore very loudly

... пришел [*дьякон*] пьяный-препьяный и орет **во всю ивановскую**: — Близко не подходи, изобью! *Л. Решетников, Ставленник.* — Вот-с, сижу я однажды ночью один опять, возле больной. Девка тут же сидит и храпит **во всю ивановскую**. *И. Тургенев, Уездный лекарь*
Ср.: во весь голос *1 знач.,* не своим голосом, что есть духу *2 знач.,* на чем свет стоит, изо всех сил *3 знач.*

2) спать *и т. п.* ↔ 'Очень крепко' △ to be dead to the world *разг.*

[*Раскольников*] спит **во всю ивановскую**, отлично, спокойно, и дай бог, чтобы часов десять проспал. *Ф. Достоевский, Преступление и наказание*

3) мчаться, лететь (*в знач.* ехать) *и т. п.* ↔ 'Очень быстро' △ to ride hell for leather *разг.*

— Эй, извозчик, вези прямо к обер-полицмейстеру! — Ковалев сел в дрожки и только покрикивал извозчику: — Валяй **во всю ивановскую**! *Н. Гоголь, Нос*
Ср.: что есть духу *1 знач.,* очертя голову *2 знач.,* без памяти *2 знач.,* изо всех сил *2 знач.,* не слышать ног под собой *1 знач.*

4) светить, цвести *и т. п.* ↔ 'Очень сильно, интенсивно' △ intensely

В директрисином кабинете **во всю ивановскую** светило теплое солнце, четыре желтых квадрата лежали на желтом полу. *В. Липатов, Повесть без названия, сюжета и конца...* — Давно ли проезжал я по этой Червленой балке! Тогда терны цвели **во всю ивановскую**, белой кипенью вся балка взялась! *М. Шолохов, Поднятая целина*
Ср.: изо всех сил *1 знач.*

[*Ивановская — площадь в Кремле, где в старину оглашались цар-*

ские указы, а также колокольня Ивана Великого в московском Кремле]

ИГОЛКА ⊙ **2.** ⟨быть, сидеть⟩ ↔ **ка́к** (*реже* **бу́дто, сло́вно, то́чно**) **на иго́лках** *разг.* 'В состоянии крайнего беспокойства, сильного нервного возбуждения' *Часто нетерпеливо ожидая окончания или начала какого-л. события* △ to be on tenterhooks

Все устремили взгляды на Птицына, читавшего письмо... Рогожин... в ужасном беспокойстве переводил взгляды то на князя, то на Птицына. Дарья Алексеевна в ожидании была **как на иголках**. *Ф. Достоевский, Идиот.* Это был последний зачет по органике, Карташихин сидел **как на иголках** и чуть не срезался... В два часа Машенька должна была ждать на улице Скороходова, около загса. *В. Каверин, Исполнение желаний.* Марья Ильинична сидела **как на иголках**; язык у нее так и свербел; наконец она не вытерпела и, обратясь к мужу, спросила его с кисленькой улыбкою, что находит он дурного в ассамблеях? *А. Пушкин, Арап Петра Великого.* Супруга нашего Черевика сидела **как на иголках**, когда принялись они шарить по всем углам хаты. *Н. Гоголь, Сорочинская ярмарка*

Ср.: как на углях

ИГОЛОЧКА ⊙ **3.** ⟨как⟩ **с иго́лочки** *разг., иногда ирон.* 1) 'Только что и *обычно* безупречно сшитое, модное, новое' *Употр. при сущ.* платье, костюм, пальто *и т. п., при прил.* новое, новенькое *и т. п., при гл.* одеваться (быть одетым) △ brand-new clothes
Вариант: **с иго́лки**

Одет он был в широком щегольском легком пальто... и вообще все было на нем широко, щегольское и **с иголочки**; белье безукоризненное. *Ф. Достоевский, Преступление и наказание.* — Честно говоря, была у меня к нему претензия: уж очень он иногда эдаким пижоном выглядел. Аккуратист. Костюм **с иголочки**, платочек в кармашке, галстук модный. *И. Герасимов, Пробел в календаре.* В полдень он появлялся одетым **с иголочки** и очень любезно... заговаривал с нами. *В. Короленко, Парадокс.* Никто не ответил на приветствие приезжих, но объяснялось это не зазнайством хмурых бывалых людей перед веселыми, **с иголочки** одетыми новичками, а скорее спешкой и характером их работы. *Л. Леонов, Русский лес*

Ср.: по последнему слову

2) *редк.* 'Совершенно новый, только что и *обычно* очень хорошо сделанный' *О каких-л. предметах, изготовленных человеком* △ brand-new

У одного из подъездов красовалось новенькое **с иголочки** открытое ландо, запряженное четверкой великолепных белых лошадей. *М. Салтыков-Щедрин, В среде умеренности и аккуратности*

ИГРА ⊙ **выходить из игры** *см.* В 98

ИГРАТЬ ⊙ **4. игра́ть в бирю́льки** *разг., неодобр.* 'Заниматься несерьезным делом, пустяками' *Употр. часто с отрицанием* не *или* в инф. *после* нечего, перестань (перестаньте) *и т. п. Порядок компонентов нефиксир.* △ to occupy *oneself* with trifles

Мы с вами не в бирюльки играем. Let's be serious about what we are doing.

Вариант: **игра́ в бирю́льки**

— Мое право, придя домой со службы, где, поверь, я не **в бирюльки играю,** увидеть веселое лицо жены без следов слез. *И. Грекова, Хозяйка гостиницы.* — Как же вы ратуете за мероприятие, которому только еще собираетесь учиться? Зовете на дорогу, а куда она выведет — самой вам неизвестно. Не **в бирюльки играем!** *Г. Николаева, Повесть о директоре МТС и главном агрономе.* Они отделываются от «проклятых вопросов» важными, темными фразами... теоретической **игрой в бирюльки.** *В. И. Ленин, Империализм как высшая стадия капитализма*

[Бирюльки — *крошечные вещички: топорики, лопатки, рюмочки, бочонки, корзиночки и т. п. Старинная игра в бирюльки заключалась в том, что из беспорядочно разбросанных бирюлек маленьким крючком вытаскивали их одну за другой, не задевая остальные*]

5. игра́ть (поигра́ть) ← ‹с кем-л.› → в ко́шки-мы́шки *разг.* 'Стараться скрыть свои истинные цели и намерения, перехитрить, обмануть кого-л.' *Обычно в разговоре. Часто употр. в инф. при словах со знач. желания — нежелания, намерения — отсутствия намерения и т. п. Порядок компонентов нефиксир.* △ to play cat and mouse with *smb*

Вариант: **игра́ в ко́шки-мы́шки**

— Вот что, коллега! Я бы мог, конечно, **играть** с вами **в кошки-мышки,** я бы мог выдумать вам наспех какую-нибудь историю о моем бедном родственнике, которого нечаянно подстрелили, скажем, на охоте, но этого я делать не хочу и не буду. *В. Беляев, Старая крепость.* — За-мол-чи!!! — Злись! Злись! Кричи. Мне даже **поиграть** с тобой хочется... **в кошки-мышки** ... Ну, не буду играть, лучше сразу... Слушайте, это недавно было, после экзаменов по математике. *В. Тендряков, Ночь после выпуска.* — Хочешь что-то спросить? — будто прочитал его колебания председатель. — Мне незнакомое дело. — Познакомишься. Не в прятки **играем.** И не **в кошки-мышки.** Разговор будет начистоту. *К. Федин, Костер.* — ... вам придется отмалчиваться, увиливать, прятаться от досужих вопросов. Ежедневная **игра в кошки-мышки.** Причем роль преследуемой мышки достанется на вашу долю. *В. Тендряков, Чрезвычайное.* Ср.: втирать очки, водить за нос, играть в прятки, наводить тень на плетень

6. игра́ть в молча́нку (в молча́нки) *разг., иногда неодобр.* 'Упорно отмалчиваться, уклоняясь от разговора' *Иногда скрывая раздражение на кого-л., злость. Порядок компонентов нефиксир.* △ to be determinedly silent, avoiding a conversation
Вариант: игра́ в молча́нку (в молча́нки)

Блинов обратил свой взгляд на парня. Тот молчал. — Дружище, к тебе обращаюсь, — легко толкнул его в бок Блинов. Тот продолжал молчать. — **Играть в молчанку** решил? *Г. Милегин, Я. Шестопал, День кончается завтра.* — На людях весело с тобой, это точно... А останешься наедине — и все больше **в молчанку играем.** Почему так? *Б. Бедный, Девчата.* — Если на члена бюро ячейки подают заявление, а ты — секретарь, то приди и скажи человеку толком, честно, открыто, в чем его обвиняют; проверь, так это или нет, а не **играй в молчанку,** не заставляй человека мучиться понапрасну! — размышлял я про себя. *В. Беляев, Старая крепость.* Именно здесь, где всем было понятно, что неспроста солдат Шаповалов так упрямо **«играет в молчанку»,** находила она наиболее убедительные утешения. *Б. Полевой, Глубокий тыл*
Ср.: набрать в рот воды

7. игра́ть ‹с кем-л.› → в пря́тки (в жму́рки) *разг.* 'Стараться скрыть правду от кого-л., притворяясь, что не знаешь ее' *Употр. чаще в прош. вр. и в инф. при словах* незачем, хватит, нечего *и т. п. Порядок компонентов нефиксир.* △ to try to conceal the truth from *smb*, pretending not to know it
Вариант: игра́ в пря́тки (в жму́рки)

Мы видели все это, с нами не **играли в прятки,** да и некогда было, и не было условий, чтобы щадить нас милосердием. *Е. Носов, Красное вино победы.* Он... по лицу понял, что [жена] что-то скрывает от него. Он терпеть не мог этих... недоговорок... и потому спросил нетерпеливо: — Может, не будем **в прятки-то играть?** Муж домой приехал але дядя? — Этому мужу надо подумать, еще как и сказать. *Ф. Абрамов, Дом.* — Но бросьте **играть в жмурки.** О чем идет разговор? *К. Федин, Я был актером.* Мы видим, таким образом, что «Р. Дело» продолжает ту **игру в прятки,** которой оно занималось... с самого своего возникновения. *В. И. Ленин, Что делать?*
Ср.: втирать очки, валять дурака *1 знач.,* водить за нос, играть в кошки-мышки, морочить голову *1 знач.,* наводить тень на плетень, пускать пыль в глаза

играть комедию *см.* Л 25

8. игра́ть на ⟨чьих-л.⟩ не́рвах; игра́ть у кого-л. → на не́рвах
'Намеренно раздражать *кого-л*.' *Обычно совершая какие-л. нежелательные поступки, или надоедая кому-л. однообразными просьбами, или касаясь наболевших проблем, или заставляя долго быть в неизвестности. Порядок компонентов нефиксир.* △ to irritate *smb* intentionally

Вариант: **игра́ на ⟨чьих-л.⟩ не́рвах**

Синцов больше не напоминал о своей просьбе, понимая, что, если бы комдив сразу решил отказать, не **играл бы на нервах**. *К. Симонов, Солдатами не рождаются*. В этой пьесе у него была маленькая роль, и, по-моему, он провел ее превосходно. Выйдя от больного, он задумался и довольно долго стоял на авансцене, **«играя на нервах»** и заставляя зрителя гадать, что же он сейчас скажет. *В. Каверин, Два капитана*. — Зачем вы оставили стул за дверью? Чтобы позабавиться надо мной? — Товарищ Бендер, — пробормотал предводитель. — Ах, зачем вы **играете на моих нервах**! Несите его сюда скорее, несите! *И. Ильф, Е. Петров, Двенадцать стульев*

Ср.: выводить из себя, действовать на нервы, надрывать душу, трепать нервы, тянуть жилы

кровь играет *см.* К 47

ИДТИ́ ⊙ **голова идет кругом** *см.* Г 39
дело идет к *см.* Д 27
дело идет на лад *см.* Д 28

9. идти́ (пойти́, *реже* **ле́зть, поле́зть; пере́ть** *прост*.**) в го́ру**
Порядок компонентов фиксир. 1) 'Приобретать вес, значение, авторитет, делать карьеру' *О человеке. Употр. чаще гл. сов. вида в прош. вр.* △ to come (go) up in the world (in life)

— ...смотри, как у тебя все славно! Вон как **в гору пошел**, большим человеком стал! А я, брат, не-е! Ничего из меня не вышло. *Е. Носов, Не имей десять рублей*... А потом они перебрались сюда в Донбасс, и тоже поначалу было нелегко, а потом Григорий Ильич **пошел, пошел в гору,** и о нем стали писать в газетах. *А. Фадеев, Молодая гвардия*. Дороги братьев растекались врозь; гнула Григория война... а Петро быстро и гладко **шел в гору**, получил под осень шестнадцатого года вахмистра, заработал два креста и уже поговаривал в письмах о том, что бьется над тем, чтобы послали его подучиться в офицерскую школу. *М. Шолохов, Тихий Дон*. — Гремит твой Валерий, в значительные чины восходит, — с оттенком недоброго восхищения заключил Чередилов. — Это хорошо, что наши **в гору идут**, — волнуясь, признался Вихров. *Л. Леонов, Русский лес*

ИДТИ

Ср.: далеко пойти

2) *только* **идти (пойти)** 'Улучшаться, развиваться успешно, благоприятно' *О делах предприятия или человека, о хозяйстве* △ to be on the up and up

Да что же это у нас [*в Пекашине*] делается-то? — спрашивала она себя то и дело... — А почему дела-то **в гору нейдут?** Может оттого, что по-старому робить разучились, а до машины, до всей этой техники, умом еще не доросли? *Ф. Абрамов, Дом.* Механический цех, прежде отстававший, как раз к этому времени **в гору пошел,** обеспечил приличный задел, и решено было вручить ему переходящее знамя. *А. Аграновский, Уманские встречи.* — С тех пор колхоз **пошел в гору.** Хорошо вспахали, вовремя посеяли, убрали — с урожаем, с хлебом! Когда жирок завяжется — хозяйство быстро растет! В два года «Сеятель» стал передовым колхозом в районе. *В. Овечкин, Районные будни.* Несмотря на войну, на то, что мужиков был недочет, под строгим глазом Никифора Захаровича хозяйство и в последние годы заметно **шло в гору.** *С. Залыгин, Соленая Падь*

Ср.: дело идет на лад

10. идти́ ⟨нога́⟩ в но́гу с *чем-л.,* реже с *кем-л.* 'Действовать, соответствуя *чему-л.* по своим вкусам, убеждениям, поведению, не отставая; наравне с *кем-л.*' *О человеке и объединениях людей, о предприятиях, колхозах и т. п., об идеях и различных областях духовной деятельности человека. В качестве доп. часто употр. сущ. со временем, с веком, с эпохой, с жизнью и т. п. Порядок компонентов фиксир.* △ to keep abreast of the times; to keep pace with *smb, smth*

— Да, Дарья Дмитриевна, нужно **идти в ногу** с новой эпохой... Жечь, ломать, рвать в клочки все предрассудки... Другого такого времени не случится. *А. Толстой, Хождение по мукам.* Новая программа и устав НПП [*Гайаны*] свидетельствуют о стремлении партии **идти в ногу** со временем. *«Правда», 7 августа 1979 г.* Но мы имеем право сказать, что никогда еще и нигде литература не **шла так «нога в ногу»** с жизнью, как она идет в наши дни у нас. *М. Горький, О литературе.* Сергей слушал и думал о колхозе «Ударник». Сейчас он **идет в ногу** с другими, но с завтрашнего дня, в крайнем случае с послезавтрашнего, остановится, и уж никто не сможет его продвинуть вперед. *В. Тендряков, Под лежач камень...*

идти в огонь и в воду *см.* О 11

11. идти́ (пойти́) на поводу́ ↔ у *кого-л.* неодобр. 'Думать, поступать несамостоятельно, по *чьим-л.* указаниям' *Чаще употр. гл. несов. вида в наст. вр. или в инф. при словах со знач. нежелания,*

ИДТИ

отказа. Гл. во фразеол. чаще стоит на первом месте △ to allow smb to lead one by the nose; to be led by smb; to dance to smb's tune

— Странная у вас какая-то позиция, товарищ Лобанов. Повсюду вам чудится борьба, победители, побеждённые... Борисов у вас тоже, очевидно, **идёт на поводу**. *Д. Гранин, Искатели.* В «Маяке» встревожились, заинтересовались системой нового тренера, убедились, что он совершенно не следит за режимом лыжницы, во всём **идёт на поводу** у капризной чемпионки. *Л. Кассиль, Ход белой королевы.* [Борька] ни в чём не изменил себе, всегда делает то ... что считает единственно верным... А я? ...И ведь не скажешь, чтобы **шёл на поводу,** брал что придётся, что дадут... Но сам-то я знаю, что не вся душа вложена, часть припрятана на случай, на будущее. *В. Амлинский, Ремесло.* — Стыдно! Безответственно! — кричал он срывающимся голоском. — **Пойти на поводу** у мальчишки. Перечеркнуть свою научную карьеру! *В. Кетлинская, Иначе жить не стоит*

Ср.: плыть по течению, плясать под дудку

[Повод — *ремень узды, которым правят лошадью*]

12. идти́ (пойти́, кати́ть, покати́ть, кати́ться, покати́ться) под гору (под уклон) *Порядок компонентов нефиксир.* 1) 'Резко ухудшаться, развиваться в неблагоприятном направлении' *О делах предприятия или человека, о хозяйстве. В качестве подлеж. употр. сущ.* дела, хозяйство, *мест.* всё. *Употр. чаще гл. сов. вида в прош. вр.* △ to go downhill; to be slipping

И хозяйство не пропало, **под гору** не **покатилось,** осталось в хорошей сохранности. *С. Залыгин, Комиссия.* И как свалился [Сапегин], так и **покатилось** всё **под гору:** вымер от поветрия породистый скот, рухнули оранжереи... сквозь осыпь штукатурки в углу гостиной стало гнилое дерево проступать. *Л. Леонов, Русский лес.* Ей не нравятся мои взгляды, она смеётся над моими мечтами... мы несколько раз ссоримся. Потом всё **катится под гору.** Я чувствую, как уходит она от меня с каждым разом всё дальше, всё дальше. *Ю. Казаков, Голубое и зелёное*

Ср.: через пень колоду 2 *знач.,* трещать по швам

2) 'Деградировать, опускаться морально и физически' *О человеке. Употр. чаще гл. сов. вида в прош. вр.* △ to go downhill; to be on the slide; to be slipping

[Авдеич] первый из хутора попал в Атаманский полк, и диковинное поделалось с казаком: рос парнем, как и все; водилась за ним с малых лет малая придурь, а со службы пришёл — и **пошло колесом под гору.** *М. Шолохов, Тихий Дон.* — Нет, Антонина Андреевна, не было бы тебя — хуже было бы мне и Ларисе. Не

знаю, что бы тогда со мной стряслось. Скорее всего **под уклон пошёл** бы. *С. Антонов, Дело было в Пенькове*
Ср.: выходить из колеи

3) 'Близиться к концу' *О жизни человека* △ to be on the decline
— ... горько мне, смутно, опомниться не успела — жизнь прошла, вот уже **под уклон катит**. *П. Проскурин, День смятения.* С того дня жизнь Корчагина **шла под уклон**. О работе не могло быть и речи. Все чаще он проводил дни в кровати. *Н. Островский, Как закалялась сталь*
Ср.: песенка спета

13. идти́ (пойти́, рассыпа́ться/рассы́паться) пра́хом 'Безвозвратно гибнуть, окончательно разрушаться, оказываться безрезультатным' *В качестве подлеж. употр. сущ.* хозяйство, предприятие *и т. п.;* мечты, надежды *и т. п.; мест.* всё. *Гл. чаще стоит во фразеол. на первом месте* △ to go to wrack and ruin *о хозяйстве, предприятии и т. п.;* to fall through *о мечтах, надеждах, планах и т. п.*

Когда же умер Дормидонт Сухих, Гришкин отец, хозяйство вовсе **пошло прахом** — братья разделились. *С. Залыгин, Комиссия.* И, вздохнув, он прибавил: — У меня было здесь солидное заведение. Ну, что делать! Заведение **пошло прахом**, осталась квартира до срока. *В. Короленко, Без языка.* — Старое крепостное право заменено новым... Народ был обманут, — писал Огарев. Так **рассыпались прахом** мечты Семенова об освобождении крестьян из крепостного ига. *А. Алдан-Семенов, Для тебя, Россия...* Все эти годы Микоян учился. Учился строить самолеты и руководить людьми. Учился сохранять бодрость, когда все **рассыпается прахом**, и не зазнаваться, когда все идет хорошо. *А. Аграновский, Открытые глаза*
Ср.: вылетать в трубу

14. куда́ ни шло́ *разг. Порядок компонентов фиксир.* 1) 'Рискну, каковы бы ни были последствия, поступлю именно так' *Употр. обычно как часть сложн. предлож. после против. союзов* а, но, да, *иногда с частицами* эх, эй, уж, а △ come what may

— Пусть я покажусь вам неделикатной, жестокой, но **куда ни шло**: вы любите меня? Ведь любите? *А. Чехов, Рассказ неизвестного человека.* [*Глаза*] вспыхнули и у Базарова. — ... Вам пришла фантазия испытать на мне свой рыцарский дух. Я бы мог отказать вам в этом удовольствии, да уж **куда ни шло**! *И. Тургенев, Отцы и дети.* — Эх, **куда ни шло**. Настасья Филипповна! — вскричал он... — вот восемнадцать тысяч! — И он шаркнул перед ней на столик пачку в белой бумаге... — И... и еще будет! *Ф. Достоевский, Идиот.* — А, **куда ни шло**, задери его черт, зайду к Лизе Рыбаловой! *А. Фадеев, Молодая гвардия*
Ср.: была ни была, так и быть

ИЗБА

2) ⟨это⟩ ⟨ещё⟩ куда́ ни шло́, ⟨а (но)⟩ 'Можно допустить как исключение, еще можно согласиться, делая уступку' *Употр. обычно в первой части сложн. предлож. с союзом а, чаще после инф. или сущ. в И. п., при этом вторая часть предлож. выражает то, с чем нельзя согласиться* △ I can admit it as an exception, or agree to it as a concession

— На таких, как я, Илюша, не женятся, — твердо, как о давно решенном деле, сказала Анфиса. — Время провести — **еще куда ни шло**, а для женитьбы другие есть, морально устойчивые. *Б. Бедный, Девчата.* Гриша чу́дно играл, и я заметил, что Татьяна и Ольга просто глаз с него не сводили. Татьяна — **еще куда ни шло**: ведь она влюблена в него по роли, а вот Ольга... *В. Каверин, Два капитана.* — [*Вода*] на убыль пошла. Двести всего кубов [*леса*] уплыло. — Двести кубов — это терпимо, это **куда ни шло**. *Г. Горышин, Запонь.* Нет, в пекари еще **куда ни шло**, а в няньки он уже, видно, не годится. *В. Мурзаков, Мы уже ходим, мама...*
Ср.: **мороз по коже идет** *3 знач.*, так и быть, а то *5 знач.*

мороз по коже идет *см.* М 40

не идет из головы *см.* В 102

речь идет о *см.* Р 20

ИЗБА ⊙ **выносить сор из избы** *см.* В 94

ИЗЮМ ⊙ **не фунт изюму** *см.* Ф 3

ИМЕ́ТЬ ⊙ **15. име́ть в виду́** *Порядок компонентов фиксир.*
1) ↔ *кого-л., что-л.* 'Подразумевать *кого-л., что-л.*, называя это по-другому' △ to mean *smb, smth*

Перед ними открылась бескрайняя среднерусская равнина... — Вот она, матушка... ой, сильна! — сказал со вздохом артиллерист Самохин, **имея в виду** свою Россию. *Л. Леонов, Русский лес.* — Ты не придирайся, — обиженно сказал Борисов. — Ты прекрасно знаешь, что я **имел в виду**. А если мне трудно выразить, то потому, что не хочу обижать тебя. *Д. Гранин, Искатели.* — Готова связь со штабом фронта? — Будет готова через полтора часа. Я **имею в виду** проводную связь, — заверил Яценко. *Ю. Бондарев, Горячий снег.* ... я понимала, что Сережа [*рассказывая анекдот*] **имел в виду** совсем не меня, да он и не знал, что мой папа мне не родной отец. *В. Киселев, Девочка и птицелет*

2) **име́ть (поиме́ть** *прост., редк.***) в виду́** 'Знать, учитывать' *Часто употр. как предупреждение собеседнику о каком-л. предстоящем нежелательном для него событии или как запрет делать что-л. Употр. чаще в повел. накл. и в инф. при словах со знач. необходимости, обычно как часть бессоюзного сложн. или сложноподчин. предлож. с союзом что, реже как самост. предлож.*
△ to bear (have, keep) it in mind + *придат. предлож., может*

употр. в повелит. накл.; mind that + *придат. предлож., употр. в повелит. накл.*

— Ты знаешь, что тебя хотят повесить? — спросил Спирька. — Нет? **Имей в виду!** *Н. Задорнов, Амур-батюшка.* — **Имейте в виду,** сэр: в этом купе вы пальцем никого не тронете. *А. Макаренко, Флаги на башнях.* — **Поимейте в виду,** — сказал Жорка, — что издали вы похожи на вылитых фальшивомонетчиков. Чего это вы тут делаете? *К. Паустовский, Золотая роза.* Этим объяснением Курышев как бы упреждающе подсказывал командующему, что при допросе следовало бы **иметь в виду** возможность дезинформации. *Ю. Бондарев, Горячий снег*

Ср.: взять в толк, отдавать себе отчет

3) *уст.* 'Иметь целью, желать, замышлять сделать *что-л.*' *Употр. перед гл. сов. вида в инф. или перед сущ., обознач. объект действия при опущенном инф. С отрицанием не при фразеол. возможен гл. несов. вида* △ to mean (intend) to do *smth*

Последние слова Феоктиста Саввишна произнесла с большим выражением, потому что, говоря это, **имела в виду** кольнуть Лизавету Васильевну. *А. Писемский, Тюфяк.* **Он имел в виду,** кроме всего прочего, как-то поправить отношения Саши и Нины. *Д. Гранин, Искатели.* Итак, мы вышли из Перекопа и шли дальше, **имея в виду** чабанов [*встретить чабанов*], у которых всегда можно попросить хлеба и которые очень редко отказывают в этом прохожим людям. *М. Горький, В степи.* ...командир батальона вовсе и не **имел в виду** его упрекать, но Малинин все же принял это замечание на свой счет. *К. Симонов, Живые и мертвые*

16. име́ть де́ло 1) с *чем-л.,* с *кем-л.* 'Сталкиваться, соприкасаться' *Обычно это редко встречающиеся, необычные явления, факты или люди, чем-то отличающиеся от других. Иногда перед фразеол. употр. слова и сочет.* здесь, тут, в данном случае *и т. п. Гл. во фразеол. чаще стоит на первом месте, и тогда фразовое ударение ставится на* де́ло △ to deal with *smth, smb*

Серый джентльмен... сказал: — Судью Дикинсона еще никто не упрекал за опрометчивые суждения... в его камере. Здесь мы **имеем дело** с фактами, как они изложены в газетах. *В. Короленко, Без языка.* И оказывалось, что болезнь эта вовсе не редкая и не редчайшая, а самая распространенная, та, с которой непременно и много раз придется **иметь дело** будущим медикам. *Ю. Герман, Дело, которому ты служишь.* Можно смело говорить какую угодно правду человеку самостоятельному, рассуждающему, а ведь тут **имеешь дело** с существом, у которого ни воли, ни характера, ни логики. *А. Чехов, Рассказ неизвестного человека.* Чапаев был хорошим и чутким организатором того времени, в тех об-

ИМЕТЬ

стоятельствах и для той среды, с которой **имел** он **дело**. *Д. Фурманов, Чапаев*

2) *с кем-л.* 'Вступать в контакт, в *какие-л.* отношения' *Иногда подразумевается спор или даже драка. Гл. во фразеол. чаще стоит на первом месте* △ to deal (do) with *smb*

Не советую вам иметь с ним дело. I advise you to have no dealings with him.

Если судьи города Нью-Йорка думают иначе, если адвокат этого штата пожелает доказывать противное... то они будут **иметь дело** с лучшими юристами Дэльтоуна. *В. Короленко, Без языка*. В это самое время вошел Порфирий и с ним Павлушка, парень дюжий, с которым **иметь дело** было совсем невыгодно. *Н. Гоголь, Мертвые души*. Вообще-то я тоже не люблю красивых девчонок. Они все время помнят о том, что они красивые, и с ними поэтому очень трудно **иметь дело**. *А. Алексин, Мой брат играет на кларнете*

3) *с чем-л.* 'Пользоваться *чем-л.*, работать с *чем-л.*' *В качестве доп. обычно употр. названия орудий труда и обрабатываемых предметов. Гл. чаще стоит во фразеол. на первом месте* △ to use *smth*; to work with *smth*

А вам, товарищ, когда-нибудь приходилось **иметь дело** с этой снастью? — осторожненько спросил дядя Федя. *Л. Кассиль, Ход белой королевы*. — Работал? — спросил Науменко, кивая на машинки. — Не видел никогда. На плацу формовал, а с машинками **дела** не **имел**. *В. Беляев, Старая крепость*

17. име́ть (*редк.* **держа́ть**) → на *кого-л.*, против *кого-л.* → зу́б *разг.* 'Испытывать к *кому-л.* тайную злобу и неприязнь, желание отомстить *кому-л.*' *Гл. во фразеол. чаще стоит на первом месте* △ to bear (have) a grudge against *smb*; to bear *smb* a grudge *чаще при отриц.*; to have it in for *smb*

Вариант: у *кого-л.* **есть** ↔ на *кого-л.*, против *кого-л.* зу́б

— Этот длинный Васька сказал, что отвинтит Лене голову, когда она будет из школы возвращаться. А на меня они тоже **имеют зуб**. *В. Киселев, Девочка и птицелет*. Но неприятно то, что если кто-то вышестоящий, у кого может на Анну **быть зуб**, или завистник какой-нибудь, недоброжелатель... раздуют историю. *М. Прилежаева, Осень*. У Саши **зуб** на соседку. Она не забыла и вовек не забудет, что Ольга Сергеевна сказала сегодня утром: — Никогда в жизни не видела такого беспокойного ребенка, как эта Анюта. *Ф. Вигдорова, Семейное счастье*. Илюха, хотя и **держал** на Сеньку **зуб**, помалкивал в таких случаях. *В. Белов, Под извоз*

Ср.: точить зубы *1 знач.*

ИМЯ ⊙ **называть вещи своими именами** см. Н 13

18. говорить, судить, действовать, благодарить *и т. п.* ↔ **от и́мени (от лица́** *торж.***)** *кого-л.;* **от** *чьего-л.* **и́мени (лица́)** *книжн.* 'По поручению *кого-л.*, выражая *чье-л.* мнение, ссылаясь на *чей-л.* авторитет, на *чьи-л.* распоряжения как основание для данных действий' *Вариант* **от лица** *представляет обычно множество людей, какой-л. коллектив, вариант* **от имени** *может употр. по отношению и к одному лицу, и к множеству лиц* △ on behalf of smb; on smb's behalf; in the name of smb

— Товарищи, внимание! Можно **от вашего имени, от лица** всей нашей команды... поцеловать... любимого, уважаемого, несравненного Степана Михайловича? *Л. Кассиль, Ход белой королевы.* — Слушаю, ваше высокоблагородие... Я доложу смотрителю. — Пожалуйста. Ты попроси его **от моего имени**. Скажи, что я просил. *А. Чехов, Палата № 6.* Шабашкин за него хлопотал, действуя **от его имени**, стращая и подкупая судей. *А. Пушкин, Дубровский.* — Мы не только что от себя — **от имени** его детей его судим! *С. Залыгин, Соленая Падь.* — Мне предложили выступить **от лица** всего класса, я хочу говорить от себя. Только от себя! *В. Тендряков, Ночь после выпуска*

ИНОЙ ⊙ **иное дело** см. Д 33

ИСКАТЬ ⊙ **19. ищи́ (ищи́ — свищи́,** *реже* **догоня́й) ве́тра в по́ле** *разг.* 'Не сможешь найти, не вернешь обратно, как бы ни старался' *Подразумевается бессмысленность, бесполезность поисков, обычно какого-л. человека. Употр. как самост. предлож. или как сказ. без подлеж. в сложн. предлож., в первой части которого обычно употр. гл.* уйти, уехать, убежать *и т. п. Часто перед фразеол. стоят слова* теперь, потом, тогда *и т. п. Порядок компонентов фиксир.* △ it is like looking for a needle in a haystack

— А под утро Василий Сергеич скачет на паре. — Не проезжала ли тут, Семен, моя жена с господином в очках? — Проезжала, говорю, — **ищи ветра в поле!** *А. Чехов, В ссылке.* — ... они взяли и уехали. — Ты пришел домой, а их нет? — Нет, ничего нет. И родителей нету, и вещей нету. Ничего нету. А там жил хозяин такой, так он сказал: **ищи ветра в поле**. *А. Макаренко, Флаги на башнях.* — А Печерица еще не вернулся? — **Ищи ветра в поле!** — хмуро бросает Коломеец. *В. Беляев, Старая крепость.* Я прямо сюда — побоялся, что вы без меня уедете. Тогда **ищи-свищи ветра в поле**. *А. Барышников, Кто честен и смел*

Ср.: поминай как звали

недалеко искать см. Х 15

ИСКРА ⊙ **20. и́скры** ← *у кого-л.* → **из глаз** (*или* **из чьих-л. глаз**) **посы́пались (сы́плются, посы́плются)** *Кто-л.* 'ощутил такую

острую боль в голове, что в глазах возникла картина рассыпавшихся искр' *Часто от удара по голове. Порядок компонентов нефиксир., но гл. чаще стоит во фразеол. не на первом месте*
△ smb saw (sees, will see) stars

[Дьячиха] так стукнула его локтем в переносицу, что **из глаз его посыпались искры.** *А. Чехов, Ведьма.* А мельник и сам не одному христианину так чуприну скубнет [*сильно дернет за волосы*], что ... **из глаз искры,** как на кузнице из-под молота, **посыплются.** *В. Короленко, Судный день.* И солдаты лупят со всего размаха, **искры сыплются из глаз** бедняка, он начинает кричать. *Ф. Достоевский, Записки из Мертвого дома*
Ср.: глаза на лоб лезут

ИСПОКОН ⊙ **испокон века** *см.* В 14
ИСПОРТИТЬ ⊙ **испортить нервы** *см.* Т 17
ИСТЕРЕТЬ ⊙ **истереть в порошок** *см.* С 109
ИСТИНА ⊙ **наставлять на путь истины** *см.* Н 21
ИСТИННЫЙ ⊙ **наставлять на путь истинный** *см.* Н 21
ИСТОРИЯ ⊙ **попадать в историю** *см.* П 71
ИСТРЕПАТЬ ⊙ **истрепать нервы** *см.* Т 17
И ТО ⊙ **и то сказать** *см.* С 69

Й

ЙОТА ⊙ 1. **ни на йоту** *книжн.* 'Нисколько' *Обычно употр. в следующих конструкциях:* не + *гл. со знач. изменения* ↔ ни на йоту, *или сущ. в Р. п., обознач. человеческие отношения, черты характера и т. п.* ⟨у кого-л.⟩ нет) ни на йоту, *или* ни на йоту + *ср. ст.*
△ not one (an) iota *книжн.*; not one (a) jot ⟨or tittle⟩ *оба выраж. употр. в тех же конструкциях, что и русск.*

Если банк учитывает векселя данного предпринимателя, открывает для него текущий счет и т. п., эти операции, взятые в отдельности, **ни на йоту** не уменьшают самостоятельности этого предпринимателя. *В. И. Ленин, Империализм как высшая стадия капитализма.* — А вы думаете, что — он? Чего-нибудь понял? Да **ни на йоту!** *С. Залыгин, Наши лошади.* — Но когда приехал в дивизию, встретил раздавленного горем человека, не почувствовал в нем **ни на йоту** самостоятельности, уверенности. *К. Симонов, Живые и мертвые.* Третий год подряд Алиса показывает одно и то же, **ни на йоту** лучше. *Л. Кассиль, Ход белой королевы*
Ср.: ни на грош, ни капли, ни крошки, ни сном ни духом
[*Йота — буква греческого алфавита, обозначающая звук И*]

К

КАБЛУ́К ⊙ **1.** быть, находиться, держать *кого-л.* **под каблуко́м, (под каблучко́м** *ирон.***)** у *кого-л., кого-л.;* **под чьим-л. каблуко́м (каблучко́м** *ирон.***)** *разг.* 'В беспрекословном подчинении, в полной зависимости' *Часто о зависимости мужа от жены* △ to be under *smb's* thumb *разг.*

Нравы народа находятся **под каблуком** Наполеона, имя которого синоним угнетения и тирании. *Д. Писарев, Очерки из истории печати во Франции.* Знали матросы, что «капитанша» держит **под каблучком** молодящегося капитана, что уступил, подчинился девчонке старик капитан. *И. Соколов-Микитов, Матросы*
Ср.: под башмаком, плясать под дудку, в руках *1 знач.*, веревки вить, держать в ежовых рукавицах, держать в руках, прибирать к рукам *1 знач.*, садиться на шею *2 знач.*

КАБЛУЧО́К ⊙ **под каблучком** *см.* К 1

КАВЫ́ЧКИ ⊙ **2.** *кто-л., что-л.* **в кавы́чках** *презр.* 'Не заслуживает данного ему названия, так как не обладает соответствующими качествами' *Употр. обычно как несогл. опред.* △ in inverted commas *употр. после сущ.*

Он хорошо понимал, из-за чего взъярились его друзья-приятели **в кавычках.** Он насквозь видел этих прошелыг. «Анархия... Безобразия...» Как бы не так! На пожар не хочется ехать — вот где собака зарыта. *Ф. Абрамов, Дом.* [*После революции*] по-иному воспринимались вопросы войны и мира, по-иному виделись и союзники России, которые в те дни все чаще именовались союзниками **в кавычках.** *В. Кетлинская, Вечер Окна Люди*

КА́ЖДЫЙ ⊙ **каждый встречный** *см.* В 68
на каждом шагу *см.* Ш 2

КАЗА́НСКИЙ ⊙ **казанская сирота** *см.* С 68

КАЗА́ТЬ ⊙ **не каза́ть (не пока́зывать/не показа́ть) но́са (но́су,** *реже* **гла́з)** ↔ ⟨*куда-л., к кому-л., реже откуда-л.*⟩ *разг., иногда неодобр., при вариантах* носа (носу) *может быть шутл.* 'Не появляться *где-л.* или у *кого-л.*, не выходить *откуда-л.*' *Обычно подразумевается длительный период времени. О человеке. Гл.* казать *употр. чаще в наст. вр. В вопросе с мест.* что же, почему *и т. п. может выражать обиду говорящего. Порядок компонентов нефиксир.* △ not to show *oneself* ⟨*somewhere*⟩

Он боится туда нос показать. He daren't show his face (show *himself*) there.
Выражение show *one's* face *употр., когда появление данного человека*

нежелательно для кого-л. или ему самому неприятно или стыдно появляться где-л.

— И, по правде сказать, мы только раза два его и видели. Он уже с полгода ... **глаз не кажет.** *Ф. Вигдорова, Семейное счастье.* — И скажи, пять годов потом этот Сашенька **носу** к нам **не казал,** да вдруг и заявился. *Л. Леонов, Русский лес.* Прячешься иногда, прячешься ... боишься **нос** подчас **показать** — куда бы там ни было, потому что пересуда трепещешь [*боишься*]. *Ф. Достоевский, Бедные люди.* Варвара Алексеевна, пригибая голову дочери и целуя ее в лоб, попеняла: — Что **глаз не кажешь?** *Б. Полевой, Глубокий тыл*

Ср.: не высовывать носа, забывать дорогу

    КАЗАТЬСЯ ⊙ **казаться на глаза** *см.* П 59
    КАК ⊙ **вертеться как белка в колесе** *см.* В 18
    вот оно как! *см.* В 61
    гол как сокол *см.* Г 37

4. ⟨**и/да**⟩ **ещё ка́к** *разг.* 'В высокой степени, очень' *Обознач. интенсивность действия, желания и т. п. или степень качества. При этом качество может не называться, а подразумеваться. Употр. как самост. предлож. после названия действия или как обст. перед гл., повторяющимся в тексте. Порядок компонентов нефиксир.* △ And how! *разг.;* Not half! *разг., оба выражения употр. без повторения гл.*

Можешь это сделать? — Еще как могу! Can you do it? I certainly can!

— Шути, шути ... А все-таки промахнулся ты, Паша. **Еще как.** По всем пунктам просчитался. *Д. Гранин, Однофамильцы.* — А что болтал вчера про меня в ресторане? — Я тебя ругал вчера в ресторане? Ниночка! — **Да еще как!** *А. Толстой, Хождение по мукам.* — Значит, Печерица настаивал на увольнении инструктора? ... — Ну да! **И еще как** настаивал! *В. Беляев, Старая крепость.* Срубил два зимовья ... и повел хозяйство, **да еще как** [*очень хорошо*] повел! *В. Распутин, Живи и помни*

Ср.: не на шутку
    как аршин проглотил *см.* П 104
    как без рук *см.* Р 26
    как бы то ни было *см.* Б 34
    как в воду глядел *см.* Г 25
    как в воду канул *см.* К 8
    как в воду опущенный *см.* О 18
    как ветром сдуло *см.* С 47
    как вкопанный *см.* В 44
    как воды в рот набрал *см.* Н 5

как гора с плеч *см.* Г 51
как гром *см.* Г 60
как дважды два *см.* Д 11
как две капли воды *см.* К 10
как день *см.* Д 40
как дома *см.* Д 60
как из ведра *см.* В 11
как коломенская верста *см.* В 17
как кошка с собакой *см.* К 42
как лед *см.* Л 5
как лист *см.* Л 15
как миленький *см.* М 29
как можно *см.* М 34
как на грех *см.* Г 59
как назло *см.* Н 12
как на иголках *см.* И 2
как на картинке *см.* К 16
как на ладони *см.* Л 3
как на подбор *см.* П 41
как на пожар *см.* П 52
как на углях *см.* У 3
как не бывало *см.* Б 29
как нельзя лучше *см.* Н 29
как неприкаянный *см.* Н 31
как ни в чем не бывало *см.* Б 30
как ни говори *см.* Г 33
как нож острый *см.* Н 51
как об стенку горох *см.* Г 56
как огня *см.* О 12
как пень *см.* П 12
как пить дать *см.* Д 9
как по маслу *см.* М 10
как попало *см.* П 70
как по писаному *см.* П 26
как раз *см.* Р 2
как рукой сняло *см.* С 96
как свинцом налита *см.* Н 15
как свои пять пальцев *см.* П 3
как с гуся вода *см.* В 48
как сельдей в бочке *см.* С 54
как сказать *см.* С 70
как сквозь землю провалился *см.* П 102
как с луны свалился *см.* С 18

КАКОЙ

как с неба свалился *см.* С 19
как снег на голову *см.* С 94
как сыр в масле кататься *см.* К 17
как убитый *см.* У 1
как угорелый *см.* У 4
как у Христа за пазухой *см.* Х 20
как язык поворачивается *см.* Я 8
не ахти как *см.* А 3
не бог весть как *см.* Б 9
поминай как звали *см.* П 67
разыгрывать как по нотам *см.* Р 11
тут как тут *см.* Т 23
КАКОЙ ⊙ **какая муха укусила?** *см.* М 47
каким ветром занесло *см.* З 16
не ахти какой *см.* А 3
не бог весть какой *см.* Б 9
ни в какие ворота не лезет *см.* Л 11
КАЛАЧ ⊙ **калачом не заманишь** *см.* З 12

5. тёртый кала́ч *разг., часто неодобр.* 'Очень опытный, много испытавший и знающий жизнь человек, которого трудно обмануть' *Часто о человеке, который умеет любым, не всегда достойным путем добиваться своего. Употр. чаще в ед. ч., обычно как сказ. Порядок компонентов фиксир.* △ ⟨wise (knowing)⟩ old bird *разг.*

Это человек опытный, себе на уме, не злой и не добрый, а более расчетливый; это **тертый калач**, который знает людей и умеет ими пользоваться. *И. Тургенев, Певцы.* — Да ведь он же поднадзорный! — сказал ротмистр с упреком. — Слышал. Однако полагал, что человек исправляется. — обрезал ротмистр начальственно. — Не слыхал, чтобы такие **тертые калачи**, этакие стреляные воробьи исправлялись. *К. Федин, Первые радости*
Ср.: видал виды *1 знач.,* стреляный воробей, пройти огонь и воду, себе на уме
[**Тертый калач** *в прямом знач.* — хлебец, приготовленный из крутого теста, которое долго мнут и трут]

КАЛОША ⊙ **садиться в калошу** *см.* С 1
КАМЕНЬ ⊙ **бросать камень в огород** *см.* Б 25

6. ⟨у кого-л.⟩ **ка́мень на душе́ (на се́рдце)** *Кто-л.* 'испытывает очень тяжелое, гнетущее чувство' *Часто от сознания вины. Может употр. с гл.* лежит (лежал). *Порядок компонентов нефиксир.* △ smb's heart is heavy ⟨with sorrow, guilt, *etc*⟩
Вариант: что-л. лежит **ка́мнем на се́рдце** △ smth weighs (preys) on *smb's* mind

— ... надеюсь, ты не такой наивный человек, чтобы полагать, будто то, что не взял я его к себе в институт,— повлияло на судьбу Антона.— ... Это сейчас такой отказ ничего не значит. А для нашего брата — **камень на душе**. *И. Герасимов, Пробел в календаре.* Если отравила — что должна она чувствовать? Какой могильный **камень** лежит **на** ее скрытной **душе**! *И. Бунин, Деревня.* У меня **на сердце** был **камень**. Солнце казалось мне тускло, лучи его меня не грели. *М. Лермонтов, Герой нашего времени.* И опять — **камень на сердце** и жить неохота. *В. Карпов, Вилась веревочка...*
Ср.: кошки скребут на душе, не по себе *2 знач.*

7. ⟨у кого-л.⟩ **ка́мень** ⟨чего-л.⟩ **с души́** (*реже* **с се́рдца**) **свали́лся** *разг., иногда поэт.* *Кто-л.* 'почувствовал душевное облегчение после избавления от тяжелого, гнетущего чувства' *Обычно в ситуации, когда предположение о каком-л. несчастье оказалось ложным или несчастье удалось предотвратить. При сущ. камень могут употр. абстрактные сущ. недоверия, сомнения и т. п., при этом фразеол. приобретает книжн. окраску. Гл. чаще стоит в конце фразеол.* △ is (was) a load (weight) off *smb's* mind

В ресторан поехали, кроме Задера, супруги Картошины, Убейко и Семенов-второй. У всех **камень свалился с души**,— Адольф Задер был цел, весел и полон бурных планов. *А. Толстой, Черная пятница.* Как только Ростов услыхал этот звук голоса, **с души свалился** огромный **камень** его сомнения. *Л. Толстой, Война и мир*
Ср.: как гора с плеч, отлегло от сердца

нашла коса на камень *см.* К 38

не оставлять камня на камне *см.* О 20

КАМЕШЕК ⊙ **бросать камешки в огород** *см.* Б 25

КАНУТЬ ⊙ **8. как** (**бу́дто, сло́вно, то́чно**) **в во́ду ка́нул** (**ка́нула, ка́нуло, ка́нули**) *разг.* 'Исчез, не оставив никаких следов, так что невозможно найти' *О живых существах и неодуш. предметах. Порядок компонентов фиксир.* △ to vanish into thin air

Засада была оставлена и возле его дома, и рядом с этой конспиративной квартирой, но Штирлиц **как в воду канул**. *Ю. Семенов, Семнадцать мгновений весны.* Изварин посидел немного и ушел, а наутро исчез,— **как в воду канул**. *М. Шолохов, Тихий Дон.*— Убили, значит, Хыся,— выговорил наконец.— А я думал, куда он пропал? Нет и нет, **как в воду канул**. *В. Карпов, Вилась веревочка...* У Зинаиды Федоровны пропали золотые часики... Полдня она ходила по всем комнатам, растерянно оглядывая столы и окна, но часы **как в воду канули**. *А. Чехов, Рассказ неизвестного человека*
Ср.: как не бывало, и был таков, только его и видели, поминай как звали, как сквозь землю провалился, и след простыл *2 знач.*

КАПЕЛЬКА

[Кануть *уст.* — *быстро погрузиться в воду, пойти ко дну*]

КАПЕЛЬКА ⊙ **до капельки** *см.* К 9

ни капельки *см.* К 12

КАПЛЯ ⊙ **9. до ⟨после́дней⟩ ка́пли (ка́пельки)** 1) выпить *что-л.*, осушить бокал, чашу *и т. п.* 'Все без остатка' *Употр. обычно при гл. в прош. вр.* △ to drink *smth* (empty the glass) to the last drop
Арину Власьевну [*муж*] заставил выпить рюмку **до последней капельки**. *И. Тургенев, Отцы и дети*

2) рассказать *или* выучить ⟨все⟩, израсходовать силы *и т. п.* 'Целиком, полностью' △ to tell (learn) absolutely everything; to spend all *one's* energy

— Это моя сельскохозяйственная библиотека. Тут и поле, и огород, и сад, и скотный двор, и пасека. Я читаю с жадностью и уже изучила в теории все **до капельки.** *А. Чехов, Моя жизнь*
Ср.: вдоль и поперек *2 знач.*, от корки до корки, до нитки *3 знач.*, от слова до слова

10. *кто-л.* похож на *кого-л.*, *что-л.* похоже на *что-л.*, они похожи ⟨друг на друга⟩ ↔ **как две́ ка́пли воды́** 'Полностью, абсолютно, очень, точно' *Чаще о внешнем сходстве людей, особенно детей и родителей. Порядок компонентов фиксир.* △ they are ⟨as⟩ like (alike) as two peas ⟨in a pod⟩ *о людях и предметах*; *smb* is the spitting image of *smth разг., обычно о детях и родителях*
Вариант: **две ка́пли воды́** *разг.*

Говорили, что молодой Покровский похож **как две капли воды** на покойную мать свою. *Ф. Достоевский, Бедные люди.* ... множество босых ребятишек, **как две капли воды** похожих на Кирила Петровича, бегали перед его окнами и считались дворовыми. *А. Пушкин, Дубровский.* И еще по двум районам были такие же сведения, **как две капли воды** друг на друга похожие: противник силами в полторы—две тысячи человек занимал села, но тут же был из них выбит. *С. Залыгин, Соленая Падь.* [*Подхалюзин:*] А что, Тишка, похож я на француза? а? Да издали погляди! [*Тишка:*] **Две капли воды.** *А. Островский, Свои люди — сочтемся!*
Ср.: ни дать ни взять *1 знач.*, на одну колодку, на одно лицо, точь в точь

11. *что-л.* **ка́пля в мо́ре** *разг.* Чего-л. 'очень мало по сравнению с чем-л. желаемым *или* необходимым' *Иногда подразумевается, что это количество не стоит и учитывать из-за его незначительности. Чаще о неодуш. предметах, особенно о деньгах и материальных ценностях, в том числе предоставленных кому-л. как помощь. Употр. только в ед. ч., часто при мест. это Порядок компонентов фиксир.* △ *smth* is a drop in the ocean *разг., чаще о деньгах, реже о других предметах или людях*

— Оказанием помощи не увлекайтесь. Это здесь **капля в море.** А вот чтобы бульоном всех, кого можно, не пропустив, напоили — более важная задача и более тяжелая. *К. Симонов, Солдатами не рождаются.* ... капитан искренне удивляет — ... ну какую роль в общем балансе страны играют те полтораста тонн кровельного железа? ... **Капля в море.** *В. Попов, Тихая заводь.* — Здесь два письма. Вам, должно быть, такая цифра покажется недостаточной. Из двенадцати тысяч жителей два подали голос — **капля в море!** *В. Тендряков, Чрезвычайное...* Отдельные жалобы все-таки проникали в книгу, но их было мало по сравнению с благодарностями — **капля в море.** *И. Грекова, Хозяйка гостиницы*

Ср.: кот наплакал, по пальцам можно сосчитать, раз-два и обчелся

12. ни ка́пли (ни ка́пельки) *разг.* 'Нисколько, ничуть' *Употр. при гл.* не бояться, не любить, не сомневаться, не считаться с *чем-л. и т. п., при прил.* не виноват, не похож *и т. п., а также при сочет.* совести, зазнайства, оригинальности *и т. п.* нет △ not in the least *употр. при гл. и прил.;* not a bit *употр. чаще при прил., обознач. чувства.*

У него ни капли совести. He has no shame at all.

— Я только за тебя боялся ... — За меня? — Она сбоку странно смотрит на меня и замедляет шаги. — А я **ни капельки** не боялась! *Ю. Казаков, Голубое и зеленое.* — Это кто же научил тебя по чужим тумбочкам лазить? — Так вас же никого не было, — оправдывалась Тося, не чувствуя себя **ни капли** виноватой ... — Мы в детдоме так жили: все — общее. *Б. Бедный, Девчата.* — Я теперь совсем в другой жизни, не похожей на прежнюю **ни капельки.** *К. Федин, Первые радости.* Тамара Васильевна лишь печально посмотрела на Ильку и сказала: — Совести у тебя нет **ни капельки,** — и отвернулась. *В. Крапивин, Та сторона, где ветер*

Ср.: ни на грош, ни на йоту, ни крошки, нет и следа, и в помине

КАРАЧКИ ⊙ **13.** ползти, стоять *и т. п.* ↔ **на кара́чках** *разг., иногда пренебр.* 'Одновременно на обеих руках и на коленях' *Чаще о передвижении маленького ребенка, а также в ситуациях, когда человеку трудно передвигаться из-за боли или когда человек подвергает себя унижению* △ to crawl (stand) on *one's* hands and knees (on all fours)

[Лукьяныч] представил мне всю семью, от старшего сына ... до мелконького-мелконького внучка Фомушки, ползавшего по полу **на карачках.** *М. Салтыков-Щедрин, Благонамеренные речи.* — Так знай, лейтенант, во время налета я был там ... Ползал **на карачках** возле колодца. *Ю. Бондарев, Горячий снег.* — В ранешнее время говорилось: собираемся все как один, — все и приходили, больные и те **на карачках** приползали. *С. Залыгин, Комиссия.* — Да покажи я тебе три целковых, вынь теперь из кармана, так ты на Васильевский за ними доползёшь **на карачках** — вот ты каков! Ф. Достоевский, Идиот

КАРМАН ⊙ **за словом в карман не лезет** см. Л 7

14. *что-л.* ⟨*кому-л.*⟩ **не по карма́ну** *разг.* 'Слишком дорого' для *кого-л.* Чаще о вещах, которые *кто-л.* не может, вопреки желанию, приобрести из-за недостатка денег. Так характеризуется положение либо бедного человека, либо человека среднего достатка. В качестве подлеж. употр. также сочет. такая цена, такая сумма, такая жизнь и т. п. △ smth is too expensive for smb ⟨to buy⟩

Красивые, конечно, сапожки, но **не по карману.** Привезёшь, а [жена] же первая заругает. Скажет, на кой они мне такие дорогие! *В. Шукшин, Сапожки.* Ну, а зимой, когда зелёного луку не было, а репчатый был **не по карману,** просто мешали хлеб да квас и иногда заправляли для вкуса кислым молоком. *Б. Полевой, Глубокий тыл.* Он увидел, как молодая женщина показала пожилой монахине массивный крест и что-то сказала. Та лишь вздохнула и отошла. Видимо, названная сумма была ей **не по карману.** *В. Куценко, Г. Новиков, Сокровища республики.* У нас здесь самая последняя комната, со столом, 35 руб. ассигн. [ассигнациями] стоит. **Не по карману!** А моя квартира стоит мне семь руб. ассигн. *Ф. Достоевский, Бедные люди*

КАРТА ⊙ **15.** *кому-л.* ⟨и⟩ **ка́рты (кни́ги) в ру́ки** *Кто-л.* 'по своему уровню знаний, компетентности в *чём-л.* наиболее подходит для *какого-л.* рода деятельности' Обычно в ситуации, когда *кто-л.* уступает другому выполнение *какого-л.* дела, считая, что у того наибольшие возможности выполнить его наилучшим образом. Порядок компонентов фиксир. △ smb is just the person to do smth; that is right up smb's street

— А у нас хороший двор, деревья мы ещё весной посадили, теперь хотим посадить цветы, но нужна планировка, а вы — художник ... — Что ж ... художнику на этот счёт — **и карты в руки,** — согласился Сиверко. *В. Лидин, Ящик с акварельными красками.* — Я ведь технически неграмотный, — тоже улыбнулся подполковник. — А вам — **карты в руки.** Потому и спрашиваю, о каких это вы деталях говорили доктору? *К. Федин, Первые радости.* — Вот, Михнецов ... ты, конечно, химик, а я — нет, тебе **и карты в руки** ... тебе виднее ... но я хоть на это не надеюсь. *К. Симонов, Живые и мёртвые.* — Для очищения совести посылаешь эту «молнию»? — спросил Мартынов... — Напиши ты чего-нибудь пооригинальнее. Тебе **карты в руки,** литератору, — с деланным спокойствием ответил Борзов. *В. Овечкин, Районные будни* путать карты *см.* П 122

ставить на карту *см.* С 105

КАРТИНКА ⊙ **16.** ⟨красивый, -ая, -ое, -ые⟩ **как на карти́нке** *иногда ирон.* 'Очень красивый' *О неодуш. предметах или о человеке, обычно красиво и нарядно одетом, нарочито красующемся; отриц. оценка не обязательна. Употр. чаще как сказ.* △ ⟨as⟩ pretty as a picture

Все одесские квасники были нарядные и красивые, **как на картинке**. А этот в особенности. Ни дать ни взять, Ванька-ключник. *В. Катаев, Белеет парус, одинокий.* Наши саперы мост построили, **как на картинке**. *А. Игнатьев, 50 лет в строю*

КАРЬЕР ⊙ с места в карьер *см.* М 27

КАТАНЬЕ ⊙ не мытьем, так катаньем *см.* М 49

КАТАТЬСЯ ⊙ **17. как (бу́дто, сло́вно, то́чно) сыр в ма́сле ката́ться** *разг., часто ирон. или шутл.* 'Жить, не испытывая ни в чем нужды, имея всего в изобилии' *Употр. обычно в буд. вр. и обознач. нечто обещаемое, желаемое, возможное и т. п. Гл. может стоять во фразеол. на первом месте* △ to live (be) in clover *разг.*

Он насильно оставил у меня на пяльцах пятьсот рублей... сказал, что в деревне я растолстею, буду у него **как сыр в масле кататься**. *Ф. Достоевский, Бедные люди.* Остряки подшучивали: — А зачем ему высокая зарплата? Женится на дочери начальника отдела кадров, будет **кататься как сыр в масле**. *М. Колесников, Алтунин принимает решение.* — У тебя же золотые руки! Ты бы мог знаешь как жить! Ты бы **как сыр в масле катался**, если бы не пил-то. *В. Шукшин, Мастер.* Таля прожил не два дня, а целых четыре... **катался как сыр в масле**. Обедал по-царски. Спал до полудня. *И. Грекова, Хозяйка гостиницы*

Ср.: молочные реки и кисельные берега, как у Христа за пазухой

КАТИТЬ ⊙ катить под гору *см.* И 12

КАТИТЬСЯ ⊙ катиться под гору *см.* И 12

КАША ⊙ заваривать кашу *см.* З 3

каши не сваришь *см.* С 20

расхлебывать кашу *см.* Р 13.

КВЕРХ ⊙ кверх ногами *см.* В 8

КВЕРХУ ⊙ кверху дном *см.* В 7

КВИНТА ⊙ вешать нос на квинту *см.* В 28

КИДАТЬ ⊙ кидать камешки в огород *см.* Б 25

кидать слова на ветер *см.* Б 26

18. куда́ ни кинь (ни ки́нешь) гла́зом (*реже* **взгля́дом**) 'Везде, куда ни посмотришь' *Используется для характеристики обширности, необъятности видимого пространства, а также очень большого количества предметов или людей, заполняющих его и обычно совер-*

шенно одинаковых. *Употр. как придат. предлож., часто после слов* всюду, везде, повсюду. *Гл. может стоять в конце фразеол.* △ as far as the eye can reach; wherever one looks

— А степь-то, степь какая была! Куда глазом **ни кинешь** — ковыль, море седое. *И. Соколов-Микитов, В каменной степи*. Я как бы увидел широкое — **куда глазом ни кинь** — зеленое поле пшеницы, засеянное ранней весной рукою великого человека. *В. Беляев, Старая крепость*. Всюду, **куда глазом ни кинь,** в больших шляпах, в длинных холщовых рубахах маячили косари. *М. Соколов, Искры*
Ср.: конца-краю не видно, насколько хватает глаз

КИДАТЬСЯ ⊙ **кидаться в глаза** *см.* Б 27
КИНУТЬ ⊙ **кинуть слова на ветер** *см.* Б 26
КИНУТЬСЯ ⊙ **кинуться в глаза** *см.* Б 27
кровь кинулась в голову *см.* К 46
КИПЕТЬ ⊙ **кипеть ключом** *см.* Б 5
кровь кипит *см.* К 47
КИСЕЛЬ ⊙ **седьмая вода на киселе** *см.* В 49
КИСЕЛЬНЫЙ ⊙ **молочные реки кисельные берега** *см.* Р 19

КЛАСТЬ ⊙ **19. класть/положи́ть зу́бы на по́лку** *разг., часто ирон. или шутл.* 'Голодать или жестко ограничивать себя в приобретении самого необходимого из-за отсутствия денег' *Обычно в связи с временными денежными затруднениями. Употр. чаще в инф. при гл.* придется, пришлось *и т. п. Гл. может стоять в конце фразеол.* △ to be on a starvation diet

[*Бакин:*] Она в лице князя оскорбила наше общество, а общество платит ей за это равнодушием, дает ей понять, что оно забыло о ее существовании. Вот когда ей придется **зубы на полку положить,** так и выучится приличному обхождению. *А. Островский, Таланты и поклонники*. — Я вам скажу, — заметил Тросенко, — как ни считай, все выходит, что нашему брату **зубы на полку класть** приходится, а на деле выходит, что все живем, и чай пьем, и табак курим, и водку пьем. *Л. Толстой, Рубка леса*
Ср.: садиться на мель

20. класть/положи́ть ← *кого-л.* **на ⟨о́бе⟩ лопа́тки** *разг.* 'Добиваться убедительной победы над *кем-л.* в *каком-л.* деле' *Обычно в споре, в соревновании и т. п. Гл. может стоять в конце фразеол.* △ to beat *smb* hollow

Оратор многих убедил, но затем выступил Германович и **положил своего оппонента на обе лопатки.** *В. Кетлинская, Вечер Окна Люди*. Главный инженер натянуто улыбнулся: — Вы, товарищи, плохо знаете Лобанова. Он и без вас сумеет **положить нас на обе лопатки.** *Д. Гранин, Искатели*
Ср.: брать верх *1 знач.*

[Лопатка – *плоская широкая треугольная кость в верхней части спины*]

21. кра́ше в гроб кладу́т *разг. Кто-л.* 'выглядит очень болезненно, похудел, имеет изнуренный вид' *Употр. как самост. предлож., как часть сложн. предлож., а также как сказ. при сочет. вид у кого-л., реже при сущ., обознач. человека. Порядок компонентов фиксир.* △ to look like death warmed up *разг.*

[*Уездный лекарь*] вошел к ней опять в комнату уже днем, после чаю. Боже мой, боже мой. Узнать ее нельзя: **краше в гроб кладут**. *И. Тургенев, Уездный лекарь.* И вот ... из цеха в цех бежал смутный, тревожный слух, что у Ксении Шаповаловой какая-то беда, что сидит она на лестнице одна-одинешенька и вид у нее – **краше в гроб кладут**. *Б. Полевой, Глубокий тыл.* У одной избы сидел на скамейке длинный мужик – **краше в гроб кладут**: ноги стоят в валенках, как палки, большие мертвые руки ровно лежат на острых коленях ... нечеловечески худое лицо вытянуто, губы пепельные, полураскрытые. *И. Бунин, Деревня.* Лицо Анфисы показалось ему слишком уж нехорошим: под глазами чернота, нос заострился – **краше в гроб кладут**. *Ф. Абрамов, Братья и сестры*
Ср.: кожа да кости

22. па́льца (па́лец) ← ⟨*кому-л.*⟩ **в рот не клади́** *разг. Кто-л.* 'не позволит обидеть себя, не упустит возможности воспользоваться доверчивостью, ошибкой другого, поэтому с ним надо быть очень осторожным' *Порядок компонентов фиксир.* △ one can't trust *smb* an inch

Не без горечи вспоминая разговор с Полянией, Давыдов мысленно рассуждал: – ... не скажешь, что у него ума палата... а с хитринкой ... – такому **палец в рот не клади**. *М. Шолохов, Поднятая целина.* – Послушать их – все невинны, – говорил помощник смотрителя... – Но только народ очень испорченный... Есть такие типы бедовые, тоже **палец в рот не клади**. *Л. Толстой, Воскресение.* – Кусачий мой батька, правда? Ему **пальца в рот не клади**! *В. Беляев, Старая крепость.* – Слушайте, Валиадис, – обращался он к третьему старику в панаме, – Что вы скажете насчет Сноудена? – Я скажу вам откровенно, – отвечала панама, – Сноудену **пальца в рот не клади**. *И. Ильф, Е. Петров, Золотой теленок*
Ср.: не промах

КЛЕВАТЬ ⊙ **23. клева́ть но́сом** *разг., часто шутл.* 'Периодически ронять на грудь голову, на мгновение засыпая' *Обычно о человеке, который сидя или стоя борется с желанием заснуть, так как окружающая обстановка не позволяет ему это. Порядок компонентов фиксир.* △ to nod (sit nodding) drowsily

Коля уселся на пенек ... и стал **клевать носом**, однако старался не спать. Э. *Казакевич, Синяя тетрадь.* — Да и не спится, тут уж лучше не спать, а то разоспишься, потом на рыбалке будешь **носом клевать.** *Ю. Казаков, Вон бежит собака!* Едва заняли места ... как Павлик, разморенный духотой и дорогой, стал **клевать носом.** *В. Катаев, Белеет парус одинокий.* Километров шесть от хутора дед Щукарь ехал шагом, сладко дремал, изредка **клевал носом** и, окончательно разморенный полуденным зноем, один раз за малым [*чуть*] не свалился с линейки [*с повозки*]. *М. Шолохов, Поднятая целина*

КЛИН ⊙ **свет клином сошелся** *см.* С 28
КЛЮЧ ⊙ **бить ключом** *см.* Б 5
КНИГА ⊙ **книги в руки** *см.* К 15
КОГОТОК ⊙ **показывать коготки** *см.* П 56
КОГОТЬ ⊙ **показывать когти** *см.* П 56
КОЕ-КАК ⊙ **кое-как сводить концы с концами** *см.* С 36
КОЖА ⊙ **из кожи лезть** *см.* Л 8

24. ⟨**одна́**⟩ **ко́жа да ко́сти** *разг.* Кто-л. 'очень худой, изможденный' *Обычно от голода. О живых существах, чаще о людях. Употр. как самост. предлож., как часть сложн. предлож., в первой части которого обычно есть слова* худой, голодный *и т. п., как обособленное опред., а также при гл.* осталась (остались). *Порядок компонентов фиксир.* △ smb is just skin and bones *разг.*

... стонал под рядном скрюченный мужичонка, и сидела рядом с ним старуха, тоже **кожа да кости.** *С. Залыгин, Комиссия.* — Ты, парень, совсем сходишь на нет, — сказал Самарин, зорко вглядываясь в лицо Сергея. — **Кожа да кости,** глазки запали. Хоть бы витамины ел. *М. Колесников, Изотопы для Алтунина.* — Собою [*Мотька*] была щупленькая, худенькая ... — Так — черт-те что, не молодица! — говорил [*отец*]. — В чем только душа держится, **кожа да кости.** *В. Овечкин, Родня.* — Голодная ты, что ли? — с сочувствием и упреком рассматривала [*кошку*] Катерина Федосеевна. — В таком лесу да голодать! Вишь, **кожа да кости.** *А. Яшин, Подруженька* Ср.: краше в гроб кладут

мороз по коже *см.* М 40
мурашки бегают по коже *см.* М 45
КОЗЕЛ ⊙ **пускать козла в огород** *см.* П 119
КОЙ ⊙ **в кои-то веки** *см.* В 12
КОЛ ⊙ **25.** ⟨у *кого-л.*⟩ **ни кола́ ни двора́** *разг.* 'Совсем ничего нет' *Обычно о крайне бедном или даже нищем человеке. Реже подразумевает отсутствие хоть какого-нибудь жилья. Порядок компонентов фиксир.* △ smb has absolutely nothing

Отец вековечный казачий батрак, жилы вытянул: да сколько ни бейся, все равно — **ни кола ни двора.** *А. Серафимович, Железный*

поток. [*Устинов*] знал твердо: не будь он кормильцем-поильцем, не было бы у него **ни кола, ни двора**, ни Святки [*коровы*], ни даже мыслей о ней. *С. Залыгин, Комиссия.* С тех пор и живет Катерина Федосеевна одна-одинешенька... Изба есть, а **ни кола ни двора** ... Некого покормить, не с кем душу отвести. *А. Яшин, Подруженька.* ... он уж забыл ... как они сами начинали — **ни кола ни двора**, год в общежитии жили врозь, целовались по углам! *В. Кетлинская, Вечер Окна Люди*
Ср.: гол как сокол, в чем мать родила *2 знач.*
[Кол — *старинная мера пахотной земли*]

КОЛЕНО ⊙ **море по колено** *см.* М 39

КОЛЕСО ⊙ **вертеться как белка в колесе** *см.* В 18

вставлять палки в колеса *см.* В 67

турусы на колесах *см.* Т 22

КОЛЕЯ ⊙ **входить в колею** *см.* В 75

выбиваться из колеи *см.* В 80

КОЛИ ⊙ **коли на то пошло** *см.* П 55

КОЛОДА ⊙ **через пень колоду** *см.* П 13

КОЛОДКА ⊙ **26. все** ⟨скроены, сшиты, сделаны, сбиты⟩ **на одну́ коло́дку** *разг., чаще неодобр.* 'Совершенно одинаковые, не отличаются друг от друга' *Чаще о людях с отриц. свойствами характера или поведения, реже о неуклюжих, грубо сделанных вещах. Порядок компонентов фиксир.* △ they are much of a muchness *о людях и предметах, чаще неодобр.*

— Издевался над человеком, издевался, да еще и правым себя считает. — У этих Кустовых вся семья такая. Все **на одну колодку**. Не люди, а чистые волки. *К. Седых, Даурия.* — Тебе нравится Харченко? — спросил Мечик. — Харченко? ... Что ж, ничего. Все вы — **на одну колодку**. *А. Фадеев, Разгром.* А бревенчатые дома, все **на одну колодку**, без единой приметной черточки, без какой бы то ни было своеобычности, напоминали крепости. *В. Попов, Тихая заводь.* — Все эти романсы скроены **на одну колодку**, везде происшествия жизни нанизываются на нитку любовных отношений. *Л. Леонов, Русский лес*
Ср.: ни дать ни взять *1 знач.*, как две капли воды, одним миром мазаны, два сапога — пара, из одного теста, одного поля ягода
[Колодка — *кусок дерева, вырезанный в форме ступни и используемый при шитье обуви*]

КОЛОМЕНСКАЯ ⊙ **коломенская верста** *см.* В 17

КОЛОТЬ ⊙ **27. коло́ть** ← ⟨*кому-л.*⟩ → **глаза́** (глаз *уст.*) *разг. Порядок компонентов нефиксир.* 1) ⟨*чем-л.*⟩ 'Упрекать *кого-л.*, стыдить' *Обычно многократно, назойливо и однообразно говоря* *кому-л. о его недостатках, об изъянах поведения. Употр. чаще в инф. при словах* нечего, незачем, зачем, перестань *и т. п.* △ to cast (throw) *smth* in *smb's* teeth (face)

— Я теперь могу быть самим собой.— То есть проживать день за днем среди ульев и кустов малины... — Анатолий Матвеевич, — суховато, но с достоинством ответил Морщихин,— зачем **колоть** этим **глаза?** *В. Тендряков, Чрезвычайное.* — Граждане колхозники..! — начинает Абросим Иванович... — До каких пор будут приезжать к нам люди и **колоть** нам **глаза** нашим животноводством? *В. Овечкин, Гости в Стукачах.* И живи она у суходольцев, звали бы ее дочкой приемной, а порой и воровкой, то жалели бы ее, то **глаза кололи**. *И. Бунин, Суходол.* — Уж и выпить человеку нельзя! — отозвалась с сундука Анисья Матвеевна. — Нечего человеку **глаза колоть!** Захотел и выпил, не на ваши деньги пьет! *Ф. Вигдорова, Любимая улица*

2) 'Быть неприятным *кому-л.*, раздражать *кого-л.*' *Часто это раздражение основано на неприятном зрительном впечатлении от предмета.* △ to offend the eye

Она была в новом розовом ситцевом, но мятом платье, подарке барыни, которое как лубок стояло на ней и **кололо глаза** соседям. *Л. Толстой, Поликушка*

Ср.: действовать на нервы, резать глаза

хоть глаз коли *см.* В 91

КОМАР ⊙ **28. комар** ← ⟨под *кого-л. уст.*⟩ **но́са (но́су) не подто́чит (не подточи́л бы)** *разг.* Что-л. сделано 'так хорошо и обдумано, что не к чему придраться' *Часто употр. в связи с какими-л. предосудительными делами, которые кто-л. умело маскирует от окружающих. Употр. часто как придат. предлож. с союзом* что *после указ. мест. так в главной части. Порядок компонентов фиксир.* △ *smth* is done so well and thoughtfully that there is no fault to be found with it

[*Хомутов:*] Еще раз обмануть, так цинично, так грубо ... [*Яблоков:*] Да, и обманем, Степан Александрович; в чистом виде, так что **комар носу не подточит.** *А. Толстой, Кукушкины слезы.* — Совсем еще молоденькая, а дух у нее твердый и характер есть ... Переправляет нелегальную литературу и оружие... Превратила воскресную школу в революционный штаб — и все так, что **комар носа не подточит.** *А. Степанов, Семья Звонаревых.* Дроздовский... перебил его с явным нетерпением человека, занятого неотложным делом: — Приступайте к выгрузке взвода. И чтоб **комар носа не подточил!** Ясно? *Ю. Бондарев, Горячий снег*

Ср.: заметать следы, концы в воду, шито-крыто

КОМЕДИЯ ⊙ **ломать комедию** *см.* Л 25

КОНЕК ⊙ **садиться на своего конька** *см.* С 3
КОНЕЦ ⊙ **и дело с концом** *см.* Д 34
конца-краю не видно *см.* В 41

29. ⟨**и**⟩ **концы́ в во́ду** *разг.* 'Уничтожены (будут уничтожены) все улики и следы *какого-л.* поступка, события' *Употр. как часть сложн. предлож., в предшествующей части которого описывается план или совет уничтожения улик какого-л. предосудительного или преступного дела. Порядок компонентов фиксир.* △ and nothing will ever come to light; and nobody will be any the wiser

Это было уж давно решено: — Бросить все в канаву [*все украденные вещи*], **и концы в воду**, и дело с концом. *Ф. Достоевский, Преступление и наказание.* Зачем падший того в висок? Ведь человек сдался... Чтобы **концы**, что ли, **в воду**? *А. Толстой, Хождение по мукам.* — Ты вот говорил с человеком тет-а-тет — и спокоен, **концы в воду**. А он ... жене про это сообщил, а та тетке своей написала, а тетка в дневник ... Про кого хочешь я тебе разыщу. *Д. Гранин, Картина.* — Ты взяла полпуда золота. Ты была не одна, я знаю, я тоже стоял его свидетелем вблизи вас... В таких случаях, Наденька, надо действовать наверняка, чтоб **концы в воду**. *В. Шишков, Угрюм-река*
Ср.: заметать следы, комар носа не подточит, шито-крыто

30. на худо́й коне́ц 'В том случае, если ничего лучшего не будет' *Употр. как вводн. сочет. или как обст., часто после или* △ if the worst comes to the worst *употр. обычно без называния конкретного нежелательного события и других альтернатив;* at ⟨the⟩ worst *употр. при назывании худшей из ряда альтернатив*

Мы там будем через пятнадцать минут, ⟨или⟩, на худой конец, через полчаса. We'll be there in fifteen minutes or, at ⟨the⟩ worst, in half an hour. О деньгах я не беспокоюсь. На худой конец, могу занять у соседей. I don't worry about money. If the worst comes to the worst, I can borrow from my neighbours.

Теперь она бредила подвигами на фронте: она будет летчиком или военным фельдшером **на худой конец**. *А. Фадеев, Молодая гвардия.* — По инструкции Наркомпроса, — сказал он, — в селе нужно восстановить школу. Не очень-то вы подходите, но **на худой конец** — попробуем. *А. Толстой, Хождение по мукам.* ... тысяч десять самовольных зрителей разместилось по ту сторону забора, прямо на траве или же на извозчичьих пролетках, чтобы **на худой конец** поспешно ускакать от неосторожно падающего пилота. *Л. Леонов, Русский лес.* — Но факт остается фактом: истории, как наступали до Кенигсберга или, **на худой конец,** до Варшавы, пока нет ни у одной дивизии. *К. Симонов, Живые и мертвые*
Ср.: по крайней мере

палка о двух концах *см.* П 5
сводить концы с концами *см.* С 36
КОПАТЬ ⊙ **копать яму** *см.* Р 48
КОПЕЕЧКА ⊙ **влететь в копеечку** *см.* В 47
до копеечки *см.* К 31
КОПЕЙКА ⊙ **влететь в копейку** *см.* В 47
31. ⟨всё, все деньги *и т. п.*⟩ **до** ⟨**после́дней**⟩ **копе́йки (до копе́ечки)** ↔ истратить, израсходовать, прожить *и т. п.*; вкладывать во *что-л.*, посылать, заплатить *и т. п.*; получить *и т. п.*; завещать 'Полностью, без остатка' △ down to the last shilling (farthing)

Расстроено [*имение*] было ... бестолковьем самого помещика, убиравшего себе в Москве дом в последнем вкусе и убившего на эту уборку все состояние свое **до последней копейки,** так что уж не на что было есть. *Н. Гоголь, Мертвые души.* — Нет, дедушка мой — не.такой человек. Не то что глупостей каких, он как красная девушка. Денежки все **до копеечки** домой посылает. *Л. Толстой, Воскресение.* Оказалось, что все **до копеечки** деньги Петр Андреевич вкладывал в изготовляющееся каким-то кустарным предприятием новое оборудование для парикмахерской. *Ю. Герман, Наши знакомые.* [*Аркадина:*] Говорят, ее покойная мать завещала мужу все свое громадное состояние, все **до копейки,** и теперь эта девочка осталась ни с чем, так как отец ее уже завещал все своей второй жене. *А. Чехов, Чайка.*

КОПТИТЬ ⊙ **32. копти́ть не́бо** *разг., неодобр.* 'Жить без цели, без пользы для других, не участвуя в общей активной деятельности' *О человеке. Иногда подчеркивается, что этим бездельем человек приносит вред окружающим. Употр. чаще в инф. при словах со знач. нежелания или в вопросе. Порядок компонентов нефиксир.* △ to waste *one's* life; to idle *one's* life away

— Пропадешь ты! — сказала она со страхом. — Лучше пропасть, чем ихние сапоги [*фашистов*] лизать или просто так **небо коптить.** *А. Фадеев, Молодая гвардия.* [*Большов:*] А то торгуем, торгуем, братец, а пользы ни на грош ... Что так, без барыша-то, **небо коптить?** *А. Островский, Свои люди — сочтемся!* [*Моряк*] произносит совсем не громко: — И зачем такие паскуды **небо коптят?** *В. Кетлинская, Вечер Окна Люди*

Ср.: бить баклуши, валять дурака 2 знач., сложа руки, считать ворон

КОПЬЁ ⊙ **ломать копья** *см.* Л 26
КОРАБЛЬ ⊙ **жечь свои корабли** *см.* Ж 3
КОРЕНЬ ⊙ **33. в ко́рне** 1) изменить *что-л.*, измениться, перестроить *что-л.*, перестроиться *и т. п.*; не соглашаться *и т. п.*; не-

правильно *и т. п.* ↔ 'Абсолютно, в самом существенном' △ to change ⟨*smth*⟩ radically; to disagree completely; absolutely wrong

... случилось происшествие, **в корне** изменившее его жизнь в Кхаре. *Ю. Герман, Дело, которому ты служишь.* — Обещаем, что свои ошибки ликвидируем. Но и вам, правлению колхоза, нужно перестроиться **в корне**! *В. Овечкин, День тракториста.* — Ты против, товарищ Балабин? — Я не только против, но и категорически возражаю. Это **в корне** неправильное решение. *М. Шолохов, Поднятая целина.* Сам вопрос ставится **в корне** неправильно. *В. Вересаев, Записки врача*

2) пресечь, уничтожить *и т. п.* ↔ 'Полностью *или* в самом зародыше' *Перед гл. обычно употр. слова со знач. необходимости* △ to root *smth* out

— Очаг заразы должен быть уничтожен в своем **корне**. *Ю. Герман, Дело, которому ты служишь.* — Вы почти все работаете плохо. Это позорный факт, товарищи вторая бригада! Надо **в корне** пресечь это дело! *М. Шолохов, Поднятая целина.* Вместо того чтобы... пресечь **в корне** зародыш религиозного дурмана, вы сейчас перед нами рассуждаете о каком-то перевороте, о начинании новой жизни. *В. Тендряков, Чрезвычайное*

34. под ко́рень 1) рубить/срубить, косить/скосить, среза́ть/сре́зать *и т. п.* ↔ 'У самого основания' *Обычно деревья, другие растения или вертикально прикрепленные предметы. Употр. чаще при гл. в прош. вр.* △ to cut *smth* at the root (base)

Они вырубили все деревья и кусты в палисаднике... и принялись теми же тесаками рубить **под корень** подсолнухи, склонившие на закат свои золотые головы. *А. Фадеев, Молодая гвардия.* Таким, таким должен быть отчаянный капитан, умевший захватывать фелюги, рубить **под корень** мачты. *А. Первенцев, Честь смолоду*

2) разрушать/разрушить, уничтожать/уничтожить, подрывать/подорвать *и т. п.* ↔ 'Абсолютно, полностью, окончательно' *В качестве доп. употр. сущ.* жизнь, хозяйство, экономика *и др. абстрактные сущ. Употр. чаще при гл. в прош. вр.* △ to root *smth* out

Кажется, [Илья] не на шутку испугался, что может потерять ее, и спешил сейчас **под корень** смести все громоздкие баррикады, воздвигнутые против него Тосиными подругами. *Б. Бедный, Девчата.* Он **под корень** подорвал разгульной жизнью крепкое ... хозяйство отца, и уж никто в родном селе не хотел выдать ему девушку в жены. *М. Горький, Трое.* — Продали, говорит, нас, пропили! Бей зеркала, ломай все **под корень**! *А. Толстой, Хождение по мукам*

3) убивать, истреблять, резать *и т. п.* 'Абсолютно всех' *Употр. чаще при гл. в прош. вр.* △ to root smth out

Отступая, они везде, где могут, истребляют население уже не планомерно, а поголовно, — **под корень.** *А. Толстой, Вековая сила*
Ср.: от мала до велика, до одного

пускать корни *см.* П 120

КОРКА ⊙ **35.** прочитать, выучить, изучить *и т. п.* ↔ **от ко́рки до ко́рки** *разг.* 'От самого начала до самого конца' *В качестве доп. при гл. употр. сущ.* книгу, книги, газету, газеты *и т. п. Употр. чаще при гл. в прош. вр. Порядок компонентов фиксир.* △ to read smth from cover to cover

— Библиотечка там маленькая, все **до корки** перечитала. *Л. Леонов, Русский лес.* [Саша] налегла на учебники по естествознанию, географии, истории. Она выучила их **от корки до корки.** *Ф. Вигдорова, Семейное счастье.* Привычка прочитывать газеты **от корки до корки** осталась у него и потом. *П. Проскурин, Имя твое*
Ср.: вдоль и поперек, до капли 2 знач., от слова до слова
[Корка — *твердая обложка книги*]

КОРМИТЬ ⊙ **36. хлебом** ← ⟨кого-л.⟩ **не корми́** *разг., иногда неодобр. или ирон. Кому-л.* 'не хочется абсолютно ничего́ другого, кроме...' *Чаще выражает не просто сильное желание осуществить что-л. в данной ситуации, но постоянное пристрастие к какой-л. деятельности. Употр. как часть сложн. предлож., следующая часть которого имеет союзы или частицы* а, только, лишь бы *или сочет.* дай, разреши *и т. п.* сделать что-л., *обычно* поговорить, насплетничать *и т. п. Порядок компонентов фиксир.* △ smb wants nothing but...

— Ох! и трепаться же любит, прямо **хлебом не корми,** а дай поговорить. *А. Макаренко, Флаги на башнях.* Тут **хлебом не корми,** только дай поговорить про любовь. *И. Грекова, Хозяйка гостиницы.* — Ты ее, Зиновий, не слушай, — спокойно сказал Иван Дмитриевич, словно все, что говорила Алевтина Владимировна, его не касалось, ее **хлебом не корми,** дай пожаловаться. Она в этом утешение души находит. *И. Герасимов, Пробел в календаре.* И ведь дядя ... не так чтобы ни с того, ни с сего вдруг кинулся, обнажив шпагу, на толпу, которую **хлебом не корми,** а только дай ей позлодействовать. *Б. Окуджава, Глоток свободы*

КОРОБ ⊙ **37.** наговорить, наобещать, наврать, нагородить *и т. п.* ↔ **с три ко́роба** (*реже* **три ко́роба**) *разг., иногда неодобр. или шутл.* 'Излишне много' *Обычно в ситуации, когда содержание чьей-л. речи не вполне соответствует действительности. Порядок компонентов фиксир.* △ to say (promise) far too much; to talk nineteen to the dozen; to tell a pack of lies

Кузнецов ... прервал строго: — Ну, хватит, Нечаев, чепуху молоть! Наговорили тут **с три короба!** *Ю. Бондарев, Горячий снег.* Соня ... однажды попробовала сманить туда [*в город*] и Павла. Ей там нагородили **с три короба,** как хорошо да ладно ... — она и растаяла. *В. Распутин, Прощание с Матёрой.* — Запряжет, батюшка, он свою колесницу, Илья-то Пророк, да и ездит, и ездит по небу-то, — объясняла бабушка Вовке. — Не слушай ты ее, Владимер, — вступился дед, — не слушай, наплетет она тебе **с три короба.** *В. Белов, Вовка—сатюк.* В прошлый раз ты мне здесь полных **три короба** наговорил о своей общественной работе в фабзавуче. *В. Беляев, Старая крепость*

Ср.: сколько влезет, хоть отбавляй

[*Короб — изделие из луба, бересты, щепы и т. п., служащее для переноски и хранения чего-л.*]

КОРОТКИЙ ⊙ **на короткой ноге** см. Н 45
КОРОТКО ⊙ **коротко говоря** см. Г 34
КОРОТОК ⊙ **руки коротки** см. Р 38
КОРОЧЕ ⊙ **короче говоря** см. Г 34
КОРЧИТЬ ⊙ **корчить дурака** см. В 5

КОСА ⊙ **38. нашла́ коса́ на ка́мень** 'Столкнулись в непримиримом противоречии интересы, характеры' *О людях, реже животных, упрямо не желающих уступить друг другу. Обычно в ситуации, когда враждующие равны по силе характера, по настойчивости в достижении желаемого. Употр. чаще как самост. предлож. Порядок компонентов фиксир.* △ *smb meets (met) his match*

— Эй, Наташа! ... Вы что это, на самом деле? Ну, хватит уральский характер мне показывать! ... Обиделась, что ли? — отставив в сторону мегафон, виновато спросил он у меня. — Да уж, знаешь, **нашла коса на камень.** *Л. Кассиль, Ход белой королевы.* — Не даст винтовки — сам достану, — сказал он Синцову, и Синцов понял, что тут **нашла коса на камень.** *К. Симонов, Живые и мертвые.* Скворцов вдруг беззвучно засмеялся. — А вы не дурак, — сказал он ... — Только не выйдет. **Нашла коса на камень.** Не выйдет. *Ю. Герман, Наши знакомые.* — ... маленький воин [*собачка Лимон*] кинулся на Мишку [*кота*], но тот не побежал, а, изогнув спину дугой, завел свою общеизвестную ядовитую военную песню. — **Нашла коса на камень!** — сказал Трофим Михайлович. *М. Пришвин, Лимон*

[*Коса — сельскохозяйственное орудие для кошения травы*]

КОСОЙ ⊙ **косая сажень в плечах** см. С 5
КОСТОЧКА ⊙ **перемывать косточки** см. П 18

КОСТЬ ⊙ **39. продрогнуть, промерзнуть, промокнуть** *и т. п.;* пронизывать, пробирать **до косте́й** разг. 'Очень сильно, насквозь

О воздействии ветра, мороза, сырости, тумана и т. п. Употр. обычно при гл. в прош. вр. △ to be chilled (frozen) to the bone (marrow); to be soaked (drenched) to the skin

К утру мороз хватил под тридцать и с ветром; пока [Синцов] вел колонну, продрог **до костей.** *К. Симонов, Солдатами не рождаются.* Бушевал и разбойничал всю ночь буран. Промерзли **до костей** люди, хотя всю ночь топились печи: не держала тепла станционная развалина. *Н. Островский, Как закалялась сталь.* Промокшие **до костей**, принялись они раскидывать сено по лугу, то и дело ослепляемые молниями. *К. Седых, Даурия.* Когда по льду перешли реку и поднялись на берег, весь обдуваемый пронизывающим **до костей** ветром ... Бессонов ... замедлил шаг от боя сердца, сорвавшего дыхание. *Ю. Бондарев, Горячий снег*

до мозга костей см. М 35

кожа да кости см. К 24

40. кто-л. кость от ко́сти *кого-л., реже чьей-л., ритор. Порядок компонентов фиксир.* 1) *Кто-л.* 'родной ребенок' *кого-л. О человеке.* △ smb is smb's own flesh and blood *ритор.*
Вариант: **кость от костей** *редк.*

Ты сама голодна, и подле тебя стонет еще ... сын твой, плоть от плоти твоей, **кость от костей** твоих, который тоже просит хлеба. *М. Салтыков-Щедрин, Невинные рассказы*

2) *Кто-л.* 'вышел из среды *кого-л.*, является порождением, детищем' *кого-л. Характеризует идейную общность, сходство какого-л. человека с какой-л. совокупностью людей. В качестве доп. употр. сущ.* народ, толпа, масса, класс (*в знач.:* социальный класс) *и т. п.* △ smb is smb's own flesh and blood *ритор.*

И так же каменно, с таким же упорством он решил ... так послужить, — нет, неизмеримо больше послужить громаде бедноты, **кость от кости** которой он был. *А. Серафимович, Железный поток*

лечь костьми см. Л 14

язык без костей см. Я 6

КОТ ⊙ **41. кого-л., чего-л. кот напла́кал** *разг., иногда ирон. или шутл.* 'Очень мало' *В ситуации, когда предметов, явлений, веществ и т. п. гораздо меньше желаемого или необходимого. Порядок компонентов фиксир.* △ precious little (few) *разг.*; nothing to speak of; next to nothing

Денег кот наплакал. No money to speak of *или* Next to no money.
— ... косилки на косогоры и на разные вертепы не пустишь, а косарей с ручными косами в бригаде **кот наплакал.** До смерти жалко, что такая трава гниет зазря! *М. Шолохов, Поднятая целина.* — На, кушай. Сальца-то, правда, **кот наплакал,** а все не хлеб черствый. Катерина Федосеевна ... сунула кошке под лавку,

прямо в зубы, розоватый соленый кусочек. *А. Яшин, Подруженька.* Продовольствия оказалось **кот наплакал.** *С. Залыгин, Комиссия.* — Клуб ничего себе... А вот культурной работенки у вас **кот наплакал.** *Б. Бедный, Девчата*

Ср.: капля в море *1 знач.,* по пальцам можно сосчитать, в обрез, раз-два и обчелся

КОЧЕРГА ⊙ **ни богу свечка ни черту кочерга** *см.* С 33

КОШКА ⊙ **играть в кошки-мышки** *см.* И 5

42. жить как ко́шка с соба́кой *разг.* 'В частых ссорах, в постоянной вражде' *Часто характеризует отношения супругов. Порядок компонентов фиксир.* △ to have a love-hate relationship; to fight like cat and dog *разг.*

Ей, впрочем, было иногда жаль Юлии, но, по размышлении, она постоянно доходила до той мысли, что часто и по страсти женившиеся живут **как кошка с собакой.** *А. Писемский, Тюфяк.* Левашов не хочет ходить в заместителях у Барабанова, живет с ним **как кошка с собакой.** *К. Симонов, Солдатами не рождаются.* — Вы из себя ... коллектив не корчите! ... Живете **как кошки с собаками,** а туда же! *Б. Бедный, Девчата*

Ср.: на ножах

43. ⟨у кого-л.⟩ **ко́шки скребу́т (скребли́, заскребли́) на душе́ (на се́рдце)** *разг.* Кому-л. 'тревожно, беспокойно, тоскливо' *Обычно от угрызений совести, от сомнений в своей правоте, от ожидания неприятностей, наказания. Часто в ситуации, когда человек пытается скрыть это состояние от окружающих. Порядок компонентов нефиксир.* △ smb feels uneasy, restless or depressed

— Это я только так, делал вид, будто мне все нипочем, а у самого **на душе кошки скребут!** *Н. Носов, Витя Малеев в школе и дома.* ...я ощущал, как по мере приближения к прокуратуре у меня все сильнее **скребли на душе кошки.** *А. Безуглов, Следователь по особо важным делам.* — Это я с виду только беспечный, а на самом деле у меня **на душе,** может быть, **кошки скребут.** *А. Вампилов, Девичья память.* Из гордости Анфиса и виду не подавала, что **на сердце** у нее **кошки скребут.** *Б. Бедный, Девчата*

Ср.: душа не на месте, камень на душе, не находить себе места, сам не свой, не по себе *2 знач.*

КРАЙ ⊙ **конца-краю не видно** *см.* В 41

моя хата с краю *см.* Х 1

44. чего-л. непоча́тый край (уст. у́гол) 'Чрезвычайно много' *Часто употр. с сущ. работы и обознач., что ее хватит для всех желающих или что ее невозможно выполнить до конца. С конкретными сущ. обознач. такое изобилие соответствующих предметов,* *как будто их запас еще не начинали расходовать.* Порядок компонентов фиксир. △ there is no end of *smth*

— ... работы тут **непочатый край**, только руки да голову прикладывай! *Б. Бедный, Девчата.* — Это хорошая мысль, — одобрил он. — Направим тебя в Колпино ... Работы — **непочатый край**. *А. Степанов, Семья Звонаревых.* Рыбы и птицы там **непочатый край**. *М. Пришвин, За волшебным колобком.* [*Андрей Титыч:*] А то денег **угол непочатый** лежит, девать куда не сообразим. *А. Островский, В чужом пиру похмелье*
Ср.: конца не видно, нет числа, хоть отбавляй, хоть пруд пруди
[Непочатый — *еще не начатый, не тронутый*]

хватить через край *см.* X 7
КРАЙНИЙ ⊙ **по крайней мере** *см.* М 18
КРАСКА ⊙ **вгонять в краску** *см.* В 9
сгущать краски *см.* С 45
КРАСНЫЙ ⊙ **для красного словца** *см.* С 81
красная девица *см.* Д 16
КРАШЕ ⊙ **краше в гроб кладут** *см.* К 21
КРЕПКИЙ ⊙ **крепкое словцо** *см.* С 82

КРИВИТЬ ⊙ **45. криви́ть (покриви́ть) душо́й** ⟨перед *кем-л.*, в *чем-л.*; против *чего-л.*⟩ *разг.* 'Поступать вопреки совести, намеренно говоря неправду' *Обычно притворяясь искренним и пытаясь скрыть от окружающих или от себя истину.* Употр. часто гл. несов. вида в инф. при словах со знач. неумения, нежелания, невозможности, в повел. накл. с отриц. не, в форме деепр. Порядок компонентов фиксир. △ to act against *one's* conscience, *usually* by deliberately telling a lie

Не хочу кривить душой. I want to be frank ⟨with you⟩.

Хотя ... [*Нехлюдов*] знал, что этого не надо было делать, он все-таки, **кривя** перед самим собой **душой**, поехал, считая себя обязанным данным словам. *Л. Толстой, Воскресение.* — Послушай, — сказала она мальчику, — хочешь щенка? ... — Порода? — спросил он коротко. — Порода? Я думаю, доберман-пинчер. (Саша **кривила душой**. Она этого не думала.) *Ф. Вигдорова, Семейное счастье.* Рябченко честно сказал: — Полчаса. — Он ожидал крика, но предпочитал пережить это, чем **кривить душой**. Все равно меньше чем за полчаса ему не поднять и не построить людей. *К. Симонов, Живые и мертвые.* — Вот ты, Сергей Никифорович, посмеиваешься, а скажи-ка, только честно: сам-то ты хоть раз все эти плакаты прочел? Ну? ... Только не **криви душой**. *Б. Полевой, Глубокий тыл*

КРОВЬ ⊙ **46. кро́вь бро́силась (ки́нулась, уда́рила)** ⟨*кому-л.*⟩ → **в го́лову** *Кто-л.* 'испытал состояние мгновенного неконтролируемого сильного возбуждения' *Чаще от чьих-л. несправедливых, лицемерных или слишком резких слов, а также от каких-л. неожиданно настигших постыдных воспоминаний, от осознания чьих-л. недостойных поступков. Обычно подразумевается, что человек чувствует прилив крови к голове. Порядок компонентов фиксир.* △ the blood rushed to *smb's* head

— Вам говорит что-нибудь такое имя — Валя Полунина? ... **Кровь бросилась** Леше **в голову.** — Зимарев не смеет произносить имя Вали Полуниной. *Ф. Вигдорова, Любимая улица.* **Кровь кинулась** Григорию **в голову,** когда напал глазами на свой курень. *М. Шолохов, Тихий Дон.* Ромашка стоял на коленях у моей кровати и рылся в моем сундучке. Эта новая подлость меня поразила. **Кровь бросилась** мне **в голову,** но я подошел к нему ровными шагами. *В. Каверин, Два капитана.* На опушке леса, приложив одно ухо и приподняв другое, перепрыгивал заяц. **Кровь ударила** мне **в голову,** и я все забыл в эту минуту: закричал что-то неистовым голосом ... и бросился бежать. *Л. Толстой, Детство*
Ср.: кровь кипит 2 знач., вне себя

47. кровь ← в *ком-л.* → **кипи́т (закипе́ла, игра́ет, заигра́ла, разыгра́лась, бро́дит, гори́т, разгоре́лась)** *Порядок компонентов фиксир.* 1) *Кто-л.* 'ощущает в себе избыток энергии, физических сил, жажду активной деятельности' *Часто о юноше или девушке* △ smb is overflowing with energy and physical strength, is eager for activity

Когда разница в тридцать лет и в одном **кровь** молодая **играет,** а в другом едва теплится — какое тут может быть согласие? *В. Распутин, Прощание с Матёрой.* — Дочка, говорю, хорошая, это верно, действительно ... А сам про себя думаю: — Ужо погоди... Девка она молодая, **кровь играет,** жить хочется, а какая тут жизнь? — И стала, брат, она тосковать. *А. Чехов, В ссылке.* Сперва Рудин говорил неохотно, но он выпил несколько рюмок вина, и **кровь** в нем **разгорелась.** *И. Тургенев, Рудин.* Удаляясь от минувшего, он начал жалеть о нем. **Кровь** еще **кипела** в нем, сердце билось, душа и тело просили деятельности. *И. Гончаров, Обыкновенная история*
Ср.: бить ключом

2) *Кто-л.* 'испытал сильное, бурное чувство' *Это может быть гнев, волнение, возбуждение и т. п., а также любовная страсть. Употр. только гл. сов. вида* △ a strong feeling is aroused in *smb*; *smb's* blood is up, *или smth* gets *smb's* blood up, *или smth* makes *smb's* blood boil *все три выражения обозначают чувство гнева, негодования*

— Такая низость с ее стороны, разумеется, вывела меня из

последних границ; **кровь закипела,** вскочил, полетел. Прихожу к старухе ... уже вне себя. *Ф. Достоевский, Идиот.* — На тротуаре, видит, идет какая-то стройная англичанка ... Мой Копейкин — **кровь-то, знаете, разыгралась** в нем — побежал было за ней, ... да вот, подумал, пусть после, когда получу пенсион, теперь уж я что-то расходился слишком. *Н. Гоголь, Мертвые души*
Ср.: кровь бросилась в голову, вне себя

48. человек, лицо, щеки **кровь с молоком** *разг.* 'Полный здоровья, румяный' *Употр. обычно как сказ., часто после слов* румяный, здоровый, крепкий *и т.п.,* красавец *и т.п. Порядок компонентов фиксир.* △ full of health, with rosy cheeks

Сам он говорил про себя, что он был тогда франт и красавец, **кровь с молоком,** губы имел румяные, волосы кудрявые и очи соколиные. *И. Тургенев, История лейтенанта Ергунова.* [Жена] дома наверняка, зря ее, наверное, в область и таскали, какая там болезнь, баба **кровь с молоком,** в ней каждая жилочка играет. *П. Проскурин, Тайга.* Настя — стройная, с лицом бело-розовым, тугим, то, что называется **кровь с молоком.** *Н. Задорнов, Могусюмка и Гурьяныч.* — Где же твои волосики? как шелк были! — приговаривала она сквозь слезы, — глаза светились, словно две звездочки; щеки — **кровь с молоком;** весь ты был как наливное яблочко! *И. Гончаров, Обыкновенная история*

49. ⟨у кого-л.⟩ **кровь стынет (стыла, застыла, леденеет, леденела, холодеет, холодела)** ⟨**в жилах**⟩ ⟨от страха, от ужаса, от чьего-л. крика, *от каких-л.* мыслей *и т.п.*⟩ высок. Кто-л. 'испытывает чувство ужаса, сильного испуга' *Гл. обычно стоит во фразеол. на втором месте* △ smth curdles (chills, freezes) smb's blood; smth makes smb's blood run cold; smth turns smb's blood cold; smb's blood curdles (runs cold) ⟨at the sight of smth *или* when + *придат. предлож.*⟩

И он в ярких красках и в живых образах ... нарисовал мне картину казни ... У меня **кровь застыла в жилах.** *Д. Скиталец, Сквозь строй.* ... война и в первую же зиму смерть Вити оглушили и ожесточили Надьку. По Вите она убивалась так, что **кровь стыла в жилах** от ее крика. *В. Распутин, Живи и помни.* — ... у тебя остались в Москве тысячи более близких, чем Наталья Сергеевна, **кровь стынет в жилах** от раздумья, что может случиться с ними [*во время войны*]. *Л. Леонов, Русский лес*
Ср.: волосы становятся дыбом, глаза на лоб лезут, душа уходит в пятки, ни жив ни мертв, мороз по коже дерет, мурашки бегают по спине, лица нет, поджилки трясутся, сердце падает

сердце кровью обливается *см.* С 56

КРОМЕ ⊙ **кроме шуток** *см.* Ш 13

КРОШЕЧКА ⊙ **ни крошечки** *см.* К 50

КРОШКА ⊙ **50.** нет, не осталось *и т. п.* **ни кро́шки (ни кро́шечки)** *чего-л.* 'Нисколько, ничуть' *В качестве доп. чаще употр. сущ. типа* еда, хлеб, сухари, печенье *и т. п., т. е. обознач. крошащиеся предметы* △ there is not a bit of *smth* ⟨left⟩

Хотя ни у кого не осталось **ни крошки** из харчей, припасенных в госпитале помощником начхоза, все были в приподнятом настроении, чувствуя близость жилья и отдыха. *А. Фадеев, Разгром*
Ср.: ни на грош, ни на йоту, ни капли, нет и следа, и в помине

КРУГЛЫЙ ⊙ **делать круглые глаза** *см.* Д 18
КРУГОМ ⊙ **голова идет кругом** *см.* Г 39
ходить кругом да около *см.* Х 16
КРУЖИТЬ ⊙ **51.** кружи́ть (вскружи́ть, *редк.* закружи́ть) ← *кому-л.* → го́лову *разг. Употр. чаще гл.* вскружить, *гл. несов. вида чаще употр. в многократном знач.* 1) 'Вызывать у *кого-л.* восторженное состояние, при котором он лишается способности трезво оценивать окружающее' *Часто о похвалах, успехе и т. п. Гл. обычно стоит в прош. вр. Гл. чаще стоит во фразеол. на первом месте* △ to go to ⟨turn⟩ *smb's* head; to make *smb's* head spin

Не скрою, что такие лестные обо мне отзывы настолько **вскружили** мне **голову**, что даже, в известной степени, имели влияние на небрежность отделки представленных мною проектов. *К. Прутков, Материалы для моей биографии.* Шумиха, поднятая вокруг договора о содружестве с Тонковым, не утихала ... Хуже всего было то, что этот трезвон **кружил голову** Майе. *Д. Гранин, Искатели.* [*Телятев:*] Я уж так устроен для услуг — это мое призвание. Что мне делать, больше у меня и дела никакого нет. [*Лидия:*] Значит, развлечение, от скуки. Однако вы своими угождениями **кружите** мне **голову**. *А. Островский, Бешеные деньги*

2) 'Влюблять *кого-л.* в себя' *Чаще о женщине. Гл. обычно употр. в инф. при словах со знач. умения, а также в прош. вр. Гл. чаще стоит во фразеол. на первом месте* △ to capture ⟨steal away, win⟩ *smb's* heart

[*Астров:*] Мне кажется, что если бы вот Елена Андреевна захотела, то могла бы **вскружить** мне **голову** в один день. *А. Чехов, Дядя Ваня.* — Да вокруг нее таких красавцев, как твой Астахов, было что комаров под вечер. **Головы** она **кружить** умела. *Д. Гранин, Картина.* — Да ведь ты не знаешь, — ответил Аркадий, — ведь он львом был в свое время. Я когда-нибудь расскажу тебе его историю. Ведь он красавцем был **голову кружил** женщинам *И. Тургенев, Отцы и дети*
Ср.: сводить с ума 2 знач.

КРУЖИТЬСЯ ⊙ **кружиться как белка в колесе** *см.* В 18

КРУТИТЬ ⊙ **крутить вокруг да около** *см.* Х 16
КРУТИТЬСЯ ⊙ **крутиться как белка в колесе** *см.* В 18
КРЫЛО ⊙ **подрезать крылья** *см.* П 50
расправлять крылья *см.* Р 12
КРЫЛЫШКО ⊙ **расправлять крылышки** *см.* Р 12
КРЫТО ⊙ **шито-крыто** *см.* Ш 6
КТО ⊙ **кому не лень** *см.* Л 12
кто попало *см.* П 70
КУДА ⊙ **куда ветер дует** *см.* В 26
куда глаза глядят *см.* Г 16
куда глаза девать *см.* Д 14
куда ни кинь глазом *см.* К 18
куда ни шло *см.* И 14
куда попало *см.* П 70

52. куда́ ⟨уж⟩ та́м *разг. Порядок компонентов фиксир.* 1) 'Конечно, нет; это невозможно сделать' *Употр. как усиленное отриц. возможности совершить названное действие. Употр. как самост. предлож., иногда с повторением гл. из предшествующего предлож., обычно в форме инф. или прош. вр. В следующем предлож. обычно указывается, что именно произошло вместо ожидавшегося.* △ certainly not; not likely

— Купил машину? — спросил Локтев. — **Куда там!** В галошах на босу ногу притопал. Раным-рано крадется улицей, чтоб никто не увидел. *В. Мурзаков, Мы уже ходим, мама* ... Федин, как всегда, попытался придержать меня, прервал на какой-то бессвязной фразе, пошутил ... **Куда там!** Я продолжал свою язвительную речь. *В. Каверин, Освещенные окна.* — А я старался. Божественное хотел понять. — Понял? — **Куда там,** понять! И его нету, и без его нельзя. *С. Залыгин, Соленая Падь.* Выскочила из стада и затявкала, пытаясь догнать их, собака. Но нет! **Куда там!** Далеко. *А. Гайдар, Тимур и его команда*

Ср.: не тут-то было

2) *кому-л.* до *кого-л. Кто-л.* 'настолько ниже *кого-л.* по своим достоинствам, способностям, возможностям, что их даже нельзя сравнивать' △ *smb* is not a patch on *smb разг.*

Надежда Львовна явилась нам в возрасте Верочки Баклаевой, но только **куда там** было сумасшедшей Верке до этой ... фантастической! *С. Залыгин, Наши лошади.* Чем больше мы смотрим на пчел, тем больше удивляемся. С виду пчелы — это как будто все равно что мухи. **Но куда там** мухам до пчел! ... Мухи только жужжат, лезут, куда их не просят ... А пчелы ... всегда занимаются нужным делом, работают дружно. *Н. Носов, Дневник Коли Синицына*

Ср.: в подметки не годится
куда хватает глаз *см.* Г 18
КУЛИЧКИ ⊙ **у черта на куличках** *см.* Ч 8
КУЛЬ ⊙ **куль соли съесть** *см.* С 123
КУРС ⊙ **входить в курс** *см.* В 76
КУЧА ⊙ **валить в кучу** *см.* В 1

Л

ЛАВР ⊙ **почивать на лаврах** *см.* П 85
ЛАД ⊙ **дело идет на лад** *см.* Д 28
1. на все лады́ ↔ ругать, повторять, обсуждать *и т. п.* 'Всевозможными, самыми разными способами' *Обычно характеризует либо повторяющиеся действия, либо действие, совершаемое в одно и то же время несколькими людьми* △ in all possible ways

Мы принялись ругать **на все лады** Шишкина за то, что он оставил свои ворота, а он оправдывался и говорил, что теперь будет играть по всем правилам. *Н. Носов, Витя Малеев в школе и дома.* Ей казалось, что ее оскорбили, а она не сумела ответить, как следует, она **на все лады** повторяла злополучное «здравствуйте», произнесенное Александрой, словно оно не переставало ее жалить. *В. Распутин, Василий и Василиса.* Но, кажется, [Николай Антоныч] был не очень доволен тем, что теперь в школе **на все лады** склонялось имя Кораблева. *В. Каверин, Два капитана.* Случай с Усольцевым обсуждался **на все лады.** *Д. Гранин, Искатели*

2. не в лада́х (не в ладу́) *разг.* 1) *кто-л. с кем-л.* 'В ссоре или в натянутых отношениях' △ smb is not on good (is on bad) terms with smb; smb does not get along (on) ⟨well⟩ with smb

А почему вас интересует Виктор? Насколько я помню, вы с ним были **не в ладах**,— сказала Нелли своим певучим сопрано. *Н. Островский, Как закалялась сталь.* В первый приход петлюровцев ... поп, с которым Авксентий давно был не в ладах, донес петлюровцам, что у дядьки есть винтовка. *В. Беляев, Старая крепость.* — Я охотно мог бы дать вам адресок одного из бывших моих однокашников по Лесному институту ... — Тоже лесник? — Он лишь до некоторой степени лесник ... И вообще мы с ним не **в ладах:** этот человек придерживается крайне разрушительных взглядов на русский лес. *Л. Леонов, Русский лес.* А кузнец, который был издавна **не в ладах** с ним [с Чубом], при нем ни за что не отважится идти к дочке, несмотря на свою силу. *Н. Гоголь, Ночь перед рождеством*

Ср.: на ножах

2) *часто ирон. кто-л.* с *чем-л. Кто-л.* 'не может понять *чего-л.*, научиться пользоваться *чем-л.*, примириться с существованием *чего-л.' В качестве доп. часто употр. сущ., обознач. какие-л. разделы науки, школьные предметы* △ smb is not ⟨very⟩ good at smth (at doing smth)

... я пробовала одолеть «Критику чистого разума» Канта — и навсегда поняла, что с чистым разумом я **не в ладу.** *В. Кетлинская, Вечер Окна Люди.* Мне приходилось несколько раз в день проходить мимо этого детского сада, и я убедился, что здешняя воспитательница явно **не в ладах** с природой. Она не доверяла молодым колючим сосенкам, кустарнику, приютившему густую тень, дальним уголкам сада, заросшим малиной и ежевикой. *Ю. Нагибин, Комаров*

3) *редк. что-л.* с *чем-л.,* между *чем-л.* 'Нет согласованности, гармонии' *Обычно вариант* не в ладу △ smth is not in (is out of) tune with smth

Нужно расти не вверх, а в ширину. Высокий рост, когда плечи не широки, **не в ладу** со здоровьем. *А. Чехов, Письмо А. С. Суворину, 20 ноября 1889*

ЛАДАН ⊙ **дышать на ладан** *см.* Д 80

ЛАДОНКА ⊙ **как на ладонке** *см.* Л 3

ЛАДОНЬ ⊙ **3. как** (*редк.* **будто, словно, точно**) **на ладони** (*редк.* **на ладошке, на ла́донке** *уст. или прост.*) 1) *что-л.* видно, виднеется, *кто-л.* видит *что-л.* и *т. п.* ↔ 'Совершенно ясно, отчетливо, целиком' *Чаще характеризует восприятие пространства, достаточно протяженного в длину или ширину: города, улицы, реки, поля и т. п. — или множества одинаковых предметов, расположенных на нем. В предлож. часто стоят обст.* отсюда, оттуда, здесь. *Может употр. в конструкции* все как на ладони △ smth is clearly visible (clearly spread ⟨out⟩ before smb's eyes)

Отсюда, **как на ладони,** виднелись прямые улицы Екатеринодара. *А. Толстой, Хождение по мукам.* ... [с нижнего пологого мыса острова] тот и другой берега были видны **как на ладони:** левый ближе, правый дальше. *В. Распутин, Живи и помни.* — На том месте и почва рыхлее, и трава пониже, и признаки круглых окопов видны **как на ладони.** *М. Шолохов, Поднятая целина.* ... хутор, как говорится, в пределах досягаемости ружейно-пулеметного огня. В бинокль оттуда же все видно **как на ладони!** *В. Овечкин, Упрямый хутор*

2) *кто-л., что-л.* 'Предельно ясен (ясно) всем, открыт (открыто), без тайн' *Употр. обычно как сказ. В качестве подлеж., кроме сущ.* человек, характер, жизнь, прошлое, настоящее *и т. п., употр.*

мест. всё. При подлеж. — *сущ. часто стоит мест. весь (вся, всё)* △ smb (smb's mind) is an open book

— Я человек весь **как на ладошке**, уважил Николая Евгеньевича, открылся, на тебя показал. *Ю. Герман, Дело, которому ты служишь.* — В нашем городе не так-то легко скрыть свои убеждения — у любого человека жизнь **как на ладони**. *В. Тендряков, Чрезвычайное.* Не верили его [*Синцова*] прошлому, хотя его настоящее было у них **как на ладони**! *К. Симонов, Живые и мертвые*

3) выложить ⟨*кому-л.*⟩ *что-л.* [*откровенно высказать*], показать *кому-л. что-л.* [*раскрыть, обнаружить*] *и т. п.* ↔ 'Предельно откровенно, ясно, полностью, без утайки' *В качестве доп. часто употр. мест. всё или сущ. с мест.* **весь** △ to tell (explain) everything to *smb* clearly, fully, openly

— Ты скажи ему [*Нехлюдову*], чтобы он Митрия вызвал. Митрий все ему выложит, **как на ладони**. *Л. Толстой, Воскресение.* — Я не виноват, я сделал все, чтобы утешить его. — Что ж ты сделал? — Мало ли? И говорил битый час ... даже в горле пересохло ... всю теорию любви **точно на ладони** так и выложил ... А он все плачет? *И. Гончаров, Обыкновенная история.* Садитесь вот сюда и слушайте. Я прочту сейчас вам все, что касается вашей личности ... Потрясающе, правда? **Как на ладони** показала вам самого себя. *В. Беляев, Старая крепость*

Ср.: черным по белому

ЛАДОШКА ⊙ **как на ладошке** *см.* Л 3
ЛАЗАРЬ ⊙ **лазаря петь** *см.* П 24
ЛАЗИТЬ ⊙ **за словом в карман не лазит** *см.* Л 7
ЛАПА ⊙ **ходить на задних лапах** *см.* Х 18
ЛАПКА ⊙ **ходить на задних лапках** *см.* Х 18
ЛЕВЫЙ ⊙ **вставать с левой ноги** *см.* В 66
ЛЁГКИЙ ⊙ **легкая рука** *см.* Р 27
легкий на помине *см.* Л 4
с легкой руки *см.* Р 42
ЛЕГКО ⊙ **легко отделаться** *см.* О 29
ЛЁГОК ⊙ **4.** ⟨*кто-л.*⟩ **лёгок (легка́, легки́, реже лёгкий, лёгкая, лёгкие) на поми́не** *разг., шутл. или ирон.* 'Появляется (появился) именно в тот момент, когда о нем говорят *или* вспоминают' *Употр. обычно в диалоге, часто после предлож.* А вот ⟨и⟩ он (она, они)! *Порядок компонентов фиксир.* △ talk (speak) of the devil ⟨and he will (is sure to) appear⟩ *разг., шутл. или ирон.*

— О чем мы говорили? Да! О Лежневе ... Я его несколько раз приглашала к себе, и даже сегодня я его жду ... — Михайло Михайлович Лежнев приехали, — доложил дворецкий ... — Ах, боже мой! — воскликнула Дарья Михайловна, — вот **легок на помине.** Проси! *И. Тургенев, Рудин.* — Эту сестру, Калинину-то, с которой вы тут разговаривали, не Прасковьей звать? — поинтересовался Куров ... — Что, и тебя уж за сердце ущипнула? ... Только ты, брат, на нее не косись. У нее в голове одни лейтенанты, на штатских не глядит ... А вот и она, **легка на помине.** *Б. Полевой, Глубокий тыл.* — А я только что рассказывал ей про вас, — в явном смущении объяснял своим спутникам Вихров. — Знакомьтесь, Леночка ... это и есть мои милые петербургские друзья. Как видите, **легки на помине.** *Л. Леонов, Русский лес.* Приоткрылась дверь, и вот он, **легок на помине,** недавно о нем вспоминалось, явился собственной фигурой: уши, нос и хвост торчком, но сам недоволен. *С. Залыгин, Комиссия*

Ср.: тут как тут

ЛЕГЧЕ ⊙ **час от часу не легче** *см.* Ч 2

ЛЁД ⊙ **5. как лёд 1)** *Что-л.* 'очень холодное' *Употр. как сказ. при подлеж.-сущ.* руки, ноги, пальцы *и т. п., реже при других сущ., или как обст. степени при прил.* холодный, *в том числе в кр. форме* △ smth is ⟨as⟩ cold as ice (marble, charity *разг.*)

Руки его были **как лед,** он затылком чувствовал их холод. *А. Толстой, Хождение по мукам.* — Я вся мокрая, ноги **как лед.** *Л. Толстой, Отец Сергий.* Ее сердце сильно билось, руки были холодны **как лед.** *М. Лермонтов, Герой нашего времени*

2) *Кто-л.* 'не реагирует на окружающее, равнодушен к *кому-л.,* к *чему-л.*' *Обычно бесчувствен, бессердечен. Употр. чаще как обст. степени при прил.* холодный *в кратк. форме, реже как сказ. Прил. может иметь при себе личное мест. в Д. п. с предлогом* к, *обычно при обознач. безразличного отношения мужчины к женщине и наоборот* △ smb is ⟨as⟩ cold as ice (marble, charity *разг.*) ⟨towards smb⟩

— Что вы наделали, дядюшка! — заговорил Александр, меняясь в лице, — я ... я не люблю ее больше! ... я не хочу жениться! ... я холоден к ней **как лед!** *И. Гончаров, Обыкновенная история.* Некрасивая Зина ... просто упивалась этой почтой и все свободное время писала ответы. Галка оставалась холодной **как лед:** невеста не имеет права быть легкомысленной. *Б. Полевой, Глубокий тыл.* Узнав об отъезде Базарова, Павел Петрович пожелал его видеть и пожал ему руку. Но Базаров и тут остался холоден **как лед.** *И. Тургенев, Отцы и дети*

ЛЕДЕНЕТЬ ⊙ **кровь леденеет** *см.* К 49

ЛЕЖАТЬ ⊙ **душа не лежит** *см.* Д 72

6. ⟨**все**⟩ **то, что пло́хо (бли́зко) лежи́т (лежа́ло)** *разг.* то, что 'Не спрятано *или* плохо охраняется и легко может быть украдено'

Употр. обычно как придат. предлож.; в главной части предлож. обычно имеются гл. красть*, тащить*, тянуть*, брать* *и т. п., чаще в знач. повторяющегося или привычного действия. Гл. чаще стоит в конце фразеол.* △ anything that lies (lay) handy

... этим глазам от природы было дано определенное назначение: смотреть за тем, что **плохо лежит** и может быть украдено. Все остальные части тела Лешего слепо подчинялись ... приказам ... глаз. *А. Макаренко, Педагогическая поэма.* Знали, что еще до войны у [*Лапшинова*] было немалое состояние, так как старик не брезговал и в долг ссужать под лихой процент, и ворованное потихоньку скупать ... под старость стал он вовсе на чужое прост: брал все, что **плохо лежало**. *М. Шолохов, Поднятая целина.* — У анархистов денег много ... — Ничем не брезгуют, все берут, что **плохо лежит**. *А. Васильев, В час дня, ваше превосходительство.* — А сама тянет из колхоза все, что **плохо лежит** — то лен, то сено охапкой, то ржаные снопы. *А. Яшин, Вологодская свадьба*

ЛЕЗТЬ ⊙ глаза на лоб лезут *см.* Г 8

7. кто-л. за сло́вом в карма́н не ле́зет (не лёз, не лёзла, не ла́зит, не полёзет, не полёз, не полёзла *и уст.* не хо́дит, не ходи́л) *разг., иногда одобр. или шутл. Кто-л.* 'очень находчив в разговоре, отличается быстрой и точной словесной реакцией' *Часто в ситуации, когда кто ругают, обвиняют, резко говорят. Порядок компонентов нефиксир.* △ smb is never at a loss for words (a reply)

Вариант: **ле́зть (ла́зить) за сло́вом в карма́н** *употр. обычно при гл.* не привык

А уж куды бывает метко все то, что вышло из глубины Руси, где ... все сам-самородок, живой и бойкий русский ум, что **не лезет за словом в карман**, не высиживает его, как наседка цыплят, а влепливает сразу ... и ... одной чертой обрисован ты с ног до головы! *Н. Гоголь, Мертвые души.* Лысый ... человек ... сказал Володе, что скелеты человеческие и животные продаются лишь учебным заведениям... Частным же лицам никакие скелеты проданы быть не могут. — А если он ученый! — сказала Варя, кивнув на Володю. Она никогда **не лезла за словом в карман**. *Ю. Герман, Дело, которому ты служишь.* [*Домна Пантелеевна:*] Ну, батюшка, поговорили да и будет ... А то коли хотите разговаривать, так говорите со мной, я **за словом в карман не полезу**. *А. Островский, Таланты и поклонники.* — Это настроение неверное, не надо себя им успокаивать. — Да что уж нам себя успокаивать? — Сирота не привык **лезть за словом в карман**, когда находился в положении «вольно». *К. Симонов, Живые и мертвые*

Ср.: остер на язык, язык хорошо подвешен

8. из ко́жи (из шку́ры *прост.*) ⟨вон⟩ ⟨перед кем-л. *редк.*⟩ →

ЛЕЗТЬ

лезть (вылеза́ть) *разг.* 'Чрезмерно стараться, чтобы достичь *какого-л.* результата' *Употр. обычно перед придат. предлож. с союз. чтобы или с частицей только бы; как первая часть уступит.- противит. конструкций, с союзом а или хоть.., а; в однородном ряду с гл.-сказ. старается или с другим гл. Порядок компонентов нефиксир.* △ to go out of *one's* way to help *smb* (be pleasant to *smb, etc*); to bend (lean) over backwards to help *smb* (be pleasant to *smb, etc*); to fall over *oneself* to obtain (achieve) *smth*; to go all out to obtain (achieve) *smth* или to go all out for *smth*

Если бы кто-то посмотрел на нас совершенно со стороны, он обязательно заметил бы, как мы **из кожи лезем**, чтобы доказать, что мы — люди. *С. Залыгин, Наши лошади.* Лихо, особенно после педсовета, **из шкуры лез**, только бы доказать всей школе, что ... я ... знаю не больше, чем на «чрезвычайно слабо». *В. Каверин, Два капитана.* ... от Серпилина потребовали, чтобы он хоть **вылез из кожи**, а взял Грачи к 24 часам! *К. Симонов, Солдатами не рождаются.* [Воробьи] крылышки распускают, хвостики растопырили, наскакивают друг на друга, кричат, шумят, **из кожи лезут вон**, так стараются. *Г. Скребицкий, Весенняя песня*

Ср.: выбиваться из сил *2 знач.*, лечь костьми *2 знач.*, правдами и неправдами

9. ле́зть в го́лову 'Против желания неотвязно, настойчиво возникать в сознании' *В качестве подлеж. употр. сущ. мысли, воспоминания и т. п., обычно с опред. всякий (всякая, всякие), разные, при сущ. мысли употр. и др. опред., обычно выражающие отриц. оценку. Употр. чаще в наст. и прош. вр. Порядок компонентов нефиксир.* △ to come into (enter) *smb's* head against *his* will

Иногда же его охватывает, бьет странная дрожь и странные, дикие мысли **лезут в голову**. *Ю. Казаков, Трали-вали.* — Не надоело тебе еще баклуши бить, Василь? — Немного надоело, — ответил я тихо. — Я тоже думаю, что надоело ... От безделья легко всякие глупости **в голову лезут**. *В. Беляев, Старая крепость.* Тут я снова заметил, что опять думаю не о том, и сколько я ни пытался думать о деле, **в голову лезла** только одна чепуха! *Н. Носов, Дневник Коли Синицына.* И какая же ерунда **лезет в голову**, господи прости. *И. Грекова, Хозяйка гостиницы*

Ср.: вертеться в голове *2 знач.*, не выходит из головы

лезть в гору *см.* И 9

10. лезть/поле́зть в пе́тлю 'Добровольно подвергать себя опасностям, риску, иногда смертельному' *Гл. несов. вида употр. чаще в наст. вр., в инф. при словах со знач. нежелания или ненужности, в повел. накл. с отриц. не; гл. сов. вида в буд. вр., с отриц.*

не *со знач. нежелания. Порядок компонентов нефиксир.* △ to put one's head (neck) in (into) the (a) noose

(Телегин отогнул воротник и нагнулся к землистому лицу Рублева) ... — Объясните мне, ради бога ... Ведь мы **в петлю лезем**. *А. Толстой, Хождение по мукам.* — Массы — народ практический, они не станут понапрасну **лезть в петлю**. Они не одиночки-интеллигенты. Эффектный жест и громкая фраза не по их части. *Э. Казакевич, Синяя тетрадь.* — Ты бы мне так же посоветовал, если бы твою сестру переселили? По совести? — Так же! Вот те крест! И сам не **полез бы в петлю**, и ни у кого заступу не стал бы просить. *Ф. Вигдорова, Любимая улица.*

11. что-л. **ни в каки́е воро́та не ле́зет (не ле́зло** редк.) *разг., неодобр.* Что-л. 'недопустимо, выходит за границы общепринятых норм или представлений' *Употр., чтобы выразить резкое возмущение чьими-л. поступками, какими-л. фактами, событиями, чаще в диалоге. В качестве подлеж., кроме соответствующих сущ., употр. мест. это. Порядок компонентов нефиксир.* △ smth is the limit *разг., в качестве подлеж. часто употр. мест.* that

— Да ты в избе-читальне был хоть раз? ... Всего два раза заходил? Ну, милый мой, это **ни в какие ворота не лезет!** Я был о тебе лучшего мнения. *М. Шолохов, Поднятая целина.* — То, что ты позволяешь себе с мамой, **ни в какие ворота не лезет.** Запомни: мы маму в обиду не дадим и не позволим тебе над ней издеваться. *В. Распутин, Последний срок.* То, что сказал [Барабанову] Серпилин, было невероятно, **не лезло ни в какие ворота.** *К. Симонов, Солдатами не рождаются*

Ср.: из рук вон, ни на что не похоже

ЛЕНЬ ⊙ **12.** ⟨все⟩ кому́ ⟨то́лько⟩ **не лёнь** *разг., иногда неодобр.* 'Любой, кому хочется, кому вздумается' *Употр. чаще при гл. несов. вида в многократном знач. и обознач. случайных участников ситуации, безразличных к результату действия. Порядок компонентов фиксир.* △ anyone who feels like it

[Катя] переписывалась с двумя подругами, оставшимися в Энске, и повсюду теряла свои письма, так что их читали все, **кому не лень**, даже гости. *В. Каверин, Два капитана.* Теперь [*сосна*] упала от грозы, и ее жгут прохожие, **кому не лень;** много лет не могут никак сжечь, головешки и посейчас валяются на обрыве. *В. Белов, За тремя волоками.* Прошла зима, в марте сбежала под гору талая вода ... Настиных ребятишек в эту пору домой загонять приходилось ремнем или пряником. Убегут и дверь не закроют, **кому не лень** приходи и все собирай. *В. Распутин, Василий и Василиса.* Ремизкин ... настоял на том, чтобы ищейке дали понюхать шарф. Но это вещественное доказательство так захватили за

последние дни все **кому не лень,** что собака и носом не повела. *Л. Кассиль, Ход белой королевы*
Ср.: кто попало

ЛЕС ⊙ не видеть за деревьями леса *см.* В 39

ЛЕТО ⊙ **13. ско́лько ле́т, ско́лько зи́м!** *разг.* 'Как давно мы не виделись!' *Приветствие, восклицание, обычно радостное, при встрече с тем, с кем очень давно не встречался. Употр. как самост. предлож., иногда с гл. не видались. Порядок компонентов фиксир.* △ it is ages since we met! *разг.;* I have not seen you for ages *разг.;* long time no see *разг.*

— Полина! — сказал бы, протягивая к ней обе руки. — **Сколько лет, сколько зим!** Если б вы знали, как я рад вас видеть! *А. Чехов, Три года.* — **Сколько лет, сколько зим!** — произнес Фаддей Кузьмич свое избитое приветствие. — Слышал, сенокосничаешь? *Э. Казакевич, Синяя тетрадь.* Он пошел обок с Пастуховым, радушно говоря, что не видались **сколько лет, сколько зим,** что утекло много воды. *К. Федин, Первые радости.* — О-о-о! Кого я вижу! Иван Агафоныч! **Сколько лет, сколько зим,** брат ... Давай садись. *Н. Никонов, На волков*
Ср.: много воды утекло

ЛЕЧЬ ⊙ **14. лечь костьми́** ⟨за *кого-л.,* за *что-л.*⟩. *Порядок компонентов нефиксир.* 1) *ритор.* 'Умереть, погибнуть' *Обычно в бою, в сражении* △ to lay down *one's* life *ритор.;* to fall in battle *ритор.*

— Он должен был остаться и биться, чтобы с честью **лечь костьми.** *А. Серафимович, Железный поток.* [Дивизия] при надобности **костьми ляжет,** а с места не сойдет. *С. Голубов, Багратион.* Рыцарь... был во всем открыт и откровенен; к тому же он всегда готов был **лечь костьми** за то, что считал правым. *А. Герцен, Былое и думы*

2) 'Использовать все средства, доходя до предела человеческих возможностей' *Чтобы совершить намеченное действие. Употр. как первое в ряду однородных сказ., в форме буд. вр., перед гл. сов. вида и союзами* а, но. *Предлож. обычно выражает обещание, клятву* △ to do *one's* utmost to accomplish what is planned Костьми лягу, а сделаю это. I'll do it even if it costs me my life.

— Имейте в виду ... примете вы заказ или нет, локатор будет сделан. — Не у вас, так у моряков... **Костьми лягу,** а сделаю. *Д. Гранин, Искатели.* Лукьяныч **ляжет костьми,** но выдаст зарплату точка в точку пятнадцатого числа. *В. Панова, Ясный берег*
Ср.: лезть из кожи, правдами и неправдами
[Костьми — *старая форма Т. п. мн. ч. сущ.* кость]

ЛИСТ ⊙ **15. дрожать, задрожать, трястись, затрястись ↔ как ⟨оси́новый⟩ лист** *разг.* 'Очень сильно' *Чаще от страха, волнения, возбуждения, от холода и т. п. Порядок компонентов фиксир.* △ to shake (tremble) like a leaf

— Ты что, папаша, дрожишь, **как лист осиновый?** Страшнее смерти ничего не будет. Дрожи не дрожи — не поможет. *Ю. Бондарев, Горячий снег.* — Ой, как страшно! Ой, как я испугался! Я весь дрожу, **как осиновый лист** дрожу от ужаса! — иронически проговорил Половцев. *М. Шолохов, Поднятая целина.* — Это лошадь отца моего, — сказала Бэла, схватив меня за руку, она дрожала, **как лист**, и глаза ее сверкали. — Ага! — подумал я, — и в тебе, душенька, не молчит разбойничья кровь. *М. Лермонтов, Герой нашего времени.* Шурка, устиновский зять, дрожал на морозе **как осиновый лист**. *С. Залыгин, Комиссия*

ЛИТЬ ⊙ **16. лить во́ду на чью-л. ме́льницу** или **на ме́льницу кого-л.** *книжн.* 'Косвенно, часто ненамеренно подкреплять своими действиями чью-л. позицию, чье-л. мнение' *Часто позицию одной из враждующих сторон. О людях и их поступках. Гл. чаще стоит во фразеол. на первом месте* △ to play into smb's hands *о людях и их поступках*

Выражение to bring (be) grist to smb's mill *означает приносить пользу или выгоду кому-л. и обычно не применимо к ситуации борьбы мнений*

Объективно план Лобанова «**лил воду на мельницу**» оппозиции внутри техотдела. Этот план подрывал репутацию Виктора как руководителя. *Д. Гранин, Искатели.* Прикрываясь именем партизан, гитлеровцы учиняют массовые расстрелы, устраивают грабежи. И малейшая наша опрометчивость в отношениях с населением **льет воду на мельницу** врага. *В. Андреев, Народная война.* Бессодержательнейшие разговоры Каутского об ультраимпериализме поощряют, между прочим, ту глубоко ошибочную и **льющую воду на мельницу** апологетов империализма мысль, будто господство финансового капитала ослабляет неравномерности и противоречия внутри всемирного хозяйства, тогда как на деле оно усиливает их. *В. И. Ленин, Империализм как высшая стадия капитализма*

Ср.: на руку

ЛИХО ⊙ **не поминай лихом** *см.* П 66

почем фунт лиха *см.* Ф 4

ЛИЦО ⊙ **17.** ⟨**прямо**⟩ **в лицо́** ↔ ⟨**кому-л.**⟩ ↔ говорить/сказать, высказывать/высказать, бросать/бросить (*в знач.* резко говорить) *и т. п.*; смеяться *и т. п.*; лгать/солгать *и т. п.* 'Открыто, в присутствии *кого-л.* или обращаясь прямо к нему' *Чаще в ситуации,* когда кого-л. резко обвиняют, осуждают, высмеивают. *При гл. речи в качестве прямого доп. употр. сущ.* слова, суждение, колкости, мерзости *и т. п., обычно в сочет. с прил.* △ to say *smth* to *smb's* face; to laugh in *smb's* face; to lie in (through) *one's* teeth (in *one's* throat); to throw (cast, fling) *smth* in *smb's* teeth *в качестве доп. употр. сущ.* words, mistakes, reproaches, accusations *и т. п.*

Постепенно предубеждение против отца превратилось в жгучую потребность отомстить за мать, высказать **в лицо** ему честное комсомольское суждение о людях подобного сорта. *Л. Леонов, Русский лес.* Авросимов похолодел, так страшен показался ему вопрос ... И как же не вздрогнуть, когда **в лицо** вам бросают такое, о чем даже помыслить невозможно. *Б. Окуджава, Глоток свободы.* Другой раз он чуть было не погиб: целым блюдом котлет пустил в эконома, бросился на офицера и, говорят, ударил его за то, что тот отрекся от своих слов и прямо **в лицо** солгал. *Л. Толстой, Отец Сергий*
Ср.: в глаза, в лоб *3 знач.*

18. к лицу́ 1) 'Идет *кому-л.*, гармонирует с *чьей-то* внешностью' *Об одежде, прическе, украшениях и т. п. Употр. в конструкциях что-л. кому-л.* к лицу *или при гл.* одеваться*/одеться *и т. п.* △ *smth* suits (becomes *уст.*) smb
Вариант: не к лицу́
Не думайте, что от этого простого наряда кукла стала некрасивой. Напротив, он был ей **к лицу**. *Ю. Олеша, Три толстяка.* ... от нового платья пахло тонкими духами, губы были подкрашены искусно, без перебора, тоненькая цепочка с крестиком, опоясывающая гладкую и белую шею, была **к лицу**. *В. Липатов, Повесть без названия, сюжета и конца* ... — Это платье тебе **не к лицу**! ... Надень лучше Верину блузку и Анфисину черную юбку. *Б. Бедный, Девчата.* Тетушка Марина была из прехорошеньких тетушек-хохлушек, которые, кажется, сошли с лубочной картинки, ... даже внезапные сборы в дорогу не помешали ей одеться **к лицу**. *А. Фадеев, Молодая гвардия*

2) 'Подобает *кому-л.*, соответствует *чьему-л.* положению' *О поступках, поведении, действиях человека. В качестве подлеж. употр. инф., реже абстрактные сущ., а также мест.* это. *Чаще употр. вариант* не к лицу △ *smth* is appropriate for *smb's* position
Вам не к лицу так вести себя (такое поведение). It does not become (it ill becomes) you to behave so *или* such behaviour does not become you.

... в [Колиной] голове пронеслась странная ... мысль о том, что вождю революции **к лицу** стоять в одиночестве среди молний и что он должен себя чувствовать среди бушующей природы уютнее, чем обыкновенный человек. Э. *Казакевич, Синяя тетрадь.* Сема пламенно и неизменно желал начать все сначала. А начинать все сначала больше **к лицу** Семе, чем ... кому-нибудь другому. *С. Залыгин, Наши лошади.* — Обычно мы сидим [*во время бомбежек*] дома. Хотите выйти? — Ну, нашему брату, военным, такие переселения вроде бы и **не к лицу.** Я имел в виду только вашу безопасность. *Л. Леонов, Русский лес.* — Если бы я тебя подозревал... я не мог бы с тобой так разговаривать! Не вздумай истерику закатить, председатель горсовета, **не к лицу** это нам с тобой! *В. Панова, Времена года*

лица нет *см.* Л 33

на лице написано *см.* Н 18

19. *кто-л., реже что-л.* **на одно лицо** *разг.* 'Очень похожи, не имеют индивидуальных внешних различий' *Чаще о таких людях, внешний вид которых вызывает неприятные чувства. Подлеж. стоит во мн. ч., часто с мест.* все. *Обычно употр. при гл.* казаться, выглядеть. *Порядок компонентов фиксир.* △ they ⟨all⟩ look alike

Дочери все были **на одно лицо** — похожи на княгиню и дурны; поэтому ни одна не останавливала внимания. *Л. Толстой, Детство.* В ту ночь в этом маленьком родильном доме появилось на свет двенадцать ребятишек. Они были похожи на кукол ... Говорят, все новорожденные **на одно лицо:** красные, сморщенные, лысые. Ну, это как когда. *Ф. Вигдорова, Семейное счастье.* Андрею подобные девицы казались **на одно лицо** — надменная пустышка, сияющая отраженным светом своего начальника. *Д. Гранин, Искатели.* — Тогда напомните им конкретное место, — попросил Штирлиц. — Иначе им трудно вспомнить; они же стоят на улицах по десять часов в день, им все люди кажутся **на одно лицо.** *Ю. Семенов, Семнадцать мгновений весны*

Ср.: ни дать ни взять *1 знач.,* как две капли воды

не ударить лицом в грязь *см.* У 6

от лица *см.* И 18

показывать товар лицом *см.* П 58

ЛОБ ⊙ ⟨**прямо**⟩ **в лоб** *разг.* 1) атаковать, наступать, стрелять, ударять/ударить *и т. п.;* атака, удар *и т. п.* ↔ 'Прямо перед собою, не обходя с флангов' △ to make a frontal attack; to fire (aim) point-blank ⟨at *smb*⟩

Третья рота должна была при поддержке всей артиллерии открыто атаковать немецкие позиции **в лоб.** *В. Катаев, Сын полка.* Хведин поручил Ивану Ильичу командовать стрелковым десантом, который назначался к удару — **в лоб** по пристаням. *А. Толстой, Хождение по мукам.* И когда с рассветом вскипел в безумной лихорадке Перекоп, когда прямо **в лоб** через заграждения ринулись тысячи, в тылу у белых, на Литовском полуострове, взбирались на берег первые колонны перешедших Сиваш. *Н. Островский, Как закалялась сталь*

2) *редк.* дуть, ударять *и т. п.* 'Навстречу движению' *О ветре, волне* △ from the front

Свежий противный ветер, дувший, как говорят моряки, прямо **«в лоб»**, ... не позволял клиперу приблизиться к берегу. *К. Станюкович, Максимка*

3) спрашивать/спросить *и т. п.* ↔ 'Прямо, открыто, резко, без намеков, недомолвок' △ to ask point-blank + *придат. предлож. или прямая речь*

Решив, вероятно, что с «бывшим» интеллигентом можно говорить начистоту, спросил **в лоб**, приготовив вечное перо: — Как вам нравится партизанская война? *П. Вершигора, Люди с чистой совестью.*— На днях созвал бюро райкома партии с активом ... Выступите ... Сумеете убедить ... — А на бюро вы будете за меня? — спросил я **в лоб**. *В. Тендряков, Чрезвычайное Ср.:* в глаза, в лицо, без обиняков, в открытую

Шелленберг прикрыл трубку телефона ладонью и посмотрел на Штирлица. Тот сказал: — Да. И сразу **в лоб** [*задавайте вопрос*]. А то он уйдет, как лис. *Ю. Семенов, Семнадцать мгновений весны*

глаза на лоб лезут *см.* Г 8

на лбу написано *см.* Н 17

семи пядей во лбу *см.* П 125

ЛОВИТЬ ⊙ ⊙ 21. лови́ть/пойма́ть ⟨*кого-л.*⟩ на́ слове (на сло́ве, на слова́х) *разг. Порядок компонентов нефиксир.* 1) 'Воспользовавшись сказанным, заставлять *кого-л.* сделать *или* обещать сделать то, что сказано, *реже* подтвердить сказанное' *Употр. чаще в 1 л. ед. ч. наст. вр.* △ to take *smb* at *his* word

— Да, я бы, кажется, все бы съел, так проголодался,— сказал Саенко. — **Ловлю на слове**,— и она стала накладывать ему на тарелку всякой всячины. *В. Игишев, Шахтеры*

2) 'Воспользовавшись обмолвкой *кого-л.* или обнаружив противоречие в его словах, приписывать его словам тот смысл, которого в действительности в них нет' *Употр. чаще в повел. накл. с отриц.* не *и в инф. при словах со знач. намерения* △ to ⟨try to⟩ catch *smb* tripping; to ⟨try to⟩ trip *smb* ⟨up⟩

Считают, что воюют только два взгляда на мир,— нет, враждуют в человеческой среде два характера: пассивный и активный, робкий и дерзкий! И **пусть** меня не **ловят на слове**. Я не утверждаю, что идеалисты не могут обладать личной дерзостью и активностью.

Но все-таки мир двигали вперед материалисты. *В. Тендряков, Чрезвычайное.* — Кого же прежде смотреть, ma tante, актрису или проповедника? — сказал Нехлюдов, улыбаясь. — Пожалуйста, **не ловѝ** меня **на словах.** *Л. Толстой, Воскресение.* — Значит, вы полагаете, что я шпион? — Да, полагаю ... Доктор... укоризненно покачал головой. — Но допустим, что вы правы, — сказал он. — Допустим, что я предательски **ловлю** вас **на слове,** чтобы выдать полиции... Но разве в суде и в тюрьме вам будет хуже, чем здесь? *А. Чехов, Палата № 6.* Дядя Гоша обиженно засопел, а мать поджала губы, мол, **поймал на слове,** но твердая уверенность взрослого в своей правоте взяла верх. *Н. Соротокина, Свадьба*

22. ловѝть ры́бу в му́тной воде́ *неодобр.* 'С выгодой для себя использовать неясность обстановки, *какие-л.* беспорядки, *чьи-л.* затруднения' *Употр. чаще в инф. при словах со знач. попытки, стремления. Порядок компонентов нефиксир.* △ to fish in troubled waters *обычно употр. в инф. при словах со знач. попытки, стремления и т. п.*

Саллюстий, с первых же строк, рисует Катилину развратным негодяем, стремившимся **ловить рыбу в мутной воде.** *Н. Добролюбов, Библиотека римских писателей в русском переводе.* — Что оно означает, это выражение? — продолжал Спивак ... — Война — все равно. — Почему все равно? Кому все равно? ... **В мутной воде рыбу ловите?** *В. Овечкин, С фронтовым приветом*

23. ловѝть/пойма́ть себя́ на *чем-л.*; на том, что ...; на мысли о том, что ... 'Неожиданно для себя обнаруживать в себе' *что-л. Обычно какие-л. мысли, желания, часто скрываемые, необычно эмоциональное состояние, отсутствие каких-л. знаний, представлений и т. п. Перед фразеол. обычно стоят обст., обознач. повторяемость данного состояния, либо время его возникновения, либо сопровождающие его эмоциональные реакции. Порядок компонентов фиксир.* △ to catch *oneself* thinking about *smth* (that + *придат. предлож.*); to realize suddenly that + *придат. предлож.*

Он **поймал себя** на мысли, что, соглашаясь с этим, убеждая себя в этом, он наперекор всему продолжает на что-то надеяться: маленькая молчаливая надежда жила в нем в такой тайне, что он и сам не всегда мог распознать ее. *В. Распутин, Живи и помни.* — Вы вошли в меня, как болезнь. Я постоянно **ловлю себя** на том, что думаю о вас. *А. Толстой, Хождение по мукам.* Андрей **поймал себя** на том, что ищет предлог, чтобы встать и уйти. *Д. Гранин, Искатели.* Он с удивлением **поймал себя** на том, что он вообще плохо помнит тот вечер. *А. Фадеев, Молодая гвардия*

ЛО́МАНЫЙ ⊙ **гроша ломаного не стоит** *см.* С 111
ломаный грош цена *см.* Ц 4

ЛОМАТЬ

ЛОМА́ТЬ ⊙ **24. лома́ть (полома́ть)** ← ⟨над *чем-л.*⟩ → **го̀лову** 'Напряжённо думать, стараясь понять *что-л.*, разрешить *что-л.* трудное' *Употр. обычно гл. несов. вида в прош. вр. в многократном знач., часто с последующим деепр.* пытаясь, стараясь; *в инф. гл. употр. при словах* не стоит, нечего, незачем, зачем, не намерен *и т. п.*; приходится *и т. п. Порядок компонентов нефиксир.* △ to rack (beat, cudgel) *one's* brains over *smth* ⟨trying to + *инф.*⟩; to trouble (worry) *one's* head about *smth чаще с отриц.* not

— Значит, это вы пальбу там подняли? А я **го́лову ломал**: откуда такой переполох? Из чего же вы стреляли? Я никак не мог разобрать. *В. Беляев, Старая крепость.* ... вопросы о зимнем пальто, о покупке дров и найме няни — для меня тяжёлые вопросы, из-за которых приходится мучительно **ломать себе голову** и бегать по ссудным кассам. *В. Вересаев, Записки врача.* И Павлик горестно замолчал, **ломая голову** над таинственным исчезновением птички и не менее таинственным исчезновением дяди. *В. Катаев, Белеет парус одинокий.* Машины, на которых он работал, стали казаться ему слишком уж простыми, не оставалось в них ничего загадочного, над чем можно было бы **поломать голову**. *В. Овечкин, Слепой машинист*

ломать дурака см. В 5

25. лома́ть (игра́ть, разы́грывать) коме́дию (коме́дь *прост.*) *разг., обычно неодобр. или ирон.* 'Притворяться, действуя лицемерно, неискренне' *Порядок компонентов нефиксир.* △ to put on an act; to play (act) *чаще употр. сущ.* play-acting *все выражения имеют неодобр. или ирон. окраску*

— Пришли бы попросту, — сердито сказал он, — а то **комедию ломать**, больной представляться. *Ю. Герман, Наши знакомые.* Говорили они тихо. Рощин весь дрожал ... : — Весь эскадрон прекрасно видел эту омерзительную сцену у стога ... Знаешь, что они говорят? Что ты **комедию ломал**. *А. Толстой, Хождение по мукам.* Мать потрогает ему лоб, поставит градусник. Потом говорит: — Температура нормальная. Что же с тобой, наконец? ... — Я двойку по арифметике получил. — ... Ты бы лучше сел да учился, вместо того чтоб **комедию играть**. Двойки и не было бы, — ответит мать. *Н. Носов, Витя Малеев в школе и дома.* — Ну, раз, два ... Он по-прежнему, не отрывая взора от яркой огненной точки, медлил сказать «три», и ещё сам не знал: действительно ли в нём созрела решимость, или он опять только **ломал комедию**. *А. Куприн, Впотьмах*

Ср.: валять дурака *1 знач.*, морочить голову *1 знач.*, шутки шутить

26. лома́ть (полома́ть) ⟨с *кем-л.*⟩ **ко́пья** ⟨за *что-л.*, за *кого-л.*, из-за *кого-л.*⟩ *ирон.* 'Страстно, часто упорно, долго спорить *или* бороться' *с кем-л., пытаясь доказать свою правоту, отстоять чьи-л. интересы или добиться чего-л. Часто употр. с сущ.* по пустякам *в инф. при гл.* стоит ли, не стоит. *Порядок компонентов нефиксир.* △ to argue with passion and determination or to fight with *smb* over *smth*

Выражение to break a lance with *smb не указывает на упорство и страстность спора, обозначая соперничество или дружеский спор, и обычно не употр. в сочет. со словами, выражающими отсутствие необходимости в споре*

Андрей наотрез отказался участвовать в этом «буме», как он сказал Борисову. — Стоит ли **ломать копья** по пустякам, — усомнился Борисов. *Д. Гранин, Искатели.* Ничего не скажешь — симпатичные парни... Какие дураки когда-то **ломали копья** по поводу узких штанов! Ведь это красиво. *В. Быков, Мертвым не больно.* В числе всяких свобод, конечно, он не обошел и женскую свободу, за которую **поломал** немало **копьев.** *И. Гончаров, Заметки о личности Белинского.* Наконец-то и мы, городские, усваиваем, в чем дело, из-за чего **ломаются копья** ... Идет бесконечная баталия — кому косить, и сколько, и на каком участке. *М. Ганина, Подборовье, Самолва, Волково. Год 1969-й*

ломать спину см. Г 28

ЛОМИ́ТЬСЯ ⊙ **27. ломи́ться в откры́тую дверь (в откры́тые две́ри)** 'Настойчиво утверждать *или* доказывать общеизвестное, очевидное' *Употр. чаще в инф. с* зачем, не стоит *и т. п. Порядок компонентов нефиксир.* △ to prove (state) the obvious

— За выработку вы больше болеете, а не за урожай! Гектары ради гектаров ... — **В открытую дверь ломишься** ... Давно уже все решено ... С нас уже не только выработку спрашивают, но и урожай. *В. Овечкин, Районные будни.* — Так вот, дорогой мой Поливанов, статья не пойдет, — сказал Савицкий. — Почему? — спросил Митя ... — Да что вы, сами не понимаете... Подите выпейте валерьянки ... Зачем вы **ломитесь в открытые двери?** *Ф. Вигдорова, Любимая улица*

Ср.: открывать Америку

ЛОМО́ТЬ ⊙ **28. кто-л. отре́занный ломо́ть** *разг. Употр. только в ед. ч. Порядок компонентов фиксир.* 1) 'Человек, отделившийся от семьи, живущий самостоятельной жизнью' *Чаще о взрослом сыне. Обычно говорят с сожалением, подчеркивая, что человек не поддерживает связей с семьей* △ a person who has separated from *his* family and lives *his* own life; an independent person

От дома он окончательно отстал, это никакой ему не дом, не семья, а просто укрытое крышей место, где стоит его кровать ... Теперь он **отрезанный ломоть**: ни во что не вмешивается и не мозолит глаза. *В. Панова, Времена года.* — Что Сереженька. Он про бабку Анфису и знать не будет ... Валерий женится, дай-то бог ему хорошую жену, а Сереже — хорошую мать. Совсем **отрезанный ломоть** ... Кому бабка Анфиса нужна? *А. Безуглов, Следователь по особо важным делам.* — Так ведь не любит его [*мужа*] ... Встретимся — вижу, тоскует! И детей нету. То есть есть дочь, но **отрезанный ломоть,** замужем за военным. *В. Кетлинская, Вечер Окна Люди.* ... и дальше он уходит сам, с берестянником за плечами, **отрезанный ломоть,** и тот ломоть есть его, Иванов, отец. *Л. Леонов, Русский лес*

2) *редк.* 'Человек, у которого порвалась связь с привычной средой, изменился привычный образ жизни, привычный род деятельности' △ a person who has severed connections with *his* social surroundings, has changed *his* way of life or occupation; a maverick

Старик жалел его, но делать было нечего. Солдатство было как смерть. Солдат был **отрезанный ломоть,** и поминать о нем — душу бередить незачем было. *Л. Толстой, Хаджи-Мурат.* — Значит, завтра улетаешь — это без перемен? — Без перемен. — Жаль ... Ну да ладно, бывай! Ты теперь, как говорится, уже **отрезанный ломоть.** *К. Симонов, Солдатами не рождаются*

ЛОПАТКА ⊙ класть на лопатки *см.* К 20
ЛУЖА ⊙ садиться в лужу *см.* С 1
ЛУКАВО ⊙ не мудрствуя лукаво *см.* М 44
ЛУНА ⊙ с луны свалился *см.* С 18
ЛУЧШЕ ⊙ как нельзя лучше *см.* Н 29
ЛУЧШИЙ ⊙ оставляет желать лучшего *см.* О 21
ЛЮБИМЫЙ ⊙ наступать на любимую мозоль *см.* Н 22
садиться на своего любимого конька *см.* С 3
ЛЮДИ ⊙ вывести в люди *см.* В 83

М

МАЗАН ⊙ 1. одни́м ми́ром ма́заны *разг., неодобр.* 'Одинаково плохие, неприятные, один не лучше другого' *Только о людях. Обознач. отрицательную оценку говорящим каких-л. свойств, поступков людей, хотя объективно они могут и не быть отрицательными. Употр. чаще как сказ. при сочет.* все они (вы). *Порядок компонентов фиксир.* △ tarred with the same brush *неодобр., о людях; употр. чаще как именная часть сказ.*

Бунчук, скупо улыбаясь, сидел на седле, посматривал на казаков... — Я не за Керенского, черт ему ,брат, — все они, буржуйские прихвостни, **одним миром мазаны**. *М. Шолохов, Тихий Дон.* — Капа, — сказал он, — Тоня от меня ушла... С кем у нее это... — Я не знаю. — Пал Палыч смотрел на Капу нагнув голову, из-под очков, и молчал. — Все вы **одним миром мазаны**, — сказал он наконец, — все вы не знаете. *Ю. Герман, Наши знакомые.* ... между мамой и дворничихой завелось какое-то неуследимое сходство... В чем-то таком... что имеют в виду, когда говорят: все мы люди... или **одним, мол, миром мазаны**... в чем-то, словом, таком, что очень-очень общо, общо всем людям. *Б. Пастернак, Детство Люверс.* Вот до чего она доводит, эта проклятая любовь, не говоря уж про разные женитьбы и свадьбы. И ты бы, Семушка,... сто раз подумал, допрежь чем [*прежде чем прост.*] жениться на Варьке. Все они **одним миром мазанные** [*прост. форма*], и недаром мы их с Макарушкой... ненавидим! *М. Шолохов, Поднятая целина*

Ср.: как две капли воды, на одну колодку, два сапога — пара, из одного теста, одного поля ягода

[Ми́ро — *благовонное масло, употребляемое при христианских церковных обрядах*]

МАКАР ⊙ **на бедного Макара все шишки валятся** *см.* Ш 7
МАКОВЫЙ ⊙ **маковой росинки во рту не было** *см.* Б 35
МАКУШКА ⊙ **ушки на макушке** *см.* У 21
МАЛ ⊙ **2.** ⟨все⟩ **ма́л мала́ ме́ньше** *разг. Употр. обычно как несогл. опред., часто обособленное. Перед определяемым сущ. часто стоит количественное, реже собирательное числительное* 1) 'Все маленькие по возрасту, каждый младше следующего' *Обычно о детях в многодетной семье, часто бедной* △ each in turn younger than the other

[*Расположенский*:] Жил старец, маститый старец... Было у него, сударыня ты моя, двенадцать дочерей — **мал мала меньше.** Сам работать не в силах, жена тоже старуха старая, дети еще малые, а пить-есть надобно... Куда деться с малыми ребятами? *А. Островский, Свои люди — сочтемся!* — Шестеро ребят на его шее, и все **мал мала меньше,** а у него язык — как помело. Я ему до скольких разов говорил: — Прибереги язык, Устин! До плохого ты договоришься. *М. Шолохов, Поднятая целина.* — Вдовой уже взял ее [*замуж*], с троими детьми, **мал мала меньше**... [*Муж*] в картишки пустился, под суд попал, с того и помер... И осталась она после него с тремя малолетними детьми. *Ф. Достоевский, Преступление и наказание.* — Уж больно, покойная головушка, до чужого-то вина был охоч, оттого и сгинул [*умер*].

А ведь семеро, батюшко, осталось, семеро, все **мал мала меньше**. *В. Белов, Колоколёна*

2) 'Все маленькие по размеру, каждый меньше другого' *О неодуш. предметах небольших размеров, которых обычно много* △ each in turn smaller than the other

«Постеля» [*постель*] так и манила цветастым ватным одеялом и пышностью тщательно взбитых подушек, сложенных горкой — **мал мала меньше**. *В. Кетлинская, Вечер Окна Люди.* После парня с десятью гармошками **мал мала меньше**... вышел конферансье. *И. Грекова, За проходной*

3. ⟨все, весь город, весь колхоз *и т. п.*⟩ **от ма́ла до велика** 'Абсолютно все люди — и дети, и взрослые' *Употр. обычно в предлож. с гл. в прош. вр. при описании ситуации, в которой люди испытывают одинаковые чувства, или единодушно делают что-л., или находятся в одинаковом положении, или имеют одинаковые знания* △ absolutely all people, young and old

И Алексей помнил, как весь город, **от мала до велика**, ликовал по веснам, когда голые взбитые прутики давали молодые побеги и одевались в зелень. *Б. Полевой, Повесть о настоящем человеке.* Хуже врага, хуже всякой чумы был для ихней семьи Федор. Они, Пряслины, все **от мала до велика** голодали, последней крохой делились друг с другом, а этот никого и ничего не хотел знать, из горла кусок рвал. *Ф. Абрамов, Дом.* Зорю [*лошадь*] знал весь колхоз **от мала до велика**. Не было ни одного человека, который бы не ездил на ней, не запрягал. *В. Белов, Кони.* [*Бороздин*] был человек свой, не пришлый, знал всех **от мала до велика**, и его все знали. *А. Яшин, Выскочка*

Ср.: до одного, под корень *3 знач.*

МАЛЕНЬКИЙ ⊙ дело маленькое *см.* Д 29

МАЛО ⊙ **4.** *кому-л.* **и го́ря (го́рюшка) ма́ло** *разг. Употр. чаще как часть сложн. предлож. с противит. отношениями, а также как самост. предлож., противопоставленное предшествующему; в обоих случаях обычно после союза а. Порядок компонентов фиксир.*

1) *Кого-л. что-л.* 'не волнует, не трогает, как будто это его не касается' *Чаще неодобр. в ситуации, когда кто-л. реагирует на какое-л. событие не так, как следовало бы, оставаясь невозмутимым, намеренно не замечая чьих-л. трудностей, усилий для их преодоления или не стараясь осознать бессмысленность своих действий* △ smb is not in the least concerned ⟨about smth⟩

— Ох, и прост же ты, посмотрю я на тебя! Что ты с ним, глупым, трудишься? Ты его уму-разуму учишь, а ему **и горя мало**. *И. Бунин, Деревня.* — Вот ты, Калашников, а Устинов, так и особенно, научились разговоры разговаривать! Может и сами-то не понимаете, што к чему и зачем, а нам показываете свое умение... Умники двое, а што ваши слова ненужные и непонятные — вам **и горя мало**! *С. Залыгин, Комиссия*. — Как же это ты ко мне вчера не зашла? Некогда было? Ну, прислала бы узнать; что, дескать, не болен ли я, что меня нету? А тебе **и горюшка мало**. *И. Тургенев, Петушков*

Ср.: ни жарко ни холодно, нет дела, хоть бы что *1 знач.*

2) *реже, одобр.* 'Кто-л. как будто не ощущает затруднений *или* несчастий в своей жизни *или* тяжести *какой-л.* работы' △ smb appears not to be affected by difficulties or misfortunes in *his* life or by the hardness of *some* work

Летом рожь станет жать, Иль снопы подавать С земли на воз — **И горя ей мало**. Я, бывало, скажу: — Не пора ль отдыхать? — Ничего, говорит, не устала. *И. Никитин, Бурлак*. Взбесилась ведьма злая [*зима*] И, снегу захватя, Пустила, убегая, В прекрасное дитя... Весне **и горя мало**: Умылася в снегу И лишь румяней стала, Наперекор врагу. *Ф. Тютчев, Зима недаром злится*

Ср.: как ни в чем не бывало, как с гуся вода, хоть бы что *2 знач.*

5. ма́ло ли кто, что, где, когда, как, какой *и т. п. разг.* 'Много разных людей, предметов, явлений; во многих разных местах; часто *или* в самое разное время; самыми разными способами; самых разных качеств; неважно для данной ситуации', *кто, что, где и т. п. именно. Употр. обычно при гл. мочь, захотеть и т. п. с инф., а также при гл. несов. вида в наст. вр. со знач. повторяющегося действия или при гл. сов. вида в буд. вр. со знач. возможности* △ many different people, things, phenomena; in many different places, often or at different times; in many different ways; of different qualities; it does not matter in the given situation who, what, *etc* concretely

Мало ли что может случиться. Anything may happen; All kinds of things may happen

Вариант: **ма́ло ли** + *сущ. в Р. п.* 'Много' *Употр. в ритор. вопросе или ритор. воскл.*

Показываться среди бела дня в деревнях он себе запретил: **мало ли** кто может повстречаться? *В. Распутин, Живи и помни*. — Командировка затягивается, — пишет он, — **мало ли** что может случиться со мной. Во всяком случае, помни, что ты свободная, никаких обязательств. *В. Каверин, Два капитана*. ... миллионы людей... [*спешили*] на свидания или в концертные залы и театры, и **мало ли** еще куда может торопиться человек! *В. Лидин, Морская звезда*. — Шурик предал ее! А отец вовсе не предавал, — объяснял я себе. — **Мало ли** людей расходится на белом свете? Разве все они виноваты? *А. Алексин, А тем временем где-то...*

6. мало ли что ⟨+ сказ.⟩ *или* ⟨+*подлеж. и сказ.*⟩ *разг.* 'Неважно, несущественно, не имеет значения' *Употр. обычно в ответной реплике диалога, с восклицанием, и обознач. отказ от обещания, намерения, желания, чей-л. запрет совершить желаемое действие. Гл. обычно повторяются в двух последовательных репликах диалога* △ what does it matter ⟨that + *придат. предлож.*⟩

Я сел на тумбу [*под окно*], сообразив, что это играют на какой-то скрипке, чудесной мощности... Незаметно подошел ночной сторож и столкнул меня с тумбы, спрашивая: — Ты чего тут торчишь? — Музыка, — объяснил я. — **Мало ли что?** Пошел. *М. Горький, В людях.* — Смущает она меня, вот увидишь, увидишь! ...И странно мне: Петр Петрович так об ней [*плохо*] пишет, а [*он*] ее нам рекомендует, да еще тебе!... — **Мало ли что** пишет! Об нас тоже говорили, да и писали, забыли, что ль?.. А Петр Петрович негодный сплетник. *Ф. Достоевский, Преступление и наказание.* — Ешь, — сказал Иван Сергеевич. — Не хочу. — **Мало ли что** не хочешь. Ешь. *В. Крапивин, Та сторона, где ветер.* — Если будете так грубо разговаривать, я вам больше вкусного готовить не буду. Леша раньше как хорошо говорил: кушать. — Ты сама говоришь «нажрался»! — справедливо заметил Тяпкин. — **Мало ли что!** Доживи до моих лет и говори, как хочешь. *М. Ганина, Тяпкин и Леша*
Ср.: вот еще, хорошенькое дело

МАЛЫЙ ⊙ **7. без ма́лого (без ма́ла** *прост.***)** *разг.* 'Почти, около' *Употр. обычно как обст. при словах со знач. количества, чаще при количественных числительных, обычно при обознач. большого количества чего-л.* △ almost, nearly

Без малого три месяца провалялся Андрей Гуськов в новосибирском госпитале. *В. Распутин, Живи и помни.* **Без малого** два года шли люди [*на новое место*] и верили в это будущее, представляя его счастливым, не далеким. *Н. Задорнов, Амур-батюшка.* — Сколько мы с тобой насчитаем, Титка? — Да ведь как считать! Ежли со снисхождением, деток ихних жалеючи считать, то [*лесу*] десятин **без малого** тысяч семь наберется, — безразлично проскрипел... приказчик. *Л. Леонов, Русский лес*

МАМЕНЬКИН ⊙ **маменькин сынок** *см.* С 125
МАНИЕ ⊙ **как по манию волшебного жезла** *см.* М 8
МАНОВЕНИЕ ⊙ **8.** *что-л.* **произошло ка́к (бу́дто, сло́вно, то́чно) по манове́нию (по ма́нию** *уст.***) волшéбного жéзла** *книжн., иногда ирон.* 'Внезапно, с легкостью, как будто в результате какого-то волшебства' *Употр. обычно при гл. сов. вида в прош. вр. Порядок компонентов фиксир.* △ smth happened as if by magic

Свет погас. **Как по мановению волшебного жезла** исчезли фосфоресцирующие насекомые. *В. Арсеньев, По Уссурийской тайге.* Коровы, свиньи завелись у господина Швейде поистине **как по мановению волшебного жезла**, но особенное личное пристрастие испытывал он к домашней птице. *А. Фадеев, Молодая гвардия*
Ср.: по щучьему велению

МАРА́ТЬ ⊙ **9. мара́ть** (*реже* па́чкать) ← ⟨*об кого-л., обо что-л., чем-л.*⟩ → **ру́ки** *разг.* 'Вступать в *какие-л.* отношения с *кем-л.* недостойным; участвовать в низком, предосудительном деле' *Часто в связи с дракой, местью, выяснением отношений. Употр. чаще в инф. при словах со знач. нежелания. С отриц.* не*, стоящим при фразеол. или при этих словах, возможна форма* рук*. Порядок компонентов нефиксир.* △ to soil (dirty) one's hands ⟨on smb., with smth⟩ *употр. обычно с гл.* refuse, will (would) not *и т. п.*

Павел потемнел... — Виктор сволочь, белоручка... Пусть скажет спасибо, что ему тогда не попало. Я слыхал, как он обо мне говорил, только не хотелось **рук марать**. *Н. Островский, Как закалялась сталь.* Я раз было вздумал заступиться за невесток, попытался возбудить сострадание Хоря; но он спокойно возразил мне, что «охота-де вам такими ... пустяками заниматься,— пускай бабы ссорятся... Их что разнимать — то хуже, да и **рук марать** не стоит». *И. Тургенев, Хорь и Калиныч.* — Не было меня и нету. Пропал без вести. Убили где по дороге, сожгли, выбросили. Я теперь в твоих руках, больше ни в чьих. Но если ты не хочешь этим делом **руки марать** — скажи сразу. *В. Распутин, Живи и помни*

МА́СЛО ⊙ **10.** идти (*в знач.* происходить, развиваться), течь (*в том же знач.*) **ка́к по ма́слу** 'Гладко, без затруднений, успешно' *В качестве подлеж. употр. мест.* всё*, сущ.* жизнь *и сущ., называющие какие-л. дела, события. Часто в ситуациях, когда благополучное течение событий резко сменяется неожиданными сложностями — или наоборот* △ to go swimmingly *обычно при подлеж.* everything, things *и т. п.*

Сначала все шло **как по маслу**, и наш француз [*барабанщик в армии Наполеона*] вошел в Москву с поднятой головой. Но на возвратном пути бедный m-r Lejeune, полузамерзший и без барабана, попался в руки смоленским мужичкам. *И. Тургенев, Однодворец Овсяников.* Молодые супруги были счастливы, и жизнь их текла **как по маслу**. Впрочем, третья неделя их медового месяца была проведена не совсем счастливо, даже печально. Дымов заразился в больнице рожей. *А. Чехов, Попрыгунья.* Ох, как трудно было провести первую громкую читку [*газет*]! ...А потом все шло **как по маслу!** И даже на вопросы [*я*] стал отвечать.

В. Беляев, Старая крепость. Я никогда в бригаде... не сомневался. Отличный коллектив. Теперь все пойдет там **как по маслу.** *М. Колесников, Изотопы для Алтунина*
Ср.: как миленький *2 знач.,* как по писаному *2 знач.,* разыгрывать как по нотам

как сыр в масле кататься *см.* К 17

подливать масла в огонь *см.* П 46

МАСТЕР ⊙ **11. кто-л. ма́стер на все́ ру́ки** *разг., одобр.* 'Человек, способный к любому делу, умеющий искусно делать все'
Чаще в связи с ручной, физической работой, реже – с другими видами деятельности. Обычно в контексте перечисляются соответствующие виды деятельности. Чаще о мужчине. При гл. был, слыл и т. п. возможна форма ма́стером. *Порядок компонентов фиксир.* △ smb is a good hand at any job
Не смешивать с выражением Jack of all trades, *характеризующим обычно человека, который за все берется, но ничего не умеет делать как следует*

Я беседую с главой семьи... Он словоохотлив. Рассказывает, что едет из Сибири, работал там «по колхозам», **мастер на все руки:** столяр, плотник, бондарь, колесник. Уехал оттуда потому, что не понравился климат. *В. Овечкин, Без роду, без племени.* [*Ольга:*] Он у нас и ученый, и на скрипке играет, и выпиливает разные штучки – одним словом, **мастер на все руки.** *А. Чехов, Три сестры.* Замошников – это любимец и баловень всей роты... такого лихого запевалы, **мастера на все руки,** сказочника и балагура не сыщется во всем полку. *А. Куприн, Прапорщик армейский.* Тетя Даша была **мастер на все руки** – вышивала рубашки, делала абажуры. *В. Каверин, Два капитана*
Ср.: золотые руки

МАТЬ ⊙ **12. в чём ма́ть роди́ла́** *разг., ирон. или шутл.* 1) остаться, оставить *кого-л. и т. п.* ↔ 'Совсем голым, без одежды'
Обычно перед гл. остаться *и т. п. употр. как однородн. сказ. гл.* раздеть, раздеться *и т. п.* △ to be (leave *smb*) as naked as the day *one* was born

Наблюдатели стояли на постах, остальные отдыхали: кто спал на солнцепеке... кто, сидя на краю рва, в одном белье, а не то совсем **в чем мать родила,** занимался починкой штанов или гимнастерки. *В. Овечкин, С фронтовым приветом.* [*На Дунае*] баржа наскочила на мину, и вот вылез он на берег **в чем мать родила,** только автомат при нем. *Н. Атаров, Неоконченная симфония.* При крещении... возьмут [*ребенка*], разденут да **в чем мать родила** и окунут. *М. Салтыков-Щедрин, Пошехонская старина.* – Ну, говорит, бей меня теперь. – Это он-то. – Бить, говорю, ты мне

не нужо-он... — Поддевочку его взял, пинжачок — тоже, оставил... почесть **в чем мать родила**. *И. Бунин, Деревня*
2) оставить *кого-л.*, пустить *кого-л.* (*в знач.* отпустить *и т. п.*) ↔ 'Без вещей, без денег, *часто* и без одежды' *Обычно в ситуациях воровства, кражи или лишения имущества при помощи обмана. Обычно перед гл.* оставить, пустить *употр. как однородн. сказ.* обчистить, обобрать *и т. п.* △ to leave *smb* (let *smb* go) as naked as the day *he* was born

А помнишь, Nicolas, как Ломтев в этих комнатах тогда обчистил, вместе с Иваном Яковлевичем, этих золотопромышленников?... Ха... **В чем мать родила** пустили сердечных. Да-с. *Д. Мамин-Сибиряк, Приваловские миллионы*
Ср.: гол как сокол, ни кола ни двора *1 знач.*

МАХ ⊙ **во весь мах** *см.* Д 66
давать маху *см.* Д 2

13. делать*/сделать *что-л.* ↔ **одним (единым) махом** 'Сразу, быстро, за один прием, без перерыва' △ to complete *smth* at once, quickly, without interruption
Разрушить (уничтожить) *что-л.* одним махом. To destroy *smth* at one (at a) blow (stroke)
Вариант: **в один мах** *разг., редк.* **с одного (единого) маху (маха)**
Подчеркивается, что начатое действие обязательно достигает результата

Одним махом взлетел он на подоконник и выкинул коробку через открытую форточку. *А. Гайдар, Чук и Гек.* — Все это было бы убедительно, но... Но про одно обстоятельство ты забыл. И сейчас я **одним махом** разрушу все твое здание из догадок. *Л. Кассиль, Ход белой королевы*. [Днестр] раз в пять шире нашего Смотрича. Тот я переплывал **с одного маху**, а здесь, пожалуй, пришлось бы попыхтеть. *В. Беляев, Старая крепость*
Ср.: одним духом *1 знач.*; в мгновение ока; одна нога здесь, другая там; в один присест; в два счета; с ходу *1 знач.*

МАХАТЬ ⊙ **махать рукой** *см.* М 14
МАХНУТЬ ⊙ **14.** махнуть/*редк.* махать* ← ⟨на *кого-л.*, на *что-л.*⟩ → **рукой** *разг.* 'Переставать интересоваться, заниматься *кем-л. или чем-л.*, волноваться о *чьей-л.* судьбе' *Обычно убедившись в бесполезности усилий, предпринимаемых для достижения определенного результата, перестав верить в возможность реализации планов, намерений и примирившись с существующим положением. В качестве доп. употр. названия лиц, личн. мест., мест.* всё, *сущ.* работа, дела *и т. п.,* условности, этикет, требования *и т. п. Обычно употр. гл. сов. вида в прош. вр. Порядок компонентов фиксир.* △ to lose interest in, and stop doing *smth* or

caring about the fate of *smb, smth*; to give *smb, smth* up ⟨as a bad job (as lost, as hopeless)⟩ *обозначает утрату надежды добиться чего-л., исправить чье-л. поведение и т. п.*

Махнуть рукой на условности. To ignore conventions. Махнуть на себя рукой. Not to care about *oneself* any longer

Несмотря на то, что с того времени St.-Jérôme, как казалось, **махнул** на меня **рукою**, почти не занимался мною, я не мог привыкнуть смотреть на него равнодушно. *Л. Толстой, Отрочество*. И как раз в эти дни внутренней смуты долетел до меня будоражащий слух — пошли грибы, да не какие-нибудь, а белые! **Махнула рукой** на работу, на сроки — и в лес. *В. Кетлинская, Вечер Окна Люди*. На все это великолепие можно было глядеть часами. И она глядела... И вот однажды Саша **махнула** на все **рукой**... просто она вдруг поняла: это безнадежно. Никогда, никогда у нее не будет такой куклы, такого сервиза. *Ф. Вигдорова, Семейное счастье*. Воспитатели побаивались отчаянных, потому что отчаянный «никому не спускал...». В конце концов начальство «**махало** на них **рукой**» и дожидалось только, когда отчаянный, не выдержав вторично экзамена в одном и том же классе, оставался на третий год. Тогда его отправляли в Ярославскую прогимназию. *А. Куприн, На переломе*

МГНОВЕНИЕ ⊙ **15. в мгнове́ние (мгнове́нье) о́ка** ↔ сделать *что-л.*, оказаться *где-л.*; произошло *что-л.* 'Мгновенно, молниеносно' *Употр. как обст., чаще при гл. сов. вида. Порядок компонентов фиксир.* △ in the twinkling of an eye

Вариант: **в одно́ (еди́ное) мгнове́ние**

Лакей Марьи Николаевны, ожидавший ее в сенях, **в мгнове́нье ока** отыскал ее карету — она проворно села в нее, за нею вскочил Санин. *И. Тургенев, Вешние воды*. Иван увидел серый берет в гуще, в начале Большой Никитской, или улицы Герцена. **В мгновенье ока** Иван и сам оказался там. *М. Булгаков, Мастер и Маргарита*. Чуткий нос его слышал за несколько десятков верст, где была ярмарка со всякими съездами и балами; он уж **в одно мгновенье ока** был там, спорил и заводил сумятицу за зеленым столом. *Н. Гоголь, Мертвые души*

Ср.: с первого взгляда; одним духом; одним махом; одна нога здесь, другая там; в один присест; в два счета

[Мгновение — *в знач.* мигание. Око — *уст.* глаз]

МЁД ⊙ **16. не мёд** 'Трудно', не очень приятно (приятный)' *Обычно употр. как сказ. при подлеж.* работа, жизнь *и т. п., при инф.* работать, жить *и т. п. либо в безл. предлож. В предлож. обычно имеются обст. места* здесь, там *или мест.* это, такая *и т. п., при их отсутствии предлож. имеет обобщенное* *знач.* △ no picnic *употр. как именная часть сказ. при безл.* it *или при сущ.* life, work *в качестве подлеж.*; not all beer and skittles *употр. как именная часть сказ., обычно при сущ.* life

Но мысль о хорошем дворе, о порядке, о какой-то ладной, настоящей работе отравляла всю жизнь Серому. Скучал он на местах. — Она, видно, работа-то, **не мед**, — говорили соседи. — Небось была бы мед, кабы хозяин попался путный! *И. Бунин, Деревня.* — Так чего ж ты сбежала?... — Подай, прими... И не тяжело вроде, а тянет... Кусается, понимаешь?... — У нас здесь тоже **не мед.** Еще пожалеешь, что ушла с теплого местечка! Ведь на всем готовом. *Б. Бедный, Девчата.* — Тоже, знаешь, **не мед** — вороток крутить! *А. Фадеев, Молодая гвардия*
Ср.: не сахар

МЕДВЕДЬ ⊙ **17.** *кому-л.* **медве́дь (сло́н) на́ ухо наступи́л** *разг., часто шутл. У кого-л.* 'совсем нет музыкального слуха' *Порядок компонентов фиксир.* △ smb has no ear for music at all

Андрей Андреич неплохо исполняет «Марсельезу», «Интернационал» ... Петь любит, но слуху нет; Нина Яковлевна над ним смеется: — Вам **медведь на ухо наступил.** *В. Шишков, Угрюм-река.* — Экий вы, право, увалень! — сказала Лика не то шутя, не то презрительно. — Играют одно, а вы, совершенно игнорируя мелодию, пляшете какую-то «ойру». Да у вас вовсе нет слуха! Вам, сударь, [*медведь*] **на ухо наступил.** Вы совершенно не чувствуете ритма. *В. Беляев, Старая крепость*

МЕДНЫЙ ⊙ **гроша медного не стоит** *см.* С 111
медный грош цена *см.* Ц 4
пройти огонь и воду и медные трубы *см.* П 109
МЕЖДУ ⊙ **между двух огней** *см.* О 13
между небом и землей *см.* Н 27
сидеть между двух стульев *см.* С 61
МЕЛКИЙ ⊙ **стереть в мелкий порошок** *см.* С 109
МЕЛКО ⊙ **мелко плавает** *см.* П 28
МЕЛЬ ⊙ **садиться на мель** *см.* С 2
МЕЛЬНИЦА ⊙ **лить воду на мельницу** *см.* Л 16
МЕНЬШЕ ⊙ **мал мала меньше** *см.* М 2
МЕРА ⊙ **переполнилась мера терпения** *см.* Ч 4

18. по кра́йней ме́ре *Порядок компонентов фиксир.* 1) 'Даже если не говорить о большем *или* обо всем остальном' *Обычно употр. как вводн. сочет. в предлож., которое имеет знач. возможности — невозможности, желания, побуждения, цели, необходимости — отсутствия необходимости, оценки, чаще положительной. В таких предлож. часто употр. отриц. не, частицы хоть, хотя бы, форма буд. вр. гл., повел. и сосл. накл., инф. с част. бы* △ at least, at any rate *употр. как вводн. сочет. в начале предож., а также после вспомогат. или модального гл.*

— Да вот, бабушка, заблудился я. Может, у тебя молоко найдётся? — Нет молока, — сердито отрезала старуха... — Бабушка, а воды-то у вас **по крайней мере** можно напиться? — спросил я, возвышая голос. *А. Куприн, Олеся.* Хотелось всех поздравлять, всем верить, **по крайней мере** всем, кто носил на груди красный бант. *Э. Казакевич, Синяя тетрадь.* На душе у меня было легко и беспечно... И какие бы ни случались неприятности, я быстро успокаивался — любая неприятность казалась ерундой в сравнении с главным: у меня лучшие в мире родители! Или **по крайней мере**, лучшие в нашем доме и в нашей школе! *А. Алексин, А тем временем где-то...*

Ср.: на худой конец

2) 'Не меньше чем; самое меньшее; не раньше (не позже) чем' *Употр. при словах с колич. знач. Часто подразумевается противопоставление: «а может быть, и больше того, чем названо»* △ at least *употр. как вводн. сочет. перед словом с колич. знач.*

Дело требовало большой внимательности... Работы оставалось ещё **по крайней мере** на две недели. *Н. Гоголь, Мертвые души.* Отсюда открывался вид **по крайней мере** километров на пятьдесят вокруг. *Ю. Олеша, Три толстяка.*

МЕРИТЬ ⊙ **19. ме́рить (ме́рять)** ← ⟨*кого-л., реже что-л.*⟩ **на** *какой-л.* **аршин (на** *какую-л.* **ме́рку)** *часто неодобр.* 'Судить *о ком-л., о чем-л.* со строго определенной, обычно узкой, ограниченной точки зрения' *Характеристика этой точки зрения обознач. опред. при словах аршин, мерка. Обычно подразумевается, что это суждение не соответствует истинному положению дел. В качестве опред. обычно употр. мест. свой, реже прил.; обычно с отриц. окраской. В качестве доп., кроме обознач. лиц, употр. неодуш. сущ., обознач. поступки, мысли, намерения и т. п. человека. Употр. чаще в инф. при словах со знач. запрета, нежелания либо в побуд. или вопрос. предлож. с теми же знач., в последнем случае как в инф., так и в изъяв. накл. Порядок компонентов нефиксир.* △ to judge *smb, smth* from a strictly definite, *usually* narrow point of view

Мерить всех (все) на свой аршин. To measure everyone by *one's* own standards (yard *или* yardstick *редк.*)

Вариант: **ме́рить (ме́рять)** ← ⟨*кого-л., что-л.*⟩ *каким-л.* **аршином (***какой-л.***) ме́ркой)**

Не взять было в толк, как мог решиться сквалыга [*очень скупой человек*] Нырков бросить дом со всем добром и женой вдобавок? Но потом Илья Антоныч рассудил, что **на свой аршин**

мерить маклака [*торговца*] нельзя — у него свои маклачьи соображения. *К. Федин, Костёр.* Вы принадлежите к особенному разряду людей, которых нельзя **мерить на** обыкновенный **аршин,** ваши нравственные требования отличаются исключительною строгостью. *А. Чехов, Рассказ неизвестного человека.* — Народ стал значительно сознательнее по сравнению с первыми месяцами коллективизации... А ты, Макар, по-прежнему **меряешь** его **на старый аршин.** *М. Шолохов, Поднятая целина.* У директора завода Рогова никогда не было такого главного инженера, который удовлетворял бы его требованиям... Директор каждого **мерил** своей **меркой,** и никому эта мерка не подходила. *В. Попов, Сталь и шлак*

[Аршин *уст.* — *линейка, равная 0,71 м, которая некогда использовалась для измерения*]

МЕРКА ⊙ **мерить на мерку** *см.* М 19

МЁРТВ ⊙ **ни жив ни мертв** *см.* Ж 4

МЕРЯТЬ ⊙ **мерять на аршин** *см.* М 19

МЕСТО ⊙ **20.** ⟨*чье-л., для кого-л.*⟩ **больное место,** *реже* **больное место** *кого-л., у кого-л.* 'То, что постоянно тревожит, мучит *кого-л.,* болезненно переживается' *кем-л. Обычно в связи с жизненными проблемами, которые кому-л. длительное время не удается благополучно разрешить. Часто в применении к человеку, который болезненно переживает свои внешние или внутренние недостатки. Обычно употр. как сказ. или доп., в ед. ч., часто после слова* самое. *Порядок компонентов фиксир.* △ *smb's* tender spot *употр. как именная часть сказ.*

Задевать *кого-л.* за больное место. To touch *smb* on the raw.

Вариант: задевать*/задеть (затрагивать*/затронуть) *кого-л.* **за больное место** *или* **больное место** *кого-л.*

Одно она [*свекровь*] не хотела ей простить — то, что у Настены не было ребятишек. Попрекать не попрекала, помня, что для любой бабы это самое **больное место,** но на сердце держала. *В. Распутин, Живи и помни.* Лидия вскоре стала... пилить... мужа, выбрав для этого самое уязвимое, самое чувствительное, самое **больное место** — деньги. *А. Куприн, Жанета.* Ганя разгорячался с каждым словом и без цели шагал по комнате. Такие разговоры [*о предстоящей женитьбе*] тотчас же обращались в **больное место** у всех членов семейства. *Ф. Достоевский, Идиот.* Малинин... не боялся портить отношения и доставлять неприятности, но без нужды задевать людей за **больное место** не любил. *К. Симонов, Живые и мертвые*

Ср.: задевать за живое

глаза на мокром месте *см.* Г 9

МЕСТО

душа не на месте *см.* Д 73

21. на чьем-л. месте или **на месте** *кого-л.* делать/сделать *что-л.* 'Будучи в положении *кого-л.*' *Употр. чаще при гл. сов. вида, обознач. чей-л. поступок в определенной ситуации, чье-л. психическое состояние. Гл. обычно стоит в сосл. накл. или в инф. в сочет. с гл.* желать, хотеть *и т. п. При фразеол. чаще стоят мест.* твоем, его, вашем △ in *smb's* place
Я бы на твоем месте... If I were you или If I were in your place... *Первый вариант употр. обычно только с мест.* I, you *в указанном порядке*

[*Тригорин:*] Я бы вот хотел хоть один час побыть **на вашем месте**, чтобы узнать, как вы думаете и вообще что вы за штучка. [*Нина:*] А я хотела бы побывать **на вашем месте**. [*Тригорин:*] Зачем? [*Нина:*] Чтобы узнать, как чувствует себя известный, талантливый писатель. Как чувствуется известность? *А. Чехов, Чайка.* — Ну, чем ты недоволен? чего тебе недостает? Другой, **на твоем месте**, благословил бы судьбу. *И. Гончаров, Обыкновенная история.* ...его [*Печорина*] лицо ничего не выражало особенного, и мне стало досадно: я бы **на его месте** умер с горя. *М. Лермонтов, Герой нашего времени.* — Понятно,— сказал Кузнецов с той серьезной интонацией, которая ясно говорила, что он **на месте** Чибисова поступил бы совершенно иначе. *Ю. Бондарев, Горячий снег*

22. *что-л.* (сказать *что-л.*) **не к месту** 'Некстати, неуместно в данной ситуации' *Чаще о каких-л. разговорах, рассуждениях, шутках и т. п., о чьей-л. реакции на какое-л. событие, о чьем-л. поступке* △ smth is out of place
Вариант: **к месту**

— Такой человек может принести немало пользы. В большом хозяйстве... вон метла и та не лишняя... Но, тут же сообразив, что сравнение это никак **не к месту**, [*лейтенант*] густо покраснел. *Б. Полевой, Глубокий тыл.* Трое молодых красноармейцев... прыснули со смеху. Шарыгин сейчас же ответил: — Не всегда шутка **к месту**, товарищ Латугин, нахальство надо попридержать в серьезных делах. *А. Толстой, Хождение по мукам.* — ...почему... вы мне все время **к месту** и **не к месту** тычете «генерал Орлов», «генерал Орлов»? — сказал Серпилин... — Очень рад, что прихожу в дивизию с традициями. Но тыкать себе в нос бывшим же командиром не позволю. *К. Симонов, Живые и мертвые.* Беседуем о том о сем. Не спешу признаваться, что я сотрудник газеты, но приходится **к месту** сказать, что я тоже бывал и в Сибири, и на Маныче, и на Дону, и на Волге, и всю Кубань объездил. *В. Овечкин, Без роду, без племени*

Ср.: из другой оперы, ни к селу ни к городу, ни к чему *1 знач.*

23. не ме́сто *где-л. Чаще употр. с нареч.* здесь 1) *кому-л.* 'Не следует, не подобает находиться' *где-л. Чаще употр. с мест.* тебе △ this is no place for *smb*

Смурый взял меня за руку... и внушительно сказал: — **Не место** тебе здесь!... — Я был глубоко взволнован, весь измят поведением пассажиров. *М. Горький, В людях.* — ... я, зная его жизнь, должен подойти к нему, отозвать в сторону и тихо сказать: — Голубчик, ведь я знаю, как ты живешь... Тебе здесь **не место.** Здесь чистые, невинные девушки. Уйди! *Л. Толстой, Крейцерова соната.* У Анны руки опустились... — Ты, может быть, еще скажешь, что любишь его?... — Анна ... схватила Вовку ...стала рывками натягивать на него шубку. — Пойдем, маленький, пойдем... Лена, одевайся. Быстро! Нам здесь **не место.** *Б. Полевой, Глубокий тыл* 2) *реже чему-л. книжн.* или делать *что-л.* 'Не должно происходить *что-л. где-л.*, нельзя делать *чего-л. где-л.*' *Употр. обычно в обобщенном знач. как требование прекратить какое-л. действие, которое противоречит нормам поведения в подобных ситуациях. Иногда в тексте есть мотивировка этого запрета* △ this is no place for *smth* (for doing *smth*)

— Здесь **не место** петь, — с твердостью возразил Куприян, — здесь господская контора. *И. Тургенев, Контора*

не находить места *см.* Н 25

24. ни с ме́ста 1) 'Не перемещаться, стоять неподвижно' *Часто вопреки чьей-л. попытке заставить кого-л. или что-л. двигаться. О людях и животных, реже о конкретных неодуш. предметах. Употр. как сказ., обычно в предлож. с противит. или уступ. знач. В форме воскл. предлож. или части сложн., часто с гл.* стой, *употр. как команда, чаще военная или в ситуации драки, резкого спора* △ not to budge *об одуш. и неодуш. предметах, употр. обычно с гл.* will, would

Стой, ни с места! Don't move!

— Послать немедленно приказ Кожуху, — загремел Смолокуров, — чтобы **ни с места** с своей конной, а самому немедленно явиться сюда на совещание! *А. Серафимович, Железный поток.* Дуня была в исступлении. Револьвер она держала наготове. — **Ни с места!** Не сходи! Я выстрелю! Ты жену отравил, я знаю, ты сам убийца! *Ф. Достоевский, Преступление и наказание.* [*Годунов:*] **Ни с места!** Стой и слушай! *А. К. Толстой, Смерть Иоанна Грозного*

Ср.: как вкопанный

2) 'Не развиваться, оставаясь в том же положении, в том же состоянии, на том же уровне' *О делах, мыслях и т. п.* △ not to go any further

— Когда же ты будешь делать уроки? — Сейчас. — Когда же «сейчас»? Ты все время говоришь «сейчас», а сам **ни с места**. *Н. Носов, Витя Малеев в школе и дома.* Готовиться к экзаменам не так просто... Вдруг мысль останавливается — и **ни с места**. Голова набита плотно, как мешок муки, — не пробиться. *К. Федин, Первые радости*

25. общее место *книжн., часто неодобр.* 'Неоригинальное, часто поверхностное, бессодержательное суждение, которое выражает давно известную истину' *Употр. чаще как сказ. при подлеж. это или при опущенном подлеж., реже как доп. или обст. при гл. произносить*, говорить* и т. п. При многократном знач. гл. фразеол. стоит во мн. ч. Порядок компонентов фиксир.* △ a ⟨mere⟩ commonplace *употр. в ед. ч. как именная часть сказ., во мн. ч. как доп.*

— Согласитесь сами... что есть преуспеяние, или, как говорят теперь, прогресс, хотя бы во имя науки и экономической правды... — — **Общее место!** *Ф. Достоевский, Преступление и наказание.* [*Иванов*:] Полюбил, разлюбил, не хозяин своим чувствам — все это **общие места**, избитые фразы, которыми не поможешь. *А. Чехов, Иванов.* — ... это мыслящая девушка... глубокая натура... В разговоре у ней вы не услышите пошлых, **общих мест.** Каким светлым умом блестят ее суждения! *И. Гончаров, Обыкновенная история.* О себе приезжий, как казалось, избегал много говорить; если же говорил, то какими-то **общими местами**, с заметною скромностью, и разговор его в таких случаях принимал несколько книжные обороты. *Н. Гоголь, Мертвые души*

26. кто-л. ⟨для кого-л.⟩ **пустое место** *разг., часто пренебр.* 'Человек, от которого нет никакой пользы, на которого нельзя опереться *в каком-л. деле*' *Часто подразумевается, что его участие в деле ничего не изменит и что окружающие его намеренно не замечают, так как он для них ничего не значит. Порядок компонентов фиксир.* △ *smb* counts for nothing; *smb* is a cipher; *smb* has nothing in *him*

— Хоть и муж дома, да все одно, что **пустое место**, ворот починить некому. *В. Тендряков, Падение Ивана Чупрова.* — Обстановки не знает: карты не имел, — говорит, что бортстрелку не положена... В общем, практически для нас **пустое место**. *К. Симонов, Живые и мертвые.* — Верно, что я для вас **пустое место**... Есть я или нет, вам все равно. *М. Горький, Озорник* Ср.: гроша ломаного не стоит

27. с места в карьер ↔ сказать, начать делать, сделать *что-л. разг., иногда шутл.* 'Сразу, без подготовки и без предварительного обдумывания' *Иногда подразумевается, что для окружающих это неожиданно и что поступающему так безразличны*

настроения, реакция присутствующих. Порядок компонентов фиксир.
△ to say (do, start doing) *smth* right (straight) away

— Что, обижаться пришел? – **с места в карьер** спросил Малинин, показав Синцову, чтобы он сел. *К. Симонов, Живые и мертвые.* Руденко посмотрел на хмурое, рассерженное лицо Борзова, на нервно покусывавшего мундштук папиросы Мартынова. — **С места в карьер,** что ли, заспорили? Может, помешал? *В. Овечкин, Районные будни.* [Андрей] полностью оправдывал Рейнгольда. А оправдав, тут же, **с места в карьер,** предложил перенести окончание работы... в лабораторию. *Д. Гранин, Искатели.* Со справкой Гутентага я попал в литейную, и Козакевич, единственный наш инструктор, стал **с места в карьер** обучать нас формовке. *В. Беляев, Старая крепость*
Ср.: с ходу 2 знач.
[Карьер — *самый быстрый конский бег*]

МЕТАТЬ ⊙ **28. метáть грóмы и мóлнии** (**грóмы-мóлнии,** *редк.* **грóм и мóлнию**) ⟨*редк. на кого-л.*⟩ *разг., часто ирон.* 'Не сдерживая гнева, раздражения, ругать *кого-л.,* обычно угрожая принять *какие-л.* суровые меры по отношению к виновным' *Чаще о начальнике, недовольном работой или какой-л. деятельностью подчиненных. Употр. чаще в 3 л. ед. ч. наст. вр. Порядок компонентов фиксир.* △ to rage and fume ⟨against *smb*⟩; to fulminate (storm, thunder) ⟨against *smb*⟩
Вариант: **метáть грóмы**

[*Лотохин:*] ... это уж обыкновенный, неизбежный недостаток женского хозяйства. Мало вывелось кохинхинских цыплят, вы ужасно разгневались, **мечете громы и молнии,** грозите всех прогнать, а недочет более двухсот четвертей пшеницы вы проглядели. *А. Островский, Красавец-мужчина.* — Предложишь ему на бюро высказать точку зрения по какому-то вопросу — по персональному делу, что ли, он встает и начинает **метать громы и молнии.** Интонация, глаза, жесты! Если слушаешь его издали, куда слова не долетают, можно подумать, что он выносит смертный приговор человеку. *В. Овечкин, Районные будни.* [Чапаев] ограничился только грозным письмом, где **метал «на виновных» громы и молнии.** *Д. Фурманов, Чапаев.* [Начальник] сидит мрачнее тучи, **мечет громы.** Сегодня тридцатое, сегодня полагается положить на стол подписанные акты. Никакие объяснения не принимаются. *А. Астраханцев, Дом к сдаче*
Ср.: выходить из себя, рвать и метать, вне себя, склонять на все лады, смешивать с грязью

рвать и метать *см.* Р 14

МЕШАТЬ ⊙ **мешать в кучу** *см.* В 1

мешать карты *см.* П 122

МИГНУТЬ ⊙ **глазом мигнуть** *см.* М 38

МИЛЕНЬКИЙ ⊙ **29. как ми́ленький** *разг. Употр. обычно в И. п. ед. ч. м. и ж. рода* 1) сделает (*реже* делает) *что-л.* ↔ "Без сопротивления, без возражений' *Часто несмотря на внутренний протест. Обычно о человеке. При употр. в косв. падежах характеризует поведение лица, обозначение которого не выступает как подлеж.* △ without resistance, without objections

— Но сейчас у меня нет времени заниматься вами. Мне надо готовить обед. А через час вы у меня, **как миленький,** во всем признаетесь. *Ф. Колунцев, Утро, день, вечер.* Анисимов шел за ним **как миленький,** ни звука не проронив. *Д. Гранин, Картина.* Однажды... он на глазах у мужиков отодрал чересседельником Нестора ... когда тот пригнал откуда-то всего в мыле, с разорванными в кровь губами, запаленного жеребца по кличке Гром,— отодрал **как миленького,** и никто не посмел его остановить. *В. Распутин, Живи и помни.*— Твердят: «Танки, танки»,— говорил Серпилин,— а мы их били и будем бить... Вот один стоит, пожалуйста! Сто метров до моего командного пункта не дошел, и ничего, встал и стоит, **как миленький,** там, где ему положено. *К. Симонов, Живые и мертвые*

2) *реже* пройдет, проедет *и т. п.* 'Легко, без препятствий' *Об одуш. и неодуш. предметах* △ without difficulty

— Идет наша деталь, **как миленькая,** а вместо семи человек управляются с ней двое. *А. Караваева, Родной дом.*— А-то вышла бы из телушки корова, вставай чуть свет, дои ее... прогоняй в табун, а она днем... от оводов кинется спасаться и явится, **как миленькая,** домой. *М. Шолохов, Поднятая целина*

Ср.: как по маслу

МИЛОСТЬ ⊙ **менять гнев на милость** *см.* С 90

30. по ми́лости *кого́-л.* или **по чьей-л. ми́лости** 1) *разг., ирон.* 'Из-за *кого-л.,* по чьей-л. вине' *Характеризует причину неприятных, нежелательных событий. Употр. как обст. при гл., чаще в прош. или наст. вр.* △ thanks to *smb* ирон.

У Обломова в кабинете переломаны или перебиты почти все вещи, особенно мелкие, требующие осторожного обращения с ними,— и все **по милости** Захара. *И. Гончаров, Обломов.* [*Полина:*] Как же, дожидайся, буду я молчать! **По твоей милости** все смеются надо мной. *А. Островский, Доходное место*

2) *уст.* 'Благодаря чьей-л. помощи и поддержке, благодаря чьему-л. доброжелательному отношению' △ thanks to *smb*

По милости Пугачева, я имел добрую лошадь... на которой ежедневно выезжал я за город перестреливаться с пугачевскими наездниками. *А. Пушкин, Капитанская дочка.*— У ученых, писателей и художников кипит работа, **по их милости** удобства жизни растут с каждым днем. *А. Чехов, Дом с мезонином*

МИМО ⊙ **пропускать мимо ушей** *см.* П 113

МИНУТА ⊙ **31.** прийти, приехать *и т. п.*, начать делать *что-л.* **минýта в минýту** 'Абсолютно точно в назначенный срок' *Часто употр. как уточняющее обст. после слова* точно. *Порядок компонентов фиксир.* △ to come (arrive, start doing *smth*) on the dot (to the second)

Но в назначенный час она была на холме, где ее уже ждал Чудинов...— Ну что же,— сказал Чудинов, поглядев на часы,— **минута в минуту.** Люблю аккуратность. Тем более, времени у меня в обрез. *Л. Кассиль, Ход белой королевы.* Железные дороги он запомнил такими, какими они были до войны: чистые, с запахом свежей краски вагоны... вежливые проводники, точное, **минута в минуту,** движение поездов. *В. Овечкин, С фронтовым приветом*

Ср.: как раз *1 знач.*, в самый раз *3 знач.*

32. с минýты на минýту ↔ *кто-л., что-л.* придет, приедет, появится *и т. п.*; должен (должно) прийти, приехать, появиться *и т. п.*; *что-л.* должно (может) случиться; жду, ждем, ждут *и т. п.* 'Очень скоро, сейчас' *О человеке, поезде, самолете, автобусе и т. п., прибытия которых ждут, а также о каком-л. предугадываемом событии, обычно опасном или неприятном. Порядок компонентов фиксир.* △ at any moment

— Товарищ комбриг, я вызвал врача, **с минуты на минуту** прибудет. *К. Симонов, Живые и мертвые.* Вертолет с Игнатом Голубко **с минуты на минуту** должен опуститься к ним. *В. Тендряков, Короткое замыкание.* В эти дни меня не покидало странное ощущение, что все мы, вся наша компания надышалась, как этот де Розе, гремучей смесью, и **с минуты на минуту** мог произойти взрыв. *В. Киселев, Девочка и птицелет.* Дубов ждал **с минуты на минуту,** что Левинсон скажет: — Вот, например, Дубов — он пришел сегодня к шапочному разбору, а ведь я на него надеялся больше всех,— срам! *А. Фадеев, Разгром*

МИР ⊙ **33.** *кто-л.* ⟨человек⟩ **не от мира сего** *иногда ирон.* 'Человек, интересы которого далеки от реальной, обыденной жизни, обычно мало приспособленный к жизни' *Часто подразумевается, что он и поступает не совсем обычно, не так, как остальные люди. Порядок компонентов фиксир.* △ smb is unworldly; smb is starry-eyed *разг., часто ирон.*; smb lives in a different world; smb lives in *his* own little world

Лева не понимает элементарных вещей, потому что он «**не от**

мира сего», как говорит мама. *А. Алексин, Мой брат играет на кларнете.* Она не была компанейским, как говорится, человеком. И прочее, бытовое... – простые житейские вопросы не были ей близки. Потому некоторые говорили об Ольге Денисовне: **не от мира сего.** *М. Прилежаева, Осень.* Мы перепутали все вещи, – сказал он. – Не знаю, где ваше, где мое. Попадет вам от Златы Ионовны... – А вам от Надежды Константиновны. – Мне нет, вы же знаете, она **не от мира сего.** *Э. Казакевич, Синяя тетрадь.* Он дотошно перечислял все [израсходованное] до последней копейки. – А говорили, что теоретик, **не от мира сего,** – подумал главный инженер. – Как бы не так! *Д. Гранин, Искатели* [Сего – *Р. п. ед. ч. уст. указ. мест. сей, т. е. этот*]

    одним миром мазаны *см.* М 1
    МНОГИЙ ⊙ **оставляет желать многого** *см.* О 21
    МНОГО ⊙ **оставляет желать много лучшего** *см.* О 21
    МОГИЛА ⊙ **сводить в могилу** *см.* С 35
    МОЖНО ⊙ 34. **ка́к мо́жно +** *сравн. ст. нареч.* Выражает максимальную степень проявления того качества действия, которое обознач. сравн. ст. нареч. △ as + *нареч. в положит. ст.* + as possible

Кузнецов **как можно** суше ответил: – У тебя слуховые галлюцинации, комбат – за Чибисова отвечаю я. *Ю. Бондарев, Горячий снег.* Мальчики сидели неподвижно, а Надежда Кондратьевна старалась двигаться **как можно** бесшумнее. *Э. Казакевич, Синяя тетрадь.* Но сейчас он думал лишь о том, чтобы хорошо было ребятам, а Степаниде велел кормить их **как можно** лучше, не жалеть денег. *М. Ганина, Настины дети.* Она стояла в стороне и старалась смотреть на все это **как можно** безучастнее. *Ю. Герман, Наши знакомые*

    по пальцам можно пересчитать *см.* П 20
    МОЗГ ⊙ 35. **до мо́зга косте́й** *Порядок компонентов фиксир.* 1) **быть** *кем-л.* или *каким-л.* 'Во всех своих проявлениях, всем своим существом' *Употр. как обст. после сказ., включающего сущ. или прил., которые обознач. нравственные, мировоззренческие, поведенческие характеристики человека, а также после сущ., обознач. род занятий человека* △ to the bone (marrow) *употр. после прил. или сущ. в именной части сказ.*

А Кочкин по природе – гуманист. Почти **до мозга костей.** *С. Залыгин, Наши лошади.* – Он не добрый, а добродушный. Водевильные дядюшки, вроде твоего отца ...теперь... мне противны. Это эгоисты **до мозга костей.** Противнее всего мне их сытость и этот желудочный ... оптимизм. *А. Чехов, Черный монах.* Петренко... был агрономом **до мозга костей,** горячо любил колхозное дело и свою профессию и никогда не думал менять ее ни на что другое. *В. Овечкин, С фронтовым приветом.* Но интеллигент Карзанов всегда, **до мозга костей** интеллигентен, и даже резкость его — это вовсе не грубость, а предельно выраженная боль за общее дело. *М. Колесников, Изотопы для Алтунина*

Ср.: чистой воды

2) испытывать *какое-л.* состояние, знать *кого-л.* 'В высшей степени, полностью' *Употр. после гл.* △ to a high degree *or* fully

Решившись, с свойственной ему назойливостью, поехать в деревню к женщине, которую он едва знал, которая его никогда не приглашала ...он все-таки робел **до мозга костей.** *И. Тургенев, Отцы и дети.* — А как он тебя спрашивал? — Я бы сказал, очень спокойно. Но когда смотрит на тебя — такое чувство, что проверяет, хочет знать тебя **до мозга костей.** *К. Симонов, Солдатами не рождаются*

Ср.: не на шутку

МОЗОЛИТЬ ⊙ **мозолить язык** *см.* Ч 10
МОЗОЛЬ ⊙ **наступать на мозоль** *см.* Н 22
МОЙ ⊙ **моя хата с краю** *см.* Х 1
помяни мое слово *см.* П 69
через мой труп! *см.* Т 20
МОКРЫЙ ⊙ **глаза на мокром месте** *см.* Г 9
МОЛНИЯ ⊙ **метать громы и молнии** *см.* М 28
МОЛОДАЯ ⊙ **36. из молоды́х (***реже* **молодо́й) да ра́нний** *разг., часто неодобр. или шутл.* 'Молод, но уже проявил умения, присущие людям более зрелого возраста' *Часто характеризует человека с отрицательной стороны, как выскочку, который стремится не по праву занять какое-л. положение, создать о себе какое-л. мнение. Чаще употр. в м. роде, обычно как сказ. Порядок компонентов фиксир.* △ *smb* is young but has already shown ability to do what is done at a more mature age

Он слишком понимал политику Оникова ... хотевшего воспользоваться только пенками с будущего золота. **Из молодых да ранний** выискался. *Д. Мамин-Сибиряк, Золото.* [*И даже хмурый мастер*] Чуркин, отведав знаменитых Тосиных щей, проговорил подобревшим голосом: — Наваристые... Ишь ты, **из молодых, да ранний!** *Б. Бедный, Девчата.* Развалихин Женька — высокий, смазливый, недавний гимназист, **«молодой, да ранний»**, любитель опасных приключений, знаток Шерлока Холмса и Луи Буссенара. *Н. Островский, Как закалялась сталь.* Для него, **молодого да раннего,** это было и не удивительно — так с ожесточением воспринимать все, что было вокруг, словно все это получилось по причине пестелева злодейства, ибо тут и взрослый сильный человек мог пошатнуться во мнении — не то что юнец. *Б. Окуджава, Глоток свободы*

МОЛОКО ⊙ **кровь с молоком** *см.* К 48
МОЛОТЬ ⊙ **молоть языком** *см.* Ч 10
МОЛОЧНЫЙ ⊙ **молочные реки кисельные берега** *см.* Р 19
МОЛЧАНКА ⊙ **играть в молчанку** *см.* И 6
МОНАСТЫРЬ ⊙ **подводить под монастырь** *см.* П 42
МОНЕТА ⊙ **платить той же монетой** *см.* П 29
принимать за чистую монету *см.* П 93
МОРГНУ́ТЬ ⊙ **37. гла́зом не моргну́ть** *разг. Гл. чаще стоит в конце фразеол.* 1) 'Сделать *что-л.* без колебаний, долго не раздумывая' *Употр. после гл. сов. вида, чаще стоит в форме деепр. или буд. вр. В последнем случае обычно после гл.* убьет, зарежет, выстрелит *и т. п., часто после частицы* и △ not to bat an eyelid (eyelash); not to turn a hair *оба выражения могут употр. в качестве прич. оборотов*

Алеша поедет на Курилы **не моргнув глазом.** Но родители жалко так, что кажется, будто кто-то схватил его за глотку и стиснул, не отпускает. *Ф. Вигдорова, Любимая улица.* — Ничего! Лет через десять я этакое сделаю сама, без посторонней помощи. Понадобится выстрелить — выстрелю! **И глазом не моргну!** *С. Залыгин, Наши лошади.* — Братва, бойся этой девки с наганом, шлепнет — **глазом не моргнет.** *А. Толстой, Хождение по мукам*
Ср.: не мудрствуя лукаво

2) 'Ничем не обнаружить внешне своих чувств, своего внутреннего состояния' *Обычно замешательства, беспокойства, страха и т. п. Чаще употр. в форме деепр. или прош. вр.* △ not to bat an eyelid (eyelash); not to turn a hair *оба выражения могут употр. в качестве прич. оборотов*
Вариант: **хоть бы гла́зом моргну́л**

Шотман пришел не один. Вместе с ним был невысокий крепкий финн. Поздоровавшись с ним, Ленин назвался: — Иванов. — Рахья, — ответил финн, **не моргнув глазом.** *Э. Казакевич, Синяя тетрадь.* Волончук спокойно выслушал гневную речь Соломона Давидовича, даже **глазом не моргнул** лишний раз и уступил: — Если хорошая погода, так ничего... [*здание цеха*] выдержит. *А. Макаренко, Флаги на башнях*
Ср.: бровью не повел, не показывать вида

38. *кто-л.* ⟨**и**⟩ **гла́зом** ← не успел **моргну́ть (мигну́ть)** *разг.* не успел 'Осознать происходящее, отреагировать на него' *В ситуации, когда что-л. происходит молниеносно, иногда неожиданно. Употр. чаще как первая часть сложноподч. предлож. перед союзом* как. *Порядок компонентов фиксир.* △ before you can (could) say

Jack Robinson *разг., употр. перед или после главной части сложн. предлож.*

Никто **и глазом** не успел **моргнуть,** как приезжие оказались в комнате дежурного по станции. *В. Куценко, Г. Новиков, Сокровища республики.* Не успел мальчик **и глазом моргнуть,** как отец подхватил его сзади за локти, и он, срываясь, вскарабкался по звенящей алюминиевой лесенке в кабину самолета. *В. Катаев, За власть Советов.* — Человека кладут, и падает этакий широкий нож, по машине, гильотиной называется... Голова отскочит так, что **и глазом** не успеешь **мигнуть.** *Ф. Достоевский, Идиот*

МОРЕ ⊙ ждать у моря погоды *см.* Ж 2

капля в море *см.* К 11

39. *кому-л.* мо́ре по коле́но (по коле́ни *уст.,* по коле́на *уст.*) *разг., часто ирон. или шутл.* 'Ничто не страшно, ничто не является препятствием, любое дело кажется легким' *Характеризует смелых, отчаянных людей, иногда, с неодобр. окраской — пьяных. В последнем случае обычно употр. как часть сложносоч. предлож. с союз.* и *после гл.* напьется *и т. п. Порядок компонентов фиксир.* △ *smb* snaps *his* fingers (*smb* laughs) at difficulties *or* dangers; *smb* does not give a damn *разг.*

Кажется, характер, самой природой назначенный для приключений: лихой фатоватый мушкетер, которому **море по колено,** созданный для поединков, подвигов. *Д. Гранин, Повесть об одном ученом и одном императоре.* В десанте нужен человек, которому... **море по колено.** Тут нужны сразу беспредельная храбрость, и беспредельная опытность, и, я бы сказал, полное пренебрежение к жизни. *П. Павленко, История Георгия Титова.* — Как влюбится, так ему **море по колена** на первых порах. Совсем отчаянный становится. *К. Станюкович, Пассажирка*

МОРО́З ⊙ **40.** моро́з ← ⟨*у кого-л.*⟩ по ко́же (по спине́, по те́лу *редк.*) ⟨пробежа́л (пробега́ет, идёт, пошёл, прохо́дит, прошёл, подира́ет, подра́л, продира́ет *прост.,* продра́л *прост.*)⟩ *разг. Кто-л.* 'ощущает озноб от внезапного ужаса, *реже* от очень сильного возбуждения, волнения' *Употр., как правило, после предлож., в котором названа причина страха, обычно как придат., часто с союз.* что *после главн. части с указ. мест.* так, такой, такое *и т. п. Гл. во фразеол. может стоять на втором месте* △ smth sends (sent) a ⟨cold⟩ shiver down (up, up and down) *smb's* spine *В качестве подлеж. употр. сущ.* sight *и т. п., а также мест.* it

В слуховое окно выставилось свиное рыло и хрюкнуло так, что у него **мороз подрал по коже.** *Н. Гоголь, Сорочинская ярмарка.* Первоначальное изумление его мало-помалу сменилось ужасом, как будто **мороз прошел по спине** его. *Ф. Достоевский, Преступление и наказание.* — Это теперь-то он тихонькой да сладенькой, старичок с божницы, а тогда — ух! Глазами зыр-зыр — **мороз** у тебя **по коже**. А хитрости-то, злости-то в ем сколько было! *Ф. Абрамов, Дом.* **Мороз пробежал по** всему моему **телу** при мысли, в чьих руках я находился. *А. Пушкин, Капитанская дочка*

Ср.: волосы становятся дыбом, глаза на лоб лезут, душа уходит в пятки, ни жив ни мертв, кровь стынет, мурашки бегают по коже, лица нет, поджилки трясутся, сердце падает

МОРОЧИТЬ ⊙ **41. моро́чить (заморо́чить, дури́ть)** ← *кому-л.* **го́лову** *разг., неодобр. Порядок компонентов нефиксир.* 1) 'Намеренно дурачить *кого-л.*, обманывать' *Обычно ложно изображая в разговоре, часто шутливом, истинное положение вещей или пытаясь скрыть истинные намерения за какими-л. поступками. Употр. часто в вопросе, а также с отриц. не в повел. накл., при словах* нечего, перестань *и т.п. в инф.* △ to ⟨try to⟩ pull *smb's* leg *разг.*; to ⟨try to⟩ make a fool of *smb*

— Признаешься? — переспросила Тося... — Признаешься, что... это самое, любишь меня? — Тося придирчиво глянула на Илью, заподозрив, уж не **морочит** ли он ей **голову**. *Б. Бедный, Девчата.*
— Сижу, хлопаю в ладошки, а сам думаю: не сдать нам ленок к пятнадцатому, ни в какую не сдать... Весна пришла поздняя, все сроки передвинулись почти на месяц... и всему это известно. Чего же мы тут друг другу **голову морочим**? *С. Антонов, Дело было в Пенькове.* — Как я могу с них дисциплину требовать, если, скажем, прошел ливень и ребятам обсушиться негде, бегут домой ночевать, за десять километров? — Есть у вас вагон, чего **голову морочите**? *В. Овечкин, День тракториста.* — Петро! Я тебе говорю: брось! — Да в чем дело? — растерянно сказал шофер и опустил глаза. — Брось, говорю! Нечего девочке **голову морочить**! Если еще раз увижу вдвоем, вытащу на общее собрание. *А. Макаренко, Флаги на башнях*

Ср.: валять дурака *1 знач.,* водить за нос, втирать очки, мутить воду *2 знач.,* обводить вокруг пальца

2) 'Надоедать пустяковыми, ненужными разговорами, нелепыми просьбами, требованиями, отвлекая, мешая' *Употр. чаще в повел. накл. с отриц.* не, *а также в наст. вр. в ритор. вопросе или восклиц.* △ to bother *smb* with trifling matters, talks, ridiculous requests, *etc*

Не морочь мне голову! Stop bothering me!; Stop wasting my time!

— Мам, Лешка [*пришел*]. Давай ему есть. — Подождет, — сказала я недовольно. — Сейчас кончу блины печь, будем все ужинать. И вообще, не **морочь** мне **голову** своим Лешей, старичками и прочей мурой, мне работать надо. *М. Ганина, Тяпкин и Леша*. — Беги в амбулаторию... Бюллетень получишь. — Куда в амбулаторию?... Такими пустяками докторам **голову морочить!** *В. Беляев, Старая крепость*. — А вот я вам одну штуковину покажу — это да! — Он взял со столярного верстака увесистую ржавую железяку с отверстием, покачал на ладони... Петр снисходительно пожал плечами: чего, мол **морочить голову**? Металлом... Эх вы! ...Металлом. Да этот металлом... днем с огнем не сыщешь. Топор... *Ф. Абрамов, Дом*. — Я еще не хожу в гимназию. У меня была скарлатина, а потом воспаление легких. — Так иди и ляжь [*прост*.] в постелю [*прост*.], чем путаться под ногами. Не **морочь** людям **голову!** *В. Катаев, Белеет парус одинокий*

МОТАТЬ ⊙ 42. **мота́ть (нама́тывать** *редк*./**намота́ть**) ← *что-л.* ⟨себе́⟩ **на у́с** *разг., иногда шутл*. 'Намеренно запоминать *что-л*. с целью удачно использовать, учесть в подходящей ситуации' *Обычно характеризует отношение к сказанному, реже к впечатлениям от окружающего. Часто употр. в повел. накл. Порядок компонентов нефиксир.* △ to make ⟨careful⟩ note of *smth*
Намотай себе на ус..! Remember..!

— Твой приказ не обсуждают. Но просто знай, что я думаю о тебе, комбат. **На ус наматывай**, когда-нибудь пригодится! *Ю. Бондарев, Горячий снег*. [Алехин] объявил, что будет играть с любым известным гроссмейстером, который обеспечит призовой фонд. Это я **намотал на ус**: именно тогда надо было решать, вызывать ли чемпиона мира на матч. *М. Ботвинник, К достижению цели*. Поле очень хотелось сказать, что вот-де как хорошо тем, кто мало пьет, а все сидит себе в сторонке да **на ус наматывает**. *Л. Леонов, Русский лес*. [Тригорин:] Пахнет гелиотропом. Скорее **мотаю на ус**: приторный запах, вдовий цвет, упомянуть при описании летнего вечера. *А. Чехов, Чайка*
Ср.: не упускать из вида

МОЧЬ ⊙ 43. ⟨ *о чем-л*.⟩ **не мо́жет (не могло́) быть и ре́чи** *Что-л*. 'настолько невозможно, что и говорить об этом не стоит' *В наст. вр. употр. обычно как ответная реплика диалога, выражающая категорический отказ от какого-л. предложения. В качестве доп. часто употр. сочет. ни о каком (какой) + сущ. Порядок компонентов нефиксир.* △ smth is out of the question; there can be no question of *smth*
О каком отдыхе может быть речь? Who is talking about rest?

Но эта любовь оказалась ошибкой, так как на другой же день Зоя так нахально мошенничала в крокет, что пришлось ей дать хорошенько крокетным молотком по ногам, после чего, конечно, ни о каком романе **не могло быть и речи.** *В. Катаев, Белеет*

МУДРСТВУЯ

парус одинокий. — Наташа, может, останетесь, отдохнете пока? — **И речи быть не может!** — твердым голосом отрезала Наташа. *В. Кетлинская, Вечер Окна Люди.* Конечно, ни о какой сосредоточенности, ни о каком покое для работы **не могло быть и речи,** пока я не узнаю, что с Анфисой. *К. Паустовский, Золотая роза*

Ср.: вот еще!, через мой труп, этого еще не хватало!, ни за что

МУДРСТВУЯ ⊙ **44.** делать *что-л.* **не му́дрствуя лука́во** *иногда ирон.* 'Просто и без излишне долгих раздумий' *Обычно употр. как обст. при гл.; обознач. речь или какую-л. творческую деятельность, а также при гл. жить. Чаще обознач. постоянный признак какой-л. деятельности или образа жизни человека; реже употр. в ситуации, связанной с принятием какого-л. решения с однократным поступком. В последнем случае фразеол. обычно стоит при гл. в повел. накл. или при гл. сов. вида в прош. вр. Порядок компонентов фиксир.* △ simply and without too much thinking; without further ado

Письма Анненкова — чудо как хороши; он пишет прямо и просто, как, что видел, думал, подслушал, **не мудрствуя лукаво.** *А. Кольцов, Письмо В. Г. Белинскому, 27 февр. 1842.* Что-то вдруг вспомнится, будто лампа осветила давно забытые события и людей, я и записываю **не мудрствуя лукаво.** Для себя. *В. Кетлинская, Вечер Окна Люди.* Я пластик, повторяю: мое дело только видеть красоту — и простодушно, «**не мудрствуя лукаво**» отражать ее в создании. *И. Гончаров, Обрыв.* Бухгалтерия, **не мудрствуя лукаво,** с вычетом амортизации на преклонные Куклины [*погибшая лошадь*] годы, повесила ему на шею [*записала долг*] полторы тысячи рублей. *В. Мурзаков, Мы уже ходим, мама...*

Ср.: глазом не моргнуть *1 знач.*

[Мудрствовать — *делать что-л. умничая, мудря*]

МУРАШ ⊙ мураши бегают по спине см. М 45

МУРАШКА ⊙ **45.** мура́шки (мура́ши *редк.*) бе́гают (бегу́т, забе́гали, по́лзают, ползу́т, поползли́, пошли́, пробежа́ли, побежа́ли) ← ⟨у кого-л.⟩ **по спине́** (по те́лу, по ко́же) *разг. Кто-л.* 'ощущает неприятный озноб, нервную дрожь от холода, страха, возбуждения, волнения' *Порядок компонентов нефиксир.* △ smb feels (felt) *his* flesh creep (crawl); *smth* makes (made) *smb's* flesh creep (crawl)

...ну, просто, Варинька, лучше бы было, если бы земля подо мной расступилась: холод такой, ноги окоченели, **мурашки по спине пробежали.** *Ф. Достоевский, Бедные люди.* На каком-то перекрестке над его ухом пронзительно взвизгнули тормоза. Андрей вздрогнул, мускулы его сработали быстрее, чем мысль, он отскочил в сторону... Пройдя несколько шагов, он опомнился, **мурашки пробежали по**

спине... Андрей оглядел ноги, руки и содрогнулся. *Д. Гранин, Искатели.* **Мурашки бегут** у меня **по спине**, и кажется, что меня окунули сперва в горячую, а потом в холодную воду. Я — учлет [*летчик-ученик*]! Я буду летать! *В. Каверин, Два капитана.* Я наклонился к бандиту совсем близко, и снова **мурашки забегали** у меня **по коже**. Бандит очень похож на Марко Гржибовского. *В. Беляев, Старая крепость*

Ср.: волосы становятся дыбом, глаза на лоб лезут, душа уходит в пятки, ни жив ни мертв, кровь стынет, мороз по коже, лица нет, поджилки трясутся, сердце падает

[*Мура́шка, мура́ш — мелкий муравей; мурашки также — пупырышки, появляющиеся на коже от холода, озноба*]

МУТИ́ТЬ ⊙ **46. мути́ть во́ду** *разг., обычно неодобр. Порядок компонентов нефиксир.* 1) 'Вносить раздор, смуту, неразбериху, вмешиваясь в *какое-л.* дело, в *чьи-л.* отношения' *Обычно в ситуации, когда это вмешательство приводит к возникновению бессмысленного протеста против чего-л., к ненужной подозрительности* △ to stir up trouble

Вариант: **намути́ть во́ду** *редк.*

— Но ты ему скажи от меня по секрету: если он еще раз вздумает мне в бригаде **воду мутить**, людей сбивать на разные гадости, то ему не сдобровать! *М. Шолохов, Поднятая целина.* — Я знаю, кто в Хвалынске **воду мутит**, — Кукушкин... Мне бы эту сволочь живым взять. *А. Толстой, Хождение по мукам.* — Да ведь как вам сказать... Ежели бы Грунька была одна, то на ее дерзость никто внимания не обратил бы. А то ведь, окроме Груньки, тут есть немало таких. Спервоначалу она сама **воду мутила**, а потом подмогу ей оказали. *В. Закруткин, Плавучая станция*

Ср.: сбивать с толку 2 знач.

2) 'Намеренно искажать *какие-л.* факты, хитрить, пытаясь скрыть истинное положение дел *или* усложняя простое' △ to complicate (confuse) matters (the issue); to muddy (stir) the waters *редк., вносить неразбериху в нечто ясное*; to throw dust in (into) *smb's* eyes *разг., обманывать, отвлекать внимание от истинного положения дел*

Если только [*Слезнев*] нарочно **воду не мутил**, оба слезневских предположения о местопребывании Валерия в годы революции были неверны. *Л. Леонов, Русский лес.* — Вы не верите? — упавшим голосом спросила Соня. — В чего это? — В чистоту человека. Николай рассмеялся. — Ох, и любят же бабы **воду мутить**! Чистота... — Он поворочался, зевнул и закрыл глаза. *Ю. Казаков, Некрасивая.* — [*Тиктор*] сам нашкодил, а другого захотел обвинить.

МУТИТЬСЯ

«Дай, думает, попробую **водичку замутить**». *В. Беляев, Старая крепость*
Ср.: втирать очки, морочить голову *1 знач.*, наводить тень на плетень, сбивать с толку *1 знач.*

МУТИТЬСЯ ⊙ **в глазах мутится** *см.* Т 4
МУТНЫЙ ⊙ **ловить рыбу в мутной воде** *см.* Л 22
МУХА ⊙ **делать из мухи слона** *см.* Д 20

47. кака́я му́ха *кого-л.* → **укуси́ла?** или **кака́я** *кого-л.* **му́ха укуси́ла?** *разг., шутл. или неодобр.* 'Что случилось, что произошло?' *Фразеол. обычно выражает недоуменную реакцию на изменение тона разговора у собеседника, вызванное раздражением, недовольством, дурным настроением. Употр. в диалоге как вопрос. предлож., а также как косв. вопрос. при гл. и сочет. слов* не понимать, не знать, пытаться понять, выяснить *и т. п. Порядок компонентов фиксир.* △ what got into *smb?* разг.; what is up with *smb?* разг., *употр. как вопрос. предлож. или как косв. вопрос. при словах* not to know (understand) *и т. п.*

— Я же сказал. Ты что, глухая? — Сам ты глухой! — выпалила Тося, ее все больше раздражало, что он разговаривает с ней как с маленькой и, по всему видать, не принимает ее всерьез. Илья покосился на Тосю, не понимая, **какая муха ее укусила.** *Б. Бедный, Девчата.* — Вы чего, тетя, набросились на меня? **Какая вас муха укусила?** *Е. Мальцев, От всего сердца.* Голицын... ворчливым голосом сказал: — Сергей Ильич, подавайте заявление на конкурс... — [*Крылов и Бочкарев*] сидели на перилах, курили, и Бочкарев пытался выяснить, **какая муха укусила** старика, откуда это неожиданное предложение. *Д. Гранин, Иду на грозу.* В нынешний вечер ничто не радовало его... И он как перешагнул порог с насупленными бровями, так и сидел за столом. — Что опять стряслось? **Какая муха укусила?** — Раиса спрашивала мягко, дружелюбно, но он только вздохнул в ответ. *Ф. Абрамов, Дом*

мухи не обидит *см.* О 4
МЫЛЬНЫЙ ⊙ **мыльный пузырь** *см.* П 117
МЫСЛЬ ⊙ **48.** говорить/сказать *что-л.*, поступить *как-л.* **без ⟨вся́кой⟩ за́дней мы́сли** 'Без тайных, скрытых намерений' *Употр. как обст., чаще в ед. ч. Порядок компонентов фиксир.* △ to say *smth* (act) without an (any) ulterior motive
Вариант: **за́дняя мы́сль.**

В общем, все это делалось втайне от отца, но **без всякой задней мысли.** *И. Герасимов, Пробел в календаре.* — Видите, князь, мне хоть раз в жизни хочется сделать совершенно честное дело, то есть совершенно **без задней мысли,** ну а я думаю, что я теперь, в эту минуту, не совсем способен к совершенно честному делу. Ф. *Достоевский, Идиот*. — Вы не скажете, как его зовут? — еще поинтересовалась Поля... — Мне для точности, если только не секрет. — Здесь и нет никакого секрета... Ну, Грацианский, а что? — Нет, ничего... я так и знала, — **без всяких задних мыслей** усмехнулась Поля. *Л. Леонов, Русский лес*. — К чему я рассказал про этот случай Виктору Семенычу? Да не **без задней мысли**. И нам надо бы искать вот таких, у которых «сердце изболелось». *В. Овечкин, Районные будни*

МЫТЬЁ ⊙ **48. не мытьём, так катаньем** *разг., иногда неодобр. или шутл.* 'Если не одним, то другим способом, любыми средствами' *Употр. чаще как обст. при гл.* добиваться/добиться, досаждать *или как самост. предлож., в котором подразумевается стремление достичь цели. Порядок компонентов фиксир.* △ by fair means or foul; by hook or by crook

— Ежели бы мамынька не пожалела вас, вы бы в сараишке родились. А вы у нас полкомнаты заняли... Ну, да мы свое возьмем — **не мытьем, так катаньем.** *Ф. Гладков, Вольница*. — А то другой сосед у нас в те поры завелся, Комов, Степан Никтополионыч. Замучил было отца совсем: **не мытьем, так катаньем.** Пьяный был человек и любил угощать... Ведь чуть в гроб отца моего не вогнал. *И. Тургенев, Однодворец Овсяников*. Роману не повезло. Попал он во взвод Никифора, который относился к нему с нескрываемой неприязнью и старался донимать его **не мытьем, так катаньем.** Он... наказывал... за малейшую ошибку. *К. Седых, Даурия*

Ср.: правдами и неправдами

[**Катанье** — *от гл.* катать *в знач.* двигать, вращая или заставляя скользить по какой-л. поверхности в разных направлениях]

МЫШИНЫЙ ⊙ **мышиная возня** *см.* В 52
МЫШКА ⊙ **играть в кошки-мышки** *см.* И 5
МЯКИНА ⊙ **на мякине не проведешь** *см.* П 103
МЯСО ⊙ **ни рыба ни мясо** *см.* Р 47

Н

НА ⊙ **вот тебе на!** *см.* В 63
НАБИВАТЬ ⊙ **1. набива́ть*/наби́ть** ← ⟨кому-л.⟩ **оско́мину** *разг. Употр. чаще гл. сов. вида в прош. вр.* 1) 'Вызывать вяжущее ощущение во рту' *О кислой или терпкой пище. Обычно когда съешь ее много* △ to leave a bitter taste in the mouth

А вкусный крыжовник! Ягоды чуть мохнатые, покрытые желтоватой пыльцой. Они хрустят на зубах. И сладкие какие! Такого крыжовника можно съесть целую шапку, и никакой **оскомины** не **набьешь.** *В. Беляев, Старая крепость*

2) 'Очень сильно надоедать' *О каких-л. идеях, теориях, приемах творчества и т. п., ставших расхожими из-за частого повторения, о каких-л. эффектных событиях, реже о предметах, которые встречаются излишне часто* △ *to be* (become) hackneyed *о фразах, идеях и т. п.; прил.* hackneyed *чаще употр. как опред. к сущ. Что-л. кому-л.* набило оскомину. Smb is fed up ⟨to the back teeth⟩ with *smth разг.;* Smb is sick and tired of *smth. Оба англ. выражения не передают обобщенного знач.* 'надоесть всем, быть общеизвестным', *которое есть в русском выражении*

И что за несчастная способность у наших умных, мыслящих дам говорить с глубокомысленным видом и с азартом о том, что давно уж **набило оскомину** даже гимназистам. *А. Чехов, Рассказ неизвестного человека.* Яростные романы, вроде «Марева» и «Некуда», очень скоро **набивают** публике **оскомину.** *Д. Писарев, Прогулка по садам российской словесности.* — Парады, встречи, караулы — вся эта дворцовая служба **набила** мне **оскомину.** *М. Шолохов, Тихий Дон.* Скользнув по лицу Горяева, как по чему-то наскучившему, незначительному, **набившему оскомину,** Лиза отвернулась и сказала что-то своему спутнику. *П. Проскурин, Тайга*
Ср.: прожужжать уши, хуже горькой редьки *2 знач.*

2. набива́ть/наби́ть ← ⟨в чем-л., на чем-л.⟩ → **ру́ку** *разг.* 'Приобретать опыт, профессиональное умение в *какой-л. деятельности*' *Чаще в ручной работе. В качестве доп. употр. сущ., обознач. соответствующую деятельность. При фразеол. часто стоят обст., указывающие период времени. Употр. чаще гл. сов. вида в прош. вр. Порядок компонентов нефиксир.* △ to get *one's* hand in ⟨at *smth*⟩ *часто о работе руками*

В три-четыре недели он уже так **набил руку** в таможенном деле, что знал решительно все: даже не весил, не мерил, а по фактуре узнавал, сколько в какой штуке аршин сукна или иной материи: взявши в руку сверток, он мог сказать вдруг, сколько в нем фунтов. *Н. Гоголь, Мертвые души.* [*Тишка:*] У других-то хозяев, коли уж мальчишка, так и живет в мальчиках, стало быть, при лавке присутствует. А у нас то туда, то сюда, целый день шаркай по мостовой, как угорелый. Скоро **руку набьешь,** держи карман-то. *А. Островский, Свои люди — сочтемся!* — Где это вы правильно писать-то научились? — Привык-с... За сорок лет службы можно **руку набить**-с. *А. Чехов, Восклицательный знак.* Редактор распорядился зачислить Артема сотрудником по письмам в своей газете... Артем читал, отвечал, мало-помалу **набив**

руку, выработав несколько довольно шаблонных вариантов ответа. *М. Прилежаева, Осень*

Ср.: глаз наметан, собаку съел

3. набива́ть/наби́ть себе́ це́ну *разг.* 'Стараться возвысить себя во мнении других, представляя себя перед ними более значительным, более важным, более нужным, чем в действительности' *Обычно в каких-л. целях. Употр. чаще в инф., гл. несов. вида при словах* любит, привык, начал *и т. п., гл. сов. вида при словах* пытается, хочет *и т. п.; гл. несов. вида употр. также в наст. вр. в многократном знач. Гл. во фразеол. чаще стоит на первом месте* △ to ⟨try to⟩ raise *oneself* in *smb's* estimation, to appear more important or more influential than *one* is

Стёпка начал **набивать себе цену:** он, мол, тоже не лыком шит, в учении понимает толк, через его руки прошло видимо-невидимо фабзайцев. *Ф. Вигдорова, Это мой дом.* В том-то и состоял замысел Полина притворства — не сдаваться сразу и тем **набить себе цену** в глазах Киттеля. *Л. Леонов, Русский лес.* [*Редактор*] привык к тому, что литераторы **набивают себе цену.** *К. Федин, Первые радости.* — Догадываешься, о чем я хочу? — Не догадываюсь и ломать голову не стану. Сам скажешь. — Учти, старик, ты сам настаиваешь. — **Цену себе набиваешь!** *В. Тендряков, Ночь после выпуска*

Ср.: пускать пыль в глаза

НАБИРА́ТЬСЯ ⊙ **4. набира́ться/набра́ться ума́ (ра́зума, ума́-ра́зуму)** *разг.* 'Становиться более умным *или* более знающим' *Часто подразумевается, что кто-л. приобретает (приобрел) умение разбираться в жизненных трудностях, разумно вести себя в различных житейских ситуациях. Часто о детях. Употр. обычно гл. сов. вида с отриц.* не *или в вопросе. Порядок компонентов нефиксир.* △ to learn ⟨some⟩ sense; to grow wise

— А прожить мне надо теперь самое малое еще десять лет, чтобы внуков воспитать. Старшему восьмой год. Когда он **ума наберется?** *В. Овечкин, С фронтовым приветом.* — Вон уже и на заседания к нам люди приходят просто так, поглядеть, послушать, **ума набраться!** *С. Залыгин, Комиссия.* — Знаете что, Иван Саввич? Давайте съездим в «Новый путь». — Зачем? — Посмотрим, как у них. Поговорим с председателем. — **Ума, значит, ехать набираться?** ... Неужели не вижу, что хочешь ты меня, дурака серого, везти в «Новый путь» учиться хозяйствовать. *С. Антонов, Дело было в Пенькове.* — А, так просто, нашла дурь: дай, говорю, продам, да и продал сдуру! — Засим он [*Собакевич*] повесил голову так, будто сам раскаивался в этом деле, и прибавил: — Вот и седой человек, а до сих пор **не набрался ума.** *Н. Гоголь, Мертвые души*

НАБИТ ⊙ **глаз набит** см. Г 13
НАБИТЬ ⊙ **набить оскомину** см. Н 1
набить руку см. Н 2
набить себе цену см. Н 3

НАБРАТЬ ⊙ 5. **как (бу́дто, сло́вно, то́чно, ро́вно) воды́ в рот набра́л (набрала́, набра́ли)** *разг., часто неодобр. Кто-л.* 'упорно молчит' *Во время разговора с кем-л. либо от нежелания разговаривать, либо не желая выдать секрет. Употр. как сказ., часто в составе против. конструкции с союзом а, в которой противопоставляются говорящий и молчащий человек, либо чье-л. намерение говорить и его же молчание. Может употр. как сравн. оборот после гл.* молчать, *обозначая степень и причину молчания:* 'как будто лишился способности говорить' *Порядок компонентов нефиксир.* △ smb keeps mum *разг.*

Вариант: **набра́ть в рот воды́**

— Полковник был у нас Фой, вот, значит, пришел к нам Фой, здоровается, а вся рота **как воды в рот набрала**. Не поздоровалась, да и только! *В. Белов, За тремя волоками.* — Чего же ты, председатель, зеваешь ртом, а сам молчишь, как рыба? Язык проглотил или сказать нечего? Ты же вроде говорить хотел, а сам **как воды в рот набрал**. *М. Шолохов, Поднятая целина.* — Ведь это хулиганство. А? А за хулиганство что полагается?... И что тогда скажут ваши родители! И товарищи и педагоги?... Ты что, **воды в рот набрал**? *В. Панова, Времена года.* Застолье не ладилось. Сидели, молчали, как на похоронах... И Раиса тоже **в рот воды набрала**. В другой раз треск — уши затыкай, а тут глаза округлила — столбняк нашел. *Ф. Абрамов, Дом*

Ср.: играть в молчанку, язык проглотить

НАБРАТЬСЯ ⊙ 6. **набра́ться ду́ху (ду́ха)** *разг.* 'Преодолев в себе страх *или* неуверенность, решиться на *какой-л.* поступок' *Чаще решиться задать кому-л. какой-л. вопрос или сказать о чем-л. Обычно употр. в форме деепр. Порядок компонентов фиксир.* △ to muster (pluck, screw, summon) ⟨up⟩ one's courage *с последующим инф. или союзом* and

— Вот,— сказала она тихо,— передайте это... — Она приостановилась и вдруг, **набравшись духу**, закончила решительно: — Передайте Рагозину. *К. Федин, Первые радости.* — Разрешите, я подожду вас у выхода. — Он несколько приободрился, услыхав свой ожесточенно-спокойный, решительный голос и, **набравшись духу**, требовательно посмотрел Марине прямо в глаза, в самую глубину ее зрачков. *Д. Гранин, Искатели.* — Что вам от меня нужно? — спросил оружейник. Первый толстяк **набрался духу**... — Мы хотели посмотреть на тебя, — сказал он. *Ю. Олеша, Три толстяка.* А перед

тем как идти домой, Петр **набрался духу** и выговорил те слова, которые он тоже давно мысленно повторял: — Когда же мы с тобой поженимся-то, Фросюшка? *Г. Николаева, Жатва*
Ср.: поднимать голову, собираться с духом

набраться ума *см.* Н 4

НАВЕСТИ ⊙ **навести тень на плетень** *см.* Н 7

НАВОДИТЬ ⊙ 7. **наводи́ть/навести́ тень на плете́нь (на я́сный де́нь)** *разг., неодобр.* 'Запутывать *что-л.* ясное и понятное, затушевывать хорошо известную истину, иногда намеренно' *Обычно по поводу содержания чьей-л. речи. Употр. чаще гл. несов. вида, обычно в повел. накл. с отриц.* не *или в инф. при словах* нечего, перестань *и т. п., а также в вопросе. Порядок компонентов нефиксир.* △ to complicate (confuse) matters (the issue); to muddy (stir) the waters

— У других-то хоть при жизни жизнь была, а моим ребятам, моим Ганьке да Олеше, и при жизни ходу не было... Из-за меня...— Тут на какое-то мгновенье замешкалась даже находчивая Лиза. Нечем было утешить старика, потому что чего **тень на плетень наводить** — из-за отца, из-за его упрямства столько мук, столько голода и холода приняли его сыновья. *Ф. Абрамов, Дом.* — Я беру вас в штаб,— сказал он...— Сейчас придет делегат от большевиков. Нехай его думает, что я снюхиваюсь с добровольцами. Ваша задача **тень на плетень наводить**, понятно? *А. Толстой, Хождение по мукам.* Они там **наводят тень на ясный день**. Говорили бы прямо,— не хотим, мол, больше сражаться. А мне эта война и подавно не нужна. *А. Новиков-Прибой, Цусима*
Ср.: валять дурака *1 знач.,* водить за нос, втирать очки, играть в кошки-мышки, играть в прятки, мутить воду *2 знач.,* напускать туману, сбивать с толку

НАВОСТРИТЬ ⊙ 8. **навостри́ть (насторожи́ть** *редк.***) у́ши** *разг. Гл. во фразеол. обычно стоит на первом месте.* 1) *иногда ирон. или шутл.* 'Приготовиться внимательно и напряженно слушать' *Часто то, что предназначено совсем другому. О человеке. Употр. чаще в прош. вр., при фразеол. обычно стоит обст.* тотчас, снова, сразу *и др. обст. времени или придат. предлож. времени* △ to prick up *one's* ears *шутл. или ирон.*
Вариант: **нава́стривать у́ши** *уст.*

Брат украсил его сухое изложение деталями, настолько живописными, что председатель, начинавший было уже успокаиваться, снова **навострил уши**. *И. Ильф, Е. Петров, Золотой теленок.* Николай слушал с пятого на десятое, но, когда разговор перешел к укладу жизни, **навострил уши**. *В. Попов, Тихая заводь.* — Ох, Александр, некогда мне; если новая история, так нельзя ли завтра? — Я хочу только сказать, что, может быть... и я близок к тому же счастью... — Что, — спросил Петр Иваныч, слегка **навострив уши,** — это что-то любопытно. *И. Гончаров, Обыкновенная история.* Сначала при слове «любовь» m-lle Boucourt вздрагивала и **навастривала уши,** как старый полковой конь, заслышавший трубу, но потом привыкла и только, бывало, съежит губы. *И. Тургенев, Рудин*

Ср.: держать ухо востро, в оба *2 знач.,* ушки на макушке

2) 'Насторожиться, подняв уши и повернув их в направлении звука' *О животных. Употр. чаще в форме деепр. или в прош. вр.*
△ to prick up *one's* ears

Легкая пыль желтым столбом поднимается и несется по дороге; далеко разносится дружный топот, лошади бегут, **навострив уши.** *И. Тургенев, Бежин луг.* Сзади него послышались шаги. Артем обернулся. Перед ним стоял, **насторожив уши,** громадный пес. От калитки к дому шла незнакомая девушка. *Н. Островский, Как закалялась сталь.* Конь **насторожил уши,** и на тропку из-за кустов выскочили два мальчугана. *А. Гайдар, Военная тайна*

НАВСЕГДА ⊙ **раз навсегда** *см.* Р 4
НАВЫВОРОТ ⊙ **шиворот-навыворот** *см.* Ш 4
НАГРЕТЬ ⊙ **нагреть руки** *см.* Г 58
НАДВОЕ ⊙ **бабушка надвое сказала** *см.* Б 1

НАДЕВАТЬ ⊙ 9. **надева́ть/наде́ть ⟨ве́шать/пове́сить⟩ хому́т ⟨себе́⟩** или ⟨**на ше́ю**⟩ или ⟨**себе́ на ше́ю**⟩ *разг., неодобр.* 'Обременять себя ненужными, тягостными хлопотами, обязанностями *и т. п.,* лишать себя свободы в поступках, в решениях *и т. п.' Чаще по поводу вступления в брак. Употр. обычно в инф. в ритор., реже в прямом вопросе. Порядок компонентов нефиксир.* △ to hang (have) a millstone round (about) *one's* neck

[*Евгения:*] И не женись! Что тебе за неволя **хомут-то на шею надевать!** *А. Островский, На бойком месте.* — Да разве ради кино замуж выходят? **Хомут** такой **наденешь** и в кино не захочешь. *Д. Гранин, Дождь в чужом городе.* Судя по настроению полковника, теперь уж не могло быть и речи, что он сам мирно откажется от заказа [*на прибор*]. После ухода моряков на некоторое время воцарилось молчание. — Ну-с, — сказал главный инженер... — Зачем **надевать себе на шею** этот **хомут?** Сами для себя не рискнули сделать, а тут извольте для дядей стараться. *Д. Гранин, Искатели*

Ср.: связывать по рукам и ногам

НАДЕТЬ ⊙ **надеть хомут** *см.* Н 9
НАДО ⊙ **надо честь знать** *см.* П 81

10. та́к кому́-л. и на́до (ну́жно) *разг. Кто́-л.* 'вполне заслуживает того наказания, той неприятности, которые его постигли' *Говорится в ситуации, когда какое-л. несчастье, беду окружающие расценивают как возмездие кому-л. за недостойное или неразумное поведение. Употр. обычно как самост. предлож., чаще с мест. 3 и 2 лица. После фразеол. может следовать предлож. типа* не будет в следующий раз + *гл. в инф., обознач. то действие, за которое следует получить возмездие; либо придат. предлож. с союзом* чтобы *и с тем же гл. в прош. вр. с отриц.* не; *либо* пусть + *тот же гл. в наст. вр. с отриц.* не. *Порядок компонентов фиксир.* △ ⟨it⟩ serves smb ⟨jolly well⟩ right *разг.;* smb asked for it *разг.*

Бойцы слушали сочувственно; что Кукушкина разбронировали [*и отправили на войну*], всем понравилось: **так ему и надо**, черту! *К. Симонов, Живые и мертвые.* Услыхав об этой свадьбе впервые, Кузьма твердо решил, что не допустит ее... Удивило и поразило его равнодушие молодой к нему, больному. — [*Жених*] зверь, дикарь! — думал он и, вспоминая о свадьбе, злобно прибавлял: — И отлично! **Так ей и надо!** *И. Бунин, Деревня.* — Нет, говорит, меня не проведете! я знаю. Всегда с ней в театре; я же, говорит, и ложу достану, иногда бог знает с какими хлопотами, а он в ней и заседает. — Я уж тут не выдержал и расхохотался. — **Так тебе и надо**, думаю, болван! Ай да Александр! вот племянник! *И. Гончаров, Обыкновенная история.* Мне даже стало радостно, что из-за меня попало Подусту. — **Так тебе и надо**, черт очкастый, чтоб не дрался! *В. Беляев, Старая крепость*

Ср.: туда и дорога

НАДРЫВАТЬ ⊙ **11. надрыва́ть** ⟨*кому-л.*⟩ **ду́шу (се́рдце)** 'Вызывать у *кого-л.* душевные страдания, мучительную тоску' *Чаще о жалобных, печальных звуках, а также о жалком внешнем виде кого-л. или чего-л., говорящем о бедности, несчастьях. Гл. во фразеол. обычно стоит на первом месте* △ to break ⟨rend⟩ smb's heart Надрывающие душу крики. Heart-rending cries.

Цыплята чувствовали себя спокойно и хорошо, когда были все вместе. Но стоило только какого-нибудь из них унести от остальных, как он начинал тревожно пищать и бегать, стараясь отыскать своих братцев... Майка... унесла [*своего цыпленка*] в комнату. Через полчаса она принесла его обратно и со слезами сказала: — Я не могу больше! Он **надрывает** мне **душу** писком... он все пищит, да так жалобно! *Н. Носов, Весёлая семейка.* Из мрака донеслась безмерно печальная, **надрывающая душу** перекличка отправляющихся на юг куликов. *Э. Казакевич, Синяя тетрадь.* Рытвины да кочки, Даль полей немая; И летит над ними С криком галок стая... **Надрывает сердце** Этот вид знакомый. Грустно на чужбине, Тяжело и дома! *А. Плещеев, Родное*

Ср.: брать за душу, задевать за живое, играть на нервах, трепать нервы, тянуть жилы

НАЗВАТЬ ⊙ назвать вещи своими именами *см.* Н 13

НАЗЛО ⊙ **12. ка́к назло́** *разг.* 'Словно специально для того, чтобы навредить, помешать *кому-л.*, разозлить' *кого-л. Употр. как вводн. конструкция, часто перед сказ., которое противопоставляется предшествующему сказ. при помощи союзов* а, но. *Порядок компонентов фиксир.* △ as ill luck would have it *употр. как вводн. конструкция в начале предлож.;* just my (his, etc) luck! *употр. как самост. предлож. после того предлож., в котором названо нежелательное событие*

Тося загорелась желанием тут же добром отплатить Илье за все вздорные свои подозрения. Но Илья, **как назло**, задержался возле ватаги. *Б. Бедный, Девчата*. Андрей Разметнов, сраженный замужеством своей долголетней милахи, первое время бодрился, а потом не выдержал и... начал попивать... А Марина, **как назло**, все чаще попадалась Андрею на глаза и по виду была довольна, счастлива. *М. Шолохов, Поднятая целина*. Ей страстно захотелось придумать что-нибудь удивительно умное. **Как назло**, в голову лезла всякая чепуха... И почему она такая глупая? *Д. Гранин, Искатели*. — Я снимаю вас с поста, — сказал Синцов, пытаясь вспомнить, **как назло**, выскочившую из головы формулу, при помощи которой старший начальник может снять с поста часового. *К. Симонов, Живые и мертвые*

НАЗЫВАТЬ ⊙ **13. называ́ть/назва́ть ве́щи свои́ми** (*реже* **настоя́щими, со́бственными**) **имена́ми** 'Говорить о *ком-л.*, о *чем-л.* прямо, откровенно, не подыскивая смягчающих слов, выражений' *Часто в ситуации, когда для окружающих более привычна осторожность в высказываниях. Обычно употр. гл. несов. вида в инф. при словах* привык, любит (любил) *и т. п. Порядок компонентов фиксир.* △ to call a spade a spade

Такие, как Пудалов, требуют к себе дипломатичного подхода, чуть ли не преклонения перед их талантами, а Сергей привык **называть вещи своими именами** и сейчас опасался, что не сможет уловить в отношениях с Пудаловым ту незримую грань, через которую пока не стоит переступать. *М. Колесников, Алтунин принимает решение*. И Поливанова почему-то тронула простота, с какой это было сказано. А теперь он говорил себе: ну что меня умилило? Обыкновенная милицейская привычка **называть вещи своими именами.** *Ф. Вигдорова, Семейное счастье*. Серпилин... не ответил. Он сказал, его поняли, а **называть вещи своими именами**

в данном случае не хотел. *К. Симонов, Солдатами не рождаются*.
... стремление к истине еще раз одержало в Грацианском верх над личными влечениями сердца, если уж решился **называть вещи своими именами.** *Л. Леонов, Русский лес*

Ср.: без обиняков, в открытую

НАЙТИ ⊙ **найти общий язык** *см.* Н 24

нашла коса на камень *см.* К 38

не найти места *см.* Н 25

НАЛЁТ ⊙ **14. с налёта (с налёту)** *разг. Употр. как обст.* 1) ударить *кого-л., что-л.*; удариться обо *что-л.*, схватить *что-л.* 'Подбежав, подлетев, резко' *О людях и о животных. Употр. обычно при гл. сов. вида в прош. вр.* △ while running or flying, abruptly

Удариться обо *что-л.* с налета. To run (fly) bump into *smth*.

Я ... **с налету** ударил по мячу, дал отличную «свечку», но только чуть влево, за линию игры. *В. Беляев, Старая крепость*. Проснувшаяся муха вдруг **с налета** ударилась об стекло. *Ф. Достоевский, Преступление и наказание*. Описав большой круг, он [*орлан*] ловко, **с налета**, уселся на сухоствольной лиственнице. *В. Арсеньев, Дерсу Узала*.

Ср.: с ходу *2 знач.*

2) понимать *что-л.*, проникать в суть *чего-л. и т. п.* ↔ 'Сразу, без затруднений, без напряжения' *Употр. чаще при гл. несов. вида* △ at once, without difficulty or effort; off the cuff *разг.*

С налету проникая в конструкцию вещей, он с одинаковой остротой судил не только о модной тогда квантовой механике... но и проявлял осведомленность в тайностях женского сердца. *Л. Леонов, Русский лес*. Все больше развивался ее талант. По-настоящему темпераментная и одаренная, она как-то **с налета** все понимала и сразу овладевала изучаемой ролью. *П. Орленев, Воспоминания*

Ср.: с ходу *1 знач.*

3) *иногда неодобр.* делать *что-л.*, судить о *чем-л.* ↔ 'Без предварительного обдумывания' △ off-hand *или* off hand

... самой Поле показались поспешными черные обвинения, брошенные на Вихрова. — Конечно, мне трудно судить обо всем этом **с налету**, — оговорилась она, вся в пятнах смущения. — Я как-то не представляю его совсем. *Л. Леонов, Русский лес*

Ср.: с бухты-барахты, с ходу *1 знач.*

НАЛИТ ⊙ **15.** ⟨как (бу́дто, сло́вно, то́чно)⟩ **свинцо́м налита́ (на́лито, на́литы, налиты́е)** *разг.* 'Тяжелая (-ое, -ые), неподвижная (-ое, -ые)' *Обычно от усталости, натруженности, болезни и т. п., а также от душевного потрясения. О голове, ногах, руках и других органах, а также о теле человека. Употр. как сказ. или обо-*

НАЛИТОЙ

собленное опред. Прич. во фразеол. чаще стоит на последнем месте △ leaden употр. как опред. при сущ. limbs, feet, head или как именная часть сказ.

Вариант: **налива́ться/нали́ться свинцо́м**

Вернувшись домой уже под утро, Анна с трудом поднялась по лестнице. На реке она так устала, что едва нашла ключом замочную скважину. Ноги **будто свинцом налиты.** Суставы ломит. *Б. Полевой, Глубокий тыл.* Он с трудом открыл глаза, голова была **точно налита свинцом.** *Д. Мамин-Сибиряк, Хлеб.* Басов вышел на спардек [*верхнюю палубу*], медленно передвигая ноги, **словно налитые свинцом.** *Ю. Крылов, Танкер «Дербент».* С тем же выражением крайней скуки в лице [*жандарм*]... достал... коробку из-под... чая. Это был весь запас Сашиного динамита, добытый путем неимоверных усилий, преступная святыня его тайного общества... Ноги его **налились свинцом,** и нечто похожее на пасхальный звон поплыло в ушах. *Л. Леонов, Русский лес*

НАЛИТО́Й ⊙ **как свинцом налитые** см. Н 15

НАЛОМА́ТЬ ⊙ **16. налома́ть дров** *разг., неодобр.* 'Совершить много грубых ошибок, неразумных поступков' *Обычно сгоряча, не подумав или приняв опрометчивое решение, часто касающееся судьбы других людей. Относится к ошибкам в выполнении какого-л. поручения или своих должностных обязанностей. Употр. обычно в прош. вр., в инф. при словах может, способен и т. п., в буд. вр. со знач. возможности, в повел. накл. после сочет. смотри не. Порядок компонентов нефиксир.* △ to make a lot of blunders

... прямо тебе скажу: **дров наломал** твой Шерлок Холмс — не мог Остапенко совершить убийства! И тем более никогда бы он не убил своего старого друга Свиридова! *В. Попов, Третий след.* — Погоди, мужики,— остановил я Балду и Женьку.— Торопиться тоже ни к чему, а то еще больше можем **дров наломать.** *В. Карпов, Вилась веревочка.* В десятом классе — комсомольское собрание... стоит вопрос о Тосе Лубковой. И меня охватил страх: **наломают дров!** *В. Тендряков, Чрезвычайное.* — Сколько уж раз случалось: Петенька сгоряча **дров наломает,** а я за него давай выпутывайся. *М. Колесников, Изотопы для Алтунина*

НАМЁТАН ⊙ **глаз намётан** см. Г 13

НАПИ́САНО ⊙ **17. на лбу́** ← **у кого́-л. напи́сано** *разг., иногда ирон. или шутл.* 'По чьему-л. внешнему виду сразу ясно, какой он или кто он' *Употр. в ситуациях, связанных с оценкой черт характера или поведения человека, с характеристикой его социальной, профессиональной и т. п. принадлежности. Употр. чаще как главная часть в сложноподч. предлож. с союзом что или как первая часть бессоюзного сложн. предлож., последующая часть которого* *раскрывает содержание «написанного». Порядок компонентов фиксир.* △ it is written all over smb's face; it sticks out a mile *разг., оба выражения употр. как самост. предлож. или перед придат. предлож. с союзом* that

Вариант: **на лбу́** ← ⟨у кого́-л.⟩ **не напи́сано**

[*Саша*:] Ходит или говорит, а у самого **на лбу написано**: я честный человек! Скучно с ним. *А. Чехов, Иванов.* — Вы оба поосторожнее... Неровен час, кто заявится и увидит вас, ваше благородие. — А у меня что, **на лбу написано**, что я — «ваше благородие»? *М. Шолохов, Поднятая целина.* — Вызовешь на допрос какого-нибудь работника, а без соответствующего кабинета и формы с ним трудно общаться. **На лбу** у меня **не написано**, что советник юстиции. *А. Безуглов, Следователь по особо важным делам.* И я спросил то, в чем был совершенно уверен. — Ты Шурик? — Он снова повернулся ко мне: — А тебе это откуда известно? **На лбу** у меня вроде ничего **не написано**. *А. Алексин, А тем временем где-то...*

Ср.: на лице написано

18. на лице́ ← у кого́-л. (или **на чьем-л. лице́**) **напи́сано** (**напи́сан, напи́сана, напи́саны**) *разг.* 'По выражению *чьего-л.* лица ясно видно' *что-л.* Обычно в ситуации, когда кто-л. не скрывает своего настроения, внутреннего состояния, своих намерений, особенностей характера, своих знаний о чем-л. и т. п. *Употр. чаще как главная часть в сложноподч. предлож. с союзом* что *или как первая часть в бессоюзном сложн. предлож., последующая часть которого раскрывает содержание «написанного», а также как сказ. при мест.* всё, это, *реже при сущ. Порядок компонентов нефиксир.* △ it is written all over smb's face *употр. как самост. предлож. или перед придат. предлож. с союзом* that

Антон в тот день очень расстроился. Это было **нииса́но** у него **на лице**. Лицо было круглое, большое, и на нем легко было все прочитать. *А. Алексин, А тем временем где-то...* Все-таки неправ был, наверное, парень... который сказал ей ...что ... мол, нам, мужчинам, нравятся женщины таинственные, не такие, у которых все от начала до конца **написано на лице** и в душе которых нечего разгадывать. *Г. Семенов, Бесова нога.* — Зачем ты, папа, притворяешься! — Что значит — притворяюсь? — Ведь **на лице** у тебя **написано**: пришло письмо от мамы! *К. Федин, Костер.* **На лице** у охотника **написана** строгость. *А. Чехов, Весной*

Ср.: на лбу написано

19. кому́-л. **на роду́** (или **на роду́** у кого́-л. *уст.*) **напи́сано** (**напи́сан, напи́саны**) *разг.* 'Заранее предопределено судьбой, суждено' *оказаться в каком-л. состоянии, в каком-л. положении. Чаще свя-*

НАПЛАКАТЬ

зано с негативными ситуациями: *болезнью, несчастьем, одиночеством и т. п., с которыми кто-л. смирился или готов смириться,* реже *с необычными, исключительными событиями.* Употр. чаще перед гл. в инф. или с мест. так. В качестве доп. употр. мест. и сущ., обознач. людей, реже животных. Порядок компонентов нефиксир. △ it is smb's destiny + инф.; it is ordained (preordained) that smb should...

Но что пуще всего лишало ее сил, так это сознание, что совершается нечто неминучее ... что, видно, **на роду написано** ей погибать вместе с барышней. *И. Бунин, Суходол.* Дарья вскинула голову и не увидела на могилках ни крестов, ни тумбочек, ни оградок... Но теперь она не почувствовала ни возмущения, ни обиды — один конец... Дождалась она, значит, еще и этого — ну и ладно, что дождалась, так ей **написано на роду**. *В. Распутин, Прощание с Матёрой.* Наделал он мне хлопот, не тем будь помянут! Ведь есть, право, этакие люди, у которых **на роду написано**, что с ними должны случаться разные необыкновенные вещи! *М. Лермонтов, Герой нашего времени.* Жил он долго и бесчинствовал, как и положено волку, и питался он собаками и прочим мясом, как ему **на роду написано**. *А. Яшин, Волк в огороде*

НАПЛАКАТЬ ⊙ **кот наплакал** *см.* К 41

НАПРАВИТЬ ⊙ **направить на путь** *см.* Н 21

НАПРАВЛЯТЬ ⊙ **направлять на путь** *см.* Н 21

НАПУСКАТЬ ⊙ **20. напуска́ть / напусти́ть** ⟨во что-л.⟩ **тума́ну (тума́на)** *редк. разг., неодобр.* 'Говорить многословно и неясно' *Может подразумевать намерение скрыть истинное положение дел или просто неумение ясно излагать что-л. Гл. обоих видов употр. обычно в прош. вр. и в инф. при словах любить, уметь, гл. несов. вида тж. и в повел. накл. с отриц. не. При сущ.* туману (тумана) *могут употр. мест.* какого, такого, всякого. *Порядок компонентов нефиксир.* △ to speak verbosely and vaguely about *smth*; to make things ⟨as⟩ clear as mud *разг., шутл.* или *ирон.*; to obsure the issue

[*Городничий (в сторону)*:] О, тонкая штука! Эк куда метнул! Какого **туману напустил!** разбери, кто хочет! *Н. Гоголь, Ревизор.* — Если у вас какие-нибудь соображения — выкладывайте. Нет — так **не напускайте туману**. Скажите честно — сдаюсь, не понимаю. *Д. Гранин, Искатели.* — Все [*в письме*] очень туманно, словом... — А ты забыл Коломейца? — сказал Маремуха. — Он всегда любил **туман пускать** [*прост.*], где надо и где не надо. *В. Беляев, Старая крепость*

Ср.: втирать очки, наводить тень на плетень

НАПУСТИТЬ ⊙ **напустить туману** *см.* Н 20

НАРАСПАШКУ ⊙ **душа нараспашку** *см.* Д 71

НАСИЛУ ⊙ **насилу ноги волочить** *см.* В 56
НАСКОЛЬКО ⊙ **насколько хватает глаз** *см.* Г 18
НАСТАВИТЬ ⊙ **наставить на путь** *см.* Н 21
НАСТАВЛЯТЬ ⊙ **21. наставля́ть/наста́вить (направля́ть/напра́вить, обраща́ть/обрати́ть) кого-л. на путь** ⟨**и́стины** *или* **и́стинный**⟩ *иногда ирон., при расположении* истинный *после* путь — *ритор.* 'Побуждать *кого-л.* изменить поведение, образ жизни в хорошую сторону' *Употр. чаще в инф., гл. сов. вида при словах* решить, пытаться/попытаться, надо *и т. п.; гл. несов. вида обычно в многократном знач. при гл.* любить. *Порядок компонентов нефиксир.* △ to put *smb* on the right (straight and narrow) path (track)

Решившись **обратить** лентяя **на путь истины**, Павел Федорыч всегда доводил свою работу до благоприятного результата, преследуя цель неутомимо и энергически. *Н. Помяловский, Очерки бурсы.* И все знали, что Михайло неспроста появился в селе, что идет он куда-то, выполняя какой-то ответственный долг; значит, у кого-то нелады в семье, кого-то надо **направить на истинный путь**. *Ф. Гладков, Повесть о детстве.* Раз как-то пришлось мне ехать с ним вдвоем в карете за город. Мы разговорились. Как человек опытный, дельный, г. Зверьков начал **наставлять** меня **на «путь истины».** *И. Тургенев, Ермолай и мельничиха.* У Нагульнова коротко спросил: — Развелся? — Пожалуйста, без вопросов!... Ты бы Лукерью **на путь наставил...** Одно несчастье с тобой. *М. Шолохов, Поднятая целина*

Ср.: выбивать дурь из головы

НАСТОРОЖИТЬ ⊙ **насторожить уши** *см.* Н 8
НАСТОЯЩИЙ ⊙ **называть вещи настоящими именами** *см.* Н 13
НАСТУПАТЬ ⊙ **22. наступа́ть/наступи́ть ← ⟨кому-л.⟩ на ⟨люби́мую⟩ мозо́ль** *разг., ирон., иногда шутл.* 'Затрагивать то, что болезненно волнует, беспокоит *кого-л.*, что является *чьим-л.* самым уязвимым местом' *Обычно в разговоре. Употр. чаще гл. сов. вида в прош. вр., гл. несов. вида употр. обычно в повел. накл. с отриц.* не *и в инф. при сочет.* не надо, не стоит *и т. п. Порядок компонентов нефиксир.* △ to tread on *smb's* corns (toes) *разг., ирон. или шутл.*

[*Тригорин:*] Вы, как говорится, **наступили на** мою самую **любимую мозоль**, и вот я начинаю волноваться и немного сердиться. *А. Чехов, Чайка.* [*Поливанов:*] мне объясняет, что у пролетарского искусства свои законы... Он мне, можно сказать, **наступил на** ту самую **мозоль,** что осталась от наших споров в АХРРе двадцатых годов. *Д. Гранин, Картина.* — Меня сняли с работы... — Сняли? За что? Что ты такое сделала? — В общем, если

по правде, то ни за что. Просто я тут **наступила** кое-кому **на любимую мозоль**. *Е. Мальцев, Войди в каждый дом.* — К твоему сведению, Пряслин, нынешняя зимовка... в труднейших условиях проходила. Понятно тебе? — Это уже Пронька — ветеринар... Все время... водил носом да кланялся, а тут только **на мозоль наступили** — как из автомата прострочил. *Ф. Абрамов, Дом*
Ср.: задевать за живое

23. наступа́ть/наступи́ть ← ⟨кому-л., чему-л.⟩ → **на пя́тки** *разг.*
Употр. чаще гл. несов. вида. Порядок компонентов нефиксир.
1) *кому-л.* 'Догонять *кого-л.*, двигаясь позади него *или* преследуя его' *О людях и животных, о группах людей или животных. Употр. как сказ. или в форме дееприч.* △ to be ⟨hard⟩ on (at) *smb's* heels

Проворность нужна, когда... от чужой жены ночью бежишь, а за тобой ее муж гонится, **на пятки наступает.** *М. Шолохов, Поднятая целина.* Капитан... сказал... что увеличить интервалы не страшно: **на пятки** никто **не наступает,** как он слышал, техники [*на параде*] будет немного. *К. Симонов, Живые и мертвые.* Соседняя дивизия, двигаясь столь же стремительно..., **наступая на пятки** неприятелю, прорвалась на участок берега. *Б. Полевой, В наступлении*

2) *чему-л.* 'Следовать вплотную за *чем-л.* во времени, вытесняя предшествующее' *О мыслях, идеях, теориях, о какой-л. работе, о ролях у актеров и т. п. Обычно употр. в конструкциях типа* одна мысль наступает на пятки другой △ to be ⟨hard⟩ on (at) the heels of *smth*

У известных театральных актеров... одна кинороль **наступает на пятки другой,** съемки в разных концах света, предложениям нет числа — как сохранить тут верность долгу и трепетное отношение к ежедневной репетиции? *Н. Крымова, Этот странный, странный мир театра*

3) *кому-л.* 'Догонять *кого-л.* в работе, в *каком-л.* деле, приближаясь к его результатам' *О людях и группах людей* △ to be ⟨hard⟩ on (at) *smb's* heels

Откровенно говоря, Андрея подстегивало наличие такого серьезного соперника. Иногда не мешает, чтобы тебе **наступали на пятки.** *Д. Гранин, Искатели.* О нашей группе опять заговорили. «Ивашкинцев» мы оставили по всем показателям позади, и только Юрка Пономарев по-прежнему мигал нам впереди. Впрочем, мы лелеяли надежду: придет время — и ему начнем **наступать на пятки!** *Н. Горбачев, Ракеты и подснежники*

НАСТУПИТЬ ⊙ медведь на ухо наступил *см.* М 17
наступить на мозоль *см.* Н 22
наступить на пятки *см.* Н 23

НАХОДИТЬ ⊙ **24. находи́ть/найти́** ← ⟨с кем-л.⟩ → **о́бщий язы́к** 'Достигать взаимопонимания' *Обычно в ситуации, когда людям или коллективам людей удается договориться друг с другом об одинаковом отношении к чему-л., об одинаковой линии поведения и т. п. Употр. чаще гл. сов. вида в прош. вр., в инф. при словах* суметь, попытаться, надо *и т. п. в буд. вр. со знач. возможности; гл. несов. вида чаще употр. в многократном знач. Порядок компонентов фиксир.* △ to find a common language ⟨with *smb*⟩; to come to terms ⟨with *smb*⟩

[*Лиза*] быстро **нашла общий язык** с Ирой, не прошло и получаса, как стол в комнате был накрыт белой скатертью, расставлены тарелочки. *Н. Евдокимов, Ожидание.* В общем-то они [*родители*] его понимают. Не всегда. Но если надо **найти** с ними **общий язык**, это удается. *Ф. Колунцев, Утро, день, вечер.* В краткой вступительной речи Балаганов выразил надежду, что братья **найдут общий язык** и выработают, наконец, конвенцию, необходимость которой диктует сама жизнь. *И. Ильф, Е. Петров, Золотой теленок.* — И как обидно становится, товарищ Брусенков, когда мы на месте у себя который раз **не находим общего языка.** *С. Залыгин, Соленая Падь*

25. не находи́ть/не найти́ ⟨**себе́**⟩ **ме́ста** ⟨реже *от чего-л.*⟩ *разг.* 'Быть в состоянии крайнего волнения, беспокойства, тревоги' *О человеке. Обычно эти состояния выражаются в невозможности спокойно находиться на одном месте и вызываются сознанием того, что с кем-л. близким произошло несчастье, чувством вины, ожиданием большого события и сознанием того, что нельзя вмешаться в ход событий. Гл. несов. вида употр. обычно в наст. и прош. вр., а также в форме деепр. и прич.; гл. сов. вида употр. обычно в инф. при гл.* не мочь. *В предлож. обычно есть слова, выражающие эмоциональное, реже физическое состояние. Порядок компонентов нефиксир.* △ to be extremely worried, restless, alarmed; to fret

Я знал, что дома мать **места себе не находит**, переживая за меня, но мне от этого было не легче. *В. Распутин, Уроки французского.* Нога, уже больше месяца лежавшая в гипсе, вдруг разболелась так, что я просто **не находил себе места.** *В. Каверин, Два капитана.* Весь следующий день он бродил, **не находя себе места,** с трудом подавляя желание снова повидать Мечика. *А. Фадеев, Разгром.* Волынцев бросился в кресла. — Так уеду я куда-нибудь! А то здесь тоска мне просто сердце отдавила; просто **места** нигде **найти не могу.** *И. Тургенев, Рудин*

Ср.: все валится из рук, душа не на месте, камень на душе, кошки скребут на душе, как неприкаянный, руки опускаются, сам не свой, не в себе, не по себе *2 знач.,* сходить с ума *4 знач.*

НАШ ⊙ 26. ⟨угождать/угодить, служить, услужить *и т. п.*⟩ ↔ **и нашим и вашим** *разг., неодобр.* 'Одновременно двум противостоящим, обычно враждебным сторонам' *Чаще о человеке, который пытается извлечь личную выгоду из такого поведения или не хочет вмешиваться в конфликт между враждующими сторонами. Порядок компонентов нефиксир.* △ to serve two masters; to have one's cake and eat it; to run with the hare and hunt with the hounds *книжн., все выражения часто употр. в сочет. с* cannot

История с инспектором заставила Матвея призадуматься. Знал он, что бывает, конечно, и так, как говорил старик. Инспектора работают **и нашим и вашим:** получая взятки от торговых компаний, выбраковывают годные еще локомобили, чтобы на складах веселее шла торговля. *В. Овечкин, Слепой машинист.* — Что же, расстреливаешь братов [*братьев прост.*]?... Вон ты какой?... **И нашим и вашим** служишь? Кто больше даст? Эх, ты! *М. Шолохов, Тихий Дон*. Михаил решительно встал. Нет, такие фокусы не по нему. Либо — либо. Либо ты вместе с Таборским ... либо против. А крутить хвостом и **вашим и нашим** — не выйдет. *Ф. Абрамов, Дом*

Ср.: сидеть меж двух стульев

наша хата с краю *см.* X 1
наш брат *см.* Б 15
нашего поля ягода *см.* Я 2

НЕБО ⊙ звезд с неба не хватает *см.* X 2
как гром среди ясного неба *см.* Г 60
коптить небо *см.* К 32

27. между небом и землёй *разг. Порядок компонентов фиксир.*
1) быть, оказаться, остаться, очутиться *и т. п.* ↔ 'В неопределенном положении, в состоянии неустроенности, ожидания' *Обычно в ситуации, когда у человека нет надежд на изменение положения, на достижение желаемого. Употр. обычно как часть сказ. при гл. сов. вида или как обст.* △ to be caught between two stools; to be in no man's land

Ему казалось, что его преследует злой рок, и в какую бы часть он ни пришел — ее обязательно расформируют, и Чохов опять останется **между небом и землёй**, никому не нужный и одинокий. *Э. Казакевич, Дом на площади*. Оба [*Синцов и капитан-артиллерист*] были готовы идти куда угодно и делать что угодно, только бы перестать болтаться **между небом и землёй** в этом трижды проклятом отпуску. *К. Симонов, Живые и мертвые*
Ср.: ни при чем

2) *редк.* жить, обитать *и т. п.* ↔ 'Без пристанища, без жилья, без

крова' *Употр. как обст., обычно при гл. несов. вида* △ to be homeless

[*Любим Карпыч:*] Жил... между **небом и землей**, ни с боков, ни сверху нет ничего. *А. Островский, Бедность не порок*

попадать пальцем в небо *см.* П 74
с неба свалился *см.* С 19
НЕВЕРНЫЙ ⊙ **Фома неверный** *см.* Ф 1
НЕВЕРУЮЩИЙ ⊙ **Фома неверующий** *см.* Ф 1
НЕГДЕ ⊙ **яблоку негде упасть** *см.* У 15
НЕДАЛЕКО ⊙ **недалеко ходить** *см.* Х 15
НЕДЕЛЯ ⊙ **28. без году неде́ля** (**неде́лю** *редк.*) *разг., ирон. или шутл.* 'Очень мало по времени, недолго' *При гл.* находиться, быть, жить *где-л.,* работать *где-л. и т. п. может подразумеваться недостаточность этого срока для того, чтобы узнать о местных событиях, приобрести право поступать определенным образом, судить о чем-л. При сущ., обознач. профессию, род занятий, социальный статус и т. п. и входящих в состав сказ., может подразумеваться недостаточность этого стажа для того, чтобы овладеть профессиональными навыками, приобрести право относить себя к соответствующей профессиональной, социальной и т. п. группе. Порядок компонентов фиксир.* △ no (hardly any) time at all

— Вот Долгин поручил Марченко выдвинуть кандидатуру Степина. А Марченко работает у нас **без году неделя** и Степина совсем не знает. *Д. Гранин, Искатели.* — Представляете ...**без году неделя** руководит коллективом — и уже: — Может, вам... лучше на пенсию? — Нах-хал! *В. Шукшин, Чудик.* Вы, Василий Карпович, председатель **без году неделя**, так вместо того, чтобы в перчатках ходить, разобрались бы сперва. *С. Антонов, Весна.* — А интересно, куды оно загибает, профессорское-то дите? — опять поддразнил Лавцов... — Полно, полно... чего ты перед ним пятачок [*нос*] задираешь? Тоже паровозник **без году неделя**, — степенно оборвал его Титов, и Сережа благодарно взглянул в лицо машиниста. *Л. Леонов, Русский лес*

семь пятниц на неделе *см.* П 126
НЕДОЛГА ⊙ **и вся недолга** *см.* В 22
НЕДОЛГО ⊙ **недолго до греха** *см.* Д 58
НЕДОСТАВАТЬ ⊙ **этого еще недоставало** *см.* Х 3
НЕЗАПАМЯТНЫЙ ⊙ **с незапамятных времен** *см.* В 65
НЕЙДЁТ ⊙ **нейдёт из головы** *см.* В 102
НЕКУДА ⊙ **деваться некуда** *см.* Д 15
яблоку некуда упасть *см.* У 15
НЕЛЬЗЯ ⊙ **29. как нельзя́ лу́чше** 'Очень хорошо, именно так, как требуется' *Употр. при сказ. и обознач. наивысшую степень*

проявления положительного качества какого-л. действия, состояния. *Часто о делах, после гл.* идти, складываться *и т. п. Порядок компонентов фиксир.* △ in the best possible way

Сдал [*карты*] ... Поглядел на карты: масть хоть куда, козыри есть. И сначала дело шло **как нельзя лучше.** *Н. Гоголь, Пропавшая грамота.* Месяца четыре все шло **как нельзя лучше...** Вот, однако ж, смотрю, он стал снова задумываться, ходит по комнате, загнув руки назад; потом, раз, не сказав никому, отправился стрелять. *М. Лермонтов, Герой нашего времени.* Снова стало шумно и весело... Все складывалось **как нельзя лучше,** все будет так, как он надеялся. *Д. Гранин, Искатели.* Стоит [*зимовейка — помещение для зимовки*] **как нельзя лучше,** в глубоком, загнутом за гору распадке, откуда не подняться дыму, топи хоть круглые сутки. *В. Распутин, Живи и помни*

Ср.: как можно, на редкость *1 знач.*

НЕПЛОХО ⊙ **язык неплохо подвешен** *см.* Я 10

НЕПОСТИЖИМО ⊙ **30. уму́ непостижи́мо** 'Невозможно осмыслить, охватить *что-л.* разумом' *Обычно характеризует изумление, потрясение и т. п. в связи с редкими, необычными или неожиданными событиями. Не изменяется и употр. как безл. предлож., часто после слов* это, просто, *с последующим или предшествующим придат., присоединяемым мест.* как, какой, что, почему *и т. п., или как вторая часть бессоюзн. сложн. предлож. Порядок компонентов фиксир.* △ ⟨it is⟩ unfathomable *может употр. с придат. предлож., вводимым мест.* how, the way, what

Как выбрался он из села в этом месте — **уму непостижимо.** *В. Овечкин, С фронтовым приветом.* — А что эти соловьи вытворяют у нас тут, в Терновой балке, — **уму непостижимо!** Так поют, так на всякие лады распевают, что никакой сон на ум не идет! *М. Шолохов, Поднятая целина.* ... от каких случайностей зависит наша жизнь и здравие — **уму непостижимо?!** *С. Залыгин, Наши лошади.* — Ну и врут, просто **уму непостижимо!** — искренне удивился Емельянов. *Э. Казакевич, Синяя тетрадь*

Ср.: ума не приложу, не укладывается в голове

НЕПОЧАТЫЙ ⊙ **непочатый край** *см.* К 44

НЕПРАВДА ⊙ **правдами и неправдами** *см.* П 86

НЕПРИКАЯННЫЙ ⊙ **31.** *кто-л.* ходит, бродит, болтается, шляется, шатается ↔ **как неприка́янный (неприка́янная, неприка́янные)** *разг., неодобр.* 'В состоянии растерянности и беспокойства, как бы не зная, чем заняться' △ smb is ⟨goes about⟩ like a lost soul

— Не надоело тебе еще баклуши бить, Василь? — Немного надоело, — ответил я тихо. — Я тоже думаю, что надоело. Ходишь, болтаешься **как неприкаянный.** От безделья легко всякие глупости в голову лезут. *В. Беляев, Старая крепость.* — Давыдов никакой работой не гнушается, я — тоже, почему же ты... замызганную свою бумажную портфелю [*прост.*] зажмешь подмышкой и таскаешься по хутору, **как неприкаянный?** *М. Шолохов, Поднятая целина*

Ср.: не находить себе места, сам не свой

НЕРВ ⊙ **действовать на нервы** *см.* Д 17
играть на нервах *см.* И 8
трепать нервы *см.* Т 17

НЕСКОЛЬКО ⊙ **в нескольких шагах** *см.* Ш 1

НЕСТИ ⊙ 32. **нести́ (понести́) чепуху́ (ахине́ю, вздо́р, галима́тью, ди́чь, е́ресь, ерунду́, околе́сицу, околе́сину** *уст.***, околе́сную** *уст.***, чу́шь)** *разг., неодобр.* 'Говорить бессмыслицу, глупости' *Обычно в ситуации, когда содержание чьей-л. речи не соответствует действительности. Может употр. с мест. всякий, несусветный, какой-то. Порядок компонентов нефиксир.* △ to talk ⟨a lot of⟩ nonsense (rubbish *разг.*, drivel *разг.*, hogwash *разг.*, bilge *разг.*)

Варианты: **поро́ть чепуху́ (ахине́ю, галима́тью, ди́чь, ерунду́, чу́шь)** *прост., неодобр.*; **городи́ть чепуху́ (околе́сицу, чу́шь)** *разг., неодобр.*

На номера разводил лесник, потому, знать, что егерь был уж совсем хорош, **нес чепуху,** требовал опять свои «сто грам». *Н. Никонов, На волков.* — При чем тут Лиза Кислых? — Сказывали, что-то было у них. — Вот это да! Роман? Любовь? У кого бы узнать. — Мало ли **ахинею** какую **несут.** *Д. Гранин, Картина.* — Вы забыли, что человек счастлив заблуждениями, мечтами и надеждами; действительность не счастливит... — Какую ты **дичь несешь!** ...Мечты, игрушки, обман — все это годится для женщин и детей, а мужчине надо знать дело, как оно есть. *И. Гончаров, Обыкновенная история.* ... в кабинете был дьявольский холод, а меня держали часа полтора, и я, должно быть, простудился, потому что уже к вечеру заметил, что **несу вздор.** *В. Каверин, Два капитана*

Ср.: турусы на колесах

НЕСТЬ ⊙ **несть числа** *см.* Н 38

НЕТ ⊙ **конца-краю нет** *см.* В 41

33. **на** *ком-л.* **лица́ нет (не́ту, не́ было)** *разг.* У *кого-л.* 'резко изменилось выражение лица: *кто-л.* резко и очень сильно побледнел, осунулся' *Обычно от сильного волнения, сильного испуга, болезненного состояния, усталости и т. п. В контексте часто употр. слова бледный, испуганный, испугался и др., описывающие чей-л. внешний вид либо физическое или психическое состояние. Порядок компонентов фиксир.* △ smb looks (looked) ghastly (awful)

— Случилось большое несчастье... Я в отчаянии...— Что случилось, в конце концов, Анатолий Григорьевич? Говорите же! На вас **лица нет**!...— Булгаков застонал, перекосившись, полез дрожащей рукой в карман. *В. Липатов, Повесть без названия, сюжета и конца...* Подошел Василий совсем близко: **лица** на нем **нету**, белый, как мел, глаза дикие; говорить начал — голос обрывается. *В. Гаршин, Сигнал.*— Среди ночи стучит ко мне... Я засветила огонь... Смотрю, на парне **лица нет**. Зеленый, из глаз слезы, весь в поту. За живот держится. Спрашиваю, что это, мол, с ним приключилось. А он мне: — Помираю, худо. *А. Безуглов, Следователь по особо важным делам.* Первый прошел смотритель... На нем **лица не было:** бледный, понурый, точно испуганный. *Л. Толстой, Воскресение*

Ср.: ни жив ни мертв

34. *кому-л.* **нет (не было)** ⟨никакого⟩ **дела** ↔ ⟨*до кого-л., до чего-л.; до того, как (где, кто и т. п.)*⟩ *Кто-л.* 'безразличен *к кому-л., к чему-л.; что-л.* не касается, не затрагивает *кого-л.*' *Характеризует отношение к каким-л. событиям, к чьей-л. судьбе. На месте первого доп. часто употр. мест.* никому*. Порядок компонентов нефиксир.* △ smb is (was) not ⟨in the least⟩ concerned about (with) smb, smth; smb does (did) not care ⟨in the least⟩ about smb., smth; smb does (did) not care ⟨in the least⟩ whether (what *и т. п.*) + *придат. предлож.*

— Что я и сестра катаемся на велосипеде, никому **нет** до этого **дела**! — сказал Коваленко и побагровел. *А. Чехов, Человек в футляре.*— Если я вас верно понял, вам **нет дела** до моего прошлого,— сказал любивший идти напрямую Серпилин. *К. Симонов, Живые и мертвые.* В религиозном отношении он [крестьянин Набатов] был также типичным крестьянином: никогда не думал о метафизических вопросах, о начале всех начал... Ему никакого **дела не было** до того, каким образом начался мир. *Л. Толстой, Воскресение.*— А песня, между прочим, хоть и мелодичная, но по смыслу такая... «Кто-то вздохнул за стеной, что нам за дело, родной...» Ничего себе воспитание! Лишь бы нам хорошо, мол, было. А там, за стеной, стони, помирай, нам **дела нет**. *Л. Кассиль, Ход белой королевы*

Ср.: дело маленькое, ни жарко ни холодно, и горя мало *1 знач.,* умывать руки, хата с краю, хоть бы что *1 знач.*

35. *чего-л.* **нет (не было) и следа** *Что-л.* 'совсем отсутствует, будто никогда не существовало' *Контекст обычно указывает, что ранее этот предмет, это явление существовали: могут употр. либо слова* вчерашний, прежний *и т. п., либо прич. прош. вр. или придат. предлож. со сказ. в прош. вр. Порядок компонентов* *нефиксир.* △ there is (was) not a trace of *smth*; not a trace remained of *smth*; there is (was) neither sight nor sound of *smth*

[*Астров:*] Переходим к третьей части: картина уезда в настоящем:... исчезли и лоси, и лебеди, и глухари... От прежних выселков, хуторков, скитов, мельниц **и следа нет**. *А. Чехов, Дядя Ваня.* Вчерашних чувств сомнения о том, что он отдает землю и уничтожает хозяйство, **не было и следа**. *Л. Толстой, Воскресение.* Когда Тоня ложилась спать, от светлого чувства, охватившего ее в клубе, **не было и следа.** *С. Антонов, Дело было в Пенькове Ср.:* ни капли, ни крошки, в помине, как ветром сдуло, след простыл

36. нет-нёт да ⟨и⟩ *или* **нет-нёт и** сделает, делает*, делал *что-л.*, произойдет, происходит, происходило *что-л.* 'Неоднократно, нечасто, через нерегулярные промежутки времени' *Употр. обычно в художественной литературе при описании. Гл. сов. вида в буд. вр. при фразеол. обознач. повторяющиеся действия в наст. или прошлом. Часто употр. в ситуациях, когда действие происходит непроизвольно и может быть нежелательным или неожиданным либо когда кто-л. не может удержаться от совершения действия* △ occasionally; ⟨every⟩ now and again (then); ⟨every⟩ once in a while; from time to time *в отличие от русского, все английские выражения не подразумевают непроизвольности действия*

И вот я так сидел и все поглядывал на маму и думал, сказать ей или не сказать, а мама тоже **нет-нет да и** взглянет на меня, словно ждет, чтоб я сказал. *Н. Носов, Витя Малеев в школе и дома.* Когда на днях она призналась Алене, что живет в вечной тревоге и за Семена Петровича и за всю семью, она не кокетничала. Да, они прожили вместе около тридцати лет, и все же в ней **нет-нет да и** возникнет ощущение неустойчивости бытия, когда кажется, что все... готово рухнуть. *И. Герасимов, Пробел в календаре.* ... сопки на западе, охваченные предзакатным огнем, горели в таком ожесточенном холоде, что Рогачев **нет-нет да и** поглядывал на них украдкой, чем-то смутно встревоженный. *П. Проскурин, Тайга.* Но как бы сильно ни увлекались игрою мы трое — Кострома, Чурка и я, — все-таки **нет-нет** да тот или другой бежит похвастать перед хорошенькой девушкой. *М. Горький, В людях*

37. от *кого-л., редк.* **от** *чего-л.* ↔ **нет отбо́я (отбо́ю)** *разг. Кого-л., чего-л.* 'излишне много, больше, чем нужно' *Часто подразумевается невозможность, вопреки желанию, уменьшить это количество. В качестве доп. употр. сущ., обознач. людей, особенно часто от женихов, от кавалеров, от ухажеров и т. п., а также неодуш. сущ. от предложений, от насмешек и т. п. Порядок компонентов нефиксир.* △ there is no end to *smb, smth*

Вариант: Кому-л. ↔ **нет отбою** *уст.*

Юлька — курносенькая, строгая и победоносная, от кавалеров **нет отбоя**. *В. Панова, Времена года.* — А ведь вы решительно ничего не сделали, чтобы к вам валом пошли больные. Тут, коллега, надо стать общественником, бойцом, солдатом... Вот, например, в Монгуме от больных **отбоя нет,** несмотря на засилье лам и шаманов. *Ю. Герман, Дело, которому ты служишь.* ... они при всех целовались, так что потом в театре **отбою не было** от всяческих шуток. *В. Кетлинская, Вечер Окна Люди.* Третий год [*Михаил*] сено в одиночку ставит. Бывало, сенокос начнется — всё хотят под руку Михаила, **отбою нету,** а теперь не больно. Теперь с кем угодно, только не с Михаилом. *Ф. Абрамов, Дом Ср.*: хоть отбавляй, хоть пруд пруди

38. *кому-л., чему-л.* ↔ **нет (не́ было, несть** *книжн., иногда шутл.)* **числа́** *Кого-л., чего-л.* 'так много, что невозможно сосчитать' *Сущ. обычно стоит в конце фразеол.* △ *smb, smth* is countless
Звездам на небе не было числа. There were countless stars in the sky *или* There were stars beyond (without *редк.*) number in the sky *выражение* beyond (without) number *употр. обычно как опред., стоящее после сущ., и имеет книжн. окраску*

Слева, навстречу, по разъезженной дороге плелись унылые телеги, — везли раненых... И казалось — телегам и раненым **нет числа.** *А. Толстой, Хождение по мукам.* ... узенький дворик весь был наполнен птицами и всякой домашней тварью. Индейкам и курам **не было числа.** *Н. Гоголь, Мертвые души.* С пригорка вагончиков не сосчитаешь — кажется, им **нет числа,** однако в беседах выясняется, что число есть, и вполне впечатляющее: больше трех тысяч. *«Литературная газета», 25 июля 1979.* [*Лаборантки*] приступали с мольбой в голосе: — Можно отлучиться в ателье на примерку? (или встретить на вокзале тетю или дядю... или бог еще знает куда — причинам отпрашиваться с работы в течение дня у любой девчонки **есть числа**). *А. Астраханцев, Дом к сдаче Ср.*: конца не видно, непочатый край, хоть пруд пруди

сводить на нет *см.* С 37

39. сил нет *разг. Порядок компонентов нефиксир.* 1) ⟨*у кого-л.*⟩ 'Невозможно' *Употр. обычно с предшествующим или последующим инф., часто с инф. гл.* терпеть, вытерпеть, удержаться *от чего-л. При отсутствии инф. обычно подразумевается гл.* терпеть △ it is impossible + *инф.*

Он говорил тихо, но каждое слово его речи падало на голову матери тяжелым, оглушающим ударом...— Нет, я лучше уйду! — сказала она, отрицательно качая головой. — Слушать это — **нет моих сил!** *М. Горький, Мать.* Подойдешь к пеньку — а около него краснеют спелые, крупные ягоды. Такую ягоду надо сорвать осторожно: чуть покрепче в пальцах сожмешь – она раздавится и так вкусно запахнет, что **нет сил** удержаться, чтобы не положить ее в рот. *Г. Скребицкий, Колючая семейка*. Я заметила: последние дни и часы (в пионерлагере, или в поезде, или в школе) всегда тянутся страшно медленно. Просто **сил нет**. *А. Алексин, Мой брат играет на кларнете*

Ср.: не в силах, не под силу *1 знач.*

2) 'Очень сильно' *Употр. как главная часть в сложноподч. предлож. с мест. как, до чего, до какой степени и т. п. и гл. хотеться, надоесть и т. п. в придат. части, а также как вторая часть бессоюзного сложн. предлож.* △ to a very high degree

Жарко (жара) – сил нет. It is unbearably (awfully) hot *или* The heat is unbearable (awful).

[*Рогов*:] А ты что ж – бросила думать о Тимирязевской академии? [*Рогова*:] Хочу, **сил нет,** как хочу учиться. *Н. Вирта, Хлеб наш насущный*. Через полчаса в избушке теплее и не тяжко... И дремота охватит – **сил нет**. *В. Шукшин, Охота жить*

Ср.: еще как, хуже горькой редьки

40. слов (слова, спору) нет (нету) *разг.* 'Конечно, нет оснований сомневаться' *Употр. как вводн. сочет. перед каким-л. утверждением или после него, чтобы подтвердить его справедливость, несмотря на противоречащее ему второе утверждение, которое обычно присоединяется союзом а, но. Порядок компонентов фиксир.* △ it is true enough that + *придат. предлож.* + but... *далее идет утверждение, противоречащее первому*

— Трактор – штука, **слов нет,** но мало вы... их наделали, вот за это мы вас поругиваем! *М. Шолохов, Поднятая целина*. – Беда мне прямо с этими разведчиками... **Слов нету,** храбрые ребята, а непутевые! *А. Гайдар, Школа*. – Ведь были же у нас в фабзавуче хлопцы – полные сироты: родителей у них петлюровцы поубивали. И что вы думаете – погибли хлопцы? Выучились! Мастерами стали! Конечно ...трудно было, **слов нет**. На чечевице да на мамалыге неделями сидели. Выдержали все и в люди вышли. *В. Беляев, Старая крепость*

Ср.: нечего сказать *2 знач.*

41. цены ← *кому-л., чему-л.* **нет (не было, не будет, не было бы)** Кто-л., что-л. 'обладает (обладал, будет обладать) такими огромными достоинствами, что самая высшая оценка недостаточна' *О людях, животных, неживых предметах. Обычно подразумевается, что соответствующее лицо, предмет и т. п. из-за его свойств невозможно заменить никакими другими. Часто характеризует образ*

жизни и поступки человека, иногда такие, которые превышают обычные человеческие возможности. В сосл. накл. употр. в сложн. предлож. с усл. знач. Сущ. обычно стоит в начале фразеол.
△ smb, smth is worth his (its) weight in gold; smth is beyond (above, without) price (is priceless) *о предметах или животных в ситуации купли-продажи*

— Сами поглядите, второй месяц как здесь копаемся, четвёртую смену дорабатываем, а основной состав — без передышки, только молодостью и держится. А ведь половина из них простужены... **Цены им нет.** *Н. Островский, Как закалялась сталь.* Старик ... подмигнул буфетчику: вот-де какой у меня сын. — Остался бы ты, Анисим, дома при деле, — сказал он, — **цены бы тебе не было!** Я бы тебя, сынок, озолотил с головы до ног. *А. Чехов, В овраге.* — Вот ваш город обязан своей славой руде. Но оказалось, чтобы в промышленность её пустить по-настоящему, нужно руду эту обогатить... И построили у вас обогатительную фабрику. И теперь вашей зимогорской руде **цены нет.** *Л. Кассиль, Ход белой королевы.* В гардеробной великолепный седоусый старик с галунами так бережно снял с них плохонькие пальто, будто пальто этим **не было цены.** *Ю. Герман, Наши знакомые*
Ср.: в цене

НЕЧЕГО ⊙ **делать нечего** *см.* Д 21

нечего греха таить *см.* Т 1

нечего и говорить *см.* Г 31

нечего сказать *см.* С 71

от нечего делать *см.* Д 23

НИЗКИЙ ⊙ **тише воды, ниже травы** *см.* Т 9

НИКАКОЙ ⊙ **никаких гвоздей** *см.* Г 1

НИТКА ⊙ **42. до ⟨после́дней⟩ ни́тки** *разг. Порядок компонентов фиксир.* 1) промокнуть, вымокнуть, мокрый *и т. п.* ↔ 'Очень сильно, насквозь' △ to be (get) drenched (soaked, wet) to the skin

Все были расстроены; все промокли **до нитки.** Устали и проголодались. *В. Шукшин, Коч.* Приехал он в конце марта... по самой распутице, под проливным дождём, так что приехал **до нитки** промокший и озябший, но бодрый и возбуждённый. *Л. Толстой, Воскресение.* Тяжела и холодна вымоченная **до последней нитки** одежда, но люди с работы уходили только поздно вечером. *Н. Островский, Как закалялась сталь.* Саша Грацианский до вечера бродил по городу, а когда утомился, то, мокрый **до нитки,** поехал поплакать... у Наташи Золотинской. *Л. Леонов, Русский лес*

2) обобрать, обокрасть, растащить *и т. п.;* пропивать*/пропить, проигрывать*/проиграть, спускать*/спустить *и т. п.* 'Абсолютно всё

имущество' *Часто употр. после мест.* всё △ absolutely all of smb's belongings

Обобрать (обокрасть) *кого-л.* до нитки. To pick smb clean *или* to fleece smb.

— Димовых сегодня обокрасть хотели, — сообщала она [*соседка*]. — Если бы не я, **до нитки** обобрали бы. *Ф. Колунцев, Утро, день, вечер.* Они все так, запойники-то: месяц не пьет, два, три, а потом все до **нитки** с себя спускают. *В. Шукшин, Мастер.* — У меня сосед в старое время был, плотник, запойный. Держится, держится, а потом, как только рюмку понюхает ... все с себя, милый человек, пропивал, **до нитки**! *М. Шолохов, Поднятая целина*

3) *прост.* рассказать ⟨все⟩, понять ⟨все⟩; разобраться в *чем-л.*, в *ком-л.* 'Полностью, вплоть до мелочей' △ fully, in the minutest details

— Здорово он во мне разобрался — **до нитки**. И про отца вспомнил, и про Юшку, и про разные мои болезни. *А. Куприн, С улицы.* — Мне в крестьянской бытности не было удачи. — Почему же это? — поинтересовался Давыдов. — Зараз [*сейчас прост.*] расскажу все **до нитки**. *М. Шолохов, Поднятая целина*

Ср.: до капли *2 знач.,* от слова до слова

43. на живу́ю ни́тку *разг. Употр. чаще при гл. в прош. вр. или в форме страдательного прич. прош. вр. Порядок компонентов фиксир.* 1) ⟨сшить⟩, сметать *и т. п.* ↔ 'Наскоро, лишь слегка закрепив шов, так что он может легко разойтись' △ to tack smth together (smth to smth)

[*Наташа*], надев сметанный **на живую нитку** еще без рукавов лиф и загибая голову, гляделась в зеркало. *Л. Толстой, Война и мир.* Тина... обернулась к другой сестре, Татьяне Аркадьевне, около которой возилась на полу модистка, подметывая **на живую нитку** низ голубой юбки. *А. Куприн, Тапер*

2) *часто неодобр.* построить, сколотить *и т. п.* ↔ 'Наспех, небрежно, непрочно, так, что все может легко развалиться' △ to knock smth together

Первая задержка произошла на мосту. Деревянный, **на живую нитку** построенный мост охранялся. *А. Толстой, Хождение по мукам.* Путь на том перегоне шит был заново, **на живую нитку**, старенький вагон раскачивался на ходу и скрипел, грозя развалиться. *Л. Леонов, Русский лес*

Ср.: на скорую руку

шито белыми нитками *см.* Ш 5

НИТОЧКА ⊙ **висеть на ниточке** *см.* В 42

НИЧТО ⊙ **как ни в чем не бывало** *см.* Б 30

ничего не поделаешь *см.* П 43

ничего не стоит *см.* С 112

44. ничего́ себе́ *разг.* 1) делать/сделать *что-л.*, выглядеть, чувствовать себя *и т. п.* 'Не плохо, но и не очень хорошо' △ not badly (bad)

Иван Гора, вернувшись с Агриппиной со спектакля, зажег огарок и просматривал накопившиеся за день разные бумажонки... — Ты тоже **ничего себе** сыграла, — говорил он, зевая... — Но — Анисья, Анисья! *А. Толстой, Хождение по мукам.* [*Наташа:*] Там уже завтракать садятся... Я опоздала... (Мельком глядится в зеркало, поправляется). Кажется, причесана **ничего себе**. *А. Чехов, Три сестры.* Моя мама тоже стала спрашивать, как мы жили на даче. Я говорю: — Хорошо жили. **Ничего себе**. *Н. Носов, Дневник Коли Синицына*

2) *что-л., кто-л.* ⟨человек⟩ 'Довольно хороший, достаточно соответствующий *каким-л.* требованиям' *Употр. как сказ., реже как несогл. опред.* △ smth, smb is not bad (is so-so)

— Ну, как тебе наш клуб? — спросила Вера. — Клуб **ничего себе**, — честно призналa Тося, окидывая взглядом просторный зал. *Б. Бедный, Девчата.* [*Астров:*] Сегодня, многоуважаемый Иван Петрович, погода недурна. Утром было пасмурно, словно как бы на дождь, а теперь солнце. Говоря по совести, осень выдалась прекрасная... и озими **ничего себе**. *А. Чехов, Дядя Ваня.* — На вечеринки захаживаешь? — Нет. — Почему же так? — А куда ходить? — Ну, мало ли, — усмехаясь, ответил он, — куда пойти, найдется. Вы девица **ничего себе**, можно сказать, красивая, — как же вам некуда ходить. *Ю. Герман, Наши знакомые.* — Я его уговорил пойти сомов ловить, и мы пошли на ночь, я поймал двух, одного маленького, на фунт, а другого **ничего себе**, а Степка ничего не поймал. *А. Фадеев, Молодая гвардия*

3) 'Плохой, негодный' *Употр. перед сущ.* идея, предложение, мысль, острота *и т. п.*, радость, удовольствие *и т. п.*, *перед сущ., обознач. человека, который обладает какими-л. качествами, реже перед сущ., обознач. неодуш. предметы. Выражает возмущение говорящего, несогласие или иронию путем отрицания тех положительных свойств, которые названы сущ.* △ bad

Ничего себе помощник! Все испортил! Some helper! Made a mess of everything!

— **Ничего себе** идея! Жене политрука, прожившей с мужем полтора года в Гродно, теперь возвращаться туда на подпольную работу! *К. Симонов, Живые и мертвые.* И вообще ученый, доказывал Крылов, воплощает в себе черты человека коммунизма, поскольку работа для него — потребность, удовольствие. Алеша

кивнул на Крылова: — **Ничего себе** удовольствие — махать палкой каждый вечер! — И все рассмеялись, потому что действительно трудно было представить себе более занудную работу [*чем в эксперименте у Крылова*]. *Д. Гранин, Иду на грозу*. Тут я вспомнила про Лилю. Лева даже не поинтересовался, где находится его «аккомпанемент». **Ничего себе** рыцарь! *А. Алексин, Мой брат играет на кларнете*. [*Колька*] курил и смотрел на протез. — **Ничего себе** ноженька. Хэх! — Улыбнулся. *В. Шукшин, Нечаянный выстрел*
Ср.: нечего сказать *1 знач.*

4) *неодобр. Выражает возмущение или несогласие с содержанием предшествующей реплики. Употр. как самост. реплика в диалоге* △ I like that *разг.*

— К нам двух девах на фатеру [*на квартиру прост.*] поставили... — сказал он. — **Ничего себе**!.. — Иван даже слегка растерялся. *В. Шукшин, Внутреннее содержание*
Ср.: вот те на!, вот это да!, хорошенькое дело!, ну и ну!, этого еще не хватало

НОГА ⊙ **валить с ног** *см.* В 2
валиться с ног *см.* В 4
вверх ногами *см.* В 8
вставать с левой ноги *см.* В 66
едва держаться на ногах *см.* Д 53
еле ноги волочить *см.* В 56
идти в ногу *см.* И 10

45. быть с *кем-л.*, держаться с *кем-л.* **на дру́жеской (на коро́ткой) ноге́** *разг.* 'В близких, дружеских, приятельских отношениях' *Иногда характеризует излишне фамильярные отношения. Чаще употр. при гл. в прош. вр. Порядок компонентов фиксир.* △ to be on a friendly footing (on friendly terms) with *smb Вариант:* быть с *кем-л.*, сойтись с *кем-л.* **на дру́жескую (на коро́ткую) но́гу**

Дети Дарьи Михайловны обожали Басистова и уж нисколько его не боялись; со всеми остальными в доме он был **на короткой ноге**. *И. Тургенев, Рудин*. — Это был еще очень молодой человек, — но несомненно дурного общества... С князем он был **на дружеской ноге:** они часто вместе и заодно играли. *Ф. Достоевский, Подросток*. Чичиков узнал Ноздрева, того самого, с которым он вместе обедал у прокурора и который с ним в несколько минут сошелся **на** такую **короткую ногу**, что начал уже говорить «ты». *Н. Гоголь, Мертвые души*. Сережа... познакомясь с Валентином через Сашу, за две встречи сошелся с ним **на короткую ногу** и даже сфотографировал его со всей татуировкой. *В. Панова, Времена года*
Ср.: водой не разольешь

46. кто-л. **на нога́х** *разг.* О человеке. *Употр. обычно как сказ.*
1) 'В бодрствующем состоянии, не спит' *Обычно в предлож. употр. обст. времени, обознач. момент пробуждения или временной период бодрствования* △ smb is ⟨already⟩ up

Когда председатель колхоза в четыре часа утра **на ногах** — и бригадирам неловко на перинах нежиться. *В. Овечкин, В одном колхозе.* Чтобы утром, до лекций, выпростать время для личной работы, Иван Матвеич ложился рано. На протяжении последних лет то была первая ночь, проведенная им **на ногах**; впрочем, на завтра выпадало воскресенье. *Л. Леонов, Русский лес.* Он взглянул на часы: кончились вторые сутки, как он был **на ногах**. *Ю. Семенов, Семнадцать мгновений весны*

2) 'В заботах, в хлопотах, без отдыха' *Обычно в предлож. употр. обст. времени с утра до ночи, и днем и ночью, весь день и т. п.* △ smb is on *his* feet ⟨all day *и т. п.*⟩

[*Астров:*] Заработался, нянька. От утра до ночи все **на ногах**, покою не знаю, а ночью лежишь под одеялом и боишься, как бы к больному не потащили. *А. Чехов, Дядя Ваня.* Мы с ним не помним, когда и спали. И днем и ночью — все **на ногах**: подводы, машины, погрузка, фураж, там шина чертова порвалась, там бричку надо в кузню. *А. Фадеев, Молодая гвардия.* — А тебе и присясть [*присесть*] некогда [*некогда*] — А как присядешь? — с готовностью откликается Василиса. — Весь день **на ногах**, то одно, то другое. *В. Распутин, Василий и Василиса*

Ср.: вертеться как белка в колесе, не покладая рук, сбиваться с ног

3) 'Здоров, не болен' *Иногда после болезни* △ smb is on *his* feet ⟨again⟩; smb is up (out) and about

На пороге палаты стоял, улыбаясь, Полевой. — Как здоровье? — Ничего! — Тогда старайся выздоравливай поскорее, чтобы до выпускного вечера был **на ногах**. *В. Беляев, Старая крепость.* Молодой организм, раз победив болезнь, быстро справлялся с ее остатками. Недели через две Петр был уже **на ногах**. *В. Короленко, Слепой музыкант.* — Здоров я, здоров, товарищ лейтенант! Я на **ногах**. *Ю. Бондарев, Горячий снег*

4) переболеть, перенести болезнь *и т. п.* ↔ 'Не в постели, без постельного режима' △ not to lie up during an illness

Возвратясь в колонию, я узнал, что слегли с такой же температурой Задоров, Осадчий и Белухин. Задорова, впрочем, я застал еще **на ногах** в тот самый момент, когда он отвечал на уговоры Екатерины Григорьевны лечь в постель. *А. Макаренко, Педагогическая поэма*

5) *редк. прост.* 'Стоит' △ smb is on *his* feet (legs)

— Сила у тебя лошадиная, а на сон ты слабый. — Это

верно, — согласился Звягинцев. — Я опять могу уснуть **на ногах**. *М. Шолохов, Они сражались за Родину*

47. быть, стоять (*в знач.* быть), держаться *с кем-л.* **на ра́вной ноге́** быть *и т. п.* 'Равным *кому-л.* по положению в *какой-л.* ситуации, по правам *и т. п.*' *Иногда в ситуации беседы двух разных в каком-л. отношении людей или разговора, в котором принимаются важные решения и в котором один из участников занимает не свойственное ему обычно положение. Порядок компонентов фиксир.* △ to be on an equal footing with *smb*

Вот я сижу и разговариваю со своим сверстником, выросшим в городе, коренным москвичом, и разговариваем **на равной ноге** и вполне понимаем друг друга в тонкостях, как если бы росли вместе. *В. Солоухин, Капля росы.* ... майор слушал, что ему говорит толстый загорелый человек в плавках, и рассеянно кивал, а у того лицо было возбужденное, даже вроде бы подобострастное, хотя и гордое, и поза... читалась: я **на равной ноге** с высоким начальством, я и сам «ой-ой-ой!». *М. Ганина, Золотое одиночество.* — Ну, князь Мышкин не Фердыщенко все-таки-с, — не утерпел генерал, до сих пор не могший помириться с мыслью находиться с Фердыщенком в одном обществе и **на равной ноге**. *Ф. Достоевский, Идиот*

не слы́шать ног под собо́й *см.* С 89

48. одна́ нога́ здесь, друга́я там *разг., иногда шутл.* 'Очень быстро, как будто и не перемещаясь' *Добежать куда-л. или оказаться в каком-л. другом месте по отношению к месту разговора, чтобы выполнить какое-л. задание, приказ, требование, просьбу. Употр. как самост. предлож. или часть сложн., в предшествующем контексте обычно имеются слова беги, сбегай и т. п., быстро, побыстрее, без задержки и т. п. Порядок компонентов фиксир.* △ to reach a place very quickly, as if without movement; ⟨put your⟩ best foot forward! *употр. как самост. предлож.*

Вариант: **одна́ нога́ там, друга́я тут**

— Ночью в поле очень холодно. Бегите-ка домой и возьмите пальто. Только побыстрее — **одна нога здесь, другая там!** *В. Беляев, Старая крепость.* — Седлай и мигом мотай на станцию. Живо! **Одна нога здесь, другая там.** *Ф. Колунцев, Утро, день, вечер.* Я встретил Переца и сказал ему строго: — Переоденься в спецовку и нагрей девчатам котел в прачечной. Только, пожалуйста, без волынки: **одна нога здесь, другая там.** *А. Макаренко, Педагогическая поэма.* [Поташников] отвечал, что нужно немедленно... установить возле раненого санитарный пост неотлучного наблюдения... И быстро чтоб: **нога здесь, другая там.** *Л. Леонов, Русский лес*

Ср.: что есть духу, одним махом, в мгновение ока, в два счета
сбиваться с ног *см.* С 15

связывать по рукам и ногам *см.* С 41

49. со всех ног ↔ бежать/побежать, броситься, помчаться, понестись *и т. п. разг.* 'Очень быстро, стремительно' *Чаще о человеке. Обычно связано с началом движения. Употр. чаще при гл. в прош. вр. Порядок компонентов фиксир.* △ to run (rush) somewhere at full (top) speed (as fast as *smb* can; as *smb's* legs will carry *him*)

Тогда шофёр быстро повернулся, уронил кепку и бросился **со всех ног** к низкому длинному дому с какой-то вывеской над дверью. *Ю. Казаков, Тедди.* Ребята **со всех ног** понеслись к Марье Ивановне. — Ежиха крысу заела!... — наперебой кричали они. *Г. Скребицкий, Колючая семейка.* Петя вызвал меня после обхода — я полетела **со всех ног** и сказала, что Саше гораздо лучше. *В. Каверин, Два капитана.* — Рубин, назад! — Но тут же увидел: Рубин **со всех ног** бежал к нему от края балки. *Ю. Бондарев, Горячий снег*
Ср.: во весь дух, что есть духу; во всю ивановскую *2 знач.*, очертя голову, без памяти *2 знач.*, на всех парах *1 знач.*, как на пожар, сломя голову, не слышать ног под собой *1 знач.*

ставить на ноги *см.* С 106

уносить ноги *см.* У 14

НОЖ ⊙ **50.** быть с *кем-л.* **на ножах** *разг.* 'В резко враждебных отношениях' △ to be at daggers drawn with *smb*

— ...муж... поручился, что букет достанет, и — что же? Накануне перехватила Мытищева, Катерина Александровна, страшная соперница Анфисы Алексеевны во всём: **на ножах** с ней была. *Ф. Достоевский, Идиот.* — Тут начальник станции со мной **на ножах**, ворует, мерзавец, а я мешаю. *Н. Островский, Как закалялась сталь.* По дому бродят ещё какие-то няни, с поваром они **на ножах**; им почему-то невыгодно, что он выдаёт нам паёк в сухом виде. *В. Каверин, Два капитана.*

Ср.: как кошка с собакой, не в ладах

51. *что-л. кому-л.*, для *кого-л.* ⟨**как**⟩ **нож острый** *разг.* 'Крайне неприятно, тяжело, мучительно' *Характеризует отриц. отношение к чьим-л. поступкам, нежелание сделать что-л. Употр. только в ед. ч. при подлеж., выраженном мест.* это *или сущ., обознач. поступки, события и т. п., при гл. в инф. При отсутствии подлеж. после фразеол. обычно стоит придат. предлож. с союзами* что, когда. *Сущ. чаще стоит в начале фразеол.* △ *smth* is sheer hell for *smb*

— Не могу, когда бабы плачут, — обращаясь к опешившей Тане ... объяснила Василиса. — Для меня это **нож острый**. *В. Распутин, Василий и Василиса.* — Желаешь знать мою мысль? Я скажу.

Я все равно сказал бы. Я не люблю скрытничать, я прямой. Но ты тоже не скрытничай, для меня это — **острый нож**, слышишь? *К. Федин, Первые радости*. Вспомнив, что ему сейчас надо идти к Нефёду, горестно вздохнул. Он к нему ходил нередко и запросто, но сегодня идти — **нож острый**. *П. Замойский, Лапти*. — Ему — *нож вострый* [*острый прост.*], когда коммунист разводится. *М. Шолохов, Поднятая целина*

Ср.: душа не лежит, не по душе

НОМЕР ⊙ **выкинуть номер** *см.* В 90

НОС ⊙ **вешать нос** *см.* В 28

водить за нос *см.* В 51

высунуть нос *см.* В 97

и носом не повел *см.* П 35

клевать носом *см.* К 23

комар носа не подточит *см.* К 28

не видеть дальше своего носа *см.* В 38

не казать носа *см.* К 3

52. оставаться/остаться, оставлять *кого-л.* (оставить *кого-л.*) ↔ **с но́сом** *разг., иногда шутл.* 'Одураченным, обманутым, без того, что *кто-л.* рассчитывал приобрести, чего надеялся достичь' *Часто употр. в ситуации неудавшегося сватовства или не достигшего цели ухаживания. Употр. обычно при гл. сов. вида в прош. вр.* △ to be left out in the cold; to be a fool for *one's* pains *книжн.*, о безрезультатности *чьих-л.* усилий

— Охота вам, в самом деле, сердиться, дядя Миша. Я ведь тоже **с носом** остался. Вера-то за Никиту выходит. *А. Н. Толстой, Мишутка Налымов*. Георгий Ваганов хотел во всем разобраться, а разбираться тут было нечего: любил он эту Майю Якутину. С их курса ее любили четыре парня; все остались **с носом**. На последнем курсе Майя вышла замуж за какого-то, как прошла весть, талантливого физика. *В. Шукшин, Страдания молодого Ваганова*. Тина даже запрыгала на месте и захлопала в ладоши от радости, что эта противная гордячка Лидия сейчас получит щелчок... схватив за руку маленького пианиста, она потащила его в залу, повторяя: — Ничего, ничего... Вы сыграете, и она останется **с носом**. *А. Куприн, Тапер*. Хитрого старика кто-то научил перехватить владыку на дороге и увезти в свой дом и таким образом оставить Гвоздева **с носом**. *Д. Мамин-Сибиряк, В горах*

Ср.: на бобах, в дураках, с пустыми руками, ни при чем, ни с чем

совать нос *см.* С 100

НОСИТЬ ⊙ **53. носи́ть** ↔ *кого-л.* **на рука́х** *разг.* 'Высоко ценить *кого-л.*, восхищаться *кем-л.*, выполнять все его желания' *Часто характеризует отношение мужчины к женщине; родителей к ре-*

НОТА

бенку, которого они балуют; чье-л. отношение к человеку, от которого надеются что-л. получить и перед которым поэтому заискивают; аффектированное отношение к каким-л. знаменитостям. Употр. чаще в наст. вр. и в инф. при словах должны, надо и т. п. Порядок компонентов нефиксир. △ to think the world of smb; to make much (a fuss) of smb *подчеркивает обожание и потакание чьим-л. желаниям*

... муж большой человек, старше ее на двадцать лет, разумеется, ее обожает, прямо **на руках носит**. *И. Грекова, Хозяйка гостиницы.* Ее бы и не узнать, но она сама остановила Дорофею и похвалилась, что вышла за частного предпринимателя и живет очень хорошо, муж **на руках носит**. *В. Панова, Времена года.* — Непонятно, — говорил он, — непонятно, как ты раньше обо мне не слыхал. Одесса же меня **на руках носила**: деньги, женщины... Во всех же газетах писали: Задов — поэт-юморист. *А. Толстой, Хождение по мукам.* Они все так наперебой восхищались Аркадием Ивановичем, что нашему герою стало даже совестно, словно это е м у курили фимиам, е г о **на руках носили**. *Б. Окуджава, Глоток свободы*

Ср.: не чаять души

НОТА ⊙ **разыгрывать как по нотам** *см.* Р 11

НОЧЬ ⊙ **на ночь глядя** *см.* Г 27

НУ ⊙ **54. ну и ну!** *разг. Выражает удивление, восхищение, упрек и т. п. Употр. чаще как самост. предлож.* △ well, I never ⟨did⟩! *разг.;* well, I'm sure! *разг.;* well, well! *разг.*

Отец, конечно, еще спит... Владик видит только папин затылок. На полу у дивана пепельница с раздавленными окурками. Один, два... пять. До которого же часа он не спал? **Ну и ну!** *В. Крапивин, Та сторона, где ветер.* Дунярка, доверчиво взглянув Мишке прямо в глаза, сунула ему что-то в руку: — Это тебе ... сама вышивала...— На ладони лежал крохотный, как цыпленок, пестренький платочек. Заливаясь краской, он повертел головой: — **Ну и ну**, вот так штука... *Ф. Абрамов, Братья и сестры.* Володя снял с головы свое прекрасное зеркало... А Данзы погасил спиртовки: значит, и спиртовки горели для Абатая. **Ну и ну!** *Ю. Герман, Дело, которому ты служишь.* — Поедем в ресторан и устроим пир на весь мир. Умираю от голода... — Я не поеду, — ответила я. - Я уже обедала... — **Ну и ну!** — закричала мама из кухни. Лялька объелась макаронами. Но от мороженого и шампанского ты, конечно, не откажешься. *В. Киселев, Девочка и птицелет*

Ср.: вот тебе и, вот те на!, вот это да!, ничего себе *4 знач.*, подумать только!, нечего сказать *1 знач.*, с ума сходить *4 знач.*

НУЖНО ⊙ **так и нужно** *см.* Н 10

О

ОБА ⊙ 1. смотреть, глядеть, следить **в óба** *разг. Употр. чаще при гл. в повел. накл.* 1) 'Предельно внимательно, очень пристально, наблюдая всё' *При визуальном наблюдении часто в контексте присутствуют слова, обознач. место, направление, объект наблюдения* △ to keep *one's* eyes peeled (skinned); to be on *one's* guard (on the look-out)

[*Пётр:*] Влезь на дерево там, с краю и... смотри по дороге **в оба**. *А. Островский, Лес.* Можно ожидать с минуты на минуту нового нападения. Поэтому за морем надо следить **в оба** и быть готовым к открытию огня. *А. Степанов, Порт-Артур.* Сапер смотрит на реку, удовлетворенно улыбается. — Спадает, заметно спадает. Похоже, одолели-таки мы ее, бесстыдницу... Ну, курносая, смотри **в оба**. Галка настораживается. *Б. Полевой, Глубокий тыл.* Встаньте по уставу! Плечи не гни! Стой свободно и гляди **в оба**! *А. Гайдар, Комендант снежной крепости*

Ср.: во все глаза, не сводить глаз *1 знач.*

2) 'Быть бдительным, крайне осторожным, тщательно учитывать все детали ситуации' *Обычно при необходимости предупредить неблагоприятные или опасные события* △ to keep *one's* eyes peeled (skinned); to be on *one's* guard (on the look-out)

— Совсем влюбилась в тебя наша Гавриловна, — как сквозь сон слышу я насмешливые слова Луши... а повар говорит, морщась: — ...Гляди, Пешков, **в оба**. *М. Горький, В людях.* — Значит, так, — сказал председатель, заглядывая в кузов, — ты, Капитон Иваныч, следи, чтобы все в порядке было. Насчет проверки — глядите **в оба**. *В. Овечкин, Гости в Стукачах.* Осмотрительность Придорогина широко стала известна... Он уже и шага не ступал, чтобы не сказать себе самому: — Поглядывать надо, товарищ Придорогин, поглядывать!... знай себе — смотри **в оба**! *К. Федин, Костер*

Ср.: держать ухо востро, навострить уши *1 знач.*, не сводить глаз *2 знач.*, ушки на макушке

класть на обе лопатки *см.* К 20

ОБВЕСТИ ⊙ **обвести вокруг пальца** *см.* О 2

ОБВОДИТЬ ⊙ 2. обводи́ть*/обвести́ (*реже* оберну́ть) ← *кого-л.* вокру́г па́льца *разг.* 'Обмануть с помощью хитрости, *какого-л.* хитрого приема' *Чаще употр. гл. сов. вида. Порядок компонентов нефиксир.* △ to trick *smb*

Не смешивать с to twist (turn, wind, wrap) *smb* round *one's*

⟨little⟩ finger *разг., означ.* 'заставлять *кого-л.* поступать согласно своей воле, желанию, полностью лишив его собственной воли'

Неужели... Тулин на самом деле слабый человек, пустышка, бабник, **обвел** его **вокруг пальца,** пленил своими байками. *Д. Гранин, Иду на грозу.* Владик... сказал: — Он же вас **вокруг пальца обвел!** Он эти места знает. *Н. Никонов, Лунный копр.* — Нам бы только не проворонить ничего. А то **обведут вокруг пальца,** навозят кормов на один день, пыль в глаза пустят — и все. *А. Яшин, Выскочка.* — Сама-то хозяйка из немок была, в русском-то обиходе мало смыслила... Ну, тут приезжий купец, из Питера, и **обернул** ее **вокруг пальца,** на весьма значительную сумму. *Л. Леонов, Русский лес*

Ср.: водить за нос, втирать очки

ОБИВАТЬ ⊙ **3. обить** (*редк.* **пообивать*/пообить**) ← ⟨*у кого-л., где-л., чьи-л.*⟩ → ⟨все⟩ **поро́ги** (или **поро́ги** *чего-л., реже* ⟨весь⟩ **поро́г**), **обива́ть*** ← ⟨*у кого-л., где-л., чьи-л.*⟩ → **поро́ги** (*реже* **поро́г**) *разг.* 'Настойчиво ходить *куда-л.,* добиваясь *чего-л.,* прося о *чем-л.*' *Часто связано с унижением при обращении с просьбой в различные учреждения или к своему начальству. Реже в ситуации, когда молодой человек добивается благосклонности девушки; в этом случае употр. сущ. в ед. ч.* порог. *Порядок компонентов нефиксир.* △ to pester *smb* ⟨with (about) *smth*⟩

А **обивать пороги** редакции вы думаете легко и весело? Придешь к иному редактору, принесешь рассказ, а он эдак сквозь зубы: — Ну что скажете? — Будто я пришел занимать деньги или украсть пресс-папье с его стола. *А. Вампилов, Исповедь начинающего.* — Как же он дал вам образование? — удивилась Тата. — По крохам. Буквально вымолил. **Обивал пороги.** *К. Паустовский, Повесть о лесах.* К январю мы остались без фуража... Сколько мы с Калиной Ивановичем ни **обивали порогов** в продовольственных канцеляриях, все было напрасно. *А. Макаренко, Педагогическая поэма.* Шофер Вася Дергачев собирался в село Заустьянское, где вот уже без малого месяц **обивал порог** у библиотекарши Груни Быстряк. *В. Тендряков, Ухабы*

ОБИДЕТЬ ⊙ **4. кто́-л. му́хи не оби́дит** (**не оби́дел, не оби́дела**) *разг.* 'Всегда безобидный, кроткий, добродушный, тихий человек' *Часто в ситуации, когда какие-л. поступки человека неожиданно противоречат представлению о нем как о безобидном человеке. Иногда перед фразеол. употр. слова* тихий, смирный, добрый *и т. п. Порядок компонентов фиксир.* △ *smb* would not hurt ⟨harm⟩ a fly *разг.*

Но в этот вечер он вдруг заговорил о себе, и всякий диву бы дался, узнав, что это за человек, этот худенький, носатый старик, который, кажется, **и мухи не обидит.** *В. Каверин, Исполнение желаний.* На портрете красавицей намалевана, цветок нюхает, — поглядишь, **мухи не обидит.** А ведь такая тиранка была, душегуб, — одно слово. *О. Форш, Первенцы свободы.* [*Ксения:*] Вот, например, у тебя есть приятель Муругов. Я не могу глядеть на него без содрогания. [*Кочуев:*] Да это самый добрейший человек. [*Елохов:*] Он **мухи во всю свою жизнь не обидел.** *А. Островский, Не от мира сего.* — Как ваш муж... относился к Залесской после этого случая? — Он — тихий человек. **Мухи не обидит.** *А. Безуглов, Следователь по особо важным делам*

Ср.: воды не замутит; тише воды, ниже травы

ОБИНЯК ⊙ **5.** говорить *и т. п.* ↔ **без обиняко́в** 'Прямо, без намеков *или* предварительных объяснений' △ not to beat about the bush; not to mince *one's* words *подразумевает резкость обвинений, критики и т. п.;* to get straight to the point *обознач. отсутствие предварительных объяснений*

Он хороший человек... но в нем нет характера ... и он весь свой век останется ... дилетантом, то есть, говоря **без обиняков,** — ничем. *И. Тургенев, Рудин.* [*Закаблук*] **без обиняков,** прямо обвинял администрацию [*завода*] в неэкономном расходовании графита. *В. Беляев, Старая крепость.* [*Чичиков*], не откладывая дела далее, **без всяких обиняков,** тут же изъявил готовность принять на себя обязанность платить подати за всех крестьян, умерших такими несчастными случаями. *Н. Гоголь, Мертвые души.* Князь ему ужасно обрадовался и тотчас же заговорил об Епанчиных; такое простодушное и прямое начало совершенно развязало и Евгения Павловича, так что и он **без обиняков** приступил прямо к делу. *Ф. Достоевский, Идиот*

Ср.: в лоб *3 знач.,* называть вещи своими именами, в открытую

ОБЛИВАТЬ ⊙ **6.** облива́ть/обли́ть (полива́ть) ← *кого-л.* **гря́зью** (**помо́ями** *прост.*) *неодобр.* 'Незаслуженно порочить, несправедливо обвинять в грязных, низких поступках' *Порядок компонентов нефиксир.* △ to throw (fling) mud at *smb неодобр.*

— Ты докажи! Докажи, раз начал... Если соврал — зачем врешь!? Зачем людей **грязью поливаешь?** *Г. Николаева, Жатва.* — Началось с того, что я пытался защитить критика-искусствоведа Лейкмана, его **обливали грязью.** Но я его знаю. Все неправда. Этому нельзя поверить. *Ю. Бондарев, Тишина.* Коля Бугорков, изойдя в крике, не отводил между тем взгляда от бешеноспокойных светло-серых глаз своего неожиданного врага, которого он **обливал** теперь такой **грязью,** какую смыть можно только ударом. *Г. Семенов, Вольная натаска*

Ср.: перемывать косточки, смешивать с грязью

ОБЛИВАТЬСЯ ⊙ **сердце кровью обливается** *см.* С 56

ОБЛИЗАТЬ ⊙ 7. ⟨такой + *прил.*, *что*⟩ **па́льчики обли́жешь (обли́жете)** *разг.*, *чаще шутл. Порядок компонентов фиксир.* 1) 'Очень вкусный, очень понравится, если попробуешь' *О пище и питье* △ delicious

— Учил, конечно, соусам — пикан, субид, шоссер, бордалес, — учил таким соусам, что... **пальчики оближешь**. *Ю. Герман, Наши знакомые*. — Приезжай, батюшка, приезжай, пообедаем. У меня повар в Париже бывал. ... такую кулебяку ... сочинит, что только **пальчики оближешь** да в ножки поклонишься ему, подлецу. *Ф. Достоевский, Село Степанчиково и его обитатели*. Бабушка наварит в горшочке ушицы с лучком, с красным перчиком и жаркое из плотвичек приготовит такое, что **пальчики оближешь**. *А. Яшин, Сирота*. — Кстати, Тонечка приготовила такой ликерчик... **пальчики оближешь**... Едем сейчас же. *Д. Мамин-Сибиряк, Приваловские миллионы*

2) *фам.* 'Полностью удовлетворяющий желание; такой, что очень понравится' *О неодуш. предметах. Иногда о женщине, обычно молодой, в разговоре мужчин* △ such as will please you greatly

Гарнитур замечательный. **Пальчики оближете**. Впрочем, что вам объяснять! Вы сами знаете! *И. Ильф, Е. Петров, Двенадцать стульев*. — Подумай, Сема, сам с собой! О — предмете [*обсуждения*: *о выгодной должности вахтера в клубе знакомств*]! Предмет — **пальчики оближешь**! *С. Залыгин, Наши лошади*. [*Дулебов*:] А я вам, вместо Негиной, выпишу актрису настоящую; и собой *(разводит руками)* уж, мое почтение! **Пальчики оближете**. *А. Островский, Таланты и поклонники*

ОБЛИТЬ ⊙ **облить грязью** *см.* О 6
ОБЛИТЬСЯ ⊙ **сердце кровью облилось** *см.* С 56
ОБОЙТИСЬ ⊙ **обойтись в копеечку** *см.* В 47
ОБОРВАТЬСЯ ⊙ **сердце оборвалось** *см.* С 57
ОБОРОТ ⊙ **брать в оборот** *см.* Б 17
принимать оборот *см.* П 96
ОБРАТИТЬ ⊙ **обратить на путь** *см.* Н 21
ОБРАЩАТЬ ⊙ **обращать на путь** *см.* Н 21
ОБРЕЗ ⊙ 8. *чего-л.* ⟨*у кого-л.*⟩ **в обре́з** *разг.* 'Так мало, что нельзя тратить *или* использовать ни на что лишнее' *Обычно стоит после сущ. времени, денег, реже после других сущ.* △ smth has only just enough time (money)

— Зря он Ильку послал [*за пузырьком*], — с беспокойством сказал Генка Владику. — Этот козел взорвет газовую плиту или устроит наводнение. — Не успеет, у него времени **в обрез**. *В. Крапивин, Та сторона, где ветер*. — Сижу теперь в Харькове на вокзале и пишу

вот по какому случаю. Денег у меня на дорогу **в обрез.** *И. Ильф, Е. Петров, Двенадцать стульев.* С хрониками беда, в больницы их берут неохотно, коек для них — **в обрез,** а куда-то надо устроить людей, за которыми некому ухаживать дома. *В. Панова, Времена года.* — Хлебушка у нас **в обрез,** сами рожь мелем, сами печем, овсеца добавляем, из конского пайка. Но кое-какой припек получаем. *Г. Горышин, Запонь*
Ср.: кот наплакал, по пальцам можно сосчитать, раз-два и обчелся

ОБРЕЗАТЬ ⊙ **обрезать крылья** *см.* П 50
ОБРЫВАТЬСЯ ⊙ **сердце обрывается** *см.* С 57
ОБЧЕСТЬСЯ ⊙ **раз-два и обчелся** *см.* Р 3
ОБЩИЙ ⊙ **находить общий язык** *см.* Н 24
общее место *см.* М 25
ОГОНЁК ⊙ 10. работать, говорить *и т. п.*, работа, речь *и т. п.* **с огоньком** 'С увлечением, с воодушевлением' △ to work (speak) with enthusiasm (zest)

Но были и такие... которые воевали **с огоньком,** с инициативой, отдаваясь великому делу со всей страстью молодости. *Б. Балин, В одном стрелковом полку.* — Я ведь как люблю: если работа — то **с огоньком,** если выпивка — чтобы дым шел. А если любовь — чтобы девочка красивой была. *Ф. Колунцев, Утро, день, вечер.* — Сейчас хватанет, у Нефеда каждое словцо **с огоньком,** — одобрительно стали поддерживать кто поближе. *Л. Леонов, Русский лес*
Ср.: с душой

ОГОНЬ ⊙ 11. ⟨**идти/пойти**⟩ за *кого-л.*, за *кем-л., реже* за *что-л.* ↔ **в огонь и в воду** 'Совершать без колебаний любые самоотверженные поступки, даже рискуя *или* жертвуя всем' *Обычно ради дорогого, любимого или очень уважаемого человека. Часто употр. после слова* готов. *Порядок компонентов фиксир.* △ to go through fire and water for *smb, smth* ⟨to serve *smb, smth*⟩; to go to hell and back (to the end of the earth) for *smb, smth*

[*Серпилину*]... казалось, что он хорошо знает, какой это человек. Такой, за которым солдаты **идут в огонь и в воду,** такой, чье мертвое тело, жертвуя жизнью, выносят из боя, такой, чьи приказания выполняют и после смерти. *К. Симонов, Живые и мертвые.* Неужели же это та самая Лидочка, молоденькая секретарша сельсовета, которая **в огонь и в воду** готова была **пойти** за ним? *Ф. Абрамов, Вокруг да около.* Яков Лукич восхищенно подумал: — Вот это вышколенные!... — Половцев тихо засмеялся. — Эти не подведут. Эти за мной **пойдут в огонь и в воду.** *М. Шолохов, Поднятая целина.* Взрослые Мустафу не любят, а Женя с

Анютой готовы за него **в огонь и в воду**. *Ф. Вигдорова, Любимая улица*

Не смешивать с пройти огонь и воду

днем с огнем *см.* Д 39

12. бояться *кого-л., чего-л.* ↔ **ка́к (пу́ще** *уст.***) огня́** *разг.* 'Очень сильно, панически' △ to fear *smb, smth* like death (the plague)

Я часто слышал рассказы о леснике Бирюке, которого все окрестные мужики боялись **как огня**. *И. Тургенев, Бирюк*. Стеклянная старинная чернильница с гусиными перьями... говорила о той патриархальности, когда добрые люди всякой писаной бумаги... боялись, **как огня**. *Д. Мамин-Сибиряк, Горное гнездо*. **Как огня** он боялся, что эти подонки... осмелятся открыто высказать фамильярность по отношению к нему. *В. Панова, Времена года*. Кота звали Васькой, он **как огня** боялся звонков и перед каждым из них... прятался в затишек. *В. Липатов, Повесть без названия, сюжета и конца*

Ср.: без памяти *1 знач.*, не на шутку

13. оказаться, очутиться *и т. п.* **ме́жду двух огне́й** 'В таком положении, когда опасность *или* неприятность угрожает одинаково с двух сторон' △ to be (find *oneself*) between two fires (between the devil and the deep blue sea)

Юшкевич был... хороший начальник штаба, но доля ему сейчас досталась самая незавидная. После потери места он оказывался **между двух огней**, пришитый к узкой полоске берега, с немцами за спиной. *К. Симонов, Живые и мертвые*. Этого только и ждал Райский, зная, что она сейчас очутится **между двух огней:** между стариной и новизной, между преданиями и здравым смыслом — и тогда ей надо было или согласиться с ним, или отступить от старины. *И. Гончаров, Обрыв*

подливать масла в огонь *см.* П 46

пройти огонь и воду *см.* П 109

ОГОРОД ⊙ **бросать камешки в огород** *см.* Б 25

огород городить *см.* Г 55

пускать козла в огород *см.* П 119

ОДИН ⊙ **валить в одну кучу** *см.* В 1

в один голос *см.* Г 49

14. все до одного́ **(до одно́й, до еди́ного, до еди́ной)** 'Абсолютно все, без исключения' *О людях, животных и неодуш. предметах* △ every one of... *о людях и предметах;* every man jack of... *о людях;* to a man *о людях, употр. без слова* all *при указании на единство взглядов и т. п.;* to the last man *о людях, употр. без слова* all *при указании на гибель, уничтожение и т. п.*

Ведь только нас двое тут ... знают, что построить [*путь*] при

таких... условиях... невозможно. Но зато все **до одного** знают, что не построить — нельзя. *Н. Островский, Как закалялась сталь.* Третьи сутки все **до единого,** матросы и офицеры, в две смены стоят по местам: отражение минной атаки. *В. Кетлинская, Вечер Окна Люди.* В общем книг было немного, но все **до одной** интересные. *В. Каверин, Два капитана.* Съев все сушки **до единой,** Сёма поискал глазами, нет ли еще чего-нибудь, что можно было бы съесть. *Ю. Герман, Наши знакомые*
Ср.: от мала до велика, под корень *3 знач.*

за один присест *см.* П 97
из одного теста *см.* Т 8
на одно лицо *см.* Л 19
на одну колодку *см.* К 26
ни одной души *см.* Д 76
один-два и обчёлся *см.* Р 3

15. оди́н к одному́ (одна́ к одно́й, одно́ к одному́) *разг., одобр.* 'Одинаково имеющие положительные признаки, обычно внешние' *О людях и об исчисляемых предметах. Иногда подразумевается, что они как бы специально и тщательно отобраны из общей массы по максимально выраженному определенному признаку. Употр. как сказ. при подлеж., выраженном сущ. во мн. ч. Порядок компонентов фиксир.* △ all perfectly matched

По соседству с Васюковыми живут Зефировы — старик и три сына. Сыновья — **один к одному,** крепкие ребята, лобачи. *С. Антонов, Дело было в Пенькове.* Ребята у тебя — загляденье! — сказал Алтунин. — **Один к одному,** как зернышки в кукурузном початке, — самодовольно усмехнулся Скатерщиков. *М. Колесников, Изотопы для Алтунина.* [*Сосны*] стояли тонкие, ладные, **одна к одной,** и не подозревали, что дни их уже сочтены. *Б. Бедный, Девчата*
Ср.: как на подбор

16. оди́н на оди́н 1) оставаться/остаться ⟨с кем-л., с чем-л.⟩, разговаривать ⟨с кем-л.⟩ *и т. п.* ↔ 'Вдвоем, без посторонних' *Чаще о двух мужчинах. Иногда в качестве второго участника выступает группа людей, представленная как единое целое* △ to be left alone with *smb*; to speak with (see) *smb* privately
Вариант окружения: **один на один** с собой 'Совсем один, без посторонних' △ quite alone

Командиры ушли... Мещеряков и Петрович остались **один на один.** *С. Залыгин, Соленая Падь.* На последнем уроке Антон получил тройку по физике. Он знал все прекрасно, но очень смущался. — Тебе бы лучше отвечать после уроков, **один на один** с учителем. Ты бы тогда не терялся! — утешал я своего друга. *А. Алексин,*

А тем временем где-то... Они уехали, и Устименко остался **один на один** со своей больницей и со своими больными. *Ю. Герман, Дело, которому ты служишь.* [*Синцов*] много раз, оставшись **один на один** с собой, вспоминал все это. *К. Симонов, Живые и мертвые*

Ср.: с глазу на глаз

2) ↔ сражаться, бороться ⟨с кем-л., с чем-л.⟩ 'В одиночку, без помощников' *В качестве участников ситуации могут выступать как отдельные люди, так и две группы людей, каждая из которых представлена как единое целое* △ to fight alone, without help from others; to fight single-handed *об одном человеке*

Один на один он с отцом побоялся сходиться: отец был ростом небольшой, но ужасно сильный. *М. Шолохов, Поднятая целина.* — Бить буду! — злобно закричал он, оборачиваясь к Тимуру. — Бить буду тебя одного. **Один на один**, до смерти! *А. Гайдар, Тимур и его команда.* Красная Армия продолжала **один на один** сражаться с объединенными силами фашизма. *Б. Полевой, Глубокий тыл.* Маленький Владик **один на один** боролся со своей слепотой, боролся молча и отчаянно. *В. Крапивин, Та сторона, где ветер*

    один свет в окошке *см.* С 29
    одна кожа да кости *см.* К 24
    одна нога здесь, другая там *см.* Н 48
    одним духом *см.* Д 68
    одним махом *см.* М 13
    одним миром мазаны *см.* М 1
    одним словом *см.* С 77
    одного поля ягода *см.* Я 2
    хоть бы одним глазком *см.* Г 23
ОКНО ⊙ **только и света в окне** *см.* С 29
ОКО ⊙ **в мгновение ока** *см.* М 15
ОКОЛЕСИНА ⊙ **нести околесину** *см.* Н 32
ОКОЛЕСИЦА ⊙ **нести околесицу** *см.* Н 32
ОКОЛЕСНАЯ ⊙ **нести околесную** *см.* Н 32
ОКОЛО ⊙ **ходить вокруг да около** *см.* Х 16
ОКОШКО ⊙ **только и света в окошке** *см.* С 29
ОН ⊙ **бог с ним** *см.* Б 7
    его поля ягода *см.* Я 2
    его хата с краю *см.* Х 1
    только его и видели *см.* В 40
ОНА ⊙ **бог с ней** *см.* Б 7
    ее поля ягода *см.* Я 2
    ее хата с краю *см.* Х 1

ОСТАВАТЬСЯ

ОНИ ⊙ **бог с ними** см. Б 7
их поля ягода см. Я 2
их хата с краю см. Х 1
ОНО ⊙ **вот оно что!** см. В 61
ОПЕРА ⊙ **17. из другóй (не из той) óперы** разг., ирон. или шутл. 'Не относится к теме данного разговора' Обычно употр. как сказ. при мест. это. Порядок компонентов фиксир. △ that is neither here nor there; that is another story ⟨altogether⟩

— И, конечно, брат мой ни одной минуты не подумал, что он виноват в ее смерти. Деньги, как водка, делают человека чудаком...— Это вы уж **из другой оперы**,— сказал Буркин. *А. Чехов, Крыжовник*
Ср.: не к месту, ни к селу ни к городу
ОПОР ⊙ **во весь опор** см. Д 66
ОПУСКАТЬСЯ ⊙ **руки опускаются** см. Р 40
ОПУСТИТЬСЯ ⊙ **руки опустились** см. Р 40
ОПУЩЕННЫЙ ⊙ **18.** *кто-л.* ⟨ходит, сидит, стоит и т. п.⟩ **как (бу́дто, слóвно, тóчно) в вóду опу́щенный (опу́щенная,** при сущ. во мн. ч. **опу́щенные)** разг. 'С потерянным видом, подавленный, унылый' Порядок компонентов фиксир. △ smb is (looks) downcast (crestfallen)

— Костя, у тебя совершенно отсутствующие глаза! Что с тобой? Ты **как в воду опущенный**. *Н. Соротокина, Свадьба.* ... все вокруг было тускло.— Поливанов, ты что ходишь **как в воду опущенный**?— спрашивали друзья. *Ф. Вигдорова, Любимая улица.* Обычно жизнерадостный и шумный, Бабурчонок входил в кабинет **как в воду опущенный** и начинал вздыхать и горько жаловаться. *Л. Соболев, Зеленый луч.* Значит, Бронислава Семеновна будет сидеть **как в воду опущенная**, значит, Вадим опять начнет коситься. *В. Тендряков, Короткое замыкание*
Ср.: вешать голову, вешать нос, падать духом, сам не свой
ОСИНОВЫЙ ⊙ **как осиновый лист** см. Л 15
ОСКОМИНА ⊙ **набивать оскомину** см. Н 1
ОСТАВАТЬСЯ ⊙ **19. не остава́ться*/не оста́ться** ← ⟨у кого-л., перед кем-л.⟩ → **в долгу́** 'Ответить кому-л. таким же или аналогичным поступком, отношением; *часто* вознаградить кого-л. за услугу материально, отблагодарить ответной услугой' Употр. чаще гл. сов. вида в 1 и 3 л. ед. ч. Порядок компонентов нефиксир. △ to answer (pay back, repay) in kind *о самых разных поступках*; to give as good as one gets *о ситуации борьбы, спора и т. п.* Обычно обознач. чье-л. свойство, умение и т. п., а не однократное действие; to reward smb for his services *о вознаграждении за услуги*

Говорят, его кто-то недавно побил, но он **в долгу не остался**:

в одной темной статейке, тиснутой в одном темном журнальце, он намекнул, что побивший его. — трус. *И. Тургенев, Отцы и дети.* Ты меня пожалела, а я **в долгу не останусь!** *М. Шолохов, Тихий Дон.* Мы скормили [*Светке*] привезенные конфеты, подарили красные и синие шариковые карандаши... Но Коротковы **в долгу** не пожелали **остаться.** Светка притащила нам большую миску сушеных снетков и штук пять яиц. *М. Ганина, Подборовье, Самолва, Волково. Год 1969-й.* — Вот что, — сказал подполковник, уходя. — ... узнай на берегу, кто там у вас прокламации раздавал. **Я в долгу не останусь.** Понял? *К. Федин, Первые радости*

Ср.: платить той же монетой, сводить счеты

ОСТАВИТЬ ⊙ **не оставить камня на камне** *см.* О 20

ОСТАВЛЯТЬ ⊙ **20. не оставля́ть / не оста́вить (не оста́нется)** ← от *чего-л.* → **ка́мня на ка́мне** *книжн., риторич. Употр. чаще гл. сов. вида в прош. вр. Порядок компонентов нефиксир.* 1) 'Разрушать (разрушиться) до основания, уничтожать (уничтожится) полностью' *В качестве доп. обычно употр. сущ., называющие населенные пункты* △ to raze *smth* (be razed) to the ground

— В ваших местах тоже фашисты побывали? — Побывали, негодяи! Пишут мне из дому — **камня на камне не оставили.** *В. Овечкин, С фронтовым приветом.* А вы что предлагаете, интересно? Анархию, мать порядка? — Разрушение! — зашипел... Леон Черный... Разрушение всего преступного общества! Беспощадное разрушение, до гладкой земли, чтобы **не осталось камня на камне.** *А. Толстой, Хождение по мукам.* — И порой так страшно... бывало! По их [*немцев*] словам, **камня на камне не оставили.** Понимал, конечно, что брешут, но до какой степени? — До очень большой степени, — сказал Данилов. — Говорят, что и двух процентов разрушений нет в Москве. *К. Симонов, Живые и мертвые.* От вашего города тогда мало-помалу **не останется камня на камне**, — все полетит вверх дном, все изменится, точно по волшебству. *А. Чехов, Невеста*

Ср.: в пух и прах *1 знач.*, стереть в порошок

2) 'Беспощадно раскритиковать, разоблачить, опровергнуть' *В качестве доп. употр. сущ., обозначающее чьи-л. взгляды, аргументы и т. п.* △ to pull *smth* to pieces; to make mincemeat of *smth разг.*

...пять других отзывов, зубодробительно-отрицательных, **не оставлявших камня на камне** от пыжиковских рассуждений, были встречены с одобрением. *«Литературная газета», 27 июня 1979.* Сергей замер. Решил: сейчас слово возьмет Юрий Михайлович и **камня на камне не оставит** от его предложений. *М. Колесников, Алтунин принимает решение.* [*Довгаль*] ждал Брусенкова, чтобы **камня на** камне не оставить от тяжелого брусенковского упрямства. *С. Залыгин, Соленая Падь.* – Только и всего? – разочарованно спросила Катя, ожидавшая, что Тося сверху донизу разоблачит научных работников и **камня на камне не оставит** от всей их шикарной жизни. *Б. Бедный, Девчата*

Ср.: в пух и прах *1 знач.*

21. *что-л.* **оставля́ет жела́ть ⟨мно́го⟩ лу́чшего (***реже* **мно́гого)** 'Недостаточно хорош; не такой, как мог бы быть в идеале; не такого качества, как хочется' *О человеческой деятельности, ее продуктах, способах и приемах их создания. Порядок компонентов фиксир.* △ smth leaves much to be desired

— Из-за запрета пользоваться рациями связь с корпусами **оставляет желать лучшего**,— заговорил Яценко. *Ю. Бондарев, Горячий снег.* Иногда засядет и в месяц окончит картину, о которой все кричат, как о чуде, находя, впрочем, что техника **оставляет желать лучшего** (по-моему, техника у него очень и очень слаба). *В. Гаршин, Художники*

Ср.: не ахти, так себе *2 знач.*

ОСТА́ТЬСЯ ⊙ **не останется камня на камне** *см.* О 20

не остаться в долгу *см.* О 19

О́СТРЫЙ ⊙ **нож острый** *см.* Н 51

22. *кто-л.* **остёр (остра́, остры́, о́стрый** *и т. п.;* **востёр, востра́, востры́** *ирон. или шутл.)* **на язы́к** *разг.* 'С язвительной, меткой, остроумной речью' *Вариант* острый *может употр. не только как сказ. Порядок компонентов фиксир.* △ smb has a sharp (caustic) tongue

Оба они работали... давно, оба были **остры на язык** и понимали друг друга с полуслова. *Д. Гранин, Искатели.* Почти все паромщики — люди словоохотливые, **острые на язык** и бывалые. *К. Паустовский, Золотая роза.* ... лицо [у Ирины Степановны] живое, веселое, видно, и в молодости была **востра на язык,** потому и нравилось покойному Черкасову поговорить с ней, попикироваться. *М. Ганина, Подборовье, Самолва, Волково. Год 1969-й.* Надо послать таких,— говорил председатель колхоза,— чтоб не только проверили все до основания, но чтоб и на собрании могли разделать их как следует быть. Самых **острых на язык** надо подобрать. *В. Овечкин, Гости в Стукачах*

Ср.: за словом в карман не лезет, злой язык, язык хорошо подвешен

сглаживать острые углы *см.* С 43

ОТБАВЛЯ́ТЬ ⊙ **23.** *чего-л.* ⟨*у кого-л.*⟩ **хо́ть отбавля́й** *разг.* 'Очень много, больше необходимого' *Иногда подразумевается желание избавиться от излишка, уменьшить количество чего-л. до нормы.*

ОТБИВАТЬ

В качестве доп. обычно употр. сущ. времени и т. п. и сущ., обознач. какие-л. черты характера человека. В последнем случае возможно ирон. или шутл. употр. Порядок компонентов фиксир. △ smb has plenty of smth (has smth in plenty)

Он был свободен. Свободного времени у него оказалось **хоть отбавляй**. *Ф. Вигдорова, Любимая улица.* Самолюбия у Мамочкина было **хоть отбавляй**. *Э. Казакевич, Звезда.* Она хотела развязать спор, это было ее любимое занятие: несмотря на семьдесят шесть лет, воинственности в ней было **хоть отбавляй**. *Ф. Колунцев, Утро, день, вечер.* Дело шло успешно... а когда намечается успех... тут с донесениями не задерживаются. Тут их **хоть отбавляй**! *К. Симонов, Солдатами не рождаются*

Ср.: конца не видно, сколько влезет, по горло *1 знач.*, с три короба, непочатый край, нет отбоя, хоть пруд пруди, полон рот

ОТБИВАТЬ ⊙ **24. отбива́ть/отби́ть (перебива́ть** *уст.***/перебить** *уст.***)** ← ⟨у кого-л.⟩ **хлеб** *разг., часто шутл.* 'Лишать *кого-л.* возможности заработка, перехватив у него работу' *Употр. чаще гл. несов. вида в наст. вр. Порядок компонентов нефиксир.* △ to take ⟨the⟩ bread out of smb's mouth

[Коринкина:] А коли у ней деньги, так зачем она в актрисы пошла, зачем рыщет по России, зачем у нас **хлеб отбивает**? *А. Островский, Без вины виноватые.* — Мастерица ты такая! — говорила Марина Абрамовна, рассматривая чистую строчку... на отцовской рубашке... — Вы, барышня, у нас **хлеб** скоро **отобьете**, — добавляла, любуясь тою же мастерскою строчкою, Неонила Семеновна. *Н. Лесков, Некуда.* [Фекла:] Знаешь ли ты, мать моя, ведь меня чуть было не прибили, ей-богу! Старуха-то, что женила Аферовых, тоже было приступила ко мне: — Ты такая и этакая, только **хлеб перебиваешь**, знай свой квартал, — говорит. *Н. Гоголь, Женитьба*

Ср.: перебегать дорогу

ОТБИВАТЬСЯ ⊙ **25. отбива́ться/отби́ться от рук** *разг., неодобр.* 'Переставать слушаться *кого-л.*, начинать вести себя своевольно' *О людях, находящихся под чьим-л. контролем, чаще о детях. Обычно употр. гл. сов. вида в прош. вр., часто после нареч.* совсем; *гл. несов. вида чаще употр. в многократном знач. Порядок компонентов нефиксир.* △ to get ⟨quite⟩ out of hand; to get out of control

— Сын у него **от рук отбился**, вот он где, корешок, — задумчиво пробормотал Борисов, когда Кузьмич отошел. *Д. Гранин, Искатели.* Гнев Семена Петровича... был крут; Наталья Львовна давно не видела мужа в таком бешенстве. Прежде всего он обвинил ее — мол, она повинна, что мальчишка совсем **отбился от рук**. *И. Герасимов, Пробел в календаре.* И когда гости разошлись, лицо у мамы стало некрасивым и она начала кричать, что я совсем **от рук отбилась,** что я делаю все назло. *В. Киселев, Девочка и птицелет.* Началась анархия, то есть безначалие. Квартальные **отбились от рук** и нагло бездействовали. *М. Салтыков-Щедрин, История одного города*

Ср.: ходить на голове

ОТБИТЬ ⊙ **отбить хлеб** *см.* О 24

ОТБИТЬСЯ ⊙ **отбиться от рук** *см.* О 25

ОТБОЙ ⊙ **нет отбоя** *см.* Н 37

ОТВЕСТИ ⊙ **отвести душу** *см.* О 27

ОТВОД ⊙ **26.** делать *что-л.* ↔ **для отвода глаз** *разг.* 'Чтобы отвлечь *чье-л.* внимание от *чего-л.,* обмануть, создать ложное впечатление' *Обычно желая скрыть собственные поступки. Порядок компонентов фиксир.* △ to throw dust in (into) *smb's* eyes; to make a smoke-screen

Вариант: реже **отводить/отвести глаза** ↔ *кому-л.*

Следов Печерицы там обнаружено не было. Вернее всего, билет до Миллерова Печерица взял **для отвода глаз.** *В. Беляев, Старая крепость.* Богатых из волости выгнали и тогда же заговорили, что, мол, Веригин **для** одного **отвода глаз** толковал, будто против грабежа, а на поверку, дескать, сам грабитель. *К. Федин, Костер.* ...охотник Яков, промышлявший у нас на виду неправильный свой промысел, подарил **для отвода глаз** гармонику эскадронному нашему певцу Сашке Христу. *И. Бабель, Конармия.* [*Аполлинарич Панфиловна:*] А чтоб были мне хлопоты: или сватать, или когда молодая женщина запутается, так поучишь ее, как из беды вынырнуть, мужу **глаза отвести.** *А. Островский, Сердце не камень*

Ср.: заговаривать зубы, сбивать с толку *1 знач.*

ОТВОДИТЬ ⊙ **27. отводить*/отвести** ← ⟨с *кем-л.,* на *ком-л.*⟩ → **душу** (**сердце** *уст.*) *разг.* 'Находить облегчение, утешение, радость в *какой-л.* деятельности' *Часто в откровенном разговоре о наболевшем, в несдержанном поведении, в брани и др. Обычно употр. гл. сов. вида, чаще в инф. при словах со знач. желания, возможности, после союза* чтобы, *реже в буд. и в прош. вр. Порядок компонентов нефиксир.* △ to relieve *one's* feelings by doing *smth*; to unburden (pour out) *one's* heart (*oneself*) ⟨to *smb*⟩ *откровенным разговором и т. п.;* to let off steam *бранью, несдержанным поведением и т. п.*

Женщина в отсутствие мужа оказалась разговорчивой, охотно отвечала на мои вопросы и, видимо, была рада, что нашелся в вокзальной сутолоке человек, с которым можно было **отвести душу.** *В. Овечкин, Без роду, без племени.* Не мудрено, что он запутался, сбился, он же не привык говорить без плана, а тут у него не было подготовлено, было лишь счастье выговориться, **душу отвести.**

Д. Гранин, Картина. Нет, они [жены] двужильные, что могут выносить столько. Тут хоть как-нибудь, да **отведешь душу:** выпьешь когда — все легче маленько, а ведь они с утра до ночи, как заводные. В. Шукшин, Сапожки. Нападешь на гряду — вернешься с ведром пятисотграммовых окуней... Вот где **душу** бы **отвести!** А. Яшин, Сладкий остров

ОТДАВАТЬ ⊙ **28. отдава́ть/отда́ть** (*реже* **дава́ть/дать**) **себе́ отчёт** ⟨в чем-л.⟩ 'Полностью, до конца осознавать *какой-л.* факт, понимать *какую-л.* ситуацию' *Обычно подразумевается предвидение отрицательных, угрожающих последствий чьих-л. поступков, предвидение предстоящих трудностей, понимание важности каких-л. поступков, фактов для последующего развития событий. Часто после фразеол. стоит придат. предлож. типа в том, что... Порядок компонентов фиксир.* △ to be fully aware of (realize) smth (that + придат. предлож.)

Вариант: делать *что-л.*, поступать *как-л.*, **не отдава́я себе́ отчёта** в чем-л., часто в том, что...

Бессонов **отдавал себе отчет** и в том, что... от того, кто первым выйдет к Мышковой, зависело многое, если не все. Ю. Бондарев, Горячий снег. Разумеется, я **отдаю себе отчет** в том, что не одним дипломом измеряется полезность работника. А. Аграновский, «... Но безопасно.» Хочу просто сказать: надо **отдавать себе отчет,** что наша забота о будущем детей должна быть более деятельной, результативной. Нельзя себе позволять думать, что... все само образуется. «Правда», 21 июня 1979 г. Сама **не отдавая себе** в этом **отчета,** Тося уселась за стол спиной к Анфисе, чтобы не видеть ее. Б. Бедный, Девчата

Ср.: взять в толк, иметь в виду *2 знач.*

ОТДАТЬ ⊙ **отдать себе отчет** *см.* О 28

ОТДЕЛАТЬСЯ ⊙ **29. дёшево** (**легко́, сча́стливо**) **отде́латься** *разг.* 'Избежать большого несчастья, которым грозила *какая-л.* опасная *или* неприятная ситуация; испытать лишь незначительные неприятности' *Употр. чаще в прош. вр. Порядок компонентов фиксир.* △ to get off lightly (*реже* cheaply)

Я удивляюсь, что ты **дешево отделался,** — видно сегодня Алексей добрый. А. Макаренко, Флаги на башнях. Только не думайте, что вы **дешево отделались.** Я еще сердита. И. Грекова, Дамский мастер. — Счастливый ты, парень! **Легко отделался.** С такими попутчиками, да еще в пустом вагоне, можно заснуть навсегда. В. Беляев, Старая крепость. Вы, Антонов, **счастливо отделались.** С ногой все будет в порядке. А. Чаковский, Это было в Ленинграде

Ср.: родиться в сорочке

ОТКАЗ ⊙ **30. до отка́за** 'До предела, до конца, полностью'

Варианты окружения: быть набитым, наполненным; набить, наполнить **до отказа** *О каком-л. вместилище для людей или предметов* △ to be filled (packed) to capacity (to over-flowing); to be jam-packed; напрягаться **до отказа** △ to strain to the utmost *о человеке;* нажать, повернуть, натянуть **до отказа** *какие-л. части механизма* △ to press (turn, tighten) *smth* as far as it will go (to the limit)

Тесноватый спортивный зал был набит **до отказа,** все депо побывало здесь. *Л. Леонов, Русский лес.* Поезд, **до отказа** набитый людьми, мог увезти лишь десятую долю стремившихся уехать. *Н. Островский, Как закалялась сталь.* Его самого удивляло количество страниц, которые он читал и исписывал. Но он только жмурился и потирал веки, когда глаза начинали слишком болеть. Он напрягал свой крепкий организм **до отказа.** *Д. Гранин, Искатели.* Звук камышовой дудочки, тонкий и печальный, дрожал в знойном воздухе. Что же это? Я только что отчетливо слышал орудийный залп. Или когда я задремывал, он раздался в мозгу у меня, словно лопнула **до отказа** натянутая струна? *Г. Бакланов, Пядь земли*

Ср.: в три погибели, как сельдей в бочке

ОТКРЫВАТЬ ⊙ **31. открыва́ть/откры́ть Аме́рику** (*реже* **Аме́рики**) *ирон.* 'Открыть для себя заново то, что всем давно известно, и обычно объявить об этом вслух' *Чаще употр. в прош. вр. с восклицанием* **Откры́л Аме́рику!** *как ответная реплика на чье-л. сообщение. Порядок компонентов нефиксир.* △ to discover and present as new what is well known; to retail stale news

Вариант: **откры́тие Аме́рики**

— Я так считаю: деньги для того и зарабатывают, чтобы тратить. Ведь правда?..— **Открыла Америку!** — фыркнула Анфиса. *Б. Бедный, Девчата.* Мы **открывали** открытые **Америки,** и когда мы отыскали профессора, он нам рассказал, что все эти Америки открыты не позже как в последнюю четверть прошлого столетия. *Ю. Герман, Я отвечаю за все.* — Прошу вас, поговорите со Степаном. Насчет его нового увлечения... До каких же пор!.. Я понимаю, когда он был молод... Но у нас взрослые дети! — Вы мне **открываете Америки,** — сказал Чуркин. — Что вы! Это же знает весь город! *В. Панова, Времена года.* Конечно, это была не очень-то свежая мысль. И, наткнувшись на нее в своих ночных размышлениях, Решетников справедливо подумал, что хвастаться этим очередным **«открытием Америки»** ни перед кем не стоит. *Л. Соболев, Зеленый луч*

Ср.: ломиться в открытую дверь

32. открыва́ть*/откры́ть (раскрыва́ть*/раскры́ть) ← *кому-л.* →

глаза́ ⟨на *кого-л.*, на *что-л.*⟩ 'Показывать истинное положение вещей тому, кто представляет его себе ложно; рассказывать правду' *О человеке, его словах, поступках, о каких-л. событиях. Употр. чаще гл. сов. вида в прош. вр. и в инф. при словах со знач. необходимости, возможности. Порядок компонентов фиксир.* △ to open *smb's* eyes ⟨to *smth*⟩; to remove the scales from *smb's* eyes книжн.

[Львов:] Я честный человек, мое дело вступиться и **открыть глаза** слепым. *А. Чехов, Иванов*. **Открыть** надо Тоське **глаза**. Правду всегда лучше знать, какая бы она ни была! *Б. Бедный, Девчата*. Если тебе поручена опека над пионерами младшего класса, собирай их... объясняй, убеждай, **открывай** им **глаза** на истину. *В. Тендряков, Чрезвычайное*. Этот случай **открыл** Андрею **глаза** ... и он увидел Риту такой, какая она есть. *Д. Гранин, Искатели*

Ср.: проливать свет

ОТКРЫВА́ТЬСЯ ⊙ **глаза открывались** *см.* Г 10

ОТКРЫ́ТЫЙ ⊙ **33. говорить, врать, смеяться** над *кем-л. и т. п.*; **бороться, сражаться** *и т. п.* **в откры́тую** 'Ничего не скрывая, не таясь, прямо' *Обычно относится к ситуациям, когда кто-л. говорит открыто о том, что другой хочет скрыть, или о том, о чем говорить опасно; когда не скрывают целей и приемов борьбы ни от противника, ни от окружающих* △ to speak (laugh, fight) openly; to laugh in *smb's* face; to lie through *one's* teeth

Ну и типы же эти старшеклассники: ни за что **в открытую** не признают, что студент консерватории для них авторитет. *А. Алексин, Мой брат играет на кларнете*. Удочкин явно врал, врал **в открытую**, не очень даже заботясь о том, чтобы найти слова поубедительней, заранее уверенный, что надуть его, чудачка Анисима, ничего не стоит. *Ф. Колунцев, Утро, день, вечер*. ... над ним смеялись **в открытую**, но он не краснел. *М. Шолохов, Тихий Дон*. Предположения, одно заманчивее другого, проносились в голове Андрея. Схватиться **в открытую** с Тонковым, поговорить по существу в присутствии специалистов. *Д. Гранин, Искатели*

Ср.: в лоб *3 знач.*, называть вещи своими именами, без обиняков

ломиться в открытую дверь *см.* Л 27

ОТКРЫ́ТЬ ⊙ **открыть Америку** *см.* О 31

открыть глаза *см.* О 32

ОТКРЫ́ТЬСЯ ⊙ **глаза открылись** *см.* Г 10

ОТКУ́ДА ⊙ **откуда ветер дует** *см.* В 26

откуда ни возьмись *см.* В 35

ОТЛЕ́ЧЬ ⊙ **34.** у *кого-л.* **отлегло́ (отошло́) от се́рдца (на се́рдце**

уст.) разг. Кто-л. 'успокоился, испытал чувство облегчения после тревоги, напряжения' *Обычно вызванных ожиданием неприятностей, несчастья и т.п. Употр. как безл. предлож. Гл. во фразеол. чаще стоит на первом месте* △ it is (was) a load (weight) off *smb's* mind

В гостиной княгиня встретила меня своим обычным, неопрятно-небрежным приветом. Я посмотрел на нее, и у меня **отлегло от сердца.** Она ничего не подозревала, по крайней мере, мне тогда так показалось. *И. Тургенев, Первая любовь.* – Что? – Петров улыбнулся, у него сразу **отлегло от сердца,** когда глаза Анатолия Семеновича заиграли, как и раньше. *В. Белов, Тезки.* Что-то как бы разом **отошло** у него **от сердца,** и, может быть, не одна тягость смертного страха... Это было избавление от другого, более скорбного и мрачного чувства. *Ф. Достоевский, Преступление и наказание.* – Я научу тебя, как найти грамоту, – сказал [*шинкарь*], отводя его в сторону. – У деда и **на сердце отлегло.** *Н. Гоголь, Пропавшая грамота*
Ср.: как гора с плеч, камень с души свалился

ОТНИМАТЬСЯ ⊙ руки отнимаются *см.* Р 40
ОТНЫНЕ ⊙ отныне и во веки веков *см.* В 13
ОТНЯТЬСЯ ⊙ язык отнялся *см.* Я 9
ОТОЙТИ ⊙ отошло от сердца *см.* О 34
ОТОРВАТЬСЯ ⊙ сердце оторвалось *см.* С 57
ОТПЛАТИТЬ ⊙ отплатить той же монетой *см.* П 29
ОТПРАВИТЬСЯ ⊙ отправиться на тот свет *см.* О 35
ОТПРАВЛЯТЬСЯ ⊙ 35. отправля́ться/отпра́виться **на тот свет** *разг., часто шутл.* 'Умирать' *О людях. Обычно употр. гл. сов. вида в прош. вр., часто* + чуть не. *Порядок компонентов нефиксир.* △ to go to glory *разг., часто шутл.*

Женитьба его [*Ноздрева*] ничуть не переменила, тем более, что жена скоро **отправилась на тот свет,** оставивши двух ребятишек. *Н. Гоголь, Мертвые души.* Хохот за столом грянул с небывалой силой. Но Дубцов, сохраняя полную серьезность, с нарочитой запальчивостью крикнул: – Стою на своем, Дашка: от твоей любви все трое мужей **на тот свет отправились!** Трое мужей – ведь это подумать только. *М. Шолохов, Поднятая целина.* Иван Кузьмич выдумал в мои именины палить из нашей пушки, так она [*Маша*], моя голубушка, чуть со страха **на тот свет не отправилась.** *А. Пушкин, Капитанская дочка.* У нас тут прифронтовая зона, а фактически шансы те же, что и на фронте, **на тот свет отправиться.** *Г. Горышин, Запонь*

ОТРЕЗАННЫЙ ⊙ отрезанный ломоть *см.* Л 28
ОТРЫВАТЬСЯ ⊙ сердце отрывается *см.* С 57

ОТСЕЧЕНИЕ ⊙ **давать голову на отсечение** *см.* Д 1
ОТЧЁТ ⊙ **отдавать себе отчёт** *см.* О 28

ОЧЕРЕДЬ ⊙ **36. в пе́рвую о́чередь** 'Сначала, раньше, чем все остальное, *или* в большей мере, чем все остальное' *Обычно употр. как обст. при гл. со знач. речи, мысли, оценки, а также при словах со знач. намерения, желания и др. Часто подразумевает, что из ряда возможных объектов действий, названных этими глаголами, выбирается наиболее важный, существенный. Порядок компонентов фиксир.* △ in the first place

Иван Федорович одобрил все наши меры... а стенгазету — **в первую очередь**. *В. Беляев, Старая крепость.* Конечно, и выезды нашей агитбригады, и «трудовые десанты» в селах интересны, приятны нам самим, но тут все зависит от того, на чем **в первую очередь** ставится акцент, что в коллективе важнее: радость окружающих или собственное удовольствие. *«Комсомольская правда», 10 июля 1979.* Мы... предложили [*Шукшину*] войти в редколлегию. Он не сразу согласился. И все-таки мы его уговорили: сказали, что с него будет достаточно, если он все, что напишет, будет показывать **в первую очередь** нам. *«Литературная газета», 25 июля 1979*
Ср.: в первую голову, первым делом

ОЧЕРТЯ́ ⊙ **37. очертя́ го́лову** *разг., иногда неодобр. Порядок компонентов фиксир.* 1) ↔ *часто* бросаться*/броситься, кидаться*/кинуться *и т. п.* 'Безрассудно, не раздумывая, сразу, не боясь риска, пренебрегая неприятными последствиями' △ to rush headlong ⟨into *smth*, to do *smth*⟩

Простые замечания [*жены*] приводили меня в бешенство, и я **очертя голову** бросался на защиту друга, не слушая и не желая слушать объяснений жены. *Г. Семенов, Непротекаемый.* Петр.... с пятиметровой высоты полетел в ледяную воду... [*Григорий*] бросился вслед за ним, не раздумывая ни секунды. [*Петр*]... подумал сейчас: а сам он.... смог бы вот так же безрассудно, **очертя голову** броситься вслед за братом? *Ф. Абрамов, Дом.* За второй батальон... командир полка всегда был спокоен, знал, что Петренко... в наступлении не пошлет **очертя голову** бойцов в лоб на дзоты, если есть возможность совершить какой-нибудь маневр. *В. Овечкин, С фронтовым приветом.* Эмма Бовари тоже ведь не **очертя голову** бросилась за желанным счастьем. Была борьба с долгом. *К. Федин, Костер*
Ср.: с бухты-барахты, рубить сплеча *1 знач.*

2) ↔ бежать/побежать, мчаться/помчаться *и т. п.* 'Стремительно, не замечая преград' △ to run like mad

Завернув за угол, бухгалтер незаметно перекрестился и побежал **очертя голову.** *И. Ильф, Е. Петров, Золотой теленок*
Ср.: во весь дух, что есть духу, во всю ивановскую *3 знач.*, со всех ног, без памяти *2 знач.*, на всех парах *1 знач.*, как на пожар, изо всех сил *2 знач.*, сломя голову, не слышать ног под собой *1 знач.*, как угорелый
[*Связано со старинным обычаем очерчивать вокруг себя круг, чтобы оградить от действия нечистой силы. Очертя — старая форма причастия, соответствует современному деепричастию* очертив]

ОЧКИ ⊙ **втирать очки** *см.* В 72

П

ПАДАТЬ ⊙ **1. па́дать/упа́сть (пасть** *уст.***) ду́хом** 'Отчаиваться, становиться растерянным, подавленным' *Употр. чаще гл.* упасть *в прош. вр. и* падать *в повел. накл. с отриц. Порядок компонентов нефиксир.* △ to lose heart

Проиграв Аглаю и раздавленный обстоятельствами, он совсем **упал духом.** *Ф. Достоевский, Идиот.* — Наш нравственный долг отказаться от договора... Не огорчайтесь, Андрей Николаевич ...**не падайте духом.** Я завтра съезжу к энергетикам. — Одинцов улыбнулся Андрею. — Объясню и откажусь. *Д. Гранин, Искатели.* — Ну, рано еще **духом падать,** Анна Семеновна... Доктор прибудет, сделает, что положено ...а там, глядишь, и на поправку дело пойдет. *Л. Леонов, Русский лес.* Такой жизни не выдержал Иван Дмитрич; он **пал духом,** захирел и, бросив университет, уехал домой. *А. Чехов, Палата № 6*
Ср.: вешать голову, вешать нос, как в воду опущенный, сам не свой

падать с ног *см.* В 4

сердце падает *см.* С 57

ПАЗУХА ⊙ **как у Христа за пазухой** *см.* Х 20

ПАЛАТА ⊙ **2.** ⟨у кого-л.⟩ **ума́ пала́та** *разг., часто ирон. Кто-л.* 'очень умен' *Порядок компонентов фиксир.* △ smb is very wise; smb is ⟨as⟩ wise as Solomon

— Не скажешь, что у него **ума палата,** никак не скажешь, а с хитринкой. *М. Шолохов, Поднятая целина.* А у молодого пескаря **ума палата** была... Начал он этим умом раскидывать. *М. Салтыков-Щедрин, Премудрый пескарь.* — Когда приедет в контору, посадишь его чай пить, — улыбаясь, говорил приказчик, — разговоришься — **ума палата,** министр, — все обсудит, как должно.

ПАЛЕЦ

Л. Толстой, Воскресение. — Вор в нашем семействе, «глава семейства»! — Ну, вздор! — крикнула Варя, совсем рассердившись... — И кто это выдумал? Лебедев, князь... сами-то они хороши; **ума палата**. *Ф. Достоевский, Идиот*

Ср.: голова на плечах, с головой *1 знач.*, семи пядей во лбу

ПАЛЕЦ ⊙ **высасывать из пальца** *см.* В 95

3. знать *что-л.*, *реже кого-л.* ↔ **как свои пять пальцев** *разг.* 'Очень хорошо, с мельчайшими подробностями' *В качестве доп. выступают сущ., обознач. какую-л. местность, населенный пункт, объекты или сферы деятельности, поступки или дела человека, а также сущ., обознач. лиц, к которым субъект обычно относится неодобр. Порядок компонентов фиксир.* △ to know *smth*, *smb* like the back of *one's* hand

Старший лейтенант Ищенко... хороший работник... Край знает **как свои пять пальцев**. *А. Безуглов, Следователь по особо важным делам.* — Тропинки они все знают **как свои пять пальцев**. *А. Серафимович, Железный поток.* Араго знал работы Лагранжа **«как свои пять пальцев»**. *Д. Гранин, Повесть об одном ученом и одном императоре.* — Я его насквозь вижу, все дела его знаю **как свои пять пальцев**. *А. Чехов, В овраге*

Ср.: вдоль и поперек *2 знач.*, знать цену, до капли, от корки до корки, пуд соли съесть, собаку съел

обводить вокруг пальца *см.* О 2

пальца в рот не клади *см.* К 22

пальцем не трогать *см.* Т 19

показывать пальцем *см.* П 57

попадать пальцем в небо *см.* П 74

по пальцам пересчитать *см.* П 20

смотреть сквозь пальцы *см.* С 93

ПАЛКА ⊙ **вставлять палки в колеса** *см.* В 67

4. делать/*реже* **сделать** *что-л.* **из-под па́лки** *разг.* 'По принуждению, вопреки своему желанию' △ to do *smth* under compulsion; to work under the whip-lash

Вариант окружения: работа **из-под па́лки**

Как можно верить в самое скучное дело, которым человек вынужден заниматься **из-под палки** или от голода? *Б. Лавренев, Большая земля.* И только довольно долго спустя я догадался, что тягость и каторжность этой работы не столько в трудности и беспрерывности ее, сколько в том, что она принужденная, обязательная, **из-под палки**. *Ф. Достоевский, Записки из Мертвого дома*

Ср.: душа не лежит, нож острый, скрепя сердце

5. па́лка о двух конца́х *Что-л.* 'имеет как положит., так и отриц. стороны и поэтому может с одинаковой вероятностью иметь как желательные, так и нежелательные последствия' *Чаще о действии, поступке, которые рассматриваются кем-л. как средство для достижения цели. Употр. обычно как сказ., часто со словом это. Порядок компонентов фиксир.* △ it cuts both ways; smth is a double-edged (two-edged) weapon *о средстве для достижения цели*

Постепенность — **палка о двух концах.** Рядом с процессом постепенного развития идей гуманных наблюдается и постепенный рост идей иного рода. Крепостного права нет, зато растет капитализм. *А. Чехов, Моя жизнь*

ПАЛЬЧИК ⊙ **пальчики оближешь** *см.* О 7

ПАМЯТЬ ⊙ **6. без па́мяти** *разг.* 1) любить *кого-л., что-л.*; увлекаться/увлечься *кем-л., чем-л.*; радоваться *кому-л., чему-л.*; бояться *кого-л., чего-л.* ↔ 'Очень сильно, иногда забывая обо всем'; △ to love smb to distraction, to be mad (crazy) about smb, smth, to be overjoyed ⟨at smth⟩, to be in mortal fear of smb, smth

Вариант окружения: быть **без па́мяти** ↔ от *кого-л., реже* от *чего-л.* быть 'Очень сильно влюбленным в *кого-л.* или восхищаться, восторгаться' *кем-л., чем-л.*

Старик мне очень обрадовался; он любил меня **без памяти**, может быть, не менее Петиньки. *Ф. Достоевский, Бедные люди.* [*Рогачев*] кое-как наскреб деньги на самолет до Игреньска и рад был **без памяти**, очутившись в игреньском знакомом дощатом аэропорту. *П. Проскурин, Тайга.* Она знала, что Фаддей Кузьмич **без памяти** боится воды, даже не купается в озере. *Э. Казакевич, Синяя тетрадь.* Помещик Манилов... был от него [*Чичикова*] **без памяти**. *Н. Гоголь, Мертвые души*

Ср.: сходить с ума *3 знач.*, терять голову *2 знач.*, без ума *1 и 2 знач.*, по уши *1 и 2 знач.*, не чаять души, не на шутку; как огня

2) бежать ⟨от *кого-л.*, от *чего-л., откуда-л.*⟩, мчаться, нестись и *т. п.* ↔ 'Очень быстро, стремительно, *иногда* под влиянием внезапного порыва' *О человеке или животном* △ to run like mad *разг.*

Я ночью побежала к нему в гостиницу [*узнать подробности о смерти мужа*]. Должно быть, он был пьян, он втащил меня в номер, стал предлагать вина... Я **без памяти** убежала из гостиницы. *А. Толстой, Хождение по мукам.* Пока перепрягали лошадей, вышел я из коляски и вдруг увидел **без памяти** скачущую тройку. *Ф. Вигель, Записки.* — Что, что мне поможет? — страстно ответила Даша. — Вы вот нашли, что делать, а я не нашла... Я **без памяти** убежала от той жизни. Убежала за своим счастьем. *А. Толстой, Хождение по мукам*

Ср.: во весь дух, что есть духу, во всю ивановскую *3 знач.*, со всех ног, очертя голову *2 знач.*, на всех парах, как на пожар, изо всех сил *2 знач.*, сломя голову, не слышать ног под собой *1 знач.*, как угорелый

3) лежать, быть *и т. п.* 'В бессознательном состоянии' *О человеке, которого ранили или которому нанесли какую-л. другую физическую или психическую травму, а также об очень больном человеке* △ to be unconscious

Раненый лежал **без памяти**, с застывшими бескровными губами, безжизненно вытянув руки по одеялу. *А. Фадеев, Разгром*. Выскочили из вагонов люди, сбились толпою. Видят: лежит человек весь в крови, **без памяти**. *В. Гаршин, Сигнал*. Вслед [Олесе] вместе с бранью, хохотом и улюлюканьем полетели камни. Однако погнались за ней только немногие, да и те сейчас же отстали. — Послушай, бабка... что с Олесей? — Тсс... тише! **Без памяти** лежит Олеся, вот что с Олесей. *А. Куприн, Олеся*. — Беда у нас... Анфиса убежала. В чем была. Я пойду на Слободку, к Карповне. Наверное, она туда кинулась. А вы уж, пожалуйста, побудьте с моими. Жена лежит **без памяти**. *К. Паустовский, Золотая роза*

выбросить из памяти *см.* В 82

не выходит из памяти *см.* В 102

7. поступать/поступить *как-л.*, делать/сделать *что-л.* ⟨для *кого-л.*⟩ ↔ **по ста́рой па́мяти** 'Под влиянием воспоминаний о прошлом' *Обычно это воспоминания о прежней дружбе, прошлых привычках или поступках. Порядок компонентов фиксир.* △ for old times' sake *о намеренных действиях*; from force of habit *о непроизвольных поступках*

[*Астров*:] Давно уже никого не люблю. [*Соня*:] Никого? [*Астров*:] Никого. Некоторую нежность я чувствую только к вашей няньке — **по старой памяти**. *А. Чехов, Дядя Ваня*. ... соседка Зоя Петровна, что у Чернецовых во дворе четвертый год живет, прислала Варюшке, своей любимице, енежского медку **по старой памяти** и домашней сушки грибков. *Л. Леонов, Русский лес*. Я жил у него, когда еще студентом был. Снимал угол... [*я*] сейчас опять у Михаила живу. **По старой памяти**. *Ф. Колунцев, Утро, день, вечер*. В дверь постучали. Тося **по старой памяти** вскинула было голову и даже рот открыла, чтобы крикнуть свое любимое: — Входи, кто там такой вежливый! — но вдруг раздумала. *Б. Бедный, Девчата*

ПАНТАЛЫК ⊙ **сбивать с панталыку** *см.* С 14

ПАР ⊙ 8. мчаться *куда-л.*, нестись *куда-л. и т. п.* ↔ **на всéх пара́х** 1) *ирон. или шутл.* 'Очень быстро' *О человеке: характеризует быстроту перемещения в пространстве. При переносном знач. гл. — о событиях: характеризует быстроту перемен во времени.*

Подразумевается, что кто-л. прикладывает значительное усилие для достижения этой скорости. При гл. обычно стоит обстоят., указывающее направление или конечную цель движения △ to go full steam (speed) ahead ⟨towards (to) *some* place⟩

Силач... снова появился на площади. Он несся **на всех парах** прямо на Тибула. *Ю. Олеша, Три толстяка.* Неужели вы не видите, что мы идем **на всех парах** ко второй революции, которая создаст новое государство? *Э. Казакевич, Синяя тетрадь.* ... старик охотно разъяснил, что рабочий люд стремится к такой решительной, раз навсегда, победе, чтоб затем без помехи и **на всех парах** добираться до конечной станции нашей переживаемой эпохи. *Л. Леонов, Русский лес.* И с тех пор... пошел [*Жорка*] **на всех парах** к совершенству. *А. Макаренко, Педагогическая поэма*
Ср.: во весь дух, что есть духу, во всю ивановскую *2 знач.,* со всех ног, очертя голову *2 знач.*, без памяти *2 знач.*, как на пожар, изо всех сил *2 знач.*, не слышать ног под собой *1 знач.*, как угорелый, полным ходом *1 знач.*

2) 'Полностью используя мощность паровых машин' *О поезде, пароходе* △ to go full steam (speed) ahead ⟨towards (to) some place⟩

В конце ноября, в оттепель, часов в девять утра, поезд Петербургско-Варшавской железной дороги **на всех парах** подходил к Петербургу. *Ф. Достоевский, Идиот.* Пролезая под вагонами, он то и дело слышал оглушительное, рвущее лязганье буферов; **на всех парах** мимо промчался паровоз. *П. Проскурин, Судьба*
Ср.: полным ходом *2 знач.*

ПАРА ⊙ **два сапога пара** *см.* С 11

9. кто-л. ↔ кому-л. ↔ **не па́ра** 'Не подходит, не соответствует по каким-л. качествам' *Чаще о мужчине и женщине, которые не подходят друг другу по общественному положению или по внешнему облику как супруги. Возможно о человеке, который хуже другого по каким-л. качествам или ниже по социальному положению* △ smb is no match for smb

— Можете судить по тому, до какой степени ее бедствия доходили, что она, образованная и воспитанная и фамилии известной, за меня согласилась пойти!...Раскольникову [*Катерина Ивановна*] показалась лет тридцати, и действительно была **не пара** Мармеладову. *Ф. Достоевский, Преступление и наказание.* ... в глубине души Дементьев с самого первого дня их знакомства... побаивался, что он со своей заурядной внешностью совсем [*Анфисе*] **не пара**. *Б. Бедный, Девчата.* По дороге сюда он готовился к попрекам... Поливанова: ... стал начальством – зазнался, теперь мы тебе не нужны, мы люди маленькие, мы ему **не пара**. *Д. Гранин, Картина*

Ср.: в подметки не годится, не ко двору, не чета

ПАЧКАТЬ ⊙ **пачкать руки** *см.* М 9

ПЕЛЁНКА ⊙ **10. с (от) ⟨самых⟩ пелёнок (пелён** *уст.***)** 'С самого раннего детства' *Обычно подразумевается детство того, кто обозначен подлеж. При гл. знать кого-л. подразумевается детство того, кто обозначен доп., чаще младшего по возрасту. В обоих случаях процесс обычно длится и до наст. вр.* △ from the cradle *подразумевается детство того, кто обозначен подлеж.*

Вере захотелось приголубить забавную девчонку, чуть ли не **с пелёнок** убежденную в том, что коллективно можно одолеть любую беду. *Б. Бедный, Девчата.* Он не сомневался больше в том, что вся его жизнь **от самых пелёнок...** — это не радость, нет, а беспросветный каторжный труд. *А. Фадеев, Разгром.* Им [*Гришке и Мишке*] было чуть за двадцать, были они **от пеленок** местными, и еще в детстве Анискин их различал по носам. *В. Липатов, Кедровые тыквы.* — Давно я замечаю за вами, и вот узнал вас наконец; а Лизу свою [*дочь*] знаю **с пелен**: она добра и доверчива, а вы, вы опасный плут. *И. Гончаров, Обыкновенная история*

Ср.: с незапамятных времен

ПЕНА ⊙ **11. с пе́ной у рта́** ↔ спорить, доказывать *что-л.*, защищать *что-л., кого-л. и т. п. иногда неодобр. или ирон.* 'Азартно, возбужденно, настойчиво' *Порядок компонентов фиксир.* △ passionately, heatedly, vehemently

Не смешивать с foaming at the mouth, *обознач. чувство гнева*

Гарин, **с пеной у рта**, доказывал, что несправедливо разлучать двух славных и любящих друг друга людей. *Э. Казакевич, Весна на Одере.* — А кто здесь же, на этом самом диване, **с пеной у рта** кричал, что мы, инженеры и изобретатели, своими открытиями ускоряем пульс общественной жизни? *А. Куприн, Молох*

Ср.: входить в азарт

ПЕНЬ ⊙ **12. стоять, сидеть** *и т. п.* **как пе́нь** *разг., неодобр., при обращении невежл.* 'Безучастно, неподвижно, *иногда* ничего не понимая' △ to stand (sit) motionless, showing no feeling or understanding

[*Годун (яростно):*] Ну? Где же часовой, вас спрашивают? Где он, растаял? Украли? Да что вы стоите **как пень**? *Б. Лавренев, Разлом.* — Пришла домой, не то вечер, не то день, не то утро. Мужик мой сидит серый, глупый, **как пень.** *Ю. Герман, Наши знакомые.* — Люди ездят, достают [*племенных свиней*] ... надо только побеспокоиться. [*Наш заведующий животноводством*] **как пень**! Разве ему до этого? *В. Овечкин, Гости в Стукачах*

Ср.: как об стенку горох, нет дела, хоть бы что

13. через пе́нь коло́ду (через пе́нь-коло́ду) *разг., неодобр. Порядок компонентов фиксир.* 1) делать *что-л.* 'Небрежно, лениво, иногда нерегулярно' *Чаще при гл.* работать *и гл., связанных с различными видами профессиональной деятельности. При гл.* рассказывать, говорить *и т. п. подразумевается, что это рассказ неполный и скачкообразный* △ to do *smth* (speak, *etc*) slip-shod (in a slip-shod way)

— Какая у них [студентов] может быть квалификация? Никакой... Вот и работают студентики **через пень-колоду.** *А. Безуглов, Следователь по особо важным делам.* Работник он был аховый, за что ни возьмется, все **через пень-колоду,** ни в чем толку. *В. Распутин, Прощание с Матёрой.* [Конюх] мог часами ехать, не торопясь, лесом, полями — **через пень-колоду.** А перед деревней, перед людьми преображался он и преображались его лошади. *А. Яшин, Проводы солдата.* — Ладно, рассказывай все! — велела Варвара. — Только по порядку, я не люблю, когда **через пень-колоду.** *Ю. Герман, Дело, которому ты служишь*

Ср.: как попало, с грехом пополам, с пятого на десятое, со скрипом, спустя рукава, ни шатко ни валко, шиворот-навыворот *2 знач.*

2) *редк.* идти, развиваться *и т. п.* 'Неудачно, скачкообразно, с перебоями' *О событиях. В качестве подлеж. употр. сущ.* жизнь, дело, *мест.* всё *и т. п.* △ to go by fits and starts

— Поговорили... А к чему пришли? Кто виноват в том, что в Пекашине все идет **через пень-колоду?** А *Михаил Пряслин. Ф. Абрамов, Дом.* — Да ведь если бы жизнь нормально развивалась, а не вкось да **через пень-колоду,** я бы и вправду был не меньше, как диввpaчом. *Ю. Герман, Дорогой мой человек*

Ср.: вверх дном *1 знач.,* из рук вон, идти под гору *1 знач.,* со скрипом

[Колода *— короткое толстое бревно*]

ПЕНЯ́ТЬ ⊙ **14. пеня́й (пеня́йте, пусть пеня́ет, пусть пеня́ют) на себя́** 'Обвиняй (обвиняйте) в чем-л. только себя самого (самих)' *Обычно подразумеваются неприятные последствия поступков, которые кто-л. совершил вопреки требованию другого человека, или неприятные последствия неразумного, неправильного поведения. Часто употр. после придат. предлож. со знач. условия. Порядок компонентов фиксир.* △ you have only yourself to blame

— Имею честь при сем заранее предуведомить, что если, вопреки просьбе, встречу Родиона Романовича, то принужден буду немедленно удалиться, и тогда **пеняйте уже на себя.** *Ф. Достоевский, Преступление и наказание.* — А раз не послушался — **пусть пеняет на себя!** *М. Шолохов, Поднятая целина.* — **Пеняйте на себя,** что

за годы пребывания на экономическом факультете... вы не научились самостоятельно разбираться в статистическом материале. *Л. Леонов, Русский лес.* ... если не найдешь, чего искал, **пеняй на себя.** Я предупрежу тебя, что хорошо, по моему мнению, что дурно, а там как хочешь. *И. Гончаров, Обыкновенная история*
Ср.: так и надо

ПЕРВЫЙ ⊙ **в первую голову** *см.* Г 38
в первую очередь *см.* О 36
на первый взгляд *см.* В 31
на первых порах *см.* П 80
первый встречный *см.* В 69
первым делом *см.* Д 35
с первого взгляда *см.* В 32

ПЕРЕБЕГАТЬ ⊙ **15. перебега́ть/перебежа́ть** (*все остальные варианты реже* **перебива́ть/переби́ть, переезжа́ть/перее́хать, переходи́ть/перейти́**) ↔ *кому-л.* **доро́гу** (**доро́жку** *разг., часто ирон.*) 'Мешать *кому-л.* достичь цели, к которой стремятся оба, захватив желаемое раньше него' *Употр. чаще гл. сов. вида в прош. вр. Порядок компонентов нефиксир.* △ to steal a march on *smb*; to snatch *smth* from under *smb's* nose; to put *smb's* nose out of joint *редк., о соперничестве в любви*

— Что я вам могу сообщить? Один известный в ученом мире деятель, которому вы, очевидно, **перебежали дорогу**... Ну, словом, Тонков раскидывает эту паутину. *Д. Гранин, Искатели.* Иногда Кате казалось, что они [*Вера и Анфиса*] встречались когда-то... и в той, прежней, неведомой ей жизни Анфиса **перебежала Вере дорогу.** *Б. Бедный, Девчата.* Впрочем, Володе пока что не было от всего этого ни холодно ни жарко. Ламы и шаманы больше **не перебегали** ему **дорогу,** и он забыл о них. *Ю. Герман, Дело, которому ты служишь*
Ср.: отбивать хлеб, путать карты

ПЕРЕБЕЖАТЬ ⊙ **перебежать дорогу** *см.* П 15
ПЕРЕБИВАТЬ ⊙ **перебивать дорогу** *см.* П 15
перебивать хлеб *см.* О 24
ПЕРЕБИТЬ ⊙ **перебить дорогу** *см.* П 15
перебить хлеб *см.* О 24
ПЕРЕВЕСТИ ⊙ **перевести дух** *см.* П 16
ПЕРЕВОДИТЬ ⊙ **16. переводи́ть/перевести́ ду́х (дыха́ние)** *Гл. стоит чаще перед сущ.* 1) 'Делать глубокий, свободный вдох' *Обычно после трудной физической работы, бега, после задержки дыхания во время взволнованной речи или длинной речи без пауз, а также от холода, ветра и т. п. Употр., чаще гл. сов. вида в*

прош. вр. и в инф. при союзе чтобы, а также деепр. несов. вида △ to take ⟨a deep⟩ breath

Вариант: едва (еле, с трудом, с усилием *и т. п.*) **переводя дух (дыхание)** △ gasping for breath

Еще не зная почему, я вздохнул, и Чудинов тоже почти одновременно со мной глубоко **перевел дух,** но сделал вид, что ... закашлялся. *Л. Кассиль, Ход белой королевы.* Выкатив глаза, Кораблев кричал на меня, а я только робко говорил иногда: – Иван Павлыч! – Молчать! – И он сам умолкал на мгновение – просто чтобы **перевести дыхание.** *В. Каверин, Два капитана.* Умываясь, Кузнецов задохнулся от холода... и, выпрямившись, **переводя дыхание...** опять услышал позади смех, громкий говор солдат. *Ю. Бондарев, Горячий снег.* Она вошла, едва **переводя дух** от скорого бега. *Ф. Достоевский, Преступление и наказание*

2) 'Отдохнуть, сделав краткий перерыв в *чем-л.*' *Обычно в работе, в быстром движении, в речи. Употр. чаще гл. сов. вида в инф. при словах со знач. желания, необходимости, невозможности и т. п., а также деепр. несов. вида с отриц.* не. *При отриц. возможна форма* духа (дыхания) △ to get *one's* breath ⟨again⟩

Не переводя духа (дыхания). Without pausing for breath.

Я иногда подумываю, есть такой грех: надо бы отдохнуть, что ли, немножко, **перевести дух.** *Н. Островский, Как закалялась сталь.* После игры ухожу за сцену... **перевести дух.** *М. Ботвинник, К достижению цели.* ... ей хотелось побыть некоторое время одной, в стороне от людского потока, **перевести** наконец **дыхание.** *Ф. Колунцев, Утро, день, вечер.* Я помчался домой, но во дворе наткнулся на Витьку Крюкова. И тот, **не переводя духа,** выпалил мне разом, что ... это они [*белогвардейцы*] подожгли лес. *А. Гайдар, Дым в лесу*

ПЕРЕДВИГАТЬ ⊙ **еле ноги передвигать** *см.* В 56
ПЕРЕДЕЛКА ⊙ **попадать в переделку** *см.* П 72
ПЕРЕЕЗЖАТЬ ⊙ **переезжать дорогу** *см.* П 15
ПЕРЕЕХАТЬ ⊙ **переехать дорогу** *см.* П 15
ПЕРЕЙТИ ⊙ **перейти дорогу** *см.* П 15
ПЕРЕЛИВАТЬ ⊙ 17. **переливáть (пересыпáть** *уст.***) из пустóго в порóжнее** *разг., неодобр.* 'Заниматься ненужным делом, которое не может дать никакого результата, *или* пустыми бесплодными разговорами' *Обычно эта бесцельная трата времени продолжается долго. Часто подразумевается, что в разговоре много раз повторяется одно и то же, хорошо известное окружающим. Порядок компонентов фиксир.* △ to beat the air *о пустых разговорах;* to mill the wind *о бесплодных действиях*

Вариант: **переливáние из пустóго в порóжнее**

ПЕРЕМЕНИТЬ

С восторгом разоблачителя журналист... описывал, как лаборатория Данкевича **переливает из пустого в порожнее**, растрачивая государственные средства. *Д. Гранин, Иду на грозу*. Романтики считают статистиков скучными педантами. Им кажется, что тонкие статистические методы просто **переливание из пустого в порожнее**. *И. Грекова, За проходной*. [*Войницкий:*] Двадцать пять лет он пережевывает чужие мысли о реализме, натурализме и всяком другом вздоре; двадцать пять лет читает и пишет о том, что умным давно уже известно, а для глупых неинтересно: значит, двадцать пять лет **переливает из пустого в порожнее**. *А. Чехов, Дядя Ваня*. И все митингуют, без конца обсуждают, толкаются с собрания на собрание, вырабатывают тысячи планов спасения, — и все это **переливание из пустого в порожнее**. *А. Серафимович, Железный поток*

Ср.: сказка про белого бычка, толочь воду в ступе, чесать язык
  переливать через край *см*. Х 7
  ПЕРЕМЕНИТЬ ⊙ **переменить гнев на милость** *см*. С 90
  ПЕРЕМЫВАТЬ ⊙ **18. перемыва́ть/перемы́ть** *редк*. (**мыть** *редк*.) ← ⟨кому-л.⟩ → **ко́сточки** (*реже* **ко́сточки** *кого́-л*. *или чьи́-л*. **ко́сточки**) *разг*. 'Сплетничать *о ком-л*., злословить *о его* поведении, *о его* недостатках' *Подразумевается, что говорящие специально отыскивают эти недостатки у осуждаемого ими человека или даже приписывают ему несуществующие у него пороки. Порядок компонентов нефиксир.* △ to pick (pull) *smb* to pieces

— С тех пор она на Аню взъелась. В лицо вежливая, обходительная с ней была, а за глаза **косточки перемывала**. — В каком смысле? — Сплетни всякие распространяла. *А. Безуглов, Следователь по особо важным делам*. — Вы что, косточки мне **перемывали**? Ну чего говорили, чего? Стыдно сказать, да? *Б. Бедный, Девчата*. Изнывая от безделья, Островнов и кладовщик долго еще «**перемывали**» Давыдова, Нагульнова и Разметнова. *М. Шолохов, Поднятая целина*. — Я не хочу, чтоб в тебя, в отца, в мать потом пальцем тыкали, чтоб гадали, как я прятался, следы мои нюхали. Чтоб больше того придумывали, **косточки** мои **перемывали**. Не хочу. *В. Распутин, Живи и помни*

Ср.: колоть глаза *1 знач*., обливать грязью, склонять на все лады
  ПЕРЕМЫТЬ ⊙ **перемыть косточки** *см*. П 18
  ПЕРЕПЛЁТ ⊙ **попадать в переплет** *см*. П 72
  ПЕРЕПОЛНИТЬ ⊙ **19. перепо́лнить ча́шу** ⟨чьего́-л.⟩ ⟨**терпе́ния**⟩ *книжн*. 'Довести до того, что *кто-л*. не может больше выносить данного состояния *или* положения дел' *Обычно об обидных для кого-л. словах, об оскорбляющих кого-л. поступках другого человека. В качестве подлеж. употр. сущ., называющие эти слова и*

поступки, а также мест. это. Обычно после фразеол. следует название действий, отражающих чью-л. реакцию на эти слова и поступки. Порядок компонентов фиксир. △ to be (come as) the last straw

Но теперь, по чрезвычайной странности сердца человеческого, случилось так, что именно подобная обида, как сомнение в Еропегове [*сомнение в существовании Еропегова высказано сыном генерала*], и должна была **переполнить чашу**. [*Генерал*] побагровел, поднял руки и прокричал: — Довольно! Проклятие мое... прочь из этого дома! *Ф. Достоевский, Идиот*. Это объявление, как и следовало ожидать, **переполнило чашу терпения**. Двадцать пять тысяч солдат всех родов оружия петроградского гарнизона перешли на сторону восставших. *А. Толстой, Хождение по мукам*. Рука Павлюка медленно поползла к кобуре маузера... Это **переполнило чашу терпения**. *Н. Островский, Как закалялась сталь*
Ср.: выводить из себя, чаша переполнилась

ПЕРЕПОЛНИТЬСЯ ⊙ переполнилась чаша терпения *см.* Ч 4
ПЕРЕСЧИТАТЬ ⊙ 20. *кого-л., что-л.* **по па́льцам ⟨мо́жно⟩ пересчита́ть (сосчита́ть,** *редк.* **счесть, перече́сть)** *разг.* 'Очень мало' *Часто характеризует не просто небольшое, а недостаточное количество кого-л. или чего-л. Порядок компонентов нефиксир.* △ you can (could) count *them* on your fingers (on the fingers of your hand, on the fingers of one hand, on one hand) *разг.*
Вариант: кого-л., что-л. **по па́льцам пересчита́ешь (сосчита́ешь)**

[*Хижняков:*] Настя, а ты не замужем еще? [*Настя:*] Где уж! Парней-то **по пальцам пересчитать**, все в город норовят. *Н. Вирта, Дали необъятные*. — Города здесь **по пальцам можно перечесть**, оттого... и безработица. Оттого и повелось от века: чуть снег — артелями расходятся по лесам. *Л. Леонов, Соть*. — А номер у мотоцикла на что? — спокойно ответил Седых. — У нас не Москва, мотоциклы **по пальцам пересчитаешь**. *Б. Полевой, На диком бреге*
Ср.: капля в море *1 знач.*, кот наплакал, раз-два и обчелся

ПЕРЕСЫПАТЬ ⊙ пересыпать из пустого в порожнее *см.* П 17
ПЕРЕТЬ ⊙ переть в гору *см.* И 9
ПЕРЕХВАТИТЬ ⊙ перехватить через край *см.* Х 7
ПЕРЕХОДИТЬ ⊙ переходить дорогу *см.* П 15
ПЕРЕЧЕСТЬ ⊙ по пальцам перечесть *см.* П 20
ПЕРО ⊙ ни пуха ни пера *см.* П 124
проба пера *см.* П 101
ПЕРСТ ⊙ 21. *кто-л.* живет, остался, находится *где-л. и т. п.* **один (одна) как пе́рст** *иногда шутл.* 'Совсем один (одна)' *Может обознач., что у человека нет семьи, родных, близких или что он оказался где-л. или на какой-л. период времени без других людей,*

в полном одиночестве △ *smb* is (lives, is left) all alone (all by *himself*)

Он рассказал еще, что ему назначена строгая диета... но близких у него нет никого, сестра живет со своей семьей в сибирском городке Барабинске, так что со всеми своими изъянами он один **как перст**. *В. Лидин, Поход.* — Зоечка! — сказал Нечаев... — У лейтенанта Давлатяна невеста, а я один **как перст**. Только мама во Владивостоке. Холостяк. *Ю. Бондарев, Горячий снег.* — Бросил, бросил нас, — зашептал он, — бросил; скучно ему стало с нами. Один, **как перст** теперь, один! — повторил он несколько раз. *И. Тургенев, Отцы и дети.* [Немцы] не знали, что отстреливается от них, оставшись один **как перст**, сам генерал-лейтенант Батюк. *К. Симонов, Солдатами не рождаются*
[Перст — *уст. название пальца руки*]

ПЕСЕНКА ⊙ **22. чья-л. песенка (песня)** (*реже* **песенка** *или* **песня кого-л.*) **спета (пропета** *уст.*) *разг., иногда ирон.* Чья-л. 'карьера, чье-л. преуспевание, чья-л. жизнь неизбежно скоро закончатся *или* уже закончились' *Обычно в ситуации, когда это происходит против воли самого человека, под давлением обстоятельств или по воле других людей. Порядок компонентов фиксир.* △ it is all up with *smb*; *smb* is done for *разг.*; *smb* has had *his* day *подразумевается, что чей-л. успех уже в прошлом;* smb's goose is cooked *разг., ирон., подразумевается вмешательство внешних обстоятельств или других людей в чью-л. судьбу*

Был сформирован новый штаб при главнокомандующем. Белякова отстранили совсем... — Твоя **песенка спета**, брат... Завтра назначу комиссию — для ревизии твоих дел, понял? *А. Толстой, Хождение по мукам.* Все знают, что **песенка** Самарина **спета** — отправят на пенсию, а во главе цеха поставят Алтунина. *М. Колесников, Алтунин принимает решение.* — Твой отец добрый малый, — промолвил Базаров, — но он человек отставной, его **песенка спета**. *И. Тургенев, Отцы и дети.* Синцов думал о том, что не выручи его Комаров ночью там, у барака... то и его **песенка** была бы уже **спета**. *К. Симонов, Живые и мертвые*
Ср.: висеть на волоске, выходить из игры, дело табак, дышать на ладан, не жилец, идти под гору 3 знач., пиши пропало, сходить на нет, трещать по швам

ПЕСНЯ ⊙ **23. долгая (длинная) песня** *Что-л.* 'сможет завершиться или вообще произойти очень нескоро' *О предстоящем длинном рассказе, о каком-л. деле, на благополучный исход которого мало надежды. Употр. как сказ., часто при подлеж. это. Порядок компонентов фиксир.* △ it is going to be a long time before *smth* is completed or happens; it is a long story *о предстоящем рассказе;* it is a drawn-out business *о предстоящем долгом деле*

— Я всё тебе расскажу, но это **долгая песня.** А вот ты мне скажи сразу в двух словах: где ты служишь? *К. Симонов, Живые и мёртвые.* — Ты расскажи, как это тебя из части отпустили? — Это — **песня длинная,** после расскажу. *М. Шолохов, Тихий Дон.* Саша так прямо и отрезал ... что... горячо рекомендует [*Гиганову*] обратиться к военному министру, в случае же неудачи — прямо в Государственную думу... — Э, **долга песня:** какая в начальстве правда! — разочарованно махнул тот рукой. *Л. Леонов, Русский лес.* Завхоз говорит: — Я пришлю завтра кровельщиков. — [*Стародуб:*] — Нет, говорит, это **долгая песня.** За полгода не собрались прислать, и ещё столько же времени пройдёт. *В. Овечкин, С фронтовым приветом*

Ср.: в кои-то веки, откладывать в долгий ящик

песня спета *см.* П 22

ПЕТЛЯ ⊙ **лезть в петлю** *см.* Л 10
ПЕТЛЯТЬ ⊙ **петлять вокруг да около** *см.* Х 16
ПЕТЬ ⊙ **24. ла́заря (Ла́заря) петь (спеть** *редк.*) *разг., неодобр.* 'Пытаться вызвать сочувствие к себе, жалуясь на свои — иногда мнимые — несчастья' *Употр. чаще в инф. при словах со знач. приказания прекратить действие, а также в повел. накл. с отриц. не. Порядок компонентов нефиксир.* △ to whine; to bemoan *one's* fate *книжн.*

Хватит лазаря петь! No more of that poor-man stuff!
Вариант: **ла́заря (Ла́заря) запе́ть** *употр. в буд. вр., чаще со знач. неизбежности, а также в прош. вр.*

— Я сам отдаю преферанс [*предпочтение*] сигаркам, но в наших уединенных краях доставать их чрезвычайно затруднительно. — Да полно тебе **Лазаря петь...** — перебил опять Базаров. — «**Лазаря петь!**» — повторил Василий Иванович. — Ты, Евгений, не думай, что я хочу, так сказать, разжалобить гостя. *И. Тургенев, Отцы и дети.* — Ты мне, Черепанов, **Лазаря не пой!** — кричал в какой-то взвинченности Деев. *Ю. Бондарев, Горячий снег.* — Алексей Денисович, у вас Колчин был? — А что, приходил к тебе после этого, **Лазаря пел?**... Испугался... вот и побежал к тебе. *К. Симонов, Солдатами не рождаются.* ... с такой [*тещей*] поневоле **запоёшь лазаря,** она жизнь хочет по своему подобию устроить, ведь ... у самой-то мужа так и не случилось за всю жизнь... а ещё туда же, советы давать. *П. Проскурин, Шестая ночь*

ПИВО ⊙ **пива не сваришь** *см.* С 20
ПИКА ⊙ **25. говорить/сказать** *что-л.*; **делать/сделать** *что-л.* ↔

в пи́ку ↔ *кому-л..* 'Чтобы досадить *кому-л., назло кому-л.'* △ to do (say) *smth* ⟨just⟩ to spite *smb*

Стоило ему подойти к ней в клубе или на улице, как она говорила что-нибудь **в пику** ему. *Ф. Вигдорова, Любимая улица.* В заключение адвокат **в пику** товарищу прокурора заметил, что блестящие рассуждения господина товарища прокурора о наследственности неуместны в этом случае, так как Бочкова — дочь неизвестных родителей. *Л. Толстой, Воскресение.* [Чиновник] обиделся жестоко и ответил [Чичикову] тут же сильно и необыкновенно резко, именно вот как: — Нет, врешь, я статский советник, а не попович, а вот ты так попович! И потом еще прибавил ему **в пику** для большей досады: — Да вот, мол, что! *Н. Гоголь, Мертвые души.* — Мне каталог этот Астахов преподнес. Так сказать, **в пику.** *Д. Гранин, Картина*

ПИ́САНЫЙ ⊙ 26. **ка́к ⟨бу́дто, сло́вно, то́чно⟩ по пи́саному** 1) говорить, сказать, рассказывать/рассказать *и т. п.* ↔ *иногда ирон. или неодобр.* 'Гладко, уверенно, без запинок, как будто это выучено наизусть' △ to speak smoothly and with assurance, as if by rote (as if from a book)

Саша уже несколько лет подряд говорит все одно и то же, **как по писаному,** и когда говорит, то кажется наивным и странным. *А. Чехов, Невеста.* [Иван Павлыч] стал меня ругать... **Как по писаному,** он рассказал мне все, что я о нем думал, и объявил, что я обязан был явиться к нему и сказать: — Иван Павлыч, вы — подлец, — если я думал, что он подлец. *В. Каверин, Два капитана.* — Давайте, что ли, я расскажу?... — Валяй, Родионыч, рассказывай! — Читай **по писаному!** *В. Овечкин, В одном колхозе*

2) идти/пойти (*в знач.* развиваться), происходить/произойти, получаться/получиться *и т. п.* 'Как было запланировано *или* как предполагалось, без осложнений' *Чаще употр. при гл. в прош. вр.* △ to go according to plan

В распахнутом настежь коридоре разом грохнули два аккордеона, и Михаил так на волнах музыки и въехал в дом. А дальше все было **как по писаному.** Было громогласное «ура» в честь опоздавшего, был штрафной стакан... были расспросы — почему один, где супружница. *Ф. Абрамов, Дом.* Все шло гладко, **как по писаному.** ... Проехали площадь. *М. Шолохов, Тихий Дон.* Получалось, **как по писаному:** пока не захмелели, толковали намеками, а едва затуманило разум хмелем — все, что скрывалось за подковыками, вылезло наружу. *К. Федин, Костер*

Ср.: как по маслу

ПИСА́ТЬ ⊙ 27. ⟨тогда⟩ **пиши́ пропа́ло** *разг.* 'Неизбежно *что-л.* нежелательное: неудача, пропажа, потеря *и т. п.*' *Часто употр.*

после предлож. с *союзом* если *и перед названием действий или состояний, обусловленных действиями или состояниями, названными в нем. Порядок компонентов фиксир.* △ ⟨then⟩ you (we, *etc*) have had it *разг.*; it is as good as lost (done for); it is a write-off

— Это ты виноват,— снова сказал [*Ромашов*]... — Ты отправил их всех. Нужно было, чтобы одна осталась... А теперь **пиши пропало**! Так они и вернутся за нами! *В. Каверин, Два капитана.* Таня начала бояться, что сегодня уже ничего не выйдет и тогда **пиши пропало** — придется ехать поездом. *К. Симонов, Солдатами не рождаются.* — Ячмень кое-где уже можно косить... рожь — тоже... но что-то наши соседи медлят. — Тогда не будем и мы спешить... ежели дождь? Вот и **пиши пропало**. *М. Шолохов, Поднятая целина.* К чужой боли нельзя привыкать, а уж если привык или того хуже, заскучал, **пиши пропало**: нет человека. *Ф. Вигдорова, Семейное счастье.* ... но есть вещи, которых дамы не простят никому, будь он кто бы ни было, и тогда прямо **пиши пропало**! *Н. Гоголь, Мертвые души*

Ср.: дело табак, песенка спета

ПИТЬ ⊙ **как пить дать** *см.* Д 9

ПЛАВАТЬ ⊙ **28. кто-л. мéлко плáвает** *разг., пренебр. Порядок компонентов фиксир.* 1) *Кто-л.* 'ограниченный, неспособный сам совершить, понять *или* оценить *что-л.* значительное, необычное' △ smb lacks depth of thought (understanding, *etc*); smb is shallow-brained

Иногда знакомые актеры, встретив [*Пастухова*] на улице... начинали патетически уверять, что он один способен написать как раз то, что теперь надо для сцены, — возвышенно, великолепно, ... потому что, кроме Пастухова, никого не осталось, кто мог бы за такое взяться (**мелко плавают**, понимаешь?) *К. Федин, Необыкновенное лето.* — Ведь вот Алексей Григорьевич не обижал же никого, — заметил я. — Да оно всегда так бывает, кто сам **мелко плавает**, тот и задирает. *И. Тургенев, Однодворец Овсяников.* — А коммунисты, что же, не боятся смерти? Не такие же люди? — Ты еще, братишка, **мелко плаваешь** в этих делах. Мне нельзя трусить. Сам себе приказал, — понял? *М. Шолохов, Тихий Дон*

Ср.: так себе 2 *знач.*, гроша ломаного не стоит, ни то ни се, звезд с неба не хватает, грош цена

2) *Кто-л.* 'занимает незначительное общественное *и* служебное положение' *редк.* △ smb is small beer (small fry) *разг., пренебр.*

[*Ахов:*] Вы думаете, это про вас. **Мелко плаваете**, чтобы для вас законы писать. *А. Островский, Не все коту масленица*

ПЛАТИТЬ ⊙ **29. платúть (отплатúть)** ↔ *кому-л.* **той же монéтой**

'Отвечать таким же отношением, поступком' *Чаще характеризует враждебные отношения и поступки. Гл. во фразеол. чаще стоит на первом месте* △ to pay *smb* back in *his* own (in the same) coin

Нехлюдова он презирал... Нехлюдов знал это отношение к себе Новодворова и, к огорчению своему, чувствовал, что... **платит ему тою же монетою** и никак не может побороть сильнейшей антипатии к этому человеку. *Л. Толстой, Воскресение.* Всячески теснили [«*иногородних*»] казаки... и с глубоким презрением называли их «бисовы души», «чига гостропуза», «хамсел» ... А иногородние... **платят казакам тою же монетой**: «куркуль» ... «каклук», «пугач» ... Так горит взаимная ненависть и презрение. *А. Серафимович, Железный поток* — Вы хотите мне **отплатить тою же монетою**, кольнуть мое самолюбие, — вам не удастся! *М. Лермонтов, Княжна Мери*

Ср.: не оставаться в долгу

ПЛЕТЕНЬ ⊙ **наводить тень на плетень** *см.* Н 7

ПЛЕЧО ⊙ **голова на плечах** *см.* Г 40

30. за плеча́ми 1) быть, иметь, иметься, оставаться/остаться *и т. п.* ↔ 'В прошлом' *О количестве прожитых или отданных работе лет, о мере пережитого, испытанного, обычно трудного или опасного* △ to be (lie, have *smth*) behind *smb*

... теперь, когда на груди уже два Красных Знамени, **за плечами** новая гора пережитых опасностей ... пора тебе, полковник Шмелев, проявлять все свое гражданское мужество. *К. Симонов, Живые и мертвые.* ... мы знали: здоровье у него [*Шукшина*] неважное. Да и неудивительно! Жизнь-то какая была **за плечами**. *«Литературная газета», 25 июля 1979*

2) быть, стоять *и т. п.* ↔ 'Очень близко по времени' *Обычно о нежелательном событии, часто о смерти* △ to be at (on) *smb's* heels

Смерть этого человека не очень поразила нас, как будто произошло самое обычное дело. Конечно, это не было черствостью, бессердечием. Это было ненормальное отупение перед лицом смерти, которая у всех нас стояла **за плечами**. *В. Каверин, Два капитана*

Ср.: не за горами *2 знач.,* со дня на день, рукой подать *2 знач.*

как гора с плеч *см.* Г 51

косая сажень в плечах *см.* С 5

31. работа, задача *и т. п.* кому-л. ↔ **по плечу́** У кого-л. 'достаточно сил или способностей, чтобы выполнить что-л.' *Обычно о нелегкой деятельности, о тяжелой физической работе, о трудноразрешимой задаче. При подлеж. иногда стоит опред. такая, обознач. большую степень этой трудности, или опред. любая* △ *smb* is equal to the work (task)

Эта работа ему не **по плечу**. He is not equal (not up) to this work.
Вариант: не по плечу́

... для геройских дел он [*Мишка*] пригоден не хуже другого, **по плечу** ему и высокие дела. *А. Толстой, Хождение по мукам.* [*Командир эскадрильи*] считал, что такому штурману, как Андрей Москвин, любая задача **по плечу**. *Ф. Вигдорова, Семейное счастье.* Ваня быстро входил в колонистскую жизнь, все ему нравилось в ней и было ему **по плечу**. *А. Макаренко, Флаги на башнях.* — И еще скажу тебе по совести: не удовлетворяет меня работа в райисполкоме. Может, не хватает мне кругозора, **не по плечу** эта должность. *В. Овечкин, Районные будни*
Ср.: мелко плавает *1 знач.*, не под силу *1 знач.*

своя голова на плечах *см.* Г 44

с плеч долой *см.* Д 59

32. с чужо́го плеча́ *разг.* 'Раньше принадлежавшая другому человеку и ношенная им' *Об одежде, надеваемой на верхнюю часть туловища: пальто, пиджаке, платье, костюме и т. п. Часто подразумевается, что эта одежда не подходит новому владельцу по размеру и выглядит на нем неуклюже или неаккуратно. Употр. как сказ. или несогл. опред. Порядок компонентов фиксир.* △ worn by *smb* else before

Шубенка у него старенькая и не по росту, видно, **с чужого плеча**. *М. Горький, Жизнь Матвея Кожемякина.* Хорошо, что хоть вы можете удостоверить личность вашего командира, а то... документов нет, знаков различия нет, гимнастерка **с чужого плеча**. *К. Симонов, Живые и мертвые.* ... каждый несет на эту сибирскую складчину [*строительство городов*] зачастую не то, что Сибири нужно, а то, чем сам богат, и растут в северных широтах дома — как одежда **с чужого плеча** или не по сезону. *«Литературная газета», 25 июня 1979*

ПЛОД ⊙ **пожинать плоды** *см.* П 53

ПЛОХО ⊙ **плохо лежит** *см.* Л 6

ПЛЫТЬ ⊙ **33. плы́ть по тече́нию** *неодобр.* 'Жить и действовать безынициативно, без сопротивления, подчиняясь обстоятельствам' *Порядок компонентов фиксир.* △ to swim (drift, go) with the stream (current)

Иные учителя... вовсе сбивались с толку; захлестнутые волной перемен, они **плыли по течению**, робко недоумевая. *И. Грекова, Хозяйка гостиницы.* Это была натура рыхлая, ленивая до полного равнодушия к себе и **плывшая по течению** неизвестно куда и зачем. Куда его вели, туда и шел. *А. Чехов, Рассказ неизвестного человека.* Все кончено; теперь я не принадлежу себе, я **плыву по**

ПЛЯСАТЬ

течению; теперь самое лучшее не думать, не рассуждать, а без критики принимать всякие случайности жизни. *В. Гаршин, Трус*
Ср.: ждать у моря погоды, идти на поводу, плясать под дудку

ПЛЯСАТЬ ⊙ **34. плясáть (попляса́ть** *редк.*) **под** чью-*л.* **дýдку (дýдочку)** *разг., неодобр.* 'Беспрекословно подчиняться в своих поступках воле и желаниям другого человека' *Чаще употр. в ситуации, когда одному человеку подчиняются многие или один — многим. Порядок компонентов нефиксир.* △ to dance to *smb's* tune; to be led by the nose ⟨by *smb*⟩
Вариант: плясáть по чьей-*л.* дýдке (дýдочке) *уст.*

— [*Надя*] мне понравилась...— Вы **под** ее **дудку** не **пляшите**! *К. Симонов, Солдатами не рождаются.* — Твой отец, если хочешь знать, ... отстал от современных требований лет на десять. А ему хочется, чтобы все **плясали под** его **дудочку**. *М. Колесников, Алтунин принимает решение.* ... кажется, никогда не согласятся [*такие люди*] на то, что явно противоположно их образу мыслей... и в особенности не согласятся **плясать по** чужой **дудке**. *Н. Гоголь, Мертвые души.* [*Подхалюзин:*] Алимпияда-то Самсоновна, может быть, на меня и глядеть-то не захотят-с! [*Большов:*] Важное дело! Не **плясать** же мне **по** ее **дудочке** на старости лет. За кого велю, за того и пойдет. *А. Островский, Свои люди — сочтемся*

Ср.: под башмаком, идти на поводу, под каблуком, плыть по течению, в руках *1 знач.*

ПОБЕЖАТЬ ⊙ **мурашки побежали по спине** *см.* М 45
ПОВЕРНУТЬСЯ ⊙ **язык не повернулся** *см.* Я 8
ПОВЕРТЫВАТЬСЯ ⊙ **язык не повертывается** *см.* Я 8
ПОВЕСИТЬ ⊙ **повесить голову** *см.* В 27
повесить нос *см.* В 28
повесить хомут *см.* Н 9
ПОВЕСИТЬСЯ ⊙ **повеситься на шею** *см.* В 29
ПОВЕСТИ ⊙ **35. кто-***л.* **и (дáже) брóвью (глáзом, ýхом** *прост.,* **нóсом** *шутл.,* **ýсом** *редк.*) **не повёл (реже не ведёт)** 'Не прореагировал, не проявил внешне своего отношения, *часто намеренно*' *При варианте* ухом *обычно выражается пренебр. отношение слушающего к тому, о чем говорят. Порядок компонентов нефиксир., чаще гл. стоит в конце фразеол.* △ smb did not bat an eyelid (eyelash); smb did not turn a hair

Но такой уж он был человек, что чувства его не отразились на его лице, он **и бровью не повел**. *А. Фадеев, Молодая гвардия.* — Брось издеваться, Серпилин! — нервно крикнул Баранов. Но Серпилин даже **и глазом не повел** в его сторону. *К. Симонов, Живые и мертвые.* — Подумаешь, лодка! У нас их дома полно! —

Но никто **и ухом не повел,** словно и не слыхали. *Ф. Вигдорова, Семейное счастье.* — К чему я рассказал про этот случай Виктору Семенычу? Да не без задней мысли... Рассказал ему — он **и усом не повел.** *В. Овечкин, Районные будни*

Ср.: глазом не моргнул *2 знач.,* как пень, не показывать вида, пропускать мимо ушей, хоть бы что *1 знач.*

ПОВИСНУТЬ ⊙ **повиснуть на волоске** *см.* В 42

ПОВОД ⊙ **идти на поводу** *см.* И 11

ПОВОРАЧИВАТЬСЯ ⊙ **язык не поворачивается** *см.* Я 8

ПОВОРОТ ⊙ **36.** ⟨дать, показать *и т. п.* кому-л. или получить⟩ **от воро́т поворо́т** *разг., иногда шутл.* 'Решительный отказ в ответ на просьбу, на *какое-л.* предложение *и т. п.*' Часто **в ответ на сватовство.** *Обычно этот отказ неожидан для того, кто просит. Порядок компонентов фиксир.* △ ⟨to give *smb*, to receive⟩ a flat refusal

... [они] ультиматума не приняли... Парламентерам — **от ворот поворот.** *К. Симонов, Солдатами не рождаются.* Дядя Винер, как приехал, разбежался было в буфет, а ему **от ворот поворот,** запрещено, приказ дирекции. *В. Драгунский, Сегодня и ежедневно.* [*Михаила*] удивил яркий свет в своей избе, который он увидел еще от задних ворот... — Так, так, — подумал Михаил. — Сваты... Дадим **от ворот поворот,** но так, чтобы сватам обиды не было. *Ф. Абрамов, Две зимы и три лета.* Дополняю рукопись и подумываю: как бы ее опубликовать? Те, к кому я обращался, дали **от ворот поворот.** Но, может, есть организации и программисты, которые хотели бы работать? *М. Ботвинник, К достижению цели*

ПОВОРОТИТЬСЯ ⊙ **язык не поворотился** *см.* Я 8

ПОГИБЕЛЬ ⊙ **37.** гнуться, сгибаться/согнуться *и т. п.* ↔ **в три́ поги́бели** *разг.* 'Очень низко, напрягая спину' *Может характеризовать положение человека во время какой-л. деятельности, а также внешний вид больного или дряхлого человека. Порядок компонентов фиксир.* △ to bend ⟨oneself⟩ double

Ваня залез мне на спину и уселся... Под тяжестью Вани я согнулся **в три погибели** и покрепче вцепился в пояс Шишкина, чтоб была опора. *Н. Носов, Витя Малеев в школе и дома.* Даже Лебедев не утерпел, вышел из своего угла и, согнувшись **в три погибели,** стал заглядывать в письмо чрез плечо Птицына. *Ф. Достоевский, Идиот.* Нужно было вылезть в это отверстие ногами наружу, сесть, согнувшись **в три погибели,** и, оттолкнувшись всем телом, упасть вниз. *В. Каверин, Два капитана.* ... барабанит пальцами по стеклу согнутый **в три погибели** Степан Иванович, проводящий все дни у окна. *Б. Полевой, Повесть о настоящем человеке*

Ср.: до отказа

ПОГЛАДИТЬ ⊙ **погладить по головке** *см.* Г 2
погладить против шерсти *см.* Г 3
ПОГОВОРКА ⊙ **войти в поговорку** *см.* В 53
ПОГОДА ⊙ **ждать у моря погоды** *см.* Ж 2
ПОГРЕТЬ ⊙ **погреть руки** *см.* Г 58

ПОДАВАТЬ ⊙ **38. не подава́ть / не пода́ть (не пока́зывать / не показа́ть) ви́да (ви́ду** *разг.*) 'Не обнаруживать внешне *какое-л.* чувство, мысль, состояние, отношение' к *кому-л.*, к *чему-л.* *Часто употр. как часть сложносочин. предлож. после союза* но, *как главная или придат. часть в сложноподч. предлож. с придат. уступ.; как главная часть перед придат. предлож. с союзом* что. *Порядок компонентов нефиксир.* △ not to show it (that + *придат. предлож.*)

Нестеренко был взволнован не меньше, но **вида не подавал,** покашливал, щуря карие, теперь уже невеселые глаза. *М. Шолохов, Поднятая целина.* Я сказала, что пойду с Колей, и увидела, что он этим доволен, хотя он **не подал виду.** *В. Киселев, Девочка и птицелет.* ... однако Слепцов прошел мимо, даже **вида не подал,** что они знакомы. *Б. Окуджава, Глоток свободы.* [Тося] наконец-то решила, что ей надо делать. Сейчас она и **виду не подаст,** что ей все известно о споре. *Б. Бедный, Девчата*

Ср.: глазом не моргнул 2 *знач.,* как пень, бровью не повел

ПОДАЛЬШЕ ⊙ **39.** уйти, уехать, убрать *что-л.* и *т. п.* ↔ **от греха́ пода́льше** *разг., иногда шутл.* 'Чтобы избежать неприятности, скандала, несчастья и *т. п.*' *Часто в последующем тексте указывается, что именно могло бы произойти, если бы не было совершено данное действие. Фразеол. может отделяться паузами. Порядок компонентов фиксир.* △ to get (keep, put *smth*, get *smb*) out of harm's way

Старуха Катерина собрала свои немудрящие пожитки и в руках перенесла их к Дарье. Петруха пьяный настоял, выжил чуть не силой, и Катерина **от греха подальше,** чтоб не скандалить с ним, убралась. *В. Распутин, Прощание с Матёрой.* — Переезжай лучше ко мне, **от греха подальше.** А то я уж чувствую... скандал пойдет. *К. Симонов, Солдатами не рождаются.* Давыдов... вынул пистолет... и положил его на колени Устину. — Возьми эту игрушку и спрячь **от греха подальше**... боюсь, что не выдержу искушения и тебе же первому продыравлю голову. *М. Шолохов, Поднятая целина.* Мерзлявый заскучал больше всех, потер подбородок ... и **от греха подальше** заспешил к выходу. *Б. Бедный, Девчата*

ПОДАТЬ ⊙ **не подать вида** *см.* П 38

40. руко́й пода́ть *разг. Порядок компонентов фиксир.* 1) ⟨от *чего-л.*⟩ до *чего-л.* ↔ или реже *что-л.* 'Очень близко по расстоянию'

Обычно характеризует расположение каких-л. географических объектов по отношению друг к другу или к местонахождению человека △ smth is ⟨within⟩ a stone's throw ⟨of *smth*⟩; smth is within spitting distance *сленг*

От нашего Заречья до этого луга **рукой подать** — только подняться вверх по Госпитальной до бойни, а там и свечной завод. *В. Беляев, Старая крепость.* ... ничего страшного, дорога знакома, через три дня он доберется до охотничьей избушки, а там и до дому **рукой подать**. *П. Проскурин, Тайга.* Быстро стали снижаться [*на самолете*]. Вот уж земля — **рукой подать,** стремительно летит назад. *В. Шукшин, Чудик.* Баренцево море — **рукой подать.** Тридцать километров. *В. Кетлинская, Вечер Окна Люди*

Ср.: под боком, не за горами *1 знач.*, под рукой, в двух шагах
2) *Что-л.* 'очень близко по времени' *В качестве подлеж. употр. названия частей суток, месяцев, времен года, а также каких-л. событий, часто желательных* △ ⟨close (near)⟩ at hand

Сейчас, при солнце, середина сентября казалась совсем близкой — **рукой подать.** *В. Распутин, Прощание с Матёрой.* Они [*отцы и деды*] мечтали о коммунизме, не видели его, а как сражались за него, как шли на смерть! А мы видим его — вот он, **рукой подать!** *М. Бубеннов, Белая береза*

Ср.: не за горами *2 знач.*, со дня на день, за плечами *2 знач.*

ПОДБОР ⊙ **41.** *кто-л., реже что-л.* ↔ ка́к на подбо́р ↔ ⟨какие-л.⟩ *разг., часто одобр.* 'Совершенно одинаковые по *каким-л.* качествам' *Часто о рослых, крупных, красивых и т. п. людях. Порядок компонентов фиксир.* △ quite identical in certain qualities

Ребята были как на подбор высокие и красивые. They were a perfect (a choice) set of tall and handsome boys.

На Ангаре всего несколько деревень с таким выговором и с красивым, **как на подбор,** рослым и работящим народом, особенно женщинами. *В. Распутин, Живи и помни.* Хористы то затихали... то вдруг вступали басы — **как на подбор,** высокие, рослые парубки, поставленные отдельно. *В. Беляев, Старая крепость.* Все пять бесхлебновских петухов были **как на подбор** рослые и внушительной расцветки. *М. Шолохов, Поднятая целина.* Учителя немецкого языка, все **как на подбор,** были педантичны. *А. Куприн, На переломе*

Ср.: один к одному

ПОДВЕРНУТЬСЯ ⊙ подверну́ться под руку *см.* П 77
ПОДВЕРТЫВАТЬСЯ ⊙ подверты́ваться под руку *см.* П 77
ПОДВЕСТИ ⊙ подвести́ под монасты́рь *см.* П 42
ПОДВЕШЕН ⊙ язы́к хорошо́ подве́шен *см.* Я 10
ПОДВОДИТЬ ⊙ **42.** подводи́ть/подвести́ ↔ кого́-л. под монас-

тырь *разг., неодобр., иногда шутл.* 'Навлекать на *кого-л.* неприятности, беду, наказание' *Часто не намеренно. Употр. чаще гл. сов. вида. Порядок компонентов нефиксир.* △ to put *smb* in the cart

— Бросай ты Лукерью окончательно! Она тебя, парень, **подведет под монастырь**... И ежели ты не хочешь пулю в лоб получить, бросай ее... окончательно! *М. Шолохов, Поднятая целина.* — До этого я Печерицы в глаза не видывал.., Очень жаль, что я его «**под монастырь**» подвел. *В. Беляев, Старая крепость*

Ср.: подкладывать свинью, рыть яму

ПОДВОРАЧИВАТЬСЯ ⊙ подворачиваться под руку *см.* П 77

ПОДЕЛАТЬ ⊙ **43.** ничего́ не поде́лаешь (не попи́шешь *разг.*) 'Приходится смириться с *чем-л.* нежелательным, т. к. ничего изменить нельзя' *Обычно в предшествующем тексте указывается нежелательное событие, а в последующем содержится мотивировка невозможности изменить ситуацию. Употр. чаще как часть сложн. предлож. Порядок компонентов фиксир.* △ it can't be helped; there is nothing to be done

Стыдно было мне, что я не исполнил своего обещания, но теперь уж все равно **ничего не поделаешь**. *Н. Носов, Витя Малеев в школе и дома.* — Вздохнуть некогда. А сейчас навязали подготовку концерта... Но **ничего не поделаешь**! Надо уж до конца держать марку, хотя вся эта школьная возня мне осточертела. *В. Липатов, Повесть без названия, сюжета и конца...* — Жаль мне вас, очень жаль, голубчик, а **ничего не попишешь**, закончик, закончик!... Не я его составлял... мое дело — следить, чтобы он выполнялся. *Б. Полевой, Глубокий тыл.* Ольга Денисовна проверяла сочинения... У нее медленно двигалось дело, отвлекали невеселые мысли.— Что же, в самом деле, неужто так вот и подступает старость со своими сигналами?..— Не очень расстраивайтесь, Ольга Денисовна,— сказал директор.— Закон природы, **ничего не попишешь**. *М. Прилежаева, Осень*

Ср.: деваться некуда, делать нечего

ПОДЖИЛКИ ⊙ **44.** ⟨у *кого-л.*⟩ ⟨от *чего-л.*⟩ **поджи́лки трясу́тся** (затрясли́сь, затрясу́тся; *реже* дрожа́т, задрожа́ли, задрожа́т) *разг., иногда ирон.* Кто-л. 'очень сильно испуган' *Порядок компонентов фиксир.* △ smb is shaking (quaking) with fear; smb is shaking in *his* shoes ⟨because (when, *etc*) + *придат. предлож.*⟩ *иногда ирон.*

Храбрится [*Морковкин*], а у самого **поджилки трясутся**, мурашками спину так и осыпает, только что вспомнит про здоровенный кулак и непомерную силу Алексея. *Л. Мельников-Печерский, В лесах.* — Чувствует мое сердце, что твой подлец-муж бросится за нами в погоню. У меня сейчас **поджилки трясутся**. *А. Чехов, Вынужденное заявление.* — Отчего ж не остались в

Москве? **Поджилки затряслись**, а? *Ф. Вигдорова, Семейное счастье.* — Тебе отсюда кажется, что там бомбежка — страшное дело, а я сюда, на фронт, шел — **поджилки дрожали**. А пришел — вроде ничего. *К. Симонов, Живые и мертвые*

Ср.: волосы становятся дыбом, глаза на лоб лезут, душа уходит в пятки, ни жив ни мертв, кровь стынет, мороз по коже дерет, мурашки бегают по спине, лица нет, сердце падает

[Поджилки — *коленные сухожилия*]

ПОДИРАТЬ ⊙ **мороз по коже подирает** *см.* М 40

ПОДКЛАДЫВАТЬ ⊙ **45. подкла́дывать*/подложи́ть** ↔ *кому-л.* **свинью́** *разг., неодобр.* 'Тайком навредить *кому-л.*, совершив по отношению к *нему* подлый поступок' *Обычно этот поступок разрушает чьи-л. планы, намерения, надежды. Порядок компонентов нефиксир.* △ to play a mean (dirty) trick on *smb*; to do the dirty on *smb*

Савелий Фомич что-то пробормотал. Он все еще не взял в толк, что **подложил** мне **свинью** *А. Безуглов, Следователь по особо важным делам.* За спиной сказал, тайком наябедничал — вот благодарность за все заботы! Люди уже говорят: — **Свинью подложил**. *В. Тендряков, Тугой узел.* — Мадам Звонарева состоит врачом в поезде императрицы и потому часто встречается с ней. Поверьте, если мадам Звонарева захочет, то сумеет всем нам **подложить** хорошую **свинью**. *А. Степанов, Семья Звонаревых*

Ср.: подводить под монастырь, путать карты, рыть яму

ПОДЛИВАТЬ ⊙ **46. подлива́ть/подли́ть ма́сла в ого́нь** *часто неодобр.* 'Способствовать усилению *каких-л.* чувств, настроений, интереса к *чему-л.* или к *кому-л.*' *Часто подразумевается усиление взаимного чувства неприязни, обострение напряженных отношений. В качестве подлеж. обычно употр. абстрактные сущ. со знач. речи или чувства, названия событий, реже сущ., называющие лиц, а также мест. это. Употр. чаще гл. сов. вида в прош. вр.; гл. несов. вида употр. обычно в многократном знач. Порядок компонентов нефиксир.* △ to add fuel to the flame(s) (fire); to pour oil on the flame(s), to fan the flame(s)

[Семеновна] то... принималась ворчать... то в злости надувалась и не хотела сказать ни слова... [Настена] неизвестно откуда взялась, принесла с собой приданого одно платьишко на плечах, так что и справу [*одежду*] ей, чтобы показаться на люди, пришлось гоношить [*приобретать*] здесь же... вот что в ненастную пору **подливало** [Семеновне] **масла в огонь**. *В. Распутин, Живи и помни.* И тут... грянул... добродушнейший, но громовой хохот... Один Нагульнов возмущенно крикнул: — Да что же это такое? Никакой сурьезности нету на этом собрании!... — Но этим выкриком он словно **масла в огонь подлил**, и хохот вспыхнул и покатился... по коридору с новой силой. *М. Шолохов, Поднятая целина.* А Коврин работал с прежним усердием и не замечал сутолоки. Любовь только **подлила масла в огонь**. После каждого свидания с Таней он, счастливый, восторженный, шел к себе и... брался за книгу или за свою рукопись. *А. Чехов, Черный монах.* ... я... все время слышал многоголосый смех, и это меня подстегивало, и **подливало масла в огонь**, и я импровизировал разные новые маленькие трюки. *В. Драгунский, Сегодня и ежедневно*

Ср.: приложить руку

ПОДЛИТЬ ⊙ подлить масла в огонь *см.* П 46
ПОДЛОЖИТЬ ⊙ подложить свинью *см.* П 45
ПОДМЁТКА ⊙ в подметки не годится *см.* Г 36
ПОДНИМАТЬ ⊙ **47. поднима́ть / подня́ть го́лову (го́ловы)** 'Почувствовав уверенность в себе, начинать действовать *или* заявлять о своих правах' *В качестве подлеж. употр. сущ., называющие лиц, личн. и указат. мест., а также сущ. типа крестьянство, фашизм и т. п. При сущ. на -изм фразеол. употр. обычно с неодобр. окраской. Чаще употр. гл. сов. вида в прош. вр. Порядок компонентов фиксир.* △ to rear one's (its ⟨ugly⟩) head *неодобр.*

По всему чувствовалось, что танкисты за последние месяцы **подняли головы**, и неудивительно: танковые и механизированные корпуса с начала октябрьского наступления давали немцам жизни! *К. Симонов, Солдатами не рождаются.* В Нехлюдове, как и во всех людях, было два человека. Один — духовный... и другой — животный человек... увидев Катюшу и вновь почувствовав то, что он испытывал к ней тогда, духовный человек **поднял голову** и стал заявлять свои права. *Л. Толстой, Воскресение.* — Я охранял Родину нашу, людей наших от гадов, переползавших границу, уничтожал их и теперь буду уничтожать тех, кто переполз границу, **поднял голову**. *В. Попов, Сталь и шлак*

Ср.: набираться духу, собраться с духом

поднимать на ноги *см.* С 106

48. поднима́ть / подня́ть (подыма́ть) ↔ *кого-л., реже что-л.,* **на́ смех** 'Осмеивать *кого-л., что-л.*; насмехаться над *кем-л., чем-л.*' *Порядок компонентов нефиксир.* △ to make fun of *smb, smth*; to take (get) the (a) rise out of *smb, smth*

Надежда Романовна умеет шутить? Вот уж не знала! — В своем духе. Открыли во мне склероз, **подняли на смех**. *М. Прилежаева, Осень.* После полета Кононов не шумел на общем разборе, не **поднимал на смех**, как другие инструкторы. *Ф. Вигдорова, Любимая улица.* Я понял, что, если еще одну секунду простою так, молча, меня **подымут на смех**. Надо было говорить. *В. Беляев,*

Старая крепость. [*Саше*] показалось неудобным выказать подозрение... наверно, Геннадий по рассеянности захватил облигацию, и они **подымут** Сашу **на смех**, что он собственник и трус. *В. Панова, Времена года*

Ср.: колоть глаза *1 знач.*, показывать пальцем, шутки шутить *2 знач.*

49. поднима́ть / подня́ть (подыма́ть) ↔ на *кого-л., что-л.* ↔ **ру́ку** *неодобр. Употр. чаще гл. сов. вида в прош. вр. или в инф. при словах со знач. решимости. При отриц. возможна форма* руки́. *Порядок компонентов нефиксир.* 1) 'Замахиваться, пытаясь ударить *кого-л.*' △ to lift (raise) one's hand against *smb*

...я, не помня себя от злобы, вырвал руку и из всех моих детских сил ударил его. — Да, мой милый, — сказала [бабушка], — я надеялась, что вы будете благодарны... за попечение и труды его... а вы, молокосос, мальчишка, решились **поднять** на него **руку**. *Л. Толстой, Отрочество*. Цветухин часто встречал в своих фантазиях какого-то человека, **поднявшего** на него **руку**. И вот он сжимает эту руку злодея, ставит его на колени или отбрасывает на пол. *К. Федин, Первые радости*

2) 'Пытаться убить *кого-л.*, воевать с *кем-л.*' △ to lift (raise) one's hand against *smb*

Что знает человек... о себе самом? Пожалуй, лишь то, что он ничтожен перед лицом высших сил... Но если он и впрямь таков, откуда это у него сила взялась на государя **руку поднять**?... как же у того разбойника достало силы духа вынашивать черные свои планы об убийстве? *Б. Окуджава, Глоток свободы*. — Так же вот Матвейка вернется, уничтожит Игнашку Игнатова, а увидит бывшего своего коня на твоей ограде и простит тебя, не **подымет** на тебя **руки**! *С. Залыгин, Комиссия*. ... — просим передать питерским рабочим и солдатам, что на них мы **руку не подымем**! *М. Шолохов, Тихий Дон*. Когда, задыхаясь от бега, они вернулись в поселок, больничка пылала не хуже хвойного костра... — Кто же это **руку**-то **поднял** на тебя, Егор Севастьяныч, а-а? — голосом, полным вдохновенья и сдержанной злобы, спросил Марк. *Л. Леонов, Русский лес*

3) 'Осуждая *кого-л., что-л.*, выступать против *кого-л., чего-л.*, бороться с *кем-л., чем-л.*' *Обычно эта борьба вызвана неприятием чьего-л. мировоззрения, научной концепции, методов работы и т. п.* △ to lift (raise) one's hand against *smb, smth*

— Вы, Анна Георгиевна, дали знак, то есть приказ, негласный, но для подчиненных обязательный, и наш директор исполнил его, и все это знают. — Надежда Романовна всплеснула руками: — На кого наговариваете, Маргарита Константиновна! На кого поднимаете руку? Товарищ завгороно безупречна. *М. Прилежаева, Осень.* Петр не понимал, как можно так об Анфисе Петровне говорить... Сердце закипело — на кого **руку подняли!** — [*Лиза*] рубанула сплеча: — Ну, вот что, гости дорогие!... чтобы в моем доме слова худого об Анфисе Петровне не было! *Ф. Абрамов, Дом*

ПОДНИМАТЬСЯ ⊙ **волосы поднимаются дыбом** *см.* В 54

рука не поднимается *см.* Р 37

ПОДНЯТЬ ⊙ **поднять голову** *см.* П 47

поднять на ноги *см.* С 106

поднять на смех *см.* П 48

поднять руку *см.* П 49

ПОДНЯТЬСЯ ⊙ **волосы поднялись дыбом** *см.* В 54

рука не поднялась *см.* Р 37

ПОДРАТЬ ⊙ **мороз по коже подрал** *см.* М 40

ПОДРЕЗАТЬ ⊙ **50. подреза́ть/подре́зать** (*реже* **обреза́ть/обре́зать, подсека́ть/подсе́чь**) ← *кому-л.* → **кры́лья** 'Лишать *кого-л.* веры в себя или возможности действовать и проявлять свои способности в полную силу' *Часто применительно к ситуации, когда активность человека находится на взлете, на подъеме. В качестве подлеж. употр. названия лиц или каких-л. событий. При отриц. возможна форма* **крыльев.** *Порядок компонентов нефиксир.* △ to clip smb's wings (the wings of smb)

... прервать предпраздничное соревнование сейчас, когда оно в самом зените... Как это **подрежет крылья** всем, кто снова набрал высоту! Как размагнитит людей! *Б. Полевой, Глубокий тыл.* — Это — противный фронт. А вот это — все наши, все наши, — Степан Петрович водил толстым пальцем по спискам. — Положение в селе острое, — либо меня убьют, либо я кое-кому **подрежу крылья.** *А. Толстой, Хождение по мукам*

Ср.: путать карты, связывать руки, связывать по рукам и ногам

ПОДСЕКАТЬ ⊙ **подсекать крылья** *см.* П 50

ПОДСЕЧЬ ⊙ **подсечь крылья** *см.* П 50

ПОДТОЧИТЬ ⊙ **комар носа не подточит** *см.* К 28

ПОДУМАТЬ ⊙ **51. поду́мать то́лько!** *Выражает сильное удивление, восхищение и т. п., иногда с оттенком иронии. Обычно говорящий сопровождает восклицание называнием событий, вызвавших эти чувства. Употр. как самост. предлож. или часть сложн. предлож. Порядок компонентов фиксир.* △ just fancy! *употр. как самост. предлож.*; just think + *придат. предлож.*

А вот удивился Мещеряков, — это когда заметил синеватый какой-то перст, указывающий прямо в небо... — Моряшихинская эта ведь церква-то! — Не может быть! — Значит, может! Другого тут церковного села ближе нету... Это **подумать только,** сорок верст —

и видать! *С. Залыгин, Соленая Падь.* — Скажи на милость! В какую ты честь попал, Гришка! За одним столом с настоящим генералом! **Подумать только!** *М. Шолохов, Тихий Дон.* Милый, голубчик локатор не подкачал... А кто надумал проверить? Наумов. Ай да старик! **Подумать только,** что было бы, если бы не Наумов. *Д. Гранин, Искатели*

Ср.: вот те на! вот тебе и, вот это да, ну и ну! нечего сказать *1 знач.*, с ума сойти *4 знач.*, этого еще не хватало!

ПОДЫМАТЬ ⊙ **подымать на ноги** *см.* С 106

подымать на смех *см.* П 48

подымать руку *см.* П 49

ПОДЫМАТЬСЯ ⊙ **рука не подымается** *см.* Р 37

ПОЕДАТЬ ⊙ **поедать глазами** *см.* Е 1

ПОЖАР ⊙ **52. бежать, мчаться (помчаться), нестись, лететь** *и т. п.* ↔ **как на пожа́р** *разг., иногда шутл. или ирон.* 'Очень быстро, как будто торопясь по срочному делу' *Порядок компонентов фиксир.* △ to run like hell; to ride hell for leather; to run like the clappers *разг., шутл.*

— Что это ты, милая, бежишь, **как на пожар?** — Да некогда, тетя Маня, мне. Коровы одне остались. *В. Белов, Гудят провода.* Все мальчики и девочки, и большие и маленькие, как по команде, высыпали на улицу и шагали в школу... Кто шел не спеша, вроде меня, кто мчался стремглав, **как на пожар.** *Н. Носов, Витя Малеев в школе и дома*

Ср.: во весь дух, что есть духу, что есть силы, во всю ивановскую *2 знач.*, со всех ног, очертя голову *2 знач.*, без памяти, на всех парах, изо всех сил *2 знач.*, сломя голову, не слышать ног под собой *1 знач.*, как угорелый

ПОЖАТЬ ⊙ **пожать плоды** *см.* П 53

ПОЖИНАТЬ ⊙ **53. пожина́ть/пожа́ть (вкуша́ть/вкуси́ть** *высок.***) плоды** ⟨*чего-л.*⟩ или *реже чьи-л.* **плоды́** *книжн.* 'Пользоваться результатами сделанного' *В качестве доп. употр. слова* труд, ученье, победа, сделанное *и т. п., а также сущ., обознач.* черты характера и поведения человека. *Фразовое ударение при отсутствии доп. стоит на* плоды, *при наличии доп. переносится на него. Порядок компонентов фиксир.* △ to reap the fruits (the benefits) ⟨of smth⟩

[*Серпилин*] лихорадочно работал в канун наступления и сейчас, **пожиная** первые **плоды,** был горд, что именно его дивизия освободила один из первых городов Подмосковья. *К. Симонов, Живые и мертвые.* Он перешел эту черту и теперь легко, без напряжения **пожинал плоды** многих и многих дней тяжелого труда. *Б. Полевой, Повесть о настоящем человеке.* [*Глумов:*] Вы видите, что мне некогда, год я должен сердобольно ухаживать за больной, а потом могу **пожинать плоды** трудов своих. *А. Островский, Бешеные деньги.* Прав ли он был, спасая жизнь Наполеона? Наполеон виноват в войне с Испанией. Война сделала Араго пленником... Не **пожинает** ли он сам ныне **плоды** посеянного им? *Д. Гранин, Повесть об одном ученом и одном императоре*

ПОЖИРАТЬ ⊙ **пожирать глазами** *см.* Е 1
ПОИГРАТЬ ⊙ **поиграть в кошки-мышки** *см.* И 5
ПОЙМАТЬ ⊙ **поймать на слове** *см.* Л 21
поймать себя *см.* Л 23
ПОЙТИ ⊙ **голова пошла кругом** *см.* Г 39

54. далеко́ пойти́ (*реже* **уйти́**) *разг., одобр., иногда ирон.* 'Добиться большого успеха в жизни, в *какой-л.* деятельности' *Употр. чаще в форме 3 л. ед. ч. буд. вр. Порядок компонентов фиксир.* △ to go far (a long way)

При всем этом Ленская относилась к своим жильцам с большой теплотой, говорила: такой-то **далеко пойдет** — даже гордилась своей приобщенностью к искусству. *Н. Соротокина, Свадьба.* Синцов еще раз подумал о Наде: может, выходит теперь за него замуж оттого, что поверила — **далеко пойдет**. *К. Симонов, Солдатами не рождаются.* Маргарита Антоновна гордилась Вериным возвышением. — Я говорила, вы **далеко пойдете**! *И. Грекова, Хозяйка гостиницы.* [Евгений] стал рассказывать, как выступил на обсуждении [*писателя*] Гулина... — А ты книгу-то прочитал? — спросила Варвара. — Просмотрел перед обсуждением. И критические статьи просмотрел в читальне, так что я сориентировался, можете за меня не беспокоиться... — Ох, **далеко** ты, наш Женюра, **пойдешь**! — вздохнула Варвара. *Ю. Герман, Дело, которому ты служишь*
Ср.: идти в гору *1 знач.,* не ударить лицом в грязь

55. если (ко́ли *прост.*) ⟨**уж**⟩ **на то́ пошло́** *разг.* 'Если уж говорить об этом, если уж коснулось этого' *Употр. как часть сложн. предлож., которое обычно содержит возражение высказанному раньше и подразумевает, что в этом случае говорящий чувствует себя обязанным высказать то, что ранее не хотел упоминать. Порядок компонентов фиксир.* △ if it comes to that; come to that *разг.*

— А тебя-то дома кто ждет? — Никто не ждет, — присмирела она. — Это правда. Был бы Иван... — Иван, Иван, — опять перебил он ее. — Заладила одно по одному. **Если на то пошло** — Иван тоже не святой был. *В. Распутин, Встреча.* — Вообще я против танцев ничего не имею. **Если на то пошло**, так и Ромео с Джульеттой на танцах познакомились. *А. Вамтилов, Девичья память.* — ... это будет в высшей степени невежливо перед Анной Сергеевной, которая непременно пожелает тебя видеть.— Ну, в этом ты ошибаешься.— А я, напротив, уверен, что я прав,— возразил Аркадий.— И к чему ты притворяешься? **Уж коли на то пошло,** разве ты сам не для нее сюда приехал? *И. Тургенев, Отцы и дети.* [*Аркадина:*] Людям не талантливым, но с претензиями, ничего больше не остается, как порицать настоящие таланты. [*Треплев:*] Настоящие таланты!... Я талантливее вас всех, **коли на то пошло!** *А. Чехов, Чайка*

    мороз по коже пошел *см.* М 40
    мурашки пошли по спине *см.* М 45
    пойти в гору *см.* И 9
    пойти в огонь и в воду *см.* О 11
    пойти на поводу *см.* И 11
    пойти под гору *см.* И 12
    пойти прахом *см.* И 13
    ПОКАЗАТЬ ⊙ **не показать вида** *см.* П 38
    не показать носа *см.* К 3
    показать вид *см.* Д 19
    показать когти *см.* П 56
    показать товар лицом *см.* П 58
    ПОКАЗАТЬСЯ ⊙ **показаться на глаза** *см.* П 59
    ПОКАЗЫВАТЬ ⊙ **не показывать вида** *см.* П 38
    не показывать носа *см.* К 3
    показывать вид *см.* Д 19

56. пока́зывать/показа́ть ⟨свои́⟩ ко́гти (коготки́, зу́бы) 'Проявлять внешне свою злую природу, враждебные намерения, готовность к отпору' *В качестве подлеж. употр. мест. и сущ., называющие лиц, а также сущ. жизнь. Порядок компонентов фиксир.* △ to show one's teeth

Надо, чтобы за дверью каждого довольного, счастливого человека стоял кто-нибудь с молоточком и постоянно напоминал бы стуком, что есть несчастные, что, как бы он ни был счастлив, жизнь рано или поздно **покажет ему свои когти,** стрясется беда — болезнь, бедность, потери — и его никто не увидит и не услышит. *А. Чехов, Крыжовник.*— Ого-го!.. Тихоня начинает **показывать коготки.** Очень любопытно! Я не знала, что вы такой спорщик. *В. Беляев, Старая крепость.* Отбиваясь направо и налево, приспособляясь, прикидываясь, иногда рыча и **показывая зубы,** иногда угрожая настоящим ядовитым жалом... мы продолжали жить и богатеть. *А. Макаренко, Педагогическая поэма*

57. пока́зывать* (ука́зывать*, ты́кать *прост.***)** ↔ ⟨**на** *кого-л.,* реже **на** *что-л.*⟩ **па́льцем (па́льцами)** или **ты́кать в** *кого-л.* **па́льцем**

(па́льцами) *разг.* 'Открыто, вслух осуждать *кого-л.*, выделяя из всех других людей из-за необычного, резко отрицательного *или* смешного поведения' *В качестве доп. употр. сущ. и мест., называющие лиц, реже учреждения, учебные заведения и т. п.; при этом подразумеваются работающие или служащие в них люди. Порядок компонентов нефиксир.* △ to point the finger at *smb, smth*

— А может, и не надо вовсе ничего говорить?... И никто на нас внимания не обратит, и никто не будет смеяться, если мы скажем не то, что следует, и **пальцами** на нас потом не будут **показывать**! *В. Беляев, Старая крепость.* После этого случая меня в том ресторане посетители стали бояться, **пальцем показывали:** — Вот тот официант, что супником на пьяных замахнулся. *В. Овечкин, День тракториста.* — Согласитесь сами, у всякого есть свои недостатки и свои... особенные черты, у других может еще больше, чем у тех, на которых привыкли **пальцами указывать.** *Ф. Достоевский, Идиот.* — Дак я мать ему или не мать? Ить он и на меня позор кладет. И в меня будут **пальцем тыкать.** *В. Распутин, Прощание с Матёрой*

Ср.: перемывать косточки, поднимать на смех

58. пока́зывать*/показа́ть това́р лицо́м 'Представлять окружающим *что-л.* с лучшей, наиболее выигрышной стороны' *Употр. чаще гл. сов. вида в инф. при словах со знач. умения, желания и т. п. Порядок компонентов фиксир.* △ to show things to ⟨the best⟩ advantage (in the best light)

Батюк хотел **показать товар лицом**, ничего своего не отдать соседям, а если какой-нибудь захваченный танк или зенитка стоят на разграничительной линии, — пусть сосед как хочет, а у нас чтобы фигурировали. *К. Симонов, Солдатами не рождаются.* В перерывах между боевыми заданиями Мамочкин умел **показать товар лицом.** Молодые разведчики, еще не бывшие в деле, восхищались им. Он щеголял в широченных шароварах ... ворот его гимнастерки всегда был расстегнут. *Э. Казакевич, Звезда*

ПОКАЗЫВАТЬСЯ ⊙ **59. пока́зываться/показа́ться (каза́ться** *уст.*) ↔ *кому-л.* ↔ **на глаза́** *разг.* 'Появляться непосредственно перед *кем-л.*' *Чаще употр. гл. сов. вида, обычно в инф. при словах со знач. боязни, невозможности, в вопросах; гл. несов. вида обычно употр. с отриц., а без отриц. в многократном знач. Порядок компонентов нефиксир.* △ to show *oneself* to *smb*; to appear before *smb*

В своих диагнозах и предсказаниях насчет дальнейшего течения болезни я то и дело ошибался так, что боялся **показаться** пациентам **на глаза.** *В. Вересаев, Записки врача.* Как **покажусь** я **на глаза** господам? что скажут они, как узнают, что дитя пьет и играет.

А. Пушкин, Капитанская дочка. Так как Настасья Филипповна тоже ни разу еще не сообщала ему о том, что встречала «с тех пор» Рогожина, то князь и заключил теперь, что Рогожин нарочно почему-нибудь **на глаза не кажется**. *Ф. Достоевский, Идиот.* ... очевидно, болезнь была нешуточна, а так как... ему становилось явно хуже, если Лиза **показывалась на глаза,** то причину несчастья надо было искать в неудачном браке. *К. Федин, Первые радости*

Ср.: высунуть нос

ПОКАТИТЬ ⊙ покатить под гору *см.* И 12

ПОКАТИТЬСЯ ⊙ покатиться под гору *см.* И 12

покатиться со смеху *см.* П 60

ПОКАТЫВАТЬСЯ ⊙ 60. пока́тываться*/покати́ться со́ смеху (*реже* с хо́хоту) *разг.* 'Очень громко и безудержно смеяться' *При гл. несов. вида обычно подразумевается длительность этого состояния, невозможность прекратить его; при гл. сов. вида характеризуется внезапное, импульсивное начало этого состояния; при этом перед фразеол. возможны слова* так *и или* вдруг. *Употр. обычно в прош. вр., чаще гл. сов. вида. Порядок компонентов нефиксир.* △ to roar with laughter; to be killing *oneself* with laughter (laughing) *продолжительно смеяться;* to fall about laughing

А когда была объявлена лекция на экономические темы и Матвей, в очках, с огромным портфелем, появился на сцене, все **покатились со смеху.** *С. Антонов, Дело было в Пенькове.* — Тише! — зашептал он... — Тссс! Здесь Маргарита мечтает о своем Фаусте. — И **покатился со смеху,** как будто сказал что-то ужасно смешное. *А. Чехов, Рассказ неизвестного человека.* — Рассказывал он вам про осаду Карса? Или про то, как у него серая пристяжная заговорила? Он ведь до этого даже доходит. — И Ганя вдруг так и **покатился со смеху.** *Ф. Достоевский, Идиот.* Мальчик мгновенно преображался, насовывал кепку на уши в виде чепца. Голова у него, как у черепахи, уходила в плечи, тело расслаблялось, начинало дрожать... Бригада **покатывалась с хохоту.** *Б. Полевой, Глубокий тыл*

Ср.: хвататься за животы

ПОКЛАДАЯ ⊙ 61. трудиться, работать *и т. п.* ↔ **не поклада́я ру́к** *разг.* 'Непрерывно, как будто не уставая, очень старательно' *Порядок компонентов нефиксир.* △ to work day and night (from morning till night); to keep *one's* nose to the grindstone *о долгой и напряженной работе*

Днем работала она **не покладая рук,** по ночам штопала, шила, воровала щиты на чугунке. *И. Бунин, Деревня.* И когда мне совсем невмоготу, я вспоминаю о том, что далеко, в глубоком

тылу... Галя... **не покладая рук,** не зная устали, трудится для нашей общей победы. *Б. Полевой, Глубокий тыл.* Для себя ему, казалось, ничего не нужно было, но для общины товарищей он требовал многого и мог работать... **не покладая рук,** без сна, без еды. *Л. Толстой, Воскресение.* Наше дело... работать **не покладая рук** над разъяснением истинных причин войны. *М. Шолохов, Тихий Дон*
Ср.: на ногах *2 знач.,* до седьмого пота

ПОКРИВИТЬ ⊙ покривить душой *см.* К 45
ПОЛЕ ⊙ ищи ветра в поле *см.* И 19
одного поля ягода *см.* Я 2
ПОЛЕЗТЬ ⊙ глаза на лоб полезли *см.* Г 8
за словом в карман не полезет *см.* Л 7
полезть в гору *см.* И 9
полезть в петлю *см.* Л 10
ПОЛЗАТЬ ⊙ мурашки ползают по спине *см.* М 45
ПОЛЗТИ ⊙ мурашки ползут по спине *см.* М 45
ПОЛИВАТЬ ⊙ поливать грязью *см.* О 6
ПОЛИЧНОЕ ⊙ **62.** поймать, захватить *и т. п.;* попасться **с поли́чным** 'На месте преступления, когда налицо все улики △ to catch *smb* red-handed; to catch *smb* in the act ⟨of doing *smth*⟩

Чубатый ухитрился выкрасть из амбара с меру ячменя. Хозяин поймал его **с поличным,** но Чубатый избил смирного, престарелого бессарабца, а ячмень унес-таки коню. *М. Шолохов, Тихий Дон.* Пойманному **с поличным** парню оставалось лишь чистосердечно признаться, что и раньше поломок не было, просто хитрил. *В. Овечкин, Слепой машинист.* К вечеру [*Павел*] знал, что Долинин арестован за агитацию среди петлюровских казаков. Попался он **с поличным,** когда раздавал воззвания губернского ревкома с призывом сдаваться. *Н. Островский, Как закалялась сталь*

ПОЛКА ⊙ класть зубы на полку *см.* К 19
ПОЛНЫЙ ⊙ в полный голос *см.* Г 48
полная чаша *см.* Ч 5
полным ходом *см.* Х 13
хлопот полон рот *см.* Р 22
ПОЛОВИНА ⊙ середина на половину *см.* С 58
ПОЛОВИНКА ⊙ серединка на половинку *см.* С 58
ПОЛОЖА ⊙ **63.** ⟨говорить/сказать, отвечать/ответить *и т. п.*⟩ ↔ **положа́** (*реже* положи́в, положи́вши) ру́ку на́ сердце 'Совершенно откровенно, искренне' *Употр. чаще при гл. сов. вида в повел. накл. как призыв к искренности. Порядок компонентов фиксир.* △ to say *smth* (speak) with hand on heart

— Скажите мне, **положа руку на сердце,** всю истинную правду,

что это за девушка и как вы находите ее? *Л. Толстой, Война и мир.* — А какая бы, однако ж, ваша цена? — Моя цена!.. Я полагаю с своей стороны, **положа руку на сердце**: по восьми гривен за душу, это самая красная цена! *Н. Гоголь, Мертвые души*
Ср.: без задней мысли, без обиняков, в отрытую

ПОЛОЖЕНИЕ ⊙ **входить в положение** *см.* В 78
на высоте положения *см.* В 96
ПОЛОЖИТЬ ⊙ **как бог на душу положит** *см.* Б 8
положить гнев на милость *см.* С 90
положить зубы на полку *см.* К 19
положить на лопатки *см.* К 20
ПОЛОМАТЬ ⊙ **поломать голову** *см.* Л 24
поломать копья *см.* Л 26
ПОЛУСЛОВО ⊙ **64.** понимать *кого-л., что-л. и т. п.* ↔ **с полусло́ва** (*реже* **с полсло́ва**) 'С самого начала речи, без долгих объяснений, *иногда по незначительному намеку*' *Употр. чаще при гл., обознач. многократное или постоянное действие* △ to catch *smb's* meaning at once

Хлопцы понимали Оську **с полуслова**. *В. Беляев, Старая крепость*. Они одновременно улыбнулись, радуясь... тому, что так хорошо, **с полуслова,** понимают друг друга. *Б. Бедный, Девчата*. Оба они [*Кривицкий и Борис Зиновьич*] работали ... давно, оба были остры на язык и понимали друг друга **с полуслова**. *Д. Гранин, Искатели*. В этот вечер у меня голова работала, как на экзамене, и я все угадывал и понимал **с полуслова**. *В. Каверин, Два капитана*
Ср.: с первого взгляда, с ходу

ПОМИН ⊙ **65.** ⟨*где-л., у кого-л.*⟩ *чего-л., реже кого-л.* нет (не было, не осталось) ⟨**и**⟩ **в поми́не** *разг., часто с раздражением, сарказмом* 'Полностью, совершенно, вообще' *Обычно характеризует отсутствие того, существование чего естественно предполагалось или ожидалось. Чаще это длительное или постоянное отсутствие или исчезновение. При исчезновении подразумевается, что нет смысла и вспоминать. При гл. в прош. вр. часто указывается соответствующий период времени — либо обст. времени, либо придат. предлож. времени. Порядок компонентов нефиксир.* △ smth disappeared completely or does not exist at all; there is no trace of smth

— В одной бригаде брички целое лето не мазали, а мази **и в помине** нету. Бригадир... велел медом помазать. *В. Овечкин, Гости в Стукачах*. Вот уж и утро сереет, и мы расходимся, тронутые, веселые, честные, трезвые (вина у нас **и в помине** тогда не было), с какой-то приятной усталостью на душе. *И. Тургенев, Рудин.* И вдруг какие-то все незнакомые места возникли перед

ПОМИНАТЬ

ним, словно и не Петербург это вовсе. Какие-то унылые заборы тянулись один за другим, и лес чернел или роща, и фонарей не было **в помине**, и тишина стояла. *Б. Окуджава, Глоток свободы.* — Вы меня поняли? Чтоб через двадцать минут **и в помине** этого моста не было!.. Ясно? Слышать о нем больше не хочу! — уточнил азартно и грозно Деев. *Ю. Бондарев, Горячий снег*
Ср.: как не бывало, ни капли, ни крошки, нет и следа, след простыл

лёгок на помине *см.* Л 4

ПОМИНАТЬ ⊙ **66. не поминáй (не поминáйте)** ⟨меня (нас)⟩ **лихом** *разг.* 'Не вспоминай обо мне (о нас) плохо' *Употр. при прощании. Порядок компонентов фиксир.* △ remember me (us) kindly; think kindly of me (us)

— Ты не останешься ночевать? — Еду! прощай. Спасибо... **Не поминай** меня **лихом**. — Ну, **не поминай же лихом** и меня... и не забудь, что я сказал тебе. Прощай. *И. Тургенев, Рудин.* — Ну, ребята, прощайте, — сказал он смущенной дворне, — мне здесь делать нечего. Счастливо, **не поминайте** меня **лихом**. *А. Пушкин, Дубровский.* — Прощай, Евсей Иваныч, прощай, голубчик, не забывай нас! — слышалось со всех сторон. — Прощайте, братцы, прощайте, **не поминайте лихом**! *И. Гончаров, Обыкновенная история.* — Я очень благодарен вам и вашей жене за все. Причинил я вам немало хлопот. **Не поминайте лихом.** *Э. Казакевич, Синяя тетрадь*

67. ⟨и⟩ **поминáй** ← ⟨*кого-л., что-л.*⟩ → **как звáли** *разг. Употр. как не первая часть сложн. предлож. или как самост. предлож. не в начале текста. Порядок компонентов фиксир.* 1) *Кто-л.* 'исчез (исчезнет), скрылся (скроется), убежал (убежит), так что невозможно найти' △ and that was the last that was ⟨ever⟩ seen (heard) of *smb*

Ах, если бы ударила пурга... я бы от него [*преследователя*] в два счета оторвался, **поминай как звали**. *П. Проскурин, Тайга.* — Думаете, сирота, так и некому меня охранить?.. Найдется! — Тетя Даша! — ... Не буду я терпеть. Уеду, вот тебе и вся стать... **Поминай, как звали!** *В. Каверин, Два капитана.* —...этот, что у меня сидит, отбил его [*Жухрая*] середь бела дня. Разоружили казака, выбили ему зубы и **поминай как звали**. *Н. Островский, Как закалялась сталь.* Наконец... и совсем лавку забросил: дома и не живет... только поесть придет, а там и опять **поминай как звали**. *И. Бунин, Хорошая жизнь*
Ср.: и был таков, только его и видели, ищи ветра в поле, как в воду канул, и след простыл *1 знач.*, ни слуху ни духу

2) *Кто-л.* 'погиб, умер' △ *smb* perished, died (will perish, will die)
— Пора положить конец всему: пропадает душа, пойду утоплюсь... **и поминай как звали**. *Н. Гоголь, Ночь перед рождеством.*

Отчаянный парень!.. На байдарке махнул в Мариуполь... А если бы его штормом подловил?.. **Поминай как звали!** *В. Беляев, Старая крепость.* — Тут дело смертоубивством пахнет: либо я его когда-нибудь жизни решу, либо он [*козел*] меня под дыхало саданет рогами, и **поминай как звали** дедушку Щукаря! *М. Шолохов, Поднятая целина*

3) *Что-л.* 'пропало, утрачено навсегда' △ you have seen the last of *smth*

На другой день [*старик Гуськов*] хватился — нет топора. Обыскал все — нет, **поминай как звали.** *В. Распутин, Живи и помни.* Другие же прибавили, что когда черт да москаль украдут что-нибудь, то **поминай как и звали.** *Н. Гоголь, Пропавшая грамота*
Ср.: как ни бывало, как сквозь землю провалился, как ветром сдуло, нет и следа, и след простыл *2 знач.*

ПОМНИТЬ ⊙ 68. **не по́мнить себя́** ⟨от волнения, от радости, от счастья, от злости *и т. п.*⟩ *разг.* 'Будучи в крайне возбужденном состоянии, не контролировать своих поступков, слов *и т. п.*' *Употр. чаще в форме деепр. Порядок компонентов нефиксир. Фразовое ударение обычно стоит на сочет. сущ. с предлогом от*; *при отсутствии этого сочет. в варианте* себя не помнить *чаще на* себя △ to be beside *oneself* ⟨with joy, anger, *etc*⟩; to be wild with joy (anger, *etc*); to forget *oneself употр. без предложн. доп.*
Вариант: едва́ (с трудо́м) **по́мнить себя́** 'Контролировать свои поступки, слова *и т. п.*'

— Не смей! — закричала Ульяна, кидаясь между ними. Гарик хотел ее оттолкнуть, а Женька **не помня себя** снова с размаху ударил его. *М. Прилежаева, Осень.* Но Борька — стрелок-радист — **себя от радости не помнит,** что жив остался. *Ф. Вигдорова, Любимая улица.* Настена с трудом **помнила себя.** Все, что она сейчас говорила, все, что видела и слышала, происходило в каком-то глубоком и глухом оцепенении, когда обмирают и немеют все чувства и когда человек существует словно бы не своей... жизнью. *В. Распутин, Живи и помни.* — Будто вы можете любить? — Почему же нет?... Только если я люблю, то люблю разумно, **помню себя,** не бью и не опрокидываю ничего. *И. Гончаров, Обыкновенная история*
Ср.: выходить из себя, не отдавая себе отчета, отдавать себе отчет, вне себя, в сердцах, как с цепи сорвался *2 знач.,* сходить с ума *4 знач.*

ПОМОЗОЛИТЬ ⊙ **помозолить язык** *см.* Ч 10
ПОМОИ ⊙ **обливать помоями** *см.* О 6
ПОМУТИТЬСЯ ⊙ **в глазах помутилось** *см.* Т 4
ПОМЯНУТЬ ⊙ 69. **помяни́ (помяни́те) моё сло́во** 'Когда произой-

дет *что-л.*, вспомни, что я предвидел это и говорил об этом'
Используется для усиленного уверения в неизбежности какого-л. события, часто нежелательного. Употр. обычно как часть бессоюзного сложн. предлож. Порядок компонентов фиксир. △ ⟨you⟩ mark my words

— А все-таки,— и Зверева погрозила Вале ложкой,— а все-таки выгонят тебя... из школы, **помяни мое слово**. *Ю. Герман, Наши знакомые.* — И кроме того, **помяни мое слово**: вам нормально работать не дадут. *Д. Гранин, Иду на грозу.* — **Помяните мое слово**, Анфиса, мы с вами еще доживем до того дня, когда на месте нашего поселка город подымется. *Б. Бедный, Девчата*

Ср.: давать голову на отсечение, так и знай

ПОНЕСТИ ⊙ понести чепуху *см*. Н 32
ПООБИВАТЬ ⊙ пообивать пороги *см*. О 3
ПООБИТЬ ⊙ пообить пороги *см*. О 3
ПОПАДАТЬ ⊙ **70. где (куда́, как, кто, что)** ⟨**ни**⟩ **попа́ло** *часто неодобр*. 'Безразлично, все равно где (куда, как, кто, что)' *Подразумевается случайность, беспорядочность, бессистемность выбора места, направления, способа действия или лица, предмета. Часто имеет обобщенное знач.: везде, всюду, все, любой, всё и употр. при гл. со знач. повторяющегося действия. С* где (как, куда) *употр. как обст., с* кто *как подлеж. или доп., с* что *как доп. или обст.* Кто, что *изменяются по падежам. Порядок компонентов фиксир.* △ ⟨wherever (however, whoever, whatever)⟩ one pleases

... разношерстными толпами идут солдаты по дороге, по пашням вдоль дороги, по бахчам... Нет рот, батальонов, полков — все перемешалось, перепуталось. Идет каждый **где** и **как попало**. *А. Серафимович, Железный поток*. — Значит, в МТС, вы считаете, легче? — Из МТС бежать легче,— пояснил Матвей.— ...Куда бежать? — А **куда ни попало**. Хоть в Ленинград. *С. Антонов, Дело было в Пенькове*. Знакомства поддерживала только самые лучшие, **кого попало** в дом не приваживала. *В. Кетлинская, Вечер Окна Люди*. Но торжеством его искусства была одна картина... испуганный черт метался во все стороны, предчувствуя свою погибель, а заключенные прежде грешники били и гоняли его кнутами, поленами и всем **чем ни попало**. *Н. Гоголь, Ночь перед рождеством*

Ср.: куда глаза глядят, кто куда *1 знач.*, на все четыре стороны; как бог на душу положит, вверх дном *2 знач.*, вкривь и вкось *1 и 2 знач.*, кто куда *2 знач.*, через пень колоду *1 знач.*, с пятого на десятое *2 знач.*, без руля и без ветрил, спустя рукава, кому не лень

71. попада́ть*/попа́сть (попада́ться*/попа́сться, влипа́ть*/влип-

нуть *прост.*) **в** ⟨*какую-л.*⟩ **историю** 'Помимо своего желания, оказываться замешанным в *каком-л.* неприятном, предосудительном деле или в скандале' *Употр. чаще гл. сов. вида в прош. вр. В качестве опред. употр. мест. какую-либо и т. п. или прил. с отриц. окраской. Гл. чаще стоит в начале фразеол.* △ to get into a mess (a scrape)

— И признаться, я боюсь: у нее с братом какой-то странный образ мыслей, рассуждают они как-то, знаете ли, странно, и характер очень бойкий. Женишься, а потом чего доброго **попадёшь в какую-нибудь историю.** *А. Чехов, Человек в футляре.* Вступив в университет, я вел себя, как школьник, и скоро **попался в историю**... Я солгал, и довольно гадко солгал... Меня вывели на свежую воду, уличили, пристыдили. *И. Тургенев, Рудин.* Отряхивая мокрый, измазанный зеленью костюм, он [*Андрей*] представил себе физиономии хозяев [*дачи*] при его появлении... Нечего сказать, **влип он в историю.** *Д. Гранин, Искатели.* [*Чудик*] не хотел этого, страдал, но то и дело **влипал в какие-нибудь истории** — мелкие, впрочем, но досадные. *В. Шукшин, Чудик*

Ср.: попадать в переплет

попадать в колею *см.* В 75

72. попада́ть*/попа́сть в ⟨*какой-л.*⟩ **переплёт** (в ⟨*какую-л.*⟩ **переде́лку**) *разг.* 'Неожиданно оказываться в трудном, опасном *или* неприятном положении в результате неблагоприятного стечения обстоятельств' *Обычно подразумевается, что из этого положения трудно выпутаться. Употр. чаще гл. сов. вида в прош. вр. В качестве опред. обычно употр. мест. такой, такую или прил. с отриц. окраской. При наличии мест. после фразеол. часто следует придат. предлож. с союзом что. Порядок компонентов нефиксир.* △ to get into (be in) deep water; to find *oneself* (be) in a tight corner

— Здорово, видно, их прижали, если они пытаются купить такого безукоризненно честного человека, как я. Жест отчаяния: в такой, значит, **попали переплет**, что им уж терять нечего. *В. Панова, Времена года.* — Да, компания-то подобралась подходящая. Как раз все, кому всыпали на собрании... Вот **попали в переплет!** *В. Овечкин, Гости в Стукачах.* — Штирлиц, сейчас я вам скажу главное: я **попал в дикий переплет.** *Ю. Семенов, Семнадцать мгновений весны*

Ср.: попадать в историю, попадать впросак, садиться в лужу

73. попада́ть*/попа́сть впроса́к *разг.* 'Оказываться в неприятном, глупом, неловком положении из-за незнания *чего-л.* или в результате необдуманного поступка, необдуманных слов' *Порядок компонентов фиксир.* △ to blunder; to trip ⟨up⟩

... вероятно, о его [*Бессонова*] склонностях, привычках, о его

ПОПАДАТЬСЯ

слабостях уже было известно и в штабе армии, и здесь, в дивизии Деева: предупреждали друг друга, дабы не **попасть впросак**. *Ю. Бондарев, Горячий снег.* — Но тебе с твоим сердцем вредно выпивать за день восемь ведер чаю, — ехидно говорила я, и дед, поняв, что он **попал впросак**, оправдывался. *М. Ганина, Тяпкин и Леша.* ... сам поэт... **попал впросак** и принял эту злобу за слезы умиления; с тем и помер. *Ф. Достоевский, Идиот.* — Займитесь наконец вашим прибором! Андрей погрустнел: — Надо еще поездить по станциям... Иначе я всякий раз буду **попадать впросак**. *Д. Гранин, Искатели*

Ср.: давать маху, попадать в переплет, садиться в лужу, сломать шею

74. попада́ть*/попа́сть па́льцем в не́бо *разг., ирон., иногда шутл.* 'Нелепо, наобум ответить на *чей-л.* вопрос, сделать неоправдавшееся предположение' *Употр. чаще гл. сов. вида в прош. вр. Порядок компонентов нефиксир.* △ to give a ridiculous, random answer to smb's question; to make a supposition which is far from the truth; to be wide of the mark

Я догадывался, что до турнира определенные круги создавали мнение, что наиболее вероятным победителем будет Керес (а не Ботвинник) — в этом вопросе они **попали пальцем в небо**. *М. Ботвинник. К достижению цели.* [*Городничий:*] Ну что? Как вы думаете об этом? [*Почтмейстер:*] А что думаю? война с турками будет. [*Аммос Федорович:*] В одно слово! я сам то же думал. [*Городничий:*] Да, оба **пальцем в небо попали**... Какая война с турками! Просто нам плохо будет, а не туркам. Это уже известно: у меня письмо. *Н. Гоголь, Ревизор*

Ср.: садиться в лужу

попада́ть под ру́ку см. П 77

ПОПАДАТЬСЯ ⊙ **попада́ться в исто́рию** см. П 71

75. попада́ться/попа́сться ← *кому-л.* → **на глаза́** 'Быть случайно увиденным, замеченным, встреченным *кем-л*.' *Об одуш. и неодуш. предметах. Чаще употр. гл. несов. вида в инф. с отриц. не при словах, обознач. желание, намерение, или в придат. предлож. с союзом чтобы, лишь бы. В повел. накл. гл. несов. вида с отриц. не выражает угрозу. Порядок компонентов нефиксир.* △ to be accidentally seen, noticed *или* met by smb

Лучше не попадайся ему на глаза. You'd better keep out of his way. You'd better not cross his path. На глаза мне попалось старое письмо. An old letter caught my eye.

Андрей выбрался из толпы и, стараясь не **попадаться на глаза** главному инженеру, завернул в первый попавшийся цех. *Д. Гранин, Искатели.* Чтобы не **попадаться** Давыдову **на глаза**, Нагульнов дни проводил на покосе и только к ночи возвращался в хутор. *М. Шолохов, Поднятая целина*. ... но как раз все лесные издания неминуемо достигали Пашутинского лесничества и могли **попасть** его дочери **на глаза**. *Л. Леонов, Русский лес*. — Пусть лучше не **попадается** мне **на глаза**: все равно бить буду! *А. Макаренко, Педагогическая поэма*

Ср.: бросаться в глаза

76. попада́ться*/попа́сться ⟨кому-л., к кому-л.⟩ → **на** ⟨**эту**⟩ **у́дочку** или реже **на у́дочку** лжи, обмана *и т. п.* 'Позволить обмануть себя, перехитрить' *Обычно в ситуации, когда кто-л. верит в ложные теории, не видит лжи в чьем-л. поведении. При употр. мест. эту перед фразеол. описывается конкретная ситуация, в которой кого-л. обманули. Чаще употр. гл. сов. вида в прош. вр. Гл. во фразеол. чаще стоит на первом месте.* △ to rise to (swallow) the bait of *smth*

— Все эти оборванцы — ничтожные бездельники. А кто-то придумал, что они романтики... И ты **попался на удочку**, вместе с другими... *К. Федин, Первые радости*. — Ну как иной какой-нибудь муж али юноша вообразит, что он Ликург али Магомет... будущий, разумеется, — да и давай устранять к тому все препятствия [*убивать и грабить*]... — Я должен согласиться, — спокойно отвечал [*Раскольников*], — что такие случаи действительно должны быть. Глупенькие и тщеславные особенно **на эту удочку попадаются**. *Ф. Достоевский, Преступление и наказание*. Невозможно, неслыханно оскорбительным казалось ему, что он, так близко стоявший к Борташевичу, **попался на удочку** этой лжи и уважил человека, который ежеминутно предавал и топтал все, что ему, Чуркину, дорого. *В. Панова, Времена года*

77. попада́ться*/попа́сться (попада́ть*/попа́сть, подве́ртываться* или **подвора́чиваться*/подверну́ться*)** ← ⟨кому-л.⟩ → **под руку** 'Случайно оказываться рядом' *О небольших по размеру предметах, реже о людях. Употр. часто после сочет.* хватать (брать *и т. п.*) все (первое), что... *Обычно употр. в прош. вр. Гл. во фразеол. чаще стоит на первом месте.* △ to come to hand (to *smb's* hand(s)), *о предметах*; to come *one's* way *о людях и предметах*

Горе-атаман уже переоделся в сухое платье, на нем тесный матросский костюмчик и шапочка с георгиевскими лентами. Должно быть, его отец схватил первое, что **попалось под руку**. *В. Беляев, Старая крепость*. Жена писаря... привела с собой всех своих детей и, точно хищная птица, косилась на тарелки и хватала все, что **попадалось под руку**. *А. Чехов, В овраге*. Мы ловили раков, рыбу, у стадиона в дни состязаний продавали сирень, а то попросту таскали все, что **попало под руку**. *В. Каверин*,

ПОПАСТЬ

Два капитана. — Ох, и **попадись** мне этот мальчишка **под руку**, то-то бы я с ним поговорила. *А. Гайдар, Тимур и его команда*

ПОПАСТЬ ⊙ **попасть в историю** *см.* П 71
попасть в колею *см.* В 75
попасть в переплёт *см.* П 72
попасть впросак *см.* П 73
попасть пальцем в небо *см.* П 74
попасть под руку *см.* П 77
ПОПАСТЬСЯ ⊙ **попасться в историю** *см.* П 71
попасться на глаза *см.* П 75
попасться на удочку *см.* П 76
попасться под руку *см.* П 77
ПОПЕРЁК ⊙ **вдоль и поперёк** *см.* В 10
ПОПЕРЕЧНЫЙ ⊙ **встречный-поперечный** *см.* В 68
ПОПИСАТЬ ⊙ **ничего не попишешь** *см.* П 43
ПОПЛЯСАТЬ ⊙ **поплясать под дудку** *см.* П 34
ПОПОЛАМ ⊙ **78.** делать/сделать *что-л.* ↔ **с гре́хом (с го́рем) попола́м** 'С большим трудом, *обычно не получая доброкачественного результата*' *Порядок компонентов фиксир.* △ to do *smth* with great difficulty and *usually* with not very good results; to muddle through an undertaking

Он сдал экзамен с грехом пополам. He just managed to pass (just scraped through) his examination. Он с грехом пополам говорит по-английски. He can speak English after a fashion.

За ночь в старой могилевской типографии **с грехом пополам** сверстали и выпустили очередной номер фронтовой газеты. *К. Симонов, Живые и мертвые.* ... мы **с грехом пополам** изучали болезни, но о больном человеке не имели даже самого отдаленного представления. *В. Вересаев, Записки врача.* Небольшие музыкальные способности переросли в необоснованные претензии. Она уже кончала **с грехом пополам** петербургскую консерваторию по классу пения. *В. Орлов, Гамаюн.* Как-то лучше там, где привыкнешь: хоть и **с горем пополам** живёшь, а всё-таки лучше. *Ф. Достоевский, Бедные люди*

Ср.: **через пень колоду** *1 знач.*, **со скрипом**

ПОПОЛЗТИ ⊙ **мурашки поползли по спине** *см.* М 45
ПОПУТАТЬ ⊙ **попутать карты** *см.* П 122
ПОРА ⊙ **79.** *что-л.* происходит *каким-л.* образом ↔ **до поры́ до вре́мени** 'В течение некоторого времени до того момента, когда ситуация резко меняется' *Часто подразумевается, что в течение этого времени кто-л. предпочитает не вмешиваться в события, скрывать что-л. от окружающих и т. п. Порядок компонентов*

фиксир. △ for some time until the situation changes sharply; for the time being

Я решил скрывать свои истинные чувства **до поры до времени**. *Б. Окуджава, Глоток свободы.* ...временами он был не прочь даже и возглавить нечто в этом роде, если бы только **до поры до времени** фамилии своей не называть. *Л. Леонов, Русский лес.* Борисов умышленно **до поры до времени** не вмешивался. *Д. Гранин, Искатели.* — Вот так-то, хороша-хороша, да **до поры до времени**, а попади ей вожжа под хвост, она то сделает, что и вздумать нельзя. *Л. Толстой, Воскресение*

80. на пе́рвых пора́х 'Вначале' *Обычно соответствующий процесс — длительный. Употр. как обст. Порядок компонентов фиксир.* △ at first

— Я вам могу обещать, что **на первых порах** Кирилла поддержат с довольствием и в отношении квартиры. *К. Федин, Первые радости.* ... его мать упрашивала какого-то высокого военного в бакенбардах быть поснисходительнее **на первых порах** к ее Мишеньке. *А. Куприн, На переломе.* **На первых порах** он часто уходил из колонии. *А. Макаренко, Педагогическая поэма.* Между прочим, **на первых порах** [*Демидка*] вполне оправдывал родительские надежды, но с возрастом начал проявлять неприязнь к коммерции. *Л. Леонов, Русский лес*

81. пора́ (на́до) ⟨и⟩ че́сть знать *разг.* 'Настало время прекратить делать что-л.' *Часто обознач. не очень вежливое, иногда ирон. или шутл. предложение уйти, расстаться. Употр. чаще как вторая часть сложн. предлож. без союза или после союзов* да, но, *реже как самост. предлож. не в начале текста. Порядок компонентов фиксир.* △ it is time to stop doing *smth*; it is time to be going *перед уходом*

— Ну, батюшка, — с решительным видом обернулась [*старуха*] ко мне, — будет тебе прохлаждаться. Напился водицы, поговорил, да **пора и честь знать**. Мы тебе не компания. *А. Куприн, Олеся.* — Ну, так вот, — давайте, хлопчики, по домам! Нагулялись мы с вами сегодня — **пора и честь знать**. *В. Беляев, Старая крепость.* — Не бывать этому [*замужеству*], Вадим Петрович... — Но почему же, почему? — Слишком вы для меня хороший, **пора и честь знать** [*пора нам расстаться*]. *Б. Бедный, Девчата.* — Избавиться от меня надумала?... Избавишься, Настена, избавишься... И то... устала — сколько можно? **Пора и честь знать**. *В. Распутин, Живи и помни*

ПОРО́Г ⊙ **обить пороги** *см.* О 3

ПОРО́ЖНИЙ ⊙ **переливать из пустого в порожнее** *см.* П 17

ПОРО́ТЬ ⊙ **82. поро́ть горя́чку** *разг., неодобр.* 'Делать что-л. с излишней поспешностью и горячностью' *Употр. чаще в повел.*

накл. с отриц. не, *в инф. при словах* не надо, не стоит *и т. п.*, в вопросе, *а в утв. предлож. обычно в многократном знач. Порядок компонентов нефиксир.* △ to do *smth* in hot haste

— Да, сейчас, сейчас! **Не порите горячку!** Выясню. *Л. Кассиль, Ход белой королевы.* Зиновий говорил по телефону раздражённо: — Саша, ты же знаешь: подаю сегодня документы. Какого чёрта надо было присылать ко мне отца?... — Я даже не знал, что он к тебе собирался, **не пори горячку.** Я говорил: подавай, возражать не буду. *И. Герасимов, Пробел в календаре.* — Всегда они перед смотрами **горячку порют.** И всегда переборщат. Задёргают солдата, замучат, затуркают, а на смотру он будет стоять как пень. *А. Куприн, Поединок*
Ср.: рубить сплеча *2 знач.*

пороть чепуху *см.* Ч 32
ПОРОШОК ⊙ **стереть в порошок** *см.* С 109
ПОРТИТЬ ⊙ **портить нервы** *см.* Н 17
ПОРУКА ⊙ **брать на поруки** *см.* Б 20
ПОСЛЕДНИЙ ⊙ **выбиться из последних сил** *см.* В 81
выжимать последние соки *см.* В 89
до последней капли *см.* К 9
до последней копейки *см.* К 31
до последней нитки *см.* Н 42
по последнему слову *см.* С 79
ПОСЛОВИЦА ⊙ **войти в пословицу** *см.* В 53
ПОСТАВИТЬ ⊙ **поставить в тупик** *см.* С 104
поставить на карту *см.* С 105
поставить на ноги *см.* С 106
ПОСТОЯТЬ ⊙ **дело не постоит** *см.* Д 30
ПОСЫПАТЬСЯ ⊙ **искры из глаз посыпались** *см.* И 20
ПОТ ⊙ **83. до седьмо́го по́та** *разг. Порядок компонентов фиксир.*
1) работать, трудиться *и т. п.*; заставлять делать *что-л.* ↔ 'До полного изнеможения, с максимальным напряжением сил' △ to work (to make *smb* work) until exhaustion, exerting *oneself* to the utmost; to sweat blood *разг.*; to sweat *one's* guts out *разг.*

[Хотя] радисты работали, что называется, **до седьмого пота,** удалось принять только обрывки одной радиограммы. *А. Вершигора, Люди с чистой совестью.* — Строевым шагом... надо погонять его сначала **до седьмого пота,** чтоб не забывал дисциплину. *В. Овечкин, С фронтовым приветом.* Окунев взял обожжённый лист... — Теперь я припоминаю, что Волынцев третьего дня из него абажур смастерил, а потом сам же искал [*этот лист бумаги*] **до седьмого пота.** *Н. Островский, Как закалялась сталь*
Ср.: лезть из кожи, не покладая рук

2) пить чай *редк., иногда ирон.* 'До обильной испарины, много и долго' △ to drink tea until it comes out of *one's* ears

Уха очень жирная, каша крутая, с маслом, сухарей изобилие, и чай пьют **до седьмого пота**. *В. Шишков, Угрюм-река*

ПОТЕМНЕТЬ ⊙ **в глазах потемнело** *см.* Т 4
ПОТЕРЯТЬ ⊙ **потерять голову** *см.* Т 6
ПОТРЕПАТЬ ⊙ **потрепать нервы** *см.* Т 17
потрепать язык *см.* Ч 10
ПОТЯНУТЬ ⊙ **потянуть за язык** *см.* Т 26
ПОХОЖИЙ ⊙ **на что это похоже?** *см.* Э 1

84. ⟨это⟩ **ни на что́ не похо́же** *разг.* 'Это очень плохо, недопустимо' *Выражает резко отриц. отношение к каким-л. поступкам и т. п. или упрек за них. Употр. чаще как самост. предлож., обычно с воскл. интонацией. Порядок компонентов фиксир.* △ that's the limit; that's like nothing on earth!

— Вот просматриваю расходную книжку, — отвечала она. — Вообрази, Петр Иваныч: в прошедшем месяце на один стол вышло около полуторы тысячи рублей: это **ни на что не похоже!** *И. Гончаров, Обыкновенная история*. Дуняша все еще не возвращалась, и... Тина сгорала от нетерпеливого беспокойства. Десять раз подбегала она к Тане... и шептала взволнованно: — Танечка, голубушка, как же теперь нам быть? Ведь это же **ни на что не похоже**. *А. Куприн, Тапер*. — У меня совсем другой жених, — проговорила она с короткой усмешкой... — Один спортсмен. — Но это **ни на что не похоже!** *К. Федин, Первые радости*. — Я видел настоящего толкователя Апокалипсиса, — говорил генерал... Начинал сурово и строго, пред ним склонялись генералы, а дамы в обморок падали, ну — а тот заключает закуской! **Ни на что не похоже!** *Ф. Достоевский, Идиот*

Ср.: из рук вон, ни в какие ворота не лезет

ПОЧЁМ ⊙ **почем фунт лиха** *см.* Ф 4
ПОЧЕСАТЬ ⊙ **почесать язык** *см.* Ч 10
ПОЧИВАТЬ ⊙ **85. почива́ть/почи́ть** *уст.* **на ла́врах** *книжн., неодобр.* 'Благодушно успокоившись на достигнутом, совершенно прекращать какую-л. деятельность' *Обычно подразумевается, что причина этого и очень высокой, но не всегда оправданной оценке кем-л. результатов своей деятельности. Порядок компонентов нефиксир.* △ to rest on *one's* laurels

— Ты заработал право **почивать на лаврах**, — заявил Борисов, когда они [*с Андреем*] с наслаждением растянулись на теплом песке [*после заплыва, в котором Андрей победил*]. *Д. Гранин, Искатели*. Впрочем, успокаиваться Дементьеву и **почивать на лаврах** было еще рановато. *Б. Бедный, Девчата*. — Что ж, нечто подобное

я и предполагала: самоуспокоенность, **почивание на лаврах**, взаимозахваливание. *Ю. Герман, Дело, которому ты служишь*
Ср.: бить баклуши
[Почивать *уст.* – *спать*]

ПОЧИТЬ ⊙ **почить на лаврах** *см.* П 85
ПОЧУВСТВОВАТЬ ⊙ **давать себя почувствовать** *см.* Д 3
ПОЯС ⊙ **заткнуть за пояс** *см.* З 19
ПРАВДА ⊙ **86.** добиваться/добиться *чего-л.* ↔ ⟨**все́ми (вся́кими)**⟩ **пра́вдами и непра́вдами** 'Всеми возможными средствами, ничем не брезгуя' *Чаще подразумевается использование недостойных средств давления на тех, кто мешает достижению цели. Порядок компонентов фиксир.* △ by fair means or foul; by hook or by crook

Ведь тот же Лобанов, заняв эту вершину, **всеми правдами и неправдами** будет сталкивать вниз своих конкурентов. *Д. Гранин, Искатели.* Теперь, когда... встреча с Андреем, которой она **всякими правдами и неправдами** добивалась... была наконец близка, Настену охватило желание оттянуть ее. *В. Распутин, Живи и помни.* Праздником было для нее, когда удавалось **всеми правдами и неправдами** получить согласие начальства на какое-то новшество. *И. Грекова, Хозяйка гостиницы.* В пионерской комнате Жорка Волков производил смотр куряжан, выделенных **всеми правдами и неправдами** в командиры. *А. Макаренко, Педагогическая поэма*
Ср.: выбиваться из сил *2 знач.*; лезть из кожи; лечь костьми *2 знач.*; не мытьем, так катаньем; во что бы то ни стало

ПРАВЫЙ ⊙ **правая рука** *см.* Р 36
ПРАХ ⊙ **в пух и прах** *см.* П 123
идти прахом *см.* И 13
ПРЕДОСТАВИТЬ ⊙ **предоставить слово** *см.* Д 4
ПРЕДОСТАВЛЯТЬ ⊙ **предоставлять слово** *см.* Д 4
ПРЕДПОЛОЖЕНИЕ ⊙ **теряться в предположениях** *см.* Т 7
ПРЕЛОЖИТЬ ⊙ **преложить гнев на милость** *см.* С 90
ПРИБИРАТЬ ⊙ **87. прибира́ть/прибра́ть к рука́м** *Употр. чаще гл. сов. вида в прош. вр. или в инф. при словах со знач. необходимости или возможности. Порядок компонентов нефиксир.* 1) ← *кого-л.* ↔ *иногда неодобр.* 'Заставлять повиноваться себе' *Часто в ситуации, когда кто-л. пытается изменить чье-л. поведение* △ to take *smb* in hand

При новой жене в доме все пошло вверх дном; никому житья от нее не стало; она всех **к рукам прибрала**. *Ф. Достоевский, Бедные люди.* Валентина написала ему, что не может справиться с Варькой – дерзка, грубит, не слушается, надо **прибрать** девчонку **к рукам**. *Ю. Герман, Дело, которому ты служишь.* – Его **к рукам прибрать,** он будет послушный, как теленок. Чего тебе еще надо?

Д. Гранин, Искатели. — полно гулять; вот ужо **приберет** вас **к рукам** Кирила Петрович. *А. Пушкин, Дубровский*
Ср.: держать под башмаком, веревки вить, держать в ежовых рукавицах, держать в руках, держать под каблуком, садиться на шею *2 знач.*

2) ← *что-л.* → *неодобр.* 'Самовольно захватывать, присваивать себе' *Обычно это предметы, вещи и т. п., отнятые у кого-л. на какое-то время оказавшиеся без владельца; те, кому они не достались, считают, что имеют на них больше прав, чем захватившие их. В качестве доп. часто употр. сущ.* деньги, наследство, состояние *(в знач. собственность)*, хозяйство *и т. п.* △ to aprropriate *smth*; to pocket *smth* о деньгах

Семейную жизнь Владимира Васильевича составляли его безличная жена, своячница, состояние которой он также **прибрал к рукам**, и кроткая, запуганная, некрасивая дочь. *Л. Толстой, Воскресение.* Корней **прибрал к рукам** долю Михаила, а жену его выжил из дому, ушла она в город и пропала там. *М. Горький, Лето.* Понемногу Илья расплатился с братом Степаном. Была у него задняя мысль: авось, примирившись, брат иногда поможет раздобыть... железного лома, который, после разрухи, уже везде успели **прибрать к рукам**. *К. Федин, Костер.* В период «доводки» локатора как-то само собой получилось, что основную работу **прибрал к рукам** Усольцев. *Д. Гранин, Искатели*

ПРИБРАТЬ ⊙ **прибрать к рукам** *см.* П 87
ПРИВЕШЕН ⊙ **язык хорошо привешен** *см.* Я 10
ПРИВЯЗЬ ⊙ **держать язык на привязи** *см.* Д 52
ПРИЙТИ ⊙ **прийти в голову** *см.* П 99
прийти в себя *см.* П 100
ПРИЙТИСЬ ⊙ **88. к слову пришлось** *разг. Кому-л.* 'показалось уместным сказать о том, что вспомнилось в процессе разговора' *Обычно используется как попытка извиниться перед собеседником, оправдать то, что было сказано ранее и к чему собеседник отнесся отрицательно. Употр. обычно как часть сложн. предлож., чаще бессоюзного; иногда после слов* так, просто. *Гл. во фразеол. чаще стоит на втором месте* △ it simply cropped up in ⟨our⟩ conversation
— Да что, Николай Еремеич, — заговорил Куприян... — а ведь и вы ... в мужицкой избе тоже пожили. — Ты смотри у меня, однако, не забывайся, — с запальчивостью перебил его толстяк... — **К слову пришлось**, Николай Еремеич, извините. *И. Тургенев, Контора.* Гаврила Ардалионович... страшно смутился, когда князь... рассказал, каким образом про портрет там узнали. — Э-э-эх! И зачем вам было болтать! — вскричал он в злобной досаде... — Виноват, я совершенно не думавши; **к слову пришлось**. *Ф. Достоевский, Идиот.*

— Ну, перестаньте, голубчик... Забудьте это, — с мягким извинением в голосе попросила Олеся. — Нет, я ведь не в укор тебе говорю, — так, **к слову пришлось.** *А. Куприн, Олеся.* — Ладно тебе. Чего уж теперь об этом говорить? — **К слову пришлось,** вот и сказал. *В. Распутин, Встреча*

ПРИКУСИТЬ ⊙ **прикусить язык** *см.* П 89

ПРИКУСЫВАТЬ ⊙ **89. прику́сывать*/прикуси́ть (закуси́ть** *редк.***) язы́к (язычо́к)** *разг.* 'Резко, внезапно прекратить говорить' *Обычно по чьему-л. словесному требованию, под чьим-л. запрещающим взглядом, а также из боязни проговориться или неожиданно поняв, что уже проговорился. Употр. обычно в прош. вр. или в повел. накл. При мн. ч. гл. возможна форма языки (язычки). Порядок компонентов нефиксир.* △ to bite *one's* tongue
Прикуси язык! Hold your tongue!

— Что же это он — против хозяина людей настраивает? — сказал Мешков смотрителю... — Ты... этого... ветрозвон! **Прикуси язык-то,** — проговорил солдат. *К. Федин, Первые радости.* Тося строго посмотрела на [Илью] ... Он виновато **прикусил язык.** *Б. Бедный, Девчата.* Тут Иван Игнатьич заметил, что проговорился, и **закусил язык.** Но уже было поздно. *А. Пушкин, Капитанская дочка.* — ... это же мой велосипед. — Твой? — вырвалось у Генки. Правда, в ту же секунду он **прикусил язык...** А если Владик ослеп недавно? А вдруг он еще этой весной... носился на велосипеде? *В. Крапивин, Та сторона, где ветер*

Ср.: держать язык за зубами, проглотить язык, язык отнялся

ПРИЛОЖИТЬ ⊙ **90. приложи́ть ру́ку (ру́ки)** *разг. Порядок компонентов нефиксир.* 1) чаще **ру́ки** ← ⟨к чему-л., реже к кому-л.⟩ → 'Серьезно заняться *каким-л.* делом, чтобы довести *что-л., кого-л.* до требуемого состояния' *Употр. для обознач. участия в каком-л. физическом созидательном труде или в чьем-л. воспитании, развитии и т. п. В последнем случае чаще подразумевается отношение взрослого к ребенку или молодому человеку. В качестве доп. употр. названия предметов (сущ. земля, сад, поле и т. п.; названия жилищ, предметов мебели и обихода и т. п.) и лиц, но подразумевается действие над этими предметами и лицами. Реже как доп. употр. сущ. воспитание, развитие и т. п. Гл. употр. чаще в прош. вр. или в инф. при словах со знач. необходимости, нежелания — желания, а также в инф. предлож. с такими же знач.* △ to apply *oneself* to *smth* in order to bring it to the required condition; to put *one's* hand to *smth*

Поначалу нужно было, хотя бы на маленьких участках, показать колхозникам: вот что может дать наша земля, если применить передовую науку и **приложить руки!** *В. Овечкин, В одном колхозе.*

Многие меня хвалили, находили во мне способности и с состраданием говорили: — Если бы **приложить руки** к этому ребенку! *А. Герцен, Былое и думы.* — Что у нее за семья, как она воспитывалась, кто **приложил руку** к ее развитию? *М. Шолохов, Тихий Дон*

2) *чаще* ру́ку ← ⟨к чему-л.⟩ → *обычно неодобр.* 'Быть причастным к тому, что получилось в результате деятельности' *Часто подразумевается участие в каком-л. предосудительном деле. В качестве доп. употр. обычно абстрактные сущ., называющие какие-л. события; придат. предлож. к тому, что (чтобы) ...; мест.* это, *замещающее название события. Гл. употр. чаще в прош. вр.* △ to have (take) a hand in *smth часто неодобр.*

А в поселке — обгорелые хаты. Почти всю родню постреляли: чернобандиты, партизаны, зеленые... все **приложили руки**. *В. Иванов, Голубые пески.* Они не могли предвидеть этих будущих признаний врага, но почти каждый из них тогда, в июле [*1941*], **приложил руку** к тому, чтобы все это именно так и случилось. *К. Симонов, Живые и мертвые*

Ср.: подливать масла в огонь

3) *уст.* ← к кому-л. → 'Ударить, избить' △ to lay ⟨*one's*⟩ hands on *smb*

... крушихинская милиция и зятьев и братьев Панкратовых обшарит прежде всего, и даже может пожечь их, и арестовать, и **руки к ним приложить**. *С. Залыгин, Комиссия*

4) *уст.* ← ⟨к чему-л., под чем-л.⟩ → 'Подписать *какой-л.* документ *и т. п.*' △ to set *one's* hand to *smth*

Послал его [*Марко*] однажды отец к одному мужику... взять... на весну в аренду десятин несколько, так Марко споил там всех, заставил вместо аренды купчую за ту же цену подписать. Понятые **руку приложили**, а к чему — не разобрали спьяна... Десять лет не оглашал Марко бумагу. *В. Овечкин, Родня.* Не хотелось им расписываться, а все же тому и другому пришлось **приложить руку** под приказом. *А. Новиков-Прибой, Капитан 1-го ранга*

91. ума́ не приложу́ *разг.* 'Не могу понять *чего-л.*, придумать, как поступить' *Употр. обычно в составе сложноподч. предлож. с придат. предлож.* что делать *или с придат. предлож. с союзными словами* почему, как, когда *и т. п. Порядок компонентов фиксир.* △ I can't think why (how, *etc*) + *придат. предлож.*

Вариант: не мочь **ума́ приложи́ть** *уст.*

— И чего господин Половцев думают, чего они дожидаются, **ума не приложу**! *М. Шолохов, Поднятая целина.* — Башмаки Ане стали совсем малы: пальцы упираются в носок. Что делать — **ума не приложу**. Скоро зима. *Ф. Вигдорова, Семейное счастье.*

— Дай Динке черносливу, — сказал Русаков, — ведь она голодом изойдёт, **ума не приложу,** что делать. *В. Драгунский, Сегодня и ежедневно.* — И молчать дольше нельзя, и как такому детёнышу всё растолковать — **ума не приложу.** *Б. Бедный, Девчата*
Ср.: уму непостижимо, теряться в догадках, не укладываться в голове, ум за разум заходит

ПРИМЕР ⊙ **92. не в приме́р** 1) *кому-л., чему-л.* 'Отличаясь от *кого-л.; чего-л.* в лучшую сторону' *Употр. чаще как обособленный член предлож. При подлеж., обознач. одуш. лицо, доп. тоже обознач. одуш. лицо; при подлеж., обознач. неодуш. предмет, подлеж. и доп. чаще выражены либо одним и тем же или однокоренным сущ., либо сущ. одного и того же семантического класса* △ unlike smb, smth

Не в пример другим бродягам, он был в чистой, насквозь чёрной, исправной одежде. *Л. Леонов, Русский лес.* Город был повсюду чистый и на редкость ровный, **не в пример** нашему родному городку. *В. Беляев, Старая крепость.* Муку где-то [Клавичек] добыл хорошую, и хлеб у него получается прекрасный, **не в пример** тому, что я получаю. *Н. Островский, Как закалялась сталь.* Уедешь и сам куда-нибудь, лето **не в пример** зиме — не тянется, а проскакивает, и оглянуться другой раз не успеешь, как зима уже катит в глаза. *В. Лидин, Воробьиное поле*
Ср.: то ли дело, не пара, не чета

2) *уст.* 'Намного, гораздо' *Употр. как обст. степени перед сравн. ст. слов с положит. оценочным знач.* △ much; a great deal

— Фёдора говорит, что вы прежде и **не в пример** лучше теперешнего жили. *Ф. Достоевский, Бедные люди.* Вместо желанной шинели ей полагался всего лишь стёганый ватник, зато душу грел он **не в пример** исправнее шубки с беличьим воротником. *Л. Леонов, Русский лес.* Уже Кукушкинд... [собрался] сообщить сослуживцам, что работать в банкирской конторе «Сикоморский и Цесаревич» было **не в пример** спокойнее... когда... на пороге показался... бухгалтер Берлага. *И. Ильф, Е. Петров, Золотой телёнок.* Бопре очень скоро привык к русской настойке и даже стал предпочитать её винам своего отечества, как **не в пример** более полезную для желудка. *А. Пушкин, Капитанская дочка*
Ср.: как нельзя лучше, на редкость *1 знач.,* не на шутку

ПРИНИМАТЬ ⊙ **93. принима́ть/приня́ть** *что-л.* → **за чи́стую моне́ту** 'Воспринимать всерьёз, как правду' *Употр. обычно либо в ситуации, когда кто-л. не видит за словами, за поступками другого человека их истинного, противоположного смысла, либо для характеристики наивного, не склонного к подозрительности человека. В качестве доп. употр. сущ. рассказ, слова и т. п.; затея,* шутка *и т. п.*; взгляд *и т. п., а также сущ., называющие эмоц. состояние человека. Гл. чаще употр. в прош. вр. и стоит во фразеол. на первом месте* △ to take (accept) *smth* at ⟨its⟩ face value

Его слова прозвучали так, что даже Ася, изучившая его манеру говорить чепуху с серьёзной миной, приняла их **за чистую монету.** *К. Федин, Необыкновенное лето.* Он так и принимал **за чистую монету** всякий ее взгляд, всякое слово. *И. Гончаров, Обрыв.* Она еще не знала, что это за парень, и принимала [*его*] печаль и смирение **за чистую монету.** *С. Антонов, Дело было в Пенькове.* [Чижегов] принял все **за чистую монету** и по-идиотски заулыбался, замахал руками. *Д. Гранин, Дождь в чужом городе*

94. принима́ть / приня́ть ← *что-л.* → ⟨**бли́зко**⟩ **к се́рдцу** 'Реагировать на *что-л.* с повышенной чувствительностью, сильно переживать' *Часто в ситуациях, когда кто-л. переживает чужое несчастье как свое или не очень значительным событиям придает излишне большое значение. В качестве доп. употр. обычно сущ., называющие события, мест.* всё, *сущ.* несчастье, горе, беда *и т. п.,* судьба, *часто в сочет. с прил.* чужой *или с притяжательным мест. В повел. накл. употр. только гл. несов. вида с отриц.* не. *Порядок компонентов нефиксир.* △ to take *smth* ⟨very (so, too) much⟩ to heart

Если **принимать** все чужое так **к сердцу** и если так сильно всему сочувствовать, то, право, есть отчего быть несчастнейшим человеком. *Ф. Достоевский, Бедные люди.* — Не посылать ему не черта, — сердился старик, удивляясь, как **близко к сердцу** принимает чужое горе. *В. Мурзаков, Мы уже ходим, мама...* ... сестра, работавшая в полевом госпитале, **приняла близко к сердцу** судьбу одной сиротки... после войны... перевезла к себе... *В. Лидин, Поздняя весна.* [Борисов] требовал от Лобанова собрать всю волю в кулак, не обращать внимания на толки и пересуды, не **принима́ть к сердцу** дурацкую басню в стенгазете. *Д. Гранин, Искатели*

95. принима́ть / приня́ть ← *что-л.* → **на свой счёт** 'Считать относящимся к себе *что-л.,* в действительности не имеющее такого отношения' *В качестве доп. употр. сущ.* замечание, намек, слова *и т. п.; мест.* это, всё. *Употр. чаще гл. сов. вида в прош. вр. Порядок компонентов нефиксир.* △ to regard *smth* as referring to *или* aimed at oneself

Замечание, сделанное в «Колоколе» о доктринерах вообще, он **принял на свой счет**; самолюбие было задето, и он мне прислал свой «обвинительный акт», наделавший в то время большой шум. *А. Герцен, Былое и думы.* Если я при ней задумывался и молчал, то она это **принимала на свой счет** и становилась печальна. *А. Чехов, Моя жизнь.* Усмотрела стайку воробьев... подмигнула птичкам, а когда некий проходивший мимо дядя, **приняв** это

на свой счет, расплылся в улыбке, показала ему кончик языка. *Б. Полевой, Глубокий тыл*

96. принима́ть/приня́ть *какой-л.* **оборо́т** 'Развиваться в *каком-л.* новом направлении *или* приобрести новый характер' *В качестве подлеж. употр. обычно сущ.* дело, события; разговор, беседа *и т. п.; в качестве опред. — прил.* неожиданный, *мест.* иной, другой, *а также часто прил. оценочным знач. Гл. обоих видов употр. чаще в прош. вр., а гл. несов. вида еще и в инф. при словах со знач. начала действия. Порядок компонентов нефиксир.* △ to take a turn *добавляется требуемое опред.*

— Говоришь, в картишки с вами сыграть? Пожалуйста..! — Больно уж неожиданный **оборот приняло** дело... Казаки переглянулись. *М. Шолохов, Поднятая целина.* Дело **принимало** ненужный **оборот** и могло сейчас только вызвать раздражение у Наташи и Степана. *Л. Кассиль, Ход белой королевы.* Разметнов поспешил прекратить разговор, уже начавший **принимать** опасный **оборот.** *М. Шолохов, Поднятая целина.* Палата готовилась уже решительно вмешаться в это, как вдруг события **приняли** совершенно иной **оборот.** *Б. Полевой, Повесть о настоящем человеке*

ПРИНЯТЬ ⊙ **принять за чистую монету** *см.* П 93

принять к сердцу *см.* П 94

принять на свой счет *см.* П 95

принять оборот *см.* П 96

ПРИСЕСТ ⊙ **97.** делать*/сделать *что-л.* ↔ **за (в) оди́н присе́ст** *разг.* 'За один раз, сразу и за короткий промежуток времени' *Часто употр. при сочет.* съесть *чего-л. сколько-л.;* выпить *чего-л. сколько-л. Порядок компонентов фиксир.* △ at one sitting

В одной группе деловито спорили о том, может ли человек **за один присест** съесть пятнадцать фунтов черного хлеба. *А. Новиков-Прибой, Цусима.* Но выпивал он по-прежнему **за один присест** не меньше пяти стаканов [чаю]. *Б. Полевой, Глубокий тыл.* Они договорились, что начнет писать Спивак... а потом где-нибудь еще встретятся и допишут вместе. Может быть, **в один присест,** — как позволит время. *В. Овечкин, С фронтовым приветом.* — Пьянков стал Демосфеном, — сказал Брок, — за два года я не слышал от него больше пяти слов **за один присест,** а тут — так прямо речь? *Ю. Семенов, При исполнении служебных обязанностей* *Ср.*: одним духом, одним махом, в мгновение ока

[Присест — *действие по гл.* присесть *в знач.* принять сидячее положение]

ПРИТЧА ⊙ **98. при́тча во язы́цех** *книжн., чаще ирон.* 'Предмет постоянных всеобщих разговоров, пересудов' *О ком-л., чье поведение отличается от поведения окружающих и оценивается ими как*

смешное, недостойное и т. п.; реже о каких-л. необычных событиях. Употр. чаще в Т. п. при гл. быть в прош. вр., становиться/стать и т. п. Порядок компонентов фиксир. △ the talk of the town (village, place)

У нас, в нашем городе, Сосновская скоро стала **притчей во языцех** ... — Еще во Львове,— говорил свидетель Мешков,— многим предлагала она умереть за одну ночь с ней. *И. Бунин, Дело корнета Елагина.* Валя, дочка местной продавщицы, **притча во всех языцех**: поехала учиться в Гдовское училище, вернулась остриженная, с крашеными волосами... про ее поведение в Гдове тоже рассказывают всякое. *М. Ганина, Повесть о дорогах*
Ср.: быть белой вороной, войти в пословицу
[Притча — *иносказательный рассказ с нравоучением, басня;* во языцех — *старая форма местного падежа мн. ч. сущ.* язык]

ПРИХОДИ́ТЬ ⊙ **99. приходи́ть/прийти́** ← *кому-л.* → **в го́лову**; *реже* **приходи́ть/прийти́** в *чью-л.* **го́лову** 'Возникать, появляться в сознании' *О мысли, идее, словах и т. п. Гл. часто ставится в прош. вр. в ср. роде, при этом после фразеол.* стоит придат. предлож. *с союзом* что *или гл. в форме инф., которые выражают содержание мысли, идеи и т. п. При наличии последующего инф. у фразеол. обычно развивается добавочное знач. намерения, желания. Порядок компонентов нефиксир.* △ to come into (enter) *smb's* head (mind) *при подлеж.* thought, idea, whatever; to occur to *smb при тех же подлеж. или при* it *с последующим инф.*

Кому придет в голову искать нас здесь? Who will ever think of looking for us here?

Леве иногда **приходят в голову** самые неожиданные мысли. *А. Алексин, Мой брат играет на кларнете.* От **пришедшей** ему **в голову** спасительной идеи Мишка сразу повеселел. *К. Симонов, Живые и мертвые.* Но мне и **в голову** не **пришло**, что именно этим был вызван такой странный визг. *В. Киселев, Девочка и птицелет.* Теперь я без хохота вспомнить не могу испуганных и бледных лиц моих товарищей... но в ту минуту, признаюсь, мне **и в голову** не **приходило** смеяться. *И. Тургенев, Льгов*
Ср.: взбрести в голову, лезть в голову

100. приходи́ть/прийти́ в себя́ *О человеке. Порядок компонентов нефиксир.* 1) 'Выходить из обморочного состояния, из забытья, дремоты, полусна' △ to come to; to come round; to come to life

Тот же нервный мельник снова упал в обморок, но моментально **пришел в себя** от страшного крика Толстяка. *Ю. Олеша, Три толстяка.* Некоторое время, не сразу **придя в себя** из забытья, я плохо соображал, что со мной происходит. *Л. Кассиль, Ход белой королевы.* [Синцов] ехал, как в тумане; ему казалось, что он хочет спать, а на самом деле он время от времени терял сознание и снова **приходил в себя.** *К. Симонов, Живые и мертвые.* Когда [*Леву*] отрывают от музыки, он всегда несколько секунд молчит: как бы **приходит в себя** или, вернее сказать, возвращается к нам из какого-то другого мира. *А. Алексин, Мой брат играет на кларнете*

2) 'Выходить из состояния сильного волнения *или* удивления, смущения *и т. п.,* успокаиваться и начинать владеть собой' *Обычно это состояние бывает вызвано страшными, или неожиданными, или неприятными событиями. Сущ.* испуг, волнение, неожиданность, удивление, изумление, смущение *и т. п. часто стоят при фразеол. в Р. п. с предлогом* от. *Употр. чаще гл. сов. вида в прош. вр. с отриц.* не *или в инф. при словах* не мог, был не в силах, был не в состоянии *и т. п.* △ to recover from a shock (astonishment, embarrassment, etc); to calm down *после волнения;* to be (become) *oneself* again *после эмоц. взрыва*

И она образумилась. Пережила страшные новости, **пришла в себя** — и образумилась. *И. Бунин, Суходол.* В первую минуту, как только дверь закрылась за Василием Васильевичем, Иван Капитонович, не **пришедший** от неожиданности **в себя**, подумал: — Что-то не так, что-то случилось. *В. Тендряков, Короткое замыкание.* Я не мог **прийти в себя** от изумления. *В. Каверин, Два капитана.* Он все еще был не в состоянии **прийти в себя** от случившегося и то подолгу сидел неподвижно... то срывался и принимался вышагивать, стараясь унять навалившуюся боль. *В. Распутин, Живи и помни*

Ср.: брать себя в руки, поднимать голову, собираться с духом

3) 'Выходить из состояния сильной физической усталости' △ to recover (regain) *one's* strength

Домой Ксения Степановна возвращалась затемно. Приходила усталая, не снимая стеганки и валенок, подолгу сидела неподвижно, **приходя в себя,** не в силах шелохнуть ни рукой ни ногой. Но постепенно усталость сменялась удовлетворением *Б. Полевой, Глубокий тыл.* В парк Володя пошел один... просто чтобы посидеть немного и **прийти в себя**. Все-таки очень он устал за эти дни. *Ю. Герман, Дело, которому ты служишь*

ПРОБА ⊙ **101. про́ба пера́** 'Литературный дебют' *Обычно подразумевается, что в результате неумелой или робкой попытки создается не очень зрелое произведение, но что за этой попыткой последуют (или последовали) и другие. Употр. чаще как сказ., иногда при подлеж. это. Порядок компонентов фиксир.* △ smb's debut (first steps, first attempt)

— Сколько я помню из газет, он [*Грацианский*] громил не одного тебя. — Он поднялся на сокрушении Тулякова... это была **проба** его **пера.** *Л. Леонов, Русский лес.* — Впрочем, шутки в сторону, разрешился, брат, я одной статеечкой, **проба пера,** так сказать, и принес тебе показать. *А. Чехов, Три года.* — ...теперь вам скажу, что ужасно люблю вообще, то есть как любитель, эту первую, юную, горячую **пробу пера**... Статья ваша нелепа и фантастична, но в ней мелькает такая искренность, в ней гордость юная и неподкупная, в ней смелость отчаяния... *Ф. Достоевский, Преступление и наказание*

ПРОБЕГАТЬ ⊙ **мороз по коже пробегает** *см.* М 40

ПРОБЕЖАТЬ ⊙ **мороз по коже пробежал** *см.* М 40
мурашки пробежали по спине *см.* М 45

ПРОВАЛИТЬСЯ ⊙ 102. **как** (*реже* **будто, словно, точно**) **сквозь землю провалился** (**провалилась, провалилось, провалились**) *разг.* 'Неожиданно перестал быть виден, исчез, так что нигде нельзя найти' *Об одуш. и неодуш. предметах. Применительно к людям иногда подразумевается намеренное исчезновение. Гл. чаще стоит в конце фразеол.* △ smb (smth) vanished (seemed to vanish) into thin air (into the blue); the earth seemed to swallow smb (smth) up
Варианты: **готов** (рад; хотеть, желать; хоть) **сквозь землю провалиться** *обычно от стыда, от смущения и т. п.* △ smb wishes the earth would open and swallow *him* up; **сквозь землю провалиться,** ⟨**если...**⟩ *употр. как усиленное уверение в правдивости своих слов или (с отриц. не в придат. части) в том, что какое-л. дело будет обязательно выполнено* △ I'll eat my hat if *часто с отриц. в придат. предлож.;* **чтоб тебе (ему, ей, им) сквозь землю провалиться** *груб. Выражение негодования по поводу чьего-л. поступка* △ Damn you (him, etc) *груб.;* Rot in hell *груб.;* **проваливаться*/провалиться сквозь землю** *редк.* 'Исчезать, так что нигде нельзя найти' △ to vanish into thin air (into the blue)

Синцов разозлился, приказал разыскать фельдшера... Но фельдшер словно чувствовал — **как сквозь землю провалился.** *К. Симонов, Солдатами не рождаются.* Я все перебрал и дома и во дворе — нож **как сквозь землю провалился.** *В. Каверин, Два капитана.* Лариса... начала петь... В первые минуты из всех присутствующих в зале только одна Тоня догадывалась, что частушки адресуются ей... Тоня сидела... опустив голову, готовая **провалиться сквозь землю.** *С. Антонов, Дело было в Пенькове.* — Я загулял, я? — начал Евсей — Да разрази меня на этом месте господь, лопни мои глаза! чтоб мне **сквозь землю провалиться,** коли я там что-нибудь этакое... *И. Гончаров, Обыкновенная история*

Ср.: как не бывало, и был таков, только его и видели, как в воду канул, поминай как звали, сгорать со стыда, и след простыл; *не знать* куда глаза девать; пропади пропадом

ПРОВЕСТИ ⊙ 103. **на мяки́не** ← *кого-л.* **не проведёшь** *разг.* 'Не сможешь обмануть, перехитрить' *Употр. по отношению к опытному, много знающему человеку, который умеет видеть истинный смысл чьих-л. поступков, слов и т. п. Порядок компонентов фиксир.* △ you can't fool *smb*

Пословица: **Ста́рого воробья́ на мяки́не не проведёшь**

— До завтра, — как-то двусмысленно произнес Богословский... — Благодарю за внимание! — сухо ответил Володя. Он тоже был хитрый, как муха, его тоже **на мякине не проведешь**. *Ю. Герман, Дело, которому ты служишь*. — Ты только смотри, чтобы хлеб был свежим. — Меня **на мякине не проведешь...** Чего-чего, а хлеб-то покупать наловчился. *В. Липатов, Повесть без названия, сюжета и конца...* — Макарушка меня вроде за глупого считает, а дюже он ошибается!... меня, старого воробья, **на пустой мякине не проведешь**, нет, **не проведешь!** Ему, Макару-то, самому не грех у меня ума занять. *М. Шолохов, Поднятая целина*. И мы снова начинали пронимать его то мольбами, то угрозами, но мужичок, знать, «видывал виды», и **на мякине его не проведешь**: невозмутим как истукан. *Д. Фурманов, Мятеж*

[Мякина — *остатки колосьев, стеблей и др. отходы при молотьбе*]

ПРОГЛОТИ́ТЬ ⊙ 104. *кто-л.* **как** (*реже* **бу́дто, сло́вно, то́чно**) **арши́н проглоти́л** (**проглоти́ла, проглоти́ли**) *разг., ирон., иногда шутл.* 'Держится неестественно прямо, напряженно, скованно' *Обычно это внешняя реакция на напряженность, натянутость отношений с кем-л., внешнее проявление напряженного внутреннего состояния. Употр. как сказ. или как сравн. оборот при гл.* ходить, сидеть, стоять *и т. п. Порядок компонентов нефиксир.* △ *smb* is (sits) ⟨as⟩ stiff as a poker

Александру казалось, что сотни, тысячи глаз устремлены на него... И от этого шаги становились скованными, неестественными... «**Будто аршин проглотил»**. *В. Денисов, Этот упрямый парень*. Аня ходила по комнате так, **будто проглотила аршин**, — очень прямо и осторожно. *Ф. Вигдорова, Любимая улица*. — Он с восемнадцатого года как выпрямился, **будто... аршин проглотил**, так и до нынче ходит... прямой, важный, как журавль на болоте. *М. Шолохов, Поднятая целина*. Лицо Татищева было в маске, и Левашов **словно аршин проглотил**. *Б. Окуджава, Глоток свободы*

[Аршин — *линейка, планка для измерения длиной 0,71 м*]

105. **проглоти́ть язы́к** *разг., иногда ирон. или шутл.* 'Молчать, перестать говорить' *Обычно от смущения, страха, реже от желания*

скрыть что-л. Употр. чаще в прош. вр., особенно в вопросе и в варианте как (бу́дто, как бу́дто, сло́вно, то́чно) язык проглоти́л (проглоти́ла, проглоти́ли). *Порядок компонентов нефиксир.* △ to have lost *one's* tongue *обычно от смущения или страха,* ⟨Has the⟩ cat got your tongue? *разг., шутл. или ирон.;* to hold *one's* tongue *при нежелании говорить о чем-л.*

— Ты что, дочка, **язык проглотила?** Где мать? С ней что-нибудь случилось? Да ну, говори же! *Б. Полевой, Глубокий тыл.* Давыдов отчетливо улавливал... издевательские интонации, звучавшие в голосе [Устина].— Чего же ты, председатель, зеваешь ртом, а сам молчишь, как рыба? **Язык проглотил,** или сказать нечего? *М. Шолохов, Поднятая целина.* Он решил **проглотить язык** и молчал до самой больницы, где вдруг снова начал ругаться и проклинать лаковое дерево. *К. Паустовский, Колхида.* Я отвечал односложно, и она в конце концов рассердилась.— Фу, Саня, от тебя двух слов не добиться! Да и нет. **Как будто язык проглотил!** — сказала она с досадой. *В. Каверин, Два капитана*

Ср.: держать язык за зубами, как воды в рот набрал, прикусывать язык, язык отнялся

ПРОГЛЯДЕ́ТЬ ⊙ 106. ⟨все⟩ глаза́ прогляде́ть (*реже* просмотре́ть) *О человеке. Употр. чаще в прош. вр. Гл. обычно стоит в конце фразеол.*

1) *разг.* 'Напряженно и долго всматриваться *куда-л.*, с надеждой ожидая появления *кого-л.*' *Часто безрезультатно* △ to look long and intently in some direction waiting hopefully for a particular person to appear; to wear *one's* eyes out

Все... вышли встречать его...— Что долго? Мы ждем-ждем, **все глаза проглядели.** *Ф. Абрамов, Дом.* Ребят жалко... Пропали ни за что... Ждут ведь их небось, надеются, **все глаза проглядели.** *П. Проскурин, Тайга.* Вскоре после приезда узнала, что барышня ждала ее «как света белого» ... **все глаза проглядела,** не едут ли из Сошек, горячо уверяла всех, что будет совсем здорова, как только вернется Наташка. *И. Бунин, Суходол.* Нина Александровна, Сергей Вадимович... нехорошо, мои милые, опаздывать, что такое с вами стряслось, что мы **все глаза проглядели.** *В. Липатов, Повесть без названия, сюжета и конца...*

Ср.: в оба

2) ← ⟨на *кого-л.,* на *что-л.*⟩ → *уст. или прост.* 'Долго, неотрывно смотреть на *кого-л.* или на *что-л.*' *Чаще на того (или на то), кто (или что) нравится, вызывает любовь* △ never to take (be unable to take) *one's* eyes off *smb, smth*

Очень уж ей нравился чистяк-мастер, на которого девки из Кержацкого конца **все глаза проглядели.** *Д. Мамин-Сибиряк, Три* *конца*. Она **глаза проглядела** на вашу избу-то: тоскует об тебе. *Ф. Гладков, Лихая година*

Ср.: во все глаза, есть глазами, не сводить глаз *1 знач.*, смотреть в рот *1 знач.*

ПРОДИРАТЬ ⊙ **мороз по коже продирает** *см.* М 40

ПРОДРАТЬ ⊙ **мороз по коже продрал** *см.* М 40

ПРОЖУЖЖАТЬ ⊙ **107. прожужжа́ть** (*реже* **протруби́ть**) ← *кому-л.* ⟨**все**⟩ **у́ши** ↔ ⟨о *ком-л.*, о *чем-л.*; про *кого-л.*, про *что-л.*, о том, что (какой и т. п.) + придат. предлож.⟩ *разг., неодобр. или ирон.* 'Надоесть непрекращающимися, долгими разговорами об одном и том же' *О человеке, который говорит о необычных, редких, как ему кажется, людях, предметах, явлениях, чаще оценивая их как положит., иногда расхваливая. При разговоре же об отриц. предметах и явлениях обычно подразумевается необходимость их переделки, исправления. Употр. чаще в прош. вр. Порядок компонентов нефиксир.* △ to tire *smb* by speaking continually about one and the same thing or person; to make a song ⟨and dance⟩ about *smb, smth расхваливать кого-л., что-л. или жаловаться на кого-л., что-л.*; to din *smth* into *smb постоянно повторять, чтобы заставить кого-л. запомнить или осознать что-л.*

Это был известный профессор Р., о котором Валька **прожужжал** мне **все уши**. *В. Каверин, Два капитана.* Дед Мурзин за своими тыквами ходил, как за грудником, всем **уши прожужжал**, что вкуснее тыквенной каши на свете только одно — мармелад. *В. Липатов, Кедровые тыквы.* Здесь прослышали о драматической истории, которая случилась на прошлогодних гонках в Зимогорске. Едва мы прибыли на Олимпиаду, нам **все уши прожужжали** ею. *Л. Кассиль, Ход белой королевы.* — Да и зачем ты берешь одну только сторону медали? я говорю про любовь — ты возьми другую и увидишь, что любовь не дурная вещь. Вспомни-ка счастливые минуты: ты мне **уши прожужжал**... *И. Гончаров, Обыкновенная история*

Ср.: вбивать в голову, набивать оскомину, склонять на все лады

ПРОЙТИ ⊙ **мороз по коже прошел** *см.* М 40

108. *что-л.* **не пройдёт (не прошло́) да́ром** *разг. Порядок компонентов нефиксир.* 1) ← *кому-л.* 'Вызовет (вызвало) неприятные для *кого-л.* последствия' *В качестве подлеж. употр. мест. это, сочет. этот поступок, эти слова и т. п. Употр. чаще в форме буд. вр., при этом может употр. для выражения угрозы, обычно с воскл. интонацией* △ *smb* will not (did not) get away with *smth*

— Вот полюбуйтесь. Наш Ираклий сидит довольный. А разобраться, так это он виновник аварии. Не хочет подстанцию строить. Ну, ничего, **даром** ему это **не пройдет.** Теперь мы ему

организуем такой шурум-бурум. *Д. Гранин, Искатели.* Из слов его [*Вернера*] я заметил, что про меня и княжну уж распущены в городе разные дурные слухи: это Грушницкому **даром не пройдёт!** *М. Лермонтов, Герой нашего времени*
Ср.: не сносить головы

2) ← ⟨*для кого-л.*⟩ 'Повлияет (повлияло) на чье-л. мировоззрение, поведение, характер, умение *и т. п.*' *В качестве подлеж. употр. сочет.* этот урок, работа, служба *где-л. и т. п. Употр. чаще в форме прош. вр.* △ smth affected (will affect) smb
Этот урок не прошёл для него даром. He learned his lesson.

109. пройти́ ⟨**сквозь**⟩ **ого́нь** (**огни́**) **и во́ду** (**во́ды**) ⟨**и ме́дные тру́бы**⟩ *разг.* 'Побывать во многих и различных трудных ситуациях' *О человеке, который закален жизненным опытом и которого поэтому не страшат новые трудности, или о человеке с небезупречным прошлым. Употр. чаще в прош. вр. При наличии и медные трубы союз и перед воду (воды) может опускаться. Порядок компонентов нефиксир.* △ to have been in many and various difficult situations; to go (have been, pass) through the mill
о человеке, закаленном трудностями

Она знала это поколение большевиков, этих хлопцев, **прошедших огонь, воду и медные трубы**... Они все могли, эти стальные люди. *Ю. Герман, Дело, которому ты служишь.* Остался с нами один поэт, настолько же неторопливый и мудрый, насколько немолодой. Он видел в жизни немало всяких роковых перемен, **прошёл**, как говорится, **огни и воды** и знал цену одиночеству. *А. Яшин, Сладкий остров.* — В колонии был? — ... Было, было. Давненько, правда, но было... — Локтев иронически покосился на старика: — **Прошёл огни и воды**... Все успел. *В. Мурзаков, Мы уже ходим, мама.*
Ср.: видал виды, стреляный воробей, тёртый калач

ПРОЛИВА́ТЬ ⊙ **110. пролива́ть/проли́ть** (**броса́ть/бро́сить**) **свет** на *что-л. книжн.* 'Делать ясным, доступным для понимания' *Чаще о каких-л. документах, письмах, научных исследованиях, о чьих-л. словах, поступках и т. п., которые помогают проникнуть в какую-л. тайну. Гл. сов. вида употр. чаще в прош. вр. или в инф. при словах со знач. возможности. Порядок компонентов фиксир.* △ to throw (shed, cast) ⟨some⟩ light on smth

Ответное письмо Егора Севастьяныча содержало кое-какие сведения, **проливавшие свет** на подробности Леночкиного бегства. *Л. Леонов, Русский лес.* При первом осмотре захваченных архивов Бормана не было найдено ни одного документа, который бы **проливал свет** на пути, по которым партия переводила свои деньги в иностранные банки. *Ю. Семенов, Семнадцать мгновений* весны. Итак, три человека из самого недалекого прошлого Залесских и Ильина в какой-то степени **пролили свет** на их взаимоотношения в Вышегодске. *А. Безуглов, Следователь по особо важным делам.* — Галина Константиновна, не посылала я ему письма на машинке — ничего не понимаю! Интересно, кто это упражняется? Я подумала, что, кажется, могу **пролить свет** на это таинственное происшествие. *Ф. Вигдорова, Черниговка*

Ср.: открывать глаза

ПРОЛИТЬ ⊙ **пролить свет** *см.* П 110

ПРОМАХ ⊙ **111. кто-л. не промах** *разг., чаще одобр.* 'Очень сообразителен в том, что ему выгодно, не упустит того, чем можно легко завладеть' *Чаще о мужчине. Часто употр. после сущ.* парень, малый, девка △ smb is quick to see *his* profit and will not miss what is easy to capture; smb has *his* wits about *him*

Однако старик засомневался, что такой человек, как радист, **парень не промах,** вздумал менять добрую вещь. *В. Мурзаков, Мы уже ходим, мама...* — Хозяин идет, — сказал Коржов. — ... Молодой хозяин, — заметил Капитон Иванович. — Трудно ему здесь приходится. Но он вроде парень **не промах.** *В. Овечкин, Гости в Стукачах.* — Нет, — продолжал Кирила Петрович, — уж не видать нам такого исправника, каков был покойник Тарас Алексеевич. Этот был **не промах,** не разиня. *А. Пушкин, Дубровский.* Вот одного [*парубка*] дернул лукавый окатить ее [*тетку покойного деда*] сзади водкою; другой, тоже, видно, **не промах...** поджег... пламя вспыхнуло, бедная тетка, перепугавшись, давай сбрасывать с себя, при всех, платье. *Н. Гоголь, Вечер накануне Ивана Купала*

Ср.: с головой, пальца в рот не клади

ПРОПАДАТЬ ⊙ **112. пропади** ⟨ты, он, она, оно, они⟩ (*реже* **пропадай** ⟨всё⟩) **пропадом; пропадите** ⟨вы, вы все⟩ **пропадом** *разг.* 'Мне это не нужно, пусть погибнет, исчезнет навсегда' *Выражение сильного раздражения, досады, гнева по поводу человека, предмета, события. Употр. в конструкциях типа:* Ну их, эти деньги! Пропади они пропадом! *или* Пропади они пропадом эти деньги!, Пропади они пропадом, эти деньги! *Порядок компонентов фиксир.* △ damn (blow, drat) you (him, *etc*)!

— Ничего не хочу... даже огурцов консервированных, **пропади они пропадом.** *В. Мурзаков, Мы уже ходим, мама...* — И **пропади они пропадом,** эти самые половики, они мне и вовсе не нужны. *Л. Толстой, Воскресение.* — А в это самое время два афериста пришли к вашей жене, произвели обыск и изъяли ценностей и денег на пять тысяч рублей. — **Пропади пропадом** эти деньги! — устало говорит Понтяга. *Братья Вайнеры, История участкового Позднякова.* [*Тося*] попробовала свое варево, покрутила головой,

поморгала и с видом «**пропадай** все **пропадом**» кинула в котёл махонькую щепотку соли. *Б. Бедный, Девчата*
Ср.: туда и дорога, чтоб тебе сквозь землю провалиться

ПРОПАДОМ ⊙ **пропади пропадом** *см.* П 112

ПРОПА́СТЬ ⊙ **пиши пропало** *см.* П 27

след пропал *см.* С 75

ПРОПЕТЬ ⊙ **песенка пропета** *см.* П 22

ПРОПУСКА́ТЬ ⊙ **113. пропуска́ть/пропусти́ть ←** *что-л.* **→ ми́мо ушей** *разг.* 'Не слушать того, что говорят' *Намеренно или будучи занятым чем-л. другим. В качестве доп. употр. сущ., обознач. речь, и заменяющие их мест. Употр. чаще гл. сов. вида в прош. вр.; гл. несов. вида употр. в прош. вр. обычно для обознач. повторяющегося или постоянного действия или в инф. при словах со знач. умения или нежелательности, запрета. Гл. во фразеол. чаще стоит на первом месте* △ to take no notice of what is said
Он **пропустил** мое предупреждение **мимо ушей**. The warning I gave him went in through one ear and out of the other *из-за невнимательности, легкомыслия*; He turned a deaf ear to the warning I gave him *намеренно*.

Да разве дело в том, что сказала Ольга Сергеевна? ... Саша **пропустила мимо ушей** глупые слова. *Ф. Вигдорова, Семейное счастье.* Настена пошла к деду Матвею, вспомнив, как он вчера просил... напарника на день, чтобы... поставить на воду ... бакены... Настена **пропустила мимо ушей** этот разговор, а теперь спохватилась: вот и надо было вызваться к деду Матвею. *В. Распутин, Живи и помни.* Все эти толки доходили до нее, но она **пропускала** их **мимо ушей**: характер у нее был свободный и довольно решительный. *И. Тургенев, Отцы и дети.* — Учтите, что Егоров работает в артели, изготовляющей валенки. — Ох, не следовало ему **пропускать** это замечание насчет валенок **мимо ушей**. Но горяча молодость. *Ю. Герман, Дело, которому ты служишь*
Ср.: как об стенку горох, бровью не повел, ни к чему 3 знач.

ПРОПУСТИ́ТЬ ⊙ **пропустить мимо ушей** *см.* П 113

ПРОСМОТРЕ́ТЬ ⊙ **глаза просмотреть** *см.* П 106

ПРОСТЫ́ТЬ ⊙ **след простыл** *см.* С 75

ПРОТРУБИ́ТЬ ⊙ **протрубить уши** *см.* П 107

ПРОХО́Д ⊙ **не давать прохода** *см.* Д 6

ПРОХОДИ́ТЬ ⊙ **мороз по коже проходит** *см.* М 40

ПРОЧЬ ⊙ **114. кто-л. не про́чь** делать *редк.*/сделать *что-л.* 'Хотел бы или не отказался бы, если бы предоставилась возможность' *Обычно человек старается скрыть это желание, которое не настолько сильно, чтобы добиваться его осуществления, преодолевая препятствия. Употр. часто в составе конструкций с про-*

тивит.-уступ. отношениями, иногда в предлож., после которого следует предлож. с противит. союзом но △ smb is not against (would not mind) doing smth

Он **не прочь**, совсем **не прочь** был продать его [*салон жены*]. Но ломил такие нелепые цены, что в столбняк приводил покупателей. *И. Бунин, Деревня*. Серпилин поблагодарил [*за чай*]. Он продрог в пути и был **не прочь** выпить рюмку водки. Но чай оказался действительно чаем. — *К. Симонов, Живые и мертвые*. — Нет-нет, Иван, я совсем **не прочь** поделиться с тобой своими соображениями, — повторил... Чередилов. — Начать с того, что... мне в какой-то степени и нравятся книги твои... но ведь ты же бубнишь столько лет подряд... про это самое постоянство лесопользования. *Л. Леонов, Русский лес*. Вот, например, о деньгах, когда его спросили, Борисов сказал: — Мы все **не прочь** получать побольше. Вопрос только, каким путем этого добиваться. *Д. Гранин, Искатели*

Ср.: так и быть, куда ни шло

ПРУД ⊙ **пруд пруди** *см.* П 115

ПРУДИТЬ ⊙ 115. *кого-л., чего-л., редко кем-л.* ⟨**хоть**⟩ пру́д пруди́ *разг., часто пренебр.* 'Очень или слишком много' *О людях, животных и исчисляемых предметах. Часто подразумевается, что какие-л. люди или предметы обесценились из-за того, что их слишком много, и стали ненужными. Порядок компонентов фиксир.* △ very many or too many; enough and to spare ⟨of smth, smb⟩; plentiful as blackberries *в обоих выражениях отриц. окраска необязательна*

— Не пойдет она [*замуж*] за тебя, озорника. У нее хороших-то женихов... **пруд пруди**. *Г. Николаева, Жатва*. [*Ломов*:] Откатай [*собака*] лучше Угадая? Что вы!.. Таких, как ваш Откатай, у всякого выжлятника [*охотник в псовой охоте, ведающий гончими*] — **хоть пруд пруди**. Четвертная — красная цена. *А. Чехов, Предложение*. Грацианский сообщил ... что действительно в молодости стоял одно время перед альтернативой: сообществом людей или деревьев заняться ему... но социологами и тогда было **хоть пруд пруди**... так и не вышла его незаконченная книга в свет. *Л. Леонов, Русский лес*

Ср.: конца не видно, непочатый край, нет отбоя, нет числа, хоть отбавляй

[*Прудить — перегораживать плотиной*]

ПРЯМО ⊙ **не в бровь, а прямо в глаз** *см.* Б 24
ПРЯТКИ ⊙ **играть в прятки** *см.* И 7
ПТИЦА ⊙ 116. *кто-л.* во́льная пти́ца (пта́шка) 'Свободный человек, ни от кого не зависящий в своих поступках, решениях, в образе жизни *и т. п.*' *Чаще употр. в И. п. ед. ч. Порядок ком-*

понентов нефиксир. △ smb is his (her, etc) own master (his own man)

Лосев... завидовал, с какой свободой она говорила с зампредом, ничего не смягчая, не обходя. Ей, конечно, что, ей терять нечего, она сама себе хозяйка, **вольная птица.** *Д. Гранин, Картина.* — С меня хватит, что крестьянству я верный подданный... Но зато в другом во всем я **вольная птица,** хочу — иду в Лесную Комиссию, хочу — не иду. *С. Залыгин, Комиссия.* — А чего ты за мною шел? Чего тебе от меня надо? Я — **вольная птица,** куда хочу, туда и лечу. *М. Шолохов, Поднятая целина*

ПУГАЛО ⊙ **пугало гороховое** *см.* Ш 11

ПУД ⊙ **пуд соли съесть** *см.* С 123

ПУЗЫРЬ ⊙ **117. мы́льный пузы́рь** *разг., неодобр. Употр. чаще как сказ. Порядок компонентов фиксир.* 1) 'Ничтожный, малозначительный человек, яркое впечатление от которого не соответствует его сущности' △ a person of little or no worth, in spite of the impression he produces; an empty vessel; a wind bag

[*Войницкий:*] Я гордился им и его наукой, я жил, я дышал им!.. и теперь виден весь итог его жизни: после него не останется ни одной страницы труда, он совершенно неизвестен, он ничто! **Мыльный пузырь!** *А. Чехов, Дядя Ваня*

2) *Что-л.* 'яркое, выделяющееся, но непрочное, легко разрушающееся или неосуществимое' *О чьих-л. намерениях, планах, обещаниях, угрозах, надеждах и т. п. Может употр. с гл.* лопаться/лопнуть, рассы́паться/рассыпа́ться, *иногда в форме* как мыльный пузырь △ a castle in the air; a pipe-dream

Александр хорошо усвоил слова отца, сказанные им как бы шутя: — В обмен на послушание начальник должен давать надежду, без этого его замыслы могут оказаться **мыльным пузырем.** *И. Герасимов, Пробел в календаре.* За величаво небрежным стилем этих абзацев звучал многозначительный подтекст: «Мы могли бы привести цифры, доказательства, но стоит ли тратить время и место на разоблачение лобановского **мыльного пузыря** [*предложенной Лобановым методики исследования*]». *Д. Гранин, Искатели.* — Я хотел коренных преобразований [*в гимназии*] ... Но тут под меня подкопались... Особенно повредил мне учитель математики... он заподозрил мои намерения, последний мой **мыльный пузырь** наткнулся на него, как на булавку, и лопнул. *И. Тургенев, Рудин*

ПУСКАТЬ ⊙ **118. пуска́ть/пусти́ть ← что-л. → в хо́д** *Гл. во фразеол. стоит чаще на первом месте* 1) 'Пользоваться какими-л. средствами или орудиями для достижения цели' *В качестве доп. употр. обычно абстрактные сущ.* лесть, обаяние, красноречие, хитрость *и т. п.; сущ., обознач. орудия, инструменты, оружие*

ПУСКАТЬ

или предметы, используемые как орудие в данной ситуации. Употр. чаще гл. сов. вида в прош. вр. и в инф. при словах со знач. неизбежности, невозможности и т. п.; гл. несов. вида употр. обычно для обознач. повторяющегося действия △ to use smth as a means or instrument to gain one's purpose; to bring smth into action; to bring (call) smth into play *в качестве доп. употр. абстрактные сущ.*

— Я, конечно... **пустил в ход** величайшее и незыблемое средство к покорению женского сердца... Это средство известное, лесть. *Ф. Достоевский, Преступление и наказание.* — ... а ведь он это сделал из хорошего побуждения. Право... Оно, вишь ты, и благородно и откровенно, ну, да и поговорить представляется случай, красноречие **в ход пустить.** *И. Тургенев, Рудин.* К сожалению, нам пришлось **пустить в ход** оружие: каждый грузовик «отстреливался» до последнего патрона. *Ю. Семенов, Семнадцать мгновений весны.* Лапа больше не болела, и он [*медведь*] теперь **пускал ее в ход,** когда нужно было вывернуть пенек или перевернуть упавшее тяжелое дерево. *Ю. Казаков, Тедди*

2) *только с гл. сов. вида* 'Подготовить так, чтобы *что-л.* начало работать, действовать' *В качестве доп. употр. названия машин, механизмов, предприятий и т. п. Употр. чаще в форме страдательного прич. прош. вр.* △ to put into operation

... завод был **пущен в ход.** *В. Беляев, Старая крепость.* ... за выгоном [*для скота*] — одинокое большое здание недавно построенной и еще не **пущенной в ход** горняцкой бани. *А. Фадеев, Молодая гвардия*

119. пуска́ть/пусти́ть козла́ в огоро́д *разг., неодобр., иногда шутл.* 'Необдуманно позволять работать *какому-л.* человеку там, куда он сам стремится, чтобы получить выгоду, но где он особенно вреден или опасен' *Подразумевается, что говорящий возражает против данного решения или разрешения. Употр. чаще гл. сов. вида в прош. вр.; гл. несов. вида употр. обычно в инф. при словах со знач. нежелательности, запрета. Гл. во фразеол. чаще стоит на первом месте* △ to set the wolf to keep the sheep; to set a fox to keep (one's) geese; to put the cat among the pigeons

— А мне что за дело, что его в главные конторщики пожаловали! Вот, нечего сказать, нашли кого пожаловать! Вот уж точно можно сказать, **пустили козла в огород!** *И. Тургенев, Контора*
Ср.: давать маху

120. пуска́ть/пусти́ть ко́рни *При отриц. не возможна форма* корне́й. *Порядок компонентов нефиксир.* 1) ← ⟨где-л.⟩ → 'Прочно, надолго приживаться, обосновываться' *О человеке. Чаще подразумевается, что этот человек обзавелся хозяйством и семьей,* *иногда — что и последующие поколения этой семьи живут на том же месте. Употр. чаще гл. сов. вида в прош. вр., гл. несов. вида — в инф. при словах со знач. нежелания* △ to put down roots ⟨*somewhere*⟩

Но еще до японской войны пришел в Атамановку переселенец Андрей Сивый с двумя сыновьями. Пообсмотрелся, поогляделся и... повел хозяйство, да еще как повел!... он к колхозной поре успел умереть, один из его сыновей не пришел с германской [*войны*], а второго... раскулачили и куда-то выслали. Так и **не пустил** переселенец Андрей Сивый **корни** на новой земле. *В. Распутин, Живи и помни.* — Вы что, в нашем доме живете? — Да... Дружочек один... у меня тут **корни пустил.** *Ю. Герман, Наши знакомые.* В Рыковском, несмотря на его сравнительно большие размеры, я застал только 39 крестьян, и все они были далеки от намерения **пускать** здесь **корни;** все собирались на материк. *А. Чехов, Остров Сахалин*

2) ← ⟨в *ком-л., где-л.; реже уст.* в *кого-л.*⟩ → 'Укрепляться, становиться привычным для *кого-л.,* постоянным' *О привычках, чувствах, отношении к окружающему и т. п.* △ to take (strike) root ⟨in·*smb's* mind (nature, *etc*)⟩

Привычка **пустила** во мне слишком глубокие **корни.** Видеть ежедневно Олесю... стало для меня больше, чем необходимостью. *А. Куприн, Олеся*

121. пуска́ть/пусти́ть ← ⟨*кому-л.*⟩ → **пы́ль в глаза́** *разг., неодобр.* 'С помощью эффектных поступков *или* речей пытаться представить *кому-л.* себя *или* свое положение лучше, чем они есть в действительности' *Гл. употр. чаще в инф. при словах со знач. умения, желания. Порядок компонентов нефиксир.* △ to try to present *oneself* or *one's* position better than in reality by means of impressive actions or speeches

Он любит пускать/пустить пыль в глаза. He likes showing off; He likes to cut a dash *обычно о том, кто эффектно одевается, эффектно тратит деньги и т. п.*
Он умеет пускать/пустить пыль в глаза. He is clever at window dressing. Он сделал (сказал) это, чтобы пустить пыль в глаза. He did (said) it for show; He was simply showing off *обычно в ситуации, когда кто-л. стремится понравиться кому-л.*
Не смешивать с to throw dust into *smb's* eyes, *означ. намеренное отвлечение внимания от чего-л. в целях обмана*

Об умении некоторых опытных карьеристов **пускать пыль в глаза,** производить внешне выгодное впечатление можно бы написать много, специальное исследование. *В. Овечкин, О людях «без стельки».* Все становилось известным неугасимому человеческому

любопытству... И то, что Мешков вместо приданого взялся справить свадьбу и вот теперь **пускал в глаза пыль** богатой родне. *К. Федин, Первые радости.* Изредка, в большие праздники, любил Сергей Платонович **пустить пыль в глаза**: созывал гостей и угощал дорогими винами, свежей осетровой икрой. *М. Шолохов, Тихий Дон.* ... вдохновения ... вообще нет. Вдохновение выдумали поэты, чтоб **пустить пыль в глаза.** *А. Вампилов, Исповедь начинающего*
Ср.: втирать очки, набивать себе цену, строить из себя

ПУСТИТЬ ⊙ **пустить в ход** *см.* П 118

пустить козла в огород *см.* П 119

пустить корни *см.* П 120

пустить пыль в глаза *см.* П 121

ПУСТОЙ ⊙ **переливать из пустого в порожнее** *см.* П 17

пустое место *см.* М 26

с пустыми руками *см.* Р 43

ПУТАТЬ ⊙ **122. пу́тать/спу́тать (меша́ть/смеша́ть, попу́тать** *разг., уст.)* ⟨**все**⟩ ⟨**чьи-л.**⟩ **ка́рты** *или* **пу́тать** *и т. п.* ← *кому-л.* → **ка́рты** 'Нарушать, расстраивать чьи-л. планы, намерения' *О человеке, совершившем неожиданный поступок, или о каком-л. неожиданном событии, чаще неприятном. Обычно употр. гл. сов. вида, особенно* спутать, *в прош. вр. Гл. во фразеол. чаще стоит на первом месте* △ to upset *smb's* (the) apple-cart

Там, на сцене... кто-то повел себя как индивидуалист. Коллектив его осудил, он быстро раскаялся... Но тут вмешался подлец, **спутал все карты,** и снова подозрение пало на раскаявшегося индивидуалиста. *Ф. Вигдорова, Любимая улица.* Отсутствие Крылова **путало все карты.** *Д. Гранин, Иду на грозу.* Бывает, главную тяжесть боев выносит сосед справа или слева: он атакует, вбивает клинья, **путает карты** противнику, создает для него угрозу окружения. *В. Овечкин, С фронтовым приветом*

Ср.: подкладывать свинью

ПУТЬ ⊙ **вступать на путь** *см.* В 70

наставлять на путь *см.* Н 21

ПУХ ⊙ **123. в пух и** ⟨**в**⟩ **прах** *разг. Порядок компонентов фиксир.* 1) *могут употр. сокращенные варианты с одним из сущ.*: **в пух** *или* **в прах разбивать*/разбить** *кого-л.* в бою, в споре, в игре *и т. п.,* **разрушать*/разрушить** *и т. п.,* **разругать** *кого-л.,* **раскритиковать** *кого-л., что-л. и т. п.,* **разоряться*/разориться, проигрываться/проиграться** *и т. п.* ↔ 'Полностью, совсем' △ completely, entirely

Разбить *кого-л.* **в пух и прах.** To cut *smb* to bits (pieces) *о воен. действиях, споре и т. п.* Раскритиковать *кого-л., что-л.* **в пух и прах.** To pick (pull) *smb, smth* to pieces. Разориться **в пух и прах.**

To go (be) stony broke *разг.* Проиграться в пух и прах. To lose one's shirt *разг.*

Красные в это время разнесли **в пух и прах** правый фланг голубовцев и ушли. *Н. Островский, Как закалялась сталь.* Гайдуков лютовал, ходил мрачный, как туча... Бородуля пришел еще утром, как раз в разгар событий, когда Гайдуков разносил **в пух и прах** Афоню и Митьку. *В. Овечкин, Слепой машинист.* — А я, брат, с ярмарки. Поздравь: продулся **в пух**!.. А ведь будь только двадцать рублей в кармане, — продолжал Ноздрев... — я отыграл бы все. *Н. Гоголь, Мертвые души.* — Мост **в прах** разбит, следов не видно. — Мост **в прах**, и нас **в прах** — гордиться нечем! — отрезал летчик. *К. Симонов, Живые и мертвые*

Ср.: что есть силы *2 знач.*, под корень, не оставить камня на камне, стереть в порошок

2) разодеться, нарядиться, расфрантиться, *чаще в форме страдательного прич., часто ирон.* ↔ 'Неумеренно пышно, богато' △ ⟨to be⟩ dressed ⟨up⟩ to the nines *разг.*; ⟨to be⟩ dressed to kill *разг., чаще о женщине*

Вариант: **в пух**

Сама Амалия Ивановна приглашена была тоже с большим почетом ... была вся разодета хоть и в траур, но во все новое, шелковое, **в пух и прах**, и гордилась этим. *Ф. Достоевский, Преступление и наказание.* В театре они [Виктор Семенович и Лиза] заняли центральную ложу, известную под именем «губернаторской». Их окружали разодетые **в пух** друзья и подруги. *К. Федин, Первые радости*

124. ⟨ну⟩, **ни пу́ха** ⟨тебе, вам⟩ **ни пера́** *разг., часто шутл.* 'Пусть все будет удачно' *Пожелание кому-л. удачи, успеха в предстоящем деле, обычно опасном, таящем неожиданности. Употр. обычно как самост. предлож., чаще с обращением. Порядок компонентов фиксир.* △ good luck ⟨to you⟩; break a leg! *разг., шутл.*

Вариант окружения: желать (пожелать) *кому-л.* **ни пу́ха ни пера́**

[Бессонов] сказал: — Поезжай! Только помни: стариков осколки и пуля брезгуют. Они таких, как ты, ищут... Ну, **ни пуха тебе ни пера**, младший лейтенант! *Ю. Бондарев, Горячий снег.* Агриппина [актриса] ... сбежала вниз, встала за кулисой. Подошел сзади Жорка... — **Ни пуха ни пера**, маленькая! — Ладно. Начали с богом. — ... Агриппина, сглотнув привычную растерянность, шагнула в круг света. *М. Ганина, Золотое одиночество.* — Ну, рыболовы, **ни пуха вам ни пера**, — сказал Прянишников, когда пора было уже садиться в вагон. *В. Лидин, В пустой квартире*

Ср.: бог с тобой *3 знач.*, в добрый час

ПУЩЕ ⊙ **пуще горькой редьки** *см.* X 21

ПЫЛЬ ⊙ пускать пыль в глаза *см.* П 121

ПЯДЬ ⊙ **125. кто-л. семи пя́дей** (*уст.* **пяде́ней, пяде́нь**) **во лбу́** *одобр.* 'С выдающимся умом, мудростью' *Порядок компонентов фиксир.* △ smb is ⟨as⟩ wise as Solomon
Варианты окружения: Будь **кто-л.** ⟨хоть⟩ **семи пя́дей во лбу́**, а... ; *у* **кого-л.** *или имей* **кто-л.** хоть **семь пя́дей во лбу́**, а... *В последующей части предлож. сообщается о невозможности сделать что-л. даже очень умному человеку*

— Гении-то, люди **семи пядей во лбу**, не часто в жизни встречаются. *В. Тендряков, Ненастье.* ... известно, что человек, слишком увлекшийся страстью, особенно если он в летах... теряет рассудок и действует как глупый ребенок, хотя бы и был **семи пядей во лбу**. *Ф. Достоевский, Идиот.* — Революция, товарищи, это — наука, — самоуверенным голосом говорил им Шарыгин. — У тебя хоть **семь пядей во лбу** — не превзошел ее, и ты всегда сделаешь ошибку. *А. Толстой, Хождение по мукам.* — Кто из моих людей смеет обижать сироту? — закричал он. — Будь он **семи пядень во лбу**, а от суда моего не уйдет. *А. Пушкин, Капитанская дочка*
Ср.: голова на плечах, с головой, ума палата
[Пядь — *старинная мера длины, равная расстоянию между растянутыми большим и указательным пальцами*]

ПЯТКА ⊙ душа в пятки уходит *см.* Д 70

наступать на пятки *см.* Н 23

ПЯТНИЦА ⊙ **126. у кого-л. семь пя́тниц на неде́ле** *разг., неодобр., иногда шутл.* Кто-л. 'часто, легко и безответственно меняет свои мнения, решения, намерения *и т. п.*' *Порядок компонентов фиксир.* △ smb is always chopping and changing; smb keeps changing *his* mind

У ее матери **семь пятниц на неделе**: сегодня пожалеет, приласкает, а завтра булавки втыкать начнет. *А. Караваева, Огни.* Вдруг Ершов расхохочется и начнет издеваться: — Что же, у тебя **семь пятниц на неделе?** Шумел, кричал, разорялся, отца расстроил и вдруг на обратный курс? *Л. Соболев, Зеленый луч.* Я встала и разбудила няню: — Нужно укладываться, няня. Мы завтра едем. — **Семь пятниц на неделе!** — сердито зевая, сказала няня. *В. Каверин, Два капитана*

ПЯТЫЙ ⊙ **127. с пя́того** (**через пя́тое**) **на деся́тое** (*реже из* **пя́того в деся́тое** *или* **пя́тое через деся́тое** *разг.*) *Порядок компонентов фиксир.* 1) рассказывать/рассказать *и т. п.*; слушать *и т. п.*; понимать, усваивать *и т. п.*, ↔ 'Выборочно, с пропусками' *При гл.* рассказывать *и т. п. подразумевается, что это рассказ не очень связный, непоследовательный; при гл.* понимать *и т. п.* — *что это* *несерьезное, поверхностное усвоение и т. п. В обоих случаях фразеол. часто имеет неодобр. окраску. При гл. слушать и т. п. невнимание к рассказу может быть обусловлено либо тем, что слушатель отвлечен своими мыслями, ощущениями, либо тем, что рассказ кажется слушателю малозначительным* △ in a fragmentary way (in bits); jumping from one thing to another

— И вот подались в Москву... Да что я тебе **с пятого на десятое** буду пересказывать — дома все узнаешь. *Е. Мальцев, Войди в каждый дом.* ... — я с туманной головой и сосущей болью в боку **с пятого на десятое** слушал тебя и вдруг вздрогнул: такое горе, такая скорбь просочилась в твоем голосе. *В. Белов, Бобришный угор.* Каждый [*оратор*] несет самое важное, самое главное... по краям ничего не слышно, но все одинаково жадно.. слушают... И странно, хотя не слышат или хватают **с пятого на десятое**, но в конце концов схватывают главное. *А. Серафимович, Железный поток.* Хотя немец очень спешил выложить все, что, по его мнению, могло обеспечить его безопасность, Синцов все-таки **с пятого на десятое** понял главное и остановил его. *К. Симонов, Солдатами не рождаются*

Ср.: как бог на душу положит, через пень колоду *1 знач.*, как попало, с грехом пополам

2) работать *и т. п.* ↔ *неодобр.* 'Небрежно, лениво, нерегулярно' △ carelessly, lazily and irregularly

— И учился **через пятое на десятое**, — это все, знаете ли, не так просто. *Ю. Герман, Дорогой мой человек*

Ср.: вверх дном *2 знач.*, из рук вон, как попало, с грехом пополам, спустя рукава, ни шатко ни валко, шиворот-навыворот *2 знач.*

ПЯТЬ ⊙ **как свои пять пальцев** *см.* П 3

Р

РАБОТА ⊙ **брать в работу** *см.* Б 17
РАВНЫЙ ⊙ **на равной ноге** *см.* Н 47
РАДИ ⊙ **ради бога** *см.* Б 11
ради красного словца *см.* С 81
РАДУЖНЫЙ ⊙ **в радужном свете** *см.* С 23
РАЗ ⊙ **вот тебе раз!** *см.* В 63

1. в са́мый ра́з *разг. Порядок компонентов фиксир.* 1) *что-л., кто-л.,* ⟨*кому-л.*⟩ 'Очень подходит; такой, как надо' *Об одежде, обуви и т. п., которые точно соответствуют чьему-л. размеру.*

О человеке, характер, поведение или деловые качества которого подходят лицу, обозначенному доп., для какого-л. дела. Употр. как сказ. △ smth, smb fits (suits) smb just right

— Вишь, **в самый раз**, — приговаривал Платон, обдергивая рубаху. *Л. Толстой, Война и мир.* — А тетушка примет нас? — Отчего же? Порекомендуй — значит, все ... А вы будете тетке моей **в самый раз**. *В. Беляев, Старая крепость*

Ср.: как раз *2 знач.*

2) получилось *что-л.* 'Хорошо; так, как надо' *Чаще применительно к результатам ручной работы* △ smth came out just right

Из другого кармана незнакомец достал гвоздик, вколотил его ... и повесил картинку с лебедями. — Не криво? — спросил он у Тоси. — **В самый раз**. *Б. Бедный, Девчата*

3) делать/сделать *что-л.* '⟨В⟩ самое подходящее для *кого-л.* время, тогда, когда надо' *Употр. чаще с гл. несов. вида, обычно в форме инф., при котором обознач. часто время, подходящее для начала действия* △ it is just the ⟨right⟩ time for ⟨doing⟩ smth
Вариант: **са́мый ра́з**

Ложась на перину, Иван Артемьич каждый раз глубоко вздыхал: — День кончен. — Осталось их не так много. А жалко, — **в самый раз** теперь жить да жить. *А. Н. Толстой, Петр Первый.* — Рано еще так говорить ... — А оно всегда так: сначала все рано и рано, а потом уж и поздно, а **в самый раз** никогда не бывает. *Б. Бедный, Девчата.* — Вот бы вам, Семен Иванович, жениться теперь: **самый раз**! — робко говорит Хрипушин. *Г. Успенский, Нравы Растеряевой улицы*

Ср.: минута в минуту, как раз *1 знач.*

2. как ра́з 1) *разг.* 'Своевременно, тогда, когда нужно' *Употр. как обст., часто при опущенном сказ.* △ it is just the ⟨right⟩ time

— Рано уж очень идем. — **Как раз** будет. *М. Шолохов, Тихий Дон.* — Дня через три приду. — А не рано? — Нет, **как раз**. *К. Симонов, Дни и ночи*

Ср.: минута в минуту, в самый раз *3 знач.*, тютелька в тютельку

2) *разг. что-л. кому-л.* (для *кого-л.*) 'Подходит, годится, соответствует' *Об одежде и обуви, которые точно соответствуют чьему-л. размеру. О каких-л. предметах, которые человек определенных способностей, возраста, состояния может использовать, а также о каких-л. событиях, которые он способен понять, воспринять. Употр. чаще как сказ., иногда как частица при сочет.* по размеру, по возрасту *и т. п.* △ smth fits (suits) smb just right

— Надевай, милая, мою синюю юбку. Она тебе ... **как раз**

будет. *М. Шолохов, Тихий Дон.* — Она для ребятишек, кашка-то, ему [*тяжелобольному*] **как раз**. *Б. Полевой, Повесть о настоящем человеке*. Когда совсем подошли к острову, стали видны ветряная мельница, прекрасная старинная изба, амбарные постройки — все пустое, неподвижное, музейное. Агеев [*художник*] усмехнулся. — **Как раз** для меня, — пробормотал он и поглядел на Вику с веселой злостью. *Ю. Казаков, Адам и Ева.* — Послушаю и спектакли вашего детского театра, мне они теперь [*в старости*] **как раз** по возрасту. *В. Лидин, Охапка белого света*

Ср.: в самый раз *1 знач.*, тютелька в тютельку

3) 'Именно, точно' *Употр. как усил.-уточн. частица: При обознач. времени действия сочет.* в это время *может опускаться* △ exactly; right; just *употр. как частица*

— Теперь повернись так, чтобы солнце светило тебе **как раз** на край левого глаза. *А. Гайдар, Дым в лесу.* [*В это время*] был **как раз** сезон помидоров и винограда. *В. Катаев, Белеет парус одинокий.* — С начала до конца в одной дивизии просидел. И угадал: **как раз** она Ельню и взяла. *К. Симонов, Живые и мертвые.* ... он ... вытащил из жилетного кармана две карамельки в бумажках. — С таким не пропадешь, — подумала Даша и ... сказала: — **Как раз** мои любимые карамельки. *А. Толстой, Хождение по мукам*

4) 'В противоположность тому, что ожидалось *или* было сказано' *Употр. как усил. частица перед гл., часто вместе с последующей частицей* и. *Перед одним из противопоставляемых гл. стоит отриц.* не △ on the contrary *употр. как вводн. слово в начале предлож.*

— Ну вот, теперь не заснем, — огорченно сказала Маша ... — Почему не заснем? — сонно сказал Синцов. — **Как раз** и заснем. *К. Симонов, Живые и мертвые.* Столяров хороших нам **как раз** не хватает. *В. Беляев, Старая крепость.* Я вынул из кармана ее [*Тосин*] дневник, положил на стол. Тосю передернуло. — Спасибо ... мне не нужен ... — Не нужен? Напрасно. Эта вещь **как раз** и требует продолжения. *В. Тендряков, Чрезвычайное*

5) *уст.* 'Вполне возможно' *Выражает опасение, что произойдет что-л. нежелательное. Употр. обычно перед гл. сов. вида в буд. вр. и имеет знач. вводн. сл.* △ it is quite probable that...

— Да вишь какая погода: **как раз** собьешься с дороги. *А. Пушкин, Капитанская дочка.* — Пить вино опасно: **как раз** проболтаешься, и то скажешь, что бы никому не следовало знать. *И. Тургенев, Яков Пасынков*

Ср.: а то *1 знач.*, того и гляди, чего доброго, долго ли до греха

3. *кого-л., чего-л.* **раз-два́** (*реже* **оди́н-два**, **ра́з-друго́й**, **оди́н-**

РАЗБЕГАТЬСЯ

другой) ⟨да⟩ **и обчёлся** *разг., часто ирон. или шутл.* 'Чрезвычайно мало' *Относится к людям или к исчисляемым предметам. Часто употр. в ситуации, когда ожидается или желательно их гораздо большее количество. Порядок компонентов фиксир.* △ there are only one or two smb, smth *разг.*

— Классиков — **раз-два и обчелся.** А фундамент литературы — это мы, для которых литература ... труднейшее ремесло. *М. Колесников, Рудник Солнечный.* — Но о своей читальне ты все-таки дослушай. Вчера побывал я там ... Пустота и мерзость запустения! ... А главное, книжонок — **раз-два и обчелся,** и те старье. *М. Шолохов, Поднятая целина.* — Наденька, ты хоть бы глазом на него повела. Нечего: старик! женихов-то ... **раз-два и обчелся.** Привередничать-то бросить надо. *М. Салтыков-Щедрин, Пошехонская старина*

Ср.: капля в море *2 знач.*, кот наплакал, по пальцам можно сосчитать, в обрез

4. ра́з ⟨и⟩ навсегда́ ↔ условиться *о чем-л.,* договориться, объясниться *и т. п.,* решить, выбрать *что-л. и т. п.;* прекратить *что-л.;* избавиться *от чего-л. и т. п.;* понять, выучить *и т. п.* 'Однажды, но на все последующее время' *Употр., чтобы подчеркнуть твердость, бесповоротность решения, радикальность принятых кем-л. мер для изменения положения дел и т. п. Порядок компонентов фиксир.* △ once ⟨and⟩ for all

— Ведь мы, по-моему, договорились с тобой **раз и навсегда.** Уговор дороже денег. *Л. Кассиль, Ход белой королевы.* А в госпитале пришла мысль, что его жизнь, жизнь военного, наверно, может быть только в единственном варианте, который он сам выбрал **раз и навсегда.** *Ю. Бондарев, Горячий снег.* Он организовал мастерскую ... и **раз и навсегда** избавился от всякой зависимости. *Д. Гранин, Иду на грозу.* Эти положения, такие убедительные и простые, он воспринял **раз навсегда** и бесповоротно, гордился тем, что знает их и помнит. *Д. Фурманов, Чапаев*

РАЗБЕГА́ТЬСЯ ⊙ глаза разбегаются *см.* Г 11
РАЗБЕЖА́ТЬСЯ ⊙ глаза разбежались *см.* Г 11
РАЗБО́Р ⊙ **5.** приходить*/прийти, являться*/явиться *и т. п.* ↔ **к ша́почному разбо́ру** *разг., обычно шутл. или ирон.* 'К самому концу какого-л. события, когда уже поздно *что-л.* делать' *О человеке. Употр. чаще при гл. в прош. вр. Порядок компонентов фиксир.* △ to miss the bus *разг.*

Дубов ждал с минуты на минуту, что Левинсон скажет: — Вот, например, Дубов — он пришел сегодня **к шапочному разбору,** а ведь я надеялся на него больше всех, — срам! *А. Фадеев, Разгром.* Красный свет стал опадать — пожар кончался. И так как Павел

Петрович не сел на трамвай, а идти было далеко, то он прибыл на место происшествия, так сказать, **к шапочному разбору.** *В. Панова, Времена года*

[Шапочный разбор – *время, когда все одеваются перед уходом, разбирают шапки*]

РАЗВЕСТИ ⊙ **развести руками** *см.* Р 6

РАЗВОДИТЬ ⊙ **6. разводи́ть*/развести́ рука́ми** 'Выражать жестом неспособность найти выход из затруднительного положения, решить *какую-л.* сложную проблему, понять *какое-л.* необычное явление' *Употр. обычно в прош. вр. Гл. во фразеол. чаще стоит на первом месте* △ to raise *one's* hands *далее обычно указывается, какое чувство выражает жест (удивление, чувство беспомощности и т. п.)*

Кое в чем Андрей разобрался самостоятельно, остальное сформулировал четко, надеясь поставить Григорьева в тупик и в то же время боясь, чтобы и впрямь Григорьев не **развел руками.** *Д. Гранин, Искатели.* Земля высыхает пятнами, сеять приходится выборочно, а если не следить за трактористами, они напашут таких могил, что потом только **руками разведешь.** *С. Антонов, Дело было в Пенькове.* Конечно, легко было **развести руками:** просмотрел, мол, за неотложными делами сына. Но мудрый «голова», как называют на Украине председателей колхоза, поступил иначе. *«Правда», 21 июля 1979.* Учителя физики и математики в смущении **разводят руками** – парнишка знает больше их. *В. Тендряков, Чрезвычайное*

Ср.: глаза на лоб лезут, диву даваться, делать большие глаза, становиться в тупик, хлопать глазами

РАЗВЯЗАТЬ ⊙ **развязать руки** *см.* Р 7

развязать язык *см.* Р 8

РАЗВЯЗЫВАТЬ ⊙ **7. развя́зывать/развяза́ть** ← *кому-л.* → **ру́ки** 'Предоставлять полную свободу поступать по своему желанию, по своему усмотрению, освободив от существовавших ранее обязательств *или* зависимости' *О человеке, его поступках, решениях и т. п. В варианте* **развязывать/развязать** *себе* **руки** *подразумевается, что человек в результате какого-л. поступка получает свободу действий, освобождаясь от какой-л. зависимости. Употр. чаще гл. сов. вида. Гл. во фразеол. чаще стоит на первом месте* △ to make *smb* quite free to act as *he* wishes, by releasing *him* from previous obligations or dependence; to give *smb* a free hand

[*Лидия:*] Я притворялась, что люблю вас, притворялась с отвращением ... Застрелитесь, пожалуйста, поскорей ... Вы мне **развяжете руки,** и уж в другой раз я не ошибусь в выборе или мужа, или ... ну, сами понимаете кого. *А. Островский, Бешеные* *деньги*. С первых же строк автор разжаловал книгу в разряд изящной словесности за обилие поэтических отступлений; это **развязывало** ему **руки**. Шаг за шагом он отыскал в ней созерцательный объективизм и обывательский экономизм. *Л. Леонов, Русский лес*. — Возьмём из твоего плана главное — твой локатор — и давай включим его в мой план ... Ты **развяжешь руки** и мне и себе. *Д. Гранин, Искатели*. — ... ты Харламову не затем ли хочешь устроить на учебу, чтобы **развязать** себе **руки**? *М. Шолохов, Поднятая целина*

8. развя́зывать*/развяза́ть язы́к (языки́) *разг. Порядок компонентов нефиксир.* 1) *кому-л., у кого-л.* 'Заставлять или побуждать *кого-л.* говорить' *О хмельных напитках, а также о каких-л. мыслях, воспоминаниях, желаниях и т. п., о каких-л. событиях, под влиянием которых кто-л. начинает говорить без стеснения, непринуждённо, не задумываясь. О человеке, принуждающем кого-л. выдать какой-л. секрет, тайну* △ to make *smb* talk; to loose (loosen) *smb's* tongue *о вине*

[*Васильков:*] Угодно три тысячи пари? Я один держу против троих, что женюсь на Чебоксаровой ... Вино **развязало** мне **язык.** Я полюбил Чебоксарову и женюсь на ней непременно. *А. Островский, Бешеные деньги*. Выпитое ли вино, или потребность откровенности... или все вместе **развязывало язык** Пьеру. *Л. Толстой, Война и мир*. — Эге, брат, так ты вздумал отмалчиваться! — закричал зарожец. — Да вот постой, любезный, я тебе **язычок развяжу!** *М. Загоскин, Юрий Милославский*

Ср.: тянуть за язык

2) устаревающее 'Начинать говорить или становиться излишне болтливым' *Обычно после длительного молчания, часто в ситуации, когда кто-л. наконец-то выдает какой-л. секрет, тайну под давлением другого человека, обстоятельств или под влиянием хмельных напитков* △ to begin to talk

И верно: Лешка-Кривой **развязал язык**, и под давлением его показаний Золотарев вынужден был признаться в своих связях с белогвардейским подпольем. *В. Тевекелян, Гранит не плавится*. — Иди и займи твоих покупателей часа на два, на три ... Можешь ... выпить с ними водки, поговорить, но боже тебя и хозяина упаси напиться пьяными и **развязать языки**! Узнаю — убью обоих! *М. Шолохов, Поднятая целина*. Дед неожиданно для всех прикрикнул на отца: — Поговори у меня! Ишь, **язык развязал**... молокосос! *Ф. Гладков, Повесть о детстве*

РАЗГОРЕ́ТЬСЯ ⊙ **глаза разгорелись** *см.* Г 12

кровь разгорелась *см.* К 47

РАЗЛЕЗА́ТЬСЯ ⊙ **разлезаться по швам** *см.* Т 18

РАЗЛИТЬ ⊙ 9. *кого-л.* ⟨*с кем-л.*⟩ **водо́й не разольёшь (не разли́ть)** *разг.* Кто-л. 'Очень дружен с *кем-л.*, никогда не разлучается с ним' *Если употр. только одно первое доп., оно выражается личн. мест. во мн. ч. Порядок компонентов фиксир.* △ smb is very thick with *smb*; they are ⟨as⟩ thick as thieves (are very thick together) *Вариант окружения:* друзья (подруги) **водо́й не разольёшь (не разли́ть)**

— Нас с ней, Катюша, теперь **водой не разольешь**, молодец девушка — работница. *А. Толстой, Хождение по мукам.* Сейчас Матвей, ворча, кивал на своего любимого брата и Бестужева, ставших неразлучными друзьями: — Да их **водой не разлить**! *О. Форш, Первенцы свободы.* Ну, а теперь уши они рядышком тихо-мирно, две наикрасивейшие лебяжинские бабы. Как подружки милые, **водой не разольешь**! *С. Залыгин, Комиссия*
Ср.: на дружеской ноге

РАЗРЫВАТЬ ⊙ **разрывают на части** *см.* Р 16
РАЗРЫВАТЬСЯ ⊙ 10. **разрыва́ться на ча́сти** *разг.* 'Пытаться выполнить множество разных и несовместимых дел одновременно' *Подразумевается, что этого сделать невозможно. Употр. чаще в инф. при словах со знач. вынужденной необходимости, в повел. накл. с тем же знач. или в прош. вр. Гл. во фразеол. чаще стоит на первом месте.* △ to try to do a thousand and one things at once

Здесь требовались полка и окучивание, и нам поэтому приходилось **разрываться на части**. *А. Макаренко, Педагогическая поэма.* — Там [в вагоне-ресторане] пробки хлопают, там люди едут, а ты тут [на кухне] **разрывайся на части**. *Ю. Герман, Наши знакомые*
Ср.: вертеться как белка в колесе, не покладая рук, сбиться с ног

РАЗУМ ⊙ **набираться разума** *см.* Н 4
ум за разум заходит *см.* У 12
РАЗУМЕТЬСЯ ⊙ **само собой разумеется** *см.* С 7
РАЗЫГРАТЬ ⊙ **разыграть как по нотам** *см.* Р 11
РАЗЫГРАТЬСЯ ⊙ **кровь разыгралась** *см.* К 47

РАЗЫ́ГРЫВАТЬ ⊙ 11. **разы́грывать/разыгра́ть** ← *что-л.* → **как по но́там** 'Выполнять *какое-л.* дело легко и гладко, как будто по заранее подготовленному плану' *Иногда подразумевается, что нечто действительно делается по тайной договоренности, хотя кажется случайным или происходящим естественно. При подлеж., обознач. человека, в качестве доп. употр. слова* жизнь, дело, план *и т. п.; при подлеж.* жизнь — ⟨всё⟩ задуманное, намеченное *и т. п. или придат. предлож.* всё (всё то, то), что задумано (намечено) *и т. п. Употр. обычно гл. сов. вида, часто в форме кр. страда-*

тельного прич. Порядок компонентов фиксир. △ to accomplish *smth* easily and smoothly as if according to a prearranged plan

— Будь я моложе — вышла бы за тебя замуж ... Тогда вдвоем с тобой мы **разыграли** бы жизнь **как по нотам**. *М. Горький, Трое.* Она была бесшабашно уверена, что Войнаровский тоже очутится в театре в этот вечер ... — была уверена, потому что жизнь всегда **разыгрывала как по нотам** все, что хотелось Кате. *В. Панова, Времена года.* — Да чего уж говорить — **разыграно как по нотам!** Давай валяй прорабатывай ... — бросил Тиктор лениво. *В. Беляев, Старая крепость*
Ср.: как по маслу, как по писаному *2 знач.*

разыгрывать комедию *см.* Л 25
РАННИЙ ⊙ **из молодых да ранний** *см.* М 36
РАСКРЫВАТЬ ⊙ **раскрывать глаза** *см.* О 32
РАСКРЫТЬ ⊙ **раскрыть глаза** *см.* О 32
РАСПОЛЗАТЬСЯ ⊙ **расползаться по швам** *см.* Т 18
РАСПРАВИТЬ ⊙ **расправить крылья** *см.* Р 12

РАСПРАВЛЯ́ТЬ ⊙ 12. **расправля́ть*/распра́вить кры́лья (кры́лышки** *ласково или ирон.*) 'Начинать действовать энергично и независимо, проявляя свои способности, свой характер в полную силу' *О человеке. Обычно в ситуации после какого-л. периода вынужденного бездействия или слабой активности. Употр. чаще гл. сов. вида в буд. вр. или в инф. при словах со знач. необходимости, возможности, умения. Вариант* крылышки *с ласковой окраской обычно употр. при оценке взрослым будущности молодого человека. Гл. во фразеол. чаще стоит на первом месте* △ to spread *one's* wings

Покорский вдыхал в нас всех огонь и силу; но он иногда чувствовал себя вялым и молчал. Человек он был нервический, нездоровый; зато, когда он **расправлял свои крылья,** — боже! куда не залетал он! *И. Тургенев, Рудин.* — Что вы его [сына], на убой, что ли, отправляете?.. Этакого молодца взаперти держать! Дайте-ка ему волю, он **расправит крылышки,** да вот каких чудес наделает: нахватает там чинов! *И. Гончаров, Обыкновенная история*

РАССЫПАТЬСЯ ⊙ **рассыпаться прахом** *см.* И 13
РАСТЕРЕТЬ ⊙ **растереть в порошок** *см.* С 109
РАСХЛЕБАТЬ ⊙ **расхлебать кашу** *см.* Р 13
РАСХЛЁБЫВАТЬ ⊙ 13. **расхлёбывать/расхлеба́ть ка́шу** *разг.* 'Исправлять *какое-л.* нежелательное *или* запутанное, сложное положение, расплачиваясь за *чью-л.* вину в его возникновении' *Употр. чаще гл. несов. вида в повел. накл. со знач. долженствования или в инф. при словах с таким же знач.; гл. сов. вида — в буд. вр. с отриц. не или в инф. при словах со знач. невозможности.*

Порядок компонентов нефиксир. △ to clear up the mess that *smb* else made

— Тургенев в своих произведениях учит, чтобы всякая возвышенная, честно мыслящая девица уходила с любимым мужчиною на край света и служила бы его идее,— сказал Орлов, иронически щуря глаза.— Да, душа моя, Тургенев писал, а я вот теперь за него **кашу расхлёбывай.** *А. Чехов, Рассказ неизвестного человека.* Когда гость умолкал, Скворцов ... говорил, что ему надо уходить (это значило, что гостю он не поверил и коммерция не выйдет, **расхлёбывать кашу** должен был Барабуха). *Ю. Герман, Наши знакомые.* За ... неделю святоша в должности учителя может так настроить детей, что потом мы и их родители годами **кашу** не **расхлебаете.** *В. Тендряков, Чрезвычайное*

РВАТЬ ⊙ **14. рвать и метáть** *разг.* 'Будучи в состоянии крайнего озлобления, раздражения, негодования, ругаться, кричать *или* возбуждённо, нервно двигаться, жестикулировать' *О человеке. Обычно перед фразеол. или после него указывается причина этого состояния. Порядок компонентов фиксир.* △ to rage ⟨and fume⟩ ⟨against *smb* for *smth*⟩

Кроханов тоже горожанин. Поначалу **рвал и метал** — дыра, глухомань, как можно жить здесь? А сейчас доволен. *В. Попов, Тихая заводь.*— Откровенно говоря, повезло тебе, что мне, а не командующему докладываешь,— **рвал и метал** я в телефон, когда от меня о самоубийстве услышал! *К. Симонов, Солдатами не рождаются.* Увлекшись, он [Василий Васильевич] рассказал, что нынешний год у изыскателей самый трудный за все двенадцать лет ... Калинушкин **рвёт и мечет.** *Н. Атаров, Коротко лето в горах.* Он [Галактион] успокаивался только тогда, когда Харитина выходила из себя и начинала **рвать и метать.** *Д. Мамин-Сибиряк, Хлеб*

Ср.: выходить из себя, метать громы и молнии, вне себя

15. рвáть (дрáть *груб.***) на себé вóлосы** ⟨от отчаяния, от досады *и т. п.*⟩ *разг., иногда саркастически* 'Испытывать такое сильное отчаяние *или* досаду на себя, что человек готов нанести себе увечья' *Часто от сознания того, что нежелательных последствий чего-л. можно было бы своевременно избежать, однако этого сделано не было. Употр. часто в буд. вр., или в инф. после* готов, *или в прош. вр. после* чуть не. *Порядок компонентов нефиксир.* △ to tear *one's* hair out ⟨with rage, remorse, despair, *etc*⟩ *Обычно в сочет. с* can, be ready *и т. п.*

— Положим даже, что ... ты бы... и убил его [*соперника в любви*] — что ж толку? разве ты этим воротил бы любовь красавицы? — Нет, она бы тебя возненавидела ... А главное, ты бы на

другой же день стал **рвать на себе волосы** с отчаяния и тотчас охладел бы к своей возлюбленной. *И. Гончаров, Обыкновенная история*. Подымаясь на крыльцо, Варвара Ардалионовна ... различила кричавшие голоса своего брата и папаши. Войдя в залу и увидев Ганю, бегавшего взад и вперед по комнате, бледного от бешенства и чуть не **рвавшего на себе волосы**, она поморщилась и опустилась с усталым видом на диван. *Ф. Достоевский, Идиот*. А вот Алик наоборот: он не может сдерживать свою радость, когда выигрывает [*в* шахматы], а когда проигрывает, то готов **на себе волосы рвать** от досады. *Н. Носов, Витя Малеев в школе и дома*
Ср.: кусать локти, хвататься за голову

16. *кого-л.* **рвут (рва́ли,** *реже* **разрыва́ют, разрыва́ли) на ча́сти** *разг.* 'Много людей, не давая *кому-л.* ни минуты покоя, одновременно обращаются к одному человеку с просьбами, выполнение которых потребовало бы его присутствия сразу в нескольких местах' *Подразумевается, что с точки зрения этих людей какое-л. дело без этого человека выполнить невозможно. Употр. обычно без подлеж. Порядок компонентов нефиксир.* △ *smb* has many demands on *his* time

— Настройщик я. Рояли, пианино настраиваю. — И заработок, наверно, подходящий? — Сколько захочу, столько и заработаю. **На части рвут**, только приди. *В. Кетлинская, Вечер Окна Люди*. На рабочую силу, в особенности на хороших грузчиков, был очень большой спрос. Их буквально **рвали на части**, переманивали и перекупали друг у друга. *В. Катаев, За власть Советов*. Когда он [*Сашка*] слезал со своей эстрады, чтобы подойти к буфету, его **разрывали на части**. — Сашенька ... мил'чек ... одну кружечку. — Саша, за ваше здоровье. Иди же сюда ... Сашка-а, пиво иди пи-ить! — орал жеребячий голос ... *А. Куприн, Гамбринус*

РЕ́ДКОСТЬ ⊙ **17. на ре́дкость** 1) 'Очень, чрезвычайно, какое (как) бывает редко' *Употр. как обст. при прил. и нареч.* △ unusually

Озимые хлеба стояли до горизонта сплошной темно-зеленой стенкой, яровые радовали глаз **на редкость** дружными всходами. *М. Шолохов, Поднятая целина*. Как известно, эта зима в Западной Европе была **на редкость** снежной. *Л. Кассиль, Ход белой королевы*. Ее натура **на редкость** легко восполняла потери приобретениями. *К. Федин, Первые радости*. Несмотря на конец мая, здесь было **на редкость** сумрачно и прохладно. *В. Беляев, Старая крепость*
Ср.: как нельзя лучше, не в пример *2 знач.*, не на шутку
2) *уст.* 'Необыкновенно хороший(-ее), какой(-ое) встречается редко' *Употр. при сущ., часто в составе сказ.* △ exceptionally good, exceptional

— Да дайте ему ваши альбомы, mesdames, пусть он вам там напишет, какой он каллиграф, так **на редкость**! *Ф. Достоевский, Идиот.* И маслица уж позвольте заодно ... Масло у меня **на редкость.** *А. Куприн, Олеся*
Ср.: из ряда вон выходящий

РЕДЬКА ⊙ хуже горькой редьки *см.* X 21

РЕЗАТЬ ⊙ **18. резать глаза́** (глаз) ⟨кому-л.⟩ ⟨чем-л.⟩ *Порядок компонентов нефиксир.* 1) 'Производить неприятное зрительное впечатление, привлекая взгляд излишней яркостью, пестротой *или* другой зрительной дисгармонией' *О неодуш. предметах, часто об одежде* △ to offend the eye; to be an eyesore

Я вошел в зал, в котором обстановка была роскошна, но холодна и безвкусна, и особенно неприятно **резали глаза** высокие и узкие зеркала в простенках и ярко-желтые портьеры на окнах. *А. Чехов, Моя жизнь.* Постели ... **резали глаз** ослепительной наготой простынь, но я уже не хотел надоедать старику одеялами. *А. Макаренко, Педагогическая поэма.* [*Лиза*] увидела — Петр и Григорий водят глазами по избе, по некрашеному полу, по неоклеенным бревенчатым стенам со старыми сучьями и щелями, сказала: — Что, ребята, насмотрелись у брата богатства — **глаза режет** моя голь? *Ф. Абрамов, Дом*
Ср.: бросаться в глаза *1 знач.*

2) 'Вызывать отриц. отношение к себе, привлекая внимание резким несоответствием тому, как должно быть' *О поступках, о деятельности человека, о каких-л. фактах, явлениях* △ to shock (annoy) smb by being sharply different from what *it* should be

Это вполне современное явление никому не **резало глаз**, а подводилось под разряд тех фактов, которые правы уже по одному тому, что они существуют. *Д. Мамин-Сибиряк, Приваловские миллионы.* ... она [*наука*] настолько воспитывала ум, что всякое уклонение от прямого пути в ней же самой ... **резало глаза** своей ненаучностью. *В. Вересаев, Записки врача*
Ср.: бросаться в глаза *2 знач.*

РЕКА ⊙ **19. моло́чные ре́ки** ⟨и⟩ **кисе́льные берега́** *часто ирон.* 'Изобилие всего желаемого, требуемого; сытая, беззаботная жизнь' *Часто употр. при словах* обещать, мечтать (мечта) *о и т. п. Подразумевается, что о такой жизни можно прочитать только в сказках и невозможно достичь ее в действительности. Порядок компонентов фиксир.* △ a land of (a land flowing with) milk and honey

Безземельных голодных людей манила мечта о **молочных реках и кисельных берегах,** столь свойственная каждому человеку. *И. Соколов-Микитов, В горах Тянь-Шаня.* — Ну, и как, товарищи колхозяйки ... сколько, по-вашему, возьмут они здесь сахарной свёклы с гектара? — ... По триста пятьдесят центнеров будет тут на круг! — Кабы такой урожай по всему Советскому Союзу — дома бы строили из сахара вместо кирпичей! — Как в сказке — **молочные реки, кисельные берега?** *В. Овечкин, В одном колхозе.* Вот Голубинский едет в колхоз-миллионер, пишет роскошный очерк о **молочных реках и кисельных берегах,** его печатают, хвалят. *Ф. Вигдорова, Любимая улица.*

Ср.: кататься как сыр в масле, полная чаша

РЕЧЬ ⊙ **не может быть и речи** *см.* М 43

20. ре́чь (де́ло, *реже* **вопро́с) идёт (шла, шло, шёл)** о чем-л., *реже* о ком-л. 'Обсуждаемая проблема касается чего-л. или кого-л.' *На первый план может выдвигаться либо содержание проблемы, либо сам процесс разговора на эту тему. В первом случае в качестве доп. часто употр. сущ. жизнь, смерть, судьба, участь или названия событий, связанных с деятельностью человека, реже названия лиц. В этом же случае фразеол. употр. часто при выражении усл., уступ., против., причинных отношений в сложн. предлож. или между отдельными предлож. Порядок компонентов нефиксир.* △ what is in question is...

— Ты застрелил дикого кота, кацо! — Толпа зашумела ... Люди кричали с таким азартом, будто **дело шло** о жизни и смерти. *К. Паустовский, Колхида.* Хотя **дело шло** всего о двух десятках бычков, торговля продолжалась ужасно долго. *В. Катаев, Белеет парус одинокий.* — У нас **идет вопрос** о ... деле, а ты все со своей добротой. *А. Макаренко, Флаги на башнях.* Я ничего не мог тогда понять из этого воровского разговора; но после уж догадался, что **дело шло** о делах Яицкого войска, в то время только что усмиренного после бунта 1772 года. *А. Пушкин, Капитанская дочка.*

РИСК ⊙ **на свой страх и риск** *см.* С 116
РОБКИЙ ⊙ **не робкого десятка** *см.* Д 54
РОГ ⊙ **у черта на рогах** *см.* Ч 8
РОД ⊙ **на роду написано** *см.* Н 19
РОДИТЬ ⊙ **в чем мать родила** *см.* М 12
РОДИТЬСЯ ⊙ **21. роди́ться в соро́чке (в руба́шке)** *иногда шутл.* 'Быть удачливым, счастливым, везучим' *Часто в ситуациях, когда кто-л. неожиданно избежал опасности, которая казалась неизбежной, или достиг чего-л. очень желаемого, что казалось недостижимым и чего не удается достичь другим. Употр. чаще в прош. вр. Порядок компонентов нефиксир.* △ to be born lucky

Не смешивать с to be born with a silver spoon in one's mouth, *означ.* 'происходить из богатой семьи'

Родился он, однако, **в счастливой рубашке**, и все у него получалось удачно. *М. Ботвинник, К достижению цели.* — Ты, Александр, должно быть, **в сорочке родился** ... Не прошло месяца, а уж со всех сторон так на тебя и льется. Там тысяча рублей, да редактор обещал сто рублей в месяц за четыре печатных листа: это ведь две тысячи двести рублей? Нет! я не так начал! *И. Гончаров, Обыкновенная история.* ... вся работа Лобанова бралась под сомнение... Виктор, улыбаясь, закрыл глаза. Наконец ... Вот оно самое. Правду говорила ему мать, что он **родился в сорочке.** Начиная с этой счастливой минуты вся деятельность его приобретала другое направление. *Д. Гранин, Искатели.* — А тут еще, на счастье мое, на его беду, влюбился в меня, прости господи, убогий этот ... гляну, бывало, на него, головастого, и такая-то досада возьмет! ... **в рубашке** ты **родился!** Вот ведь и калека, а в каком богатстве живет. *И. Бунин, Хорошая жизнь*
Ср.: дешево отделаться
[Рубашка *или* сорочка – *здесь в знач.* оболочка, окружающая плод в теле матери]

РОЗОВЫЙ ⊙ **в розовом свете** *см.* С 23
РОСИНКА ⊙ **маковой росинки во рту не было** *см.* Б 35
РОТ ⊙ **как воды в рот набрал** *см.* Н 5
пальца в рот не клади *см.* К 22

22. хлопот (забот) ← у кого-л. *(уст.* кому-л.*)* **по́лон рот** *разг.* 'Очень много' *Употр. или шутл., ирон., или с сочувствием, или с раздражением, когда говорят о своей занятости. Часто подразумевается, что кому-л. угрожают дополнительные хлопоты и он старается отстранить их от себя. Порядок компонентов фиксир.*
△ *smb* has *his* hands full; *smb* has a lot on *his* plate

Уверен, забот и хлопот у него, как говорится, **полон рот.** И если этот занятый человек ... берет на себя смелость и ... ответственность обращаться ... с просьбой пересмотреть прекращенное дело, тут уж действительно стоит о чем задуматься. *А. Безуглов, Следователь по особо важным делам.* Ах, Лариса, счастлива ли ты? Хотя какое уж тут счастье, когда забот **полон рот.** А впрочем, кормить семью тоже счастье. *Н. Евдокимов, Ожидание.* Писала она, что хлопот у нее **полон рот,** что теперь и ночевать домой она не ходит, чтобы не терять времени, а спит тут же, в конторе. *Б. Полевой, Повесть о настоящем человеке.* Обратно в землянку Синцов вернулся только через час. Сразу, как вышел, оказалось – забот **полон рот.** *К. Симонов, Солдатами не рождаются*

Ср.: вертеться как белка в колесе

смотреть в рот *см.* С 92

с пеной у рта *см.* П 11

РУБАШКА ⊙ **родиться в рубашке** *см.* Р 21

РУБИТЬ ⊙ **23. руби́ть сплеча́** *разг., обычно неодобр. Порядок компонентов нефиксир.* 1) 'Действовать по первому побуждению, необдуманно, прямолинейно, не разобравшись в обстоятельствах' *Обычно при решении вопроса о судьбе человека, о его виновности, о мерах наказания. Употр. чаще в наст. вр., в инф. при словах* нельзя, не надо, любит — не любит *и т. п., в повел. накл. с отриц.* не △ to shoot from the hip *разг.*

Здесь нельзя рубить сплеча. We must handle it (*him, etc*) with kid gloves.

Настаивали на том, чтобы всех их отдать под трибунал, но Серпилин ... не имел привычки **рубить сплеча**. *К. Симонов, Солдатами не рождаются.* — Мне с первого дня было ясно, что подполковник Рощин — шпион. — Брось, Валька ... Гвоздь в том, что его лично знает генерал Марков. Тут **сплеча не руби**. *А. Толстой, Хождение по мукам.* Известно, что есть много на свете таких лиц, над отделкою которых натура недолго мудрила ... но просто **рубила со всего плеча**. *Н. Гоголь, Мертвые души*

Ср.: с бухты-барахты, очертя голову *1 знач.*, пороть горячку

2) 'Говорить резко, грубо, ничего не смягчая, не стесняясь в выборе слов' △ to speak straight from the shoulder

[С Михаила] довольно и того, что произошло с братьями при одном упоминании имени сестры. Оба вдруг ожили, оба вдруг глазами в него. И было, было у него искушение — **рубануть со всего плеча**, ведь все равно придется говорить, но вместо этого он закричал на весь дом: — Эй ты там! Уснула? *Ф. Абрамов, Дом.* — Тентенников со мной разговор жестокий имел. Ты, говорит, можешь меня возненавидеть, но у меня на жизнь собственный взгляд: ничего нельзя от друзей таить. Вот потому-то я тебе правду скажу ... — И сказал? — У него слова грубые, **рубит сплеча**. *В. Саянов, Небо и земля*

РУКА ⊙ **брать голыми руками** *см.* Б 18

брать себя в руки *см.* Б 22

валится из рук *см.* В 3

24. в рука́х 1) *кого-л., у кого-л., в чьих-л.* быть, находиться 'В полной зависимости от *кого-л.*, в подчиненном положении, в чьей-л. власти' *О человеке, его жизни и судьбе* △ in *smb's* hands; in the hands of *smb*

— Да разве мы не уважем тебя? — сказал старик. — Нам тебя нельзя не уважать, потому мы у тебя **в руках**; ты из нас веревки вьешь. *Л. Толстой, Воскресение.* Страшная мысль мелькнула в уме моем: я вообразил ее [*Машу*] **в руках** разбойников. *А. Пушкин,*

Капитанская дочка. ... чрез несколько времени... втерлись к нему в милость другие чиновники, и генерал скоро очутился **в руках** еще больших мошенников, которых он вовсе не почитал такими. *Н. Гоголь, Мертвые души.* Теперь он хочет жениться и вся судьба этого в высшей степени приличного брака **в ее руках**. *Ф. Достоевский, Идиот*

Ср.: держать в руках, садиться на шею *2 знач.*

2) *кого-л.*, у *кого-л.*, в *чьих-л.*, в *каких-л.* быть, находиться, иметься 'В чьем-л. распоряжении, во владении, в чьей-л. собственности' *В качестве подлеж. употр. названия неодуш. предметов и абстрактные сущ.* знания, тайна *и т. п.* △ in smb's hands; in the hands of smb; in good (reliable, *etc*) hands

Все было **в руках** народа: арсеналы, казармы, дворцы, хлебные склады, магазины. *Ю. Олеша, Три толстяка.* — Земля плохая? Ну что ж, и против этого средство имеется, научились уже и удобрять и подкармливать. Все **в наших руках**. *В. Овечкин, Без роду, без племени.* — Сергей Павлыч! — продолжал Рудин ... — Нам приятно думать, что наша тайна **в ваших руках**. *И. Тургенев, Рудин.* Разгром противника под Москвой, его поражение на юге говорили ... о том, что великие резервы народа, государства **в бережливых руках**, умелых **руках**, в золотых **руках**. *А. Фадеев, Молодая гвардия*

Ср.: на руках *2 знач.*

греть руки *см.* Г 58
давать руку на отсечение *см.* Д 1
дело рук *см.* Д 31
держать в руках *см.* Д 47
держать себя в руках *см.* Д 49

25. золотые ру́ки *ободр.* 1) ⟨у *кого-л.*⟩ ↔ *Кто-л.* 'очень умелый, способный человек, искусно, с большим мастерством выполняющий свое дело *или* вообще любое дело' *Обычно подразумевается довольно сложная ручная работа. Порядок компонентов нефиксир.* △ smb can do anything (smb is good) with *his* hands

Вариант окружения: *кто-л.* **золоты́е ру́ки** *или* мастер **золоты́е ру́ки**

— Для сына нашего Степана мы взяли [жену] тоже из бедного семейства, а теперь не нахвалимся. Что в доме, что в деле — **золотые руки**. *А. Чехов, В овраге.* — До чего дерзок этот дылда, вы и представить себе не можете! Но положительно гений! **Золотые руки!** *И. Бунин, Суходол.* Хороший электромеханик, «**золотые руки**», Леня Морозов пользовался влиянием среди молодежи. *Д. Гранин, Искатели.* Накануне отъезда с острова поэт заявил, что работу [*ремонт лодки*] он все-таки успел закончить.

А мы восхитились ... Старый мастер! **Золотые руки!** *А. Яшин, Сладкий остров*
Ср.: мастер на все руки

2) 'Умение искусно, с большим мастерством выполнять любое дело' *Обычно подразумевается ручная работа. Часто употр. в Т. п. при гл.* наградить *кого-л., в В. п. при гл.* дать *кому-л. или как подлеж. с мест.* его, твои. *Порядок компонентов фиксир.* △ great skill in any kind of handwork

Природа наградила его **золотыми руками.** Он был хорошим кузнецом, хорошим звероловом, ловко бил острогой рыб, считался лучшим специалистом по изготовлению лодок. *В. Арсеньев, Сквозь тайгу*

из рук вон *см.* В 57

26. ⟨*кто-л.*⟩ без *кого-л.*, без *чего-л.* ↔ **ка́к без ру́к** *разг.* 'Совсем беспомощен, ничего не может сделать *или* понять' △ quite helpless, unable to do or understand anything

Заведует хозяйством, и Володя говорит, что он без него **как без рук.** *В. Каверин, Два капитана.* — Садитесь, пожалуйста, Серафима Карповна, потолкуем. Без вас я **как без рук.** И уйма вопросов. *А. Безуглов, Следователь по особо важным делам.* ... о сестре Ветлугиной он говорил иначе: — Когда на операции нет моего друга Марии Петровны, я **как без рук.** *Ф. Вигдорова, Любимая улица.* Я в Ленинграде ... Машинка моя в Москве: без нее я — **как без рук.** Сколько раз говорила себе, что нельзя разлучаться с ней. *В. Инбер, Страницы дней перебирая...*

Ср.: валится из рук

как рукой сняло *см.* С 96

карты в руки *см.* К 15

27. у *кого-л.* **лёгкая рука́** *разг., одобр. Кто-л.* 'легко добивается удачи в любом деле, за которое берется, и приносит удачу, успех другому участнем в его деле' △ smb easily gains success in any undertaking and brings good luck to *his* partners

Он заговаривал кровь, испуг, бешенство, выгонял червей, пчелы ему дались, **рука** у него была **легкая.** *И. Тургенев, Хорь и Калиныч.* У двери палаты тихо плакала дочка Бобышева [*оперированного*] ... Было слышно, как тетя Клаша говорила: — А ты надейся, девушка! У него [*у хирурга*] **рука легкая,** животворящая! *Ю. Герман, Дело, которому ты служишь.* — У меня, Лукерья Власьевна, **легкая рука** для зачина! Вот увидите, просохнут дороги и потянется народ обратно в колхозы! *М. Бубеннов, Орлиная степь*

марать руки *см.* М 9

мастер на все руки *см.* М 11

махнуть рукой *см.* М 14

набивать руку см. Н 2

28. на рука́х ↔ у *кого-л.* (на *чьих-л.* **рука́х**; *реже* **на рука́х** *кого-л.*) 1) быть, остаться *и т. п.* 'На попечении, на иждивении' *Обычно о маленьких детях или о больном человеке, реже в качестве подлеж. употр. сущ.* область, район *или сущ., называющие какую-л. сферу деятельности* △ to be on *smb's* hands

— Дочь вышла замуж и не навещает, а **на руках** два маленькие племянника (своих-то мало), да взяли ... из гимназии ... дочь свою последнюю. *Ф. Достоевский, Преступление и наказание.* — Отец мой погиб в империалистическую. **На руках** у матери осталось четверо, я был младший. *В. Тендряков, Чрезвычайное.* — Я все же прошу вас ... войти в мое положение... У меня сгрудились срочные платежи, и проценты в банк совсем замучили. Кроме того, внуки малые **на руках,** да еще зять психопат. *Л. Леонов, Русский лес.* В главке я руководил отделом, а теперь у меня **на руках** целый район. *Ю. Крымов, Инженер*

2) быть, находиться, иметь *что-л.* 'В чьем-л. распоряжении, во владении, в наличии в *какой-л.* определенный момент' *В качестве подлеж. употр. сущ.* документ, письмо *и т. п.; сущ., называющие личные вещи, оружие, деньги и т. п.* △ to be in *smb's* possession, at *smb's* disposal

Иметь на руках оружие. To carry arms.

Примечание. Русское выражение иметь на руках (получать на руки) деньги *противопоставлено по смыслу выражению* иметь деньги на банковском счете *и т. п., тогда как англ. выражение* to have money in hand *подчеркивает возможность использовать деньги, их нерастраченность и т. п.*

Вариант окружения: книги **на рука́х** 'Во временном владении у *кого-л.* из читателей библиотеки' △ the books are out

... все это вызвало у Грацианского явное подозрение ... тем более, что письма-то от него [Вихрова] рекомендательного **на руках** у посетителя не оказалось. *Л. Леонов, Русский лес.* Ведь у нас **на руках** была другая бумажка, в которой Наркомпрос просил ... передать имение Попова в распоряжение колонии. *А. Макаренко, Педагогическая поэма.* Он уже и зарабатывал: в последнюю получку у него чистых осталось **на руках** до пятидесяти рублей. *А. Макаренко, Флаги на башнях.* Пограничник переждал шум и сказал, не повышая голоса, что ... есть оружие ... выдаваемое на руки тогда, когда его положено иметь **на руках.** *К. Симонов, Живые и мертвые*

Ср.: в руках *2 знач.*

3) умирать/умереть, скончаться 'В присутствии *кого-л.*' *Обычно человека, который ухаживает за больным* △ to die in *smb's* arms

Умерла она **на руках** у матери. *М. Шолохов, Тихий Дон.* Старушка и скончалась без него, **на чужих руках**, но до самой смерти не спускала глаз с его портрета. *И. Тургенев, Рудин.* ... горечь старшего, у которого умирает **на руках** младший, охватила душу одного, уже немолодого человека, над телом другого. *К. Симонов, Живые и мертвые*

29. *что-л. кому-л.* ↔ **нá руку** *разг., часто неодобр.* 'Выгодно *кому-л.*, т. к. позволяет ему осуществить свои планы' *О чьих-л. поступках, о каких-л. событиях. Часто сопровождается мотивировкой такого отношения* △ smth is to smb's advantage (to the advantage of smb); smth suits smb's plans

Неделю мать не разговаривала с сыном [*из-за того, что он убил ее кошку, охотившуюся за его голубями*], а тому молчание матери было только **на руку**: за неделю он перестрелял всех соседских котов и кошек и надолго обезопасил своих голубей. *М. Шолохов, Поднятая целина.* — Такое решение только **на руку** Потапенко, — сказал Борисов. — Кто знает, может быть, они на это и рассчитывали. *Д. Гранин, Искатели.* Впрочем, лень и упрямство мужиков были ему даже **на руку**, потому что освобождали молодого человека как от денежных расходов, так и угрызений совести. *Л. Леонов, Русский лес.* Повалил вдруг снег ... теплый, тяжелый. — **На руку** тебе ... Снег-то ... Заметает следы. *В. Шукшин, Охота жить*

Ср.: лить воду на мельницу

30. делать*/сделать *что-л.* ↔ **на скóрую рýку** *разг.* 'Быстро, поспешно, кое-как, без особых стараний' *Порядок компонентов фиксир.* △ to do smth in a rough and ready fashion (way) *или* in an off-hand way; to give smb a lick and promise *разг., подразумевает намерение сделать все более тщательно позднее; обычно о чистке предметов*

Конечно, у него все получалось **на скорую руку**, кое-как, он ничего не выучивал как следует, но все-таки умудрялся получать как-то тройки, иногда даже четверки. *Н. Носов, Витя Малеев в школе и дома.* — Где же вы провели еще час? видите, ведь как лжете! — Отобедал у ресторатора **на скорую руку**! ... один только час! — сказала она, — бедненькие! вы должны быть голодны. *И. Гончаров, Обыкновенная история.* В этих хоромах жили богатые помещики ... как вдруг ... вся эта благодать сгорела дотла ... Из уцелевших бревен **на скорую руку** сколотили избенку и поселили в ней садовника Митрофана. *И. Тургенев, Малиновая вода.* — Ты гляди, о божественном затолковали! — подумал Мещеряков. — Выше бы человека, ниже, либо вровень с ним? И зря затолковали — **на скорую руку** дела не решишь. *С. Залыгин, Соленая Падь*

Ср.: на живую нитку 2 знач.

не покладая рук *см.* П 61

31. не с руки́ ↔ *кому-л.* 1) стрелять, рубить *и др. гл. физической деятельности* 'Трудно работать *каким-л.* орудием, *т. к.* объект действия находится с неудобной стороны' △ it is inconvenient for *smb* to work with a tool because the object is on the wrong side of *him*

Вариант: с руки́

Австриец бежал вдоль решетки, Григорию **не с руки́** было рубить. *М. Шолохов, Тихий Дон.* Ваня увидал, что над оврагом летит что-то темное, с округлыми, как бы перепончатыми крыльями, и стрелять было **с руки́**. *Ю. Казаков, Плачу и рыдаю* 2) поступать *как-л.*, делать *что-л.* 'Нецелесообразно при данных обстоятельствах' △ it is inaprropriate or unsuitable for *smb* to do *smth* in a given situation

— Уж не думаете ли вы, что я боюсь его? — сказал Тулин. — Мне сейчас просто **не с руки́** с ним возиться. Придет время, я ему припомню. *Д. Гранин, Иду на грозу.* — Мне тоже пора, пойдемте вместе. — Ну нет, я бегом, вам со мной **не с руки́**. *Н. Островский, Как закалялась сталь.* — Да уж не шутите ли вы? ... Дело ночное. Шутить **не с руки́**. *К. Федин, Первые радости.* — Сашенька, — вдруг увидел он лицо жены ... — Теперь подыхать совсем **не с руки́**. Теперь надо во что бы то ни стало выкарабкаться. *Ю. Семенов, Семнадцать мгновений весны*

3) *прост. что-л., реже кто-л.* 'Не подходит, не нравится, не устраивает *кого-л.*' *В качестве подлеж. употр. сущ. или инф., называющие какую-л. деятельность или поступки человека; сочет. такая жизнь, такая любовь и т. п., сущ. или мест., называющие лиц* △ *smth, smb* does not suit *smb*

— В общем, **не с руки́** мне было ... — подытожила Тося недолгую свою жизнь в домработницах. *Б. Бедный, Девчата.* Устинову, взрослому мужику, все эти рассуждения были вроде бы и **не с руки́**, не мальчишка, чтобы ими заниматься. *С. Залыгин, Комиссия.* — Я не поеду ... — Ты что? ... Отбиваешься от своих? **Не с руки́?** *М. Шолохов, Тихий Дон.* — Мне с этой компанией **не с руки́** вместе сидеть. Тебе они, может, и приятны, а я их ненавижу. *Н. Островский, Как закалялась сталь*

носить на руках *см.* Н 53

отбиваться от рук *см.* О 25

32. под горя́чую ру́ку ↔ делать/сделать *что-л.*, сказать *что-л. разг.* 'Находясь в состоянии раздражения, гнева, возбуждения *и т. п.*, не контролируя себя' *Порядок компонентов фиксир.* △ to do *smth*, to say *smth* in the heat of the moment

Вариант окружения: попадаться/попасться, попадать/попасть, подвертываться/подвернуться ↔ **под горя́чую ру́ку** ↔ ⟨*кому-л., кого-л.*⟩ 'В минуту, когда *кто-л.* находится в состоянии раздражения, гнева' △ to become the victim of *smb's* anger

— Если бы не удержался — **под горячую руку** дал ему в морду, пьяному дураку, такой, как он, легче пережил бы. *К. Симонов, Солдатами не рождаются.* Оказалось, что Петр Андреевич подписал **под горячую руку** какое-то обязательство и не выполнил его. *Ю. Герман, Наши знакомые.* ... ты обещал мне тогда — уберешь Мещерякова. Всерьез обещал или **под горячую руку** сказано было? *С. Залыгин, Соленая Падь.* — Ну, так получилось ... **Под горячую руку** ты подвернулся. С кем не бывает? *Б. Бедный, Девчата*
Ср.: с ходу

поднимать руку *см.* П 49

33. быть, находиться, оказаться; иметь *и т. п.* **под руко́й** (**под руко́ю** *книжн., реже* **под рука́ми**) ↔ ⟨*у кого-л.*⟩ *разг.* 'Близко, совсем рядом' *О предметах обихода или других предметах, расположенных так, что ими в любую минуту можно легко воспользоваться. Реже о людях, которые находятся рядом, так что к ним в любую минуту можно обратиться с приказанием, с жалобами или просто с речью* △ to be (have *smth, smb*) ⟨close (near)⟩ at hand; to have *smth* handy

На них [*на кроватях*] тоже лежали дела и всякая нужная переписка. Это было чрезвычайно удобно, так как бумажки всегда находились **под рукой**. *И. Ильф, Е. Петров, Золотой теленок.* Базаров переоделся, прежде чем пошел к ней [к *Анне Сергеевне*]: оказалось, что он уложил свое новое платье так, что оно было у него **под рукою**. *И. Тургенев, Отцы и дети.* В эту ночь они перетаскали из склада ... бутылки с горючею смесью, чтобы в случае надобности бутылки всегда были **под руками**. *А. Фадеев, Молодая гвардия.* Из Питера к Ленину приезжал связной... но не мешало иметь **под рукой** человека, которого можно в срочных случаях посылать туда. *Э. Казакевич, Синяя тетрадь*
Ср.: под боком

34. говорить *и т. п.* ↔ **по́д руку** ↔ ⟨*кому-л.*⟩ *разг., неодобр.* Говорить, 'когда *кто-л.* занят выполнением *какой-л.* работы, отвлекая его и мешая ему' *Часто подразумевается, что кто-л. может испортить все дело тем, что предсказывает неудачу перед каким-л. решающим действием. Употр. часто при гл. в повел. накл. с отриц. не или в инф. при словах не надо, не стоит, не следует и т. п.* △ to disturb and distract *smb* by talking when *he* is working

— Есть ли клев? — спросил старик Костякова. — Какой клев, когда **под руку** говорят, — отвечал тот сердито. *И. Гончаров,*

Обыкновенная история. — Но согласись же, не следовало и тебе, Александр, подобные вещи солдату **под руку** говорить. *Л. Леонов, Русский лес.* — Что ж ты брызгаешься, чертяка! — А ты не каркай **под руку!** *В. Катаев, Белеет парус одинокий*

положа руку на сердце *см.* П 63

попадаться под руку *см.* П 77

35. по рука́м *разг.* 'Будем считать, что мы договорились, что дело решено' *Обычно при завершении какого-л. договора, часто денежного. Употр. чаще как самост. вопр. или воскл. предлож. после слов* ну, так, *иногда вместе с обращением* △ it is a deal!; is it a deal?

— Так что ж, матушка, **по рукам,** что ли? — говорил Чичиков ... — Право, я боюсь на первых-то порах, чтобы как-нибудь не понести убытку. *Н. Гоголь, Мертвые души.* — Ты очень строптив, Поливанов. Не связывайся с ним, Марина ... — Я люблю строптивых. Ну, **по рукам?** *Ф. Вигдорова, Любимая улица.* [*Устинья Наумовна:*] Уж полно тебе пугать-то меня! Сбил с толку совсем. [*Подхалюзин:*] А вы вот возьмите задаточку сто серебра, да и **по рукам**-с. *А. Островский, Свои люди — сочтемся!* — Ну, возьми свои три с половиной, что с тобой будешь делать ... Ну, так **по рукам,** Николай Еремеич (купец ударил своими растопыренными пальцами по ладони конторщика). *И. Тургенев, Контора*

36. кто-л. пра́вая рука́ *кого-л.,* у *кого-л.* (**чья́-л. пра́вая рука́**) 'Главный и самый надежный помощник, которому безусловно доверяют' *Часто подразумевается, что он может вполне заменить того, кому помогает, в каком-л. деле. Употр. обычно в И. п. ед. ч., реже в Т. п. ед. ч. при гл.* быть, сделаться, стать *и т. п. Порядок компонентов фиксир.* △ smb is smb's right hand (smb's right-hand man, smb's right arm)

Сидел с нами и наш корректор, старик Благов, бывший директор ... газеты «Русское слово», **правая рука** знаменитого издателя Сытина. *К. Паустовский, Золотая роза.* [*Телегин:*] Я теперь у вас живу-с, в этом именьице-с ... [*Соня:*] Илья Ильич — наш помощник, **правая рука.** *А. Чехов, Дядя Ваня.* Стряпней сегодня распоряжалась ... Ольга Петровна, Верина «**правая рука».** *И. Грекова, Хозяйка гостиницы.* Кто из них будет ему нынче первым другом, первым боевым товарищем, **правой** его **рукой?** *С. Залыгин, Соленая Падь*

Ср.: как за каменной стеной

прибирать к рукам *см.* П 87

приложить руку *см.* П 90

разводить руками *см.* Р 6

развязывать руки *см.* Р 7

37. рука́ ↔ ⟨у кого́-л.⟩ **не поднима́ется (не поднима́лась/не подняла́сь, не подни́мется; не подыма́ется, не подыма́лась, не подыма́ется); ру́ки не поднима́ются** *и т. п. разг. Порядок компонентов нефиксир.* 1) **делать/сделать** *что-л. Кто-л.* 'не может решиться сделать *что-л.*' *Обычно* **разрушить, избить, убить** *и т. п.* △ smb cannot bring *himself* to do smth

Вариант: **рука́ поднима́ется** *и т. п. Употр. чаще в вопросе с как*

— Ой, Василь, Василь, пороть бы тебя следовало, да **рука́** у меня **не поднимается.** *В. Беляев, Старая крепость.* — Ах, Лиза, буду вывески писать, плакаты делать, а её [*картину*] не стану портить. **Рука не поднимается.** Не могу. *Д. Гранин, Картина.* — Мои ли деньги, Рогожин? ... Ну, так всё прочь, что хочу, то и делаю ... Фердыщенко, поправьте огонь! — Настасья Филипповна, **руки не подымаются!** — отвечал ошеломлённый Фердыщенко. *Ф. Достоевский, Идиот.* — Если это так, как же у вас **рука поднялась** в нас стрелять? *Б. Полевой, Глубокий тыл*

2) **на кого́-л.** *Кто-л.* 'не может решиться ударить *или* убить *кого-л.*' △ smb hasn't the heart to hit or kill smb

Вариант: **рука́ поднима́ется** *и т. п. Употр. чаще в вопросе*

— Мне кажется, ни у кого **рука не подымется** на такого, как я, даже и женщина теперь не ударит; даже Ганечка не ударит! *Ф. Достоевский, Идиот*

38. ру́ки ← ⟨у кого́-л.⟩ → **ко́ротки** ⟨делать/сделать *что-л.*⟩ *разг., пренебр. Кто-л.* 'не имеет власти, силы, прав', чтобы сделать *что-л. Употр. чаще как ответная реплика в диалоге, подразумевающая, что чья-л. угроза причинить вред не сможет быть выполнена. В качестве доп. обычно употр. мест.* **у тебя, у него, у неё, у них.** *Порядок компонентов фиксир.* △ smb hasn't the power to do smth

— Да я для тебя одного специально потоп организовал бы. — **Руки коротки,** — сказал Ягелев. — **Руки коротки** потоп организовать. *В. Лидин, Ягелев.* [*Курослепов:*] А вот взять тебя за волосы, да как бабы бельё полощут... [*Силан:*] **Руки коротки!** *А. Островский, Горячее сердце*

39. ру́ки ← ⟨у кого́-л.⟩ → **до чего́-л., реже до кого́-л.** → **не дохо́дят (не доходи́ли, не дошли́); ру́ки** ← ⟨у кого́-л.⟩ **не дохо́дят (не доходи́ли, не дошли́)** ⟨сделать *что-л.*⟩ *разг.* 'Нет времени и возможности сделать *что-л.* очень нужное' *Гл. во фразеол. чаще стоит на втором месте* △ smb has neither time nor possibility for smth (to do smth); smb does not get round to smth (to doing smth) *разг.*

— У обоих [*у Потапенко и Долгина*] есть кое-что положительное, но вообще-то их следовало бы сменить. Вы спросите меня, почему ж я этого не делаю? ... **Руки не доходят.** *Д. Гранин, Искатели.*

Как я уже говорил, прошло много времени, прежде чем я взялся за рукопись Карычева: все как-то **руки не доходили**. *Л. Кассиль, Ход белой королевы.* Под поля корчевали; тайга на десятки верст гудом гудела от машин, до угодий **руки** еще **не дошли**. *В. Распутин, Прощание с Матёрой.* — И все как-то у нашего районного руководства **руки не доходили** до них [*до колхозников отстающего колхоза*], чтобы взяться как следует да навести порядок. *В. Овечкин, С фронтовым приветом*

40. ру́ки ← у *кого-л.* **опуска́ются** (опуска́лись*, опусти́лись; отнима́ются) *разг.* 'Пропадает всякое желание *или* способность делать *что-л.* от отчаяния, безвыходности, безнадежности *и т. п.*' Обычно *после нервного потрясения или после длительных безуспешных попыток, стараний. Порядок компонентов нефиксир.* ↔ smb loses (lost) heart

— Вчера утром [*умер*]. Мне к вечеру же дали знать ... я и отправился, да всю ночь не спал. Все в слезах ... там у всех **руки опустились**: слезы да слезы, — я один. *И. Гончаров, Обыкновенная история.* Потом у нее украли из кладовой сто девяносто метров бязи ... У Антонины сразу **опустились руки** ... Несколько дней она почти ничего не делала — слонялась по комбинату молчаливая, с потухшими глазами. *Ю. Герман, Наши знакомые.* Почти каждый случай с такою наглядностью раскрывал передо мною все с новых и новых сторон всю глубину моего невежества и неподготовленности, что у меня **опускались руки**. *В. Вересаев, Записки врача.* [*Делом Залесской*] я ... занимался уже более двух месяцев, а истина все еще находилась под семью замками ... Конечно, до отчаяния не дошло и **руки** у меня не **опускались**. Но слишком много загадок. *А. Безуглов, Следователь по особо важным делам*

Ср.: валится из рук *1 знач.,* падать духом

41. ру́ки ← у *кого-л.* **че́шутся** (чеса́лись, зачеса́лись) *разг. Порядок компонентов нефиксир.* 1) ⟨делать/сделать *что-л.*⟩; *реже* на *что-л. Кому-л.* 'очень хочется сделать *что-л.*' △ smb's fingers itch to do smth; smb is itching to do smth; smb has an itch for smth

— Ребята! — его зеленые глаза опять посветлели. — У меня **руки чешутся** скорее дорваться до прибора. Вы бы только знали ... *Д. Гранин, Искатели.* Но тут — сумерки. Осенние, ранние и застали работу в разгаре. У мужиков еще **руки чешутся**, вот как хочется что-то куда-то руками тащить, подымать, подгонять. *С. Залыгин, Комиссия.* Тося одобрительно смотрела на чужую работу. У нее даже **руки зачесались** от проснувшегося вдруг желания самой подержать чудо-пилу и свалить хотя бы махонькое деревцо. *Б. Бедный, Девчата.* Еще очень много можно сделать нового, доброго. И, как всегда, у Данилова на это новое, доброе **чесались руки**. *В. Панова, Спутники*

Ср.: глаза разгорелись

2) на *кого-л. Кому-л.* 'очень хочется ударить, избить *кого-л.*' △ *smb's* fingers itch (*smb* is itching) to hit or beat *smb*

У меня на таких **руки чешутся:** норовит на пальцы наступить, потому что богатый и ему все можно. *Н. Островский, Как закалялась сталь*

рукой подать *см.* П 40

сбывать с рук *см.* С 17

связывать по рукам и ногам *см.* С 41

42. с лёгкой руки́ *кого-л.*, с чьей-л. **лёгкой руки́** *разг.* 'В результате чьей-л. удачной инициативы' *Обычно таким результатом являются аналогичные поступки других людей или последующее благоприятное развитие событий. Употр. часто при гл. прозвать, называть/назвать и т. п. Порядок компонентов фиксир.* △ as the result of *smb's* successful initiative

Тут ей не было равных во всей округе, и она поистине превращалась в полновластную Хозяйку снежной горы, как прозвали ее **с легкой руки** одного из восхищенных и красноречивых болельщиков. *Л. Кассиль, Ход белой королевы.* «Дед», Гаврила Петрович,— **с легкой руки** Александры Васильевны все дети зовут его «дедом»,— хрипит и дудит. *А. Фадеев, Молодая гвардия.* Новый кабинет, **с легкой руки** инженера Кривицкого, был окрещен «кельей отца Ондрея». *Д. Гранин, Искатели.* [*Восмибратов:*] Ну, конечно, мы с ним дорого не стоим, а если б... дали бы вы тысячки на четыре лесу на разживу ему, с нас бы и довольно. Он бы [*сын*] и поопёрился с вашей **легкой руки** и жить пошел. *А. Островский, Лес.* То ли [*мастер*] что-то почувствовал в моем состоянии, то ли что-то знал, но решил, что мне надо пожить отдельной от всех жизнью. С его **легкой руки** я прошел верхней и средней Волгой, поработал на этюдах, побывал в музеях Горького, Саратова. *В. Амлинский, Ремесло*

сложа руки *см.* С 83

43. приходить/прийти, являться/явиться *и т. п.*; **возвращаться/возвратиться** *и т. п.* ↔ **с пусты́ми рука́ми** *разг.* 'Ничего не принеся или ничего не получив, не добившись' *Порядок компонентов фиксир.* △ to come (return) empty-handed

— Не знаю, уж не намек ли это с ее стороны, что я сам приехал **с пустыми руками**, без подарка, в такой день,— прибавил Ганя. *Ф. Достоевский, Идиот.*— Мы к вам не **с пустыми руками**, Кирилл Матвеевич, придем ... мы придем с точными расчетами. *В. Панова, Времена года.* И тот деловой, все учитывающий Лосев

указал, что ... лучше тактично промолчать и затем, используя настроение, намекнуть, что все же нельзя возвращаться в Лыков с **пустыми руками.** *Д. Гранин, Картина.* — Однако не огорчайтесь сверх меры, молодой коллега... мне и самому не хотелось бы отпускать вас **с пустыми руками** [*без архивных документов*] ... хотя время наше уже полностью истекло. *Л. Леонов, Русский лес*
Ср.: с носом, ни при чем, ни с чем

с рук долой *см.* Д 59
сходить с рук *см.* С 119
умывать руки *см.* У 13
чужими руками жар загребать *см.* З 5
РУКАВ ⊙ **спустя рукава** *см.* С 102
РУКАВИЦА ⊙ **держать в ежовых рукавицах** *см.* Д 45
РУЛЬ ⊙ **44.** *кто-л.* ⟨человек⟩ **без руля́ и без ветри́л** *неодобр.* 'Без ясной, определенной цели в жизни, без твердых принципов' *О человеке с неустойчивой жизненной позицией, который легко поддается различным соблазнам или влияниям. Употр. также при гл.* жить, плыть ⟨по жизни⟩ *и т. п. по отношению к человеку и при гл.* идти, развиваться *и т. п. по отношению к собранию, митингу, дискуссии, которые происходят беспорядочно, часто отклоняясь от основного направления. Порядок компонентов фиксир.*
△ smb is (does smth) without any sense of purpose; smb lives without aim or direction

[Кондратьев] говорил с ней очень откровенно, а уж совершенно испорченный человек на это неспособен. И не такой он, вероятно, **без руля и без ветрил,** знает, чего хочет. *П. Проскурин, Шестая ночь.* Этих культурных людей ни в чем нельзя винить — это люди **«без руля и без ветрил»,** люди, у которых вместо желаний — похоти. *М. Горький, С Всероссийской выставки.* Ковалевский ... встал, успокаивающе протянул руку... — Чего вы хотите, товарищ Борисов? Чтобы наше собрание шло **без руля, без ветрил,** по воле божьей? *Д. Гранин, Искатели*
Ср.: как бог на душу положит, куда ветер дует, плыть по течению, как попало

РУССКИЙ ⊙ **русским языком** *см.* Я 5
РУЧЕЙ ⊙ **45.** плакать, рыдать *и т. п.*; слезы текут, текли, льются, лились *и т. п.*; пот катится, катился, льет, лил *и т. п.* ↔ **в три́ ручья́** *разг.* 'Очень сильно, обильными струями' *Порядок компонентов фиксир.* △ to weep (sweat) copiously; to shed floods of tears

Даша отказалась от чая, влезла под ватное одеяло и в темноте заплакала **в три ручья,** зажимая рот подушкой. *А. Толстой, Хождение по мукам.* ... смотрю: она, моя голубушка, сидит на

постели, сложила вот этак ручки, а слезы **в три ручья** так и текут. *Л. Толстой, Детство.* — Нет, матушка, не обижу, — говорил он, а между тем отирал рукою пот, который **в три ручья** катился по лицу его. *Н. Гоголь, Мертвые души.* Мы пробирались по площадкам, спотыкались о рельсы и камни. Пот лил с меня **в три ручья**, горячий воздух обжигал легкие, запорошенные глаза слезились. *М. Колесников, Рудник Солнечный*
Ср.: что есть силы *1 знач.*

РЫБА ⊙ **46.** быть, чувствовать себя в *какой-л.* обстановке, ситуации, теме обсуждения, с *кем-л.* **как ры́ба в воде́** *разг.* 'Непринужденно, свободно, в привычной стихии' *Порядок компонентов фиксир.* △ to be (feel) at home in some place (in some situation, with *smb*, with or in some subject of discussion); to be (feel) in *one's* element in some situation or activity

Когда приезжали мы со Стародубовым в средний колхоз, у него находилось достаточно советов и дельных предложений председателю. Там он чувствовал себя **как рыба в воде**. *В. Овечкин, В одном колхозе.* А в бесчинстве оголтелой семьи Ивлевых Вера чувствовала себя **как рыба в воде**. *И. Грекова, Хозяйка гостиницы.* Кожух ... сел за пулемет и разом почувствовал себя **как рыба в воде**. *А. Серафимович, Железный поток*

ловить рыбу в мутной воде *см.* Л 22

47. *кто-л.* **ни ры́ба ни мя́со** *разг., пренебр.* 'Человек, не имеющий никаких ярких индивидуальных свойств, бесцветная личность' *Обычно подразумевается, что от такого человека нет пользы делу, которым он занят, и что он никогда не принимает самостоятельных решений. Порядок компонентов фиксир.* △ a colourless person
Не смешивать с neither fish, nor fowl, *которое относится к явлениям, не имеющим отличительных признаков и не подпадающим под классификацию, а не к характеру человека*

Ларисин избранник оказался так себе — **ни рыба ни мясо**, сразу не отгадать, что за человек. *В. Панова, Времена года.* — Люблю злых ... До войны, наверно, подобрей были? — До войны был **ни рыба ни мясо**... Плохо помню, какой был. *К. Симонов, Солдатами не рождаются.* ... были и непьющие, и некурящие [*председатели колхоза в Сухоярове*], а по работе — **ни рыба ни мясо**. *В. Овечкин, В одном колхозе*
Ср.: ни богу свечка ни черту кочерга, так себе *2 знач.*, серединка на половинку *1 знач.*, середина на половину *2 знач.*, ни то ни се *1 знач.*

РЫТЬ ⊙ **48. рыть (вы́рыть, копа́ть)** ← *кому-л.* под *кого-л.* → **я́му** *неодобр.* 'Тайком пытаться навредить *кому-л.*, причинить *ему неприятности' Чаще для устранения при помощи длительных наговоров того, кто намеренно мешает осуществлению каких-л. планов. Порядок компонентов нефиксир.* △ to dig a pit for *smb*

— Я боюсь, как бы об этом не проведал Печерица. Узнает — и станет **яму рыть** под Нестора Варнаевича ... И пакостить будет Полевою. *В. Беляев, Старая крепость.* Затем в кабинет завгороно буквально ворвался хорошо ей известный учитель физики ... вздорный склочник ... больше часа обсуждалась очередная война физика с кем-то, кто за его таланты **копает ему яму.** *М. Прилежаева, Осень.* — Вы только подумайте, как его бог наказал! — и приблизила к нему горячую свою щеку... — Сам себе **яму вырыл!** *Б. Окуджава, Глоток свободы*
Ср.: подкладывать свинью

РЯД ⊙ **из ряда вон выходящий** *см.* В 103

С

САДИТЬСЯ ⊙ **1. садиться/сесть в лужу (в галошу, в калошу)** *разг., ирон. или шутл.* 'Оказываться в глупом, смешном положении или проявить перед кем-л. невежество' *О человеке. Обычно в ситуации, когда не осуществились чьи-л. многообещающие прогнозы, планы, расчеты. Употр. чаще гл. сов. вида в прош. и буд. вр., гл. несов. вида обычно употр. в многократном знач. Порядок компонентов нефиксир.* △ to make an ass (a fool) of *oneself*

— И я уйду [*в другой цех*] через две недели, а вы спокойненько **сядете** со своими прожектами **в галошу.** *М. Колесников, Алтунин принимает решение.* — Скоро кончим... Считанные гектары остались. — А не сорветесь, **в лужу не сядете?** — Не должно, мама. У нас же расчет, техника, — сдержанно ответил Федя. *А. Мусатов, На семи ветрах.* [*Сатин (Барону, смеясь):*] Вы, ваше вашество, опять торжественно **сели в лужу!** Образованный человек, а карту передернуть не можете. *М. Горький, На дне.* — Пошли дожди не вовремя — и мы **садимся в калошу**... Надо вдесятеро больше строить зерносушилок, крытых токов. *В. Овечкин, Районные будни*
Ср.: давать маху, попадать впросак, попадать пальцем в небо

2. садиться/сесть на мёль *разг., иногда шутл.* 'Оказываться в крайне затруднительном положении, когда невозможно продолжать начатое дело дальше' *Обычно из-за нехватки денег или каких-л. других материальных средств. В качестве подлеж. употр. названия лиц, групп людей, а также абстрактные сущ., обознач. виды деятельности человека. Употр. обычно гл. сов. вида, гл. несов.*

вида употр. преимущественно в инф. при сочет. не хочется, кому хочется и т. п. Порядок компонентов нефиксир. △ to stick fast

Расходов предстояло еще очень много... Павел был в очень трудном положении и **сел бы** совершенно **на мель,** если бы сама судьба в образе Перепетуи Петровны не подала ему руку помощи. *Ф. Писемский, Тюфяк.* Из домашних разговоров девушка знала, что, досрочно выполнив предмайские обязательства, наткав много сверхпланового материала, ткачи в некотором роде **сели на мель...** Развив темпы, ткачи пустили в дело запасы, отпущенные на следующий квартал. *Б. Полевой, Глубокий тыл*

Ср.: дело табак, заходить в тупик, класть зубы на полку

3. сади́ться/се́сть на своего́ ⟨люби́мого⟩ конька́ *разг., часто шутл.* 'Начинать говорить на излюбленную и часто повторяющуюся тему' *Подразумевает длительную речь, которую окружающим трудно прервать. Гл. сов. вида употр. часто в прош. вр. в сложн. предлож. перед* ⟨теперь⟩ *не остановишь (не остановить) или в буд. вр. с союз. как в сложн. предлож. перед не остановить; гл. несов., вида чаще употр. в повел. накл. с отриц. не. Порядок компонентов фиксир.* △ to start on *one's* hobby-horse

Пров Яковлевич **сел на своего любимого конька** — говорил о настоящем человеке, не злился, любовался. *Ю. Герман, Дело, которому ты служишь.* [*Галя:*] Вот эти складки придают ей легкость, свободу, и потом цвет пуговиц играет большую роль. [*Вадим:*] Галина Георгиевна, **не садитесь на своего любимого конька,** нам некогда. *В. Розов, В добрый час!*

4. сади́ться/се́сть ← ⟨кому́-л.⟩ → на шёю или **на чью-л. шёю** *разг., неодобр. Употр. чаще гл. сов. вида. Порядок компонентов нефиксир.*
1) ⟨*кому́-л.* или *к кому́-л.*⟩ 'Переходить на чье-л. иждивение, содержание, обеспечение, обременяя его этим' △ to make *oneself* a burden to *smb* through dependence on *his* material support

Он сел на шею брату. His brother has (had) to support him.

У мальчика не хватало совести **сесть на шею** семейному брату. *В. Катаев, Белеет парус одинокий.* — Он не навязывается, не ходит ко мне без зову; ... и денег не просит; он малый покойный. Есть странности ... ну, да от этого отвыкнет: и то хорошо, что он не **сел мне на шею.** *И. Гончаров, Обыкновенная история.* — Раисья, сказывают, из-за этого Михаила пуще всего рвет и мечет. Думает, это я нарочно [*назвала сына Михаилом*], чтобы брата разжалобить, чтобы к нему **на шею сесть.** *Ф. Абрамов, Дом.* — И ничего мне больше не надо, а то ты надсадилась таскать. Хватит... И правда: **на шею сел** бабе — тяжело! *В. Распутин, Живи и помни*

Ср.: сидеть на шее

2) 'Полностью подчиняя *кого-л.* себе, использовать *его* для своих

целей, в своих интересах' △ to have smb under one's thumb

Забрал приказчик власть и **сел на шею** мужикам. *Л. Толстой, Свечка.* Говорили, что нельзя уступать хозяевам. Уступишь, все **сядут на шею**. *М. Прилежаева, Под северным небом*

Ср.: под башмаком, веревки вить, держать в руках, держать в ежовых рукавицах, под каблуком, прибирать к рукам *1 знач.*, в руках *1 знач.*

САЖЕНЬ ⊙ **5.** *кто-л.*, *у кого-л.* **коса́я са́жень (са́жень) в плеча́х** *разг. Кто-л.* 'могучего сложения, очень широкоплечий, рослый' *Употр. только в ед. ч., как сказ. и несогл. опред., обычно обособленное. В плечах обычно стоит в конце фразеол.* △ smb is very big and broad-shouldered; smb is built like a brick

Варианты: кто-л. **коса́я са́жень**; плечи **коса́я са́жень** 'Очень широкие'

Татарин Хайбала — **косая сажень в плечах,** ломает пятаки руками, телегу груженую подымает за колеса, с конями балуется так, что страшно смотреть. *Н. Задорнов, Война за океан.* Командир полка Воробьев, с аршинными усами, **косая сажень,** взобрался на заскрипевший под ним поворотный брус. *А. Серафимович, Железный поток.* Он нравился Нине Степановне именно тем, что все в нем было несовременное, не хлипкое, как у нынешних людей, а добротное, старинное... плечи — **косая сажень,** рост внушительный... словом, былинный богатырь. *Н. Евдокимов, Ожидание*

[Косая сажень — *старинная русская мера длины, равная расстоянию от конца большого пальца правой ноги до конца среднего пальца поднятой вверх левой руки*]

САМ ⊙ **6.** *кто-л.* ⟨ходит, ходил⟩ ↔ **са́м не сво́й (сама́ не своя)** *разг. Кто-л.* 'утратил душевное равновесие, самообладание, угнетен' *Чаще из-за душевного потрясения, сильного волнения, тоски и т. п. Порядок компонентов фиксир.* △ smb is deeply perturbed

Жена видит, что он **сам не свой,** что происшествие-то его потрясло совершенно — и говорит ему: — Вы бы, душенька, заснули. *Ф. Достоевский, Бедные люди.* — Как дело на вечер, я **сам не свой:** такая тоска, такая жуть! *И. Бунин, Суходол.* — Я его до самой смерти помнить буду. — Мне как написали про него [*про его гибель*], я с неделю **сам не свой** ходил, — отозвался Николай. *В. Распутин, Встреча.* Его [*Бессонова*] стихи, — три белых томика, — вначале произвели на нее впечатление отравы; несколько дней она ходила **сама не своя.** *А. Толстой, Хождение по мукам*

Ср.: вешать голову, вешать нос, душа не на месте, камень на душе, кошки скребут на душе, не находить себе места, как неприкаянный, как в воду опущенный, падать духом, не в себе *2 знач.*, не по себе *2 знач.*, сходить с ума *4 знач.*

7. само́ собо́й (собо́ю) разуме́ется *или разг.* **само́ собо́й (собо́ю)** 'Конечно, вполне очевидно; как и должно было произойти, как и следовало ожидать' *Употр. как вводн. сочет.; как главная часть в сложноподч. предлож. перед союз.* что*; иногда употр. в форме прич. при мест.* нечто, что-то △ of course *употр. как вводн. сочет.;* it goes without saying that + *придат. предлож.*

Считать нечто само собой разумеющимся. To take *smth* for granted *или* To take *smth* as a matter of course.

Само собою разумеется, что [*Чичиков*] полюбопытствовал узнать, какие в окружности находятся у них помещики. *Н. Гоголь, Мертвые души.* **Само собой,** Даша после такого выступления совсем оробела. Но отступать было некуда. Она поехала с Сапожковым в Царицын за книжками, холстом, красками. *А. Толстой, Хождение по мукам.* И уж **само собой,** было у Ксан Ксаныча свое мнение обо всех начальниках, с какими довелось ему повстречаться в жизни. *Б. Бедный, Девчата.* — Возьмешь мою книгу... Издашь... [*Кордин*] неожиданно просто, как о незначительном и **само собой разумеющемся,** сказал: — Издам... Конечно, издам. *И. Герасимов, Пробел в календаре*

Ср.: еще бы

8. са́м (сама́, само́, са́ми) по себе́ *Порядок компонентов фиксир.*
1) 'Совершенно самостоятельно, без помощи и опеки, *иногда* отдельно, без взаимодействия' *О людях, часто о детях. Употр. как обст. при гл.* жить, расти *и т. п.* △ by *oneself*; on *one's* own

Демидка был постарше всего года на два, и оба росли **сами по себе,** безотцовщиной. *Л. Леонов, Русский лес.* У них с отцом не существовало каких-то особых отношений — ни плохих, ни хороших, каждый, можно сказать, жил **сам по себе.** *В. Распутин, Живи и помни*

2) 'Непроизвольно, без постороннего воздействия' *Употр. как обст. при гл. со знач.* происходить, совершаться, начинаться, возникать *и т. п.* △ by itself; of its own accord

Местные колхозники, привыкшие к проделкам Матвея, не обращали на портрет особенного внимания, но зато приезжие уполномоченные доводили иногда Ивана Саввича до того, что у него **сам по себе** начинал подмигивать левый глаз. *С. Антонов, Дело было в Пенькове.* Два белых молодых жеребчика, бегущих в первой кибитке, почти сливались со снежными просторами, казалось, кибитка скользит **сама по себе,** благодаря какой-то чудесной силе. *Б. Окуджава, Глоток свободы.* Чем угрюмее были тучи, волочившие по земле мокрые, обтрепанные подолы, чем холоднее дожди, тем... легче, как бы **сами по себе,** ложились на бумагу слова. *К. Паустовский, Золотая роза.* — Все-таки хорошо, что она [*Алина*] не пришла из-за меня... А не **сама по себе**... – тихо сказала я. *А. Алексин, Мой брат играет на кларнете*

Ср.: само собой *1 знач.*

3) 'Раздельно, не соприкасаясь друг с другом' *Употр. обычно как обст. при гл.* быть *в знач.* 'существовать, жить' *и т. п., в сложн. предлож. с союз.* а, *где фразеол. часто повторяется в каждой из частей* △ separately, without contact

Конечно, ее класс показался ей самым трудным в школе... Класс был **сам по себе**, она **сама по себе**. *Д. Гранин, Искатели.* – Что же Илья? Он **сам по себе**, а я **сама по себе**. Разошлись, как в море пароходы. *Б. Бедный, Девчата.* [*Липочка:*] Так смотрите же, Лазарь Елизарыч, мы будем жить **сами по себе**, а они **сами по себе**. Мы заведем все по моде, а они – как хотят. *А. Островский, Свои люди – сочтемся!* Он... бросился на узкий диванчик, о котором нельзя было сказать, что он обтянут кожею, потому что ряд медных гвоздиков, когда-то прикреплявших ее, давно уже остался **сам по себе**, а кожа осталась тоже сверху **сама по себе**. *Н. Гоголь, Портрет*

Ср.: сам собой *2 знач.*

4) *кто-л., что-л.* само по себе + *сказ.* 'Если учитывать только основные свойства *или* основной вид *кого-л., чего-л.*, без косвенно связанных с *кем-л., чем-л.* обстоятельств, ассоциаций' *Употр. обычно как опред. при сущ. или мест., часто в контексте, подразумевающем противопоставление типа* не сам по себе, а в связи с *чем-л. или* сам по себе, а не в связи с *чем-л.* △ smth himself (smth ⟨in⟩ itself) + *сказ.*

Сами по себе деньги цены не имеют, но... Money ⟨in⟩ itself has no value but... Он сам по себе мальчик неплохой, но поддается плохим влияниям. He is not a bad boy himself, but he is influenced by bad examples.

... я сознавал, что мы **сами по себе** ничто в ее глазах, что мы ей дороги только как воспоминание. *Л. Толстой, Отрочество.* Для меня, кроме того, не **сам по себе** Осадчий был занятен. На его подвиги взирала вся компания, и многие относились к нему с одобрением и с восхищением. *А. Макаренко, Педагогическая поэма.* Случилось все это так неожиданно, что никто даже не понял, что именно произошло, хотя происшествие было **само по себе** обычным. *Б. Полевой, Повесть о настоящем человеке.* ... хоть **сама по себе** жизнь у [*Екатерины Ивановны*] на каких-то этапах была сложной, но по-иному, чем у меня, с детства «на более высоком уровне». *М. Ганина, Подборовье, Самолва, Волково. Год 1969-й*

9. сам (сама́, само́, са́ми) собо́й (собо́ю) *Употр. как обст., чаще*

при гл. сов. вида в прош. вр. Порядок компонентов фиксир.
1) *что-л.* происходило/произошло, совершилось, совершалось, возникло *и т. п.* ↔ 'Без постороннего воздействия, вмешательства, непроизвольно и без специальных усилий' △ of its own accord; by itself

Она растерялась и не знала, что говорить, этот... вопрос, в котором не столько обиды, сколько мольбы, сорвался у нее **сам собой** и прозвучал жалобно. *В. Распутин, Живи и помни.* Он думал и тер себе лоб, и, странное дело, как-то невзначай, вдруг и почти **сама собой**, после очень долгого раздумья, пришла ему в голову одна престранная мысль. *Ф. Достоевский, Преступление и наказание.* Хозяйством нельзя сказать, чтобы он занимался, он даже никогда не ездил на поля, хозяйство шло как-то **само собою**. *Н. Гоголь, Мертвые души.* ... стоило мне задуматься о невеселой доле моей — **сами собою**, без усилий, слова слагались в жалобы. *М. Горький, В людях*

Ср.: сам по себе *2 знач.*

2) *устаревающее кто-л.* добился *чего-л.*, додумался до *чего-л.*, достиг *чего-л. и т. п.* 'Совершенно самостоятельно, независимо ни от кого и ни от чего' △ off one's own bat *разг.*

[Аммос Федорович:] Да ведь **сам собою** дошел, собственным умом. *Н. Гоголь, Ревизор*

Ср.: сам по себе *3 знач.*

САМЫЙ ⊙ **в самом деле** *см.* Д 24
в самый раз *см.* Р 1

САПА ⊙ **10. делать** *что-л.*, **добиваться** *чего-л.* ↔ **тихой сапой** *обычно неодобр.* 'Незаметно, медленно и осторожно' *Употр. чаще при гл. несов. вида. Порядок компонентов фиксир.* △ secretly, slowly and carefully; on the quiet (sly) *не обязательно означает* медленно, осторожно

— На укреплении номер три японцы ... временно отошли в ближайшие свои траншеи и идут **тихой сапой**. Вот и все о нашем участке, — закончил Науменко. *А. Степанов, Порт-Артур.* — Рубин, а мне по роже твоей видно, что ты через плетни **тихой сапой** шастал [*ходил, бродил, шатался*]. *Ю. Бондарев, Горячий снег.* Авдотьев нисколько не был обескуражен. Он верил в торжество автомобильной идеи. В секретариате повел борьбу **тихой сапой**. *И. Ильф, Е. Петров, Двенадцать стульев*

Ср.: под шумок

[*Сапа — подкоп или ров, выкапываемый скрытно при наступлении по открытой местности для постепенного приближения к укрепленной позиции противника*]

САПОГ ⊙ **11. два сапога́** ⟨ — ⟩ **па́ра** *разг., неодобр.* 'Один не лучше другого, оба похожи один на другого по своим недостаткам, по поведению, положению *и т. п.*' *О людях. Употр. обычно как самост. предлож. или как сказ. Порядок компонентов фиксир.* △ they are birds of a feather *неодобр., о людях*

Юлечка снова передернулась; — Ка-кой он, однако... бесстыдный! —... а ведь Яшка Топор снова его стережет, — объявил негромко Сократ. — **Два сапога — пара,** — процедил сквозь зубы Игорь. *В. Тендряков, Ночь после выпуска.* — Витте и Дурново — **два сапога — пара.** Витте рабочим хочет показать, что он добрый, это, мол, Дурново один во всем виноват. *С. Сартаков, А ты гори, звезда.* Редактор и Гурский с их любовью решать за других были **два сапога пара.** *К. Симонов, Мы не увидимся с тобой...* Жадность [*солдата*] возмутила Мосея до глубины души, и он с удовольствием порешил бы и солдата вместе с вероотступником Кириллом. **Два сапога — пара.** *Д. Мамин-Сибиряк, Три конца*
Ср.: как две капли воды, на одну колодку, одним миром мазаны, из одного теста, одного поля ягода

САХАР ⊙ **12. не са́хар** 'Довольно трудно (трудный), не очень приятно (приятный)' *Обычно употр. как сказ. при сочет.* он 〈человек〉 или характер у *кого-л.,* жизнь, работа *и т. п., а также в безл. предлож. типа* 〈кому-л.〉 где-л. (с кем-л.) не сахар △ not easy or pleasant

Характер у него не сахар. He is a rather hard (difficult) person to get on with. Жизнь (жить) там не сахар. Life there is no picnic (is not all beer and skittles).

— Учти, человек он **не сахар,** но в нашей профессии — академик. *Г. Милегин, Я. Шестопал, День кончается завтра.* Характер у Берзиньша, как говорят, **не сахар.** Будет не соглашаться с тем, что кажется ему неверным, вредным, спорить и ссориться, добиваться справедливости. Да, он нетерпим. *Газета «Советская молодежь», 24 июля 1979 г.* — Я старый, дряхлый... — думал Григорий Семеныч. — Ей **не сахар** со мной. *А. Чехов, Трифон.* — Оно вроде бы и всемирное дело-то, потому как и другим державам **не сахар** будет, если мы в драке с фашизмом не устоим. *Л. Леонов, Русский лес*
Ср.: не мед

СБИВАТЬ ⊙ **13. сбива́ть/сби́ть (сшиба́ть/сшиби́ть)** ← *кого-л.* → **с ног** 'Заставлять упасть' *Обычно в ситуации, когда падение происходит в результате чьего-л. намеренного удара или неожиданного столкновения с быстро передвигающимся человеком или зверем, в результате воздействия очень сильного ветра и т. п. Употр. обычно гл. сов. вида в прош. вр., часто после чуть* 〈было〉 *не. Гл. несов. вида обычно употр. в многократном знач., кроме сочет.*

с сущ. ветер. *Гл. во фразеол. чаще стоит на первом месте* △ to knock *smb* flat (down)

Булаев, в которого Кошельков выстрелил в упор, а затем **сбил с ног** ударом в подбородок, отделался легко — несколько царапин и надорванное пулей ухо. *А. Безуглов, Ю. Кларов, Житель «вольного города».* Омелюстый мчался по тротуару, чуть не **сбивая с ног** случайных прохожих. *В. Беляев, Старая крепость.* Придет зебра или антилопа к реке воды напиться — [*крокодил*] ударит зверя своим сильным хвостом, **сшибет с ног**, ухватит зубастой пастью и утащит в воду, на дно. *Е. Чарушин, Крокодил.* Перед вечерами и балами в школе всегда начинается девчачья беготня сверху вниз... Десятиклассницы чуть не **сбивали** нас **с ног**. *А. Алексин, Мой брат играет на кларнете*

Ср.: валить с ног *1 знач.*, на ногах *2 знач.*

14. сбива́ть/сбить ← *кого-л.* **с то́лку (с панталы́ку,** *чаще шутл.)* разг. *Употр. чаще гл. сов. вида в прош. вр., гл. несов. вида чаще в многократном знач. или в повел. накл. с отриц. не. Порядок компонентов нефиксир.* 1) 'Запутывать, одурачивать, вызывать растерянность, лишать возможности правильно оценивать ситуацию *Часто намеренно. О людях, их поступках, словах, реже о каких-л. деталях, которые являются отличительной приметой той или иной ситуации, того или иного лица или предмета* △ to confuse (baffle, muddle) *smb*

Все мысли его кружились теперь около одного какого-то главного пункта... Вдруг он остановился; новый, совершенно неожиданный и чрезвычайно простой вопрос разом **сбил** его **с толку** и горько его изумил. *Ф. Достоевский, Преступление и наказание.* Нагульнов вывел из конюшни высокого серого коня... и, ухватившись за гриву, сел верхом. — Товарищ Давыдов, а ну-ка пойди сюда! Давыдов, **сбитый с толку** поведением Нагульнова, подошел. *М. Шолохов, Поднятая целина.* — Ты вот только что сделай. Ухаживай за Тафаевой, будь внимателен, не давай Суркову оставаться с ней наедине... ну, просто, взбеси его. Мешай ему: он слово, ты два, он мнение, ты опровержение. **Сбивай** его беспрестанно **с толку**. *И. Гончаров, Обыкновенная история.* — Вообразите, то был вовсе не Прындин! ... Длинная рыжая борода меня **с панталыку сбила**. *А. Чехов, Антрепренер*

Ср.: заговаривать зубы, мутить воду *2 знач.*, для отвода глаз

2) 'Побуждать *кого-л.* отклониться от привычного, правильного поведения, образа жизни, склонять *кого-л.* к дурным поступкам' *О людях* △ to lead *smb* astray

Вера начала ходить на свидания [*с молоденьким телеграфистом*] в рощу... [*Лапоть, колонист*] захватил в уединенном месте телеграфиста Сильвестрова и сказал ему: — Ты Верку **с толку сбиваешь**. Смотри: жених! *А. Макаренко, Педагогическая поэма.* — Вы прикинулись несчастным, притворно избегали Лизы, завлекали ее, уверились, да и хотели воспользоваться... Хорошее ли это дело? ...А может быть, и то! ... может быть, вы не по любви, а так, от праздности, **сбивали с толку** бедную девочку, не зная сами, что из этого будет. *И. Гончаров, Обыкновенная история.* [Смельская:] Не слушай, не слушай ты его, коли добра себе желаешь. Он тебя только **с толку сбивает**. Философия-то хороша только в книжках; а он поживи-ка, попробуй, на нашем месте! *А. Островский, Таланты и поклонники.* На днях, когда они допоздна засиделись на бульваре с гитарой, мама самого младшего из парней, Толика, налетела как ведьма и обрушилась не на сына, а на Капочку: — Обалдуй великовозрастный, сам умом не вышел, так хоть ребят не **сбивай с панталыку**! Тебе что, пей да гуляй... а у Толика переэкзаменовка! *В. Кетлинская, Вечер Окна Люди*

Ср.: мутить воду *1 знач.*

СБИВАТЬСЯ ⊙ **15. сбива́ться*/сби́ться с ног** 'Измучиться, очень устать от непрерывных хлопот, суетливой беготни' *Часто в бесполезных поисках кого-л., в бесплодных попытках выполнить сразу много дел в разных местах. О людях. Употр. чаще гл. сов. вида в прош. вр. Порядок компонентов нефиксир.* △ to be run (run) off one's feet

— А, говорит, Егорка, где ты лётаешь [*бегаешь, пропадаешь прост.*]? Тебя, говорит, председатель по всей деревне искал, **с ног сбился**. *В. Мурзаков, Мы уже ходим, мама...* — Я совершенно **сбился с ног**, — жаловался Пищиков. — Просто не в силах всюду поспеть. *В. Куценко, Н. Новиков, Сокровища республики.* Все **сбились с ног**, готовясь к празднику, отдавая и принимая распоряжения, ругаясь, споря, моя полы, чистя синеющим мелом темное тяжелое серебро икон. *И. Бунин, Суходол.* Марго призналась мне, что она на даче устает еще больше, чем в городе, так как все время надо чистить грибы, и варить варенье, и доставать творог и сметану, она **сбивается с ног**. *В. Панова, Времена года*

Ср.: вертеться как белка в колесе

СБИТЬ ⊙ **сбить с толку** *см.* С 14
СБИТЬСЯ ⊙ **сбиться с ног** *см.* С 15
СБРАСЫВАТЬ ⊙ **16. сбра́сывать/сбро́сить (ски́дывать/ски́нуть** *разг.*) **что-л., реже кого-л. → со счётов (со счёта)** 'Не учитывать' *В качестве доп. обычно употр. сущ., обознач. чьи-л. намерения, желания, планы; результаты чьей-л. деятельности, чьи-л. достижения; чьи-л. свойства, черты характера. Гл. несов. вида чаще*

употр. в инф. при словах нельзя, не следует *и т. п. и в наст. вр. в вопр. предлож. с* зачем *и т. п.; гл. сов. вида в инф. при словах* трудно, нелегко *и т. п. Порядок компонентов нефиксир.* △ to leave *smth, smb* out of account (consideration); to disregard (ignore) *smb, smth*

Оля не сможет предать их любовь. Почему он начисто **сбрасывает со счетов** человеческую порядочность Оли? *Ф. Колунцев, Утро, день, вечер.* — Точку зрения парламентариев не всегда будет легко **сбросить со счетов** правительствам стран «девятки» и административным комиссиям ЕЭС. *Газета «Правда», 21 июля 1979 г.* — Почему вы **сбрасываете со счетов** электростанцию, которую он построил? Почему вы забываете, что... у него лучший в районе урожай? *Ф. Вигдорова, Любимая улица.* — О маленьких людях, господин капитан, никто сейчас не думает, — **скинуты со счёта.** *А. Толстой, Хождение по мукам*
Ср.: закрывать глаза, не в счёт

СБРОСИТЬ ⊙ **сбросить со счетов** *см.* С 16

СБЫВАТЬ ⊙ **17. сбыва́ть / сбыть** ← *кому-л., что-л.* **с рук** *разг. Порядок компонентов нефиксир.* 1) *часто неодобр.* 'Избавляться от кого-л., чего-л. обременяющего, освобождать себя от заботы о нём' *Часто в связи с попыткой освободить себя от материальной заботы о детях, родственниках. Употр. чаще гл. сов. вида в инф. при словах* рад, стараться, хотеть *и т. п.* △ to get *smb, smth* off *one's* hands

Вариант: **спи́хивать / спихну́ть с рук**

— ... в дом я его к себе ни за какие блага не приму. Хоть он, говорит, и сын твой родной, а он нас в чистую разорит и меня будет беспокоить... Пусть, говорит, она его **с рук сбывает.** А куда мне его определить, куда сбывать? *И. Бунин, Хорошая жизнь.* [*Аксюша:*] [*Барыня*] бы рада меня **с рук сбыть,** да денег [*на приданое*] жаль. Что ж, отец-то твой всё ещё приданого ищет? *А. Островский, Лес.* — Но куда обратиться, куда же обратиться? — спросил Голицын. Крылов медленно поднялся... — Никуда я обращаться не буду. — Он хлопнул папку на стол... — Довольно с меня! Я своё сделал! Теперь как хотите! — Самый лёгкий выход, — сказал Южин, — **с рук сбыть.** Только я вместо вас воевать не буду, Сергей Ильич. *Д. Гранин, Иду на грозу.* — Отрезанный ломоть, — жалела нянька, вынянчившая Артёма с первых дней его появления на свет. — У других, поглядишь, как деток-то берегут, у сынка плешью макушка сквозит, а его всё поют, кормят, а нашего **с рук спихнули** — и без заботы. *М. Прилежаева, Осень*

2) 'Продавать' *Употр. чаще в прош. вр., при этом гл. несов. вида обычно в многократном знач.* △ to sell *smth*

— Вчера я подсчитывал в правлении, и оказалось, что у вас, по наличию земли, имеется явный излишек тягла [*животных для тяги, перевозки чего-л.*]. **Сбывайте его с рук...** Хорошие хозяева такую рухлядь ... откармливают и продают. *М. Шолохов, Поднятая целина.* — Посмотрите-ка на себя, в каком вы старом платье ходите. Срам! все в заплатках. Нового-то у вас нет; это я знаю, хоть вы и уверяете, что есть. Уж бог знает, куда вы его **с рук сбыли.** *Ф. Достоевский, Бедные люди.* Кроме своей торговлишки, она занималась покупкой лошадей, собственноручно их объезжала, а затем **сбывала с рук.** *Д. Мамин-Сибиряк, Сёстры*

СБЫТЬ ⊙ **сбыть с рук** *см.* С 17
СВАДЬБА ⊙ **до свадьбы заживёт** *см.* З 8
СВАЛИВАТЬ ⊙ **сваливать в кучу** *см.* В 1
сваливать с больной головы на здоровую *см.* Г 43
сваливать с ног *см.* В 2
СВАЛИТЬ ⊙ **свалить в кучу** *см.* В 1
свалить с больной головы на здоровую *см.* Г 43
свалить с ног *см.* В 2
СВАЛИТЬСЯ ⊙ **как гора с плеч свалилась** *см.* Г 51
камень с души свалился *см.* К 7

18. кто-л. ⟨**как, бу́дто, сло́вно, то́чно**⟩ **с луны́ свали́лся** *(реже* **упа́л**) *разг., ирон. или шутл.* 'Не понимает того, что понятно всем; не знает того, что известно всем' *Обычно о человеке, далёком от реальности. Изменяется по родам и числам. Употр. чаще в вопр. предлож. типа* ты (вы, она *и т. п.*) что, с луны, ⟨что-ли⟩, свалился (свалились, свалилась *и т. п.*)? *Гл. чаще стоит в конце фразеол.* △ smb does not understand or know what everybody understands or knows

Ты что, с луны свалился? Where have you been?
— Да ведь это просто, ну как ты не понимаешь! ... Мы это ещё в третьем классе проходили. Ты что, **с луны, что ли, свалился?** — Если тебе трудно объяснить просто, то я к кому-нибудь другому могу пойти, — говорю я. — Да я ведь объясняю просто, а ты не понимаешь! — Где же, — говорю, — просто? Объясняй, что надо. Какое тебе дело, **с луны я свалился** или не с луны! *Н. Носов, Витя Малеев в школе и дома.* — Временно исполняю обязанности Ивана Васильевича. — А он, — вырвалось у меня. — Ты что, **с луны свалился?** — А что? — Он же ушёл на пенсию. *А. Безуглов, Следователь по особо важным делам.* Кирюша ощутил... неловкость... — Ты что, **с луны свалился** — говорил ему Брюнет... — Мы всегда так делаем... Вот смотри. *А. Битов, Такое долгое детство.* — Я иногда думаю — ты **упала с луны.** Боже мой! не понимать простых вещей. *А. Толстой, День битвы.*

Ср.: с неба свалился *2 знач.*

19. ⟨**как, бу́дто, сло́вно, то́чно**⟩ **с не́ба свали́лся (упа́л)** *разг. Изменяется по родам и числам. Гл. чаще стоит в конце фразеол.*
1) *Кто-л.* 'неожиданно, внезапно появился' ⟨*где-л.*, *перед кем-л.*⟩ △ smb appeared out of the blue (from nowhere)

Зиновий решительно распахнул дверь и... влетел в кабинет. Узелков... некоторое время... молча смотрел на него, потом мясистые щеки его дрогнули, и он сказал: — **С неба свалился?** ... С чем пожаловал, новатор? *И. Герасимов, Пробел в календаре.* — Очень рад видеть тебя... но я удивлен... Ты точно **с неба свалилась.** *А. Чехов, Скучная история.* [Синцову] показалось бы странным всякое другое намерение, кроме намерения ехать в свою собственную редакцию вместе с этим **свалившимся с неба** Люсиным. Встреча с Люсиным была сама судьба. *К. Симонов, Живые и мертвые*

Ср.: откуда ни возьмись, как из-под земли, как снег на голову

2) *ирон. или шутл. Кто-л.* 'не понимает того, что понятно всем; не знает того, что известно всем' *Обычно о человеке, далеком от реальности. Употр.: чаще в вопр. предлож. типа ты (вы, она и т. п.) что, с неба,* ⟨*что-ли*⟩ *свалился (свалились, свалилась и т. п.)?* △ smb does not understand or know what everybody understands or knows

Ты такой наивный, как будто с неба свалился. You are as naive as a new-born lamb.

Измайлов набросился на мужиков: — Кто это вбил вам... дурацкую мысль, что моя земля — это ваша земля? **С неба вы, что ли, свалились?** *Ф. Гладков, Повесть о детстве.* — Дураком каким прикидывается! Точно вчера родился или **с неба упал.** Разве ты не понимаешь, к чему ведет отвинчивание [гаек от рельсов]? *А. Чехов, Злоумышленник.*

Ср.: с луны свалился

3) *Что-л.* 'неожиданно получено, найдено' *Чаще о чем-л. приятном. В качестве подлеж. обычно употр. сущ.* богатство, деньги *и т. п.*; удача, счастье *и т. п.* △ smth is a godsend

— Неловко получилось... Выдал он нам командировочные на поездку, ну, а наши пропили... А может, кто и не пропил, да тратить пожалел. Дармовые деньги, **как с неба свалились.** *В. Солоухин, Владимирские проселки.* И вот огромное богатство вдруг, как бы чудом **упало с неба** и рассыпалось золотой россыпью у ног Татьяны Ивановны. *Ф. Достоевский, Село Степанчиково и его обитатели.* Не отказываться же от своего счастья, и ему удача не **с неба свалилась.** *П. Проскурин, Тайга*

СВАЛЯТЬ ⊙ **свалять дурака** *см.* В 5

СВАРИТЬ ⊙ **20. с** *кем-л.* **ка́ши** *(реже* **пи́ва** *уст.)* **не сва́ришь** *(реже* **не свари́ть)** *разг., неодобр.* 'Невозможно договориться, невозможно сделать *какое-л.* совместное дело' *В форме 2 л. ед. ч. или инф. употр. в обобщенном знач. Редко употр. в других формах лица. Порядок компонентов фиксир.* △ smb won't (refuses to) play ball; you won't get much change out of *smb*

— Не хотелось бы, вот так не хотелось бы вправлять мозги гостям, тем более в первый день... — Ладно, идите. Все равно с вами **каши не сваришь,** раз у вас в башке дорогая сестрица засела. *Ф. Абрамов, Дом.* — Оставайся у меня. Место найдем. — Место-то найдется, да я не люблю себя стеснять... — Ну с тобою **каши не сваришь.** Заходи как-нибудь. *Д. Мамин-Сибиряк, Хлеб.* Школой он так же интересуется, как я прошлогодним снегом. Нет, не **сварю** я с ним **каши!** Ничего у нас с ним не выйдет! *А. Чехов, Кошмар*

СВЕЖИЙ ⊙ **выводить на свежую воду** *см.* В 86

на свежую голову *см.* Г 41

СВЕРКА́ТЬ ⊙ **21. сверка́ть (сверкну́ть)** ⟨**на** *кого-л.*⟩ **глаза́ми** 'Ярко вспыхнувшим, быстрым взглядом выражать резкое недовольство, гнев, раздражение, злость *и т. п.*' *Этот взгляд может усиливать резкость чьих-л. слов или, наоборот, выражать отношение к кому-л. без слов. Чаще употр. гл. сов. вида в прош. вр., гл. несов. вида обычно в форме деепр. Сущ. чаще стоит в конце фразеол.* △ to flash *smb* an angry glance

— Я не поеду! — сказал Бобров резко. — Нет, поедете! — **сверкнула глазами** Нина. *А. Куприн, Молох.* — Как тут не шуметь? Плохой колхоз у района, — как пасынок у мачехи. Всем обошли! — сердито **сверкая глазами,** говорил Василий. *Г. Николаева, Жатва.* Игнат беспокойно оглянулся, снял с головы, кубанку и **сверкнул** на Гузя сердитыми **глазами.** *В. Осеева, Васек Трубачев и его товарищи*

СВЕРКНУ́ТЬ ⊙ **сверкнуть глазами** *см.* С 21

СВЕСТИ́ ⊙ **свести в могилу** *см.* С 35

свести концы с концами *см.* С 36

свести на нет *см.* С 37

свести с ума *см.* С 38

свести счеты *см.* С 39

СВЕТ ⊙ **22. бе́лый (бо́жий) свет** *нар.-поэт., в некоторых контекстах может употр. ирон. или шутл.* 'Окружающий мир, земля со всем существующим на ней' *Часто подразумеваются все живущие на земле люди. Сущ. чаще стоит в конце фразеол.* △ the ⟨wide⟩ world

Бродить по белому свету. To wander about the ⟨wide⟩ world. Проклинать весь белый свет. To curse the whole ⟨wide⟩ world (all creation). Выйти на белый свет. To come out into broad daylight. *Варианты:* на ⟨всём⟩ бе́лом све́те; во всём бе́лом све́те; по бе́лу (по бе́лому) свету́

[*Алина*] учила Леву всего-навсего танцевать, но вид у нее был такой покровительственный, будто она объясняла ему, как надо жить **на белом свете.** *А. Алексин, Мой брат играет на кларнете.* А ветер шумел и сейчас, качал в палисаднике ветки сирени! Но Генка не радовался ветру. Он сидел и злился **на весь белый свет.** ... Его злило все: шуршание ветра, хлопание форточки, дребезжащая музыка приемника. *В. Крапивин, Та сторона, где ветер.* — Что? спряталась! — промолвила мать, — видно, совестно **на свет божий** смотреть. — Вовсе нет, — отвечала Наденька. *И. Гончаров, Обыкновенная история.* Как все девушки на свете, когда их собирается больше двух, они говорили, не слушая друг друга, так громко ... будто ... надо было, чтобы это знал, слышал весь **белый свет.** *А. Фадеев, Молодая гвардия*
Ср.: этот свет

23. в ро́зовом (в ра́дужном) све́те *или* **в ро́зовом цве́те** 'Идеализированно, приукрашенно; лучше, чем в реальности' *Обычно характеризует отношение к жизни, к будущему молодых людей, не испытавших трудностей жизни, а также отношение к жизни пустых мечтателей, которые не хотят видеть этих трудностей. Употр. как обст., обычно после гл.* видеть, представлять себе, представляться, рисоваться *и т. п. Порядок компонентов фиксир.*
△ to see *smth* through rose-coloured (rose-tinted) spectacles

... ты представляешь себе жизнь слишком **в розовом цвете,** ты ждешь от нее непременно чего-то хорошего, а между тем ... она дает не то, что от нее требуют капризные дети, а только то, что берут от нее с боя люди мужественные и упорные. *М. Салтыков-Щедрин, Губернские очерки.* Ему было двадцать лет. Жизнь от пелен ему улыбалась. О горе, слезах, бедствиях он знал только по слуху... От этого будущее представлялось ему **в радужном свете.** *И. Гончаров, Обыкновенная история*

24. в како́м-л. све́те 'В каком-л. виде, с какой-л. стороны, каким-л. образом' *Употр. с опред.* ложном, мрачном, невыгодном *и т. п.,* истинном, новом, выгодном *и т. п.,* ином, другом *и т. п. Обычно стоит после гл.* видеть, увидеть, представлять/представить, представляться/представиться, рисовать/нарисовать, представать*/предстать *и т. п.* △ in a *certain* light *употр. обычно в сочет.* to see *smth* in a new (different, its true, *etc*) light
Представлять (рисовать) *что-л.* в мрачном (выгодном, ложном, истинном) свете. To paint *smth* in dark (favourable, false, true) colours.

Обидные для себя подробности они, не сговариваясь, опускали, приводя взамен их большое количество деталей, рисующих в выгодном **свете** их молодечество и расторопность. *И. Ильф, Е. Петров, Золотой теленок.* То, что сыну казалось сейчас ясным, простым... Бессонову рисовалось в несколько ином **свете**. *Ю. Бондарев, Горячий снег.* — Что такое было то новое, что я узнал, я не мог себе дать отчета, но сознание этого нового состояния было очень радостно. Все те же лица, и в том числе и жена и он, представлялись совсем в другом **свете**. *Л. Толстой, Крейцерова соната.* С высоты своего несчастья я вдруг разглядела Ванины поступки в истинном **свете**. Я помнила их все. *А. Алексин, Третий в пятом ряду.*

25. в све́те *чего-л. книжн.* 'Учитывая *что-л.*, зная' о *чем-л. Употр. чаще с доп.* ⟨новых, последних⟩ *открытий, достижений, теорий, сведений, знаний и т. п., обычно при гл.* оценить *как-л.*, понять, посмотреть *и т. п. и при прил. с оценочным знач.* △ in the light of *smth книжн.*

Легче было бы примириться с сознанием полной бездарности своего отца, даже с сиротством, чем с этими... обвинениями Грацианского, особенно зловещими **в свете** недобрых сводок с фронта. *Л. Леонов, Русский лес.* Представление о шиле и сапожном молотке никак не вязалось с обликом Воронина, кавалера пяти орденов, непревзойденного по храбрости разведчика. Лубенцов улыбнулся и впервые за войну взглянул на каждого бойца **в свете** его прошлой профессии. *Э. Казакевич, Весна на Одере*

26. ругать, бранить, поносить *и т. п. кого-л.* **на чём свёт сто́ит** *разг.* 'Очень сильно, несдержанно' *Обычно зло и продолжительно* △ to call *smb* all the names under the sun (in the book)

— А с похмелья работа какая? Ползаешь, что та муха осенняя по стеклу, а напарник тебя ругает **на чем свет стоит**, потому что и его задерживаешь. *В. Беляев, Старая крепость.* Холодовских времен подмастерья ругали ударников **на чем свет стоит**. *Б. Полевой, Глубокий тыл.* Бьет себя по лбу недогадливый проситель и бранит **на чем свет стоит** новый порядок вещей, преследование взяток и вежливые, облагороженные обращения чиновников. *Н. Гоголь, Мертвые души.* Заело бумагу на самописце... Алеша поносил [*прибор*] **на чем свет стоит**. *Д. Гранин, Иду на грозу*
Ср.: во всю ивановскую *1 знач.*

не жилец на свете *см.* Ж 6
ни за что на свете *см.* Ч 14

27. ни свёт ни заря́ *разг., иногда неодобр.* 'Очень рано, до рассвета' *Употр. как обст. при гл.* подняться (*в знач.* проснуться), проснуться, выехать, будить/разбудить, начать *что-л.* делать

и т. п., обычно в прош. вр., иногда в вопросе, выражающем удивление, недовольство и т. п. △ before dawn
Зачем ты встал ни свет ни заря? Why did you get up at this unearthly hour (at this hour ⟨of the night⟩)?

— Ты чего **ни свет ни заря** поднялся? — спросила [*тетка*], глядя на меня заспанными глазами. *В. Беляев, Старая крепость.* Кроме Ивана Саввича, зашел бригадир Тятюшкин, прозванный лунатиком за способность вставать **ни свет ни заря**. *С. Антонов, Дело было в Пенькове.* Утром следующего дня сотрудники уголовно-розыскной милиции пришли на работу **ни свет ни заря**. *В. Куценко, Г. Новиков, Сокровища республики.* Лиза проснулась рано, засуетилась, заторопилась... и убежала **ни свет ни заря**. *Н. Евдокимов, Ожидание*
Ср.: чуть свет

отправляться на тот свет *см.* О 35
проливать свет *см.* П 110

28. свет ← ⟨на ком-л., на чем-л.⟩ **кли́ном сошёлся** *разг.* для *кого-л. кто-л., что-л.* 'Является единственным, незаменимым' *Часто при характеристике отношений влюбленных. Порядок компонентов фиксир.* △ smb, smth seems to smb to be unique and irreplaceable
На нем свет клином не сошёлся. There are plenty more fish in the sea *или* There are plenty of other pebbles on the beach *редк., обычно говорится в утешение влюбленному*
Варианты: **свет** ← ⟨на ком-л., чем-л.⟩ **не кли́ном сошёлся** *или* **кли́ном не сошёлся**

Всякое еще будет в его жизни, а он вбил себе в голову, что на неказистой Тосе **свет клином сошёлся**. *Б. Бедный, Девчата.* Я узнал лыжницу. — Видал? — спросил я Чудинова, протягивая ему бинокль. — Не на одной твоей Алисе **свет клином сошёлся**. Ты только погляди, как идет! *Л. Кассиль, Ход белой королевы* — Толкуй, не толкуй, а дело уже сделано. Назад не воротишь, Макарушка. Другую себе ищи невесту. **Свет не клином сошёлся**. *А. Чехов, В цирюльне.* — Отступать мы, правда, не думаем, — сказал Серпилин. — Но на нас **свет клином не сошёлся**, повидали, как у нас, поезжайте посмотрите, как у других. *К. Симонов, Живые и мертвые*
Ср.: только и света в окошке

сживать со свету *см.* С 59

29. ⟨у кого-л.⟩ **то́лько и све́та (све́ту) в око́шке (в окне́)** *разг.* 'Единственное утешение, отрада' *Часто характеризует отношение влюбленных. Употр. перед конструкцией* что + *сущ., или перед сущ., или перед придат. предлож. с союзом* что, *реже* чтобы.

Порядок компонентов фиксир. △ smb is the light of *smb's* life; smb is the apple of *smb's* eye

Варианты: кто-л. кому-л. (для кого-л.; у кого-л.) **оди́н (еди́нственный, ве́сь) свет в око́шке**; *кто-л. кому-л.* **не свёт в окне́**

Все одна да одна, **только и свету в окошке**, что Дарья Сергеевна. *Л. Мельников-Печерский, На горах.* С детства, после смерти братишки, Капочка у них единственный **свет в окошке**. *В. Кетлинская, Вечер Окна Люди.* Было навек покончено с той Дашей, которая звонила у подъезда Бессонова и говорила беззащитной Кате злые слова... Удивительное дело! Будто **один свет в окошке** — любовные настроения. *А. Толстой, Хождение по мукам.* — Никто тебя к нам в хутор не приглашал, а мы и без тебя, бог даст, как-нибудь проживем. Ты нам — **не свет в окне**! *М. Шолохов, Поднятая целина*

Ср.: свет клином сошелся

30. тóт свéт *разг., иногда шутл.* 'Загробный, потусторонний мир, загробное существование' *Как противопоставление земному миру, земной жизни* △ the next (other) world

[*Ромашов*] отозвался таким слабым голосом, как будто уже побывал на **том свете** и теперь без всякого удовольствия возвращается в эту рощицу. *В. Каверин, Два капитана.* — Командир второго взвода по вашему приказанию явился! ... — Во-первых, — заговорил Дроздовский, — является только черт с **того света**, лейтенант Давлатян. Командиры же прибывают по приказанию. *Ю. Бондарев, Горячий снег.* Что же ты, поправляться сюда приехал? — Поправляться будем **на том свете**. На фронте жмут, аж вода капает. *Н. Островский, Как закалялась сталь.* — Давыдов помирать не собирается... **На тот свет** все успеем. *М. Шолохов, Поднятая целина*

31. чуть (*реже уст.* чем) свéт *разг.* 'Очень рано, когда только начало рассветать' *Употр. как обст. при гл.* подняться (*в знач.* проснуться), проснуться, уйти, разбудить, делать *или* начать делать *что-л. и т. п., обычно в прош. вр.* △ at the crack of dawn; at daybreak; at first light; first thing in the morning

Рабочий день еще и не начинался, а он уже чувствовал непривычную усталость. — Что это со мной сегодня? — думал он. — Проснулся **чуть свет**. *И. Герасимов, Пробел в календаре.* Со вчерашнего дня она не видела Тёму. Вернулся поздно, утром **чуть свет** снова ушел. *М. Прилежаева, Осень.* — Ступай готовить Машу в дорогу. Завтра **чем свет** ее и отправим. *А. Пушкин, Капитанская дочка.* [*Тишка (со щеткой)*:] Эх, житье, житье! Вот **чем свет** тут ты полы мети! А мое ли дело полы мести? *А. Островский, Свои люди — сочтемся*

Ср.: ни свет ни заря

32. э́тот свёт *разг.* 'Земной мир, земля со всем существующим на ней, жизнь' *Как противопоставление потустороннему миру*
△ this world

[*Маша:*] Пришлите же мне ваши книжки, непременно с автографом. Только не пишите «многоуважаемая», а просто так: «Марье, родства не помнящей, неизвестно для чего живущей **на этом свете**». *А. Чехов, Чайка.* — Я буду помнить, что **на этом свете** нет ни чести, ни справедливости. *Л. Толстой, Война и мир*
Ср.: белый свет

СВЕЧА ⊙ **ни богу свеча ни чёрту кочерга** *см.* С 33

СВЕЧКА ⊙ **33.** *кто-л.* **ни бо́гу свёчка (свеча́) ни чёрту кочерга́** *разг., неодобр.* 'Никчемный человек, не годный ни для какого дела, никому не полезный, ничем не выделяющийся, посредственный'
△ *smb* is worthless, not suited for anything, of no use to anybody, mediocre and colourless

[*Лебедев:*] Нынешняя молодежь, не в обиду будь сказано, какая-то, господь с нею, кислая, переваренная... Ни поплясать, ни поговорить, ни выпить толком... Не понимаю... **Ни богу свечка, ни чёрту кочерга.** *А. Чехов, Иванов.* — О нем я не жалею, рад, что избавился. **Ни богу свечка, ни чёрту кочерга.** *А. Безуглов, Следователь по особо важным делам.*
Ср.: ни рыба ни мясо, серединка на половинку *1 знач.*, так себе *2 знач.*, ни то ни се *1 знач.*

СВИНЕЦ ⊙ **как свинцом налита** *см.* Н 15
СВИНЬЯ ⊙ **подкладывать свинью** *см.* П 45
СВИСТЕТЬ ⊙ **ветер в голове свистит** *см.* В 25
ищи-свищи ветра в поле *см.* И 19

СВИХНУТЬ ⊙ **свихнуть с ума** *см.* С 120

СВОДИТЬ ⊙ **34. не своди́ть (не спуска́ть)** ← *с кого-л., с чего-л.* → **глаз** *Порядок компонентов нефиксир.* 1) 'Неотрывно, пристально, с интересом смотреть' на *кого-л.*, на *что-л. Употр. чаще в прош. вр. и в форме деепр.* △ not (never) to take *one's* eyes off *smb, smth*; not (never) to allow *smb, smth* out of *one's* sight

[*Наденька*] была не красавица и не приковывала к себе мгновенно внимания. Но если кто пристально вглядывался в ее черты, тот долго **не сводил с нее глаз.** *И. Гончаров, Обыкновенная история.* [*Горяев*] шел прямо на костер, **не сводя глаз** с котелка, стоявшего рядом, на земле. *П. Проскурин, Тайга.* Терёшка заметил, что Дуня с Ильи **глаз не сводит.** *Н. Задорнов, Амур-батюшка.* После игры я заметил, что *изменница*, которую я презирал, но с которой, однако, не мог **спустить глаз**, вместе с Сережей и Катенькой отошли в угол и о чем-то таинственно разговаривали. *Л. Толстой, Отрочество*

Ср.: во все глаза, есть глазами, в оба *1 знач.*, проглядеть глаза *2 знач.*, смотреть в рот *1 знач.*

2) *Только с кого-л.* 'Постоянно следить за *кем-л.*, контролировать' *кого-л. Часто употр. в инф. при словах* нельзя, не надо *и т. п., в повел. накл., в наст. вр. Более употребителен вариант с* не спускать △ to keep an eye on *smb*; not (never) to let *smb* out of one's sight

— Не доглядела ты за ним,— осторожно сказала старуха.— С такого муженька **глаз не** надо **сводить**. *М. Шолохов, Тихий Дон.* — Может, и меня скоро утащат. Они [*полицейские*] с меня днем и ночью **глаз не сводят**. *Ф. Гладков, Вольница*

Ср.: держать ухо востро, в оба *2 знач.*, ушки на макушке

35. сводить/свести (*реже* **загнать, уложить**) ← *кого-л.* ⟨*чем-л.*⟩ **в могилу** *разг., обычно с упреком или неодобр.* 'Доводить до смерти' *Обычно непосильной нагрузкой, дурным поведением, грубостью, непомерными требованиями и капризами, назойливыми разговорами, а также неправильным лечением. Употр. чаще в прош. и буд. вр. Порядок компонентов нефиксир.* △ to be the death of *smb употр. в буд. вр. при подлеж., обозначающем человека или какие-л. его поступки;* to drive *smb* to drink *шутл.*

Потом заговорили о Кораблеве. Оказывается, ... он был женат и **свел** жену **в могилу**. *В. Каверин, Два капитана.* — Извольте-ка посмотреть, сударь,— сказал он умильно,— какая вакса-то: вычистишь, словно зеркало, а всего четвертак стоит. Александр очнулся, посмотрел машинально на сапог, потом на Евсея.— Пошел вон! — сказал он, — ты дурак! ... ты измучил меня, ты своими сапогами **сведешь меня в могилу**... ты... варвар! *И. Гончаров, Обыкновенная история.* — Как же вы лекарство даете, не зная от чего? — вспыхнул Виктор.— ... А ежели его эти порошки **в могилу сведут**? *А. Безуглов, Ю. Кларов, Житель «вольного города»*

Ср.: сживать со света, стереть в порошок *2 знач.*

36. ⟨**едва́** (**е́ле, кое-ка́к**)⟩ **своди́ть/свести́ концы́ с конца́ми** *разг. Гл. во фразеол. чаще стоит перед сущ.* 1) '⟨С трудом⟩ укладывать необходимые затраты в сумму своего ограниченного, недостаточного заработка, невысоких материальных доходов' *Употр. чаще гл. несов. вида в наст. вр.* △ to ⟨be hardly able to⟩ make ⟨both⟩ ends meet

— Где он преподает? — В интернате, учит детей элементарным основам рисования... — ... Значит, это ему для чего-то надо. — Конечно,— с оттенком иронии сказал я.— И не в последнюю очередь для денег. Он ведь неважно живёт, **еле сводит концы с концами.** *В. Амлинский, Ремесло.* — Оброк [*мужики*] мне платят исправно. Я бы их, признаться, давно на барщину ссадил, да земли мало! Я и так удивляюсь, как они **концы с концами сводят.** *И. Тургенев, Бурмистр.* — Пока я холостой и у меня на руках только одна больная сестра, я **концы с концами свожу,** хватает и на питание и на одежду. *Е. Мальцев, Войди в каждый дом*

2) ⟨в чём-л., где-л.⟩ '⟨С трудом⟩ согласовывать различные части в *каком-л.* деле, в *какой-л.* работе, стремясь добиться их правильной, логической связи внутри единого целого' *Часто в связи с работой над научным или художественным произведением. Употр. чаще гл. сов. вида в инф. при словах* не мочь, не уметь, пытаться, трудно *и т. п.* △ ⟨be hardly able to⟩ blend (fuse) *smth*

Я с невольным уважением глядел на Ващенкова... В этих руках все нити запутанной жизни, где так трудно **свести концы с концами.** *В. Тендряков, Чрезвычайное.* Я сам не рассчитывал, что слово «конец» напишется так скоро, и предполагал провести моих героев через все мытарства... Не знаю, сладил ли бы я с этой сложной задачей; но знаю, что должен отказаться от нее и на скорую руку **свести концы с концами.** *М. Салтыков-Щедрин, Современная идиллия.* Не мог отказать он этой белокурой сестренке Сережи, потому что... не совсем **сводил концы с концами** в своих отношениях к этой славной девчурке. *Н. Островский, Как закалялась сталь*

37. своди́ть / свести́ ← *что-л.* → **на нёт** 'Лишать чью-л. деятельность всякого значения для последующих событий' *Часто подразумевается, что причиной этого является резкое изменение ситуации. В качестве доп. употр. обычно абстрактные сущ.* усилия, успех, деятельность, влияние *и т. п. Употр. чаще гл. сов. вида в прош. вр. или в инф. после слов* значить, означать *и т. п.;* пытаться / попытаться, надо *и т. п. Порядок компонентов нефиксир.* △ to bring *smth* to naught (nothing); to set *smth* at naught (nothing)

С ним тоже была история, которая всю его последующую деятельность вроде как **на нет свела.** То есть что бы он теперь такого ни сделал, никак не сравниться с той историей. *А. Битов, Такое долгое детство.* Они все оказались настолько недостойными размаха и значения русской революции, что Ленин, право же, удивлялся своему прежнему серьезному к ним [*политическим противникам из лагеря мелкой буржуазии*] отношению... **Свести на нет** их влияние — насущная задача дня. *Э. Казакевич, Синяя тетрадь.* — Если они паче чаяния... соединятся со сталинградской группировкой, ведь это значит **свести на нет** успех ноябрьского контрнаступления. *Ю. Бондарев, Горячий снег.* Стрелять без ночной подготовки — значило **свести на нет** весь тщательно подготовленный обстрел. *Л. Соболев, Морская душа*

38. своди́ть / свести́ ← *кого-л.* → **с ума́** *Порядок компонентов нефиксир.* 1) 'Доводить до сумасшествия' *Обычно о чьих-л. раздражающих или дурных поступках, о чьей-л. грубости, капризах, о чьем-л. равнодушии, безразличии, о назойливых или дидактических разговорах. Употр. чаще гл. сов. вида в буд. вр. и в инф. при словах со знач. возможности* △ to drive *smb* crazy (mad, out of *his* mind)

Макар Алексеевич, что это с вами?.. Вы меня просто **с ума сведете**. Не стыдно ли вам! ... Вы думаете верно, что мне ничего, что вы так дурно ведете себя... все... пальцем на меня указывают, — ...да, прямо говорят, что *связалась я с пьяницей! Ф. Достоевский, Бедные люди.* В коридоре Евгений сказал Ираиде: — Этот товарищ **сведет** меня **с ума** [*своими разговорами*]. Он весь в своих двадцатых годах, а мы нынче переживаем другое время. И время другое, и песни другие. *Ю. Герман, Дело, которому ты служишь.* На экране шла чужая черно-белая жизнь. Бандит изводил молодую жену, пугал ее, пытался **свести с ума**. *С. Антонов, Дело было в Пенькове.* — И вы знаете, — продолжала Извекова, — равнодушие чиновников может прямо **свести с ума**. Шестая неделя как я подала прошение прокурору, и до сих пор один ответ: приходите в понедельник. *К. Федин, Первые радости*

Ср.: выводить из себя

2) 'Увлекать, очаровывать, влюблять в себя, доводя до самозабвения' *О людях, реже о каких-л. занятиях, о музыке, песнях, стихах, картинах и т. п. Гл. несов. вида чаще употр. в многократном знач. в прош. вр., гл. сов. вида в прош. вр. и в инф. при словах со знач. возможности* △ to fill *smb* with passion (ecstasy); to drive *smb* wild with passion (emotion)

Было очевидно, что женские прелести **свели с ума** бедняжку Жано. *А. Толстой, Хождение по мукам.* — С вашими-то плечиками, — сказал капитан с улыбкой, — можно любую даму **с ума свесть**. *Б. Окуджава, Глоток свободы.* Отцу, юноше, не до Суходола было: его **с ума сводила** охота, балалайка. *И. Бунин, Суходол.* Эти песни окончательно **свели** меня **с ума** странно тесною связью едкого горя с буйным весельем. *М. Горький, В людях*

Ср.: кружить голову

39. своди́ть / свести́ ⟨*с кем-л.*⟩ **счёты** 'Мстить *кому-л.* за обиду, оскорбление' *Употр. чаще гл. несов. вида в наст. вр. и сов. вида в инф. при словах* нечего, не стоит, не надо, не будем *и т. п. Сущ. чаще стоит в конце фразеол.* △ to settle (square) accounts

СВОЙ

with *smb* ⟨for *smth*⟩; to pay ⟨off⟩ (settle) a (an old) score *или* a few (some) ⟨old⟩ scores with *smb*

Во время большой перемены... ребята обступили Сашу Короткова. Тот развивал свою декларацию... И тут я услышал голос Тоси Лубковой: — Мертвая аксиома — вот твоя позиция! — Общий шум! Разгневанный Сашин баритон вырывается из него: — **Счеты сводишь** [*за прочитанный дневник*]? *В. Тендряков, Чрезвычайное.* — Хватит, Борька. Не смей... Не надо, то ли ты пьян, но не те слова говоришь... — Да, ты прав, нечего нам **счеты сводить**... Все **счеты** судьбой **сведены**. *В. Амлинский, Ремесло.* — Прозевал я, брат, его книгу. Когда она вышла в свет? — Она вовсе не появилась в печати... на нашу историю на лесную статистику перескочил, — сказал Иван Матвеич и вдруг померк. — Прости, Валерий, кажется, я начал **сводить** с ним **счеты**. *Л. Леонов, Русский лес.* ... там у нас во дворе такой закоулок, где мальчишки младших классов **сводят** друг с другом **счеты** в честном кулачном бою. *В. Киселев, Девочка и птицелет.*

Ср.: не оставаться в долгу, точить зубы *1 знач.*

СВОЙ ⊙ брать свое *см.* Б 21
держать в своих руках *см.* Д 47
держать свое слово *см.* Д 50
жечь свои корабли *см.* Ж 3
как свои пять пальцев *см.* П 3
называть вещи своими именами *см.* Н 13
на своих двоих *см.* Д 12
на свой страх *см.* С 116
на свою голову *см.* Г 42
не видать как своих ушей *см.* В 37
не видеть дальше своего носа *см.* В 38
не в своей тарелке *см.* Т 3
не в своем уме *см.* У 10
не своим голосом *см.* Г 50
показывать свои когти *см.* П 56
принимать на свой счет *см.* П 95
садиться на своего конька *см.* С 3
сам не свой *см.* С 6
своего поля ягода *см.* Я 2
своими глазами *см.* Г 19
свой брат *см.* Б 15
своя голова на плечах *см.* Г 44
совать свой нос *см.* С 100

СВОРОТИТЬ ⊙ своротить с ума *см.* С 120

СВЯЗАТЬ ⊙ **40.** не мочь (не смочь), не уметь (не суметь)

связа́ть двух слов *разг., неодобр. или ирон.* Не мочь, не уметь 'связно изложить *что-л.*, сказать' *о чем-л. Обычно из-за сильного волнения, растерянности и т. п., а также из-за плохо развитой, косноязычной речи. Употр. чаще при гл.* не мочь *в прош. вр. Порядок компонентов нефиксир.* △ not to be able to speak coherently; to be at a loss for words *от смущения, растерянности, изумления и т. п.*; not to be able to string two words together
Вариант: кто-л. **не свя́жет двух слов**

— Расскажи-ка ты, паренек, как было дело,— внезапно обратилась ко мне Кудревич. Я оторопел и сперва не мог **связать двух слов.** Но потом, сбиваясь и путая слова, я стал рассказывать. *В. Беляев, Старая крепость.* — Непонятно! — подумал про себя Чичиков и отправился тут же к председателю палаты, но председатель палаты так смутился, увидя его, что не мог **связать двух слов** и наговорил такую дрянь, что даже им обоим сделалось совестно. *Н. Гоголь, Мертвые души.* — Вы, наверно, помните Сенечку Лукина... Подсчитать бы, какой кусок жизни Сенечка у меня вырвал... жалела: как, думаю, такой бестолковый жизнь проживет? **Двух слов не свяжет,** трех слов без ошибки не напишет. *В. Тендряков, Ночь после выпуска*

Ср.: язык заплетается

связать по рукам и ногам *см.* С 41

СВЯЗЫВАТЬ ⊙ 41. **свя́зывать*/связа́ть** ⟨кого-л.⟩ ← ⟨чем-л.⟩ → **по рука́м и ⟨по⟩ нога́м** 'Лишать возможности действовать свободно, по собственному желанию' *О людях, их приказах, решениях, требованиях и т. п., о каких-л. неурядицах, излишних заботах, хлопотах. Употр. чаще в прош. вр., гл. сов. вида часто в форме кратк. страд. причаст. Порядок компонентов нефиксир.* △ to bind *smb* hand and foot *о людях, о чьих-л. требованиях или заботах*. Кто-л. связан по рукам и ногам чем-л. Smb is bound hand and foot by *smth*.

— Голубчик... Ты молодой, свободный... Неужели у меня хватило бы духу **связать** тебя **по рукам и по ногам** на всю жизнь... Ну, а если тебе потом другая понравится? *А. Куприн, Олеся.* — Я знаю, кто мог бы помочь вам, но в эти последние часы моей жизни не хочу называть его... В нем воплотилась для меня та сила, которая всегда **связывала** меня **по рукам и ногам,** и горько мне думать о всех делах, которые я мог бы совершить, если бы мне не то что помогли, а хотя бы не мешали. *В. Каверин, Два капитана.* И этой своей запиской он до конца **связал** Струмилина **по рукам и ногам.** *Ю. Семенов, При исполнении служебных обязанностей.* Поговорили со всеми желающими... и стало грустно: или не подходили программисты по деловым

качествам, или были **связаны** работой **по рукам и ногам.** *М. Ботвинник, К достижению цели*
Ср.: надевать хомут на шею, связывать руки

СВЯТОЙ ⊙ **42. свята́я** (*реже* **свято́е**) **святы́х** ⟨*чего-л.*⟩ *книжн., ритор. По падежам и числам не изменяется. Употр. в тех же функциях, что и сущ.*

1) *Что-л.* 'самое дорогое, заветное, сокровенное' *В человеческой душе, в его мыслях, в отношении к окружающему* △ the (a, *smb's*) Holy of Holies (holy of holies)

Гаврилов закончил, как будто не решаясь посвятить Чепурникова **во святая святых** своих мечтаний. *В. Короленко, Черкес.* Ему было важно составить себе картину того, что Борман знал о его **«святая святых»**, о его поисках мира. *Ю. Семенов, Семнадцать мгновений весны*

2) *иногда ирон. или шутл.* 'Особенно охраняемое от посторонних, особенно важное место *или* часть *какого-л.* помещения' *Иногда с ним могут быть связаны особенно дорогие воспоминания или отношения особой любви, гордости, преклонения перед тем, символом или выразителем чего он является* △ the (a, *smb's*) Holy of Holies *иногда шутл. или ирон.*

— Приходи в перевязочную, я попробую тебя учить. Возьмешь халат у Клавы. И вот Васька вошла в **святая святых** вагона-аптеки. *В. Панова, Спутники.* Летчик прошел в хвост самолета, взглянул мельком и улыбнулся сощуренными глазами. Прошел — и вернулся к себе, в **святая святых**, туда, где она была одно мгновение. *М. Ганина, Только одна ночь.* В своей гордости за Москву и в особенности за ее **святая святых** — Красную площадь, он, пожалуй, предпочел бы, чтобы сюда входили по-особому, как-то совсем не так. *Э. Казакевич, При свете дня*
[Первоначально: *часть иерусалимского храма, куда могло входить только духовное лицо высшего сана*]

СГЛАДИТЬ ⊙ сгладить углы *см.* С 43

СГЛАЖИВАТЬ ⊙ **43. сгла́живать*/сгла́дить** ⟨**о́стрые**⟩ **углы́** *иногда неодобр.* 'Смягчать резкость противоречий, разногласий' *Употр. чаще гл. несов. вида в инф. при словах со знач. умения. Порядок компонентов фиксир.* △ to paper over the cracks

Вопреки ожиданиям [*Серпилин*] сработался с Батюком. И не потому, что **сглаживал углы**, а, наоборот, после двух резких стычек. *К. Симонов, Солдатами не рождаются.* Сергей Иванович не раз задавал себе вопрос: прав ли он, намеренно обостряя свои отношения с нарушителями порядка..? Не надо ли искать обходных путей, как это делают мастера **сглаживания острых углов?** *Б. Изюмский, Призвание*

СГОНЯТЬ ⊙ **сгонять со свету** *см.* С 59

СГОРАТЬ ⊙ **44. сгора́ть/сгоре́ть со (от) стыда́** *разг.* 'Испытывать такое сильное чувство стыда, что щеки, лицо краснеют' *Гл. несов. вида часто употр. в форме деепр., гл. сов. вида в прош. вр. с част. чуть не или в сосл. накл. перед придат. предлож. с союзом если бы. Порядок компонентов нефиксир.* △ to burn with shame (*при подлеж.* cheeks)

Я бы сгорел со стыда, если бы... I'd die of shame if...

Да и в присутствии-то я сегодня сидел таким медвежонком, таким воробьем общипанным, что чуть сам за себя **со стыда не сгорел**. Стыдненько мне было, Варенька! Да, уж натурально робеешь, когда сквозь одежду голые локти светятся. *Ф. Достоевский, Бедные люди.* — Что ж вас судить, просто стыдно — и все. Вы комсомолец? — Комсомолец. — Тем более стыдно, — сказал Шмаков. — У меня сын комсомолец, я бы **от стыда сгорел**, если б узнал, что он поступил так, как вы. *К. Симонов, Живые и мертвые.* Молчание, которое он вызвал своим окриком, теперь давило его. Он понимал, что еще секунда — и все расхохочутся, и он уйдет, **сгорая от стыда**. *Н. Телешов, Крамола.* Кривицкий, прищурясь, осмотрел свой длинный желтый ноготь на мизинце. — Да-с, так вот, как видите, я не **сгораю от стыда** за свою отсталость. И не побегу от вас в библиотеку. Мне и так хорошо. *Д. Гранин, Искатели*

Ср.: куда глаза девать, *готов* сквозь землю провалиться

СГОРЕТЬ ⊙ **сгореть со стыда** *см.* С 44

СГУСТИТЬ ⊙ **сгустить краски** *см.* С 45

СГУЩАТЬ ⊙ **45. сгуща́ть/сгусти́ть кра́ски** 'Преувеличивать что-л. в своей речи' *Обычно представляя что-л. хуже, мрачнее, чем в действительности. Гл. несов. вида чаще употр. в наст. и прош. вр., в инф. при словах не стоит, не надо, не следует и т. п. или в вопросит. предлож.; гл. сов. вида чаще в прош. вр. Сущ. обычно стоит в конце фразеол.* △ to lay (pile) it on thick *может означать также преувеличение положительных качеств*; to pile on the agony *преувеличивать при рассказе мучения, страхи и т. п.*

Он брал в основу рассказа истинный эпизод ... но так **сгущал краски**, и при этом говорил с таким серьезным лицом и таким деловым тоном, что слушатели надрывались от смеха. *А. Куприн, Гранатовый браслет.* К голосу его прислушивались внимательно, советов глупых он не давал ни разу: **красок не сгущал**, не запугивал, но и не успокаивал. *Д. Фурманов, Мятеж.* — Я не хочу **сгущать краски**. Но вы должны знать, сколько важны для нас Лужские рубежи. *А. Чаковский, Блокада.* И при видимой документальности — в письме намеренно искажена суть конфликта, созна-

тельно **сгущены краски**. *Газета «Правда», 12 августа 1979*
Ср.: делать из мухи слона, хватить через край

СДАВАТЬ ⊙ **46.** *что-л., кого-л.* **сдава́ть/сда́ть (спи́сывать/списа́ть) в архи́в** *часто ирон. или шутл.* 'Признавая устаревшим, негодным, забывать, переставать использовать, учитывать' *В качестве доп. употр. сочет.* такие идеи, мысли *и т. п.,* какое-л. дело, какую-л. работу *и т. п. По отношению к человеку обычно подразумевается, что его способности или возраст не позволяют ему справляться со своими служебными обязанностями или что не следует учитывать его взгляды. Употр. чаще гл. сов. вида в прош. вр. и несов. вида в инф. при словах* пора, надо, рано, не стоит *и т. п. Порядок компонентов нефиксир.* △ to write *smth*, *smb* off as a bad job (as outdated); to shelve *smth*, *smb*
Кого-л. сдали в архив. *Smb* is ⟨left⟩ on the shelf.

Того, что было, Не воротишь... Все это решено, Подписано судьбой, И уж **в архив сдано**. *Я. Полонский, Неуч.* Наконец и ожидаемая реформа пришла. Старика **сдали в архив**, а прислали вместо него совсем молодого ястреба. *М. Салтыков-Щедрин, Ворон-челобитчик.* Когда же я приехал на завод, вдруг оказалось: конфликт исчерпан... Но вот собрались мы с бывшим «прекрасным коллективом» в парткоме, и сразу стало ясно, что **списывать** письмо **в архив** рано — ничего, в сущности, не изменилось. *«Литературная газета», 4 апреля 1984*

СДАТЬ ⊙ **сдать в архив** *см.* С 46
СДЕЛАТЬ ⊙ **сделать большие глаза** *см.* Д 18
сделать вид *см.* Д 19
сделать из мухи слона *см.* Д 20
сделать упор *см.* Д 22
СДЕРЖАТЬ ⊙ **сдержать слово** *см.* Д 50
СДУВАТЬ ⊙ **как ветром сдувало** *см.* С 47
СДУНУТЬ ⊙ **как ветром сдунуло** *см.* С 47
СДУТЬ ⊙ **47.** *кого-л., что-л.* **как (бу́дто, сло́вно, то́чно) ве́тром сду́ло (сду́нуло, сдува́ло*,** *редк.* **сду́нет, сдува́ет)** *разг., иногда шутл.* Кто-л., что-л. 'мгновенно и неожиданно исчез (исчезло), кто-л. куда-л. помчался' *Обычно о реакции на какое-л. необычное сообщение, неожиданное событие, часто в ситуации, когда человек спешит к кому-л. появившемуся или — наоборот — хочет скрыться от кого-л. нежелательного. В качестве доп. употр. названия живых существ, физических и психических состояний человека. Гл. в буд. и наст. вр. употр. при описании уже прошедшего события. Порядок компонентов фиксир.* △ *smb, smth* was gone with the wind (evaporated)

В это время с площади в дверь кинулась, бухая сапогами,

низенькая фигура ... крикнула: — Митька, мыло выдают... Часового **как ветром сдунуло** со стула. Он выскочил на крыльцо. *А. Толстой, Хождение по мукам.* Давыдов подходил к ближайшему плетню, делал вид, что выламывает хворостину [*для наказания*], и тотчас же ребят **словно ветром сдувало**. *М. Шолохов, Поднятая целина.* Впрочем, в столовой усталость с него **будто ветром сдуло**. *Б. Полевой, Повесть о настоящем человеке.* — Я вот дома старухе как поставлю градусник, так всю хворь **будто ветром сдунет**. *В. Белов, Гудят провода*

Ср.: как не бывало, и был таков, только его и видели, нет и следа, поминай как звали, и след простыл

СЁ ⊙ **ни с того ни с сего** *см.* Т 12

ни то ни се *см.* Т 13

о том о сем *см.* Т 14

СЕБЕ ⊙ **мотать себе на ус** *см.* М 42

набивать себе цену *см.* Н 3

надевать хомут себе на шею *см.* Н 9

48. *кто-л.* ⟨будто, будто бы, ровно, словно, словно бы, точно, вроде, вроде бы *и т. п.*⟩ **не в себе** *разг.* 1) *Иногда ирон. или шутл.* 'В состоянии, напоминающем помешательство, странно поступает, не может сосредоточиться и воспринимать окружающее' △ smb is (seems) out of sorts (out of *his* mind)

И говорят люди: Надежда-то Узорова из эвакуации вернулась и вроде **не в себе**, от людей сторонится, ни с кем не говорит, заперлась в доме и сидит. *Б. Полевой, Глубокий тыл.* — Вы осторожней, он **не в себе**, — предупредил милиционер. *Д. Гранин, Картина.* Считали ее бабы забубенной [*разгульной*] и маленько **не в себе**, но все же, при всей своей придурковатости, Варька своих девок вырастила, растолкала по ремесленным. *В. Мурзаков, Мы уже ходим, мама...* Лева, конечно, со странностями... Все великие люди были немножечко **не в себе**. *А. Алексин, Мой брат играет на кларнете*
Ср.: не все дома, не в своем уме

2) 'Необычный, не такой, как всегда' *Часто подразумевается потерянность, необычная сосредоточенность на своих переживаниях, размышлениях, неприятная для самого человека. Перед фразеол. часто стоят нареч.* сегодня, вчера *и т. п., указывающие на ограниченное время существования данного состояния* △ smb is not (does not feel or seem) ⟨quite⟩ *himself (herself)*

... на следующий день, в воскресенье, заметив перед ужином, что жена чем-то встревожена, спросил: — Что-то ты, мать, вроде как **не в себе**? Аль корова захворала? *М. Шолохов, Поднятая целина.* — Ты чего ровно бы **не в себе**? — спросила Наталья Николаевна, не обратив внимания на его шутки и смех.

Д. Гранин, Картина. — Ох, Марина, Марина, ничего-то ты не понимаешь. Ведь я его... Ох, люблю... больше жизни люблю... — Вот те страсти какие...— с изумлением прошептала старуха. — То-то он, родимый, сегодня ровно **не в себе:** Анфиса да Анфиса. *Ф. Абрамов, Братья и сестры*. Лева вчера был **не в себе** не как выдающийся человек, а так же, как все наши мальчишки — десятиклассники, которые тоже влюблены в Алину. *А. Алексин, Мой брат играет на кларнете*.

Ср.: не находить себе места, сам не свой, не по себе *2 знач.,* не в своей тарелке *1 знач.*

не находить себе места см. Н 25

49. *кому-л.* **не по себе́** 1) 'Нездоровится' *Обычно при неясных признаках болезни* △ smb does not feel well; smb feels out of sorts (off colour)

Вообще я чувствовал себя как-то **не по себе,** разнемогся, как говорят деревенские старухи. *Д. Мамин-Сибиряк, Болезнь.* Все поднялись, предлагая место Лизе... но Лиза не хотела оставаться: ей было **не по себе,** кружилась голова. *К. Федин, Первые радости*

Ср.: выходить из строя *1 знач.*

2) ⟨*от чего-л.*⟩ 'Неприятно, неловко, неудобно, тяжело, *иногда* тревожно' *Обычно от непривычной тишины, неподвижности, темноты, безжизненности окружения и т. п.; от какой-л. мысли и т. п.; от непривычной одежды и т. п. Подразумевается неопределенность этого ощущения и неосознанное желание вернуться к своему обычному состоянию. Часто стоит после слов* стало как-то *или* вроде △ smb feels uncomfortable, uneasy or apprehensive; smb feels ill (not quite) at ease *подразумевает смущение от непривычной обстановки, яркого наряда и т. п.*

...тут все увидели, что Нина Семеновна, забыто сидевшая в стороне, собранным в комочек платочком промокает слезы с наведенных ресниц — плачет втихомолку.— Что с вами, Нина Семеновна? — Да так, ничего. Ольга Олеговна устало опустилась рядом с Ниной Семеновной: — Сегодня нам всем **не по себе.** *В. Тендряков, Ночь после выпуска*. Так безрадостна была эта выморочная [*оставшаяся без хозяина*], будто недавним пожаром опустошенная земля, что Давыдову стало как-то **не по себе.** *М. Шолохов, Поднятая целина.* Тут Ивану стало не то чтобы противно, он еще не понимал существа частной коммерции, а как-то **не по себе.** *Л. Леонов, Русский лес.* А Лермонтову после приступа первой радости стало вдруг как-то **не по себе,** как-то скучно и одиноко. *Ю. Казаков, Звон брегета*. [Юзику] было **не по себе** в этом наряде — он стыдился и своей новой рубашки и новых штанов. *В. Беляев, Старая крепость*

Ср.: душа не на месте, камень на душе, кошки скребут на душе, не находить себе места, сам не свой, не в себе *2 знач.*, не в своей тарелке *1 знач.*

ничего себе *см.* Н 44
отдавать себе отчёт *см.* О 28
рвать на себе волосы *см.* Р 15
сам по себе *см.* С 8
себе на уме *см.* У 11
сломать себе шею *см.* С 84
так себе *см.* Т 2

СЕБЯ ⊙ **брать себя в руки** *см.* Б 22

50. *кто-л.* ⟨*весь*⟩ **вне себя** ⟨*от чего-л.*⟩ 'В состоянии крайнего возбуждения, волнения' *Обычно от возмущения, гнева, ярости и т. п., реже от радости* △ *smb is* ⟨quite⟩ *beside oneself* ⟨*with excitement (joy, rage, etc)*⟩

Слова Николая Никитича о том, что Лосев хлопотал за него и вызволил, ещё хуже взбесили Анисимова, совершенно **вне себя** он закричал, что Лосев обманщик, лицемер, фарисей. *Д. Гранин, Картина.* Лида в темноте наугад бежит к двери и, толкнув её, выбегает на двор. Там она стоит, залитая лунным светом, **вне себя** от негодования. *Н. Островский, Как закалялась сталь.* — Обвинитель... кидается в адвокатскую и... **вне себя** от злости заявляет, что господин защитник ввёл суд в заблуждение. *К. Федин, Первые радости.* Гурихин кот подкрадывался к скворешнику из-за хлева. — Уходи, дурак! — **вне себя** закричал коту Павлуня, потом заплакал, схватил с грядки камень и бросил в кота. *В. Белов, Скворцы*

Ср.: кровь бросилась в голову, кровь кипит *2 знач.*, не помнить себя, рвать и метать, в сердцах

выводить из себя *см.* В 84
выходить из себя *см.* В 99
давать себя знать *см.* Д 3
держать себя в руках *см.* Д 49
как у себя дома *см.* Д 60
ловить себя *см.* Л 23
не помнить себя *см.* П 68
пенять на себя *см.* П 14
приходить в себя *см.* П 100

51. про себя́ 1) 'Никак внешне не выражая, не вслух' *При гл.* думать/подумать, отметить, заметить *(в знач. отметить)*, решить, улыбаться/улыбнуться, усмехнуться, знать, считать *(в знач. полагать и просчитывать) и т. п. подразумевается* 'мысленно, в мыслях', *при гл.* читать *подразумевается* 'водя глазами по строчкам' △ to *oneself*

[*Климовичу*] нравился этот упрямый старик, как он **про себя** называл седого, без единого черного волоса, Шмакова. *К. Симонов, Живые и мертвые.* — Совсем напрасно рисковали, полковник, — безразлично и холодно проговорил Бессонов... а **про себя** усмехнулся: — Не из робкого десятка оказался этот Осин. *Ю. Бондарев, Горячий снег.* Тяпкин взял книжку и стал усиленно поворачивать голову в одну и в другую сторону, видимо, изображая, как я **читаю про себя.** Хотя, конечно, вряд ли читающий **про себя** человек сильно крутит головой. *М. Ганина, Тяпкин и Леша.* Я решил с самого начала взяться за учебу как следует и сразу засел повторять таблицу умножения. Конечно, я повторял ее **про себя,** чтоб Лика не слышала, но она скоро окончила свои уроки... Тогда я принялся учить таблицу как следует, вслух. *Н. Носов, Витя Малеев в школе и дома*

Ср.: в глубине души

2) бормотать, шептать, мурлыкать, напевать *и т. п.* 'Очень тихо, почти неслышно' *При гл. часто стоят обст.* шепотом, негромко, тихо, вполголоса, потихоньку *и т. п., при фразеол.* — *слова как бы, как будто* △ to mutter (whisper, hum) to *oneself*; to say (speak, swear) under *one's* breath

Гайдар возвращался еще несколько раз в сад, но мне не мешал, а ходил по дальней дорожке и что-то бормотал **про себя.** *К: Паустовский, Золотая роза.* Шевеля холодными губами, я шептал **про себя** строчки и с перепугу вовсе не понимал ничего. *В. Беляев, Старая крепость.* И он стал уютно устраиваться на ночлег, посмеиваясь и что-то бурча **про себя.** *Ю. Герман, Дело, которому ты служишь.* Последние слова я произнесла совсем тихо, как бы **про себя.** *А. Алексин, Мой брат играет на кларнете*

строить из себя *см.* С 117

СЕГО ⊙ **не от мира сего** *см.* М 33

СЕГОДНЯ ⊙ **52. не сего́дня⟨-⟩за́втра** *что-л.* произойдет *разг.* 'Очень скоро, в самые ближайшие дни' *Употр. при гл. в буд. вр., чаще сов. вида* △ any day now

— Солдаты еще покуда служат им [*Трем Толстякам*]... Ничего! **Не сегодня-завтра** они пойдут вместе с нами против своих начальников. *Ю. Олеша, Три толстяка.* Пришла Ольга Богатенкова, сказала, что... срочно выселяют палаточный городок и вообще дикарей, **не сегодня-завтра** город закроют на карантин. *М. Ганина, Золотое одиночество.* Вот так бездельничать и чего-то ждать? И все из-за двух каких-то лошаденок? Которых **не сегодня-завтра** скормят серебристым лисицам на звероферме? *С. Залыгин, Наши лошади*

Ср.: со дня на день / *1 знач.*

СЕДЬМОЙ ⊙ **до седьмого пота** *см.* П 83

седьмая вода на киселе *см.* В 49

СЕЛО ⊙ **53. ни к селу́ ни к го́роду** *разг., неодобр. или ирон.* 'Некстати, неуместно в данной ситуации' *Употр. чаще как обст. при гл. со знач. речи, мысли* △ without reference to what is being discussed or done in the situation

Сказать *что-л.* ни к селу ни к городу. To say *smth* without rhyme or reason. Это ни к селу ни к городу. That is neither here nor there.

Держался Володя солидно... разговаривал отрывисто, вдруг, совершенно, что называется, **ни к селу ни к городу,** говорил: — Я очень попрошу вас... *Ю. Герман, Дело, которому ты служишь.* [*Василий Иванович*] даже повторял эти, иногда тупые или бессмысленные, выходки [*Базарова*] и, например, в течение нескольких дней, **ни к селу ни к городу,** все твердил: — Ну, это дело девятое! ... *И. Тургенев, Отцы и дети.* [*Остап*] заклеймил Александра Борджиа за нехорошее поведение, вспомнил **ни к селу ни к городу** Серафима Саровского и особенно налег на инквизицию, преследовавшую Галилея. *И. Ильф, Е. Петров, Золотой теленок.* — А что обо мне думать? — сказал Синцов. — И вообще все будет в порядке. — Маша терпеть не могла, когда он говорил так: вдруг **ни к селу ни к городу** начинал бессмысленно успокаивать ее в том, в чем успокоить было нельзя. *К. Симонов, Живые и мертвые*

Ср.: не к месту, из другой оперы

СЕЛЬДЬ ⊙ **54.** *кого-л.* ⟨набилось⟩ *где-л.* **как сельде́й в бо́чке** *разг., обычно шутл.* 'Так много, что невозможно протиснуться' *Обычно при скоплении большого количества людей в маленьком, тесном или не рассчитанном на такое скопление помещении. Порядок компонентов фиксир.* △ they are packed in ⟨together⟩ like sardines ⟨in a tin⟩ *разг.*

Вариант: кто-л. ⟨набились⟩ **как се́льди в бо́чке**

... все время надо было ходить по домам, и обследовать, и вселять, и переселять в комнаты и углы людей, которых набилось за эти полтора года в Ташкенте, **как сельдей в бочке**! *К. Симонов, Солдатами не рождаются.* — Не знаю, куда вам нужно, а только если б генерал видел, что вас [*детей*] набилось **как сельдей в бочке,** он бы никак не разрешил такое катанье, — ворчал шофер. *В. Осеева, Васек Трубачев и его товарищи.* — Где он, где он, — рычал толстяк... — Дайте мне этого презренного... — Мы и так

[*в машине*] **как сельди в бочке,**— сказал кто-то недовольно.— Одной селедкой больше,— возразили ему. *К. Федин, Костер*
Ср.: до отказа, яблоку негде упасть

СЕМЬ ⊙ **семи пядей во лбу** *см.* П 125
семь пятниц на неделе *см.* П 126
СЕРДИТО ⊙ **дешево и сердито** *см.* Д 55
СЕРДЦЕ ⊙ **брать за сердце** *см.* Б 19
в глубине сердца *см.* Г 24

55. в сердца́х ↔ стукнуть, толкнуть *кого-л., что-л.,* схватить *что-л. и т. п.*; крикнуть, сказать *и т. п. разг.* 'В порыве раздражения, вспылив' *Обычно это состояние сопровождает чье-л. резкое непроизвольное движение или чью-л. резкую речь, при помощи которых человек как бы пытается разрядиться. Употр. обычно при гл. сов. вида в прош. вр.* △ in annoyance

Он еще некоторое время подержал трубку, вслушиваясь в гудки отбоя, и **в сердцах** швырнул ее на рычаг. *И. Герасимов, Пробел в календаре.* — Еще и смеются... [*Тося*] **в сердцах** пнула горемычный котел,.. ушибла ногу и скривилась от боли. *Б. Бедный, Девчата.* Здесь Чичиков вышел совершенно из границ всякого терпения, хватил [*ударил*] **в сердцах** стулом об пол и посулил ей черта. *Н. Гоголь, Мертвые души.* Уханов... выругался **в сердцах**: — Зачем стрелял..? Я подавал команду? *Ю. Бондарев, Горячий снег*
Ср.: не помнить себя, вне себя

камень на сердце *см.* К 6
камень с сердца свалился *см.* К 7
кошки скребут на сердце *см.* К 43
надрывать сердце *см.* Н 11
не по сердцу *см.* Д 75
отводить сердце *см.* О 27
отлегло от сердца *см.* О 34
положа руку на сердце *см.* П 63
принимать к сердцу *см.* П 94

56. у *кого-л.* **се́рдце кро́вью облива́ется (облива́лось, облило́сь)** ⟨от *чего-л.*⟩ *Кто-л.* 'испытывает острое чувство жалости, сострадания к *кому-л.*, страха за *чью-л.* судьбу' *Обычно при виде кого-л. или при мысли о ком-л. Гл. обычно стоит в конце фразеол.* △ smth makes (made) smb's heart bleed; smb's heart bleeds (bled) for smb

Ночью женщины дежурили [*на крышах*]. Привезли золотой песок; когда малыш бежал к песочку, думая, что это для него, — у матери **сердце обливалось кровью**. *И. Эренбург, Буря.* — Да и такого ли, такого ли мужа воображали и прочили мы Аглае? ... **Сердце** матери дрожало от этого помышления, **кровью обливалось**.

Ф. Достоевский, Идиот. — Поглядел я нынче на него, и, веришь, **сердце кровью облилось**: худой, всем виноватый какой-то, глаза — по сторонам. *М. Шолохов, Поднятая целина.* С непривычки Калина быстро захмелел, а у Ивана дважды **сердце кровью облилось** на его жалкую пьяную разговорчивость. *Л. Леонов, Русский лес*

сердце не лежит *см.* Д 72

сердце не на месте *см.* Д 73

57. у *кого-л.* **сéрдце** ⟨от *чего-л.*⟩ → **пáдает** (**пáдало***, **упáло**, **обрывáется**, **оборвалóсь**, **отрывáется** *прост.*, **оторвалóсь** *прост.*) *разг.* Кто-л. 'внезапно проникается страхом, тревогой, отчаянием' Это сопровождается ощущением мгновенно возникшей пустоты в груди. *Обычно при встрече с кем-л. или с чем-л. непредвиденным, при получении каких-л. известий или при неожиданных и странных звуках. Употр. чаще гл. сов. вида в прош. вр.; гл. несов. вида чаще в многократном знач. В буд. вр. гл. могут употр. для описания повторяющихся событий в прошлом. Часто употр. в сложн. предлож., в другой части которого есть гл.* увидеть, смотреть *и т. п. Гл. обычно стоит в конце фразеол.* △ smb's heart sinks (sank) ⟨into his boots⟩ *об отчаянии, страхе;* smb nearly jumped out of his skin *об испуге от резкого звука, чьего-л. внезапного появления и т. п.*

Тишина — и вдруг оглушительный птичий крик, взмах крыльев, волнение!.. У меня **сердце падает**, я кричу, ищу что-нибудь, палку, а коршун поднимается медленно и летит... Весь день я была под впечатлением этого страшного... сна. *В. Каверин, Два капитана.* Школьные окна почему-то были темны, а обыкновенно зажигали лампу... Уехала, что ли? **Сердце** у него **оборвалось**. *В. Панова, Спутники.* Директор... не вмешивался в обсуждение, но Ольга Денисовна чувствовала на себе его осуждающий и выпытывающий взгляд, и у нее **падало сердце**, странно **падало сердце**. Как в яму. *М. Прилежаева, Осень.* Увидит, встретит на улице Борьку — так и **оборвется сердце**... потому что не Вася ее, а он, Борька, всеми выходками, всеми повадками вышел в Егоршу. *Ф. Абрамов, Дом*

Ср.: волосы становятся дыбом, глаза на лоб лезут, душа уходит в пятки, ни жив ни мертв, кровь стынет, мороз по коже дерет, мурашки бегают по спине, поджилки трясутся

скрепя сердце *см.* С 73

СЕРЕДИНА ⊙ **середина на половину** *см.* С 58

СЕРЕДИНКА ⊙ **58. середи́нка на полови́нку** (**середи́на на полови́ну, серёдка на полови́ну, серёдка на полови́нку, серёдка на полови́не**) *разг. Порядок компонентов фиксир.* 1) *что-л., кто-л. представляет собой* 'Нечто неопределенное, не имеет отличительных свойств, занимает среднее положение между противоположностями' *При оценке по признаку «хороший – плохой» обычно подразумевается не просто* 'средний', *а* 'серый, безликий, посредственный'. *Употр. чаще как сказ.* △ smb, smth is betwixt and between *разг., может означать* посредственный; smb, smth is so-so (is fair to middling) *разг., употр. в знач.* посредственный

И еще один день был – ни плохой, ни хороший, так, **серединка на половинку:** Аню перевели во второй класс... Она пришла домой веселая, но дедушка посмотрел отметки и сказал: – Да, невеселый табелек. *Ф. Вигдорова, Любимая улица.* Сибирь имеет крутой норов: с характером она, тут не бывает **«середки на половинку».** Тепло так тепло, хоть жарься на солнцепеке; холод так холод, аж дух захватывает. *Г. Марков, Соль земли.* Мы тут с ним уже в третьем районе. И все такие районы – **середка на половинке.** Передовым ни один из них не стал. *В. Овечкин, Районные будни*

Ср.: ни рыба ни мясо, ни богу свечка ни черту кочерга, так себе *2 знач.,* ни то ни се *1 знач.*

2) делать *что-л.,* относиться к *кому-л. и т. п.* 'Ни плохо, ни хорошо, посредственно' △ to do *smth,* to live, to treat *smb* neither well nor badly; to do *smth* fair to middling *разг.*

Мало кто относился к ней **середка на половинку** – или уж души в ней не чаяли, или уж от одного ее имени озноб пробирал. *Г. Николаева, Повесть о директоре МТС и главном агрономе.* Сам живет так себе, **середка на половинку.** Не любит причислять себя к беднякам, но, кроме двух брюхатых меринков [*жеребцов*], никогда в жизни ничего у него не бывало. *Н. Сухов, Казачка*

Ср.: не ахти *2 знач.,* так себе *1 знач.,* ни то ни се *2 знач.,* ни шатко ни валко

СЕРЕДКА ⊙ середка на половину *см.* С 58
СЕСТЬ ⊙ сесть в лужу *см.* С 1
сесть на мель *см.* С 2
сесть на своего конька *см.* С 3
сесть на шею *см.* С 4
СЖЕЧЬ ⊙ сжечь свои корабли *см.* Ж 3
СЖИВАТЬ ⊙ **59.** ⟨за *что-л.*⟩ ↔ **сживать/сжить** (*реже* **сгонять/ согнать**) ← *кого-л.* ← ⟨*чем-л.*⟩ → **со свéту (со свéта)** *разг.* 'Изводить упреками, придирками *и т. п.*; доводить до смерти' *Употр. чаще гл. сов. вида в буд. вр. и в инф. при словах со знач. намерения, попытки. Порядок компонентов нефиксир.* △ to nag *smb* to death; to make life (things) impossible for *smb*

– Шуба-то старухина, ай нет? Она, может, меня за [*порванную*] шубу **со света сживет.** *М. Шолохов, Поднятая целина.* – А если я возьмусь [*руководить колонией*], так... меня **со света сживут.** Что бы я ни сделал, они скажут: не так.— Скажут... это ты верно. — А вы им поверите, а не мне. *А. Макаренко, Педагогическая поэма.* От моего Ермолая и от других я часто слышал рассказы о леснике Бирюке, которого все окрестные мужики боялись как огня.— Уж не раз добрые люди его **сжить со свету** собирались, да нет — не дается. *И. Тургенев, Бирюк.* Лукьян захворал, ему купили гроб...; а Лукьян возьми да и поправься. Куда было девать гроб? Чем оправдать траты? Лукьяна лет пять проклинали потом за них, **сживали** попреками **со свету**. *И. Бунин, Деревня*

Ср.: сводить в могилу, стереть в порошок *1 знач.*

СЖИГАТЬ ⊙ **сжигать свои корабли** *см.* Ж 3
СЖИТЬ ⊙ **сжить со свету** *см.* С 59

СИДЕТЬ ⊙ **60. у** *кого-л.* **кто-л.,** *что-л.* **вот где сиди́т** (*реже* **сидя́т**) *разг., неодобр. или шутл.* Кто-л., что-л. 'доставил кому-л. столько забот, неприятностей, что больше терпеть невозможно' *Чаще употр. с мест. у меня. Фразеол. часто произносится с воскл. интонацией, что сопровождается похлопыванием по затылку или как бы режущим движением боковой стороны ладони по горлу. Порядок компонентов фиксир.* △ smb is up to here with smb, smth *часто сопровождается жестом, указывающим на подбородок, нос, глаза и т. п.*

— Ох уж мне этот Александр: он у меня **вот где сидит!** — сказал Петр Иваныч, показывая на шею. — Чем это он так обременил тебя? — Как чем? Шесть лет вожусь с ним: то он расплачется — надо утешать, то поди переписывайся с матерью. *И. Гончаров, Обыкновенная история.* — А что будешь делать с размежеваньем? — отвечал мне Мардарий Аполлоныч. — У меня это размежевание **вот где сидит** (он указал на свой затылок). И никакой пользы я от этого размежевания не предвижу. *И. Тургенев, Два помещика.* — Гриша, ты, дружок, пойми вот что — это основное: *сейчас* казаку и крестьянину с большевиками по пути... Потому... — Изварин смеялся, — потому, что большевики стоят за мир, за немедленный мир, а казакам война **вот где сейчас сидит!** *М. Шолохов, Тихий Дон.* — Да что вы горячитесь, Евпсихий Африканович. Здесь вовсе не в сумме дело, а просто так... Ну хоть по человечеству... — По че-ло-ве-честву? — иронически отчеканил он каждый слог. — Позвольте-с, да у меня эти человеки **вот где сидят-с!** Он ударил энергично себя по могучему бронзовому затылку. *А. Куприн, Олеся*

Ср.: как бельмо на глазу, хуже горькой редьки *2 знач.*

61. сиде́ть ме́жду двух сту́льев (двумя́ сту́льями) *неодобр.* 'Ориентироваться в своем поведении, действиях одновременно на различные, *часто* несовместимые мнения, взгляды, пытаясь удовлетворить обе заинтересованные стороны' *О людях. Употр. чаще в инф. при словах со знач. невозможности. Порядок компонентов нефиксир.* △ to serve two masters *часто в сочет. с* cannot; to run with the hare and hunt with the hounds *книжн., часто в сочет. с* cannot

— Слушай, Лариса, — проговорил Матвей. — Жить я с тобой стану по-хорошему. Только ты Тоньку не тронь. Понятно? — Вот что я тебе скажу, Матвей... Такой, как ты есть, ты мне не нужен. Да и тебе **между двух стульев сидеть** неловко. Забирай ее и уезжай отсюда. *С. Антонов, Дело было в Пенькове.* По специальности я был инженер путей сообщения, но бросил службу за полной неспособностью **сидеть между двумя стульями:** с одной стороны, интересы государственные, с другой — личные хозяйские. *Н. Гарин-Михайловский, Несколько лет в деревне*
Ср.: и нашим и вашим

сидеть над душой *см.* С 115

62. сиде́ть у *кого-л.* → **на ше́е (на горбу́)** *или* **на ше́е (на горбу́)** *кого-л.; или* **на чьей-л. ше́е** *разг., неодобр.* 'Обременять *кого-л.* заботой о себе, находясь у него на иждивении, на содержании' *Обычно о детях, внуках и т. п. Употр. чаще в прош. вр. и в инф. при словах со знач. нежелания, невозможности. Порядок компонентов нефиксир.* △ to be a burden to *smb* through dependence on *his* material support

Он сидит на шее у брата. His brother has to support him.

Позднее я узнал, что оба брата и сестра — здоровые, молодые люди — **сидели на шее** старухи, питаясь милостыней, собранной ею. *М. Горький, Мои университеты.* ... тесть был глубоко оскорблен, когда Андрей захотел внести в общий котел свою стипендию. — Но я не собираюсь **сидеть на** вашей **шее**, — высокомерно ответил Андрей. *Ф. Вигдорова, Семейное счастье.* Я вернулся в типографию. Вернулся, чтобы не болтаться без дела. **Сидеть на шее** у матери я не мог. *С. Баруздин, Повторение пройденного*
Ср.: садиться на шею 1 знач.

сидеть у моря и ждать погоды *см.* Ж 2

СИЛА ⊙ **выбиваться из сил** *см.* В 81

63. изо все́х сил (изо все́й си́лы) 1) 'С предельным напряжением, с максимальной интенсивностью' *Употр. при описании физических действий и деятельности живых существ, а также для характеристики силы ветра, дождя, грома и т. п. Стоит при гл. со знач. конкретного физического действия, при гл.* трудиться, *а также при гл. и сочет.* стараться *или* хотеть сделать *что-л.,* стараться *или* хотеть казаться *каким-л.,* сдерживаться *и т. п.* △ with all *one's* might *о приложении мускульных усилий*

Стараться (трудиться) изо всех сил. To try (to work) hard *или* as hard as *one* can; To try *one's* best. Ветер дул изо всех сил. The wind blew fiercely.

— Ну, садись же! Садись на лошадь! — кричал наездник и **изо всех сил** толкал его снизу, а он, вместо того чтоб сесть на лошадь, как-то умудрился сесть на наездника. *Н. Носов, Витя Малеев в школе и дома.* Весь день Павка грустил о винтовке. В это время его приятель Сережка трудился **изо всех сил** в старом заброшенном сарае, разгребая лопатой землю у стены. *Н. Островский, Как закалялась сталь.* Я заметила, что у него дрожал подбородок, и **изо всех сил** старалась не заплакать, но все равно у меня потекли слезы. *В. Киселев, Девочка и птицелет.* И только я вбежал во двор, дождь хлынул **изо всей силы.** *В. Беляев, Старая крепость*
Ср.: во всю ивановскую *4 знач.*

2) бежать/побежать, мчаться/помчаться *и т. п.* 'Очень быстро' △ to run for all *one* is worth

Круто повернув еще правей, я побежал **изо всех сил.** *А. Гайдар, Дым в лесу.* Наташу обошли одна за другой две лыжницы «Радуги». Приближалась и Алиса. Наташа и Чудинов, не выдержав, побежали **изо всех сил** навстречу ей. *Л. Кассиль, Ход белой королевы*
Ср.: во весь дух, что есть духу *1 знач.*, во всю ивановскую *3 знач.*, очертя голову *2 знач.*, без памяти *2 знач.*, на всех парах *1 знач.*, как на пожар, сломя голову, не слышать ног под собой *1 знач.*, как угорелый

3) кричать (закричать) *и т. п.* 'Очень громко' △ to shout at the top of *one's* voice

Амалия Ивановна забегала по комнате, крича **изо всех сил,** что она хозяйка. *Ф. Достоевский, Преступление и наказание.*
Ср.: во весь голос *1 знач.*, не своим голосом, что есть духу *2 знач.*, во всю ивановскую *1 знач.*

64. кто́-л. не в си́лах ↔ ⟨делать/сделать *что-л.*⟩ *Кто-л. 'не может' делать/сделать что-л. Либо из-за отсутствия соответствующих данных или из-за недостатка средств, воображения, либо из-за нежелания преодолеть внутреннее сопротивление. Употр. чаще при гл. сов. вида, не обознач. конкретного физического действия* △ *smb* cannot (is unable to) do *smth*; smb has not the strength to do *smth о недостатке физических или душевных сил.*

Он был не в силах сказать ей правду. He could not tell her the truth. Он был не в силах смеяться. He was too tired to laugh. Я не в силах вам помочь. It is not within (in) my power to help you.
Вариант: **в си́лах**

— А что, мы **не в силах** перевоспитать? — самонадеянно сказала Вера Сорокина. *Д. Гранин, Искатели.* Как ни приготовлялась она

[*к этой встрече*], представить ее себе спокойно она была **не в силах**. *И. Бунин, Суходол.* Она молчала, закрыв глаза, очевидно **не в силах** говорить дальше. *Л. Толстой, Крейцерова соната.* ... те, кто был еще **в силах** приподняться, напрягались поймать слухом слова облегчения и дуновение надежды. *Ю. Бондарев, Горячий снег*
Ср.: сил нет *1 знач.*, не под силу *2 знач.*

65. *кому-л.* **не под си́лу** 1) *что-л.* или делать/сделать *что-л. Кто-л.* 'не может справиться с *какой-л.* работой, с *каким-л.* делом из-за недостатка физической силы, выносливости, умений, навыков, способностей *и т. п.*' △ smb cannot (is unable to) do smth; smb has not the strength to do smth *о недостатке физической силы.*
Эта задача ему не под силу. He is not equal to the task.
— Когда тебе было пятнадцать лет, ты брался перевернуть науку... Нет, сынок, **не под силу** тебе, видать. *Д. Гранин, Искатели.* — Внимание! — сообщил я, — Бабурина... начинает заметно снижать скорость. Видимо, темп [*гонки*] оказался ей **не под силу**. *Л. Кассиль, Ход белой королевы.* — Ведь надо много, много тысяч! Где, где их взять, боже мой! ... Ведь это **под силу** только богатому человеку. *К. Федин, Первые радости.* — Гляжу я на землю и плачу: теперь она мне **ня** [не *диал.*] **под силу**. Зато рукоделье всякое Александре Михайловне **под силу** пока. Она охотно и терпеливо показывала... какие она носки и свитера вяжет, и какие дорожки ткет. *М. Ганина, Подборовье, Самолва, Волково. Год 1969-й*
Ср.: сил нет *1 знач.*, не по плечу
2) *устаревающее* делать/сделать *что-л. Кому-л.* 'трудно, невозможно делать/сделать *что-л.* из-за внутреннего сопротивления' △ smb cannot (is unable to) do smth

Сказать прямо «я вас люблю» ему было **не под силу**, а сказать «да» он не мог, потому что, как ни рылся, не находил в своей душе даже искорки. *А. Чехов, Верочка*
Ср.: не в силах

66. от си́лы *разг.* 'Самое большее; не больше, чем' *Употр. при словах с количественным знач., обознач. небольшую, незначительную меру* △ at ⟨the⟩ most; at the ⟨very⟩ outside

Работа в полярной авиации выработала в нем непреложную привычку: опаздывать можно не больше чем на сорок секунд. **От силы** на минуту. *Ю. Семенов, При исполнении служебных обязанностей.* Он только что отужинал, попил чайку и собирался побыть у комсомольцев минут пять, десять **от силы**. *С. Антонов, Дело было в Пенькове.* По совету Якова Лукича, Давыдов предложил засыпать семенной пшеницы... по семи пудов на гектар... Тут-то и поднялся оглушительный крик. — Много! — ... — Пять пудов **от силы**. *М. Шолохов, Поднятая целина.* — А козу купить, — продолжал Федот, — ну, **от силы** семь... целковых [*рублей прост.*] отдать, а... она даст бутылки четыре. *И. Бунин, Ночной разговор*

сил нет *см.* Н 39

собираться с силами *см.* С 99

67. делать / сделать *что-л.*, сказать *что-л.* ↔ **через си́лу** 'С трудом, пересиливая себя' *Подразумевается преодоление физической слабости, боли и т. п., неприязни, внутреннего волнения, душевной тяжести. Употр. чаще при гл. сов. вида* △ to do *smth* with an effort; to force *oneself* to do *smth*

— Все б ничего, — закрыл глаза Зайчиков, — только больно очень. Иди, у тебя дела! — совсем уже тихо, **через силу**, проговорил он и снова закусил от боли губу. *К. Симонов, Живые и мертвые.* [*Год*] был труден, потому что мы работали **через силу** и получали 46 рублей стипендии в месяц. *В. Каверин, Два капитана.* ... когда Бессонов **через силу** глуховато сказал: — Дайте два ордена Красного Знамени... — Божичко с радостью... подал Бессонову две коробочки... [*Бессонов*] не умел... плакать, и ветер помогал ему, давал выход слезам восторга, скорби и благодарности. *Ю. Бондарев, Горячий снег.* И потом безмолвно, покорно брал свою шинельку, шляпенку, опять потихоньку отворял дверь и уходил, улыбаясь **через силу**, чтобы удержать в душе накипевшее горе и не выказать его сыну. *Ф. Достоевский, Бедные люди*

Ср.: скрепя сердце, со скрипом

СИРОТА ⊙ **68. каза́нская** (*реже* **каза́нский**) **сирота́** *разг., неодобр. или ирон.* 'Человек, притворяющийся несчастным, обиженным, беспомощным *и т. п.*, чтобы разжалобить *кого-л.*' *Изменяется по падежам и числам. Употр. чаще в ед. ч. в конструкциях* ишь ты... *или* подумаешь... *а также как обращение или обособленное приложение. Порядок компонентов нефиксир.* △ poor fellow (soul, thing) *Варианты:* прикидываться / прикинуться **каза́нской (каза́нским) сирото́й**; строить из себя, разыгрывать из себя **каза́нскую сироту́**

— Отойди, — сказала Нина Степановна, обернувшись, тыча сухим, негнущимся пальцем Лизке в лицо: — Ишь ты, **сирота каза́нская**! Я в Воткинск ездила, дрянь ты этакая, Павлика хоронить, а похоронила тебя. *Н. Евдокимов, Ожидание.* — Нам бы с тобой такой дом [*клуб*]. Куда бы люди незавидной специальности нашей — руководители — могли бы зайти, посидеть, побалакать. — **Казанская сирота**... Директор у тебя есть? ... Помощники, замы есть? — Мне, дорогой, некогда все их советы выслушивать. А тут еще ехать в твой клуб. *Д. Гранин, Искатели.* [*Ераст:*] Она у нас сердобольная, чувствительная; так я на жалость ее маню, **казанским сиротой** прикидываюсь. *А. Островский, Сердце не камень.* Женщина, занимавшаяся регистрациями браков... сказала: — Без родителей при-

шли?.. Подозрительная какая-то свадьба: и вид не жениховский, и родителей нет. Вы что, **сироты казанские,** без родителей? *Ф. Колунцев, Утро, день, вечер*
[*Первоначально: о татарских князьях, которые после покорения Иваном Грозным Казанского царства старались разжалобить русских царей, чтобы добиться от них различных поблажек*]

СКАЗАТЬ ⊙ **бабушка надвое сказала** *см.* Б 1

69. ⟨**да**⟩ **и то́ сказа́ть** *разг.* 'Кстати, по всей справедливости надо отметить следующее' *Употр. как вводн. сочет., за которым следует либо мотивировка того, что сказано, либо обобщающая сентенция* △ incidentally, it will be only fair to say the following; but then *употр. перед предлож., содержащим мотивировку или обобщение сказанного ранее*

— Да зачем же для меня электричество-то жечь? — Я его неполный налила, чайник-то, всего на три стаканчика. **Да и то сказать,** не полуношники мы. *Л. Леонов, Русский лес.* — А что она [*слониха*] ест? — спросила Антонина. Сторож... начал подробно перечислять. — Это в день? — А как же, — ответил сторож, — он [*слон*] громадное брюхо имеет. **Да и то сказать** — соразмерно. *Ю. Герман, Наши знакомые.* Ямщик просил очень много — целых сто рублей. **Да и то сказать:** дорога на самом деле была не ближняя. *А. Гайдар, Чук и Гек.* — Мой зять все в государственные люди метит, — а только за ним и есть, что в карты отлично играет. Ну, и **то сказать:** через этот фортель [*проделку*] многие выходят! *И. Тургенев, Новь*

Ср.: в самом деле *3 знач.,* еще бы, нечего сказать *2 знач., а* то 3 знач.

70. ка́к сказа́ть *разг. Порядок компонентов фиксир.* 1) ка́к ⟨тебе, вам⟩ сказа́ть ⟨?⟩ 'Трудно ответить определенно' *Употр. как самост. предлож. или часть сложн. предлож., в ответной реплике диалога, часто после частицы да* △ it is difficult to give a definite answer; what can one say?

Потом, после молчания, кто-то спросил, большие ли были потери в боях под Ельней. — Да **как сказать**... — неопределенно ответил шофер... — У кого как. *К. Симонов, Живые и мертвые.* — А вы верите? ... — Чему? Тому, что твоя бабка мне гадала, или вообще? — Нет, вообще... **Как сказать,** вернее будет, что не верю, а все-таки почем знать? Говорят, бывают случаи... Даже в умных книгах об них напечатано. *А. Куприн, Олеся.* — Ты в письмах хоть поклоны ей посылай. Тобой баба и дышит. — Что ж она... разорванное хочет связать? — Да ведь **как сказать**... Человек своей надеждой живет. Славная бабочка. Строгая. *М. Шолохов, Тихий Дон.* — Вы с нею, кажется, давно знакомы и... в добрых отноше-

ниях?..— Хорошие отношения? Ну, да... **как сказать**? ... Во всяком случае — отношения товарищеские. *М. Горький, Жизнь Клима Самгина*
Ср.: как знать

2) ⟨это⟩ ка́к сказа́ть 'Нет, скорее наоборот' *Употр. как самост. предлож. в ответной реплике диалога, отрицающей ту оценку, которая прямо или косвенно выражена в предшествующей реплике. Ударный гласный в сказа́ть обычно сильно растягивается* △ the opposite is nearer the truth; I am not ⟨quite⟩ sure! *ирон.; в ответ на утверждение*

71. не́чего сказа́ть *разг. Порядок компонентов фиксир.* 1) *Выражение возмущения чьими-л. поступками или словами, иногда своими собственными, неодобр. или ирон. отношение к ним. Употр. как вводн. часть в предлож., где обычно содержатся слова с положит. оценкой, по отношению к которой и выражается ирония. Часто с воскл. интонац., произнесение может сопровождаться укоризненным покачиванием головы из стороны в сторону* △ indeed *употр. в конце основного предлож. с ирон. интонацией*

[*Аркадина:*] Это зависть. Людям не талантливым, но с претензиями, ничего больше не остается, как порицать настоящие таланты. **Нечего сказать**, утешение! *А. Чехов, Чайка.* — Вы эгоисты, — с сердцем сказала Зоя Крючкова. — Никто не думает об Одинцове. Он старался, хлопотал. Отблагодарили, **нечего сказать**. *Д. Гранин, Искатели.* — Вот это дерево растет у нас на острове Уайт. Бред! — рассердился Лапшин... — **Нечего сказать**, прекрасное научное доказательство! — Он прав, — сказала Невская. — На юге Англии есть целые заросли бамбука. *К. Паустовский, Колхида.* — Ай да бумага! по этим приметам немудрено будет вам отыскать Дубровского... Бьюсь об заклад, три часа сряду будешь говорить с самим Дубровским, а не догадаешься, с кем бог тебя свел. **Нечего сказать**, умные головушки приказные! *А. Пушкин, Дубровский*

Ср.: вот тебе и, хорошенькое дело!, ничего себе *3 знач.*, ну и ну!, подумать только!

2) *устаревающее* 'И действительно, и вправду, возражений нет' *Употр. как вводн. предлож.* △ certainly; to be sure

— Что будет, то будет, — сказала попадья, — а жаль, если не Владимир Андреевич будет нашим господином. Молодец, **нечего сказать**. *А. Пушкин, Дубровский.* ... вот уже скоро тридцать лет стукнет моему служебному поприщу, ну, **нечего сказать**, износил я вицмундиров довольно; возмужал, поумнел, людей посмотрел. *Ф. Достоевский, Бедные люди*

Ср.: в самом деле *3 знач.*, слов нет, и то сказать

шутка сказать *см.* Ш 15

СКАЗКА ⊙ **72. ска́зка про бе́лого бычка́** *разг., неодобр. или шутл.* 'Бесконечное возвращение к разговорам об одном и том же' *Обычно в ситуации, когда разговоры заменяют дело и когда говорящий длительное время не совершает того, о чем много раз говорил. Порядок компонентов фиксир.* △ repeated returning to the same subject in talking

— Видимо, женюсь... — На ком? — ... Все та же **сказка про белого бычка** — на Надежде. *К. Симонов, Солдатами не рождаются.* — Сено, наше сено, по твоему указанию увезли сегодня ночью? ... — Какое сено, друг? — Обыкновенное, степное. — В первый раз слышу! ... — Сено по твоей указке забрали? — Опять же, друг, о каком сене идет речь? — Да ведь это же получается **сказка про белого бычка!** — возмущенно воскликнул Давыдов. *М. Шолохов, Поднятая целина*
Ср.: переливать из пустого в порожнее, толочь воду в ступе

СКВОЗЬ ⊙ **как сквозь землю провалился** *см.* П 102
пройти сквозь огонь и воду *см.* П 109
СКИДЫВАТЬ ⊙ **скидывать со счетов** *см.* С 16
СКИНУТЬ ⊙ **скинуть со счетов** *см.* С 16
СКОЛЬКО ⊙ **не ахти сколько** *см.* А 3
не бог весть сколько *см.* Б 9
сколько бог на душу положит *см.* Б 8
сколько влезет *см.* В 46
сколько лет, сколько зим! *см.* Л 13
сколько хватает глаз *см.* Г 18
СКОРЫЙ ⊙ **на скорую руку** *см.* Р 30
СКРЕПЯ ⊙ **73. скрепя́ се́рдце** ↔ ⟨согласиться⟩ делать/сделать *что-л.*, решиться на *что-л.*, рассказать о *чем-л.* и т. п. 'Преодолевая нежелание, очень неохотно' *Употр. чаще при гл. сов. вида* △ reluctantly

Памятуя наказ Одинцова ... Андрей **скрепя сердце** согласился кое-что изменить в своих выводах. *Д. Гранин, Искатели.* В тот день я и без того уже поохотиться не мог и потому **скрепя сердце** покорился своей участи. *И. Тургенев, Бурмистр.* Мама, как она сама выразилась, «**скрепя сердце**» — ... разрешила мне пойти в цирк. *В. Киселев, Девочка и птицелет.* Рабочие Сестрорецкого оружейного завода... собственной властью уволили начальника завода... Главное артиллерийское управление **скрепя сердце** утвердило решение рабочих. *Э. Казакевич, Синяя тетрадь*
Ср.: из-под палки, через силу

СКРЕСТИ ⊙ **кошки скребут на душе** *см.* К 43
СКРИП ⊙ **74. со скри́пом** *разг.* 'С большим трудом, с напряжением, очень медленно' *Характеризует затрудненное развитие ка-*

ких-л. событий, *реже* процесс работы, *требующий от кого-л. очень большого напряжения. Употр. чаще при гл. несов. вида в прош. и наст. вр.* △ with great difficulty and strain, very slowly
Дело шло со скрипом. It was heavy going.

Предложение было принято, и переговоры [*о матче*] начались. Шли они **со скрипом**: оппозиция вновь открыла огонь. *М. Ботвинник, К достижению цели.* [*Тося:*] Там [*в типографии*] теперь остался только один старичок, и тот **со скрипом** работает. *М. Светлов, Двадцать лет спустя*

Ср.: через пень колоду 2 знач., через силу, с грехом пополам

СЛЕД ⊙ **заметать следы** *см.* 3 13

нет и следа *см.* Н 35

75. *кого-л., чего-л.* ⟨**и**⟩ **след просты́л (пропа́л)** *разг. Порядок компонентов фиксир.* 1) *Кто-л., что-л.* 'исчез (исчезло), как будто его [здесь] и не было' *О живых существах, а также о поезде, самолете и т. п. Обычно в ситуации, когда исчезновение оказывается неожиданным. Употр. как часть бессоюз. сложн. предлож. после гл.* убежал, уехал *и т. п., часть сложносочин. предлож. с союзом* но, *обычно после гл.* оглянулся, закричал *и т. п.,* побежал за кем-л., *а также как главная часть в сложноподч. предлож. с придат. времени* △ smb, smth disappeared completely as if it had never been here (there); there is (was) no sign of *smb, smth*; smb has evaporated into thin air (disappeared without trace)

Лошади тронулись с места... И все пропало; слышен был только лошадиный топот, да пыль облаком поднялась с дороги. — Уехали, — сказала Любецкая, — **и след простыл**! *И. Гончаров, Обыкновенная история.* Не получив ответа, Давыдов оглянулся, но Островного **и след простыл**. *М. Шолохов, Поднятая целина.* — Стой! — закричал он... Но Серени **и след простыл**. *Г. Семенов, Непротекаемый.* Когда Леша с товарищами прибежали на станцию, поезда **и след простыл**. Вместе с колесным мастером они пытались догнать свой состав всякими хитрыми способами. *Ф. Вигдорова, Любимая улица*

Ср.: как не бывало, только его и видели, нет и в помине, нет и следа, поминай как звали 1 знач.

2) *реже Что-л.* 'пропало, потеряно' *О пропавших неодуш. предметах, обычно являющихся для кого-л. в какой-л. ситуации особо ценными, важными. Часто шутл., при этом подразумевается, что предмет украден, что кто-л. с ним исчез* △ smth disappeared completely as if it had never been here (there); there is (was) no sign of *smth*

— И только сегодня, уже в половине восьмого, пробудясь, вскочил как полоумный, схватился первым делом за сюртук, —

СЛИШКОМ

один пустой карман! Бумажника **и след простыл**. *Ф. Достоевский, Идиот*

Ср.: как не бывало, как в воду канул, и в помине, поминай как звали *3 знач.*, как сквозь землю провалился, нет и следа

СЛИШКОМ ⊙ **заходить слишком далеко** *см.* З 22
СЛОВЕЧКО ⊙ **замолвить словечко** *см.* З 14
СЛОВО ⊙ **бросать слова на ветер** *см.* Б 26
    давать слово *см.* Д 4 и Д 5
    держать слово *см.* Д 50
    замолвить слово *см.* З 14
    за словом в карман не лезет *см.* Л 7
    крепкое слово *см.* С 82
    к слову пришлось *см.* П 88
    ловить на слове *см.* Л 21

76. на слова́х 1) рассказать, доложить, изложить *и т. п.* 'Устно, не пользуясь записями' △ by word of mouth

[*Болховитинов*], кроме письменного донесения, должен был **на словах** рассказать все дело. *Л. Толстой, Война и мир.* Отодвинув бумаги, которые разложил перед ним Андрей, Григорьев попросил передавать суть дела **на словах**. *Д. Гранин, Искатели*

2) *часто неодобр.* ⟨согласиться⟩ делать/сделать *что-л.* 'Только в своих речах, не выполняя того, о чем говорит, не чувствуя того, о чем говорит' *В предлож.* обычно есть противопоставление на ⟨самом⟩ деле *и т. п.* △ to pay lip-service to smth
Вариант окружения: не **на словах**, а на деле

— Вы... решили позволить ему жениться на мне, не в самом деле, а только так, **на словах**, чтоб только его успокоить. *Ф. Достоевский, Униженные и оскорбленные.* — За это наша благодарность товарищу Неделину, — говорил Иван Саввич, — который еще с зимы не **на словах**, а на деле взялся за практическое выполнение плана. *С. Антонов, Дело было в Пенькове*

77. одни́м сло́вом 'Если сказать кратко, если обобщить' *Употр. как вводн. сочет.*, обычно после достаточно развернутого описания, когда его основные детали уже названы или когда говорящий по каким-л. причинам хочет прервать описание △ in a word; in short *употр. как вводн. сочет. перед обобщающим высказыванием*

Жена его, Вера Иосифовна... писала повести и романы... Дочь, Екатерина Ивановна ... играла на рояле. **Одним словом,** у каждого члена семьи был какой-нибудь свой талант. *А. Чехов, Ионыч.* Играла она шумно: вскрикивала, хлопала в ладоши, поддразнивала меня — **одним словом,** вела себя как обыкновенная девчонка, а не учительница. *В. Распутин, Уроки французского.* Я живу в кухне, или гораздо правильнее будет сказать вот как: тут

подле кухни есть одна комната... комнатка небольшая, уголок такой скромный... все просторное, удобное, и окно есть, и все — **одним словом,** совершенно удобное. *Ф. Достоевский, Бедные люди.* — Когда вы думаете, да и я когда сейчас думаю об Архангельске, или Москве, или Ленинграде, нам представляются театры, огни, музеи, выставки, шум, движение и все такое... Жизнь, **одним словом!** *Ю. Казаков, На острове*
Ср.: короче говоря

78. пересказывать/пересказать, помнить (запомнить), знать наизусть *и т. п.* **от сло́ва до сло́ва** 'От самого начала до самого конца, ничего не пропуская, точно' △ to repeat (remember) *smth* word for word

Наконец, перед прощанием он взял меня за руку и сказал (я вам пишу **от слова до слова**): Варвара Алексеевна! Между нами сказать, Анна Федоровна... преподлая женщина. *Ф. Достоевский, Бедные люди.* Вступительная речь моя (я помню ее **от слова до слова**) начиналась так: — Милостивые государыни и милостивые государи! Прежде чем начать свои опыты, я должен вам сказать, откуда и когда появились на земле факиры. *Вс. Иванов, Как я был факиром*
Ср.: вдоль и поперек *2 знач.,* слово в слово

помяни мое слово *см.* П 69

79. оборудовано, сделано, построено *и т. п.* **по после́днему сло́ву** техники, науки *и т. п.* 'В соответствии с новейшими достижениями' *чего-л.* △ done according to the latest achievements in science, technology, *etc*; equipped with the latest technology

— Так все довольны, а только вы недовольны: у вас паркет, цветы, школа, музыка, кино, а вам все мало, вам подавай... оборудование **по последнему слову** техники. *А. Макаренко, Флаги на башнях.* [Грацианского] немножко мутило от сырых шампиньонов, поданных под горячим гусиным жиром **по последнему слову** западноевропейской кулинарии. *Л. Леонов, Русский лес*
Ср.: с иголочки *1 знач.*

связать двух слов *см.* С 40
слов нет *см.* Н 40

80. пересказывать/пересказать, повторять/повторить, передавать/передать, переводить/перевести *и т. п.*; помнить (запомнить) ↔ **сло́во в сло́во** 'Совершенно точно, без всяких искажений, воспроизводя отдельно каждое из слов' △ to repeat, translate, remember *smth* word for word

Я очень хорошо помню свой разговор с начальником Главсевморпути, потому что в письме, которое в тот же день отправила Сане, повторила его **слово в слово**. *В. Каверин, Два капитана*.

СЛОВЦО

На уроках во время объяснений учительницы ребята нередко всем классом следили за ней по учебнику.— Во дает! **Слово в слово!** — почти громким шепотом восхищался кто-нибудь. *М. Прилежаева, Осень.*— Вот сюда два вечера сряду он приходил к Софье Семеновне... Он сообщил ей полную свою исповедь. Он убийца... Он сам это все передавал **слово в слово** Софье Семеновне, которая одна и знает секрет. *Ф. Достоевский, Преступление и наказание.* Все, что писал, [Корчагин] должен был помнить **слово в слово**. *Н. Островский, Как закалялась сталь*
Ср.: от слова до слова

СЛОВЦО ⊙ **81.** говори́ть/сказа́ть *и т. п.* **для (ра́ди) кра́сного словца́** *разг.*, *иногда неодобр.* 'Чтобы сказанное звучало эффектно, остроумно' *Часто подразумевается преувеличение или искажение действительного положения дел. Порядок компонентов фиксир.*
△ to say *smth* for effect
Вариант: **кра́сное словцо́ (сло́во)** *уст.*

Кордина... удивило, что в обычном письме говорилось о радостях настоящей работы, когда видна польза твоего труда... и чувствовалось, что написано это искренне, а не **ради красного словца**. *И. Герасимов, Пробел в календаре.* В голове Авросимова все уже перепуталось в достаточной мере, так что он, едва Комитет закончил деятельность, вылетел вон, хотя это говорится **для красного словца**, ибо он с почтением и подобострастием, как обычно, просеменил мимо высоких чинов, лишь изнутри раздираемый непонятной тоской. *Б. Окуджава, Глоток свободы.*— А вот статейка некоего Арбузьева,— псевдоним, разумеется... — Кто он? Конечно, военный. Офицер. Поручик или, может быть, молодой капитан... — Насчет поручика или молодого капитана буржуй говорит так, зря, **для красного словца**. Тут не поручик, тут полный генерал найдется. *Э. Казакевич, Синяя тетрадь.* Секретарь перебил меня, возвращаясь к рассказанному много раньше: — Он действительно так сказал: — Никто не даст закоптить голубое небо Подолии дымом заводов,— или ты это выдумал **для красного словца**? — Вы что думаете, обманываю? — обиделся я. — Так и сказал! *В. Беляев, Старая крепость.* Анет, как и папенька, любила сказать **красное словцо**. Ташет же была очень молчалива. *А. Писемский, Сергей Петрович Хозаров и Мари Ступицына*
[Красный — *в уст. знач.* хороший, красивый]

82. кре́пкое словцо́ (сло́во) *разг.*, *часто шутл.* 'Грубое ругательство, неприличное выражение' *Порядок компонентов фиксир.* △ strong language

— Что ж ты врешь? — говорит капитан-исправник, с прибавкою кое-какого **крепкого словца**. *Н. Гоголь, Мертвые души.* Клим

Самгин смял бумажку, чувствуя желание обругать Любашу очень **крепкими словами.** М. Горький, Жизнь Клима Самгина

СЛОЖА ⊙ **83.** сидеть, ждать *и т. п.* **сложа́ ру́ки** 'Бездействуя, ничем не занимаясь' *Обычно в ситуации, где от кого-л. требуется какая-л. деятельная реакция на события. Употр. чаще при гл.* сидеть *в буд. вр. или в сочет.* не могу, не хочу, не стану сидеть *и т. п. Порядок компонентов фиксир.* △ to sit on *one's* hands; to sit idly

— Думаю, что к осени будет прирост в нашей партийной ячейке, факт! — А до осени будете сидеть **сложа руки?** — Нет, зачем же, будем действовать, но не будем нажимать. *М. Шолохов, Поднятая целина.* Федора угнетала бездеятельность... Он... твердо решил перебраться через фронт навстречу красным частям... — Обойдетесь и без меня, а я больше не могу сидеть **сложа руки.** *Н. Островский, Как закалялась сталь.* — Я спорить с вами не стану, — сказала Лида, опуская газету. — Я уже это слышала. Скажу вам только одно: нельзя сидеть **сложа руки** ... мы делаем то, что можем, и мы правы. *А. Чехов, Дом с мезонином.* — ... не думайте, дорогие друзья, что мы все время сидели **сложа руки** и ничего не делали... Все мы работаем в саду и на огороде и добиваемся, чтобы был большой урожай. *Н. Носов, Дневник Коли Синицына*

Ср.: бить баклуши, валять дурака *2 знач.,* коптить небо, считать ворон *2 знач.,* хлопать глазами *1 знач.,* хлопать ушами *2 знач.*

СЛОМАТЬ ⊙ **84. слома́ть** ⟨**себе́**⟩ ← ⟨на чем-л.⟩ → **шёю** ⟨**го́лову**⟩ *разг.* 'Погубить свою жизнь или карьеру, лишиться достигнутого положения в обществе' *Употр. чаще в инф. при словах со знач. возможности. В качестве доп. обычно употр. мест.* на этом *или сочет.* на этом деле. *Порядок компонентов фиксир.* △ to ruin *one's* life or career

Смотри, сломаешь себе шею! You are heading (riding) for a fall *или* cruising for a bruising! *разг.*

... почему он [*Виктор*] должен брать на себя ответственность за фантазии Лобанова, на которых можно в два счета **сломать себе шею.** *Д. Гранин, Искатели.* — Славянский вопрос... — это гвоздь мировой политики. На этом много народу **сломает себе шею.** *А. Толстой, Хождение по мукам*

Ср.: попадать впросак

СЛОМЯ ⊙ **85.** бежать (побежать), мчаться (помчаться), нестись (понестись), лететь (*в знач.* быстро бежать) (полететь), скакать (поскакать) *и т. п.* ↔ **сломя́ го́лову** *разг., иногда неодобр. или шутл.* 'Очень быстро, стремительно, поспешно' *Употр. чаще при гл. несов.*

вида. *Порядок компонентов фиксир.* △ to run (rush) at ⟨a⟩ breakneck speed; to run (rush) like mad

Машина выскочила на широкое, прямое шоссе, с двух сторон освещенное фонарями дневного света. Отсюда два километра до комбината. Зачем он несется **сломя голову**? Повернуть бы. *В. Тендряков, Короткое замыкание.* ... в Берездов **сломя голову** мчался нарочный [*гонец, курьер*]. *Н. Островский, Как закалялась сталь.* Посылали за тройками к Ечкину, скакали **сломя голову** за Тверскую заставу, обедали в «Мавритании» или в «Стрельне» и возвращались домой поздно вечером, к большому неудовольствию Ирины Алексеевны. *А. Куприн, Тапер.* Закупками распорядилась сама Катерина Ивановна с помощью одного жильца... который... бегал весь вчерашний день и все это утро **сломя голову** и высунув язык. *Ф. Достоевский, Преступление и наказание*

Ср.: во весь дух, что есть духу *1 знач.*, во всю ивановскую *2 знач.*, со всех ног, очертя голову, без памяти *2 знач.*, на всех парах *1 знач.*, как на пожар, изо всех сил *2 знач.*, не слышать ног под собой *1 знач.*, как угорелый

СЛОН ⊙ **делать из мухи слона** *см.* Д 20
слон на ухо наступил *см.* М 17

СЛУХ ⊙ **86.** о ком-л., реже о чем-л., от кого-л. ⟨нет (не было)⟩ **ни слу́ху ни ду́ху** *разг.* 'Никаких известий, никаких сведений' *Часто в предлож. употр. обст., обознач. длительность временного периода или начальную точку этого периода, во время которого отсутствуют сведения и который представляется говорящему излишне длительным. Порядок компонентов фиксир.* △ there is (has been) no news of *smb, smth*

Он уехал, и с тех пор от него ни слуху ни духу. He went away and that was the last we ⟨ever⟩ heard of him.

Но вот уже третий день он не приходил из МТС, и о нем не было **ни слуху ни духу**. *С. Антонов, Дело было в Пенькове.* Между прочим [*Ольга*] писала, что в редкие выходные... бывает она у его матери, что чувствует себя старушка неважно, так как от старших братьев – **ни слуху ни духу**. *Б. Полевой, Повесть о настоящем человеке.* – Кто – Андрей потерялся? – Он в госпитале лежал... А после его обратно, значит, на фронт... С той поры **ни слуху ни духу**. *В. Распутин, Живи и помни.* И кого же она увидела, когда распахнулась дверца? Кто первый спрыгнул с подножки автобуса? Егорша... Ее бывший муж, от которого двадцать лет не было **ни слуху ни духу**. *Ф. Абрамов, Дом*

СЛУЧАЙ ⊙ **87. в слу́чае** чего-л. 'Если произойдет, осуществится' какое-л. событие. *В качестве доп. употр. обычно отглагольные*

абстрактные сущ. △ in case of *smth*; in the event of *smth в качестве доп. употр. абстрактные сущ.*

— Все равно спасения нет **в случае** крушения! — пронеслось у него в голове. *К. Станюкович, В шторм.* **В случае** победы представительниц «Радуги» зимний кубок остался бы опять у них. *Л. Кассиль, Ход белой королевы*

Ср.: в случае чего

88. в слу́чае чего́ *разг.* 'Если возникнут непредвиденные сложности, неприятности, *какая-л.* опасность' *Употр. обычно при гл.* помочь, написать, позвать, кричать/закричать, передать, сказать *и т. п. в буд. вр. или повел. накл.; а также при сочет. слов со знач. необходимости или возможности с гл. в инф., чаще в придат. предлож. с союзом* чтобы. *Порядок компонентов фиксир.* △ if anything goes wrong; in case the worst happens

— Хорошо еще, что красноармеец заметил, как мы пошли сюда, — подумал я, — **в случае чего** — он пришлет нам на выручку своих товарищей. *В. Беляев, Старая крепость.* — Но разве Андрея переубедишь? Заладил свое: уеду на встречу с американской делегацией... так и передай **в случае чего**, что меня Фалеев просил. *Д. Гранин, Искатели.* — Запоминайте дорогу, чтобы **в случае чего** могли сюда попасть в любое время. *Э. Казакевич, Синяя тетрадь.* Он [Гаврик] знал: **в случае чего** надо говорить, что сверток нашел. *В. Катаев, Белеет парус одинокий*

Ср.: в случае, чуть что *2 знач.*

СЛЫШАТЬ ⊙ **89. не слы́шать (не чу́ять, не чу́вствовать) но́г под собо́й** 1) 'Очень быстро' *Как будто летя над землей. Употр. чаще в форме деепр. при гл.* бежать, бегать *или как однородное с этими гл. сказ.* △ to run very quickly, as if flying; to fly along

Он пошатнулся, потом упал на колени, потом снова вскочил и бросился бежать неизвестно куда, падая и поднимаясь, **не чувствуя под собою ног**, без оглядки, без пути и без отдыха. *Н. Телешов, Против обычая.*

Ср.: во весь дух, что есть духу *1 знач.*, во всю ивановскую *2 знач.*, со всех ног, очертя голову, без памяти *2 знач.*, на всех парах *1 знач.*, как на пожар, изо всех сил *2 знач.*, сломя голову, как угорелый

2) 'Очень сильно устать' *От долгой ходьбы, бега или от тяжелой работы, связанной с ними. Употр. чаще в наст. вр. в предлож., где есть гл.* устать, утомиться, забегаться, заработаться *и т. п., обычно в прош. вр.* △ to be run off *one's* feet

Не слыша ног под собою, измученные, усталые, как пришли они, так и повалились, кто куда попал. *Д. Григорович, Переселенцы*

СМЕНИТЬ

Ср.: валиться с ног, еле ноги волочить, выбиваться из сил *1 знач.*, едва держаться на ногах

3) ⟨от радости, от счастья *и т. п.*⟩ 'Быть в восторженном, приподнятом, радостном состоянии' *Как будто летя на крыльях. Употр. чаще в прош. и наст. вр.* △ to walk (tread) on air; to be in the seventh heaven **Вариант: не слы́шать земли́ под собо́й** *уст.*

— ... что я в ту пору прочувствовала — одна моя думка знает. **Ног под собой от радости не чую,** — мол, таки добилась своего, нашла свою партию! — а молчу, боюсь, дрожу вся: а ну-ка расстроится вся моя надежда? *И. Бунин, Хорошая жизнь.* На ней новый сарафан, ботинки поскрипывают — тоже новые. И уж так она счастлива, так счастлива — **ног под собой не чует.** *Ф. Абрамов, Братья и сестры*

Ср.: без памяти от *кого-л.*, от *чего-л.*, сходить с ума *3 знач.*

СМЕНИТЬ ⊙ **90. смени́ть** (*реже* **меня́ть, сменя́ть, перемени́ть, преложи́ть** *уст.*, **положи́ть** *уст.*) **гнев на ми́лость** *иногда шутл.* 'Перестать сердиться, гневаться на *кого-л.*' *Обычно мирясь с кем-л. после ссоры, прощая кому-л. обиду, разрешая сделать что-л. Употр. чаще гл. сов. вида в повел. накл. или в прош. вр., а также в форме деепр.; гл. несов. вида обычно употр. в повел. накл. Гл. во фразеол. обычно стоит на первом месте*·△ to cease to be angry with *smb*

... на этот раз Катя **сменила гнев на милость** и посмотрела на Сашку гораздо ласковей. *Б. Бедный, Девчата.* Он [Рассолов] сидел к Коле боком, привалившись к стогу, и Коля, **сменив гнев на милость,** решил, что на сей раз стрелять не будет, так как теперь стрелять невыгодно, несподручно. *Э. Казакевич, Синяя тетрадь.* — Куда же вы, Лика? — недовольно сказал франт... — К морю с молодым человеком отправляемся! — капризным голосом бросила она... — Пардон, дорогуша! Меня Иван Федорович задержал. **Меняйте гнев на милость** и возвращайтесь. *В. Беляев, Старая крепость.* Насилу-то я кое-как успокоил его; кое-как, наконец, он смягчился; но долго еще не мог решиться **переменить гнев на милость.** *Ф. Достоевский, Село Степанчиково и его обитатели*

СМЕНЯТЬ ⊙ сменять гнев на милость *см.* С 90
СМЕРТЬ ⊙ не на жизнь, а на смерть *см.* Ж 5
СМЕХ ⊙ поднимать на смех *см.* П 48
покатываться со смеху *см.* П 60
СМЕШАТЬ ⊙ смешать в кучу *см.* В 1
смешать карты *см.* П 122
смешать с грязью *см.* С 91
СМЕШИВАТЬ ⊙ **91. сме́шивать*/смеша́ть** ← *кого-л.* → **с гря́зью** 'Публично оклеветать *кого-л.* до предела, оскорбительно

и не сдерживаясь в выражениях'. *Употр. чаще гл. сов. вида. Порядок компонентов нефиксир.* △ to drag smb (smb's name) ⟨in⟩ through the mud(mire); to throw mud at smb

— Начнет самого себя бранить, **с грязью** себя **смешает** — ну, думаешь, теперь на свет божий глядеть не станет. Какое! повеселеет даже, словно горькой водкой себя попотчевал. *И. Тургенев, Рудин.* Денис Кудлатый... умел замечательно сочно и основательно **смешать с грязью** человека и самым убедительным образом потребовать его удаления из колонии. Страшнее всего было то, что Денис был действительно умен, и его аргументация была часто солидно-убийственна. *А. Макаренко, Педагогическая поэма.* И, конечно, как только [*Шубин*] **смешал с грязью** ее, Нину Александровну, все поняли, чего стоит Василий Васильевич. *В. Липатов, Повесть без названия, сюжета и конца...*

Ср.: обливать грязью, поднимать на смех

СМОТРÉТЬ ⊙ **как в воду смотрел** *см.* Г 25

92. смотрéть (глядéть) кому-л. ⟨прямо⟩ **в рот** *разг. Сущ. обычно стоит в конце фразеол.* 1) *часто неодобр.* 'С особым интересом, иногда с восторгом, с жадностью *или* угодливо, с самоуничижением слушать' *кого-л.,* глядя ему прямо в лицо. *Употр. чаще в многократном знач., иногда для обознач. угодливости как постоянной черты характера человека* △ to hang on (upon) smb's lips (words, every word)

Я провел [*Петьку*] в спальню, но ребята обступили нас и стали **смотреть** прямо **в рот,** — и вдруг оказалось, что у нас в школе поговорить просто негде! *В. Каверин, Два капитана.* Он был светом ее жизни, единственным смыслом... когда он говорил, она **глядела** ему **в рот.** *И. Грекова, Хозяйка гостиницы.* Я давно обратила внимание: частные портнихи очень развязны. Потому что все перед ними заискивают и **смотрят** им **в рот,** как каким-нибудь мудрецам. *А. Алексин, Мой брат играет на кларнете.* — Комиссара он сам себе назначил. Какой из Куличенки комиссар? Мальчишка... **Глядит** начальнику своему **в рот.** *С. Залыгин, Соленая Падь*

Ср.: проглядеть глаза *2 знач.,* не сводить глаз *1 знач.*

2) 'Не отрываясь следить за тем, как *кто-л.* ест, и очень хотеть самому съесть эту еду' △ to watch steadily smb eating, wanting that food for *oneself*

93. смотрéть (глядéть) ← ⟨на *что-л.,* реже на *кого-л.*⟩ → **сквозь пáльцы** *разг., иногда неодобр.* 'Сознательно не реагировать на *что-л.* предосудительное, недозволенное, как бы молчаливо соглашаясь с ним, разрешая совершать это' *Употр. чаще в прош. вр. Сущ. обычно стоит в конце фразеол.* △ to turn a blind eye to smth, smb; to close (shut) one's eyes to smth, smb

Римскую или другую литературу можно было сдавать независимо от сессии. Этот свободный выбор был ограничен пределами года: не полагалось экзамены второго курса сдавать на четвертом. Но и на это **смотрели сквозь пальцы**. *В. Каверин, Освещенные окна.* Начальник **смотрел сквозь пальцы** на то, что старик путем жесточайшей экономии умудрялся за полгода накопить дрожжей на ведро бражки. *В. Мурзаков, Мы уже ходим, мама...* — Рабочих откуда брали? — Студенты в основном... — И хорошо строят? — Я уж на качество **смотрю сквозь пальцы.** Лишь бы стены были, крыша, пол. *А. Безуглов, Следователь по особо важным делам.* [*Бессонов*] сознавал, что сам никогда и никому не позволил бы излишней суеты на НП [*наблюдательном пункте*]... и не простил бы этого, как и непозволительной нерасторопности в бою, на которую неспособен был **смотреть сквозь пальцы**. *Ю. Бондарев, Горячий снег.*

Ср.: закрывать глаза

СНЕГ ⊙ **94.** ⟨свалиться, обрушиться, явиться *и т. п.*⟩ ↔ **ка́к (бу́дто, сло́вно, то́чно) снег на́ голову** *разг., иногда шутл.* появиться 'Совершенно внезапно, неожиданно' *О людях, а также о каких-л. известиях, событиях, чаще нежелательных, неприятных. Употр. обычно при гл. в прош. вр., часто после нареч.* неожиданно, вдруг. *Гл. может опускаться, и фразеол. употр. как сказ. Порядок компонентов фиксир.* △ to appear (come) out of the blue *о человеке, сообщении, событии;* to come like (as) a bolt from the blue *о сообщении, событии; употр. также конструкция* it is (was) a bolt from the blue

Первый день войны застал семью Синцовых врасплох, как и миллионы других семей... она обрушилась **как снег на голову.** *К. Симонов, Живые и мертвые.* В школе я Птаху до этого не встречал, но, забегая вперед, скажу, что в третьей четверти он вдруг, **как снег на голову**, свалился на наш класс. *В. Распутин, Уроки французского.* — Убит? Веснин?.. — Вот чего уж не ожидал, никак не ожидал! **Как снег на голову!** *Ю. Бондарев, Горячий снег.* Он приходил в деревеньку неожиданно даже для нас, ребятишек. **Как снег на голову.** *В. Белов, Гриша Фунт*

Ср.: откуда ни возьмись, как гром среди ясного неба, как из-под земли, как с неба свалился

СНОСИТЬ ⊙ **95. не сноси́ть** ← *кому-л.* **головы́** ⟨за *что-л.*, за *кого-л.*⟩ *разг., иногда шутл. Кого-л.* 'неизбежно ждет наказание или гибель' *Обычно за какие-л. отчаянные или озорные, вызывающие поступки. Может выражать предостережение или угрозу. Употр. в инф., часто как самост. предлож. Порядок компонентов* *фиксир.* △ *smb* will (is sure to, is bound to) come to a bad (sticky) end

Ушел и Федька Умойся Грязью, угрюмый, все видавший мужик... (Ему бы и так **не сносить головы** за убийство поручика Мирбаха.) *А. Толстой, Петр Первый.* — Может, и не надо бы вязаться с Половцевым, потерпеть... годок — другой?.. Ах, боже мой, боже мой! Куда теперь деваться? **Не сносить** мне **головы**. *М. Шолохов, Поднятая целина*

Ср.: по головке не гладят, не пройдет даром *1 знач.*

СНЯТЬ ⊙ **96.** *что-л.* **как** (*реже* **бу́дто, сло́вно, то́чно**) **руко́й сняло́** (*реже* **сни́мет**) *разг.* 'Исчезло (исчезнет), прошло (пройдет) бесследно, полностью и сразу' *О боли, болезни, усталости и т. п.; о волнении, страхе, огорчении и т. п.; о веселости, шутливости и др. состояниях; о чувстве опьянения. Употр. чаще как часть сложн. предлож. без союза или с союзом и, в предшествующей части которого обознач. действие, приводящее к данному результату. Порядок компонентов фиксир.* △ *smth* vanished (will vanish) completely and at once

Он принял лекарство, и все как рукой сняло. He took the medicine and it worked like magic. Его улыбку как рукой сняло. His smile vanished (was gone) in a flash.

— Голова что-то болит, — потупилась Ленка. — Второй день болит. — Простудилась, видно. А ты бы чаю с малиной, да на печь. Пропотела бы, все **как рукой сняло**. *В. Белов, Гудят провода.* Мне самому понравилось, что я так спокойно, осторожно ответил, и с этой минуты все мое волнение **как рукой сняло**. Я стал холоден, любезен и хитер, как змея. *В. Каверин, Два капитана.* Едва Парабукин потянулся за полтинником, как Ольга Ивановна быстро схватила монету и зажала ее в кулаке. Все благодушие **точно рукой сняло** с Парабукина. Он вскочил и, как кот, неслышно шагнул к жене. — Ты брось. Давай сюда. *К. Федин, Первые радости.* Щукарь выронил из рук повод, остановился, чувствуя, как хмель с него **словно рукой снимает**. *М. Шолохов, Поднятая целина*

Ср.: как не бывало

СОБАКА ⊙ **97. во́т где** (**в чём**) *или* **вот** ⟨**именно**⟩ **в э́том** (**ту́т, ту́т-то, здесь**) ⟨**и**⟩ **соба́ка зары́та** *разг., иногда ирон.* 'Именно в этом настоящая причина *чего-л.*, истинная суть дела' *Часто при неожиданной догадке в ситуации, когда кто-л. пытается скрыть истинные мотивы своих поступков. Употр. обычно как самост. предлож., часто с воскл. интонацией. Сущ. может стоять и в конце фразеол.* △ that is the real cause of *smth* (the heart of the matter) *Выражение* where the shoe pinches *редко употр. в данном значении*

Он хорошо понимал, из-за чего взъярились его друзья-приятели в кавычках... — Анархия... Безобразия... Подрыв... — Как бы не так! На пожар не хочется ехать — **вот где собака зарыта**. А все эти словеса для дураков, для отвода глаз. Вроде дымовой завесы. *Ф. Абрамов, Дом.* — Ты знаешь, что с Андреем у меня ничего нет. А вот ты... — Ага, добрались! **Вот оно где собака зарыта!** Что же, у тебя факты есть, что я изменил? *Д. Гранин, Искатели.* — Если бы я не был парикмахером, я был бы, наверное, врачом, — осторожно продолжал Михаил Никитич. — Думаю, что в вашей жизни наступил переломный момент... Трудно объяснить, **где здесь зарыта собака**, но пальцы чувствуют назревание важных событий. *В. Липатов, Повесть без названия, сюжета и конца...*

как кошка с собакой *см.* К 42

собаку съел *см.* С 124

СОБИРАТЬСЯ ⊙ **98. собира́ться/собра́ться с ду́хом** *разг.* 'Решаться поступить *как-л.,* сказать, спросить *что-л.,* пересиливая в себе робость, неуверенность, страх, волнение' *Употр. чаще гл. сов. вида в форме деепр., а также в прош. вр. или в инф. при словах со знач. невозможности, трудности. Порядок компонентов нефиксир.* △ to ⟨try to⟩ muster (pluck, screw, summon) ⟨up⟩ one's courage *с последующим инф. или сложносочин. предлож.*

Я никак не мог собраться с духом и сказать ему... I could not bring myself to tell him...

У Голуба жеребец помоложе и повыше... Моего держал Сергей Иваныч. Я замешкалась, **собираясь с духом**, и Сергей Иваныч спросил: — Помочь вам? *М. Ганина, Ночная езда верхом.* — Министр, или вельможа, подходит к одному, к другому... Наконец, сударь мой, к Копейкину. Копейкин, **собравшись с духом:** — Так и так, ваше превосходительство: ... осмеливаюсь просить монаршей милости. *Н. Гоголь, Мертвые души.* Семен умер, и с тех пор эти места потеряли так много своей прелести, что трудно **собраться с духом**, чтобы поехать туда. *К. Паустовский, Золотая роза.* Даша **собиралась** несколько раз **с духом**, чтобы рассказать ему [*Телегину*] о Бессонове, но раздумывала. *А. Толстой, Хождение по мукам*

Ср.: набраться духу, поднимать голову, собираться с силами *2 знач.*

99. собира́ться/собра́ться с си́лами *Порядок компонентов нефиксир.* 1) 'Накапливать *или* восстанавливать в себе силы' *О людях, реже о животных. Обычно обознач. длительный процесс. Гл. несов. вида употр. чаще в форме деепр., гл. сов. вида в инф. при словах со знач. необходимости* △ to ⟨try to⟩ muster ⟨up⟩ ⟨one's⟩ strength

Он [*Мересьев*] уже не разбирал дороги, не обходил луж, спотыкался, падал, вставал, тяжело ложась на свою палку, стоял, покачиваясь и **собираясь с силами,** потом выбрасывал палку вперед... и продолжал медленно двигаться на восток. *Б. Полевой, Повесть о настоящем человеке.* — Что вам, дедушка? — Старик долго жевал губами, **собираясь с силами.** — Шаланду не унесло? — спрашивал он наконец. *В. Катаев, Белеет парус одинокий.* Струмилин долго **собирался с силами,** а потом поднялся. Он постоял секунду, прислушиваясь к самому себе. Боль снова родилась в сердце и быстро разбежалась по всему телу. *Ю. Семенов, При исполнении служебных обязанностей*

2) 'Преодолевая физическую слабость *или* волнение, робость, неуверенность, страх, решаться поступить *как-л.,* сказать *что-л.*' △ to ⟨try to⟩ brace *oneself;* to ⟨try to⟩ pull *oneself* together

Он что-то хотел сказать и, не в силах будучи удержать рыдания, остановился. **Собравшись с силами,** он продолжал: — ... Только тогда, когда я увидал ее мертвое лицо, я понял все, что я сделал. *Л. Толстой, Крейцерова соната.* — Вам пора отправляться? — [*Варя*] приподнялась, с уважением глядя на старуху. — Нет, сидите. В нашем распоряжении еще целых семь минут. — И, не дожидаясь, пока **Варя соберется с силами** для дальнейших возражений, обратилась к ее подруге. *Л. Леонов, Русский лес.* У афишной будки отец круто остановился... Прошла мимо какая-то тетка и с удивлением глянула в нашу сторону. Как только затихли вдали ее шаги, я, **собравшись с силами,** сказал: — Тато! Я продал ложки! *В. Беляев, Старая крепость*

Ср.: набраться духу, поднимать голову, собираться с духом

СОБОЙ ⊙ не слышать ног под собой *см.* С 89
само собой *см.* С 7 *и* С 9
СОБРАТЬСЯ ⊙ собраться с духом *см.* С 98
собраться с силами *см.* С 99
СОБСТВЕННО ⊙ собственно говоря *см.* Г 35

СОБСТВЕННЫЙ ⊙ называть вещи собственными именами *см.* Н 13
на свой собственный страх *см.* С 116
не видеть дальше собственного носа *см.* В 38
собственными глазами *см.* Г 19

СОВАТЬ ⊙ **100. сова́ть ⟨свой⟩ нос** ↔ *куда-л.,* во *что-л. разг., неодобр.* 'Вмешиваться во *что-л.,* обычно в дело, которое *кого-л.* не касается' *Употр. чаще в инф. при словах* любит — не любит *и т. п.,* зачем, незачем, нечего *и т. п.; в повел. накл. с отриц.* не, *а также в наст. вр. В качестве доп. или обст. обычно употр. сочет.* в чужое дело, не в свое дело, куда не следует, куда не просят *и т. п. Порядок компонентов нефиксир.* △ to poke (push, stick, thrust) *one's* nose into *smth употр. часто после гл.* like *и т. п., в качестве доп. употр. выражение* smb else's business (affairs)

Больше никого не раздражали длинные ноги нашего географа, его аккуратность и даже то, что он, как известно, «любит **совать нос** в чужие дела». *В. Каверин, Два капитана.* — Митя, я хочу сказать тебе... — Не надо ничего объяснять. Я сам виноват, незачем было **совать нос** куда не следовало. *Ф. Вигдорова, Семейное счастье.* — А кто ты, собственно, Алтунин? Парторг? Групорг? Они резонно скажут тебе, что ты **суёшь нос** в чужие дела, не имея для этого никаких оснований. *М. Колесников. Изотопы для Алтунина*

совать палки в колёса *см.* В 67
СОВЕСТЬ ⊙ **без зазрения совести** *см.* З 9
СОГНАТЬ ⊙ **согнать со свету** *см.* С 59
СОЗНАНИЕ ⊙ **не укладывается в сознании** *см.* У 8
СОЙТИ ⊙ **сойти с рук** *см.* С 119
сойти с ума *см.* С 120
СОЙТИСЬ ⊙ **свет клином сошёлся** *см.* С 28
СОК ⊙ **выжимать соки** *см.* В 89
СОКОЛ ⊙ **гол как сокол** *см.* Г 37
СОЛОМИНКА ⊙ **хвататься за соломинку** *см.* Х 6
СОЛЬ ⊙ **пуд соли съесть** *см.* С 123
хлеб-соль *см.* Х 8

СОН ⊙ **101.** *кто-л.* ⟨**тут**⟩ **ни сно́м ни ду́хом** ⟨**не виноват в** *чем-л.*, **не знает о** *чем-л.*, **не ведает о** *чем-л.*⟩ *разг.* 'Совершенно, никаким образом' *Обычно употр. при оправдании того, кого несправедливо обвиняют в причастности к чему-л. предосудительному или приведшему к тяжелым последствиям. Порядок компонентов фиксир.*
△ smb is in no way to blame for *smth* or knows absolutely nothing about *smth*

Поверь мне, я здесь ни сном ни духом ⟨не виноват⟩. Believe me, I had no hand in that *или* I would not dream of doing such a thing.
— Сплетня попадает не в того... — Бабушка отвернулась. — В кого же? — В Ивана Ивановича — это хуже всего. Он тут **ни сном ни духом** не виноват. *И. Гончаров, Обрыв.* — Ну, признайся, сам небось нашептал ей, что я её... спасал... — Ей богу, Степан, уж тут вот я **ни сном ни духом**. *Л. Кассиль, Ход белой королевы.* К Матвею потянулись мужики. Шли они с самыми разнообразными нуждами. Одному неправильно подали начислили, другого оштрафовали за потраву лугов, о которой он **ни сном ни духом** не ведал. *Г. Марков, Строговы*
Ср.: **ни на грош**, **ни на йоту**

СООБРАЖЕНИЕ ⊙ **взять в соображение** *см.* В 34
СОР ⊙ **выносить сор из избы** *см.* В 94
СОРВАТЬСЯ ⊙ **сорваться с языка** *см.* С 103
СОРОЧКА ⊙ **родиться в сорочке** *см.* Р 21
СОСЕНКА ⊙ **с бору да с сосенки** *см.* Б 14
СОСНА ⊙ **заблудиться в трех соснах** *см.* З 1

СОСЧИТАТЬ ⊙ **по пальцам сосчитать** *см.* П 20
СПЕТ ⊙ **песенка спета** *см.* П 22
СПЕТЬ ⊙ **лазаря спеть** *см.* П 24
СПИНА ⊙ **гнуть спину** *см.* Г 28 *и* Г 29
мороз по спине *см.* М 40
мурашки бегают по спине *см.* М 45

СПИСАТЬ ⊙ **списать в архив** *см.* С 46
СПИСЫВАТЬ ⊙ **списывать в архив** *см.* С 46
СПЛЕЧА ⊙ **рубить сплеча** *см.* Р 23
СПРЫГНУТЬ ⊙ **спрыгнуть с ума** *см.* С 120
СПУСК ⊙ **не давать спуску** *см.* Д 7
СПУСКАТЬ ⊙ **не спускать глаз** *см.* С 34

СПУСТЯ ⊙ **102.** делать *что-л.*, относиться к делу **спустя́ рукава́** *разг., неодобр.* 'Небрежно, невнимательно, без усердия' △ to be careless, inattentive, not diligent in what *one* does
Работать спустя рукава: To do slap-dash (shoddy) work.

К экзамену по тактике Леша готовится **спустя рукава**, что, в сущности, глупо — предмет важный. *Ф. Вигдорова, Любимая улица.* Укорял он меня всю дорогу за то, что мы ничего не делаем, работаем **спустя рукава**. *С. Антонов, Весна.* Ризница находилась в ведении Поместного собора, руководители которого не только отнеслись к хранению ценнейших творений русского искусства **спустя рукава**, но даже не удосужились вести учет! *В. Куценко, Г. Новиков, Сокровища республики.* Учился я и тут хорошо. Что мне оставалось? — затем я сюда и приехал, другого дела у меня здесь не было, а относиться **спустя рукава** к тому, что на меня возлагалось, я тогда еще не умел. *В. Распутин, Уроки французского*
Ср.: **через пень колоду** *1 знач.*, **с грехом пополам**, **ни шатко ни валко**

СПУТАТЬ ⊙ **спутать карты** *см.* П 122
СПЯТИТЬ ⊙ **спятить с ума** *см.* С 120
среди бела дня *см.* Д 44
СРЫВАТЬСЯ ⊙ **103. срыва́ться/сорва́ться** ← *у кого-л.* **с языка́** (*реже* **с губ**) *разг.* 'Неожиданно для говорящего, нечаянно быть произнесенным' *Употр. обычно при сочет. или сущ.* ⟨это⟩ слово, ⟨эта⟩ фраза, ⟨эти⟩ слова, фразы *и т. п., а также при мест.*

СТАВИТЬ

это. *Употр. чаще гл. сов. вида в прош. вр. Порядок компонентов нефиксир.* △ to slip (escape) *smb's* lips

Почему **сорвалось с языка** это слово, Тихон Ильич и сам не знал, но чувствовал, что сказано оно все-таки недаром. *И. Бунин, Деревня.* — Что не писала? — Не знала точно, куда направят. Только сегодня в МТС решился этот вопрос. Попросилась сюда, и уважили. — Тоня с удивлением услышала **сорвавшийся с языка** крестьянский оборот и добавила: — Оформили зоотехником. *С. Антонов, Дело было в Пенькове.* И вот я очень подружилась с одним студентом... И однажды я ему все рассказала. Вот — сказалось. **Сорвалось с губ.** Ну, а он... сообщил директору. *Ф. Вигдорова, Любимая улица.* Вначале, когда заговорил, [Бунчук] ... мучительно шарил в голове, разыскивал какие-то большие, тяжелые глыбы слов, чтобы ломать ими, крушить, ... И вместо этого с неизъяснимой горечью ощущал, как мыльными пузырями **срываются** с его **губ** легковесные фразы. *М. Шолохов, Тихий Дон*

СТАВИТЬ ⊙ 104. **ста́вить*/поста́вить (загоня́ть*** *разг.***/загна́ть** *разг.***) кого-л. в тупи́к** ⟨чем-л.⟩ 'Вызывать у *кого-л.* растерянность, замешательство, полное недоумение' *Обычно при затруднении ответить на чей-л. вопрос, разрешить какую-л. проблему. О людях, их вопросах, их необычном поведении, о каких-л. странных явлениях. Употр. чаще гл. сов. вида в прош. вр., гл. несов. вида в многократном знач. употр. обычно в наст. и прош. вр. Сущ. обычно стоит в конце фразеол.* △ to confuse (baffle, muddle) *smb о человеке, о какой-л. трудной проблеме, необычном явлении*

— А почему не в райком пошли? — будто невзначай спросил секретарь [*горкома*]. Простой и, казалось, незначительный вопрос этот **поставил** Анну **в тупик**. Но она чувствовала — тут надо говорить напрямую. *Б. Полевой, Глубокий тыл.* — Молча, не возражая, выдерживал Сережа нападки матери. Но когда выступил отец, Сережа сам перешел к активным действиям и сразу **загнал** Захара Васильевича **в тупик**. *Н. Островский, Как закалялась сталь.* То его [*Лобанова*] восхищали, казалось бы, самые элементарные для любого монтера вещи... то он вдруг **ставил в тупик** опытных инженеров, подмечая такое, что никому и в голову не приходило. *Д. Гранин, Искатели.* — Ну, Фрося, ты меня все время **ставишь в тупик** своим характером... Ни за что не угадаешь, что ты через минуту надумаешь, сколько раз с тобою встречаюсь — и никак тебя не разгадаю! *А. Ференчук, Стойкий туман*

Ср.: становиться в тупик

[*Тупик — улица, не имеющая сквозного прохода и проезда, упирающаяся в строение*]

105. **ста́вить/поста́вить** ← *что-л.* → **на ка́рту** ⟨*уст. чего-л.*⟩

разг. 'Отчаянно рисковать *чем-л.*, рассматривая этот риск как последнюю возможность добиться успеха, победы, выгоды' *В качестве доп. употр. обычно* жизнь, всё, свое положение *и т. п. Употр. чаще гл. сов. вида в прош. вр., иногда в форме страдательного прич., гл. несов. вида чаще в многократном знач. Сущ. обычно стоит в конце фразеол.* △ to stake *smth* ⟨on *some* event⟩ *в качестве доп. возможны слова* one's all, one's life, one's position

В расчете на этот последний шанс он все поставил на карту. He staked everything he had on that last chance. На карту поставлена его жизнь. His life is at stake.

Они, как и я, **поставили** свою жизнь **на карту,** и этой картой была литература. *В. Каверин, Освещенные окна.* И еще, когда **на карту поставлены** жизнь и свобода, очень редко кто из людей может или умеет притворяться. *Н. Коротеев, Дердеш-Мерген.* Да, что говорить, Алиса Бабурина умела, по выражению лыжников, выкладываться до конца, все **ставя на карту** и отдавая к финишу сполна весь запас сил. *Л. Кассиль, Ход белой королевы.* — А я все-таки скажу, что человек, который всю свою жизнь **поставил на карту** женской любви и, когда ему эту карту убили, раскис и опустился до того, что ни на что не стал способен, этакой человек — не мужчина, но самец. *И. Тургенев, Отцы и дети*

106. ста́вить*/поста́вить (поднима́ть, подыма́ть/подня́ть) ← ⟨*кого-л., что-л.*⟩ **на́ ноги** *разг. Порядок компонентов нефиксир.* 1) *кого-л.* 'Вылечивать, избавлять от болезни' *О людях, лекарствах, травах или о какой-л. пище, питье. Употр. чаще гл. сов. вида в буд. и прош. вр. В буд. вр. часто как обещание* △ to get *smb* on *his* feet

— Вы доктор? — Доктор, доктор... Матушка ваша за мною в город посылали; ...теперь извольте почивать, а дня этак через два мы вас, даст бог, **на ноги поставим.** — Ах, да, да, доктор, не дайте мне умереть... пожалуйста, пожалуйста... *И. Тургенев, Уездный лекарь.* — Ах, зачем я не знала, что вы захворали! — воскликнула она с нетерпеливым сожалением. — Я бы в один день вас **на ноги поставила...** Почему вы за мной не послали? *А. Куприн, Олеся.* — Ничего, Лешка! Вылечат! Есть приказ — тебя сегодня в Москву... Профессора там сплошные. А сестры... мертвых **на ноги подымают!** *Б. Полевой, Повесть о настоящем человеке.* Григорий стал за няньку. Просто талант открылся у человека на детей. Миша у нее, у родной матери, сколько недель кис да чах, а дядя живо **на ноги поставил.** *Ф. Абрамов, Дом*

2) *кого-л.* 'Растить, воспитывать, доводить до самостоятельности' *О детях. Употр. чаще гл. сов. вида в инф. при словах со знач. необходимости или в придат. предлож. со знач. цели, а также в прош. вр.* △ to put (set) *smb* on *his* feet; to give *smb* a start in life

СТАВИТЬ

В течение почти всей жизни они [*родители*] не едят за общим столом с детьми... лишь бы детей, одного за другим, **поднять на ноги.** *А. Фадеев, Молодая гвардия.* И я, ее сын, вскормленный ее грудью, вынянченный ее руками, **поднятый на ноги** ее трудом, я замахнулся на ее покровителя, ее опору. *В. Тендряков, Чрезвычайное.* — Ты думаешь — легко мне? Родила детей, нянчила, **на ноги ставила** — для чего? Вот живу кухаркой у них, сладко это мне? *М. Горький, В людях.* Сенька изворачивался, как только мог: пятерых ребятишек... **поднять на ноги** не шутка. *В. Белов, Под извоз*

Ср.: выводить в люди

3) *что-л.* 'Укреплять, делать независимым и способным активно и нормально функционировать' *О каких-л. мероприятиях, специально принятых мерах. В качестве доп. употр. сущ.* хозяйство, завод, учреждение *и т. п. Употр. чаще гл. сов. вида в прош. вр.* △ to put (set) *smth* on its feet

Комсомольский регулярный режим прежде всего **поднял на ноги** нашу школу. До того времени она влачила довольно жалкое существование, будучи не в силах преодолеть отвращение к учебе многих колонистов. *А. Макаренко, Педагогическая поэма*

4) *кого-л.* 'Побуждать, заставлять сразу многих людей активно действовать, *обычно* чтобы помочь *кому-л.*' *О людях. Употр. обычно гл. сов. вида в буд. вр., часто в составе предлож. со знач. следствия типа* всех на ноги подниму, а добьюсь *чего-л.* или поднял всех на ноги, и заставил сделать *что-л.* (добился *чего-л.*). *Чаще вариант с гл.* поднять △ to rouse many people to action

[*Вадим*] сказал, что поедет, всех врачей **на ноги подымет.** И правда, врачи скоро приехали. *К. Симонов, Солдатами не рождаются.* Если я прошу доставить мне краткие сведения, Анна Игнатьевна **подымет на ноги** всех преподавателей, требует от них самых пристрастных отчетов. *В. Тендряков, Чрезвычайное.* [*Надежда Антоновна:*] Ах, перестаньте! Неужели вам неприятно быть покровителем человека, у которого жена такая хорошенькая? [*Кучумов:*] Как, неприятно! Кто вам сказал! Очень приятно... Да я все средства... всех знакомых **на ноги**... *А. Островский, Бешеные деньги.* [*Лиза*] кинулась за водой и поднесла ему стакан, но он отмахнулся, расплескал воду и принялся кричать еще пронзительней. Постепенно весь дом был **поднят на ноги,** и тетушка прибежала из своей половины. Кое-как Витюшу отвели в постель. *К. Федин, Первые радости*

Ср.: брать в оборот

5) *кого-л.* 'Будоражить, волновать, вызывать суматоху, суету, переполох' *Обычно среди многих. О каких-л. слухах, известиях, сооб-*

450

щениях и т. п. в связи с чрезвычайными, особыми, редкими событиями. Употр. чаще в прош. вр. гл. сов. вида поднять △ to alarm smb

Внезапный приезд губернатора **поднял на ноги** и ошеломил всю усадьбу. *А. Чехов, Тайный советник*

Ср.: задевать за живое

ставить палки в колеса *см.* В 67

СТАНОВИТЬСЯ ⊙ **волосы становятся дыбом** *см.* В 54

107. станови́ться*/стать в тупи́к ⟨перед чем-л.⟩ 'Оказываться в состоянии растерянности, замешательства, полного недоумения' *Обычно при затруднении ответить на какой-л. вопрос, разрешить какую-л. проблему. Употр. чаще гл. несов. вида в многократном знач. в прош. и наст. вр., гл. сов. вида обычно в прош. вр. Сущ. обычно стоит в конце фразеол.* △ to be confused (baffled) ⟨by smth⟩

Плотники, нанятые за гроши, способны были строить деревенские хаты, но **становились в тупик** перед каким-нибудь сложным перекрытием. *А. Макаренко, Педагогическая поэма.* Стоит только заговорить с ним [обывателем] о чем-нибудь несъедобном, например, о политике или науке, как он **становится в тупик.** *А. Чехов, Ионыч.* — Она вдруг взглянула на тебя, как будто слушает неожиданную новость; ты, я думаю, **стал в тупик**, растерялся, потом опять чуть внятно сказал, что только теперь ты узнал цену жизни. *И. Гончаров, Обыкновенная история.* — А где этот судья живет? — На Гоголевской, в доме бывшем Маркузе... — Снова я **стал в тупик.** Но делать было нечего, и я пошел на Гоголевскую, впрочем мало надеясь, что старик Сковородников... поселился в таком великолепном доме. *В. Каверин, Два капитана*

Ср.: разводить руками, ставить в тупик

СТАРИНА ⊙ **тряхнуть стариной** *см.* Т 21

СТАРЫЙ ⊙ **по старой памяти** *см.* П 7

старый воробей *см.* В 58

СТАТЬ ⊙ **волосы стали дыбом** *см.* В 54

108. во что́ бы то ни ста́ло 'Обязательно, несмотря ни на какие препятствия' *Употр. как обст., обычно при гл. сов. вида в инф. при словах со знач. необходимости, решимости, намерения, реже в буд. вр. или как несогл. опред. при отглагольных сущ., обознач. нечто желаемое, или при сущ. результат* △ at all costs *употр. как обст. при сочет. со знач. необходимости, желания и т. п.*

Его цель — результат **во что бы то ни стало.** His aim is to achieve the result at any cost (price). Необходимо **во что бы то ни стало** убедить его в этом. It is absolutely necessary to convince him of it. *Выражения с* cost, costs *не употр., если не подразумеваются в качестве расплаты какие-либо уступки, предосудительные средства и т. п.*

— Горе наследника Тутти не имеет границ. **Во что бы то ни стало** куклу надо исправить! *Ю. Олеша, Три толстяка.* Я лично не очень огорчился, потому что решил начать учиться лучше и **во что бы то ни стало** добиться, чтоб меня приняли в баскетбольную команду. *Н. Носов, Витя Малеев в школе и дома.* Он твердо знал, что **во что бы то ни стало** задержит эшелон в Нарве. *М. Шолохов, Тихий Дон.* ...даже самые важные человеческие мысли исчезают и остается одно... желание отдыха — отдыха **во что бы то ни стало**. *А. Фадеев, Разгром*
Ср.: правдами и неправдами
  дело не станет *см.* Д 30
  стать в копеечку *см.* В 47
  стать горой *см.* С 114

СТЕНА ⊙ **как об стену горох** *см.* Г 56

СТЕНКА ⊙ **как об стенку горох** *см.* Г 56

СТЕРЕТЬ ⊙ **109. стере́ть** (*реже* **истере́ть, растере́ть**) *что-л., кого-л.* в ⟨**ме́лкий**⟩ **порошо́к** *разг. Порядок компонентов нефиксир.*
1) *только кого-л.* 'Жестоко, безжалостно расправиться с *кем-л.*, добиться его полного устранения' *О людях. Часто употр. в 1 л. ед. ч. буд. вр. как выражение угрозы при отказе выполнить какие-л. требования или попытках сделать что-л. наперекор кому-л. В случае употребления в форме страдательного прич. при фразеол. могут стоять сущ. в Т. п.* презрением, ненавистью *и т. п.* △ to make mincemeat of *smb разг.*; to grind *smb* into the dust *разг.*

Он затопал ногами, грозил пальцем, стучал палкой: — Я тебя, говорит, мальчишку,.. в 24 часа **в мелкий порошок изотру**, в бараний рог согну, на поселение сошлю! *И. Гончаров, Обрыв.* — Только зачем она такая подлая? Ведь он вот как ее любит, на всю жизнь, а она постоянно ему изменяет... Я бы ее, подлую, **в порошок стерла!** *А. Куприн, Яма.* Растеряв всю солидность и значительность, Редьковский сидит ничтожный, безмолвный, с отвисшей губой, **стертый в порошок** презрением бывших товарищей, раздавленный пустотой, возникшей возле него. *В. Панова, Времена года*
Ср.: в пух и прах *1 знач.,* сживать со света
2) 'Полностью уничтожать' *О людях, о сильном ветре, урагане и т. п.; о бурных волнах* △ to destroy *smth*, *smb* completely; to play havoc with *smth о действии урагана и т. п.*

— Хуже всего, если передний край там встал между Чертковым и Меловым, тогда, значит, все **в порошок сотрут**. *К. Симонов, Солдатами не рождаются.* Он струсил. Его пугал грохот волн, их бешеная ярость. Ему казалось, что они смоют мол и **сотрут** его **в порошок**. *К. Паустовский, Колхида*

СТОИТЬ

Ср.: не оставить камня на камне *1 знач.*, в пух и прах *1 знач.*, сводить в могилу

СТО́ИТЬ ⊙ **110.** *что-л., реже кто-л.* ⟨**и**⟩ **вы́еденного яйца́ не сто́ит** *разг.* 'Не заслуживает внимания и усилий, будучи пустяком' *Употр. обычно при подлеж.* дело, история, шумиха *и т. п., часто в составе против. конструкции, в одной из частей которой указывается, что знач. чего-л. сильно преувеличено, раздуто. Порядок компонентов нефиксир.* △ smth, smb is not worth a damn (brass farthing, pin) *разг.*

— Вся история **не стоит выеденного яйца**, а ее раздувают... Если таким дрязгам значение придавать, работать некогда будет. *М. Колесников, Изотопы для Алтунина.* — Можете мне припаивать что угодно... А дело **выеденного яйца не стоит**. *Н. Островский, Как закалялась сталь.* — Прятать виновных не буду. Не буду! — с дрожью в голосе крикнул Артем.— Отец уничтожающе фыркнул: — **Выеденного яйца не стоит** твоя история, Темка. Выискал сюжетик, эх ты! *М. Прилежаева, Осень.* Перед тем, что знал [*Гаврик*], Петины приключения **не стоили выеденного яйца**. *В. Катаев, Белеет парус одинокий*

111. *что-л., реже кто-л.* ⟨**и**⟩ **гроша́ ме́дного (ло́маного)** или **ни гроша́ не сто́ит** (*редк.* **не сто́ило**) *разг., пренебр.* 'Так плохо (плох), что не имеет никакой ценности' *Часто в ситуации, когда говорящий умаляет, иногда намеренно, действительную ценность чего-л. О произведениях искусства, о чьих-л. мыслях, реже о конкретных предметах или людях. Порядок компонентов нефиксир.* △ smth, smb is not worth a brass farthing (damn, pin) *разг.*

— Так, так. Сперва гордость почти сатанинская, потом глумление... Рафаэля считают чуть не дураком, потому что это, мол, авторитет; а сами бессильны и бесплодны до гадости...— По-моему,— возразил Базаров,— Рафаэль **гроша медного не стоит**, да и они не лучше его. *И. Тургенев, Отцы и дети.* Она вдруг воскликнула: — Что произошло с человечеством, если классическая красота Светланы Ищенко **гроша медного не стоит**! В моде простушки или дурнушки. *В. Липатов, Повесть без названия, сюжета и конца...* — Да что уж об этом толковать-то,— продолжал Пугачев негромким, задумчивым голосом.— Вы сами ведаете в каком несчастном виде обрели меня; вся одежонка-то моя **гроша ломаного не стоила** — бродяга и бродяга! *В. Шишков, Емельян Пугачев.* Как работник этот молодой и сильный человек **не стоил** и **гроша медного**. Рядом с силой в его крепких, , мышцах разливалась тяжелая, непобедимая лень. *А. Чехов, Агафья*

Ср.: знать цену, пустое место, мелко плавает *1 знач.*, грош цена

112. *кому-л.* **ничего́ не сто́ит (не сто́ило)** сделать *что-л. разг.*

СТОРОНА

'Совсем легко' *Иногда ирон., если подразумевается отсутствие моральных запретов для кого-л. Употр. перед инф. гл. сов. вида или после подлеж.* это, *указывающего на название того действия в предшествующем контексте, которое будет выполнено. Порядок компонентов фиксир.* △ it is very easy for smb to do smth
Ему ничего не стоит обмануть или обидеть человека. He thinks nothing of deceiving or offending people. Давайте я вам сварю обед, это мне ничего не стоит. Let me make your dinner, it is no trouble ⟨at all⟩

Ей **ничего не стоило** даже в веселую минуту оскорбить прислугу, убить насекомое. *А. Чехов, Ариадна*

СТОРОНА ⊙ **113.** отпустить, прогнать *и т. п.*; идти, отправляться, убираться *и т. п.* ↔ **на все четы́ре сторону́ (сто́роны)** *разг.* 'Куда захочется, в любом направлении' *Гл.* отпустить *и т. п. обычно употр. в прош. вр., гл.* идти *и т. п. обычно в повел. накл., часто в ситуации, когда кто-л. не хочет видеть кого-л. или общаться с ним. Порядок компонентов фиксир.* △ to let smb go where (wherever) he likes; to send smb packing или to send smb about his business *прогнать;* to go where (wherever) one likes
Убирайся на все четыре стороны. Get out of here.

— А Павел-то Кузьмич, офицер-то мой, где, спросите? Отпустила я его, ребята, **на все четыре стороны** отпустила, алиментов даже не потребовала. *Ф. Абрамов, Дом.*— Дал я ему рубаху да штаны... и пустил **на все четыре стороны** — пусть идет, куда хочет. *К. Симонов, Живые и мертвые.* Моя искренность поразила Пугачева.— Так и быть,— сказал он, ударя меня по плечу.— Казнить так казнить, миловать так миловать. Ступай себе **на все четыре стороны** и делай что хочешь. *А. Пушкин, Капитанская дочка.*— В своем доме — молчать? Сама молчи! Не нравится — пожалуйста, **на все четыре стороны.** *Ф. Вигдорова, Семейное счастье*

Ср.: куда глаза глядят *I знач.,* кто куда, куда попало, без руля и без ветрил

ни шатко ни валко ни на сторону *см.* Ш 3

СТОЯТЬ ⊙ **едва стоять на ногах** *см.* Д 53

на чем свет стоит *см.* С 26

114. сто**я́ть** (ста́ть, вста́ть) ← за *кого-л.,* реже за *что-л.* → горо́й 'Всеми силами, средствами защищать *кого-л., что-л.,* заступаться за *кого-л.,* отстаивать *чьи-л.* интересы' *О людях. В качестве доп. употр. личные мест. и сущ., называющие людей, а также сущ.* идея, теория, предложение, решение *и т. п.;* богатство, добро, вещи *и т. п. Употр. чаще гл.* стоять *в наст. вр. Порядок компонентов нефиксир.* △ to stand up (stick up) for smb, smth

— Вот хоть старуха Мухамеджанова — кто ты ей? Никто. Тьфу.

А она за тебя **горой стоит,** ровно ты ей дочка. *Ф. Вигдорова, Семейное счастье.* — Брата Григория Мелехова арестовать вряд ли есть смысл. За него **горой стоит** Фомин. *М. Шолохов, Тихий Дон.* Кровь Гришутки сплотила тех, за кого он всегда **стоял горой.** *Н. Островский, Как закалялась сталь*

115. **стоя́ть** (*прост.* **торча́ть,** *редк.* **сиде́ть**) у *кого-л.* **над душо́й** или **над** *чьей-л.* **душо́й** *разг., неодобр.* 'Надоедать *кому-л.* постоянным присутствием и контролем при выполнении работы' Часто употр. в повел. накл. с отриц. не. Порядок компонентов нефиксир. △ to breathe down *smb's* neck *неодобр.;* чаще употр. вариант to work with *smb* breathing down *one's* neck

Сначала Синцов не мог понять, а потом понял, что она [*медсестра*] ругает немцев за то, что они **стоят над душой** у Николая Николаевича [*хирурга*] и не дают ему спокойно работать. *К. Симонов, Живые и мертвые.* — Мешает, скотина, заниматься... — думает Зиберов. — **Сидит над душой** тут и надзирает. Терпеть не могу контроля! *А. Чехов, Репетитор.* Мастер, которого за склонность к спешке и страху перед начальством называли в цехе Ефимом Паникой, почти все время **стоял над душой,** торопил, подгонял. *Н. Дубов, Жесткая проба.* — А я дернул [*побежал прост.*] через... фронт к батьке. Здесь веселей. **Над душой** никто не **стоит,** — народная армия. *А. Толстой, Хождение по мукам*
Ср.: как бельмо на глазу

стоять на задних лапках *см.* X 18

СТРАХ ⊙ 116. делать/сделать, решиться сделать *что-л.* **на** (*редк.* **за**) **свой** ⟨**со́бственный**⟩ **стра́х** ⟨**и риск**⟩ 'Целиком беря только на себя ответственность за *какие-л.* действия' Обычно в связи с *чем-л.* рискованным, опасным. Употр. чаще при гл. сов. вида в прош. вр. Сущ. риск чаще стоит в конце фразеол. △ to do *smth* at *one's* own risk

Что он не струсит, Зайчиков был уверен, но трудно было сказать, как Лошкарев справится с полком, действуя **на свой страх и риск.** *К. Симонов, Живые и мертвые.* Некий богач, господин Ковалевский, решил **на свой риск и страх** построить для города водопровод. *В. Катаев, Белеет парус одинокий.* Он первый **за свой страх и риск** провел через узкие и ветхие москворецкие шлюзы большой волжский пассажирский пароход. *К. Паустовский, Золотая роза*

СТРЕЛЯНЫЙ ⊙ **стреляный воробей** *см.* В 58

СТРОИТЬ ⊙ 117. **стро́ить из себя́** ↔ *кого-л. иногда неодобр.* или *ирон.* 'Стараться выдать себя своим поведением за *кого-л.*' В качестве доп. употр. сущ. или субстантивированные прил. со знач. качественной оценки лица. Часто употр. в повел. накл. с отриц. не.

Порядок компонентов нефиксир. △ to pretend (make *oneself* out) to be *smb*

— Тогда я один пойду! — сказал Золотарев. — Самоубийцу **из себя не строй!** Давай веди огонь! Видишь, фрицы идут! *К. Симонов, Живые и мертвые.* — Садись, — Николай легонько подтолкнул Анну к сиденью, с которого поднялась женщина... — Садись, садись, не **строй из себя** молоденькую. *В. Распутин, Встреча.* — Не **стройте из себя** дурочку! — закричал Виктор Григорьевич. — Вам же будет хуже. *Д. Гранин, Искатели.* — Вера, та, правда, **из себя** все что-то **строила**, барышню какую-то, — ходит мелкими шажками, нежна и обидчива до крайности. *И. Бунин, Хорошая жизнь*

Ср.: пускать пыль в глаза

СТРОЙ ⊙ **выводить из строя** *см.* В 85

выходить из строя *см.* В 100

СТУКНУТЬ ⊙ **стукнуть в голову** *см.* В 30

СТУЛ ⊙ **сидеть между двух стульев** *см.* С 61

СТУПА ⊙ **толочь воду в ступе** *см.* Т 15

СТЫД ⊙ **сгорать со стыда** *см.* С 44

СТЫНУТЬ ⊙ **кровь стынет** *см.* К 49

СУД ⊙ **118. пока (покуда) суд да дело** *разг.* 'В течение того времени, пока еще только решается *какая-л.* проблема, пока еще не прояснилась ситуация' *Подразумевается, что можно провести это время с пользой для себя, не ожидая праздно решения. Употр. как придат. предлож. со знач. времени; в главной части предлож. гл. обычно стоит в повел. накл., в инф. при словах стоит, не мешает, нельзя и т. п., в сосл. накл. с побудительным знач., в буд. вр. Порядок компонентов фиксир.* △ in the meantime

Утром Володя обнаружил... записку... Подпись была официальная: «А. Устименко», потом приписка — Все ж, покуда **суд да дело**, учись, как положено трудовому гражданину. Крепко надеюсь. *Ю. Герман, Дело, которому ты служишь.* — Занятия на рабфаке еще не скоро. Что мне делать, скажи? Все хлопцы тоже ничего не делают. ... — Я не знаю, что хлопцы твои делают, но думаю, что пока там **суд да дело**, не вредно было бы тебе поработать немного. *В. Беляев, Старая крепость.* — Нельзя ли, пока **суд да дело**, взяться тебе за теоретическую часть? — спросил Борисов. — Попробую, — сказал Андрей. *Д. Гранин, Искатели.* ... они безропотно, несмотря на смертельную опасность, согласились укрыть у себя Ленина. Но семья есть семья. Пока **суд да дело**, они справляют свои хозяйственные дела расторопно и любовно. *Э. Казакевич, Синяя тетрадь*

СУЕТА ⊙ **мышиная суета** *см.* В 52

СУТОЛОКА ⊙ **мышиная сутолока** *см.* В 52

СХОДИТЬ

СУХОЙ ⊙ **выходить сухим из воды** *см.* В 101
СХВАТИТЬСЯ ⊙ **схватиться за голову** *см.* X 4
схватиться за соломинку *см.* X 6
СХОДИТЬ ⊙ **119.** *что-л.* **схо́дит* (сходи́ло*) / сойдёт (сошло́) с рук** *Порядок компонентов нефиксир.* 1) *кому-л.* Кто-л. 'остается безнаказанным' за *что-л.* О каких-л. предосудительных действиях, поступках, употр. часто также с подлеж. всё △ smb gets (got, will get) away with smth *часто с мест.* it *в качестве доп.*

— А этот мерзавец Неворожин, этот подлец и вор, из-за которого столько несчастий, — что же, ему все так и **сойдет с рук?** Я его вчера на Литейном встретил. Веселый! Красивый! *В. Каверин, Исполнение желаний*. И верно, до самого отъезда Грацианских на курорт никаких отголосков на рассказанное происшествие не последовало, а это было добрым знаком, что оно благополучно **сойдет** Саше **с рук.** *Л. Леонов, Русский лес.* Любая другая сестра получила бы выговор за то, что не оказалась на месте, когда больному худо. А Прохоровой все **сошло с рук.** *Ф. Вигдорова, Любимая улица.* Морозов однажды явился на работу пьяным. Прежде подобные случаи **сходили** ему **с рук,** но теперь Борисов настоял на том, чтобы... дело о прогуле передать в суд. *Д. Гранин, Искатели*

Ср.: взятки гладки, выходить сухим из воды

2) *уст.* Что-л. 'проходит, оканчивается' как-л. *Употр. чаще гл. сов. вида в прош. вр.* △ smth passes (passed) in *some* manner

Хозяин, оставшись один, усталый, бросается на софу и благодарит небо за то, что вечер **сошел с рук** без неприятностей. *А. Герцен, Былое и думы*

3) *уст.* Что-л. 'продается' △ smth is (was) sold out; smth is (was) off smb's hands

Купцы изумились, увидя, как несколько кусков материй, привезенных ими с ярмарки и не **сходивших с рук** по причине цены, показавшейся высокою, пошли вдруг в ход и были раскуплены нарасхват. *Н. Гоголь, Мертвые души*

120. сходи́ть / сойти́ (спя́тить, свихну́ть, свороти́ть, спры́гнуть *все варианты прост.***) с ума́** *Порядок компонентов нефиксир.* 1) 'Заболевать психически, становиться сумасшедшим, терять рассудок' *Употр. чаще гл. сов. вида в прош. вр.* △ to go (be) mad (crazy, out of *one's* mind, head *или* senses); to go bonkers (barmy, bananas) etc *сленг*

Тетя Даша решила, что я **сошел с ума,** потому что я вдруг коротко заорал. *В. Каверин, Два капитана*. В процессе работы ему приходилось по памяти читать целые страницы, иногда даже главы, и матери порой казалось, что сын **сошел с ума.** *Н. Остров-*

ский, Как закалялась сталь. Обязанность [*генерала*] состояла в том, чтобы содержать в казематах... преступников и преступниц... так, что половина их в продолжение десяти лет гибла, частью **сойдя с ума**, частью умирая от чахотки и частью убивая себя. *Л. Толстой, Воскресение*

Ср.: не в своем уме

2) *разг.* 'Совершать безрассудные поступки, говорить глупости, нелепости, как бы становясь сумасшедшим' *Употр. обычно в диалоге, в вопр. или воскл. предлож. для выражения возмущения, негодования, изумления и т. п.* △ to go (be) mad (crazy, out of one's mind, head *или* senses)

— Слушайте, вы... старшина! — заговорил Давлатян, даже заикаясь от негодования. — Вы что, **с ума сошли?** ... Почему так запоздали? *Ю. Бондарев, Горячий снег.* На перемене к нам подошел Женька Иванов. Я заметила, что лицо у Женьки как-то изменилось, и сразу не могла понять, что с ним такое, а потом сообразила: он выпячивал вперед нижнюю челюсть, чтобы быть похожим на Юру Дробота... — Ты что, **с ума сошел?** — спросила я. *В. Киселев, Девочка и птицелет.* — А ежели его не найдут? — Найдут! — крикнул капитан с ужасом. — Непременно найдут! — и уже шепотом: — Не может быть иначе. Иначе я лжецом прослыву... Вы что, **с ума сошли,** говорить такое? *Б. Окуджава, Глоток свободы.* Вечером... была подписка на заем, и Настена размахнулась на две тысячи... Михеич, как пришла и заикнулась про заем, сразу спросил: — А **с ума** не **спятила?** Они [*деньги*], может, у тебя есть? Может, спрятанные лежат? *В. Распутин, Живи и помни*

Ср.: входить в азарт, ум за разум заходит

3) от *кого-л.,* от *чего-л.,* по *кому-л.,* по *чему-л.,* по *ком-л.,* о *ком-л.* 'Увлекаться, восторгаться *и т. п.* очень сильно, до неистовства' *Чаще характеризует любовную страсть. Употр. только гл.* сходить △ to be madly in love with *smb;* to be mad (crazy) about *smth*

— ... любя, я уж анализировал любовь, как ученик анализирует тело под руководством профессора и, вместо красоты форм, видит только мускулы, нервы... — Однако, я помню, это не помешало тебе **сходить с ума** по этой... как ее?.. Дашеньке, что ли? *И. Гончаров, Обыкновенная история.* [*Павел* Петрович] с детства отличался замечательной красотой... Женщины от него **с ума сходили,** мужчины... втайне завидовали ему. *И. Тургенев, Отцы и дети.* За эти полтора месяца тетка похудела... Но красота ее стала еще более яркой. Удивительно, что не **сходили** по Аглае **с ума** мужчины. *Ю. Герман, Дело, которому ты служишь*

Ср.: без памяти *1 знач.,* терять голову *2 знач.,* без ума *1 знач.*

4) ⟨от волнения, от беспокойства *и т. п.*⟩ 'Очень сильно волноваться,

беспокоиться, тревожиться *и т. п.* `Употр. только гл.` сходить, *чаще в наст. и прош. вр.* △ to be worried sick (to death); to be out of one's mind with worry

— Она **с ума сходит,** ревнует, плачет, бесится... — Зачем же вы у ней были? — Она звала, жаловалась на тебя. В самом деле, как тебе не стыдно... четыре дня глаз не казал — шутка ли? Она, бедная, умирает! *И. Гончаров, Обыкновенная история*

Ср.: не находить себе места, не помнить себя, сам не свой

5) **с умá** ⟨можно⟩ **сойти** 'Удивительно, поразительно' *Употр. в сложн. предлож. с предшествующей или последующей частью типа* какой красавец (красивый), как красиво, что делается *и т. п.* △ it is enough to drive you crazy (mad); it is fantastic *употр. в сложн. предлож. перед или после придат. части со словами* how, the way, what *и т. п.*

Рядом с главнокомандующим в машине стоял француз в небесно-голубом, тончайшего сукна френче и таких же галифе, на маленькой голове глубоко и ловко надвинуто бархатное кепи, с золотым галуном... **С ума сойти,** до чего комфортабельный француз! *А. Толстой, Хождение по мукам.* — Это не могло быть картами, но это были все-таки карты... Тьфу..! Хорошо, что Зоечка вовремя вышла. Не для женских глазок. **С ума сойти,** что делается! *Ю. Бондарев, Горячий снег*

Ср.: вот это да! ну и ну! подумать только!

СЧАСТЛИВО ⊙ **счастливо отделаться** *см.* О 29

СЧЕСТЬ ⊙ **по пальцам счесть** *см.* П 20

СЧЁТ ⊙ **121. в двá счёта** *разг.* 'Очень быстро, без промедления, моментально' *Обычно связано с целенаправленными действиями, часто с такими, в которых результат обычно достигается с трудом, а в данной ситуации неожиданно легко. Употр. чаще при гл. сов. вида в буд. и прош. вр. Порядок компонентов фиксир.* △ very quickly and easily

Решить задачу в два счета. To solve a problem in no time ⟨at all⟩ (in a jiffy) *англ. выражения не включают 'легкости', однако она следует из контекста.* Съесть пирог в два счета. To make short work of the cake *или* To gobble up the cake. Он тебя в два счета обманет. He will cheat you before you can say Jack Robinson (before you know where you are).

— Перелома у тебя нет. Не бойся. Простой вывих. Вправят **в два счета.** *С. Антонов, Дело было в Пенькове.* — Подумаешь, страхи, — сказал Андрей. — Человек, который знает теорию, вашими премудростями овладеет **в два счета.** *Д. Гранин, Искатели.* ... я вынул из кармана яблоко и **в два счета** съел его. С кожурой, семечками и хвостиком съел. *В. Беляев, Старая крепость.* Вдоль всех

СЧЕТЫ

улиц потянулись узенькие ледяные дорожки, которые **в два счета** успели раскатать ребята. *В. Киселев, Девочка и птицелет*
Ср.: одним духом *1 знач.*; одним махом; в мгновение ока; одна нога здесь, другая там
[*Дословно означ.: пока кто-нибудь сосчитает до двух*]
    принимать на свой счет *см.* П 95
    сбрасывать со счета *см.* С 16
    сводить счеты *см.* С 39
    СЧЁТЫ ⊙ **сбрасывать со счетов** *см.* С 16
    СЧИТАТЬ ⊙ **122. счита́ть воро́н (га́лок)** *разг. Порядок компонентов нефиксир.* 1) *неодобр., ирон. или шутл.* 'Рассеянно смотреть по сторонам и по невниманию пропускать *что-л.* важное' *Часто в ситуации, когда от человека требуется активная деятельность. Обычно употр. в наст. вр. в вопр. предлож., а также в повел. накл. с отриц. не и в инф. при словах не надо, нечего и т. п.* △ to look about *one* absent-mindedly, paying no attention to *smth* important Ты чего ворон считаешь? What are you gaping at?

... неожиданно из накатившейся тучи хлобыстнул [*очень сильно пошел прост.*] дождь... им [*братьям*] что делать? Домой далеко — через весь луг бежать надо, к чужим людям в мокрой одежде не хочется. Петр крикнул: — Чего ж мы **ворон считаем?** Давай на старое пепелище! *Ф. Абрамов, Дом.* — Но, черт возьми, — снова всем телом задвигался Гривнин, — мне никто не хочет ответить, зачем мы дали водить себя за нос, чтобы потом напороться на такое вероломство! — Остынь... — сказал Пастухов... — Мораль проста. Не надо с разинутым ртом **считать** в небе **галок**. *К. Федин, Костер.* — Не очень-то заглядывайся на меня, — сказал я [*собаке*], — не **считай галок**. *М. Пришвин, Ярик*
Ср.: хлопать ушами *2 знач.*
2) 'Бездельничать' △ to (be) idle

Почему она одна, Лизавета Прокофьевна, осуждена обо всех заботиться, все замечать и предугадывать, а все прочие — одних **ворон считать?** *Ф. Достоевский, Идиот*
Ср.: бить баклуши, валять дурака *2 знач.*, коптить небо, сложа руки, хлопать ушами *2 знач.*

    СЪЕСТЬ ⊙ **123. пу́д** (*реже* **ку́ль**) **со́ли** ← с *кем-л.* → **съе́сть** *разг., иногда шутл.* 'Очень долгое время общаясь, хорошо узнать' *кого-л. Употр. чаще в прош. вр.; в повел накл. в сложн. предлож. типа прежде съешь..., а потом говори; в инф. после слова надо в сложн. предлож. типа надо... съесть, прежде чем узнаешь и т. п. Порядок компонентов нефиксир.* △ to eat a bushel of salt with *smb. Чаще употр. в составе пословицы:* Before you make a friend eat a bushel of salt with him

— Мне бы, [*говорят*], такой роли ввек не увидеть, если бы я за цветухинскую фалду не цеплялся. «Ты, говорят, льстивый раб.» Дураки! Я с Цветухиным на одной скамье брюки протирал, **пуд соли съел**. Он мне друг. *К. Федин, Первые радости.—* Скоренько же ты приятелей наживаешь... А пословица говорит, что человека узнать — **куль соли** с ним **съесть.** *М. Мельников-Печерский, В лесах*

Ср.: знать цену, как свои пять пальцев

124. кто-л. **собаку** ← на чем-л., в чем-л., реже по части чего-л. → **съел** (*реже* **съела, съели**) *разг., одобр., иногда шутл.* 'Приобрел большой опыт, искусство в *каком-л.* деле, основательные знания' *Обычно о человеке, который стал мастером очень высокого класса в результате длительных занятий какой-л. деятельностью* △ smb knows smth inside out; smb knows his onions; smb is a past master at smth (at doing smth) *часто ирон., о предосудительных умениях*

— Идти с фальшивым билетом — куда же? — в банкирскую контору, где на этом **собаку съели,**—нет, я бы сконфузился. *Ф. Достоевский, Преступление и наказание.—* Когда-то он был учителем, пописывал что-то, черт его знает, кем он был, но только умница замечательная и по части философии **собаку съел.** *А. Чехов. Огни*

Ср.: глаз наметан, набивать руку

СЫНОК ⊙ **125.** кто-л. **ма́менькин сыно́к** *разг., ирон.* 'Изнеженный, избалованный, несамостоятельный, ни к чему не приспособленный мальчик *или* молодой человек' *Употр. чаще как именная часть сказ. в И. или Т. п. Порядок компонентов фиксир.* △ smb is a spoilt boy, dependent on and under the control of his mother; smb is a mother's boy (darling, bairn *шотл.*) *редк*

Особенно доставалось Диме, потому что он сосед Саньки, потому что он **маменькин сынок,** потому что в школе его ставили всем в пример. *В. Тендряков, Короткое замыкание.* Одетый безукоризненно... в белоснежных воротничках и цветном галстуке — он казался благовоспитанным **маменькиным сынком,** закормленным сладостями, скромным, милым мальчиком. *Скиталец, Огарки.* Хоть и **маменькин сынок** Котька... но он ловкий, хитрый, пронырливый, знает все ходы и убежища. *В. Беляев, Старая крепость*

СЫПАТЬСЯ ⊙ **искры из глаз сыплются** *см.* И 20
СЫР ⊙ **как сыр в масле кататься** *см.* К 17

СЫР-БОР ⊙ **126.** из-за чего, откуда, из-за этого *и т. п.* ⟨весь⟩ **сы́р-бо́р загоре́лся (гори́т)** *разг.* по какой причине 'Возникло *какое-л.* сложное дело, начался переполох' *Обычно в связи с чьей-л. ссорой или бурным спором, неприязнью, с чьими-л. тайными, враж-*

дебными намерениями. Порядок компонентов нефиксир. △ that was the spark that set the forest on fire

[*Серпилин*] от имени командующего разрешил отодвинуть срок наступления. Из-за этого, когда вернулся Батюк, и **загорелся сыр-бор.** *К. Симонов, Солдатами не рождаются.* — Я все вижу и понимаю, — прибавила она; — вижу я, откуда **сыр-бор горит.** Я не пропустила ни одного слова, ни одного взгляда; вижу, чего я должна ожидать, *С. Аксаков, Семейная хроника.* ... директор, пораженный, узнал, что она [*учительница*] и есть автор письма, из-за которого весь **сыр-бор загорелся.** *М. Прилежаева, Осень*
[Сыр-бор — *сырой бор. т. е. большой хвойный лес*]

Т

ТАБАК ⊙ **дело табак** *см.* Д 32
ТАИТЬ ⊙ **1. что (чего, нечего) ⟨и⟩ греха таить** *разг..* 'Незачем скрывать' *Употр. в ситуации, когда кто-л. вынужден или сам решается сказать о чем-л. отрицательном, что касается его самого или кого-л. другого и что обычно тщательно скрывается. Употр. как вводн. конструкция. Порядок компонентов чаще фиксир.* △ I may as well confess *или* I must admit (confess) *употр. как первая часть сложн. предлож.*; to be quite honest about it *употр. как вводн. конструкция*

— Ох, дети. Вечно они что-то портят и пачкают. Хорошие дети, золотые дети, но — **что греха таить!** — какие-то разболтанные. *И. Грекова, Под фонарем.* И сам он смешон и жалок со своей вздорной ревностью (**что греха таить,** именно несправедливой и вздорной, идущей от неуверенности в себе). *Ф. Колунцев, Утро, день, вечер.* — Дело прошлое, **чего греха таить:** где и ползком приходилось для сохранения жизни, не без того. *Л. Леонов; Русский лес.* — В прошлом году случилась у нас авария на подстанции, — сказал он. — Виктор Григорьевич разрешил скрыть эту аварию ... У нас нашлись такие, **нечего греха таить,** обрадовались. *Д. Гранин, Искатели*

ТАК ⊙ **так и быть** *см.* Б 37
так и надо *см.* Н 10

2. та́к себе́ *разг. Порядок компонентов фиксир.* 1) 'Не очень хорошо, посредственно' *Употр. как обст. при гл. или как сказ. при подлеж. дела, часто в ответной реплике диалога* △ so-so *употр. как обст. или как именная часть сказ.*

— Я долго его лечила ... У него была жестокая бессонница ...

Сейчас он нормально спит? — Отец часто с гордостью говорил, что спит, как богатырь ... Но я не решился сообщить ей об этом. И сказал: — Спит **так себе**. Как когда. *А. Алексин, А тем временем где-то* ... [*Андрей*:] Вижу, в углу какая-то девчонка стоит: худенькая, белобрысая ... Одета **так себе**, неважно. *В. Розов, В добрый час!* — Разрешите спросить, товарищ командующий, как дела в других дивизиях? ... — **Так себе**, Федор Федорович. Дела оставляют желать лучшего. *К. Симонов, Живые и мертвые.*
Ср.: не ахти *1 знач.*, не бог весть как *1 знач.*, оставляет желать лучшего, серединка на половинку *2 знач.*, ни то ни се *3 знач.*, ни шатко ни валко

2) 'Не очень хороший, посредственный' *О живых существах и неодуш. предметах, иногда о таких, о которых не стоит и говорить специально. Часто о людях с невыразительным, безликим, неопределенным характером. Употр. как сказ. или как несогл. опред.* △ so-so *употр. как именная часть сказ.*

Один бог разве мог сказать, какой был характер Манилова. Есть род людей, известных под именем: люди **так себе**, ни то ни се, ни в городе Богдан, ни в селе Селифан, по словам пословицы. *Н. Гоголь, Мертвые души.* — Про всех шестерых не буду рассказывать, — начал он, — времени не хватит. Были и хорошие председатели, и **так себе**, и плохие... Всякие были. *В. Овечкин, В одном колхозе.* Избушка — **так себе**, амбар ... в одно оконце, без сеней. *В. Шукшин, Охота жить.* — ... есть у меня один недурной отрывочек из комедии, **так себе** — пустячок. *К. Федин, Первые радости*
Ср.: не ахти *2 знач.*, не бог весть какой *1 знач.*, мелко плавает, ни рыба ни мясо, ни богу свечка ни черту кочерга, серединка на половинку *1 знач.*, ни то ни се *1 знач.*

3) *редк.* делать/сделать *что-л.* ↔ 'Без особой цели, без каких-л. намерений, иногда случайно' △ unintentionally, by chance

[*Силыч*] ударил [*Карася*] не по злости, не для потехи ... а именно **так себе**, бессознательно, как-то само ударилось, нечаянно. *Н. Помяловский, Очерки бурсы.* — А зачем ты меня об этом спросила? — полюбопытствовал я. Она вдруг встрепенулась. — **Так себе** ... Просто спросила. *А. Куприн, Олеся*
Ср.: ни с того ни с сего, ни за что *1 знач.*

4) 'Не очень, в небольшой степени' △ so-so *употр. как обст.*

— Плохо ... — сказал он сумрачно и тихо. — Ноги болят? ... — Нет, **так себе**. *А. Фадеев, Разгром.* — Пишете-то хоть грамотно? — Нет, **так себе**, — растерявшись, ответила Тоня. *Ю. Герман, Наши знакомые.* — А как ты меня ... любишь? **Так себе** или прямо жить без меня не можешь? *Б. Бедный, Девчата*

ТАКОВ ⊙ **и был таков** *см.* Б 33
ТАКОЙ ⊙ **в таком духе** *см.* Д 65
ТАЛАНТ ⊙ **зарывать талант** *см.* З 18
ТАМ ⊙ **куда там** *см.* К 52
одна нога здесь, другая там *см.* Н 48
ТАРЕЛКА ⊙ **3. быть, чувствовать себя не в своей тарёлке** *Порядок компонентов фиксир.* 1) 'В необычном и неприятном для себя состоянии' *Чаще характеризует психическое, реже физическое состояние* △ not to be (feel) quite *oneself;* to be (feel) out of sorts *Вариант:* **в своей тарёлке** *редк.*

Жорж, пристально устремив глаза на Веру Дмитриевну, старался, но тщетно, угадать ее тайные мысли; он видел ясно, что она **не в своей тарелке:** озабочена, взволнована. *М. Лермонтов, Княгиня Лиговская.* [*Фамусов:*] Любезнейший! Ты **не в своей тарелке.** С дороги нужен сон. Дай пульс. Ты нездоров. *А. Грибоедов, Горе от ума.* Он чувствовал себя опять **в своей тарелке.** Кислое настроение прошло. *В. Короленко, Прохор и студенты*

Ср.: душа не на месте, не находить себе места, сам не свой, не в себе *2 знач.*, не по себе *2 знач.*

2) 'Скованным, стесненным, как бы не в своей сфере' △ to feel like a fish out of water ⟨*somewhere,* with *smb*⟩
Вариант: **в своей тарёлке** *редк.*

Его пригласили на комсомольское собрание, а на таких собраниях он, человек беспартийный, замкнутый, чувствовал себя **не в своей тарелке.** *В. Тендряков, Чрезвычайное* Все эти господа и госпожи вышли из [*коляски*] ... все вдруг заговорили, долго не замечая Обломова ... Все пошли до дома пешком. Обломов был **не в своей тарелке** ... все эти господа и госпожи смотрели на него так странно. *И. Гончаров, Обломов.* Хорош бывает Вячеслав Илларионович на больших званых обедах, даваемых помещиками в честь губернаторов и других властей: тут он, можно сказать, совершенно **в своей тарелке.** *И. Тургенев, Два помещика*

Ср.: не по себе *2 знач.*

ТАСКАТЬ ⊙ **еле ноги таскать** *см.* В 56
ТВОЙ ⊙ **твоя хата с краю** *см.* Х 1
ТЕБЕ ⊙ **вот тебе и** *см.* В 62
вот тебе на! *см.* В 63
ТЕЛО ⊙ **держать в черном теле** *см.* Д 48
мороз по телу *см.* М 40
мурашки бегают по телу *см.* М 45

ТЕМНЕТЬ ⊙ **4. в глаза́х** ← ⟨у *кого-л.*⟩ **темнеет (потемне́ло, мути́тся, помути́лось, замути́лось** *редк.*) *Кто-л.* 'временно перестает отчетливо видеть' *Обычно от физического недомогания, слабости, от сильного волнения или после чьего-л. удара. Чаще употр. гл. сов. вида. Порядок компонентов нефиксир.* △ everything goes (went) dark in *smb's* eyes

Руководимый чутьем, свойственным влюбленным людям, он пошел прямо в сад и наткнулся на [*Наталью*] и на Рудина в то самое мгновение, когда она вырвала у него руку. У Волынцева **потемнело в глазах.** *И. Тургенев, Рудин.* Родная сестра, Катя, сделала что-то страшное и непонятное ... В первую минуту Даша обмерла, **в глазах потемнело.** *А. Толстой, Хождение по мукам.* Сильно размахнувшись, ударил меня кулаком в лицо. У меня **замутилось в глазах,** я отшатнулся и схватился за голову. *В. Вересаев, Без дороги*
Ср.: голова идет кругом *1 знач.*

ТЕНЬ ⊙ **5.** быть, находиться, держаться, оставаться/остаться *и т. п.;* оставить *или* держать *кого-л., что-л.* **в тени** 'Незаметным, незамеченным, как бы оттесненным *кем-л.* или *чем-л.* более заметным, выделяющимся' *В качестве подлеж. употр. названия лиц, произведений творческой деятельности, в качестве доп., кроме указанного, сущ.* вопрос *и т. п. Часто о людях, которые из скромности не хотят привлекать к себе излишнее внимание. Употр. чаще при гл. в прош. вр.* △ to be (stay, keep *smb, smth*) in the background; *реже* to be (remain) in the shade

Мюллер всегда был **в тени,** его знают только специалисты. *Ю. Семенов, Семнадцать мгновений весны.* — К сожалению, нередко самая творчески мыслящая часть работников производства и науки находится ... **в тени.** Они скромные люди, речей не произносят и часто не умеют как следует отстоять себя, поэтому мы их порой не замечаем. *Д. Гранин, Искатели.* Таких Ковалевых, чуть заметных, но подлинных героев – много в Красной Армии. Но они всегда скромны, о себе молчат и остаются **в тени.** *Д. Фурманов, Красный десант.* Возражая против усиления политической реакции империализмом, Каутский оставляет **в тени** вопрос о невозможности единства с оппортунистами в эпоху империализма. *В. И. Ленин, Империализм как высшая стадия капитализма*

наводить тень на плетень *см.* Н 7

ТЕПЛО ⊙ **ни тепло ни холодно** *см.* Ж 1

ТЕРПЕНИЕ ⊙ **переполнилась чаша терпения** *см.* Ч 4

переполнить чашу терпения *см.* П 19

ТЁРТЫЙ ⊙ **тертый калач** *см.* К 5

ТЕРЯТЬ ⊙ **6.** теря́ть*(потеря́ть) го́лову *разг. С отриц. не при гл. возможна форма* головы. *Гл. во фразеол. чаще стоит на первом месте* –

ТЕРЯТЬСЯ

1) ⟨от *чего-л.*⟩ 'Лишаться способности трезво оценить ситуацию и выбрать правильное поведение'. *Обычно о людях, растерявшихся в трудной ситуации или зазнавшихся от славы, успехов и т. п. В качестве доп. обычно употр. абстрактные сущ., обознач. состояние человека* △ to lose *one's* head

Не терять головы. To keep *one's* head.

Попала ли пуля в какое-нибудь нервное сплетение или рана так болезненно загноилась — не знаю. Но в жизни моей я не видел более страшной картины! ... Было от чего **потерять голову** при виде такого больного! *В. Каверин, Два капитана.* [*Надежда Антоновна:*] Я совершенно **потеряла голову.** Что нам делать! ... У нас опять накопилась пропасть долгов. *А. Островский, Бешеные деньги.* Как полусонный, бродил он без цели по городу, не будучи в состоянии решить, он ли сошел с ума, чиновники ли **потеряли голову,** во сне ли все это делается или наяву заварилась дурь почище сна. *Н. Гоголь, Мертвые души.* Иван Ильич считал себя человеком уравновешенным: чего-чего, а уж **головы** он никогда не **терял,** — так вот надо же было случиться такому, что он, без всякого раздумья, вдруг точно ослепнув... вытащил револьвер и, приставив его к голове, щелкнул курком. *А. Толстой, Хождение по мукам*

Ср.: голова идет кругом *2 знач.*

2) ⟨от *кого-л., по кому-л., реже* от *чего-л.*⟩ 'Безоглядно влюбиться, лишившись способности контролировать свое чувство разумом' *Чаще характеризует отношение мужчины к женщине. Употр. гл. сов. вида, при гл. несов. вида в многократном знач. возможна форма* го́ловы. *В качестве доп., кроме названий лиц, употр. сущ.* глаза, фигура *и т. п.,* улыбка, взгляд *и т. п.,* походка *и т. п., обычно в сочет. с мест.* такой △ to lose *one's* head ⟨about *smb*⟩

В ее губах уже появился тот особый изгиб — нервный, вероятно даже некрасивый, но такой, от какого в недалеком будущем начнут **терять головы.** *Ю. Герман, Наши знакомые.* Даша сказала, что Бессонов ей представляется одним из тех подлинных людей, чьими переживаниями, грехами, вкусами, как отраженным светом, живет, например, кружок Екатерины Дмитриевны. — Вот, Катя, я понимаю, от такого человека можно **голову потерять.** *А. Толстой, Хождение по мукам.* — Зиночка, вы обещали научить меня танцевать ... Мне говорили, что вы такая талантливая учительница, что безногие у вас пляшут, а нормальные, наоборот, лишаются не только ног, но и **голову теряют,** как было с Федей. *Б. Полевой, Повесть о настоящем человеке*

Ср.: без памяти *1 знач.,* сходить с ума *3 знач.,* без ума *1 знач.*

ТЕРЯ́ТЬСЯ ⊙ **7. теря́ться в дога́дках (в предположе́ниях)**

'Строить множество предположений и не суметь решить, какое из них правильное' *Обычно неясность касается того, кто или как смог сделать что-л. Фразеол. может стоять перед придат. предлож. с союзн. сл. что, как, когда, где и т. п. Порядок компонентов фиксир.* △ to be at a loss to guess

— Что бы это значило? Зачем это он приходил к нам? Я понять не могу, откуда он все про нас знает! **Я теряюсь в догадках.** *Ф. Достоевский, Бедные люди.* — Каким же образом этот ангелок попал во дворец? — Доктор **терялся в догадках.** Он снова попытался завязать разговор с носатым чиновником. *Ю. Олеша, Три толстяка.* Хутор **терялся в догадках,** подыскивая объяснение таким диковинным поступкам [Прокофия]. *М. Шолохов, Тихий Дон.* Все же, торопясь сказать ему хоть что-нибудь приятное, она помянула мельком, что все утро она **терялась** с Полей **в догадках,** где мог Вихров запропаститься в пути. *Л. Леонов, Русский лес*

Ср.: ума не приложу, ум за разум заходит

ТЕСТО ⊙ **8.** ⟨все⟩ мы, вы, они ⟨сделаны, испечены⟩ ↔ **из одного** ⟨**и того́ же**⟩ **те́ста** *разг., чаще неодобр. или шутл.* 'Очень похожи один на другого по поведению, характеру, взглядам и т. п.' *О человеке. Порядок компонентов фиксир.* △ we (you, they) are ⟨all⟩ cast in the same mould *часто неодобр. или шутл.*

— Что вы говорите! Значит, уж так непоправимо? — Эх, вы, голова, — воскликнул Сатурнов неожиданно ласково. — Мы с вами **из одного теста...** А то бы я с вами и говорить не стал ... я сам у нее [у Валентины Васильевны] в переделке был. *А. Толстой, Егор Абозов.* — А моя [жена], думаешь, не **из того же теста,** что ты? — Михаил и себя не пощадил. Все вы одинаковы. *Ф. Абрамов, Дом*

Ср.: ни дать ни взять *1 знач.,* как две капли воды, на одну колодку, одним миром мазаны, два сапога пара, одного поля ягода

ТЕЧЕНИЕ ⊙ **плыть по течению** *см.* П 33

ТИХИЙ ⊙ **тихой сапой** *см.* С 10

9. быть, держаться, вести себя, сидеть, ходить *и т. п.* **ти́ше воды́, ни́же травы́** *разг.* 'Очень робким, тихим, скромным' *Иногда подразумевается чрезмерная покорность, и фразеол. употр. ирон. Порядок компонентов фиксир.* △ to be ⟨as⟩ meek as a lamb

— Прежде, действительно, ловкий парень был ... никто не подходи близко, а теперь **тише воды, ниже травы;** постарел, семейным стал. *А. Чехов, Старость.* Но старик ненавидел Анну Федоровну, хотя был перед нею **тише воды, ниже травы.** *Ф. Достоевский, Бедные люди.* Я вышел в приемную. Секретарша сидела за столом **тише воды, ниже травы.** *В. Драгунский, Сегодня и еже-*

дневно. Несколько дней Дарья ходила **тише воды, ниже травы**, по вечерам раньше всех ложилась спать. *М. Шолохов, Тихий Дон*
Ср.: воды не замутит, мухи не обидит

ТО ⊙ **10. а то́** 1) 'Иначе, в другом, противоположном случае' *Употр. обычно как союз в сложн. предлож. с подразумеваемым, но не выраженным условием, реальным или нереальным. После союза обычно стоит гл. в буд. вр. или сосл. накл.* △ otherwise; or else

— Аночка, перемени руку, **а то** уснёшь! Возьми вот этот узелок, полегче. *К. Федин, Первые радости*. Думалось: «надобно что-нибудь делать с собой, **а то** — пропаду». *М. Горький, В людях*. Для [артиллеристов] было ясно: на той стороне подорвались, ослабли, уже не отвечают выстрелом на выстрел ... Жалко, что ночь, **а то** бы дали им. Ну, да ещё будет утро. *А. Серафимович, Железный поток*
Ср.: того и гляди, чего доброго, как раз 5 знач.

2) 'Но в действительности, фактически' *Употр. как союз в сложн. предлож., часто с придат. усл., и вводит часть, в которой называется реальное положение вещей, противоположное желаемым или воображаемым событиям в первой части. В первой части предлож. обычно употр. гл. в сосл. накл., во второй — в изъявл. накл.* △ but in fact

— Ты, сват, хотя бы рядом посадил Ефрема Николаевича! — сказала мать. — **А то** и место ему указываешь бабье! *С. Залыгин, Солёная Падь*. — Эх вы, рыболовы! — говорил между тем Костяков... поглядывая по временам злобно на Александра, — куда вам рыбу ловить! ловили бы вы мышей, сидя там у себя, на диване; **а то** рыбу ловить! *И. Гончаров, Обыкновенная история*. — Коли бы все были одинаково разумны, **а то** — нет! ... Один понимает, другой не понимает, а есть такие, что вовсе уж не хотят понять..! *М. Горький, В людях*
Ср.: в самом деле 3 знач., и то сказать

3) 'Поскольку' *Употр. как союз, при помощи которого выражается мотивировка необходимости, желательности какого-л. действия. В первой части обознач. просьба, требование и т. п., после союза следует гл. в форме изъявл. накл.* △ because

— Дунечка, пойдём ... А ты бы, Родя, пошёл погулял немного, а потом отдохнул, полежал ... **А то** мы тебя утомили, боюсь я. *Ф. Достоевский, Преступление и наказание*. Когда пришли домой, дед уже приготовил самовар, накрыл на стол. — Попьём чайку, **а то** — жарко, — сказал он. — Я уж своего заварю. На всех. *М. Горький, В людях*. — Надень панамку, — предложила я. — **А то** ты на чучело похожа. *М. Ганина, Тяпкин и Лёша*. — Ставь [деньги], не разговаривай, пока Птаха не рассердился. **А то** он человек горячий. *В. Распутин, Уроки французского*

4) *разг.* 'Может быть, будет (было бы) лучше, если (если бы) ... *Употр. в реплике диалога, содержащей вежливое и не очень настойчивое приглашение сделать что-л., уговаривание. Обычно употр. перед гл. в сосл. или реже в повел. накл.* △ perhaps it will (would) be better if...

— Вы уходите? **А то** бы остались еще ненадолго. — Вы уходите? **А то** останьтесь

5) *разг., редк.* 'Ладно, согласен' *Употр. в реплике диалога, содержащей неожиданное согласие на чье-л. предложение после отказа, колебаний. Обычно стоит перед гл.* давай △ all right, I agree

— Съешь еще яблоко? — Не хочется ... **А то** давай, съем!

Ср.: бог с тобой! *1 знач.*, была не была!, так и быть, и то сказать, куда ни шло *2 знач.*

6) *разг., груб.* 'Неужели' *Употр. в ритор. воскл., обознач. не очень вежливый утв. ответ на чье-л. сомнение. Обычно стоит перед словом* нет *или перед отриц. частицей* не, *за которыми следует какое-л. слово, повторяемое из предшествующей реплики* △ do you think ..?

— Неужели вы это можете сделать? — **А то** нет! Я все могу. Я взглянул в ... зеркало: лицо у меня было густо вымазано сажей. — Это Саша [*измазал*]? — **А то** [*конечно он, а не я*] я! — Смешливо кричала кухарка. *М. Горький, В людях*

Ср.: еще бы

во что бы то ни стало *см.* С 108

если на то пошло *см.* П 55

11. **и то** *разг.* 1) 'И даже более того' *Употр. как союз, указывающий на еще более узкий охват явлений, чем обознач. в предыдущей части. Иногда употр. в форме* да и то. *В первой части предлож. часто стоит слово* только, *уже указывающее на малый охват явлений* △ moreover

Мне хотелось пойти в цирк, потому что я была в нем только раз за всю жизнь, **и то** в раннем детстве. *В. Киселев, Девочка и птицелет.* И вот тут-то и нарушится между ними связь, и Мещеряков, предпринимая контрнаступление, имел бы против себя одновременно не более двух колонн, **и то** не сразу. *С. Залыгин, Соленая Падь.* — Едоков-то у меня сколько, а работница я одна, **и то** никудышная. *Ф. Абрамов, Братья и сестры.* Серпилин получил назначение на фронт только после второй врачебной комиссии, да **и то** не сразу. *К. Симонов, Живые и мертвые*

2) 'И даже несмотря на это' *Употр. как союз, при помощи которого указывается, что кто-л. добился успеха несмотря на то, что из-за больших препятствий это было почти невероятно. Обычно этим подчеркивается, что некто другой обязан добиться успеха,*

ТО

поскольку у него таких препятствий нет. Часто употр. в форме **а и то**. *После фразеол. обычно следует гл. в изъяв. накл.* △ ⟨and⟩ yet

Бойко, все не отходя от чужих ворот, подсмеивался: — А еще говорите: мы, мы — сильная команда! А у нас двух игроков недостает, **и то** голы вам забиваем. *В. Беляев, Старая крепость*
Ср.: **как бы то ни было**

3) 'Хотя более естественно было бы противоположное событие' *Употр. как усил.-выделительная частица, стоит перед гл., часто за ней следует отриц. не. Может употр. в конструкции* **даже ... и то** ... *Обычно подчеркивается, что если даже при благоприятных условиях названное событие все же не осуществляется, то оно тем более не должно осуществиться при менее благоприятных условиях* △ although the opposite would seem more likely

— ... [Генерал] из наших, из алтайских староверов, пива **и то** не пьет. *К. Симонов, Живые и мертвые.* Хотя и законы объявлены на Освобожденной территории ... так ведь жизнь в мирное время **и то** в законы не уложишь. А в военное? *С. Залыгин, Соленая Падь.* Вот Куница уедет в большой город, а мы с Петькой Маремухой останемся здесь одни ... Вдвоем уже будет не то. Разве Петька сможет заменить Куницу? Никогда. С ним даже в Старую крепость — **и то** не полезешь. *В. Беляев, Старая крепость.* — Вообще-то меня могли видеть ваши, если они наблюдали за домом этого старика. **И то** — вряд ли ... Я не видел никого. *Ю. Семенов, Семнадцать мгновений весны*

как бы то ни было *см.* Б 34

12. ни с того́ ни с сего́ 'Без видимой причины, неожиданно' *Чаще обознач. отсутствие мотивировки какого-л. поступка или отрицательного физического или психического состояния человека. Употр. как обст., чаще перед сказ., иногда после нареч.* **вдруг**. *В сказ. обычно употр. гл. сов. вида в прош. вр. Порядок компонентов фиксир.* △ for no ⟨apparent⟩ reason at all

Минька, окончив десятилетку, **ни с того ни с сего** заявил, что едет учиться на артиста. *В. Шукшин, И разыгрались же кони в поле.* Заметив, что я слежу за ним, Сергушин вдруг, **ни с того ни с сего** хитро подмигивает мне. *В. Беляев, Старая крепость.* **Ни с того ни с сего** доктору стало страшно, и он торопил кучера. *Ю. Олеша, Три толстяка.* Домой-то я не пришел, а приплелся; **ни с того ни с сего** голова у меня разболелась. *Ф. Достоевский, Бедные люди*
Ср.: **так себе** *3 знач.,* **ни за что** *1 знач.*
[*Сего — форма Р. п. ед. ч. уст. мест.* **сей**, *т. е. этот*]

13. ни то́ ни сё *разг. Порядок компонентов чаще фиксир.* 1) обычно *неодобр.* 'Нечто неопределенное, не имеющее отличительных свойств, занимающее среднее положение между противоположностями' *Об одуш. и неодуш. предметах, чаще о людях с невыразительным, безликим характером. Употр. как сказ. или как несогл. опред.* △ neither one thing nor the other; *реже* neither fish nor fowl

Герои добра и зла очень редки в жизни; настоящие хозяева в ней — люди середины, **ни то ни се**. *В. Белинский, «Кузьма Петрович Мирошев» М. Н. Загоскина.* ...в одном звуке этого слова [*миллионщик*] ... заключается что-то такое, которое действует и на людей подлецов, и на людей **ни се ни то**, и на людей хороших, — словом, на всех действует. *Н. Гоголь, Мертвые души.* Жизнь моя в Петербурге **ни то ни се**. Заботы о жизни мешают мне скучать. Но нет у меня досуга, вольной холостой жизни. *А. Пушкин, Письмо П. В. Нащокину, около 25 февр. 1833*

Ср.: ни рыба ни мясо, ни богу свечка ни черту кочерга, серединка на половинку *1 знач.*, так себе *2 знач.*

2) *редк* 'Ни плохо ни хорошо, посредственно' *Употр. как обст., обычно при гл., обознач. интеллектуальную или физическую работу человека* △ so-so

В гимназии Саша стал учиться опять **ни то ни се**; только по физике и словесности он шел хорошо. *И. Омулевский, Шаг за шагом*

Ср.: не ахти, серединка на половинку *2 знач.*, так себе *1 знач.*, ни шатко ни валко

3) *редк.* 'Ни да ни нет' *Употр. в ответной реплике диалога, обычно при гл. речи, и обознач. неопределенный ответ на чей-л. вопрос, чью-л. просьбу, чье-л. предложение и т. п.* △ neither yes, nor no

— Да что же он, согласится или нет? — В том-то и дело, что **ни то ни се**, — сказал Вронский. *Л. Толстой, Анна Каренина.* — Так вы не отказывайтесь и не соглашайтесь. — А как? — Скажите, что подумаете, что «сразу такое дело не решить», одним словом, **ни то ни се**. *Г. Матвеев, Новый директор*

14. говорить, думать *и т. п.* **о том ⟨и⟩ о сём** *разг.* 'О самых разных предметах, обстоятельствах, событиях *и т. п.*' *Заменяет их подробное перечисление. Употр. как одиночное доп. или одно из однородных доп. В последнем случае может иметь еще и обобщающее знач. по отношению к другим членам однородного ряда. Варианты* **тó да сё** (⟨**тó**⟩ **и сё, то-сё**) *при опущенном гл. могут обознач. сам разговор на разные темы. Порядок компонентов чаще фиксир.* △ to talk (think) about this and that (about one thing or another)
Вариант: **того́-сего́** *при данном варианте гл. обязателен*

Они и разговаривают между собой **о том, о сем** — о литейном цехе, о Соломоне Давидовиче, о новом здании, о бригадных делах, а также и о международном положении. *А. Макаренко, Флаги на башнях.* [Андрей:] ... Я всю ночь не спал ... До четырех часов читал ... Думал **о том о сем**. *А. Чехов, Три сестры.* — Так вот ты каков! — А ведите меня, говорит, в такую-то часть, во всем повинюсь. — Ну, его... и представили ... сюда ... Ну **то, се**, кто, как, сколько лет ... и прочее и прочее. *Ф. Достоевский, Преступление и наказание.* — Я, сударь, здесь погожу, а вы не сознавайтесь обо мне, а то требовать начнут-с, **то да се,** не дай бог ... Ступайте. *Б. Окуджава, Глоток свободы*

то и дело *см.* Д 36

то ли дело *см.* Д 37

ТОВАР ⊙ **показывать товар лицом** *см.* П 58

ТОЛК ⊙ **взять в толк** *см.* В 34

сбивать с толку *см.* С 14

ТОЛОЧЬ ⊙ **15. толо́чь во́ду ⟨в сту́пе⟩** *разг., часто неодобр.* 'Длительное время заниматься одними и теми же несерьезными, бесполезными делами' *Чаще характеризует ситуацию, когда пустые разговоры на одну и ту же тему подменяют само дело. Употр. чаще в инф. при словах* хватит, перестань(те), надоело *и т. п. Гл. во фразеол. чаще стоит на первом месте* △ to beat the air; to mill the wind

И мне казалось, — лучше положить хоть один самый маленький кирпич в здание великой медицинской науки будущего, чем **толочь воду в ступе**, делая то, чего не понимаешь. *В. Вересаев, Записки врача.* Сперва как бы с пренебрежением, как бы с досадой против самого себя, что вот, мол, и он не выдерживает характера и пускается **толочь воду**, Нежданов начал толковать о том, что пора перестать забавляться одними словами, пора «действовать». *И. Тургенев, Новь.* Новиков выступил вперед ... — Удивительно, Андрей Николаевич, сколько можно **толочь воду в ступе**? Усольцеву дайте волю, он будет еще год ковыряться. *Д. Гранин, Искатели*

Ср.: переливать из пустого в порожнее, сказка про белого бычка, чесать язык

ТОЛЬКО ⊙ **как только язык поворачивается** *см.* Я 8

кому только не лень *см.* Л 12

подумать только! *см.* П 51

только его и видели *см.* В 40

только и всего *см.* В 24

только и света в окошке *см.* С 29

только через мой труп! *см.* Т 20

этого еще только не хватало! *см.* Х 3
ТОН ⊙ **задавать тон** *см.* З 6
ТОРЧАТЬ ⊙ **торчать над душой** *см.* С 115
ТОТ ⊙ **вставать не с той ноги** *см.* В 66
в том же духе *см.* Д 65
из одного и того же теста *см.* Т 8
не из той оперы *см.* О 17
отправляться на тот свет *см.* О 35
платить той же монетой *см.* П 29
того же поля ягода *см.* Я 2
того и гляди *см.* Г 26
тот свет *см.* С 30

ТОЧИТЬ ⊙ **16. точи́ть (остри́ть) зуб (зу́бы)** *разг. Употр. обычно в наст. или прош. вр., часто после нареч.* давно. *Порядок компонентов нефиксир.* 1) на *кого-л.* 'Злясь на *кого-л.*, стремиться навредить ему, готовить *какую-л.* неприятность' △ to bear (have) a grudge against smb

— От неспособности жить кажный на кажного [*каждый на каждого прост.*] и **точит зуб**, исходит злобой. *С. Залыгин, Комиссия.* — Поймать бы этого Дыгена, — вздохнул Иван, залегая в меховой мешок. — Я давно на него **зуб точу**. *Н. Задорнов, Амур-батюшка*
Ср.: иметь зуб, сводить счеты

2) на *что-л.*, реже на *кого-л.* 'Стремиться завладеть *чем-л.* или *кем-л.*' △ to have smth, smb ⟨lined up⟩ in one's sights

Все знали про этот транспорт и, как говорил Денисов, **точили** на него зубы. *Л. Толстой, Война и мир.* — Да, хорошая будет собака ... Настоящий мордаш, — продолжал Ноздрев, — я, признаюсь, давно **острил зубы** на мордаша. На, Порфирий, отнеси его. *Н. Гоголь, Мертвые души.* Он [*Хохол*] ... заговорил о том, что мужик — человек осторожный, недоверчивый ... хочет много, и есть что взять, а — как возьмешь? Все **точат зубы** на одно и то же. *М. Горький, Мои университеты*
Ср.: глаза разгорелись

ТРАВА ⊙ **тише воды, ниже травы** *см.* Т 9
ТРЕБОВАНИЕ ⊙ **на высоте требований** *см.* В 96

ТРЕПАТЬ ⊙ **17. трепа́ть (истрепа́ть, потрепа́ть, по́ртить, испо́ртить)** ← ⟨*кому-л.*⟩ → **не́рвы** *разг.* 'Заставлять *кого-л.* волноваться, нервничать' *Чаще о человеке и его поступках. При опущенном доп. обычно подразумевается* себе. *Гл. несов. вида употр. чаще в наст. вр. и в инф. при словах* не хочу (не хотел), перестань *и т. п., гл. сов. вида в прош. вр. Порядок компонентов нефиксир.* △ to make smb worried or nervous

Не смешивать с to get on smb's nerves, to jar on smb's nerves, to set smb's teeth on edge, *обознач. непроизвольное раздражающее воздействие каких-л. неприятных звуков, странных привычек и манер и т. п.*

Вариант: **трёпка нéрвов**

— Скажи, Никита, зачем ты скрывал от меня это заявление? — Я не хотел понапрасну **трепать** тебе **нервы**. *В. Беляев, Старая крепость.* — Если пулеметы услышите, не обращайте внимания: просто **нервы треплют**. А если артиллерия станет бить, тогда милости просим в окоп. *К. Симонов, Живые и мертвые.* [*Гарри:*] Мадмуазель, стоит **трепать нервы** из-за такого парня ... Да он и хорошего удара кулака в рожу не стоит. *А. Толстой, Чертов мост*

Ср.: выходить из себя, выводить из себя, действовать на нервы, играть на нервах, тянуть жилы

трепать язык *см.* Я 10

ТРЕЩАТЬ ⊙ **18. трещáть (затрещáть, разлезáться, расползáться) по ⟨всéм⟩ швáм** 'Разрушаться *или* быть на грани разрушения, краха, развала' *В качестве подлеж. употр. мест.* всё, *сущ.* жизнь, мир, план, проект, традиция *и т. п. Употр. обычно гл. несов. вида в наст. и прош. вр. Гл. во фразеол. чаще стоит на первом месте* △ to come (fall, break) apart at the seams *чаще употр. в форме длительного времени или с гл.* begin; *в качестве подлеж. обычно употр. слова* plan, scheme, arrangement *и т. п.*; to fall (go) to pieces *в качестве подлеж. могут употр. слова* world, life, everything *и т. п.*

Мир **трещит по всем швам**, а ей дороже всего свои переживания. *А. Толстой, Хождение по мукам.* ... с грустью скажу, что традиция эта **трещит по швам**. *М. Ганина, Подборовье, Самолва, Волково. Год 1969-й.* Но, несмотря на то, что петлюровский фронт **трещал по всем швам**, атаман торжественно объявил наш город временной столицей «Петлюрии». *В. Беляев, Старая крепость*

Ср.: идти под гору *1 знач.*; песенка спета, сходить на нет *1 знач.*

трещать языком *см.* Я 10

ТРИ ⊙ **в трех шагах** *см.* Ш 1

в три погибели *см.* П 37

в три ручья *см.* Р 45

заблудиться в трех соснах *см.* З 1

от горшка три вершка *см.* В 21

с три короба *см.* К 37

ТРОГАТЬ ⊙ **19. пáльцем** ← ⟨*кого-л.*⟩ → **не трóгать (не трóнуть)** 'Не обижать, не бить' *Употр. чаще гл. сов. вида в прош. вр. м. р. Порядок компонентов нефиксир.* △ not to lay a finger on *smb*

Вариант: **пáльцем трóгать (трóнуть)** *употр. чаще в инф. при словах со знач. невозможности, недопустимости, запрета*

ТРЯХНУТЬ

— ... Он ту свою жизнь про себя хранил. Не рассказывал ... Но меня сильно жалел, не обижал. **Пальцем никогда не тронул.** *Ф. Вигдорова, Любимая улица.* — Не злой ведь я человек, ни кошку чужую, ни собаку даже — никого в жизни не обижал! ... **Пальцем ни жену, ни детей не тронул!** *Ю. Бондарев, Горячий снег.* — Я, может, и **пальцем** бы его **не тронул,** кабы он не задумал погубить нас, а он на хитрости пошел. *И. Бунин, Ночной разговор.* [Устин] вытащил из-под вороха зипунов новехонький длинный кнут... Давыдов нахмурился: — Ты мне это брось! Женщин я тебе и **пальцем тронуть не позволю.** *М. Шолохов, Поднятая целина*

ТРОНУТЬ ⊙ **пальцем не тронуть** *см.* Т 19

тронуть за живое *см.* З 7

ТРУБА ⊙ **вылетать в трубу** *см.* В 92

дело труба *см.* Д 32

пройти огонь и воду и медные трубы *см.* П 109

ТРУП ⊙ **20. ⟨только⟩ через мой труп!** *разг., часто шутл.* 'Ни при каких условиях не разрешу сделать что-л.' *Употр. как самост. предлож. для усиленного выражения категорического запрета кому-л. совершить задуманное действие. Порядок компонентов фиксир.* △ over my dead body! *разг.*

— Не дам, — трубила Маргарита Антоновна, — **через мой труп!** Это я буду мыть посуду! *И. Грекова, Хозяйка гостиницы.* — А я на то и существую, чтобы исключения не делались. Исключения только **через мой труп.** *Б. Полевой, Глубокий тыл.* — Не покорюсь я вам! Не позволю! Пущай [*пускай прост.*] **через мой труп пройдут!** *М. Шолохов, Тихий Дон*

Ср.: не может быть речи, ни за что

ТРУСЛИВЫЙ ⊙ **не трусливого десятка** *см.* Д 54

ТРЯСТИСЬ ⊙ **поджилки трясутся** *см.* П 44

ТРЯХНУТЬ ⊙ **21. тряхнуть стариной** *разг., часто шутл.* 'Сделать что-л. или поступить так, как когда-то давно, особенно в молодости' *Употр. чаще в повел. накл. и в инф. со знач. цели или при словах со знач. решимости, желания и т. п. Гл. во фразеол. чаще стоит на первом месте* △ to relive the past; to revive old customs

— Ты ведь тоже когда-то отдавал должное спорту и пописывал, в общем, дельно. **Тряхни стариной,** а? *Л. Кассиль, Ход белой королевы.* — ... для пользы вашего здоровья вам необходимо отдохнуть и развлечься ... На сих днях я беру отпуск и уезжаю понюхать другого воздуха. Докажите же, что вы мне друг, поедем вместе! Поедем, **тряхнем стариной.** *А. Чехов, Палата № 6.* Сам Корж не утерпел, глядя на молодых, чтоб не **тряхнуть стариною.** С бандурою в руках ... пустился старичина ... вприсядку.

475

ТУДА

Н. Гоголь, Вечер накануне Ивана Купала. — Ведь я, ты знаешь, от практики отказался, а раза два в неделю приходится **стариной тряхнуть** ... Случается, бедные прибегают к помощи. Да и докторов здесь совсем нет. *И. Тургенев, Отцы и дети*

ТУДА ⊙ **туда и дорога** *см.* Д 62
ТУМАН ⊙ **напускать туману** *см.* Н 20
ТУПИК ⊙ **заходить в тупик** *см.* З 21
ставить в тупик *см.* С 104

ТУРУСЫ ⊙ **22.** ⟨разводить/развести, городить (нагородить) *и т. п.*⟩ ↔ ту́русы на колёсах 'Заниматься бессмысленной болтовней, враньем' *Порядок компонентов фиксир.* △ to talk nonsense or tell lies

— Хватит **турусы на колесах** разводить! Вот уж подлинно дура. Не наше дело других судить. Помолчала бы лучше. *М. Колесников, Рудник Солнечный.* — Он отлично знал, что будет тут сидеть и смотреть на нас ... — Александр Семенович взглянул на военрука с сомнительным любопытством. — **Турусы на колесах!** Как это человек может знать, где его после смерти посадят? Поди, иной не знает даже, на каком кладбище похоронят! *Б. Лавренев, Комендант Пушкин.* В темноте я не видел выражения лубковского лица, зато в голосе его слышал неприкрытое презрение: вместо того, чтобы действовать, разводит **турусы на колесах.** *В. Тендряков, Чрезвычайное*

Ср.: напускать туману, нести чепуху, бабьи сказки

[Ту́русы — *от названия войлочных домов, улусов, у татар во времена монголо-татарского ига на Руси или от названия древнерусской осадной башни «тарасы на колесах», рассказы о которой считались фантастическими*]

ТУТ ⊙ **вот тут собака зарыта** *см.* С 97
не тут-то было *см.* Б 36

23. кто-л. ту́т как ту́т *разг.* 'Появился *где-л.* сразу в описываемый момент' *Обычно это момент, когда произошло что-л., касающееся данного существа, или когда о нем заговорили, или когда ожидалось его появление. О людях и животных. Употр. как сказ.* △ ⟨and⟩ there *he (she, etc)* is (was) ⟨already (at once)⟩ + *обст. места*

Вот выбежал во двор пес с кусочком хлеба, лег на снег закусить, а вороны уже **тут как тут.** *Г. Скребицкий, Ворона.* — Глянь, только имечко его произнесли, а он **тут как тут,** на подхвате. *Л. Леонов, Русский лес.* Стоило поставить блюдце с молоком в угол комнаты, где мы его обычно кормили, и позвать — он [бельчонок] был **тут как тут.** *М. Ганина, Тяпкин и Леша.* Когда в школе, где жили студенты, собралась молодежь из разных деревень и пришли председатель колхоза, и бригадир, и инструктор райкома партии, — агроном оказался **тут как тут**, без него не обошлось: явился и пристроился рядом с Катей. *В. Панова, Времена года*

Ср.: как из-под земли, лёгок на помине

ТЫ ⊙ **бог с тобой** *см.* Б 7

ТЫКАТЬ ⊙ **тыкать пальцем** *см.* П 57

ТЮТЕЛЬКА ⊙ **24. тю́телька в тю́тельку** *разг.* 'Абсолютно точно' *Употр. как уточн. частица или как обст. при сказ. Обычно обознач. совпадение пространственных границ предметов, совпадение событий во времени, совпадение каких-л. совокупностей предметов по количеству, совпадение содержания мыслей, сообщений разных людей. Часто обознач. совпадение с каким-л. эталоном, нормой или с тем, что ожидается в ситуации* △ exactly; to a nicety *или* to a hair *о совпадении пространственных границ предметов или содержания сообщений;* on the dot *или* on the stroke ⟨of...⟩ *о совпадении событий по времени*

Дырочки [на гимнастёрке], оставшиеся от кубиков, были заботливо примяты, а шпалы привинчены **тютелька в тютельку** там, где им и положено быть. *К. Симонов, Солдатами не рождаются.* — Ты чего ж это, зараза, мой клин скосил? — Какой твой? Не бреши! ... Я — по меже, **тютелька в тютельку**. Нам чужого не надо — своего хватает. *А. Фадеев, Разгром.* Тося решила свою задачку ... и несказанно удивилась тому, что самодельный её ответ ... **тютелька в тютельку** совпал с недосягаемым прежде для неё книжным ответом. *Б. Бедный, Девчата.* — Технологию мы соблюдали **тютелька в тютельку**. Алексей Степанович может подтвердить: он всё время присутствовал, советы давал. *М. Колесников, Изотопы для Алтунина*

Ср.: как раз *1 и 2 знач.*

[Тютелька*, вероятно, имеет историческую общность со старославянским ти́тло — знак сокращения в древней письменности и латинским* titulus — *надпись, и потому в основе образа лежит точное совпадение мельчайших деталей чего-л.*]

ТЯНУ́ТЬ ⊙ **еле ноги тянуть** *см.* В 56

25. тяну́ть (вытя́гивать/вы́тянуть) ← **из кого-л., реже кому-л., у кого-л. жи́лы** *разг.* 'Мучить кого-л. непосильным трудом, неприятными разговорами, невыполнимыми просьбами, требованиями и т. п.' *В качестве доп. употр. чаще личные мест., а также возвр. мест.* себя. *Порядок компонентов нефиксир.* △ to cause great suffering to *smb* by making *him* work too hard, by painful talks, by persistent requests, demands, *etc;* to make *smb* sweat *о непосильном труде;* to torment *smb* with *smth о просьбах, разговорах и т. п.* Тянуть из себя жилы. To sweat *one's* guts out *разг.*

— Ну, пущай, скажем, для общей пользы ты стараешься, а к чему же из людей **жилы тянуть,** заставлять их работать день и ночь? *М. Шолохов, Поднятая целина.* — Ну что вы каркаете, — сорвался Серпилин, — что вы мне **жилы тянете?** ... Разве я вам вашу станцию целой не мечтал бы отдать! *К. Симонов, Живые и мертвые.* — Сидит унтер, будто его кто врыл сюда, и хоть ты убейся, — с места не сойдет, и **жилы** у тебя **вытянет,** коли ему велят. *Б. Окуджава, Глоток свободы.* А что думать, что размышлять, **тянуть** из себя попусту **жилы?** *В. Распутин, Живи и помни*
Ср.: выжимать соки, играть на нервах, надрывать душу, трепать нервы

26. тяну́ть (потяну́ть) ← *кого-л.* **за язы́к** *разг.* 'Заставлять кого-л. сказать что-л.' *Употр. чаще в вопр. или отриц. предлож., в прош. вр., для выражения неодобр. по поводу факта чьей-л. речи. В качестве подлеж. чаще употр. мест.* кто, кто-нибудь, кто-то, *сущ.* черт, бес *и т. п., при отриц. не мест.* никто. *В качестве доп. употр. чаще личн. мест. Порядок компонентов нефиксир.* △ to force smb to say smth

— Ты тоже, Сашка, чудак ... Кто, скажи, **тянул** тебя **за язык** говорить, что мы тут стоять будем! ... Вызвался тоже, караульщик! *В. Беляев, Старая крепость.* ... бес старческого хвастовства **потянул** его **за язык** и надоумил для большего правдоподобия связать дело с историческим календарем. *Л. Леонов, Русский лес.* — А как у тебя семья, где она? — вдруг, словно кто-то **потянул** его **за язык,** спросил Синцов. — Нет у меня семьи, — странным, каменным голосом ответил Климович. *К. Симонов, Живые и мертвые.* В конце концов, что могло заставить его раскрыться перед местными спортсменами ... что сам он в прошлом имел кое-какое отношение к лыжам! Да никто его и не **тянет за язык.** *Л. Кассиль, Ход белой королевы*
Ср.: развязать язык *1 знач.*

У

УБИ́ТЫЙ ⊙ **1. спит, заснул, уснул как уби́тый (как уби́тая** *реже,* **как уби́тые)** *разг.* 'Так крепко, что невозможно разбудить' *Фразеол. употр. чаще в м. р. Гл. может стоять в любом вр., чаще в 3 л.* △ to sleep like a log *разг.;* to be dead to the world *разг.*

Сквозь осинник они выбрались на берег. — Илька спит **как убитый,** — сказал Владик и оглянулся... — Намучился, — сказал Генка. *В. Крапивин, Та сторона, где ветер.* Казалось, только он коснется постели, он уснет **как убитый** и будет спать по меньшей мере двое суток подряд. *А. Фадеев, Молодая гвардия.* — Но все равно, это случилось до моего возвращения в палату, когда я еще спала **как убитая**. *Л. Леонов, Русский лес.* Я проворно встал и подошел к мальчикам. Они все спали **как убитые** вокруг тлеющего костра. *И. Тургенев, Бежин луг*

УБИТЬ ⊙ **2. хоть убей** (*редк.* **убейте**) *разг.* 1) 'Совершенно, ни в какой степени' *Употр. для усиленного выражения невозможности вспомнить, объяснить, понять что-л., поверить во что-л., сделать что-л., несмотря на все старания. Употр. обычно перед гл., который называет соответствующее действие и стоит в 1 л. ед. ч., с отриц. не* △ for the life of *one*; to save *one's* life Хоть убей, не могу вспомнить. I can't remember for the life of me *или* I can't remember to save my life.

— Ты жил у них. Я пришел. А ты, при Але, выставил меня... — **Хоть убей,** не помню. *Д. Гранин, Однофамилец.* — А что ты понял? — спросил Петр Иваныч. — **Хоть убейте,** ничего, дядюшка, не понимаю! *И. Гончаров, Обыкновенная история.* — Поди к доске, помоги Бобырю. — Медленно выхожу из-за парты, посматриваю на ребят, а что помогать — **хоть убей,** не знаю. *В. Беляев, Старая крепость.* Устинов понял, что убеждать Матвейку, что-то ему объяснять — напрасно... Восемьдесят восемь степных порубщиков он в свое время убедить смог, а одного мальчишку не сможет, **хоть убей!** *С. Залыгин, Комиссия*

2) 'Даже под страхом смерти, ни при каких обстоятельствах' *Употр. для усиленного выражения нежелания сделать что-л. Употр. обычно перед гл., который называет соответствующее действие и стоит в 1 л. ед. ч. буд. вр. с отриц. не* △ for the life of *one*

— Мне мазь эту сама Скуратова дала, видно, нарочно подсунула. — Не поверю! — донесся до меня голос [*старика Скуратова*]... — **Убей** меня, однако, не поверю, чтобы Наташа такое допустила. *Л. Кассиль, Ход белой королевы*
Ср.: ни за что

УВИДАТЬ ⊙ **не увидать как своих ушей** *см.* В 37
УВИДЕТЬ ⊙ **не увидеть как своих ушей** *см.* В 37
УГОЛ ⊙ **непочатый угол** *см.* К 44
сглаживать углы *см.* С 43

УГОЛЬ ⊙ **3. быть, сидеть, чувствовать себя** *и т. п.* **как на ⟨горячих⟩ углях (угольях)** 'В состоянии крайнего беспокойства, волнения' *Подразумевается с трудом скрываемое нетерпение* *прервать неприятный разговор и т. п.* △ to be (feel, seem) like a cat on hot bricks (on a hot tin roof) *разг.*

Он в течение всего спора сидел, **как на горячих угольях,** и только украдкой болезненно взглядывал на Аркадия. *И. Тургенев, Отцы и дети.* Яков Лукич возле двери переступал с ноги на ногу, **словно** стоял **на горячих угольях.** Несколько раз он порывался выйти из горенки. *М. Шолохов, Поднятая целина*

Ср.: как на иголках

УГОРЕЛЫЙ ⊙ **4. как угорéлый (угорéлая, угорéлые)** *разг.*
'Очень быстро, в состоянии возбуждения ничего не замечая вокруг'
Употр. как обст. при гл., которые чаще стоят в наст. и прош. вр. При гл. бежит, бегает, мчится, несется, носится и т. п. характеризует быстрый бег человека и животных. При гл. мечется, носится и т. п. могут подразумеваться, кроме быстрого перемещения с места на место, спешка, суматоха, суета, свойственные чьему-л. образу жизни или сопровождающие какое-л. дело △ to run ⟨somewhere⟩ (run about) like mad (like *someone* possessed)

А вот природовед Половьян доволен! Он бегает по лестницам **как угорелый.** *В. Беляев, Старая крепость.* Мама была уже дома. Она цепко оглядела Ильку, сразу увидела кровоподтек... — Носишься **как угорелый** и не думаешь, что я беспокоюсь, — сказала мама. *В. Крапивин, Та сторона, где ветер.* Весь день Мишка носился **как угорелый:** то примется дрова колоть, то чинить крыльцо, то разберется с починкой обуви, и, ничего не докончив, постоянно выбегал на задворки, смотрел на дорогу: не идет ли мать. *Ф. Абрамов, Братья и сестры.* — Бедный с ума сходил, чтобы достать камелий к вечеру на бал для Анфисы Алексеевны... Мечется **как угорелый;** но дело невозможное. *Ф. Достоевский, Идиот*

Ср.: во весь дух, что есть духу, во всю ивановскую *2 знач.*, со всех ног, очертя голову *2 знач.*, без памяти *2 знач.*, на всех парах, изо всех сил *2 знач.*, сломя голову, не слышать ног под собой *1 знач.*

УДАР ⊙ **5. кто-л. в удáре** *разг. Употр. как сказ.* 1) 'В состоянии душевного подъема, вдохновения, при котором прекрасно удается какое-л. дело' *Чаще это устная импровизация, пение, музицирование и др. творческая деятельность* △ smb is in great form; smb is at his best

Вариант: не в ударе

Из гостиной раздался общий и даже натуральный смех. — Это все Виктор, — сказал Масленников, улыбаясь, — он удивительно остер, когда **в ударе.** *Л. Толстой, Воскресение.* — Да ведь мало их, таких лесов, поблизости осталось, — взял себе слово Иван Матвеич и... весь остаток вечера был **в особом ударе,** делясь своими замыслами на ближайшее десятилетие. *Л. Леонов, Русский лес.* Игорь сказал: — Милорд, могу я теперь пойти подышать свежим воздухом? — Но теперь Гонтарь был **в ударе**: — Чудак, я же тебе русским языком говорил, что по всей колонии воздух хороший! *А. Макаренко, Флаги на башнях.* Перед обедом опять составился салон... Рудин не был **в ударе**; он все заставлял Пандалевского играть из Бетховена... Басистов не спускал глаз с Рудина, все выжидая, не скажет ли он чего-нибудь умного. *И. Тургенев, Рудин*

Ср.: в форме

2) *уст.* 'Хочет, намерен' *делать что-л. Употр. перед гл. в инф.* △ *smb* wishes, intends to do *smth*

Вариант: **не в ударе**

Так он [*Потемкин*] был Екатериной расхвален за дворцы, фонтаны и примерные войска, что **не в ударе** был гневаться и карать. *О. Форш, Радищев*

УДАРИТЬ ⊙ **кровь ударила в голову** *см.* К 46

6. не уда́рить лицо́м в гря́зь 'Хорошо выполнить *какое-л.* дело, проявить себя наилучшим образом' *Подразумевается нежелание оказаться в ситуации, когда приходится стыдиться за сделанное. Часто подразумевает желание произвести эффект. Употр. чаще в инф. при словах со знач. желания, намерения, попытки, а также в буд. вр. Порядок компонентов нефиксир.* △ not to be found wanting

Целый час корпел над письмом, потому что мне хотелось написать получше и **не ударить**, как говорится, **в грязь лицом**. *Н. Носов, Дневник Коли Синицына.* Когда они шли в гости... Нина Викторовна собиралась старательно. Она... не хотела **ударить в грязь лицом** перед родней и знакомыми мужа. *Ф. Вигдорова, Семейное счастье.* — Мы не знаем, чем он любит закусывать, какое вино предпочитает. Хотя надеемся, конечно, **не ударить лицом в грязь**. *В. Драгунский, Русалочий смех.* — Как вам нравится, господин капитан, эта толпа лентяев и оборванцев? — Я, признаться... оторопел. — Чем же они лентяи?... Они строя не знают, но на то мы и призваны их учить, господин полковник. Авось, выучим, **лицом в грязь не ударим**. *Б. Окуджава, Глоток свободы*

7. па́лец (па́льцем, *редк.* **па́льца) о па́лец не уда́рить** ⟨для *чего-л.*, реже для *кого-л.*⟩ *неодобр.* 'Абсолютно ничего не сделать для достижения *какой-л.* цели или ничем не заниматься, бездельничать' *Употр. чаще в прош. вр. м. р. и буд. вр. 3 л. ед ч. В последнем случае обычно обознач. типичную черту характера человека. Порядок компонентов нефиксир.* △ not to lift a finger ⟨to help *smb*⟩

УДИВЛЕННЫЙ

Вариант: уда́рить па́льцем о па́лец *редк.*

— Украли у меня самого лучшего коня. Пришел я к нему жаловаться, а он и **палец о палец не ударил**, чтобы вора найти. *К. Седых, Даурия.* [Чебутыкин:] Как вышел из университета, так и **не ударил пальцем о палец**, даже ни одной книжки не прочел. *А. Чехов, Три сестры.* Анфиса вздохнула. Всем хорош у нее муженек, а по дому **палец о палец не ударит**. *Ф. Абрамов, Две зимы и три лета.* Но вот пришла пора, которая все за него решила, — не понадобилось **ударить и пальцем о палец**. *К. Федин, Костер*

    ударить в голову *см.* В 30
    УДИВЛЁННЫЙ ⊙ **делать удивленные глаза** *см.* Д 18
    УДОЧКА ⊙ **закидывать удочку** *см.* З 10
    попадаться на удочку *см.* П 76
    УЙТИ ⊙ **далеко уйти** *см.* П 54
    душа в пятки ушла *см.* Д 70
    УКАЗЫВАТЬ ⊙ **указывать пальцем** *см.* П 57
    УКЛА́ДЫВАТЬСЯ ⊙ **8. что-л. не укла́дывается (не укла́дывалось)** ← ⟨у кого-л.⟩ → **в голове́ (в созна́нии)** *или* **в чьей-л. голове́ (в чьем-л. созна́нии)** 'Невозможно согласиться, примириться с каким-л. явлением, осознать, что так может *или* должно быть' *Обычно употр. после слов* мысль о том, что + *придат. предлож. или в форме безл. предлож.: прош. вр. ср. р.* — *перед придат. предлож. с союзом* что, *а также в качестве слов автора перед прямой речью типа* как можно + *инф. Придат. предлож. обычно включают слова* можно, возможно, нужно, может *и т. п. Порядок компонентов нефиксир.* △ it is (was) ⟨quite⟩ beyond *smb* (*smb's* understanding) + *придат. предлож.*; *smb* can (could) not resign *oneself* (*one's* mind) to the thought that + *придат. предлож.*

Вариант: укла́дывается в голове́ (в созна́нии) *редк.*

— Сложная тема, — сказал он. Мысль о том, что ему придется делать доклад на такую тему, **не укладывалась в его сознании**. *Б. Галин, Чудесная сила.* Если у Климовича и раньше **не укладывалось в голове**, что Москва может быть взята немцами, то сейчас, около Мавзолея, это казалось вдвойне немыслимым. *К. Симонов, Живые и мертвые.* **Не укладывается в голове!** Хорошую учительницу вынуждают уйти на пенсию; вместо нее назначают другого учителя. *М. Прилежаева, Осень*

Ср. уму непостижимо, ума не приложу

    УКЛОН ⊙ **идти под уклон** *см.* И 12
    УКУСИ́ТЬ ⊙ **какая муха укусила?** *см.* М 47
    УЛЕТУ́ЧИВАТЬСЯ ⊙ **улетучиваться из головы** *см.* В 93
    УЛЕТУ́ЧИТЬСЯ ⊙ **улетучиться из головы** *см.* В 93

УЛОЖИТЬ ⊙ уложить в могилу *см.* С 35

УМ ⊙ **9. без ума́** 1) быть ↔ от *кого-л.*, от *чего-л. иногда ирон.* 'В восторге, в восхищении' *Часто об очень сильно влюблённом мужчине, иногда подразумевается излишняя театральность и преувеличенность чувства. В качестве доп. употр. чаще личн. мест. и сущ., называющие лиц, произведения и процессы творческой деятельности, зрелища и т. п.* △ to love *smb, smth* madly; to be crazy (mad) about (on) *smth*; to be out of *one's* mind ⟨with love for *smb*⟩

Но до Анны, погружённой в свои мысли, долетали лишь фамилии каких-то военных, которые будто бы все были **без ума** от симпатичной сестры [медсестры]. *Б. Полевой, Глубокий тыл.* — Ты что, поссорилась с Ричардом?.. Ну чего ты, успокойся, сколько раз вы уже ссорились. Он ведь **без ума** от тебя. Чего тебе ещё надо? *Д. Гранин, Иду на грозу.* — Он... недурён собой, то есть румян, гладок, высок, ну, всегда завит, раздушен, одет по картинке: вот и воображает, что все женщины от него **без ума**. *И. Гончаров, Обыкновенная история.* Лариса, конечно, была **без ума** от Москвы, по ней тамошняя жизнь и, надо полагать, туда со временем и уберётся... А Вере Москва не понравилась. *Ф. Абрамов, Дом*

Ср.: без памяти *1 знач.,* сходить с ума *3 знач.,* терять голову *2 знач.,* не чаять души

2) любить *кого-л.*, *редк.* что-л., влюбиться в *кого-л.*, быть влюблённым в *кого-л.* ↔ 'Очень сильно, безрассудно, забывая себя' *Характеризует не только любовь мужчины и женщины, но и отношения между детьми и родителями, воспитателями и воспитуемыми и т. п.* △ to love *smb* madly; to fall madly in love with *smb*

— Она **без ума** меня любит, вы не можете её понимать, она нежная, застенчивая. *И. Бунин, Хорошая жизнь.* Я любил мать **без ума**, до ревности. *М. Горький, Жизнь Матвея Кожемякина*

Ср.: без памяти *1 знач.,* по уши *1 знач.*

браться за ум *см.* Б 23
выживать из ума *см.* В 88
набираться ума *см.* Н 4

10. *кто-л.* **не в своём уме́** *разг.* 'В ненормальном психическом состоянии' *Обычно о человеке, странное, немотивированное поведение, или поступки, или слова, или мысли которого говорящий объясняет этим состоянием. В вопросе фразовое ударение обычно переносится на своём. Порядок компонентов фиксир.* △ *smb* is out of *his* mind (senses); *smb* is not in *his* right mind (senses)

Вариант: **в своём уме́**

... он всё как-то ёжился, как-то кривлялся; такие ухватки,

ужимки были у него, что можно было почти не ошибаясь заключить, что он **не в своем уме**. *Ф. Достоевский, Бедные люди.* — Ведь вот с тех пор и Феклиста **не в своем уме**: придет да и ляжет на том месте, где он утоп; ляжет, братцы мои, да и затянет песенку... а сама плачет, плачет, горько богу жалится. *И. Тургенев, Бежин луг.* Посидела еще, подумала, размышляя, **в своем она уме** или нет, и ушла, притворив за собой дверку с тайным, заклинающим вздохом. *В. Распутин, Живи и помни.* — Да ты **в своем уме**, Мирон? — переполошилась тетка. — И не думай даже [*затруднять себя*]. *В. Беляев, Старая крепость*

Ср.: не все дома, выживать из ума, не в себе *1 знач.*, сходить с ума

не выходит из ума *см.* В 102

сводить с ума *см.* С 38

11. кто-л. ⟨человек⟩ **себе на уме́** *разг., неодобр.* 'Скрытен, хитер, расчетливо ищет и не упустит выгоду в подходящей ситуации' *Употр. как сказ. или как несогл. опред. Порядок компонентов фиксир.* △ *smb* knows ⟨on⟩ which side *his* bread is buttered *разг.*

И девчонки были подозрительны. Это были не просто девочки, а у каждой было свое лицо, свои глазки, бровки, губки, и каждая казалась Ванде чистюлькой, **себе на уме**, кокеткой по секрету, в каждой она чуяла женщину, — и никому из них не доверяла. *А. Макаренко, Флаги на башнях.* — А что, ведь ты тоже торговлей занимаешься? — спросил я его. — Торгуем помаленьку маслишком да дегтишком... — Крепок ты на язык и человек **себе на уме**, — подумал я. *И. Тургенев, Хорь и Калиныч.* Проговорив это, Свидригайлов вдруг опять рассмеялся. Раскольникову явно было, что это на что-то твердо решившийся человек и **себе на уме**. *Ф. Достоевский, Преступление и наказание.* Демида почему-то окрестила молва человеком гордым и хитрым, из тех, что «**себе на уме**». *М. Шолохов, Поднятая целина.* ... так как жизненный опыт подсказывал ему, что правильных людей не существует, то он старался убедить себя, что Левинсон... — величайший жулик и «**себе на уме**». *А. Фадеев, Разгром*

Ср.: тертый калач, не промах

сходить с ума *см.* С 120

ума не приложу *см.* П 91

ума палата П 2

12. ⟨у *кого-л.*⟩ **ум за ра́зум захо́дит (зашёл)** *разг., часто ирон.* Кто-л. 'перестает понимать, как надо разумно рассуждать, действовать' *Обычно при длительном размышлении на одну и ту же тему или из-за сложности, а также обилия дел. Гл. во фразеол. чаще стоит на последнем месте* △ *smb* cannot think straight *разг.*

— Ах, боже мой, Дмитрий Прокофьич, вы еще не знаете: Марфа Петровна умерла! — Нет, не знаю; какая Марфа Петровна? — Ах, не знаете? А я думала, вам все уже известно. Вы мне простите, Дмитрий Прокофьич, у меня в эти дни просто **ум за разум заходит**. *Ф. Достоевский, Преступление и наказание.* — У меня **ум за разум зашел**! Ничего теперь не понимаю: не то несчастный [*народ*], не то... *И. Бунин, Деревня.* — Я же приказал адъютанту, чтоб первым долгом поздравил тебя от моего имени! Неужели только собирался приказать и забыл? Черт подери, последние дни совсем **ум за разум зашел**! *К. Симонов, Солдатами не рождаются.* ...я не думал уже о вопросе, занимавшем меня, а думал о том, о чем я думал... **Ум за разум заходил**. *Л. Толстой, Отрочество*

Ср.: сходить с ума *2 знач.*

уму непостижимо *см.* Н 30

УМЫВАТЬ ⊙ 13. **умыва́ть/умы́ть ру́ки** ⟨в *каком-л.* деле *уст.*⟩ 'Устраняться от ответственности за *какое-л.* дело, в котором участвовал, *или* от участия в *каком-л.* деле' *Подразумевается ответственность за какое-л. дело с отриц. последствиями. Часто употр. гл. несов. вида в 1 л. ед. ч. наст. вр. для обознач. отказа участвовать в предстоящем деле. Гл. во фразеол. чаще стоит на первом месте* △ to wash *one's* hands ⟨of *smth,* of it⟩

Он сказал жене, что отступается от Александра, что как он хочет, так пусть и делает, а он, Петр Иваныч, сделал все, что мог, и теперь **умывает руки**. *И. Гончаров, Обыкновенная история.* ...[*немецкий генерал*], сам уже сдавшийся, заявляет, что солдаты его дивизии все равно должны продолжать драться... И как спокойно говорит об этом! Как быстро **умыл руки**! *К. Симонов, Солдатами не рождаются.* — Где хлеб? Такой хлеб, чтоб сейчас, в эту минуту можно было грузить на машины и везти на элеватор? ... Те выполнили, **умыли руки**... у тех нет намолоченного. *В. Овечкин, Районные будни.* — Я больше в ваше воспитание не вмешиваюсь. **Умываю руки**. *А. Чехов, Отец семейства*

Ср.: в кусты, нет дела

УМЫТЬ ⊙ **умыть руки** *см.* У 13
УНЕСТИ ⊙ **унести ноги** *см.* У 14

УНОСИТЬ ⊙ 14. **уноси́ть/унести́ но́ги** *разг.* 'Убегать *или* быстро уходить, *обычно* спасаясь от опасности' *Употр. чаще гл. сов. вида в прош. вр. после нареч. еле, едва, насилу или гл. несов. вида в повел. накл. с нареч. скорей, отсюда либо в инф. при словах со знач. необходимости, возможности. Порядок компонентов нефиксир.* △ to hurry away, *usually* to escape danger

УПАСТЬ

Он едва унес ноги. He had a close shave. Пора уносить ноги. It's time we made tracks.

Заметив, что Басаврюк и на светлое воскресение не бывал в церкви, задумал было пожурить его — наложить церковное покаяние. Куды! Насилу **ноги унес**. *Н. Гоголь, Вечер накануне Ивана Купала.* — Твоя песенка спета, брат... И мой совет — **уноси** отсюда **ноги**... Я за тебя заступаться не буду. *А. Толстой, Хождение по мукам.* Но тут на помощь Шулову выглянул здоровенный пионер, кубанец Лыбатько, и Владику пришлось **уносить ноги** подальше. *А. Гайдар, Военная тайна.* [Мигаев:] Мне, говорит, хоть в Камчатку, а ты — мерзавец! Да так он это слово... выразительно выговорит, что... только подумываешь, как бы **ноги унести**. *А. Островский, Таланты и поклонники*

УПАСТЬ ⊙ **сердце упало** *см.* С 57

с луны упал *см.* С 18

с неба упал *см.* С 19

упасть духом *см.* П 1

15. яблоку негде (некуда *редк.***) упасть** *разг.* 'Народу так много, что занято все помещение и обычно очень тесно' *Употр. только в инф., для указания на прош. вр. используется гл.* было. *Употр. как сказ. в безл. предлож. в составе сложн. предлож., другая часть которого часто включает слова* тесно, много, полон, наполниться *и т. п. Может стоять при сущ. в Р. п.* народу, публики, зрителей *и т. п. Порядок компонентов нефиксир.* △ the place is filled to capacity (is jam-packed)

[Домна Пантелеевна:] Полнехонек театр, как есть, кажется, **яблоку упасть негде**. *А. Островский, Таланты и поклонники.* Меж тем комната наполнилась так, что **яблоку упасть** было **негде**... из внутренних комнат высыпали чуть не все жильцы и... гурьбой хлынули в самую комнату. *Ф. Достоевский, Преступление и наказание.* Родные съехались к умирающей, в маленькой квартирке двоюродной сестры на Петровском бульваре **негде** было **яблоку упасть**. *В. Каверин, Освещенные окна.* Одно лето приезжал в гости сын... Юра, женатый; жена Наташа... Александр Иванович поселил гостей в чуланчике при кухне... — в доме **яблоку** было **негде упасть**. *И. Грекова, Хозяйка гостиницы*

Ср.: как сельдей в бочке

УПОР ⊙ **делать упор** *см.* Д 22

УПУСКАТЬ ⊙ **16. упускать*/упустить** (*редк.* **выпускать*/выпустить**) ← *что-л.* → **из виду (из вида)** 'Забывать о чем-л., не учитывать чего-л. в своей деятельности, в своих планах' *Обычно в ситуации, когда по рассеянности или невниманию забывают о своем намерении сделать что-л. или сообщить кому-л. о чем-л.,* *не замечают каких-л. деталей явления или существенных фактов. Употр. чаще гл. сов. вида в прош. вр. На месте доп. обычно употр. мест.* это, *а также придат. предлож. с союзом* что *или инф., которые стоят после фразеол. Порядок компонентов фиксир.* △ to leave smth out of account (consideration) *в качестве доп. употр. сущ. или придат. предлож. с союзом* that; to overlook smth *в качестве доп. употр. сущ.* detail *или выражение* the fact that + *придат. предлож.*; to lose sight of the fact that + *придат. предлож. Вариант:* **не упуска́ть из ви́ду (из ви́да)**

— На прошлой неделе у нас открылась городская филармония. Большой симфонический квартет... Едем сейчас же. Как это **я упустил из виду**! *И. Ильф, Е. Петров, Золотой теленок.* Мы все почему-то вспомнили, что наш Беликов не женат, и нам теперь казалось странным, что мы до сих пор... совершенно **упускали из виду** такую важную подробность в его жизни. *А. Чехов, Человек в футляре.* — Ни о чем другом и речи нет. А в это время в сельском хозяйстве целый комплекс работ! Для будущего урожая, для будущего хлеба! Что-нибудь одно **упустишь из виду** — все расстроится. *В. Овечкин, В одном колхозе.* — О, мы слишком часто **упускаем из виду**, что дети запоминают некоторые ошибочные и болезненные манипуляции с их отцами, производимые у маленьких на глазах. *Л. Леонов, Русский лес*
Ср.: вылететь из головы

УПУСТИТЬ ⊙ **упустить из виду** *см.* У 16

УС ⊙ **и усом не повел** *см.* П 35

мотать на ус *см.* М 42

УТЕЧЬ ⊙ **17. много (немало, сколько, столько) воды́ утекло́** ← ⟨с тех пор *или* с тех пор, как...⟩ → *разг.* много и т. п. 'Прошло времени, произошло перемен' *Обычно употр. в диалоге, когда вспоминают о прошлом старые знакомые, встретившиеся после долгой разлуки. Гл. во фразеол. обычно стоит на последнем месте* △ a lot of (much) water has flowed (passed, gone) under the bridge ⟨since...⟩

— Да, много **воды утекло**, — сказал Володя. — Я теперь часто возвращаюсь мыслями к прошлому. *И. Грекова, Летом в городе.* Он уже выступал однажды в школе перед девочками. Но с тех пор много **воды утекло**, теперь он стал умнее и выступит как надо. *Ф. Вигдорова, Любимая улица.* Расцвечиваясь своей толстогубой улыбкой, он пошел обок с Пастуховым, радушно говоря, что не видались сколько лет, сколько зим, что **утекло** много **воды**, — и прочие никчемности. *К. Федин, Первые радости.* — Вот не ожидал тебя здесь встретить, — сказал [Селенин], подходя к Нехлюдову... — Много с тех пор **воды утекло**. *Л. Толстой, Воскресение*

Ср.: сколько лет сколько зим!

УХО ⊙ **держать ухо востро** *см.* Д 51

18. до ⟨**самых**⟩ **ушéй** ↔ **краснеть***/покраснеть, вспыхнуть, зардеться *и т. п. разг.* 'Очень сильно' *Часто употр. в сочет.* весь (вся) до ушей △ to blush all over *one's* face

И тут, вероятно, желая поверить, справедливо ли то, что я уже не маленькая, он взглянул на меня и покраснел **до ушей**. *Ф. Достоевский, Бедные люди.* Он, казалось, был очень стыдлив, потому что каждая малость заставляла его краснеть **до самых ушей**. *Л. Толстой, Отрочество.* Катя... с недоумением подняла глаза на Базарова, — и, встретив его быстрый и небрежный взгляд, вспыхнула вся **до ушей**. *И. Тургенев, Отцы и дети.* Молоденький капитан — переводчик... **до ушей** зарделся оттого, наверно, что Бессонов томительно долго не задавал никаких вопросов. *Ю. Бондарев, Горячий снег*

и ухом не повел *см.* П 35

медведь на ухо наступил *см.* М 17

навострить уши *см.* Н 8

не видать как своих ушей *см.* В 37

19. пó уши *разг., часто ирон. или шутл.* 1) влюбиться, быть влюбленным, втрескаться *прост.,* врезаться *прост.* в кого-л. ↔ 'Очень сильно' *Чаще характеризует отношение мужчины к женщине. Употр. обычно при гл. в прош. вр.* △ to be (fall) head over heels in love ⟨with *smb*⟩ *разг., часто шутл. или ирон.*

— Что Лапшин влюблен в меня **по уши**, в этом я уже совсем не сомневаюсь. *А. Куприн, Прапорщик армейский.* — С тобой бесполезно говорить, — сказала Валя. — Я ведь совершенно забыла, что ты **по уши** влюблена во Владимира! *Ю. Герман, Наши знакомые.* — Врезался в эту актрисочку, **по уши** врезался. *Ф. Достоевский, Бедные люди.* Маша далеко, пишет редко, и сама-то **по уши** в глупой любви. *И. Грекова, Хозяйка гостиницы*
Ср.: без памяти *1 знач.,* без ума *2 знач.*

2) ↔ ⟨завязнуть, увязнуть, быть⟩ ↔ в чем-л. 'Полностью, целиком' *Отдаться какой-л. работе, подчиниться какому-л. состоянию, настроению и т. п. Иногда подразумевается, что человек не хочет этого подчинения, но не может или не умеет ему противиться* △ to be up to *one's* (the) ears (eyes) in *smth разг.*

Когда Зиновий **по уши** влез в разработки, используя те идеи, которые обнаружил в старых отчетах Дубцова... он вдруг узнал: Дубцов жив и работает в двух часах езды от Москвы. *И. Герасимов, Пробел в календаре.* Да Самарин, скорее всего, и не замечал его, уйдя **по уши** в свои заботы. Сергей был для него просто рабочей единицей. *М. Колесников, Изотопы для Алтунина.* — ... как это ты — рабочий, большевик, — и так скоро **по самые уши** завяз в мелкособственничестве? *М. Шолохов, Поднятая целина.* — Ведь мы только болтаем, болтаем, Катюша, и — **по уши** в болоте... Так жить нельзя... Нам нужно какое-то самосожжение, очищение в огне. *А. Толстой, Хождение по мукам*

Ср.: с головой *1 знач.,* по горло *2 знач.,* не на шутку

3) ↔ быть в долгах, влезать/влезть в долги Иметь 'очень много' долгов *Подразумевается, что у кого-л. нет средств, чтобы возвратить все долги* △ to be up to one's (the) ears (eyes) in debt *разг.*

[Копров:] Объяснять вам, как я ошибся в расчетах, как запутались дела мои, как я влез **по уши** в долги, — это было бы и скучно и едва ли понятно для вас. *А. Островский, Трудовой хлеб*

прожужжать уши *см.* П 107

пропускать мимо ушей *см.* П 113

20. ⟨у *кого-л.*⟩ **ýши вя́нут** ⟨слушать *что-л.*⟩ *разг., презр. или ирон. Кому-л.* 'неприятно слушать *что-л., т. к.* это кажется ему глупым, лживым, неприличным' *Часто употр. в диалоге, как мотивация просьбы к собеседнику прекратить говорить. Обычно употр. в придат. части сложноподч. предлож. после слов* говорить такое, что... такие глупости, что... такие мерзости, что... *и т. п. Порядок компонентов фиксир.* △ it makes smb sick to hear smth

— ...я часто с ним, господа, рассуждаю и спорю... но всего чаще он выставляет такие нелепости, что **уши** даже **вянут**, ни на грош правдоподобия! *Ф. Достоевский, Идиот.* — Ну, как же: тут, покудова тебя не было, я тоже был против разных всяких слов. Вредных и непонятных! Которые и слушать-то невозможно! — Почему же невозможно? ... — снова удивился Дерябин. — **Уши вянут!** *С. Залыгин, Комиссия.* — Вас послушать — просто **уши вянут**... От вашей пошлости все женщины плачут, наверно! *Ю. Бондарев, Горячий снег.* — Если так, Надежда Романовна, — собрался с духом директор, — скажу прямо: с Ольгой Денисовной у меня был принципиальный конфликт из-за несхожести педагогических взглядов... Ребята ей такое плетут, **уши вянут**. *М. Прилежаева, Осень*

хлопать ушами *см.* Х 10

УХОДИТЬ ⊙ душа в пятки уходит *см.* Д 70

УШКО ⊙ **21.** у *кого-л.* **ýшки** (*редк.* **ýши**) **на маку́шке** *разг., иногда ирон. или шутл. Кто-л.* 'настороже, очень внимательно прислушивается к *чему-л.*, присматривается к *какой-л.* ситуации, чтобы не пропустить *чего-л.* важного *или* неожиданного' *Часто обознач. мгновенное возникновение этого состояния в ситуации, грозящей кому-л. неприятностью, опасностью. Обычно употр. после* *сочет.* сразу и, *уже и и т. п. во второй части сложн. предлож., содержащего в первой части либо частицы* чуть, только *при гл. в буд. вр., либо гл. в повел. накл.* △ smb pricks up *his* ears; smb is all ears

— ... тогда спрос [*на товар*] один был, теперь спрос другой... Так ли я говорю? Ведь на это есть спрос, штука весьма, скажу вам, капризная! ... Чуть маленько один товар позамялся [*залежался*], уж у меня **ушки на макушке**, — отчего? Другой опять тронулся шибче, — какая причина? Сейчас соображу: тут попридержу, там повыпущу! *В. Короленко, Павловские очерки.* У наших **ушки на макушке!** Чуть утро осветило пушки И леса синие верхушки — Французы тут как тут. *М. Лермонтов, Бородино.* — Ну, а любопытен я вам, а? ... — Любопытен. — Так сказать, про что я читал, что разыскивал? Ишь ведь сколько нумеров [*газет*] велел натащить! Подозрительно, а? — Ну, скажите. — **Ушки на макушке?** *Ф. Достоевский, Преступление и наказание*

Ср.: держать ухо востро, навострить уши *1 знач.*, в оба *2 знач.*, не сводить глаз *2 знач.*

Ф

ФИЛЬКИН ⊙ **филькина грамота** *см.* Г 57
ФОКУС ⊙ **выкидывать фокусы** *см.* В 90
выкинуть фокус *см.* В 90
ФОМА ⊙ **1. Фома́ неве́рующий (неве́рный)** *неодобр., иногда шутл.* 'Человек, которого невозможно заставить поверить *чему-л.*' Обычно *чьему-л.* рассказу. *Чаще употр. как сказ. Порядок компонентов фиксир.* △ a doubting Thomas

— Я тут встретил своего комиссара... Но, в противоположность ему, я **Фома неверующий.** Повторите мне свои басни! *К. Симонов, Живые и мертвые.* — Вы меня, хлопцы, не разыгрываете? — Петр возмутился: — Видал **Фому неверующего?** *В. Беляев, Старая крепость.* — Начальство из области приехало. Нашего управляющего чесать [*ругать*]. — Его начешешь! — усмехнулся Михаил. — Вот **Фома неверный!** Мужики, вру я? — Правда, правда, Михаил. *Ф. Абрамов, Дом*

ФОРМА ⊙ **2. быть, находиться, чувствовать себя в фо́рме** 'В хорошем физическом и психическом состоянии, позволяющем наиболее полно проявить свои способности, умения' *Часто о спортсменах или участниках каких-л. соревнований. Обычно ха-*

рактеризует состояние, связанное с коротким периодом времени, и часто употр. после нареч. сегодня. *Может употр. с прил.* хороший, отличный, плохой *и т. п.* △ to be in good form (in/on form)

Быть не в форме. To be out of form *обычно о спортсменах, часто также о скаковых лошадях.*

Вариант: **не в фо́рме**

— Очень важно всегда быть **в форме** — бодрым, веселым, жизнерадостным, как чешский герой Фучик. *Б. Изюмский, Алые погоны.* Хлопали не очень сильно... когда аплодисменты затихли, я услышала сзади глухой мужской голос: — Он сегодня **не в форме.** *А. Алексин, Мой брат играет на кларнете.* Однако на состязаниях под Кировом Алиса показала время еще хуже прошлогоднего и вообще оказалась **в плохой форме,** придя к финишу четвертой. *Л. Кассиль, Ход белой королевы.* Он [*мастер*] встал сутулясь, медленно вышел из комнаты, как человек, недавно перенесший болезнь. Впрочем, нет, он еще крепкий, еще **в форме,** да и лет ему совсем немного. *В. Амлинский, Ремесло*

Ср.: в ударе *1 знач.*

ФОРТЕ́ЛЬ ⊙ **выкинуть фортель** *см.* В 90

ФУНТ ⊙ **3.** ⟨это⟩ ⟨тебе, вам⟩ **не фу́нт изю́му** *разг., часто шутл.* 'Не пустяк, нечто сложное, к чему легко относиться нельзя' ⊙ *но характеризует серьезность какого-л. поступка, чьей-л. деятельности. Употр. чаще как сказ. при подлеж., обознач. объект этой деятельности. Порядок компонентов фиксир.* △ it is no joke (no laughing matter) *далее может употр. герундий;* smth is not to be sneezed at *разг.*

Я вижу все. Я ясно понимаю, Что эра новая — **Не фунт изюму** вам, Что имя Ленина Шумит, как ветр, по краю, Давая мыслям ход, Как мельничным крылам. *С. Есенин, Стансы*

[*Фунт — русская мера веса, равная 409,5 гр*]

4. знать, узнавать/узнать, испытать, понять *и т. п.* **почём фунт ли́ха** *разг.* знать *и т. п.* 'Как бывает трудно, какие тяжелые бывают испытания, несчастья, лишения' *Обычно по собственному опыту. Употр. чаще при гл. в прош. и наст. вр. Порядок компонентов фиксир.* △ to know (learn) by experience how hard life can be; to learn the meaning of life

— Попробуйте, Андрей Андреевич, поработать в оздоровительном цехе. Вы теперь знаете, **почем фунт лиха,** так что по оздоровительному делу вам и карты в руки. *В. Лидин, Морская звезда.* Мальчик [*Гаврик*] с самых ранних лет жил среди рыбаков, а одесские рыбаки, в сущности, мало чем отличались от матросов, кочегаров, рабочих из доков, портовых грузчиков, то есть самой

нищей и самой вольнолюбивой части городского населения. Все эти люди на своем веку довольно хлебнули горя и на собственной шкуре испытали, **почем фунт лиха**», что взрослые, что дети — безразлично. *В. Катаев, Белеет парус одинокий*. Конечно... ему обязательно скажут: — Кабинетный руководитель! Сам бы поездил! Сам бы узнал, **почем фунт лиха**! Сам бы... *С. Залыгин, Наши лошади*. Может, надо было ему перебеситься, перебродить, возможно, тоже понять, **почем фунт лиха**? *А. Безуглов, Следователь по особо важным делам*
[Лихо — *беда, несчастье*]

Х

ХАРАКТЕР ⊙ **выдерживать характер** *см.* В 87

ХАТА ⊙ **1. моя** (*реже* **твоя́, его́, её, на́ша, ва́ша, их**) **ха́та с кра́ю** *разг., часто неодобр.* 'Меня (тебя *и т. п.*) это не касается' *Обычно в ситуации, когда кто-л. демонстративно отказывается участвовать в деле, часто требующем мужества, решимости, большого напряжения сил. Употр. чаще как часть сложн. предлож., реже как самост. предлож. или несогл. опред. С мест.* моя *обычно употр. говорящим не по отношению к себе, а, как и с остальными мест., при характеристике слушателя или какого-л. третьего лица. Порядок компонентов фиксир.* △ it is no concern of mine (yours, *etc*); it is nothing to do with me (you, *etc*)

— Пусть бьют человека, пусть калечат, даже убить могут — тебе плевать. Сам не пойду, других держать не буду, **моя хата с краю**. *В. Тендряков, Ночь после выпуска*. — И горе, и кровь, и разруха [*во время войны*], и — новые силы в народе поднимаются... Эти новые силы нас далеко поведут вперед... теперь меньше будет таких, которые считали **«моя хата с краю»**. Всех взяло за живое. *В. Овечкин, С фронтовым приветом*. — В военной среде была исключительная обстановка, — словно извиняясь, вставил Меркулов, — мы все как-то в стороне стояли от политики — **наша хата с краю**. *М. Шолохов, Тихий Дон*
Ср.: нет дела
[Хата — *крестьянский дом в украинской, белорусской и южнорусской деревне*]

ХВАТАТЬ ⊙ **2. кто-л. звёзд с не́ба не хвата́ет (не хвата́л)** *разг., часто ирон.* 'Средних способностей, не совершает ничего яркого, выдающегося' *Употр. как сказ., часто в составе сложн. предлож. с против. или уступ. отношениями. Порядок компонен-*

тов нефиксир. △ *smb* will not set the Thames (the world) on fire
Вариант: **хватáть звёзды с нéба**

С первого взгляда можно было предположить, что он **с неба звезд не хватает,** но теперь, когда, вспотев от размышлений, он сунул свою бороду в рот и начал жевать ее, задумчиво и злобно, стало видно, что он просто дурак. *В. Каверин, Исполнение желаний.* — У нас декан очень симпатичный старикашка, **звезд с неба не хватает,** но ко мне лично относится превосходно. *Ю. Герман, Дело, которому ты служишь.* — Ах, Зайчиков, Зайчиков, — подумал Серпилин, — **не хватал звезд с неба,** когда был у меня на стажировке, служил по-разному — и лучше и хуже других, потом воевал на финской... а теперь вот лежишь и умираешь здесь, в лесу. *К. Симонов, Живые и мертвые.* Василий Васильевич не чувствовал отчаяния. Он не исключение, он такой, как все. Плохо ли **хватать звезды с неба,** но что ж поделаешь... Грустно, конечно. *В. Тендряков, Короткое замыкание*

Ср.: мелко плавает *1 знач.,* так себе *2 знач.*

насколько хватает глаз *см.* Г 18
хватать за душу *см.* Б 19
хватать через край *см.* X 7

3. Этого ещё ⟨тóлько⟩ не хватáло (недоставáло)! *разг.* 'Это совершенно недопустимо, крайне нежелательно' *Восклицание, выражающее недовольство каким-л. событием, неодобрение, возмущение, негодование и т. п. Обычно это неожиданное и неприятное событие. Может употр. как груб. и категорический запрет кому-л. делать что-л. намеченное. Употр. как самост. предлож. или часть сложн. предлож., обычно после называния действия, вызвавшего данную реакцию. Гл. обычно стоит в конце фразеол.* △ That is all *one* needed!

Вариант: **тóлько этого ⟨и⟩ не хватáло (недоставáло)**

Начинались разговоры: — Что это народ собрался — убили кого? — На Марс сейчас полетят. — Вот тебе дожили, **этого еще не хватало!** *А. Толстой, Аэлита.* С марганцевой пристани передавали, что на конце мола, где волны переносились через массив с легкостью разъяренных кошек, погасла мигалка... **Еще этого не хватало!** Вдруг ночью какой-нибудь чудак пароход вздумает укрыться от шторма в порту; без мигалки он не найдет входа и налетит на камни. *К. Паустовский, Колхида.* Валентина Егоровна знала, муж имеет основания считать Баранова одним из виновников того, что случилось с ним... а теперь — **только этого и не хватало** — ему перед отъездом на фронт еще предстоит разговор с женой Баранова. *К. Симонов, Живые и мертвые*

ХВАТАТЬСЯ

Ср.: хорошенькое дело!, ничего себе 4 знач., подумать только!, на что это похоже?, час от часу не легче!

ХВАТА́ТЬСЯ ⊙ **4. хвата́ться/схвати́ться за́ голову** *разг.* 'Испытывать состояние отчаяния, растерянности, крайнего удивления, чувство ужаса, *часто деланного*' *Как правило, и реально сделать соответствующий жест. Обычно внезапно осознав уже сделанное самим или кем-л. другим как безрассудное, нелепое, непростительное и т. п. Употр. чаще гл. сов. вида в прош. вр.; гл. несов. вида обычно употр. в многократном знач. Порядок компонентов нефиксир.* △ to clutch *one's* head in despair, perplexity, astonishment or horror

— Когда они с твоим отцом порешили жениться, я, прямо скажу тебе, **за голову схватился!** Говорю ей: — Дочка, Феклушка, разве он ровня тебе? *Г. Марков, Сибирь.* — Ты поосторожней, не увлекайся... Вот попалась мне на днях стенограмма твоей вступительной лекции в этом году: читал я и **за голову хватался.** Ну, зачем тебе снова и снова дразнить гусей, Иван? *Л. Леонов, Русский лес.* — Глупый ты мужик, Устинов, проморгаешь коня! ... После будешь **за голову хвататься!** *С. Залыгин, Комиссия.* — Но это конец? Какой же выход? ... — Какой выход! ... Драться. Драться жестоко. Разбить немцев... Вешать носы, **хвататься за голову** — не большевистское это дело. *А. Толстой, Хождение по мукам*

Ср.: кусать локти, рвать на себе волосы

5. хвата́ться (*реже* **держа́ться***) **за животы́** (**за живо́тики**, *реже* **за живо́т**, **за бока́**) *разг.* 'Очень сильно, до изнеможения смеяться' *Подразумевается, что от смеха начинаются колики в животе и за него хватаются, как бы пытаясь прекратить смех и облегчить боль. Подлеж. обычно выражено им. сущ. или мест. во мн. ч. Порядок компонентов нефиксир.* △ to be (have *smb*) in stitches; to nearly split (burst) *one's* sides ⟨laughing (with laughter)⟩

А вечером, глядишь, он уже... смеется и балагурит до самого утра и такие «выкомаривает» штучки, что другие, на него глядя, только **за животы хватаются.** *А. Куприн, Серебряный волк.* ... ругаться Ужик был великий мастер, с такими завитками выделывал, что мужики **за живот хватались.** *И. Грекова, Хозяйка гостиницы*

Ср.: покатываться со смеху

6. хвата́ться/схвати́ться за соло́минку *разг.* 'Пытаться использовать последнее и заведомо неэффективное средство для спасения *или* выхода из затруднительного положения' *Чаще употр. гл. несов. вида, гл. сов. вида обычно употр. в инф. при словах* готов, рад *и т. п. Гл. во фразеол. стоит обычно на первом месте* △ to clutch at a straw (at straws)

Но человеку свойственно отгонять мысль об ужасном, свойственно до последней минуты надеяться на что-то, ждать какого-то чуда, ждать спасения, **хвататься за соломинку**. *Ю. Юрьев, Записки.* — А знаешь, отчего мне здесь все знакомо? Тут живет мой прежний подопечный, Тонин сынишка. — Я помню, — обрадованно, словно **хватаясь за соломинку**, сказал Митя, — он еще болел корью и коклюшем! *Ф. Вигдорова, Любимая улица.* Что же, однако, случилось такого особенного, что так перевернуло его? Да он и сам не знал; ему, как **хватавшемуся за соломинку**, вдруг показалось, что и ему «можно жить, что есть еще жизнь, что не умерла его жизнь вместе с старою старухой». *Ф. Достоевский, Преступление и наказание*

ХВАТИТЬ ⊙ 7. **хвати́ть** (*реже* **перехвати́ть** *уст.;* **хвата́ть** *уст.;* **перелива́ть**) **через кра́й** *разг., часто неодобр.* 'Утратив чувство меры, сделать *или* сказать *что-л.* лишнее, неуместное' *Обычно о человеке, совершившем необдуманный, импульсивный поступок, или излишне резко осуждающем кого-л., или требующем слишком много. Употр. чаще в прош. вр. Порядок компонентов нефиксир.* △ to come (go) it a bit (rather, too) strong *разг. гл. обычно употр. в наст. недлительном времени*

— Дрязги наших двух начальников — тоже пережитки прошлых веков. — Ну, **хватила девушка через край!** — громко сказал Федосов. *В. Ажаев, Далеко от Москвы.* — Глядите на меня, как на зверя. Кричит, мол, старый хрен без толку, без смысла, черт бы его драл. А я, ей-богу, мой милый, люблю вас всех, как своих детей... Ну, ладно, ну, погорячился я, **перехватил через край** — разве же можно на старика сердиться? *А. Куприн, Поединок*
Ср.: заходить слишком далеко, сгущать краски

ХЛЕБ ⊙ отбивать хлеб *см.* О 24
хлебом не корми *см.* К 36

8. **хле́б-со́ль** (**хле́б да со́ль**) 'Гостеприимство, включающее угощение, кормление' *Употр. обычно в конструкциях* благодарить/ поблагодарить за хлеб-соль (за хлеб да соль), встречать хлебом-солью △ hospitality, *especially* food given to the guest
Благодарить за хлеб-соль. To thank for the meal (for hospitality). Встречать *кого-л.* хлебом-солью. To give *smb* a hospitable welcome.

После ужина Маруся накидывала теплый платок и бежала на партийное собрание. Рощин, поблагодарив за **хлеб-соль,** шел за глухую перегородку, в узенькую комнату. *А. Толстой, Хождение по мукам.* — Мы уезжаем, Яков Лукич. Спаси Христос тебя за **хлеб-соль**, за все. *М. Шолохов, Поднятая целина.* — Вот почему я особенно вам благодарна, Родион Романыч, что вы не погнушались моим **хлебом-солью**. *Ф. Достоевский, Преступление и наказание*
[*От старинного славянского обычая, сохранившегося до наших*

дней,— подносить при торжественной встрече хлеб и соль тому, кого встречают, для выражения уважения к нему]

ХЛОПАТЬ ⊙ **9. хло́пать глаза́ми** *разг., часто неодобр. или ирон., шутл.* 'Моргать от удивления, растерянности, непонимания, безразличия, сонливости *и т. п.*' *Часто в ситуации, когда кто-л. бездействует, хотя от него требуется активная деятельность, или молчит, не зная, что ответить. Порядок компонентов нефиксир.* △ to look at smb, smth blinking, being surprised, perplexed, not understanding, being indifferent или feeling sleepy; to look blank

Катя смотрела на нас с удивлением, старушка растерянно **хлопала глазами**, но мне было очень весело. *В. Катаев, Два капитана*.— Была вчера фельдшерица, а толку сколько? Я ей говорю, поясница болит, а она **глазами хлопает**. Она до меня знать не знала, что у человека поясница есть. *В. Распутин, Василий и Василиса*.— Конечно, бывает, сидят два человека за столом, и один испытывает удовольствие от предложенной еды, а другой сидит, только **глазами хлопает**. И опять же правильно утверждал Ансельм, что «государство вкуса имеет своих слепых и глухих». *Ю. Герман, Наши знакомые*. Отделавши осетра, Собакевич сел в кресла и уже более не ел, не пил, а только жмурился и **хлопал глазами**. *Н. Гоголь, Мертвые души*

Ср.: валять дурака 2 знач., сложа руки, хлопать ушами *1 знач.*

10. хло́пать уша́ми *разг., часто презр. О человеке. Порядок компонентов нефиксир.* 1) 'Не понимать, не воспринимать того, что слышишь' △ not to understand or perceive what *one* hears

— Затащила меня недавно жена в Дом композиторов на творческую дискуссию,— неторопливо рассказывал он... — Я в музыке профан, сижу **ушами хлопаю**. *Д. Гранин, Искатели*.— Раньше мне как с гуся вода, а теперь стыдно чего-то у доски **ушами хлопать**... С чего бы это? *Б. Бедный, Девчата*

Ср.: хлопать глазами

2) 'Не замечать, что происходит нечто нежелательное, и поэтому ничего не предпринимать, бездействовать, ротозейничать' *Обычно в ситуациях, когда от кого-л. требуется активная деятельность, чтобы пресечь какие-л. преступления, обман и т. п. либо приобрести что-л. ценное, нужное или необычное, редкое. Употр. обычно в наст. вр. после союза а в конструкциях, выражающих отношения несоответствия* △ not to notice that *smth* undesirable is happening, and therefore to remain idle

— Стыдно в городе сказать кому-нибудь, что в колонии имени Первого Мая можно безнаказанно украсть занавес со сцены. Надо... всем смотреть. А мы **ушами хлопаем**, у нас из-под носа скоро денежный ящик сопрут. *А. Макаренко, Флаги на башнях*

Ср.: сложа руки, считать ворон *1 знач.*

ХЛОПОТЫ ⊙ **хлопот полон рот** *см.* Р 22

ХМЕЛЁК ⊙ **11. кто-л. под хмельком** (*реже* **под хмелем**) *разг., часто ирон.* 'В состоянии опьянения, *обычно* несильного' △ *smb is tipsy разг.*

— Под хмельком, — определил Григорий, окидывая [*взглядом*] размякшее отцово лицо. *М. Шолохов, Тихий Дон*

ХМЕЛЬ ⊙ **под хмелем** *см.* X 11

ХОД ⊙ **12. что-л. в ⟨большо́м⟩ ходу́** 'Употребительно, принято, распространено, популярно' *Обычно о каких-л. идеях, темах разговоров, о каких-л. выражениях или словах, реже о каких-л. действиях* △ *smth is in fashion* (in vogue)

В ... речи [*товарища прокурора*] было все самое последнее, что было тогда **в ходу** в его круге и принимается еще и теперь за последнее слово научной мудрости. *Л. Толстой, Воскресение.* — ... князь, если бы вы знали, какая тема **в ходу**... Современная тема-с, современная! *Ф. Достоевский, Идиот.* В этом пансионе, где он учился, детей не секли розгами, хотя, как сказала Евгения Лаврентьевна, в других учебных заведениях розги были **в большом ходу**, и вот Бутлерова [*в дальнейшем великого химика*] за его «преступление» посадили в темный карцер. *В. Киселев, Девочка и птицелет*

13. по́лным хо́дом *Порядок компонентов фиксир.* 1) идти (*в знач.* протекать, осуществляться) *и т. п.* ↔ 'Очень интенсивно, как будто набрав скорость в движении к цели' *В качестве подлеж. обычно употр. сущ.* работа, подготовка *к чему-л.,* торговля *и др. абстрактные сущ., обознач. какие-л. развивающиеся, длящиеся события, обычно имеющие цель. Гл. чаще стоит в прош. вр.* △ to go at full speed; to be in full swing *о работе и т. п.*

Лесопилка не работала. Но штабеля кругляка и досок говорили, что еще недавно работа шла здесь **полным ходом**. *К. Симонов, Живые и мертвые.* Испытания... шли **полным ходом**, и Майе приходилось вертеться со своими инженерами до позднего вечера. *Д. Гранин, Искатели.* Подготовка к празднику пошла **полным ходом**. *А. Макаренко, Флаги на башнях*

Ср.: как нельзя лучше, на всех парах *1 знач.*

2) двигаться, направиться *и др. гл. со знач.* передвижения в пространстве 'С предельной скоростью двигаясь к цели' *О судне, поезде и т. п. При гл. обычно стоит обст., указывающее конечную цель движения* △ to go at full speed

Как только «Ослябя» вышел из строя, «Буйный» **полным ходом** направился к нему. Броненосец скоро утонул. На месте

его гибели этот миноносец оказался раньше всех. *А. Новиков-Прибой, Цусима*
Ср.: на всех парах *2 знач.*

пускать в ход *см.* П 118

14. с хо́ду 1) ↔ делать/сделать *что-л.* 'Сразу, без всякой подготовки *или* без раздумий' *В ситуациях, описывающих чьи-л. опрометчивые поступки или решения, может употр. ирон.; в ситуациях, связанных с быстрым вхождением кого-л. в какую-л. работу, с быстрым усвоением, пониманием, запоминанием чего-л. — одобр.* △ to do *smth* at once, without preparation or previous thought
Отвергать с ходу. To reject out of hand. Сказать с ходу. To say off hand (off-hand).
— К нам на финской один корреспондент приехал и что-то сказал ему [*командиру*] поперек, а он у нас на расправу скор — дал **с ходу** десять суток ареста. А тот потом, на беду, писателем оказался. *К. Симонов, Живые и мертвые*. ...я снова удивлялась, как это без подготовки, «**с ходу**» она так прекрасно говорит. *М. Ганина, Подборовье, Самолва, Волково. Год 1969-й.* — Всегда похвально, когда человек думает. Пусть ошибается, пусть заблуждается, все лучше, чем сплошное бездумье. — И все слова!... Не верю! — А ты попробуй поверить. Не отталкивай **с ходу**. *В. Тендряков, Чрезвычайное*
Ср.: с первого взгляда, под горячую руку

2) атаковать, вступать*/вступить в бой, врываться*/ворваться *и т. п.*; заговорить, закричать *и т. п.* ↔ 'Не прекращая движения' △ on the move
Танкисты ворвались в Кузьково прямо **с ходу**. *К. Симонов, Живые и мертвые*. Андрей, как всякий фронтовик, с охотой вспоминал о том ... как прорывался на танке через горящий мост. *Д. Гранин, Искатели*. У Дунаевых **с ходу** крыльцо не возьмешь: впокат, вперекос и ступеньки, и верхний настил. *Ф. Абрамов, Дом*
Ср.: с места в карьер

ХОДИТЬ ⊙ **ветер в голове ходит** *см.* В 25
за словом в карман не ходит *см.* Л 7

15. недалеко́ ходи́ть (иска́ть) 'Нетрудно указать пример в подтверждение сделанного высказывания' *Обычно берется пример, близкий собеседникам по времени, месту или роду деятельности. Употр. только в инф. и служит для связи двух предлож. или двух сказ., первое из которых содержит обобщение или описывает более широкую ситуацию, второе — более узкую, конкретную. Гл. чаще стоит в конце фразеол. Фразовое ударение ставится на* *последнем слове фразеол.* △ it is easy to find an example to support the statement made

Вариант: **недалеко́ ходи́ть за приме́ром (за приме́рами)**

[*Аркадина:*] У нас женщина обыкновенно, прежде чем заполонить писателя, сама уже влюблена по уши... **Недалеко ходить,** взять хоть меня и Тригорина. *А. Чехов, Чайка.* — Я уверена, что он и теперь вдруг что-нибудь может сделать с собой такое, чего ни один человек никогда и не подумает сделать... Да **недалеко ходить:** известно ли вам, как он... меня изумил, потряс и чуть совсем не уморил, когда вздумал было жениться на этой, как ее — на дочери этой Зарницыной, хозяйки его? *Ф. Достоевский, Преступление и наказание.* Есть расстриги [*лишенные духовного сана*], доходившие до «больших мест», есть такие, что вернулись опять к кадилу и аналою, и — **искать недалеко** — в нашем селе служит дьякон, поступивший поначалу в уголовный розыск, деливший барыши с конокрадами и ворами. *И. Соколов-Микитов, На речке Невестнице*

16. ходи́ть (*реже* **крути́ть, петля́ть**) **вокру́г** (**круго́м**) **да о́коло** *разг., часто неодобр.* 'Говорить намеками, недомолвками, не касаясь основного' *Часто в ситуации, когда кто-л. непрямыми вопросами пытается выведать у другого человека скрываемые тем намерения или непрямыми ответами завуалировать свои намерения. Гл. во фразеол. чаще стоит на первом месте* △ to beat about the bush *разг.*

Но все же Мокеев не стал открываться водителю, зачем в такую даль приехал. Водитель **вокруг да около** этой темы **походил,** но допытываться не стал. *С. Панкратов, Тревожные будни.* Глаза Андрея светились от напряжения. Ловко уклонившись от прямого ответа, он, **петляя вокруг да около,** втянул в разговор моряков. *Д. Гранин, Искатели.* — Зачем ты мне все это говоришь? — наконец не выдержала Таня. — Чтобы ты поняла меня до конца... В самом деле, я все **хожу вокруг да около...** Как-то боюсь начать. Уже неделю думаю, а только сегодня решился. *К. Симонов, Солдатами не рождаются.* Как Прасковья ни **кружилась вокруг да около,** поощряемая уточняющими вопросами Веры Федоровны, тем не менее и она пришла, наконец, к главной теме всех разговоров и воспоминаний подборовцев — к войне. *М. Ганина, Подборовье, Самолва, Волково. Год 1969-й*

17. ходи́ть на голове́ (на голова́х) *разг., неодобр. или шутл.* 'Очень шуметь, озорничать, не слушаться' *Чаще о детях. Порядок компонентов нефиксир.* △ to behave in a noisy and unruly way

— Если учитель едет на велосипеде, то что же остается ученикам? Им остается только **ходить на головах!** *А. Чехов, Человек в фут-*

ляре. Мы остались одни в комнате. Ребята никого не стеснялись и чуть ли не **на головах ходили**. Никогда я не слыхал такого шума! *Н. Носов, Елка*

Ср.: отбиваться от рук

18. ходи́ть (стоя́ть) ← ⟨перед *кем-л.*⟩ → **на за́дних ла́пках** (*реже* **ла́пах**) *разг., презр. или ирон.* 'Успешно и *обычно* лицемерно угождать *кому-л*., ни в чем не противоречить *ему*, боясь потерять *его* расположение' *Порядок компонентов нефиксир.* △ to lick *smb's* boots *разг., презр. или ирон.*

Из-за чего Молчалин **ходит на задних лапках** перед Фамусовым и перед всеми его важными гостями? — Из-за презренного металла, которым поддерживается бренное существование. *Д. Писарев, Пушкин и Белинский*

Ср.: гнуть спину перед *кем-л.*, лезть из кожи

19. ходи́ть ходуно́м (**хо́дором** *уст.*, **ходене́м** *уст.*) *разг. Порядок компонентов нефиксир.* 1) 'Сильно сотрясаться' *О неодуш. конкретных предметах, обычно от сотрясения близких к разрушению, поломке, реже о теле или частях тела человека. Употр. чаще в прош. вр.* △ to shake violently

Через полчаса его вдруг стало сильно трясти, он видел по рукам и ногам, как **ходит** весь **ходуном**, — то ли тело, долго не знавшее тепла, набрало его сразу чересчур много, то ли сказывалось нервное напряжение. *В. Распутин, Живи и помни*. Через минуту вся палуба **ходила ходуном** под десятками пляшущих ног. *А. Степанов, Порт-Артур*

2) *редк.* 'Бурно и активно, беспорядочно и суетливо двигаться, действовать' *В качестве подлеж. употр. обычно мест.* всё *и в сочет. с этим мест. сущ., называющие населенные пункты, помещения и т. п. и обознач. находящихся в них людей* △ to be in disorderly motion or activity

В поселке Первомайском все **ходуном ходило**. Навстречу Уле неслись подводы, бежали целые семьи. *А. Фадеев, Молодая гвардия*

ХОДУНОМ ⊙ **ходить ходуном** *см.* Х 19
ХОЛОДЕТЬ ⊙ **кровь холодеет** *см.* К 49
ХОЛОДНО ⊙ **ни жарко ни холодно** *см.* Ж 1
ХОМУТ ⊙ **надевать хомут** *см.* Н 9
ХОРОШЕНЬКИЙ ⊙ **хорошенькое дело!** *см.* Д 38
ХОРОШИЙ ⊙ **хорошее дело!** *см.* Д 38
ХОРОШО ⊙ **язык хорошо подвешен** *см.* Я 10
ХОТЬ ⊙ **хоть бы одним глазком** *см.* Г 23
хоть бы что *см.* Ч 20
хоть глаз выколи *см.* В 91
хоть отбавляй *см.* О 23

хоть пруд пруди см. П 115
хоть убей см. У 2
ХРЕБЕТ ⊙ **гнуть хребет** см. Г 28
ХРИСТОС ⊙ **20.** ⟨жить, быть *и т. п.*⟩ ↔ **как у Христа́ за па́зухой** *разг., часто шутл.* 'Очень хорошо, спокойно *или* в безопасности, без всяких забот и хлопот' *Чаще о человеке. Обычно подразумевается, что есть кто-л., создающий или охраняющий этот покой. Порядок компонентов фиксир.* △ to live (be) in clover

— Ну, вижу, вижу: поняли! Так вот, друзья, — и жили мы, **Как у Христа за пазухой,** И знали мы почет. Не только люди русские, Сама природа русская Покорствовала нам. *Н. Некрасов, Кому на Руси жить хорошо.* — Благодарите всевышнего, что вы сидите у болота, **как у Христа за пазухой,** — вмешался в разговор Бунчук. — На чистом наступают, а мы тут за неделю по обойме расстреливаем. *М. Шолохов, Тихий Дон.* Из невыдержанного дерева, а тем более сырого, хорошие лыжи быть не могут. А по количеству дадим. — Значит, теперь за лыжи для своей дивизии могу быть спокоен? — Считайте, **как у Христа за пазухой!** *К. Симонов, Живые и мертвые*

Ср.: кататься как сыр в масле, как за каменной стеной

[Пазуха — *пространство между грудью и прилегающей одеждой*]

Христос с тобой см. Б 7
ХУДОЙ ⊙ **на худой конец** см. К 30
ХУЖЕ ⊙ **21. ху́же** (*редк., прост.* **пу́ще**) **го́рькой ре́дьки** *разг., иногда шутл.* 1) *кто-л., что-л.* надоел (надоело), осточертел (осточертело), опротивел (опротивело) *и т. п. кому-л.* 'В высшей степени, невыносимо' △ smb is fed up to the ⟨back⟩ teeth with smth, smb

Ничего я не сказал в ответ Тимофею, потому что и без его слов коммерческое училище мне надоело **хуже горькой редьки.** *В. Беляев, Старая крепость.* Но не прошло и месяца, как осточертела ему русановская экономия [*помещичье хозяйство*] **хуже горькой редьки.** *И. Бунин, Деревня.* — Уеду куда-нибудь. Черт с тобой, с твоими идеями. Надоел ты мне **хуже горькой редьки.** *М. Колесников, Алтунин принимает решение.* — Я вот что скажу вам, дружки хорошие! Надоел мне Шубин **пуще горькой редьки,** и не из-за Нинки... а вообще надоел! *В. Липатов, Повесть без названия, сюжета и конца...*

Ср.: сил нет как

2) *что-л., кто-л.* для *кого-л.* 'Невыносимо, нестерпимо' *О чьих-л. неоднократно повторяющихся поступках, словах, о каком-л. длящемся состоянии, положении, а также о человеке* △ smth, smb turns smb's stomach (the stomach of smb)

— И так не вникнул! — смиренно отвечал Захар, готовый во

всем согласиться с барином, лишь бы не доводить дела до патетических сцен, которые были для него **хуже горькой редьки.** *И. Гончаров, Обломов.* Городского голову за нерадение от службы удалили. Тот, известно дело, рад-радехонек, для того что служба торговому человеку **хуже горькой редьки!** *М. Мельников-Печерский, Медвежий угол*

Ср.: как бельмо на глазу, набивать оскомину 2 знач., сил нет 2 знач., вот где сидит

Ц

ЦАРЬ ⊙ **1.** *кто-л.* **без царя́ в голове́** *разг., ирон.* 'Глуповат, с непредсказуемым поведением' *Часто о человеке, который не может сам выработать убеждения, линию поведения и потому легко поддается различным влияниям, или не умеет управлять своими поступками — и от него всегда ждешь самых неожиданных и нелепых выходок, или говорит сегодня одно, а завтра противоположное. Порядок компонентов фиксир.* △ smb is slightly foolish and of unpredictable behaviour; smb is not all there; smb has ⟨got⟩ a screw loose *два последних выражения имеют разг. и ирон. окраску и употр. по отношению к человеку, способному на самые нелепые поступки*

Варианты: **не без царя́ в голове́,** *у кого-л.* **нет царя́ в голове́**

Хлестаков, молодой человек лет двадцати трех, тоненький, худенький; несколько приглуповат и, как говорят, **без царя в голове,** — один из тех людей, которых в канцеляриях называют пустейшими. Говорит и действует без всякого соображения. *Н. Гоголь, Ревизор.* — А есть, знаешь, и такие, как раньше говорили: **без царя в голове.** Если его не укрепить на одном месте — сиди работай, как все, не рыпайся [*не стремись прост.*] никуда и семью не мучай, — так он до веку сам своей жизни не устроит. *В. Овечкин, Без роду, без племени.* [Таня] вдруг стала словно **без царя в голове** — счастливая, безрассудная и бесконечно доверчивая ко всем своим. *К. Симонов, Солдатами не рождаются.* — А ну-ка посмотрим, что супруг любезный? Говоришь, ветреный человек? **Без царя в голове?** — Летун, — подтвердил я. *А. Безуглов, Следователь по особо важным делам*

2. при царе́ Горо́хе *разг., ирон. или шутл.* 'Очень и очень давно' *Порядок компонентов фиксир.* △ in the year dot (one *амер.*) *разг., ирон. или шутл.*

— Точно двести лет назад родился! — бормотал Петр Иваныч: —

Жить бы тебе **при царе Горохе.** *И. Гончаров, Обыкновенная история.* — Теперь у меня в памяти, как у Лермонтова: — Ребята, не Москва ль за нами? Умрем же под Москвой!.. — Еще **при царе Горохе,** на заре века, в приходской школе учил, а вот ведь не забыл! *К. Симонов, Живые и мертвые.* — Сколько коров поставили на индивидуальное кормление, на раздой? Ни одной?! О-о, это, значит, у вас такие порядки, как еще **при царе Горохе** хозяйновали [хозяйничали прост.]. *В. Овечкин, Гости в Стукачах.* ... редчайшие заболевания ... не казались Полунину так уж необходимыми будущим молодым врачам. — Не разберешься, молодой друг, — говаривал он, — вызовешь санитарный аэроплан, не **при царе Горохе** живем. *Ю. Герман, Дело, которому ты служишь*
Ср.: с незапамятных времен, испокон века

ЦВЕТ ⊙ **в розовом цвете** *см.* С 23

ЦЕНА ⊙ **3.** *что-л., реже кто-л.* **в цене́** 'Высоко ценится' *Может подразумеваться, что поэтому дорого стоит. Чаще о предметах купли-продажи и обмена. В предлож. часто стоят обст.* тогда, в то время, теперь, сейчас, здесь, тут *и т. п.* △ *smth, smb* is at a premium

Половой, длинный и сухопарый малый лет двадцати, ... уже успел мне сообщить, что... кони, дескать, **в цене,** — впрочем, хорошие приведены [*на ярмарку*] кони. *И. Тургенев, Лебедянь.* Все здесь [*на Белой Олимпиаде*] были, как видно, заражены забавным поветрием — все весело обменивались нагрудными значками. И едва мы вышли из автобусов, как подбежавшие к нам юноши, девушки и далеко уже не молодые люди... жестами стали объяснять, что они готовы вступить с нами в меновые отношения... Видимо, советские значки были тут **в цене.** *Л. Кассиль, Ход белой королевы.* — Они тоже не дураки — голова-то твоя **в цене**... На сходах, вон, приказ читают: за поимку живого или мертвого — награда. *А. Фадеев, Разгром.* ... В ходе переписки девушка призналась, что давно уже неравнодушна к «товарищу старшему лейтенанту»... — Замуж хочет, наш брат нынче **в цене**..., — язвительно прокомментировал верный себе Кукушкин. *Б. Полевой, Повесть о настоящем человеке*
Ср.: цены нет

4. ⟨**ло́маный, ме́дный**⟩ **грош** ← *кому-л., чему-л.* → **цена́** ⟨**в базарный день**⟩ *разг., пренебр. Кто-л., что-л.* 'не представляет собой никакой ценности, не приносит никакой пользы' *Употр. часто в составе сложн. предлож. в части, выражающей следствие. Порядок компонентов фиксир.* △ *smb, smth* is not worth a brass farthing (damn, pin) *разг.*

И нам надо бы искать вот таких, у которых «сердце избо-

лелось». А кто едет в колхоз... только потому, что в райцентре ему уже больше никаких должностей не дают — **грош цена** такому председателю. *В. Овечкин, Районные будни.* — Неужели вы думаете, что я не умею отличить правду от лжи? Тогда **грош** бы мне **цена в базарный день.** *А. Безуглов, Следователь по особо важным делам.* — Ну, что у них там сейчас? Старенький сепараторишко, которому **ломаный грош цена,** который ни черта не может пропустить весенний удой, и все. *М. Шолохов, Поднятая целина.* Это неудовлетворение было вызвано необеспечением прикрытия с воздуха района выгрузки. Выслушав же оправдательные объяснения представителя ВОСО..., он взорвался: — **Грош цена** такому обеспечению! *Ю. Бондарев, Горячий снег*
Ср.: знать цену, гроша ломаного не стоит

набивать себе цену *см.* Н 3

цены нет *см.* Н 41

Ч

ЧАС ⊙ **1. в добрый час!** 'Пусть все будет счастливо, удачно' *Пожелание успеха, благополучия при начинании какого-л. дела, часто при отправлении в путь. Употр. как самостоят. предлож. или как часть сложн. предлож., в другой части которого называется соответствующее дело. Сущ. обычно стоит в конце фразеол.* △ good luck ⟨to you⟩!; more power to your elbow! *разг.*

Вариант: **час добрый!**

— В добрый час, Наташа, я не против вашего счастья, только будешь ли ты с ним счастлива? — сказала она [Екатерина Ивановна]. *П. Проскурин, Шестая ночь.* — Ну, как говорится, **в добрый час,** — сказал Емельянов... Двинулись, Владимир Ильич. *Э. Казакевич, Синяя тетрадь.* — У меня все ж таки план был обогнать вас. А? Конечно, не сразу, но так — годика в два... — Что ж, **час добрый.** *В. Овечкин, Гости в Стукачах.* Конь, чуя дорогу, беспокойно переступал, гоняя во рту мундштук. — Ну, с богом. **Час добрый,** — проговорил старик, крестясь. *М. Шолохов, Тихий Дон*
Ср.: бог с тобой *3 знач.,* на здоровье *2 знач.,* ни пуха ни пера

не по дням, а по часам *см.* Д 42

2. час от часу не легче! *разг.* 'В добавление к старым возникли новые неприятности, неожиданные затруднения' *Выражение досады, недовольства, растерянности и т. п. Употр. обычно в диалоге как самостоят. предлож.* △ in addition to the old misfortunes or difficulties there are new ones; things are (it is) going from bad to worse

— Опять изменили в любви, что ли? — Нет, в дружбе! — В дружбе! **Час от часу не легче!** *И. Гончаров, Обыкновенная история.* — Что, жив? — спросил лейтенант. — Жив, но плох. В спину его ударило. И в живот кажется. **Час от часу не легче!** Еще один. *В. Быков, Дожить до рассвета.* [*Нароков:*] Что ты удивляешься? Все это очень просто и естественно, так и должно быть, потому что я в нее влюблен. [*Домна Пантелеевна:*] Ах, батюшки! **Час от часу не легче.** Да ведь ты старик, ведь ты старый шут, какой ты еще любви захотел? *А. Островский, Таланты и поклонники*
Ср.: хорошенькое дело! подумать только! этого еще не хватало, на что это похоже?

ЧАСТЬ ⊙ **3. по ча́сти** 1) *книжн., канц., может употр. шутл.* **по части** *чего-л.*, **по** *какой-л.* **части** 'В области *чего-л.*, в каком-л. отношении' *Употр. с абстрактными сущ., обознач. какие-л. занятия, поступки человека, с прил. типа по ученой, торговой, военной и т. п., реже и обычно шутл. с конкретными сущ.* △ in respect of (to) smth
Есть трудности по части формулировок. There are difficulties in respect of the wording. Пойти по ученой (торговой) части. To go in for learning (for trade).

[*Боря*] стукнул меня по затылку — отвяжись! Ну опыт **по части** драк у меня был, за этот опыт я не раз стояла в углу. *В. Кетлинская, Вечер Окна Люди.* **По части** оформления спектаклей колонисты были не люди, а звери. Если полагалось иметь на сцене лампу с голубым абажуром, они... лампу... доставали непременно. *А. Макаренко, Педагогическая поэма.* — Тумбочек у нас хоть завались, могу даже две дать, а **по части** подушек бедствуем. *Б. Бедный, Девчата.* — Я пошел **по ученой части**, стал ветеринаром, а Николай уже с девятнадцати лет сидел в казенной палате. *А. Чехов, Крыжовник*

2) *что-л., кто-л.* **по моей** (*реже* **твоей, нашей** *и т. п.*) **части** *Что-л.* 'относится к тому, чем я (ты *и т. п.*) занимаюсь' *Употр. обычно в ответ на предложение заняться какой-л. деятельностью, чаще с отриц. не. В качестве подлеж. обычно употр. мест.* это △ smth is within my (your, *etc*) sphere of knowledge or interest
Это не по моей части. That is outside my province *или* That is not ⟨in⟩ my line *разг*. Это по моей части. That is right up my street *разг., употр. в утв. предлож.*

Узнав, что Синцов из фронтовой газеты, полковник... сказал, что корреспонденты не **по его части,** пусть Синцов дожидается здесь замполита или едет в политотдел. *К. Симонов, Живые и мертвые.* [*Павел*] был тем сто́ящим малым, каким считал его Извеков, и если случались на его пути неудачи, то он справлялся с ними...

без драм: — Драмы — это не **по** моей **части!** *К. Федин, Костер.* [*Большов (читает вслух):*] — Объявления казенные разных обществ: — Это не **по** нашей **части,** нам крестьян не покупать. *А. Островский, Свои люди — сочтёмся!* — А не педант этот барон? — спросила Александра Павловна. — Никак нет-с... О Бетховене говорил с таким красноречием, что даже старый князь почувствовал восторг... Это я, признаюсь, послушал бы: ведь это **по моей части.** *И. Тургенев, Рудин*

разрываться на части *см.* Р 10

рвут на части *см.* Р 16

ЧАША ⊙ **4. перепо́лнилась ча́ша (ме́ра)** ⟨*чьего́-л.* **терпе́ния**⟩ *ритор.* 'Нет никакой возможности терпеть, выносить' *что-л. Порядок компонентов нефиксир.* △ *smb's* patience is exhausted; *smb* is at (has reached) the end of *his* tether

Переполнилась мера моего **терпения.** Невозможно стало для меня все это слышать и видеть. *С. Аксаков, Детские годы Багрова-внука*

переполнить чашу *см.* П 19

5. ⟨**дом у** *кого-л.*⟩ **по́лная ча́ша** 'Всё есть у *кого-л.* в хозяйстве в полном достатке, в изобилии' *Употр. только в ед. ч. Порядок компонентов фиксир.* △ *smb* has plenty of everything ⟨in his house⟩

Дом у тебя **полная чаша,** наследство в амбарах поди не умещается. *Л. Леонов, Русский лес.* Мужик еще нестарый, вдовый, дети взрослые, дом — **полная чаша.** *И. Грекова, Хозяйка гостиницы.* — Как же у вас, барин, и вотчины есть? И дома есть? Стало быть **полная чаша!** И хозяйка есть? *Л. Толстой, Война и мир*

Ср.: молочные реки и кисельные берега

ЧА́ЯТЬ ⊙ **6. души́** ← **в** *ком-л.* → **не ча́ять** *разг.* 'Очень сильно, до обожания, любить' *кого-л. Чаще характеризует отношения людей разных полов или взрослых и детей. Порядок компонентов нефиксир.* △ to adore *smb*; to dote on (upon) *smb чаще о родительской или супружеской любви;* to think the world of *smb об отношении учеников к учителю и т. п.*

Все становилось известным неугасимому человеческому любопытству... И то, что жених **души не чает** в невесте, а невеста не спит ночей от горевания. *К. Федин, Первые радости.* ...[*в Кольке*] она **души не чаяла.** [*Но*] с мальчишкой в дом престарелых не очень хотели брать. *В. Распутин, Прощание с Матёрой.* Детишки в ней [*в учительнице*] **души не чаяли,** а вот из жизни взрослых... она почему-то исчезала навсегда. *С. Залыгин, Комиссия.* — И вы должны были сперва начала это понимать, ведь вы такой участливый, все вас ценят, а студенты **не чают души.** *Л. Леонов, Русский лес*

Ср.: носить на руках, без памяти *1 знач.*, сходить с ума *3 знач.*, без ума *1 знач.*

ЧЕМ ⊙ **чем свет** *см.* С 31
ЧЕПУХА ⊙ **нести чепуху** *см.* Н 32
ЧЕРЕЗ ⊙ **через голову** *см.* Г 47
через мой труп! *см.* Т 20
через силу *см.* С 67
ЧЁРНЫЙ ⊙ **держать в черном теле** *см.* Д 48
на черный день *см.* Д 41

7. чёрным по бе́лому ↔ ⟨написано, напечатано, записано *и т. п.*; написать⟩ 'Четко, ясно, недвусмысленно, вполне определенно'
Порядок компонентов фиксир. △ clearly, distinctly, without ambiguity
Не смешивать с выражением to put down in black and white, *означающим* 'изложить в письменном виде'

Ведь если бы [*Ромашов*] захотел обмануть меня, он просто показал бы газету, в которой **черным по белому** напечатано, что Саня погиб. *В. Каверин, Два капитана*. Захваченные врасплох, ее глаза сказали — и Саша прочитала в них все с такой отчетливостью, как если бы это было написано **черным по белому**: ты пришла сюда полгода назад молодая, счастливая, любимая. А теперь... *Ф. Вигдорова, Семейное счастье*. Стародубов взял со стола книжечку... раскрыл ее, полистал.— Да... Для нас написано, **черным по белому**: — Член партии... имеет право... обращаться с любым вопросом и заявлением в любую партийную инстанцию. *В. Овечкин, В одном колхозе*. Это место [*манифеста*] каждый непременно читал вслух и с торжеством оборачивался к остальным, восклицая: — Эге! Действительно — **черным по белому**: даровать неприкосновенность личности, свободу совести, слова, собраний и союзов. *В. Катаев, Белеет парус одинокий*

Ср.: как на ладони *3 знач.*

ЧЁРТ ⊙ **ни богу свечка ни черту кочерга** *см.* С 33

8. жить, быть, поселиться *и т. п.* **у чёрта на кули́чках (на рога́х)** *разг., неодобр. или шутл.* 'В очень отдаленных, *иногда* глухих местах' △ to be (live) in the back of beyond *разг., неодобр. или шутл.*

Варианты: **у дья́вола на рога́х** *прост., груб., неодобр.*; **ехать/поехать, убираться к чёрту (к чертя́м) на кули́чки (на рога́)**

Петя никогда не бывал на Ближних Мельницах. Он точно знал, что это ужасно далеко, **у черта на куличках**. *В. Катаев, Белеет парус одинокий*. Он шел домой и думал со злостью: почему ее нет? Почему я один? Почему она где-то **у черта на рогах**, когда мне плохо? *Ф. Вигдорова, Любимая улица*. Этот поселок да в Матёру бы к нам... — Ишь, чего захотела! Нет уж, я несогласная, — закричала

Клавка. — Это опять посередь Ангары, **у дьявола на рогах!** *В. Распутин, Прощание с Матёрой.* Да, глупо, пожалуй, было покинуть родные места и бежать... **к чёрту на кулички**, только из-за того, что один-единственный человек, пусть самый близкий, разлюбил его. *В. Попов, Тихая заводь*

Ср.: за тридевять земель

[Кулички — *от* кулижьки: *маленькие расчищенные лесные поляны*]

9. чём чёрт не шу́тит! *разг., фам., иногда шутл.* 'А вдруг то, о чем говорилось, сможет произойти, получиться' *Обычно в ситуации, когда предполагается осуществление желаемого, но маловероятного события или наоборот — рискованного, опасного. Употр. чаще как самост. предлож. или как вставное предлож. Порядок компонентов фиксир.* △ anything may happen; you never know (can tell); don't be too sure!

— Ну молодец! Ну молодец! — вот что было написано на лице главного механика Таежнинской сплавной конторы ... наверняка будущего директора сплавконторы... и — **чем черт не шутит!** — министерского работника. *В. Липатов, Повесть без названия, сюжета и конца.* Глядя на них [*Вовку и Клару*], ребята посмеивались, а про себя думали: а **чем черт не шутит?** *И. Грекова, За проходной.* — Он говорит, что может убить, — прошептала Саша... — А **чем черт не шутит,** — встревоженно подумала Вероника. — В конце концов, и в наши дни случаются убийства из-за ревности. *Ф. Колунцев, Утро, день, вечер.* Они ворчали на Хоботнева и спрашивали, на кой ляд ему соваться куда не следует... и вообще, **чем черт не шутит,** гроза есть гроза. *Д. Гранин, Иду на грозу*

Ср.: того и гляди, чего доброго

ЧЕСА́ТЬ ⊙ **10. чеса́ть/почеса́ть (трепа́ть/потрепа́ть) язы́к (языко́м)** *прост., неодобр.* 'Заниматься пустой бесцельной болтовней' *Иногда чтобы чем-нибудь заполнить время. Гл. обоих видов употр. чаще в инф. при словах* любить, хотеть, собраться, хочется *и т. п.; гл. несов. вида при* нечего *и т. п. и с вопросит. мест.* зачем, что же *и т. п. При фразеол. часто употр. слова* зря, напрасно, даром. *Порядок компонентов нефиксир.* △ to engage in idle talk; to wag one's tongue *употр. чаще в конструкциях* tongues (chins) are wagging *или* to get tongues (chins) wagging

Хватит языки чесать! Stop your (this) chin-wagging!

Варианты: **мозо́лить (помозо́лить) язы́к; треща́ть (моло́ть) языко́м**

Старые мужики, какие поплоше, приходили к [*Сашке*] на выгон **чесать языки.** *И. Бабель, Конармия.* — По-вашему, если меня человек слушает с интересом, значит я обязательно говорю что-то гадкое. Да? — Пускай с ним жена беседует или вон Алевтина Васильевна – она тоже **языком трепать** любит. *С. Антонов, Дело было в Пенькове.* – Жалеешь, Зинок? Ну, признайся, жалеешь. – Ну вот что, подруги мои дорогие, – устало сказала Тося, – **почесали языки**, и хватит. Нечего, это самое, диспут устраивать... Моя жизнь, что хочу, то и делаю. *Б. Бедный, Девчата*

Ср.: переливать из пустого в порожнее, толочь воду в ступе

ЧЕСАТЬСЯ ⊙ **руки чешутся** *см.* Р 41

ЧЕСТНЫЙ ⊙ **давать честное слово** *см.* Д 4

ЧЕСТЬ ⊙ **пора честь знать** *см.* П 81

11. ⟨делать/сделать *что-л., часто всё*⟩ → **честь чéстью** *или реже* **честь по чéсти** *разг., иногда шутл.* 'Так, как полагается, как принято' *Употр. чаще при гл. сов. вида* △ to do *smth* (everything) properly

... он разрешил построить установку, взять деньги, людей и раздобыть высоковольтный ртутник – в общем, сделать все **честь чéстью**. *Д. Гранин, Иду на грозу.* Кузьма Кузьмич, удовлетворенно крякнув, потер зазябшие руки и начал обряд – быстро, весело, то бормоча скороговоркой, то гудя за дьякона, то подпевая, но все – **честь чéстью**, слово в слово, буква в букву, как положено. *А. Толстой, Хождение по мукам.* Вчера вечером в избушку на курьих ножках заезжал местный ударник. – Сначала-то он **честь чéстью** сел и водки потребовал, – говорила Мануйлиха, – а потом и пошел, и пошел. – Выбирайся, говорит, из хаты. *А. Куприн, Олеся.* – Та-ак-с! – протянул Тихон Ильич, услыхавши это. – И что же, позвольте спросить, так и напечатали: сочинение Кузьмы Красова? – Все **честь честью**, – ответил знакомый. *И. Бунин, Деревня*

ЧЕТА ⊙ **12.** *кто-л., реже что-л.* **не четá** ↔ *кому-л., чему-л. или* **не** *кому-л., чему-л.* **четá** *разг.* 'Лучше, выше по своим качествам, достоинствам и т. п., чем кто-л., что-л.' *Обычно в контексте имеются прил., обознач. положительные или отрицательные свойства кого-л. или чего-л. Часто о человеке, который переоценивает свои достоинства и высокомерен в общении, а также об одном из партнеров, собирающихся вступить в брак* △ there is no comparison between *smb, smth* and *smb, smth; smb, smth* is a cut above *smb, smth разг.*

Не смешивать с smb is no match for *smb или* smb, smth is not a patch on *smb, smth, означающими* 'хуже, ниже по своим качествам'

– ...она из магазина выходит, в карету садится. Так меня тут и прожгло. Встречаю Залёжева, тот **не мне четá**, ходит как приказчик от парикмахера, и лорнет в глазу, а мы у родителя в смазных сапогах да на постных щах отличались. Это, говорит, **не тебе четá**,

ЧЕТЫРЕ

это, говорит, княгиня. *Ф. Достоевский, Идиот.* — Помните, вы мне говорили, без полного равенства нет любви... Вы для меня слишком высоки, вы **не мне чета**... Вам предстоят занятия, более достойные вас. *И. Тургенев, Рудин.* — Вот это точный прибор, — сказал из-за плеча Усольцев. — **Не чета** старому. *Д. Гранин, Искатели.* Оно, конечно, городишко **не чета** Москве: и улицы травой заросли, и дома помельче. *Л. Леонов, Русский лес*
Ср.: в подметки не годится, не пара, не в пример

ЧЕТЫРЕ ⊙ **как дважды два четыре** *см.* Д 11

на все четыре стороны *см.* С 113

ЧИСЛО ⊙ **13. задним числом** *разг. Порядок компонентов фиксир.* 1) подписать, пометить, отметить, оформить *и т. п.* ↔ 'Прошедшей, более ранней датой, чем момент подписи' △ to antedate a document

Когда похоронили Антона Васильевича, Николай исчез куда-то на две недели, никто не знал, куда; вернулся тихий, пришибленный, его собирались уволить за прогул, но вмешался Узелков, оформил ему **задним числом** отпуск без содержания. *И. Герасимов, Пробел в календаре*

2) оценить, понять что-л. *и т. п.;* испугаться, переживать *и т. п.* 'Позже, через некоторое время после события' △ to assess (understand, etc) smth in retrospect

Тогда-то... и созрел у него сверхсатанинский план... забросить своего человечка в недра царской охранки: не оставалось сомнений, что Слезнев **задним числом** одобрит его [*Саши Грацианского*] затею. *Л. Леонов, Русский лес.* Проснулся, вспомнил, что с ним, где он, и **задним числом** испугался этой так беспечно проведенной в лесу ночи. *Б. Полевой, Повесть о настоящем человеке.* Телегин замедленно-спокойно, как всегда у него бывало в таких происшествиях (переживания начинались потом уже, **задним числом**), нажимал гашетку револьвера, закрытого на предохранитель. *А. Толстой, Хождение по мукам.* [*Серпилин*] несколько раз вспоминал об этом разговоре... И чем ему труднее это давалось, тем разговор **задним числом** казался тяжелее. *К. Симонов, Живые и мертвые*

нет числа *см.* Н 38

ЧИСТЕЙШИЙ ⊙ **чистейшей воды** *см.* В 50

ЧИСТЫЙ ⊙ **выводить на чистую воду** *см.* В 86

принимать за чистую монету *см.* П 93

чистой воды *см.* В 50

ЧТО ⊙ **вот в чем собака зарыта** *см.* С 97

вот оно что *см.* В 61

во что бы то ни стало *см.* С 108

в случае чего *см.* С 88
в чем мать родила *см.* М 12
как ни в чем не бывало *см.* Б 30
мало ли что *см.* М 6
на чем свет стоит *см.* С 26
на что это похоже *см.* Э 1
не бог весть что *см.* Б 10

14. ни за что́ ⟨**на све́те**⟩ *разг.* 'Ни при каких условиях, никогда' *Усиленное выражение нежелания совершить действие, согласиться с чьим-л. предложением или отрицание возможности события. Употр. как обст., чаще при гл. сов. вида с отриц. не в буд. вр., а также в сложноподч. предлож. с усл. или уступ. придат.* △ never *употр. обычно с гл. в усл. накл.;* for ⟨all⟩ the world *или* for everything ⟨in the world⟩ *или* for all the tea in China *разг., употр. с отриц. для выражения несогласия, нежелания, невозможности сделать что-л.*

Я ни за что тебе не скажу. I will never tell you *или* I will not tell you for anything *или* I will not for the world tell you *или* I will not tell you, not for anything (not for the world) *или* Nothing in the world will make me tell you.

Игорь уносит под мышкой огромный том Шекспира, на него по дороге с уважением смотрят пацаны, — им **ни за что** не дадут такую большую, красивую книгу. *А. Макаренко, Флаги на башнях.* В такой ветер перевозчики **ни за что** не решатся перегнать [паром] на этот берег. *К. Паустовский, Колхида.* Ах, если бы только знали они, до какой беды доведет их эта ссора, то **ни за что** бы в этот день они не поссорились! *А. Гайдар, Чук и Гек.* Иван Кузьмич, хоть и очень уважал свою супругу, но **ни за что** на свете не открыл бы ей тайны, вверенной ему по службе. *А. Пушкин, Капитанская дочка*

Ср.: вот еще! не может быть и речи, через мой труп, хоть убей 2 знач., этого еще не хватало!

15. ни за что́ ⟨**ни про что́** *разг.*⟩ *или* **ни за́ что ни про́ что** *разг.*
1) ↔ обижать/обидеть, ругать, ударить *кого-л.*, убить *и т. п.* 'Без всякой причины, без всяких оснований, поводов' *Употр. чаще при гл. сов. вида* △ for no reason at all; without rhyme or reason; just like that

Она как бы стала его пособницей в неоправданном подозрении, обидела **ни за что** ни про что девушку. *В. Лидин, Ягелев.* В ту пору мужики к ней близко не подходили, должно быть, чуяли: Ефрем голову **ни за что** может отвернуть. *С. Залыгин, Соленая Падь.* Сначала все девицы надо мной смеялись, дразнили меня ... жаловались на меня **ни за что** ни про что гувернантке.

Ф. *Достоевский, Бедные люди.* — Вот тебе и свадьба! — думал он про себя... — Придётся отказать доброму человеку **ни за что ни про что**. *Н. Гоголь, Сорочинская ярмарка*

Ср.: так себе 3 знач., ни с того ни с сего

2) пропадать/пропасть, погибать/погибнуть *и т. п.* ↔ 'Бесполезно, бесцельно, зря' △ to no purpose; for nothing

— Про то, что я вам сказал, вы никому не говорите, я на то права не имел, но люди вы свои, и мне жалко, коли вы пропадёте **ни за что**. *А. Фадеев, Молодая гвардия.* — Ребят жалко, — сказал он [*Рогачев*] задумчиво... — Пропали **ни за что**. На войне бы — не обидно. *П. Проскурин, Тайга.* Не верится что-то, чтобы так просто мог умереть человек... Грустно подумать, что этак в самом деле ни дня ни часа не ведаешь... Погибаешь этак **ни за что**. *Ф. Достоевский, Бедные люди.* [*Домна Пантелевна:*] Смиренничай да смиренничай — и проживёшь всю жизнь так, **ни за что**; и вспомянуть будет нечем. *А. Островский, Таланты и поклонники*

16. ни к чему́ *разг.* 1) *что-л. редк. кто-л.* ⟨*кому-л.*⟩ 'Не нужно (не нужен) для употребления, для использования *или* для общения' *В ситуациях, когда кто-л. обходится без каких-л. вещей, предметов или когда утверждается, что им лучше вообще не существовать. Употр. чаще при конкретных сущ.* △ smb has no use for smth, smb

— Стыдно, Алёшенька, — сказал Остап, — станьте, как полагается, древнему витязю... Итак, богатыри, по какой дороге ехать?... Витязям асфальт **ни к чему**... Нет, богатыри, нам не ехать по асфальтовой дороге. *И. Ильф, Е. Петров, Золотой телёнок.* [*Доктор*] подарил маме платяной шкаф. — Всё равно, говорит, мне он **ни к чему**, а вам пригодится. *В. Беляев, Старая крепость.* — До чего унылая решётка, сказала Софочка. — Решётка должна украшать. — По-моему, она **ни к чему**, — возразила Марина. — Хорошо, когда сад открытый. *Д. Гранин, Искатели.* Сколько лет не вспоминала,.. а сейчас ожило в памяти такое, что и совсем **ни к чему**. *В. Кетлинская, Вечер Окна Люди.* — Даже бабы — некоторые — если с ними говорить по душе — и они понимают. — **Ни к чему** он для меня. *М. Горький, Мои университеты*

Ср.: не к месту

2) делать *что-л.* 'Незачем, нет необходимости' *В случаях, когда какие-л. действия не соответствуют ситуации или бесполезны, бесцельны. Вместо гл. могут употр. отглагольные сущ. или мест.* это △ there is no need to do smth (for smth)

— Живой, выходит, остался... А вот Сашку убили... — Раздражаясь всё больше и больше, Василиса ушла в горницу. Переодеваться она не стала, **ни к чему**. *В. Распутин, Василий и Васи-*

лиса. Илья [отвернулся], подумал немного и захлопал. Его поддержали, но неуверенно: многие считали, что аплодисменты тут **ни к чему.** *В. Шукшин, Внутреннее содержание.* ... буйством я не отличаюсь, даже на рождество, и уж если пригублю, то самую малость, да и то с вашего благословения, так что мне столичные разгулы эти и **ни к чему,** вздор это. *Б. Окуджава, Глоток свободы.* Я и сама, другой раз, остановлюсь афишку прочесть, хоть и **ни к чему** мне это, а смотришь – и знакомую фамилию увидишь. *В. Лидин, Парадиз*

3) ⟨*что-л.*⟩ *кому-л. Кто-л.* 'не заметил *чего-л.,* не учел *чего-л.,* не прореагировал на *что-л.' О чьих-л. поступках или словах, которые кто-л. не считает относящимися к себе. Употр. обычно после противит. союза а* △ smb does (did) no take (pay) a blind bit of notice *разг.*

— ...однажды [я] забыл, что пост, принес домой кольцо колбасы... Сижу себе на завалинке и жую... А... в хате батька священное писание читает. А мне **ни к чему**... батька... выпорол здорово. Больно. *В. Беляев, Старая крепость*

Ср.: пропускать мимо ушей

ни на что не похоже *см.* П 84

17. ни при чём I *разг. Часто с обст.* здесь, тут. *В вопр. предлож. употр. в форме* при чем? 1) *Кто-л.* 'не причастен к *какому-л.* делу, не виноват в *чем-л.' Чаще в связи с какими-л. предосудительными поступками, с каким-л. несчастьем, с нанесенной кому-л. обидой* △ smb has nothing to do with it

Какой-то пасквилянт нарисовал в смешном виде меня и еще одну особу, нам обоим близкую. Считаю долгом уверить вас, что я тут **ни при чем.** *А. Чехов, Человек в футляре.* — И потом, извините меня, прямо скажу: судьи, я знаю, придрались к нашим. На дистанции запутали... — **Ни при чем** тут судьи, — возразил Чуднов. — Просто техники у ваших не хватает. *Л. Кассиль, Ход белой королевы.* — Опять ставите кособокие перегородки. — Тут уж мы **ни при чем,** Марина Сергеевна, — сердито сказал прораб. — Такие нам привозят с завода. *Д. Гранин, Искатели.* — Черт меня связал веревочкой с тобой и с Егором!... Сиди здесь и жди!... — Сочувствую, — мирно ответил Мефодий. — Но **при чем** здесь мы с Егором? Мы тоже страдаем. *К. Федин, Первые радости*

2) *Что-л.* 'представляет собой посторонний факт, событие, не является причиной *каких-л.* событий, не связано с тем, что обсуждается' △ smth has nothing to do with it; smth is neither here nor there

[*Соня:*] А ты, дядя Ваня, опять напился с доктором... В твои годы это совсем не к лицу. [*Войницкий:*] Годы тут **ни при чем.**

Когда нет настоящей жизни, то живут миражами. *А. Чехов, Дядя Ваня*. Аничков перепугался и торопливо согласился: вполне вероятно, повреждены обмотки [*генератора*]... Молодой инженер отдела Захарчук, хотя его никто не спрашивал, высказал мнение, что обмотки **ни при чем**. *Д. Гранин, Искатели*. Рая сказала, что ей очень неприятно, так как она, видимо, портит Антонине настроение своим присутствием. — С ума сошла? — Ум **ни при чем**. Я ясно видела, что ты хочешь меня спровадить. *Ю. Герман, Наши знакомые*. Обманывая себя, Дементьев думал, что любуется лишь ловкими пальцами Анфисы [*машинистки*], а красота ее тут совсем **ни при чем**. *Б. Бедный, Девчата*

18. оставаться/остаться ↔ **ни при чём II** *разг.* 'Безо всего, часто без того, на что рассчитывал, надеялся, чего добивался' *Гл. несов. вида чаще употр. в многократном знач.* △ to be left with nothing; to be left out in the cold; to be a fool for *one's* pains *реже*

[*Олимпиада Самсоновна*:] Что ж, тятенька, нельзя же нам самим **ни при чем** остаться. Ведь мы не мещане какие-нибудь... Что ж мне прикажете отдать вам деньги, да самой опять в ситцевых платьях ходить? *А. Островский, Свои люди — сочтемся!*

Ср.: на бобах, вылетать в трубу, между небом и землей *2 знач.*, с пустыми руками, ни с чем

19. оставаться/остаться, оставлять/оставить, уходить/уйти, возвращаться/возвратиться, вернуться *и т. п.* ↔ **ни с чём** *разг.* 'Безо всего или без того, на что рассчитывал, надеялся, чего добивался' *Чаще в ситуации, связанной с недостигнутой целью какой-л. деятельности или с утратой духовных, а не материальных ценностей. Употр. чаще при гл. сов. вида или несов. вида в многократном знач.* △ to be left with nothing; to be left out in the cold; to be a fool for *one's* pains *реже*

Попасть [*в шарик*] было неслыханно трудно. Любители, войдя в азарт, просаживали по десять-пятнадцать пуль и чаще всего уходили **ни с чем**. *В. Катаев, Белеет парус одинокий*. Охотники, потеряв след, облазив все ближние овраги, вернулись к себе в деревню **ни с чем**. *Ю. Казаков, Тедди*. Как же сказать, как объяснить им ... что не оправдала их надежд тетя Наташа, оплошала в Москве и возвращается **ни с чем**, раз навсегда закаявшись пытать свое счастье на большой лыжне. *Л. Кассиль, Ход белой королевы*. Как быстро, как никчемно пролетают в суете дни... — Так и лишаем себя радостей, — с грустью подумала Наталья Львовна. — Торопимся, спешим, добиваемся, а в результате остаемся **ни с чем**. *И. Герасимов, Пробел в календаре*

Ср.: на бобах, вылетать в трубу, с носом, с пустыми руками, ни при чем

20. хоть бы чтó *разг. Часто употр. в сложн. предлож. после союзов а, и* 1) *неодобр.* **что-л.** ⟨**кому-л.**⟩ 'Безразлично, не трогает, не волнует' *кого-л. Обычно подразумевается чье-л. равнодушие к чужим несчастьям, неудачам или отсутствие у кого-л. стыда при обвинениях* △ smb does not care (give) a damn (a farthing, a pin) *разг., неодобр.*

— Вот тот, сидит в короне — он и носом не повел: приказал казнить разбойника... Глядит, ехидна, как вольная кровушка с секиры на землю капает, и **хоть бы что**. *К. Федин, Первые радости.* Пришел посетитель, разумеется с жалобой... — Что за учителя у вас! Бездушные. Скоро неделя, как мальчишка не ходит, а им **хоть бы что!** Никто и не хватится. *М. Прилежаева, Осень.* — Иду мимо лошадиных станков, чужие кони стоят, — мне **хоть бы что**, а как до своего дойду, гляну на его спину с черным ремнем.., на меченое левое ухо, и вот засосет... *М. Шолохов, Поднятая целина.* Перед избой — палисад, такой высокий, что петуху не перелететь. — Жмотина [*скряга, скупая прост.*], — объяснил Иван Саввич... — Самовольно оторвала под огород кусок улицы и **хоть бы что**. *С. Антонов, Дело было в Пенькове*
Ср.: ни жарко ни холодно, и горя мало *1 знач.*, нет дела, бровью не повел

2) *кому-л. или реже кто-л.* **хоть бы что** *на кого-л. что-л.* 'Никак не действует, не ухудшает его состояния, никак не отражается на нем' *Обычно при воздействии холода, усталости и др. неблагоприятных фактов* △ smb is not affected by smth; smb is none the worse for smth

Кончилось заседание, все выходили из табачного дыма желтые и раскисшие, а Наде **хоть бы что**... обмахнув пуховой щеки, чтобы смягчить румянец, отправлялась к машине расшифровывать стенограмму. *В. Панова, Времена года.* Можно было позавидовать выносливости старика. Ему **хоть бы что**. Кузьмин же чувствовал себя изнуренным. *Д. Гранин, Однофамилец.* — Клуб у вас есть — и ладно пока. А про стужу вам и говорить совестно. Вы молодые, в валенках, а я вон как одет, и мне **хоть бы что**. *С. Антонов, Дело было в Пенькове.* Десять идут, спотыкаясь, качаясь от ветра. Еле идет Марютка. А поручик **хоть бы что**. Побледнел только немного. *Б. Лавренев, Сорок первый*
Ср.: как ни в чем не бывало, как с гуся вода, и горя мало *2 знач.*

чего доброго *см.* Д 57
чем черт не шутит! *см.* Ч 9
что греха таить *см.* Т 1
что есть духу *см.* Е 2

ЧУВСТВОВАТЬ

    что и говорить *см.* Г 32
    что ни говори *см.* Г 33
    что попало *см.* П 70
    чуть что *см.* Ч 22
    ЧУВСТВОВАТЬ ⊙ **давать себя чувствовать** *см.* Д 3
    не чувствовать ног под собой *см.* С 89
    ЧУЖОЙ ⊙ **с чужого плеча** *см.* П 32
    чужими руками жар загребать *см.* З 5
    ЧУТЬ ⊙ **21. чу́ть не** 'Почти' *Употр. как ограничительная частица, обычно перед гл. в прош. вр., а также перед другими словами с качественным или количественным знач. В отличие от* почти, *не употр., если при сказ. есть отриц.* не *или в предлож. есть отрицат. мест.*
Варианты: **чуть-чуть не** *разг. и более экспр.; разг.* ⟨**чуть**⟩-**чуть ли не** *и прост.* **чуть что не** *чаще употр. перед словами с количественным и временным знач.*
Вариант: **чу́ть бы́ло не** — *чаще при первом из однородных сказ., связанных союзами* но, да, *обозначает уже начавшееся, но прерванное действие* △ almost *употр. перед гл. и перед словами с качественным и количественным знач.;* ⟨very⟩ nearly *употр. как* almost, *но не употр. с отриц.* not *и мест.* nobody *и т. п.*; all but *употр. перед гл. в прош. вр.*

    Прислужники принесли гири и бросили их на подмостки. Доски **чуть не** проломились. *Ю. Олеша, Три толстяка.* Вот уже целый год Анфиса говорила с Марусей **чуть ли не** каждый день. *Б. Бедный, Девчата.* По крайней мере он почувствовал себя совершенно чем-то вроде молодого человека, **чуть-чуть не** гусаром. *Н. Гоголь, Мертвые души.* [Жмуркин:] Комсомольцы нас здорово выручают, но и те — на очереди, на фронт!... Остаются **чуть что не** одни инвалиды, хоть на ярмарке показывай: один кривой, другой хромой. *А. Толстой, Путь к победе*

    чуть ноги волочить *см.* В 56
    чуть свет *см.* С 31

    22. чу́ть что́ *разг.* 1) 'При каждом удобном случае, при малейшем поводе' *Употр. чаще при гл. сов. вида в буд. вр., который может опускаться* △ at (on) the slightest provocation

    ... девица... такая разбитная, шумная, все поет малороссийские романсы и хохочет. **Чуть что,** так и зальется: ха-ха-ха! *А. Чехов, Человек в футляре.* Дробная была бабеночка, тонкая... А быстрая, старательная — **чуть что,** раз-раз, совьется и понеслась. *М. Ганина, Настины дети.* Мать, бывало, девчонок **чуть что** — за косы, пока парнишки были живые — тех за уши отдерет. *С. Залыгин, Соленая Падь*

2) 'Если что-нибудь случилось (случится), произошло (произойдет), обнаружилось (обнаружится)' *Обычно что-л. нежелательное, неприятное. Употр. как усл. придат. предлож.* △ if anything happens (goes wrong)

— Не понимаю вас, Виктор Григорьевич,— говорил главный инженер.— У вас **чуть что** — виноват Долгин, так в чем же дело — гоните его. *Д. Гранин, Искатели.* Собака чуткая и умная; **чуть что** — рванется и поднимет сторожа. *Т. Телешов, Золотая осень*

Ср.: в случае чего

ЧУЧЕЛО ⊙ **чучело гороховое** *см.* Ш 11

ЧУШЬ ⊙ **нести чушь** *см.* Н 32

ЧУЯТЬ ⊙ **не чуять ног под собой** *см.* С 89

Ш

ШАГ ⊙ **1. быть, находиться в двух (в трёх, в нескольких) шагах** ↔ ⟨от *кого-л.,* от *чего-л.*⟩ 'Очень близко' *Часто о строениях, различных учреждениях, предприятиях, о некоторых элементах ландшафта (лес, озеро и т. п.), до которых легко дойти, реже о живых существах. Порядок компонентов фиксир.* △ to be only a few steps (but a step) ⟨away⟩ from smth, smb; to be ⟨within⟩ a stone's throw ⟨of smth (from smth)⟩ *о строениях, о месте проживания, об элементах ландшафта по отношению друг к другу*

Вариант окружения: пройти, остановиться, жить *и т. п.* ↔ **в двух шагах** ⟨от *кого-л.,* от *чего-л.*⟩

Я помню, **в двух шагах** от нашего дома, под горой, было озеро. *Ф. Достоевский, Бедные люди.* Половцев остановился **в двух шагах** от него, очень усталым движением поднял руку, вытер испарину со лба. *М. Шолохов, Поднятая целина.* Все они [тетерева] сидят от меня **в двух шагах**. *М. Пришвин, Ярик.* Пойдемте теперь к ней все вместе. Она живет отсюда **в двух шагах**. Мы там позавтракаем. *И. Тургенев, Отцы и дети*

Ср.: бок о бок *1 знач.,* под боком, не за горами *1 знач.,* рукой подать *1 знач.,* под рукой

2. на каждом шагу 'Постоянно, везде' *Употр. как обст. Порядок компонентов фиксир.* △ at every turn

Я решительно не в силах разрешить многие из тех тяжелых, настоятельно требующих решения вопросов, которые возникают передо мною **на каждом шагу**. *В. Вересаев, Записки врача.* Слово «товарищ», за которое еще вчера платились жизнью, звучало сейчас

на каждом шагу. *Н. Островский, Как закалялась сталь.* Опасность подстерегала [*Андрея и Риту*] **на каждом шагу.** *Д. Гранин, Искатели.* [*Нароков:*] И вот я, человек образованный, с тонким вкусом, живу теперь между грубыми людьми, которые **на каждом шагу** оскорбляют мое артистическое чувство. *А. Островский. Таланты и поклонники*

ШАПОЧНЫЙ ⊙ к шапочному разбору *см.* Р 5

ШАТКО ⊙ **3. ни ша́тко ни ва́лко** ⟨**ни на́ сторону** *устаревающее*⟩ 'Ни хорошо ни плохо, *иногда однообразно*' *Употр. как обст., обычно при гл. несов. вида, обознач. какую-л. работу, деятельность, хозяйствование и т. п.* △ middling; fair to middling

Отец крестьянствовал **ни шатко ни валко,** жил беспечно, как трава растет, что добудет — прогуляет ... к рождеству все подчистит: ни соломинки на погребище, ни курей, ни уток. *А. Толстой, Рассказы Ивана Сударева.* Синцов по поручению Серпилина как раз спрашивал Хорышева о Баранове, и Хорышев недовольно ответил ему, что Баранов воюет **ни шатко ни валко.** Ищет чего полегче. *К. Симонов, Живые и мертвые.* Два дня прошло **ни шатко ни валко:** трезво, угрюмо. *И. Грекова, Хозяйка гостиницы*

Ср.: не ахти, ни шьется ни порется, через пень колоду *1 знач.,* серединка на половинку *2 знач.,* так себе *1 знач.,* ни то ни се *2 знач.*

ШЕРСТКА ⊙ **гладить против шерстки** *см.* Г 3
ШЕРСТЬ ⊙ **гладить против шерсти** *см.* Г 3
ШЕЯ ⊙ **вешаться на шею** *см.* В 29
гнуть шею *см.* Г 29
надевать хомут на шею *см.* Н 9
садиться на шею *см.* С 4
сидеть на шее *см.* С 62
сломать шею *см.* С 84

ШИВОРОТ ⊙ **4. ши́ворот-навы́ворот** *разг.* 1) 'В направлении, противоположном нормальному, наоборот' *Характеризует расположение каких-л. предметов. Иногда об одежде, надетой наизнанку* △ ⟨in⟩ the wrong way; inside out *об одежде, надетой наизнанку*

В ту же ночь он устроил меня в Сумской полк. Что там скрывать — не сразу мне далась военная служба... Мне было трудно справляться с лошадью ... и однажды надел седло **шиворот-навыворот.** *В. Беляев, Старая крепость.* По этим кривым еще издали можно было увидеть, лихорадит МТС или работает нормально, и Валентина говорила шутя: — Это вроде температурных кривых, что ведут врачи, но **шиворот-навыворот.** У нас чем здоровее МТС, тем выше поднимаются кривые. *Г. Николаева, Жатва*

Ср.: вверх ногами *1 знач.*

2) 'Противоположно тому, как надо, как полагается' *Обычно в ситуации, когда нарушается обычный ход дел, обычный образ жизни или когда результат чьей-л. деятельности не совпадает с желаемым. Часто употр. в предлож. с подлеж.* всё △ ⟨in⟩ the wrong way

Все пошло шиворот-навыворот. Everything went wrong.

— Ну вот,— говорю,— значит, ты, вместо того чтоб самому выучиться, собаку выучил! — Да,— говорит,— у меня все как-то **шиворот-навыворот** получается. Безвольный я человек! *Н. Носов, Витя Малеев в школе и дома.*— Что, Мишка, всхрапнул часок-другой? — насмешливо крикнула она, оборачиваясь... Так вот кто опять перескочил ему дорогу! Из-за этой язвы у Мишки вся жизнь **шиворот-навыворот!** Какого стыда он натерпелся на днях! *Ф. Абрамов, Братья и сестры.*— Почему у меня все **шиворот-навыворот?** То, что должно огорчать,— не огорчает, то, что должно радовать,— не радует. *Ф. Колунцев, Утро, день, вечер*

Ср: вверх дном *1 знач.*, вверх ногами *2 знач.*, вкривь и вкось, как попало, через пень колоду *2 знач.*

[Шиворот — *воротник прост.*]

ШИ́ТЫЙ ⊙ **5.** *что-л.* **ши́то бе́лыми ни́тками** Что-л. 'скрыто неискусно, неумело' *Обычно скрываются тайные мотивы, истинные намерения. Употр. как сказ., обычно при подлеж.* всё*, все это, а также* политика, обвинения, хитрости, уловки *и т. п., часто в ответной реплике диалога, разоблачающей лживые слова, притворное поведение собеседника. Сущ. чаще стоит в конце фразеол.* △ smth can be easily seen through

Вариант: **ши́тый (ши́тая, ши́тое, ши́тые) бе́лыми ни́тками** *Употр. как опред., часто как обособленное*

В «Маяке» встревожились, заинтересовавшись системой нового тренера, убедились, что он совершенно не следит за режимом лыжницы... Да и сама неблагодарная Алиса вскоре на одном из собраний лыжной секции состряпала, что хотя Закрайский говорит весьма красно, но все у него **шито белыми нитками.** *Л. Кассиль, Ход белой королевы.*— Не притворяйся, терпеть не могу обманщиков!— прошипела Тося, презирая Илью за все его хитрости, **шитые белыми нитками.** *Б. Бедный, Девчата.* [Зинаида Федоровна] при всяком удобном случае старалась дать понять Орлову, что... он может располагать собою, как хочет, и эта нехитрая **шитая белыми нитками** политика никого не обманывала и только лишний раз напоминала Орлову, что он не свободен. *А. Чехов, Рассказ неизвестного человека*

6. всё ⟨делается, происходит, остается *и т. п.*⟩ **ши́то-кры́то**

(ши́то да (и) кры́то) *разг.* 'В полной тайне, так, что не остается никаких следов, никаких улик' *Подразумеваются обычно неблаговидные или запрещенные дела. Обозначающие их сущ. могут употр., как и мест. всё, в функции подлеж.* △ everything is (remains) hush-hush; everything is done on the quiet (on the sly)

Ходили слухи о спекуляции бензином, о «левых» перевозках и других еще более серьезных делах, но за это нельзя было даже и покарать, ибо все происходило **шито-крыто**: улик не оставалось. *Б. Полевой, На диком бреге.* — Кратко скажу, — начал Оленин. — Проводили педагоги на пенсию товарища. Скажем точнее: проводов не было... Вроде все в норме, по закону, кроме того, что проводы позабыли устроить. **Шито-крыто** получилось! И торопливенько. *М. Прилежаева, Осень.* — Умный был парень, решительный, а осторожности ни на грош. Наверно, думал: все **шито-крыто**, никто ничего не знает, его не ищут. *В. Быков, Обелиск.* — Ты, небось, думаешь, что ваши шашни с Лушкой **шиты-крыты**, а про вас в хуторе все до нитки знают. *М. Шолохов, Поднятая целина*

Ср.: заметать следы, комар носа не подточит, концы в воду

ШИШКА ⊙ 7. на *кого-л.* **все ши́шки ва́лятся** *разг., ирон.* или *шутл.* на *кого-л.* 'Непрерывно обрушиваются несчастья, неприятности' *Обычно в ситуации, когда кто-л. расплачивается за чужие проступки или ошибки. Порядок компонентов фиксир.* △ smb is (becomes) the whipping boy

Вариант: **на бе́дного Мака́ра все ши́шки ва́лятся**

[*Бастрюков*] сказал это с видом **бедного Макара**, на которого **все шишки валятся**. — Везу воз за всех, — говорило его лицо, — ... и за это еще получаю упреки! *К. Симонов, Солдатами не рождаются*

ШКУРА ⊙ 8. быть, побывать / побыть *и т. п.* в чьей-л. **шку́ре** *разг.* 'В чьем-л. положении' *Обычно тяжелом, незавидном. Употр. чаще в диалоге, в сложн. предлож. следующих типов: в сосл. накл. в условно-следственных конструкциях, где следствием является то, что кто-л. узнает (узнал бы), как это трудно; в изъяв. накл. в причинно-следственных конструкциях, выражающих, что, поскольку кто-л. не был в этом положении, он не знает, как это трудно; в последнем случае после гл. в прош. вр. с отриц. не в первой части вторая часть может быть и не говори* △ to be in smb's shoes *разг.*

— Неужели ты не чувствуешь, как мне тяжело? — Тебе тяжело? Чего тебе не хватает?... Побыла бы **в моей шкуре**, тогда бы почувствовала, что такое тяжело. *Д. Гранин, Искатели.* — Думаешь, ты его больше всех любила, больше всех ждала [*с фрон-*

та]?... Ты, Лиза, не была **в нашей шкуре** и не говори. *В. Распутин, Живи и помни.* – Про это и ты, Родионыч, не расскажешь. Ты **в нашей** вдовьей **шкуре** не был. *В. Овечкин, В одном колхозе.* Уж очень всем ехавшим в машине хотелось, чтобы немцы оказались в окружении, побывали **в их шкуре**. *К. Симонов, Живые и мертвые*

из шкуры лезть *см.* Л 8

ШЛО ⊙ **куда ни шло** *см.* И 14
не шло из головы *см.* В 102
ШЛЯПА ⊙ **дело в шляпе** *см.* Д 26
ШОВ ⊙ **трещать по швам** *см.* Т 18
ШТУКА ⊙ **выкинуть штуку** *см.* В 90

ШТЫК ⊙ **9.** встречать/встретить *что-л., кого-л.,* принимать/принять *что-л., кого-л.* **в штыки́** *разг.* 'Крайне враждебно, с большой неприязнью' *Обычно в связи с недоверием к чьим-л. предложениям, чьим-л. начинаниям, чьим-л. приказам. Употр. чаще при гл. сов. вида в прош. вр., при гл. несов. вида обычно в многократном знач.* △ to give *smb* a hostile reception
Предложение было встречено в штыки. They were (rose) up in arms about the proposal.

Получив из своего гостиничного управления инструкцию, пускай неумную, она не встречала **ее в штыки**, а старалась найти в ней здравое зерно. *И. Грекова, Хозяйка гостиницы.* Он рассказывал в своей статье десятую долю того, что хотел бы рассказать, но и эту десятую редактор встречал **в штыки**. *Ф. Вигдорова, Любимая улица.* Богословский приехал в Черный Яр совсем еще молодым врачом... Командовал в больнице тогда некто Сутугин... Встретил Сутугин Богословского, разумеется, **в штыки**. *Ю. Герман, Дело, которому ты служишь*

ШУМОК ⊙ **10.** делать/сделать *что-л.* ↔ **под шумо́к** *разг., часто неодобр.* 'Незаметно, втихомолку, пользуясь общей суматохой *или* занятостью окружающих' *Обычно в связи с делами, которые не одобряются или запрещаются окружающими* △ to do *smth* secretly, quietly, making use of the general turmoil; to do *smth* on the quiet (on the sly) *означает делать незаметно, втихомолку, не обязательно в ситуации с суматохой и всеобщей занятостью*

– Ты что, бабушка, **под шумок** колхозные огурцы ешь? – кричала она старухе на возу. *А. Фадеев, Молодая гвардия.* Тут только Андрей доглядел, что девка, **под шумок** вытащившая из горницы узел с нарядами, и в самом деле уже успела натянуть на себя ворох шерстяных платьев. *М. Шолохов, Поднятая целина.* ... и уж если этот человек способен был в прошлом продавать свою совесть за двадцать пять помесячно, на что он мог пуститься

теперь, **под шумок** войны, когда внимание народа отвлечено в другую сторону. *Л. Леонов, Русский лес*
Ср.: тихой сапой

ШУТ ⊙ **11. шут гороховый** (**чучело гороховое, пугало гороховое**) *разг., ирон. или шутл. Порядок компонентов фиксир.*
1) 'Тот, кто бессмысленно болтает, шутит на потеху другим и над кем все насмехаются' *Употр. чаще как сказ.* △ a clown; a buffoon
— Нет, — сказал Серпилин... — Он [Барабанов] солдат, а не **шут гороховый**. Стрелялся всерьез. *К. Симонов, Солдатами не рождаются.* — Я отказался от этой глупой работы... — А ты что будешь делать?.. — Я еще посмотрю: роль для меня найдется... — Клава неожиданно сказала, отворачиваясь: — Роль для тебя уже нашлась: **шута горохового**. И тут все девочки громко захохотали, даже глаза их увлажнились от смеха. *А. Макаренко, Флаги на башнях.* [*Липочка:*] Зачем вы отказали жениху?.. Что вы нашли в нем легковерного? [*Аграфена Кондратьевна:*] А то и легковерного, что зубоскал!.. Да, хорош душка!.. Жалко, что не отдали тебя за **шута за горохового**! *А. Островский, Свои люди — сочтемся!* [*Войницкий:*] Что ж, я — сумасшедший, невменяем, я имею право говорить глупости. [*Астров:*] Стара штука. Ты не сумасшедший, а просто чудак. **Шут гороховый.** *А. Чехов, Дядя Ваня*
2) 'Смешно, старомодно *или* некрасиво одетый человек' *Употр. чаще как сказ.* △ a laughing-stock *ирон. или шутл.*
— Сделай милость, позови ко мне деревенского портного. Он сошьет тебе и мне русскую одежду. Ты **шутом гороховым** ходишь. *Ю. Тынянов, Кюхля*
3) *прост. Может употр. как бранное выражение, чтобы обозвать человека, вызвавшего у другого ненависть, гнев и т. п., либо человека, которого хотят унизить. Варианты с* чучело, пугало *употр. часто в конструкции* Ах ты, **шут гороховое**! △ a wretch *разг., употр. часто в конструкции* you wretch!
— Меньшим братом был, ... а такую волю взял над нами!.. Степан как-то не вытерпел. — А ты, **шут гороховый**! А этого тебе не желательно? — да как хватит его по спине вилами. *В. Овечкин, Родня*

ШУТИТЬ ⊙ **чем черт не шутит!** *см.* Ч 9

12. шутки шутить *разг. Порядок компонентов чаще фиксир.*
1) 'Делать *что-л.* для забавы, развлечения' *Употр. чаще в контекстах, выражающих запрет, нежелание* шутки шутить, *обычно в конструкциях:* приехал, пришел *и т. п.* не шутки шутить; не намерен, не собираюсь, нечего шутки шутить; не шути шутки (шуток)! шутки (шуток) не шути! *В побудительном и вопрос.*

предлож. часто выражается предостережение или угроза △ to play games

Мы здесь не шутки шутим! We are not playing games here! *или* We are not here for fun!

С тобой не **шутки шутят!** Одевайся и не вздумай убегать. Я за тобою не погонюсь, тебя, дуру, пуля догонит. Ясно? *М. Шолохов, Поднятая целина.* — Ну скоро вы, копатели? — приветствовала Наумова дворничиха. Он попробовал отшутиться. — Скажи на милость, он еще **шутки шутит,** — изумилась дворничиха. — Люди впотьмах сидят, а ему смешно! *Д. Гранин, Искатели*

Ср.: ломать комедию

2) *неодобр. над кем-л., с кем-л.* 'Издеваться, насмехаться' *Чаще в ситуации, когда выражается протест против насмешек* △ to play a ⟨practical⟩ joke on *smb*

— А-а, так ты над бабушкой-старухой **шутки шутить** затеял! *М. Горький, Детство.* — Итак, Родион Романыч, что ж вам после того и удивляться, что я с вами тогда такие **шутки шутил.** *Ф. Достоевский, Преступление и наказание*

Ср.: поднимать на смех

ШУТКА ⊙ **13. кроме шуток** 'Если говорить серьезно, не шутя' *Употр. как вводн. сочет. перед вопросом или утверждением* △ joking apart *употр. как вводн. сочет. перед вопросом или утверждением*

— Откуда выкопали вы такую драгоценность? **Кроме шуток,** неужели вам нравятся такие книжки, Макар Алексеевич? *Ф. Достоевский, Бедные люди*

14. не на шутку 'Всерьез, *очень сильно*' *Употр. чаще при гл.* рассердиться, рассердить, встревожиться, встревожить, испугаться, испугать *и т. п.,* заболеть *и т. п.* △ in earnest

Я боялся, что Галя рассердится **не на шутку,** что теперь она не будет разговаривать со мной. *В. Беляев, Старая крепость.* Вскорости после того Александр Яковлевич испугался еще раз уже **не на шутку.** *Л. Леонов, Русский лес.* Шура Балаганов, который считал себя первенцем лейтенанта, **не на шутку** обеспокоился создавшейся конъюнктурой. *И. Ильф, Е. Петров, Золотой теленок.* Смотрит на меня исподлобья — угрюмо и недружелюбно. **Не на шутку** обижен. *В. Тендряков, Чрезвычайное*

Ср.: не на жизнь, а на смерть *2 знач.,* еще как, до мозга костей *2 знач.,* как нельзя, как огня, без памяти *1 знач.,* не в пример *2 знач.,* по уши *1 знач.*

15. шутка ⟨ли⟩ сказать 'Это совсем не простое дело' *Употр. как вводн. сочет. и подчеркивает важность, значительность или сложность какого-л. дела, события. Может выражать изум-*

ЩУЧИЙ

ление, удивление, восхищение этим событием. Вариант шутка ли *может употр. в составе сказ. перед инф. Порядок компонентов фиксир.* △ it (smth, doing smth) is no laughing matter
Шутка ли — потерять столько денег! It is no laughing matter losing (when you lose) so much money!
Вариант: шу́тка ли

Когда Жора подхватил тяжелый острый ломик, чтобы пробить им пролетку, у каждого из окон столпились зрители... **Шутка ли сказать** — первая отливка! *В. Беляев, Старая крепость.* Надо было заминать скандал, пока он не разросся: **шутка ли,** если в городе заговорят, что от Шубникова сбежала жена? *К. Федин, Первые радости.* — В Италии, брат, такое сейчас будет, какого никогда в жизни, быть может, не увидишь. Зимние Олимпийские игры! **Шутка ли!** Со всего мира туда съедутся. *Л. Кассиль, Ход белой королевы.* — А...я уж, признаться, завтракать-то завтракал. — Где это вы успели? — А на перепутье у Марьи Карповны остановился... больше для лошади, нежели для себя: ей дал отдохнуть. **Шутка ли** по нынешней жаре двенадцать верст махнуть! *И. Гончаров, Обыкновенная история*

шутки шутить *см.* Ш 12

Щ

ЩУЧИЙ ⊙ **по щучьему веленью** *см.* В 16

Э

ЭТО ⊙ **вот в этом собака зарыта** *см.* С 97
вот это да! *см.* В 64
этого еще не хватало *см.* Х 3

ЭТОТ ⊙ **в этом духе** *см.* Д 65

1. **на что́ э́то похо́же?** *разг.* 'Разве можно так поступать? Разве можно так говорить?' *Выражение упрека, возмущения, негодования и т. д. Порядок компонентов фиксир.* △ isn't it a shame?

[*Городничий:*] А, Степан Ильич! Скажите, ради бога, куда вы запропастились? **На что это похоже?** *Н. Гоголь, Ревизор.* Первая половина твоей фразы... умна... а вторая, извини, никуда не годится. «Не хочу знать, что будет впереди...» Помилуй, **на что это похоже?** *И. Гончаров, Обыкновенная история*

Ср.: бог с тобой *2 знач.,* как так?, этого еще не хватало!
этот свет *см.* С 32

Я

Я ⊙ 1. ⟨**я**⟩ **не я бу́ду,** если не... *Употр. для выражения твердой уверенности в каком-л. событии, в чьем-л. поступке перед гл. в прош. или наст. вр. или для выражения бесповоротного, решительного намерения сделать что-л., обычно перед гл. сов. вида в буд. вр. Гл. чаще стоит в конце фразеол.* △ I'll be damned (hanged) if + *отриц. конструкция разг.;* If + *отриц. конструкция* + I'll eat my hat *разг.*

Тогда Белобородова тихо и серьезно сказала: — Завтра же утащим твоего на рентген... **Я буду не я,** если Ларин не предстанет перед Каспарадзе! *В. Липатов, Повесть без названия, сюжета и конца.* — Когда мы прочитаем рапорты здешнего начальства о побеге, мы за животики будем держаться — такого они накрутят. **Я не я буду,** если не окажется, что мы вырвались после отчаянной борьбы против охраны. *С. Мстиславский, Грач — птица весенняя*

Ср.: давать голову на отсечение, как пить дать
только меня и видели *см.* В 40
ЯБЛОКО ⊙ **яблоку негде упасть** *см.* У 15
ЯГОДА ⊙ 2. **одного́ (того́ же) по́ля я́года (я́годы, я́годки)** *разг. чаще неодобр.* 'Очень похожи друг на друга по своему поведению, мировоззрению, положению *и т. п.*' *О людях. Употр. как сказ., чаще при личн. мест. или при мест. это, иногда как самост. предлож:* △ birds of a feather *неодобр. или ирон., о людях, употр. как именная часть сказ.*

Вариант: **своего́ (на́шего, ва́шего, их, его́, её) по́ля я́года** *неодобр. окраски чаще нет* 'Очень похож на нас, вас *и т. д.*'

Тут [*на шоссе*] **все одного поля ягоды,** все бродяги, перекати-поле, люди без роду и племени, без стыда и совести, без любви и правды. *В. Горбатов, Донбасс.* — Нет, вы вот что сообразите, — закричал он [*Свидригайлов*], — назад тому полчаса мы друг друга еще и не видывали, считаемся врагами, между нами нерешенное дело есть; мы дело-то бросили и эвона в какую литературу заехали! Ну, не правду я сказал, что мы **одного поля ягоды?** *Ф. Достоевский, Преступление и наказание.* — Интеллигент-домовладелец — это уже не интеллигент, а — домовладелец, стало быть — **не нашего поля ягода.** *М. Горький, Жизнь Клима Самгина*

ЯГОДКА

Ср.: как две капли воды, на одну колодку, одним миром мазаны, два сапога пара, из одного теста

ЯГОДКА ⊙ **одного поля ягодки** *см.* Я 2

ЯЗЫК ⊙ **вертится на языке** *см.* В 20

держать язык за зубами *см.* Д 52

3. ⟨у *кого-л.*⟩ **злой язы́к** *часто неодобр.* у *кого-л.* 'Манера *или* способность говорить о других резко, издевательски, саркастически' *Порядок компонентов фиксир.* △ smb has a sharp (caustic) tongue *неодобр.*

У него был **злой язык**: под вывескою его эпиграммы не один добряк прослыл пошлым дураком. *М. Лермонтов, Герой нашего времени.* Старшего инженера Кривицкого из-за его острого, **злого языка** остерегался даже техник Леня Морозов, которого вся молодежь лаборатории считала отчаянным парнем. *Д. Гранин, Искатели.* Его обыкновенная угрюмость, крутой нрав и **злой язык** имели сильное влияние на молодые наши умы. *А. Пушкин, Выстрел*

Ср.: остер на язык

4. **злы́е языки́** *неодобр.* 'Клеветники, сплетники' *Подразумеваются люди, недоброжелательно, злобно настроенные по отношению к кому-л. Употр. чаще как подлеж. перед гл.* говорить/сказать, поговаривать, объяснять *и т. п. Порядок компонентов фиксир.* △ evil tongues *неодобр.*

[Гурмыжская:] Я выписала сюда на лето молодого человека; пусть они познакомятся; потом женю их и дам за племянницей хорошее приданое. Ну, теперь, господа, я покойна, вы знаете мои намерения. Хоть я и выше подозрений, но, если б нашлись **злые языки**, вы можете объяснить, в чем дело. *А. Островский, Лес.* — Я уже просил вас держать себя в свете так, чтоб и **злые языки** не могли ничего сказать против вас. *Л. Толстой, Анна Каренина.* Все потихоньку подсмеивались над старым и кривым женихом, кроме моей матери... **Злые языки** объясняли ласковость моей матери тем, что она хотела сбыть с рук золовку. *С. Аксаков, Воспоминания.* — Враги-то мои, **злые-то языки** эти все что заговорят, когда без шинели пойдешь? Ведь для людей и в шинели ходишь, да и сапоги, пожалуй, для них же носишь. *Ф. Достоевский, Бедные люди*

находить общий язык *см.* Н 24

остер на язык *см.* О 22

прикусывать язык *см.* П 89

притча во языцех *см.* П 98

проглотить язык *см.* П 105

развязывать язык *см.* Р 8

5. говорить/сказать *кому-л.* **ру́сским языко́м** *разг.* 'Ясно, понятно, открыто' *Употр. в диалоге, чаще в ситуации, когда говорящий раздражен непониманием, или невнимательностью, или возражениями слушателя. Обычно после фразеол. повторяется то, что было уже сказано, с досадой и т. п. Порядок компонентов фиксир.* △ to say (tell *smb*) *smth* loud and clear (in plain English) Я вам русским языком сказал: нет! I've told you loud and clear: no!

— Я же вам **русским языком** сказал: выйдите. Нельзя туда [*в конюшню*]. *В. Шукшин, И разыгрались же кони в поле.* — Чего вы прилипли к человеку? **Русским языком** ему говорят, что «студебеккер» в последний момент заменен «лорендитрихом», а он морочит голову! *И. Ильф, Е. Петров, Золотой теленок.* Серый... стал навивать воз соломы. Подошел приказчик: — Разве я тебе не **русским языком** сказал — хоботье [*остатки колосьев, стеблей и др. отходы при молотьбе диал.*] накладать [*накладывать прост.*]? *И. Бунин, Деревня.* — **Русским языком** было сказано этому Таборскому: нынче на Верхнюю Синельгу не поеду. *Ф. Абрамов, Дом*

срываться с языка *см.* С 103
тянуть за язык *см.* Т 26
чесать язык *см.* Ч 10

6. язы́к ← ⟨*у кого-л.*⟩ **без косте́й** *разг., неодобр. или шутл. Кто-л.* 'очень болтлив и несдержан в своей речи, говорит много пустого, лишнего' *Чаще употр. в ситуациях, когда хотят остановить говорящего что-л. вздорное или разглашающего чью-л. тайну, либо наоборот — насмешливо разрешают кому-л. продолжать речь, оценивая вслух ее содержание как пустое, к чему нельзя относиться серьезно. Порядок компонентов фиксир.* △ *smb* has a loose tongue *неодобр. или ирон.*

[*Крутицкий:*] Вот **язык**-то у тебя **без костей**; так и болтает, так и болтает. *А. Островский, Не было ни гроша, да вдруг алтын.* — Ах, дядя, **язык** у тебя **без костей**! — в досаде воскликнула покрасневшая девушка. *Н. Задорнов, Амур-батюшка.* — Опять суп-пюре гороховый..! Другого не придумать — ...Почему, братцы, все повара жадные? — Задушил горохом!.. Балабоньте, **язык без костей**. *Ю. Бондарев, Горячий снег.* — Помнишь, какие слова мне сказала? — Где помнить-то? — искренне удивилась Лиза. — У меня **язык без костей** — сколько я слов-то за день намелю? *Ф. Абрамов. Дом*

7. язы́к ← ⟨*у кого-л.*⟩ **заплета́ется** (**язы́к заплета́лся**) *разг., иногда ирон. Кто-л.* 'не может говорить внятно, ясно' *Обычно от сонливости после выпитого вина или после обильной пищи, от сильного утомления, волнения и т. п. Употр. и в ед., и во мн. ч., часто в инф. после гл. начал, стал и т. п. или в изъяв. накл.*

ЯЗЫК

с обст. немного, слегка *и т. п. Порядок компонентов нефиксир.* △ *smb's* speech is (becomes) incoherent

— Надо поговорить! — наконец сказал он. — Так нельзя жить!.. — Да, Александр! ...Но мы поговорим об этом завтра. У тебя **язык заплетается.** — Это ничего... Голова у меня трезва. *Скиталец, Дуэт.* Он пил мало и теперь опьянел от одной рюмки английской горькой. Эта отвратительная горькая, сделанная неизвестно из чего, одурманила всех, кто пил ее, точно ушибла. Стали **заплетаться языки.** *А. Чехов, В овраге.* — Постой, ты же была белая, — продолжал я дрожащим голосом... **Язык** у меня немного **заплетался** — должно быть, от радости. Ведь я все-таки очень любил ее и восемь лет не видел, и она была так похожа на мать. *В. Каверин, Два капитана*

Ср.: не мочь связать двух слов

8. язы́к ← ⟨*у кого-л.*⟩ **не повора́чивается (не повёртывается, не повороти́лся** *уст.,* **не поворо́тится** *уст.,* **не повернётся)** ⟨сказать, спросить *и т. п.* что-л.⟩ *разг. Кто-л. `не может решиться сказать что-л., спросить о чем-л. и т. п.' Обычно в ситуации, когда кто-л. боится огорчить или смутить слушателя либо когда надо сказать ложь. Порядок компонентов нефиксир.* △ *smb* cannot bring *himself* to say *smth*

Я хотел сказать ему всю правду, но язык не повернулся. I was about to tell him the whole truth but the words stuck in my throat.

Вариант: **как** ⟨**то́лько**⟩ **язы́к** у *кого-л.* (или *у кого-л.* **язы́к) повора́чивается (повёртывается, повернулся)**

Собственно говоря, мысль о такой возможности возникла у него [*Люсина*] сразу... Но тогда, когда они садились в машину, у него не хватило духу сразу спросить об этом... **язык не повернулся.** *К. Симонов, Живые и мертвые.* — Кто же это посоветовал повесить? — Она [*Алена*] хотела ответить, что сама, но **язык не повернулся** солгать, и она призналась: — Дубцов. *И. Герасимов, Пробел в календаре.* — Подойти сейчас и в глаза ему лгать, не имея на это человеческого права? — думал Веснин... — Нет, не могу подойти к нему и делать вид, что ничего не произошло... Но **язык не повернется** сказать ему сейчас о сыне, не могу. *Ю. Бондарев, Горячий снег.* — Вы только возьмите на себя труд поговорить с графом, узнать условия... — Не могу: у меня **язык не поворотится** предложить ему такую глупость. *И. Гончаров, Обыкновенная история*

Ср.: язык отнялся

9. язы́к ← ⟨*у кого-л.*⟩ **отня́лся** *разг., иногда ирон. Кто-л. `внезапно лишился способности говорить, замолчал' Обычно от страха, удивления, от сильного волнения и т. п. Порядок компонентов нефиксир..* △ *smb's* tongue failed *him* от страха, *волнения, удивления;* smb was struck dumb *от страха, удивления;* smb lost his tongue *от страха, смущения*

Он степенно обнял жену, но глубокое внутреннее волнение пробилось наружу — мелко задрожали губы и словно **отнялся язык.** *М. Шолохов, Тихий Дон.* — Так и так, братец, и на смертном одре нет покоя, зануждался совсем! — Как так? Меня тут и краска прошибла, **и язык отнялся.** — Да так, братец, из своих пришлось в казну приплатиться. *Ф. Достоевский, Ползунков*

Ср.: язык не поворачивается

10. язы́к ← ⟨у *кого-л.*⟩ **хорошо́ (непло́хо) подве́шен** (*реже* **приве́шен**) *разг.* Кто-л. 'умеет говорить свободно, легко, гладко' *Порядок компонентов нефиксир.* △ smb has a quick (glib *или* ready — *неодобр.*) tongue

Вариант: **хорошо́ (непло́хо) подве́шенный (приве́шенный) язы́к**

— Под вечер завтра к леснику придут мужики из Броварок, трое. Насчет Думы желают объяснения. Вы сначала Авдея им пошлите: парень-то серьезный, **язык**-то у него **привешен хорошо** и деревенскую жизнь до конца знает он. *М. Горький, Лето.* Бравый вид, амбиция, высшее-превысшее образование, **ловко подве́шенный язы́к**... — все это Ксан Ксаныч не очень-то жаловал. *Б. Бедный, Девчата*

Ср.: за словом в карман не лезет, остер на язык

ЯЗЫЧОК ⊙ **прикусывать язычок** *см.* П 89
ЯЙЦО́ ⊙ **выеденного яйца не стоит** *см.* С 110
Я́МА ⊙ **рыть яму** *см.* Р 48
Я́СНЫЙ ⊙ **как гром среди ясного неба** *см.* Г 60
наводить тень на ясный день *см.* Н 7

УКАЗАТЕЛЬ ИСПОЛЬЗОВАННЫХ АНГЛИЙСКИХ ФРАЗЕОЛОГИЗМОВ[1]

A

of *its* own **accord** С 8, С 9
within an **ace** of В 55
act the fool В 5
add fuel to the flame (flames, fire) П 46
without further **ado** М 44
to ⟨the best⟩ **advantage** П 58
again and again Д 36
for **ages** Л 13
without **aim** or direction Р 44
in the **air** Д 27
vanish into thin **air** К 8
walk on **air** С 89
alike as two peas К 10
all but Ч 21
at **all** К 12
for **all** I know Д 57
for **all** *one* is worth Е 2, С 63
not **all** there В 23, Ц 1
not at **all** Г 61, З 24
that is **all** ⟨there is to it⟩ В 24
not **allow** *smb* out of *one's* sight С 34
for **anything** З 12, Ч 14
the **apple** of *smb's* eye З 27, С 29
smb's right **arm** Р 36
in *smb's* **arms** Р 28
smb **asked** for it Н 10
rara **avis** В 59

B

behind *smb's* **back** Г 14
in the **back** of beyond З 25, Ч 8
like the **back** of *one's* hand В 10, П 3
in the **background** Т 5
bad as ⟨bad⟩ can be В 57
from **bad** to worse Ч 2
a mixed **bag** of Б 14
in the **bag** Д 26
mother's **bairn** С 125
bark up the wrong tree А 1
not **bat** an eyelid (eyelash) М 37, П 35
off *one's* own **bat** С 9
like a **beanstalk** Д 42
bear *smb* a grudge И 17, Т 16
bear *smth* in mind И 15
beat about the bush О 5, Х 16
beat *one's* brains over Л 24
beat hollow К 20
beat the air П 17, Т 15
not all **beer** and skittles М 16, С 12
small **beer** П 28
on **behalf** of И 18
bemoan *one's* fate П 24
bend ⟨*oneself*⟩ double П 37
bend over backwards Л 8
at *one's* **best** У 5

---

[1] Фразеологизмы даются по алфавитному порядку грамматически главных слов. В сочетаниях со связочным глаголом главной считается именная часть.
Внутри группы фразеологизмов с одинаковым главным словом сочетания располагаются по алфавитному порядку первых компонентов.

betwixt and between С 58
bind smb hand and foot С 41
a rare bird В 59
a ⟨wise (knowing)⟩ old bird В 58, К 5
birds of a feather С 11, Я 2
not a bit К 12
not a bit of Г 61, К 50
bite one's tongue П 89
bless me (my soul) Б 7
smb's blood curdles К 49
smb's blood is up К 47
smb's blood runs cold К 49
blood rushes to smb's head К 46
at one (at a) blow М 13
out of the blue В 35, З 26, С 19, С 94
bode ill (no good) Д 56
over my dead body Т 20
a bolt from the blue Г 60
to the bone К 39, М 35
an open book Л 3
from a book П 26
as ⟨when⟩ one was born М 12
from the bottom of one's heart Д 77
mother's boy С 125
the whipping boy Ш 7
brace oneself С 99
a hair's breadth В 55
break a lance with Л 26
break apart at the seams Т 18
break smb's heart Н 11
break one's word Д 50
in one (the same) breath Д 68
under one's breath З 35, С 51
breathe down smb's neck С 115
like a brick С 5
bring grist to smb's mill Л 16
bring smth ⟨out⟩ into the open В 86
bring pressure to bear on Б 17
bring oneself to Р 37, С 98, Я 8
bring to naught (nothing) С 37
in buckets В 11
burn one's boats Ж 3
burst one's sides Х 5
a drawn-out business П 23
no business of Д 29

C

call a spade a spade Н 13
call smb names С 26
to capacity О 30
capture smb's heart К 51
not care a damn (farthing, pin) М 20, Ч 20
carry smth too far З 22
in the cart П 42
in case of С 87
cast smth in smb's teeth (face) К 27, Л 17
cast in the same mould Т 8
like a cat on hot bricks У 3
like cat and dog К 42
catch one's breath З 20
catch smb's eye Б 27, П 75
catch smb in the act П 62
catch smb red-handed П 62
catch smb tripping Л 21
cats and dogs В 11
cold as charity Л 5
cheap and cheerful Д 55
cheek by jowl Б 12
smb's cheeks burn С 44
chill smb's blood К 49
chins are wagging Ч 10
in chorus Г 49
like the clappers П 52
clear up the mess Р 13
clip smb's wings П 50
close one's eyes to З 11, С 93
in clover К 17, Х 20
clutch at a straw Х 6
clutch one's head Х 4
collect oneself Б 22
off colour С 49
comb smb's hair the wrong way Г 3
come apart at the seams Т 18
come into smb's head (mind) В 30, Л 9
come it a bit (rather, too) strong Х 7
come out of one's ears П 83
come to П 100

531

come to smb's hand (hands) П 77
come to light К 29
come to one's senses Б 23
come to terms Н 24
come to that П 55
come up in the world И 9
come smb's way П 77
come what may Б 32, И 14
in inverted commas К 2
on short rations Д 48
confuse the issue М 46
on the contrary Р 2
in a tight corner П 72
at any cost С 108
at all costs С 108
can count on your fingers П 20
count for nothing М 25
of course С 7
smb's cousin seven (several) times removed В 49
cover up one's tracks З 13
from cover to cover К 35
at the crack of dawn С 31
from the cradle П 10
cross smb's path П 75
a white crow В 59
be cruising for a bruising С 84
clear as crystal Д 40
cudgel one's brains over Л 24
off the cuff Н 14
curdle smb's blood К 49
cut a long story short Г 34
cut smth at the root К 34
cut both ways П 5
cut smb to the quick З 7

D

at daggers drawn with Н 50
to dance to smb's tune И 11, П 34
mother's darling С 125
any day now С 52
as clear as day Д 40
for a rainy day Д 41
at daybreak С 31

broad daylight С 22, Д 44
dead to the world И 1, У 1
be the death of С 35
like death О 12
like death warmed up К 21
to the death Ж 5
between the devil and the deep blue sea О 13
devour with one's eyes Е 1
on a starvation diet К 19
dig a pit for Р 48
dirty one's hands М 9
within spitting distance П 40
to distraction П 6
do dirty work З 5
do the dirty on П 45
do the trick Д 26
do one's utmost Л 14
be done for Д 32, П 22
don't mention it З 24
on the dot М 31, Т 24
in one's dotage В 88
drag oneself along В 56
drag smb (smb's name) through the mud (mire) С 91
draw to an end (a close) Д 27
drift with the stream (current) П 33
drive smb hard В 89
drive smb mad В 84, С 38
drive smb out of his mind С 38
drive smb to drink С 35
a drop in the ocean К 11
to the last drop К 9
drum into smb's head В 6

E

in earnest Ш 14
up to the ears in Г 46, Г 54, У 19
eat a bushel of salt with С 123
at a long ebb В 57
to the effect Д 65
sure as eggs is eggs Д 11
at smb's elbow Б 13
in one's element Р 46

or else Т 10
a dead **end** 3 21
and there's an **end** to it В 22, Д 34
be at the **end** of *one's* tether Ч 4
be the **end** of Д 34
come to a bad **end** С 95
there is no **end** К 44, Н 37
to the **end** of time В 15
enter *smb's* head (mind) В 30, Л 9
enter upon the path of В 70
be **equal** to В 96, С 65, П 31
escape *smb's* lips С 103
escape *smb's* memory В 93
escape scot-free В 101
in the **event** of С 87
for **ever** ⟨and ever⟩ В 13, В 15
by **eye** Г 22
be all **eyes** Г 7
before (under) *smb's* **eyes** Г 17
smb's **eyes** nearly popped out of *his* head Г 8
in *smb's* **eyes** Г 6
up to the **eyes** in Г 54, У 19

F

all over *smb's* **face** У 18
face to face Г 4
in *smb's* **face** Г 4, Л 17, О 33
on the **face** of it В 31
to *smb's* **face** Г 4, Л 17
in **fact** Д 24, Т 10
fair to middling С 58, Ш 3
fall about laughing П 60
fall on *smb's* neck В 29
fall over *oneself* Л 8
fall through И 13
fall to pieces Т 18
fan the flame (flames) П 46
as **far** as the eye can reach Г 18, К 18
after a **fashion** П 78
in **fashion** Х 12
in mortal **fear** П 6

fed up to the back teeth Н 1, Х 21
on *one's* **feet** Н 46
find a common language Н 24
find *one's* feet В 83
find it in *one's* heart Д 72
smb's **fingers** are all thumbs В 3
smb's **fingers** itch Р 41
between two **fires** О 13
at **first** П 80
first and foremost Г 38
first of all Д 35
fish in troubled waters Л 22
like a **fish** out of water Т 3
neither **fish** not fowl Т 13
there are plenty more **fish** in the sea С 28
not **fit** to hold a candle to Г 36
by **fits** and starts П 13
flash *smb* a glance С 21
in a **flash** В 40, С 96
smb's **flesh** creeps (crawls) М 45
smb's own **flesh** and blood К 40
there are no **flies** on Б 18
fling *oneself* at *smb's* head В 29
fling *smth* in *smb's* teeth (face) Л 17
fling *oneself* into Г 46
fling mud at О 6
fly bump into Н 14
fly off the handle В 99
foam at the mouth П 11
follow *one's* nose Г 16
be a **fool** for *one's* pains Н 52, Ч 18, Ч 19
nobody's **fool** Б 18
on a friendly **footing** with Н 45
on an equal **footing** Н 47
from **force** of habit П 7
forget *oneself* П 68
form the (a clear) picture В 76
in **form** У 5, Ф 2
out of **form** Ф 2
on all **fours** К 13
freeze *smb's* blood К 49
small **fry** П 28

G

gain *smb's* confidence В 73
gain the upper (whip) hand Б 16
a game two ⟨people⟩ can play Б 1
at *one's* last gasp В 81
gasp for breath П 16
get *one's* act together Б 22
get along with Л 2
get away with С 119
get *smb's* blood up К 47
get *one's* hand in Н 2
get into a (the old) groove В 75
get into a mess (scrape) П 71
get into deep water П 72
get into *one's* head В 6
get into the swing В 77
get *smth* off *one's* hands С 17
get off lightly О 29
get off scot-free В 101
get *smb* on *his* feet С 106
get on *smb's* nerves Д 17, Т 17
get out of bed on the wrong side В 66
get out of hand О 25
get *smth* out of *one's* head В 102
get round to Р 39
get the better of Б 16
get the (a clear) picture В 76
get the upper (whip) hand Б 16
get up on the wrong side of the bed В 66
not get much change out of С 20
give *smth* a lick and a promise Р 30
give as good as *one* gets О 19
give *smb* a start in life С 106
give *one's* mind to В 3
give *smb* no peace Д 6
give up the game В 98
give way В 87
give *one's* word of honour Д 5
not give a damn (farthing, pin) М 39, Ч 20
at ⟨the⟩ first glance В 32
with kid gloves Р 23

all at one go Д 68
go all out В 81, Л 8
go back on *one's* word Д 50
go bail for Б 20
go bankrupt В 92
go bust В 92
go downhill И 12
go down the drain В 92
go far (a long way) П 54
go in for Ч 3
go it a bit (rather, too) strong Х 7
go out of *one's* mind (senses) С 120
go out of *one's* way В 81, Л 8
go over the head of Г 47
go scot-free В 101
go swimmingly М 10
go through fire and water О 11
go through the mill В 36
go to glory О 35
go to *smb's* head К 51
go to hell and back О 11
go too far З 22
go to pieces Т 18
go to wrack and ruin И 13
go up in the world (in life) И 9
go without saying С 7
go with the current (stream) П 33
go wrong С 88, Ш 4
on the go В 18
here goes Б 32
heavy going С 74
be gone with the wind С 47
God bless О
God forbid Б 7
be as good as lost (done for) П 27
be as good as *one's* word Д 50
smb's goose is cooked П 22
grind *smth* into the dust С 109
be grist to *smb's* mill Л 16
on ⟨*one's*⟩ guard Д 51, О 1

H

smb's hair stands on end В 54
to a hair Т 24

not half К 4
hammer *smth* into *smb* (*smb's* head) В 6
a good hand at М 11
an old hand В 58
at first hand Г 19
at hand Г 52, П 40, Р 33
smb's hand has been at work Д 31
off hand Н 14, Х 14
out of hand Х 14
smb's right hand Р 36
with hand on heart П 63
smb's hands are full Г 54
hands down Б 18
in good hands Р 24
in *smb's* hands Р 24
off *smb's* hands Д 59, С 119
on *smb's* hands Р 28
with bare hands Б 18
hang a millstone round (about) *one's* neck Н 9
hang around *smb's* neck В 29
hang by a thread В 42
hang *one's* head В 27
hang on (upon) *smb's* lips (words, every word) С 92
would not harm a fly О 4
in hot haste П 82
have a dig at Б 25
have a grudge И 17
have a head on *one's* shoulders Г 40, Г 45
have a heart-to-heart chat Д 78
have a millstone round (about) *one's* neck Н 9
have an itch for Р 41
have a practised eye Г 13
have *one's* cake and eat it Н 26
have had *one's* day Н 22
have had it П 27
have *one's* hands full Г 54, Р 22
have *one's* heart in *one's* boots Д 70
have *smth* in hand Д 47
have *smth* in mind И 15
have in *one's* sights Т 16

have it in for *smb* И 17
have no dealings with И 16
have no ear for М 17
have no hand in С 101
have nothing to do with Ч 17
have no use for Ч 16
have one foot in the grave Д 80
have the best of Б 16
have the heart to Р 37
have the upper (whip) hand Б 16
not have a bean Б 6
not have a penny to *one's* name Д 74
smb's head goes round (spins) Г 39
head over heels in У 19
with a clear head Г 41
at heart Г 24
smb's heart bleeds С 56
smb's heart is heavy К 6
smb's heart is not in Д 72
smb's heart sinks ⟨into *his* boots⟩ С 57
in *one's* heart of hearts Г 24
with all *one's* heart Д 77
in the heat of the moment Р 32
heaven forbid Б 7
in the seventh heaven С 89
on (at) *smb's* heels Н 23, П 30
sheer hell Н 51
help yourself З 24
it can't be helped Д 21
neither here nor there О 17, Ч 17
up to here with С 60
hide *one's* light under a bushel З 18
hit rock bottom В 57
hit the mark Б 24
hit the nail on the head Б 24
cannot hold a candle to Г 36
hold *one's* breath З 20
hold *one's* ground В 87
the Holy of Holies С 42
at home Д 60, Р 46
to be quite honest Т 1
by hook or by crook М 49, П 86
and how К 4
in a hurry Б 28

535

would not **hurt** a fly О 4
hustle and bustle В 52

I

I am not sure С 70
I like that Д 38, Н 44
I'll be damned (hanged) Я 1
I'll eat my hat Я 1
I say В 63
cold as **ice** Л 5
ill at ease С 49
the spitting **image** of К 10
inside out В 10, С 124
not one (an) **iota** Й 1
It is a deal Р 35
by **itself** С 8, С 9

J

Jack of all trades М 11
jar on smb's nerves Т 17
in a **jiffy** Д 68, С 121
no **joke** Ф 3
joking apart Ш 13
not one (a) **jot** ⟨or tittle⟩ Й 1
jump out of one's skin С 57

K

keep abreast of the times И 10
keep an eye on С 34
keep a tight rein on Д 45
keep one's eyes skinned О 1
keep one's head Т 6
keep smb informed (posted) Д 46
keep smb in hand Д 47, Д 49
keep smth in mind И 15
keep one's mind on В 3
keep mum Д 52, Н 4
keep smb's nose to the grindstone Д 48
keep smb on short rations Д 48
keep out of smb's way П 75
keep pace with И 10

keep one's temper Д 49
keep one's word Д 50
keep your chin up В 27, В 28
a pretty **kettle** of fish З 3
with **kid** gloves Р 23
kill oneself with laughter П 60
be so **kind** as to Б 31
in **kind** О 19
all **kinds** of stuff В 71
knee-high to a grass-hopper В 21
knock smb flat С 13
knock the nonsense out of В 79
knock smth together Н 43
before you **know** where you are С 121
know one's onions С 124
know one's place З 28
know what smb, smth is worth З 31
know ⟨on⟩ which side one's bread is buttered У 11
know which way the wind blows В 26
know one's own worth З 29
know smb's worth З 31
not **know** where to look Д 14

L

a new-born **lamb** С 19
meek as a **lamb** З 15, Т 9
a **land** of milk and honey Р 19
no man's **land** Н 27
strong **language** С 82
that was the **last** we heard of С 86
lay down one's life Л 14
lay emphasis on Д 22
lay eyes on Г 5
lay it on С 45
lay smb low В 2
lay the saddle on the wrong horse А 1
not **lay** a finger on Т 19
lead smb astray С 14
lead smb by the nose В 51, И 11, П 34

like a leaf Л 15
lean over backwards Л 8
by leaps and bounds Д 42
learn sense Н 4
learn the meaning of life Ф 4
at least М 18
not in the least К 12
leave much to be desired О 21
leave *smth* out of account (consideration) С 16, У 16
be left out in the cold Н 52, Ч 18, Ч 19
on *one's* last legs В 81, Д 80
on *one's* legs Н 46
the length and breadth of В 10
let off steam О 27
lick *smb's* boots Х 18
for the life of У 2
lift *one's* hand against П 49
not lift a finger У 7
in a *certain* light С 24
in the best light П 58
in the light of С 25
the light of *smb's* life С 29
like as two peas К 10
the like (likes) of Б 15
not likely К 52
be the limit П 84
not ⟨in⟩ *smb's* line ⟨of country⟩ Ч 3
a load off *smb's* mind Г 51, К 7
be not long for this world Ж 6
look agog Г 7
look blank Х 9
look for a needle in a haystack И 19
loose *smb's* tongue Я 9
lose *one's* head Т 6
lose heart П 1, Р 40
lose sight of У 16
lose *one's* temper В 99
lose *one's* tongue Я 9
at a loss Т 7
a lot on *smb's* plate Р 22
loud and clear Я 5
as luck would have it Г 59, Н 12

good luck Ч 1
just my luck Н 12

M

like mad О 37, П 6, С 85, У 4
be made of stern stuff Д 54
like (as if by) magic В 16, М 8, С 96
make a mountain out of a mole-hill Д 20
make an ass (fool) of В 5, Д 63, М 41, С 1
make a smoke-screen О 26
make *smb's* blood boil К 47
make *smb's* blood run cold К 49
make ends meet С 36
make *itself* felt Д 3
make fun of П 48
make *smb's* head spin Г 39, К 51
make much of Н 53
make no difference Ж 1
make *oneself* out to be С 117
make short work of С 121
make the running З 6
make tracks У 14
a man of *one's* word Б 26
smb's right-hand man Р 36
to a man О 14
to the last man О 14
cold as marble Л 5
mark my words Н 69
up to the mark В 96
to the marrow К 39
a past master of С 124
no match for П 9, Ч 9
a matter of course С 7
as a matter of fact Г 35
no laughing matter Ф 3, Ш 15
tall as a maypole В 17
by fair means or foul М 49, П 86
in the meantime С 118
mesuare *smb, smth* by *one's* own yard (yardstick) М 19
meet *one's* match К 38
on the mend Д 28

537

with all *one's* might С 63
mill the wind П 17, Т 15
not to mince *one's* words О 5
make mincemeat of О 20, С 109
never mind Б 7
out of *one's* mind В 88, С 120, У 9, У 10
miss the bus Р 5
any moment Г 26
at most С 66
poor as a church mouse Г 37
down in the mouth В 27, В 28
on the move Х 14
much of a muchness К 26
not much of А 3
muddy the waters М 46, Н 7
muster *one's* courage Н 6, С 98
muster up strength С 99

N

as naked as the day *one* was born М 12
In God's name Б 11
in the name of И 18
to a nicety Т 24
for nothing Ч 15
like nothing on earth П 84
next to nothing К 41
nothing doing Б 36, В 60, Д 21
nothing to make a song about Б 10
nothing to speak of Б 10, К 41
nothing to write home about Б 10
now and again (then) Н 36
beyond number Н 38

O

obscure the issue Н 20
offend the eye К 27, Р 18
once for all Р 4
once in a while Н 36
be a great one for *smth* Д 64

neither one thing nor the other Т 13
one in a million Д 39
beside oneself П 68
by oneself С 8
not be oneself С 48
to oneself С 51
open *smb's* eyes Г 10, О 32
out and about Н 46
out of the ordinary В 103
at the outside С 66

P

a pack of lies К 37
paint in *certain* colours С 24
paper over the cracks С 43
pass through the mill В 36
pat on the back Г 2
not a patch on Г 36, К 52
on the right path Н 21
not pay a blind bit of notice Ч 16
pay *smb* back in *his* own (in the same) coin П 29
pay lip-service to С 76
pay old scores with С 39
peace of mind В 80
there are plenty of other pebbles on the beach С 28
at full pelt Д 66
a pretty penny В 47
pick *smb* clean Н 42
pick *smb* to pieces П 18
no picnic М 28, С 12
as pretty as a picture К 16
as plain as a pikestaff Д 11
pile it on С 45
pile on the agony С 45
as pitch В 91
in *smb's* place М 21
in the first place О 36
no place for М 23
out of place М 22
play ball С 20
play cat and mouse И 5
play games Ш 12

538

play havoc with С 109
play into *smb's* hands Л 16
play pranks В 90
play the fool (ass) В 5
play tricks В 90, П 44
in plenty О 23
pluck *one's* courage Н 6, С 98
point the finger at П 57
to the point О 5
poke *one's* nose into С 100
on Shank's pony Д 12
as possible М 34
pour oil on the flame (flames) П 46
not within *smb's* power С 64
at a premium Ц 3
prey on *smb's* mind К 6
at any price С 108
beyond price Н 41
prick up *one's* ears Н 8, У 21
there are no prizes for it Г 2
no problem Д 30
outside *smb's* province Ч 3
at the slightest provocation Ч 22
pull at *smb's* heartstrings Б 19
pull chestnuts out of the fire З 5
pull *smb's* leg М 41
pull the wool over *smb's* eyes В 51, В 72
pull *oneself* together Б 22, С 99
pull to pieces О 20, П 18
push *one's* nose into С 100
put a spoke in the wheel В 67
put *one's* best foot forward Н 48
put down in black and white Ч 7
put *one's* finger on Б 24
put *one's* hand to В 3
put *one's* head (neck) in the (a) noose Л 10
put *one's* heart into Д 79
put in a good word for З 14
put *oneself* in *smb's* position В 78
put *smb's* nose out of joint П 15
put on an act Л 2
put *smb, smth* on *his* (*its*) feet С 106
put *smb* on *his* mettle В 74

put out a feeler З 10
put *smb, smth* out of action В 85, В 100
put *smth* out of *one's* head (mind) В 82, В 102
put the saddle on the wrong horse А 1
put *smb* to shame З 19

Q

in question Р 20
out of the question М 43
on the quiet С 10, Ш 10

R

rack *one's* brains over Л 24
rage and fume М 28, Р 14
raise *one's* hand against П 49
raise *one's* hands Р 6
at any rate М 18
reap the fruits of П 53
rear *one's* head П 47
remove the scales from *smb's* eyes О 32
rend *smb's* heart Н 11
resign *oneself* (*one's* mind) to У 8
in respect of (to) Ч 3
rest on *one's* laurels П 85
resume *its* course В 75
retail stale news О 31
without rhyme or reason С 53, Ч 15
ride for a fall С 84
ride hell for leather И 1, П 52
all right Б 37
just right Р 1, Р 2
rise to the bait П 76
rise to the occasion В 96
rise up in arms Ш 9
rooted to the spot В 44
rot in hell П 102
by rote П 26
rough and ready Р 30
rub *smb* up the wrong way Г 3

539

rule with a rod of iron Д 45
run bump into Н 14
run in *smb's* head (mind) В 19
run off *one's* feet С 15, С 89
run with the hare and hunt with the hounds Н 26, С 61
rush headlong О 37

S

sad to say Д 25
for goodness' **sake** Б 11
for old times' **sake** П 7
like **sardines** С 54
to **save** *one's* life У 2
before you can **say** Jack Robinson С 121
say a good word for З 14
to **say** nothing of Г 31
a **scrap** of paper Г 57
from **scratch** А 2
screw *one's* courage Н 6, С 98
not **see** beyond *one's* nose В 38
not **see** *one's* hand in front of *one's* face З 23
not **see** the wood for the trees В 39
see life (the world) В 36
see stars И 20
see the last of П 67
see *smb, smth* through Ш 5
see *smth* through rose-coloured spectacles С 23
see *smth* with half an eye Г 23
send *smb* about *his* business С 113
send a shiver down *smb's* spine М 40
send *smb* packing С 113
out of *one's* **senses** С 120, У 10
serve *smb* right Д 62, Н 10
serve two masters Н 26, С 61
a perfect **set** П 41
set at naught (nothing) С 37
set eyes on Г 5
set *one's* hand to В 3
set *one's* heart (mind) on Г 12
set *smb* on *his* feet В 83, С 106

set *smb's* teeth on edge Т 17
set the pace З 6
set the saddle on the wrong horse А 1
set tongues (chins) wagging Ч 10
will not **set** the Thames on fire Х 2
settle accounts with С 39
settle old scores С 39
in the **shade** Т 5
shake in *one's* shoes П 44
a close **shave** У 14
in **sheets** В 11
on the **shelf** С 46
to the last **shilling** К 31
where the **shoe** pinches С 97
in *smb's* **shoes** Ш 8
shoot from the hip Р 23
shoot up fast Д 42
in **short** Г 34, С 77
show *one's* face К 3, П 59
show *one's* teeth П 56
show *smb* up for what *he* really is В 86
shut *one's* eyes to З 11, С 93
sick and tired of Н 1
side by side Б 12
at first **sight** В 31, В 32
by **sight** Г 22
neither **sight** nor sound Н 35
out of **sight** Г 20
second **sight** Г 25
sink or swim Б 32
sit on *one's* hands С 83
sit tight В 87
at **sixes** and sevens В 7
skin and bones К 24
to the **skin** К 39, Н 42
sleep like a log У 1
on the **slide** И 12
slip *smb's* lips С 103
slip *smb's* mind (memory) В 93
there is many a **slip** 'twixt cut and lip Б 1
on the **sly** С 10, Ш 6, Ш 10
snap *one's* fingers at М 39

snatch *smth* from under *smb's* nose П 15
an old **softy** Г 9
soil *one's* hands М 9
wise as **Solomon** П 2
like **someone** possessed У 4
something like В 64
out of **sorts** С 48, Т 3
like a lost **soul** Н 31
not a **soul** Д 76
the **spark** that set the forest on fire С 126
speak of the devil Л 4
speak through *one's* teeth З 35
strictly **speaking** Г 35
on **spec** Г 14
as the **spirit** moves *one* Б 8
in the same **spirit** Д 65
in low **spirits** Д 67
split *one's* sides Х 5
smb's tender **spot** М 20
spread *one's* wings Р 12
square accounts with С 39
at **stake** С 105
stake *one's* life on Д 1
stand *one's* ground В 87
stand on *one's* feet Д 53
stand up for С 114
stare in the face Б 27
start on *one's* hobby-horse С 3
steal a march on *smb* П 15
steal away *smb's* heart К 51
tall as a **steeple** В 17
a few **steps** from Ш 1
stick fast С 2
stick *one's* nose into С 100
stick *one's* nose out of doors В 97
stick out a mile Н 17
stick up for С 114
⟨as⟩ **stiff** as a poker П 104
sting to the quick З 7
stir *smb's* feelings З 7
stir the waters М 46, Н 7
stir up trouble М 46
in **stitches** Х 5

between two **stools** Н 27
full **stop** В 22
a long **story** П 23
another **story** О 17
straight from the shoulder Р 23
the last **straw** П 19
up *smb's* **street** К 15, Ч 3
at one ⟨a⟩ **stroke** М 13
on the **stroke** Т 24
summon *one's* courage Н 6, С 98
be **sure** and ⟨to⟩ Б 31
don't be too **sure** Ч 9
for **sure** З 33
⟨as⟩ **sure** as eggs ⟨as fate⟩ Д 9, Д 11
to be **sure** С 71
swallow the bait П 76
sweat blood П 83
sweat *one's* guts out Т 25
swim with the stream ⟨current⟩ П 33
in full **swing** Б 5, Х 13

T

not **take** a blind bit of notice Ч 16
not **take** *one's* eyes off С 34
take a turn for the better Д 28
take *smb* at *his* word Л 21
take bread out of *smb's* mouth О 24
take *smb's* breath away З 20
take *smth* for granted С 7
take *smb* in hand П 87
take *smth* into *one's* head В 6
take its course В 75
take my word for it З 33
take the lead З 6
take the nonsense out of В 79
take the path of В 70
take the ⟨a⟩ rise out of П 48
take *its* toll Б 21
take *smb* to task Б 17
talk nineteen to the dozen К 37
talk of the devil Л 4
tarred with the same brush М 1
for all the **tea** in China З 12

541

tear *one's* hair out Р 15
smb's teeth chatter З 34
through *one's* teeth Л 17, О 33
on tenterhooks И 2
on good (bad) terms with Л 2
test the waters З 10
thanks to М 30
just like that Ч 15
that is all *one* needed Х 3
that is all there is to it В 24
that's that В 22, Г 1
but then С 69
not all there Ц 1
thick as thieves Р 9
one thing and another Т 14
a thousand and one things Р 10
just think П 51
think nothing of С 112
think straight У 12
think the world of Н 53, Ч 6
this and that Т 13
a doubting Thomas Ф 1
a thorn in *smb's* flesh (side) Б 3
in (through) *one's* throat Л 17
through and through В 10
a stone's throw Ш 1
throw a spanner in the works В 67
throw *oneself* at *smb's* head В 29
throw dust in *smb's* face М 46, О 26
throw *smth* in *smb's* teeth (face) К 27, Л 17
throw *oneself* into Г 46
throw mud at О 6
throw out a feeler З 10
throw *smb, smth* out of gear В 80
thrust *one's* nose into С 100
under *smb's* thumb Б 2, К 1, С 4
tied to *one's* wife's apron-strings Б 2
full tilt Д 66
for the time being П 79
from time immemorial В 14, В 65
from time to time Н 36
in no time С 121
time and again Д 36
time out of mind В 14, В 65

on the tip of *smb's* tongue В 19, В 20
toil and moil Г 28
every Tom, Dick and Harry В 68
a glib (ready) tongue Я 10
a loose tongue Я 6
a sharp (caustic) tongue О 22, Я 3
smb's tongue failed *him* Я 9
evil tongues Я 4
tongues are wagging Ч 10
tooth and nail Ж 5
at the top of *one's* voice Г 48, Е 2, И 1, С 63
topsy turvey В 7
in torrents В 11
touch to the quick З 7
tread on air С 89
tread on *smb's* corns (toes) Н 22
trim *one's* sails to the wind В 26
no trouble С 112
trouble *one's* head about Л 24
tug at *smb's* heartstrings Б 19
out of tune with Л 2
at every turn Ш 2
not turn a hair М 37, П 35
turn a blind eye С 93
turn *smb's* blood cold К 49
turn *smb's* head К 51
turn *smb* round *one's* little finger В 43, О 2
turn *smb's* stomach Х 21
twiddle *one's* thumbs Б 4
in the twinkling of an eye М 15
twist *smb* round *one's* little finger В 43, О 2

U

unburden *one's* heart (*oneself*) О 27
be on the up and up И 9
be up to П 31
up and about Н 46
upside down В 7, В 8

V

in **vogue** X 12
with one **voice** Г 49

W

wag *one's* tongue Ч 10
walk on air С 89
wash *one's* dirty linen in public В 94
wash *one's* hands У 13
a lot of **water** has flowed under the bridge У 17
in deep **water** П 72
of the first **water** В 50
water off a duck's back В 48
wave *one's* magic wand В 16
out of harm's **way** П 39
out of the **way** В 103
we shall see what we shall see Б 1
a double-edged **weapon** П 5
weigh on *smb's* mind К 6
a **weight** off *smb's* mind Г 51, К 7, О 34
well, I never В 63, Н 54
well, I'm sure В 63, Н 54
what brings *smb somewhere* З 16
what got into *smb* М 47
what is up with *smb* М 47
what next В 60
under the **whip**-lash П 4
who can tell З 32
who knows З 32
wide of the mark П 74
win *smb's* heart К 51
win the upper (whip) hand Б 16
wind *smb* round *one's* little finger В 43, О 2
be the **wiser** К 29
by **word** of mouth С 76
in a **word** С 77
word for word С 78, С 80
the **words** stuck in *smb's* throat Я 8
work *one's* fingers to the bone Г 28
for all the **world** Ч 14
in the **world** З 12, Ч 14
the next (other) **world** С 30
the wide **world** С 22
this **world** С 32
world without end В 13
worm *oneself* (*one's* way) into *smb's* confidence В 73
worry *one's* head about Л 24
be none the **worse** for Ч 20
could not be **worse** В 57
at **worst** К 30
if the **worst** comes to the worst К 30
not **worth** a damn (a brass farthing, a pin) С 110, С 111, Ц 4
worth *one's* weight in gold Н 41
wrap *smb* round *one's* little finger В 43, О 2
written all over *smb's* face Н 17, Н 18

Y

in the **year** dot (one) Ц 2
before **you** can say Jack Robinson М 38
before **you** know where you are С 121
you are welcome З 24
you can say that again Г 30
you don't say so В 61
you made your bed, now lie on it З 3

Валерий Владимирович
ГУРЕВИЧ

Жанна Александровна
ДОЗОРЕЦ

КРАТКИЙ РУССКО-АНГЛИЙСКИЙ ФРАЗЕОЛОГИЧЕСКИЙ СЛОВАРЬ

Зав. редакцией
Л. П. ПОПОВА

Редакторы
О. М. ЗУДИЛИНА
Е. П. РЕВИШВИЛИ

Мл. редакторы
М. В. ХАРЛАМОВА
Л. Г. СИЛИНА

Художественный редактор
Е. М. ВИКСНЕ

Технический редактор
Л. П. КОНОВАЛОВА

Корректоры
Л. А. НАБАТОВА
Г. Н. КУЗЬМИНА

ИБ № 5877

Сдано в набор 06.01.88. Подписано в печать 25.07.88. Формат 70×100/$_{32}$. Бумага кн.-журн. Гарнитура таймс. Печать офсетная. Усл. печ. л. 22,1. Усл. кр.-отт. **22,42** Уч.-изд. л. 34,16. Тираж 100 000 экз. Заказ № 456. Цена 1 р. 40 к. Издательство «Русский язык» В/О «Совэкспорткнига» Государственного комитета СССР по делам издательств, полиграфии и книжной торговли. 103012 Москва, Старопанский пер., д. 1/5. Набрано в ордена Октябрьской Революции, ордена Трудового Красного Знамени Ленинградском производственно-техническом объединении «Печатный Двор» имени А. М. Горького Союзполиграфпрома при Государственном комитете СССР по делам издательств, полиграфии и книжной торговли. 197136, Ленинград, П-136, Чкаловский пр., 15. Отпечатано на Можайском полиграфкомбинате В/О «Совэкспорткнига» Государственного комитета СССР по делам издательств, полиграфии и книжной торговли. 143200 Можайск, ул. Мира, 93.